孙越崎文集

孙越崎 著

石油工业出版社

图书在版编目（CIP）数据

孙越崎文集 / 孙越崎著. —北京：石油工业出版社，2020.10

ISBN 978-7-5183-3651-7

Ⅰ.①孙… Ⅱ.①孙… Ⅲ.①孙越崎（1893—1995）—文集 Ⅳ.① Z427

中国版本图书馆 CIP 数据核字（2019）第 222881 号

出版发行：石油工业出版社

（北京安定门外安华里 2 区 1 号　100011）

网　　址：http://www.petropub.com

编辑部：（010）64523736　图书营销中心：（010）64523633

经　　销：全国新华书店

印　　刷：北京中石油彩色印刷有限责任公司

2020 年 10 月第 1 版　2020 年 10 月第 1 次印刷
889×1194 毫米　开本：1/16　印张：37.25
字数：770 千字

定价：280.00 元
（如出现印装质量问题，我社图书营销中心负责调换）
版权所有，翻印必究

《孙越崎文集》编辑组

组长：孙　宁

成员：邬廷芳　孙叔涵　孙大武　朱丕荣

　　　李章亚　薛　毅

孙越崎年轻时像

1993年10月13日，在李瑞环为其祝贺百岁寿辰的宴会上做了20分钟的即席演讲，畅叙一生经历

手稿1

手稿2

手稿3

序　　言

　　孙越崎先生是我国著名的实业家、社会活动家、爱国人士、中国共产党的诤友，也是我国杰出的煤炭、石油科技专家和现代能源工业的奠基人之一。

　　孙越崎先生是浙江绍兴县平水乡人，生于1893年10月16日，经历清朝、民国到新中国百年沧桑，于1995年12月9日在北京逝世，享年103岁。他一生满怀科技兴国大志，艰苦奋斗，百折不挠，走过崎岖曲折的道路。他的一生是爱国的一生，是为国家和人民的利益不懈奋斗的一生。他为开创我国煤炭、石油建设，为人民革命解放事业和社会主义现代化作出了卓越贡献。

　　抗日战争前，他参加中俄合办的北满最大、最先进的穆棱煤矿建设，负责整顿濒临倒闭的中英合办的焦作中福煤矿，一年扭亏为盈。抗日战争爆发后，他冒险把中福煤矿设备人员内迁后方，扩建成湖南湘潭、四川天府、嘉阳、威远、石燕等煤矿，增强后方能源实力。解放后，他又在河北开滦煤矿担任技术领导工作。孙越崎先生为我国煤炭工业建设作出重大贡献。

　　1934年他组成中国第一支石油钻井队，在陕北打成中国人钻的第一口井。1941年他担任甘肃油矿局总经理，白手起家，在荒无人烟的高寒戈壁滩上，创建了我国第一座石油基地——玉门油矿，有力支援了抗日战争。他还接办过中苏合办的新疆独山子油矿。在实践中重视培养专业人才，为新中国石油发展建设打下了基础。

　　1948—1949年期间，他组织领导资源委员会系统一千多个大中型工矿企业、三万多名科技管理人员，护厂护矿，留在大陆，完整地移交给中国共产党，对新中国的经济恢复与发展作出了历史性的贡献。

　　新中国成立后，孙越崎先生为我国能源工业的发展做了大量工作。十一届三中全会后，他积极参政议政，对基本建设、三峡工程论证、内蒙古小煤窑、北京使用天然气、清洁能源、保护和合理利用煤炭资源、煤炭立法等问题提出重要建议。孙越崎先生本着对历史负责的精神为资源委员会起义人员平反昭雪与落实党的政策，多方呼吁，都得到了党和国家的重视。

　　孙越崎先生是中国国民党革命委员会的优秀领导人。他在1950年加入民革，历任唐山市、河北省民革主任委员，民革中央常委、监委主席，民革中央副主席、名誉主席。他德高望重，老当益壮，积极参加各项活动，带领民革成员为中国特色社会主义建设事业服务。

　　孙越崎先生十分关心祖国的统一大业。1951年他就促成原国民政府"行政院长"翁文灏先生从国外返回大陆。多年来，他接待了大量来访的台湾和海外友人，如李国鼎、赵耀东、李达海等玉门油矿、资源委员会的老人。他热情宣传"一国两制、和平统一"的方针，一生不忘实现祖国统一和民族振兴。

　　本文集经编辑组同志们多年努力，从各方面广泛收集资料，实属不易。终因年代已久，文章著作有所流失，难以齐全。从已有材料看，反映孙越崎先生的主要经历，实践总结和他博学笃行、求实开拓的精神，也是百年社会历史发展的见证。希望本文集的出版，能增进对孙越崎先生光辉一生的了解，弘扬、学习他爱国敬业、艰苦奋斗、服务奉献的崇高品德与精神，以及热爱社会主义事业的坚定信念。

　　我以敬佩爱戴孙老的心情写下此文，作为文集的序言。

何鲁丽

2010年10月

目 录

煤矿篇

《穆棱煤矿志（1912—1985）》序　言 …………………………………………… 3
吉林穆棱煤矿纪实 …………………………………………………………………… 4
津浦铁路沿线煤矿调查报告 ………………………………………………………… 72
河南焦作中福煤矿的坎坷道路 ……………………………………………………… 172
在矿场技工机电训练班开学典礼上的训词 ………………………………………… 186
中福两厂采煤计划 …………………………………………………………………… 187
在焦作工学院纪念周上的演讲 ……………………………………………………… 189
关于恢复焦作工学院给教育部长朱家骅的信 ……………………………………… 190
抗战时焦作工学院西迁 ……………………………………………………………… 191
就任中福两公司联合办事处总经理时致河南建设厅的公函 ……………………… 192
资源委员会　中福两公司联合办事处合办湖南湘潭谭家山煤矿草合同 ………… 193
湘潭谭家山煤矿初期工程计划及预算 ……………………………………………… 194
湘潭煤矿筹办之经过 ………………………………………………………………… 196
四川之煤矿业 ………………………………………………………………………… 206
解决四川煤荒问题之建议 …………………………………………………………… 209
川煤产销之回顾与前瞻 ……………………………………………………………… 212
后方煤矿生产实况与困难问题及解决途径 ………………………………………… 219
视察华南各矿报告 …………………………………………………………………… 221

石油篇

调查陕北油田及钻探计划 …………………………………………………………… 233
陕北油田钻探工作纪要 ……………………………………………………………… 268
陕北一带石油勘查概况 ……………………………………………………………… 277
为什么要办通讯？ …………………………………………………………………… 279

一滴汽油一滴血 ············· 281
接办乌苏油矿之经过 ············· 283
关于中国石油发展史的讲话录音稿 ············· 285
记甘肃玉门油矿的创建和解放 ············· 288
抗战期间两次去新疆纪略 ············· 294

资源委员会篇

关于资源委员会问题给中共中央总书记江泽民的信 ············· 305
我和国民党资源委员会 ············· 309
中国工业之前途 ············· 342
国民党政府资源委员会解放前夕弃暗投明迎接解放的有关材料 ············· 345
关于原资源委员会驻香港国外贸易事务所、材料所、贸易处等职工们于一九四九年
　　在香港护产、起义的一些情况 ············· 356
记中纺公司迎接解放的经过 ············· 361
南京地质调查所留在大陆的经过 ············· 363
奔向光明纪实 ············· 364
在南京华东电子管厂建厂50周年纪念会上贺词 ············· 369
共产党领导我们越崎岖而达康庄 ············· 371
在中共中央领导同志会见原资源委员会在京部分人士时的讲话 ············· 373
我们的去向 ············· 374

三峡工程篇

在水利电力部三峡工程论证领导小组第三次会议上的发言 ············· 377
长江流域规划工作的基本原则应当是统一规划，全面发展，适当分工，分期进行 ············· 391
学习周总理关于治理长江黄河的教导 ············· 405
关于长江流域综合治理和三峡工程问题 ············· 409

参政议政篇

没有工程设计就不可能施工 ············· 427
我国第一部基本建设工作条例的诞生 ············· 429
参加政协第二届全国委员会会议的收获 ············· 433

在全国政协六届一次会议上的发言 ··· 434
在全国政协六届二次会议上的发言 ··· 436
选拔培养人才之我见 ··· 438
关于加速首都煤气化的建议 ··· 440
我所做的四件事 ·· 442
关于在我国发展管道运输的建议 ·· 444
在中央统战部座谈会上的发言 ··· 447
在全国政协组长联席会议上的发言 ·· 452
积极开发矿产　加强资源回收 ··· 460
关于积极开发煤炭资源，缓解能源危机的意见 ································· 463
建设输精煤浆管道　缓解铁路煤运 ·· 469
急需采取有力措施克服煤炭工业潜在危机 ······································ 472
煤炭法应当尽快制定出台 ·· 474
关于煤炭立法问题给中共中央总书记江泽民的信 ······························ 477

社会活动（活动与纪念）篇

天津五四运动的回忆 ··· 481
"五四"今犹记　九一故地游 ·· 485
回忆在北洋大学的读书生活 ··· 488
百岁老人忆北洋 ·· 492
唐山大地震的经历 ··· 494
纪念翁文灏先生 ·· 498
回忆邵力子先生和我的关系 ··· 508
祝贺民生实业公司成立六十周年 ·· 513
我与卢作孚民生轮船公司的关系 ·· 517
富国利民　勋业照人 ··· 518
回忆陈公洽先生两件事 ·· 522
忆陈中熙同志 ·· 524
忆曹立瀛先生 ·· 527
我所了解关于张莘夫的一些情况 ·· 529
在欧美同学会成立70周年大会上的讲话 ·· 531
学习孙中山先生不断进步的精神 ·· 533
庆祝中国共产党诞生六十周年 ··· 534

读《蔡元培论科学与技术》书后 ……………………………………………………… 535
水色云南 ……………………………………………………………………………… 536
新年献词 ……………………………………………………………………………… 538
从纪念辛亥革命八十周年所想到的 ………………………………………………… 539
复旦大学校友首届世界联谊会上的讲话 …………………………………………… 542
在复旦大学校友第三届世界联谊会开幕式的致辞 ………………………………… 544
中央电视台记者的访谈 ……………………………………………………………… 545
抗战胜利五十周年感怀 ……………………………………………………………… 547
回忆我与蒋介石接触二三事 ………………………………………………………… 552

对台工作篇

给在台湾的原资源委员会的工矿技术人员朋友们的一封公开信 …………………… 563
1982年国庆前夕在国际广播台对台广播的文章 …………………………………… 565
再谈大陆同台湾的通商问题 ………………………………………………………… 567
送给台湾同胞的一份年礼 …………………………………………………………… 569
纪念《告台湾同胞书》发表十周年 ………………………………………………… 570
春节念故旧 …………………………………………………………………………… 572
我在台湾的熟人 ……………………………………………………………………… 573
应严词驳斥台独活动 ………………………………………………………………… 580

孙越崎简历 …………………………………………………………………………… 581
编后记 ………………………………………………………………………………… 583

煤矿篇

《穆棱煤矿志（1912—1985）》
序　言[1]

　　1923年我刚刚毕业于北京大学采矿系，不幸染疾休养于绍兴家中。

　　正值吉林省政府与俄商洽谈开发穆棱煤田事宜，经滨江道尹蔡运升先生和中东铁路特区行政长官朱庆澜先生的推荐，以采矿重任委之。随于1923年12月17日，由哈尔滨带领探矿队沿滨绥线至穆棱县下城子火车站，后改乘雪爬犁穿深山密林，到杳无人烟的小碱场沟，即今穆棱矿区，担负起开矿采矿之重任。

　　时值严冬，气温在-40摄氏度以上，开始租用草房三间作办公室兼住宿。时以油灯照明，柴禾取暖，还常常受虎狼袭扰，盗贼侵犯。白日，我等辗转于深山密林实地勘测，藤蔓树枝常常划破面庞和手掌。条件之艰苦，不言而喻。

　　当时探矿队（管理人员）只有我是中国人。中国人在外国眼里是愚昧、落后、无能的。为了给中国人争气，工作伊始就我和俄人矿师卜鲁西言阔各自负责一个井位，分别开掘矿井，结果质量和速度都略优于俄人负责的矿井，提前建成投产。事实证明，中国人有智慧、有能力，可以独立建设自己的矿井。1929年秋，我赴美留学，以求深诣。

　　穆棱煤矿如同中英合办的开滦煤矿和河南焦作煤矿一样，是我国较早的竖井煤矿。在中国煤炭建设史上具有一定意义。经近70年的变革，历尽沧桑，据悉现已发展成为年产150万吨的大型煤矿，继续为"四化"建设提供能源，实感欣慰。

　　我赴美前，于1929年4月曾撰写《吉林穆棱煤矿纪实》一书，由中国矿冶工程学会出版。它记录了我在穆棱煤矿数年之亲历，可供阅者晓以创业之艰辛。

　　今逢盛世，续撰穆棱煤矿近70年的历史，实有必要，大有意义，它可以为后人提供宝贵的经验，使之"前有所稽，后有所鉴"。

孙越崎

1989年9月9日于北京

---

[1] 作于1989年9月9日。

吉林穆棱煤矿纪实[1]

蔡 序

　　民国十三年春，余奉命督办穆棱煤矿公司事，开创伊始，知非专门人才，不足以集事。因悉浙绍孙君毓麒，系由北洋大学采矿科转学北大毕业，得工科学士位；旋即实习于开滦、本溪各煤矿；学实并茂，资历兼优，堪以相助为理，故引与共事，以探矿重任委之。受事后，从事探采，出入于深山丛莽之中，奔驰于盛暑祁寒之下，披荆攀棘，宿露餐风，薄虎狼，犯盗贼，忍劳冒险，经年而后蒇事。至民国十四年秋，勘探报竣，实行开采；乃任君为矿务股股长，兼长工程，机械两股事物。凡所布置，罔不悉心筹划，宏纤钜细，纲举目张，适值开凿直井中遇流沙，工作危险，环迫叠呈，幸君偕煤师郭忠等，并力合衷，昼夜督视，卒得度险入夷，克底成功。是役也，设非君躬冒艰危，力负责任，应付得宜者，则不堪设想矣。计余督办穆矿，迄今稔五有半，凡百设施，次第就绪，指臂之助，惟在事诸君子是赖，尤以君之助予者为最大。今则设置完备，规模粗具，井线纵横，产额畅旺，营业发达，与日俱进，籍非才智，劻勷未易臻此。吾国矿业，方兴未艾，非研求矿业知能，不克谋所自振；吾于是益信矣。而君亦以频年经验，感觉学识、能力，不足以应新中国建设之需，要求决计辞职，赴美留学，以求深诣。余嘉其志，尤力赞之，渡海有日矣。君以在矿数年，凡所亲历，皆有纪录，碎锦零缣，署诸行箧，深恐远涉重洋，或致散轶，逐手自里集，分门别类，编次成书，名曰"穆棱煤矿公司纪实。"书凡三十一章，放洋之前，将以付印，祈余一言，以弁简端。余以此编所载穆矿内容甚备，可使阅者晓然于营矿殖利之厚，与夫生产立国之要；且欲益广君之志业，冀其异日建树，远过于此，则此编亦正其创始耳。故乐为之序云。

民国十八年秋，双城蔡运升序于滨江市政筹备处官廨

---

[1] 中国矿冶工程学会出版于民国十九年（1930年）四月。

朱序

孙子越崎，余友燕堂之长君也。卒业于北大采矿系，实习于开滦，本溪湖各大煤矿，学业已大进矣。民国十二年，特来考察东北矿业；时余有事于东路，兼管特区行政，辟燕堂为幕宾，得见越崎于幕室，专求实学，不骛虚名，英资卓落，有办事才，知非阿堵物也。其时燕堂已集资商办黑龙江兴安，逢源各金矿，年获大利，成绩最优。矿业专家，萃于一门，而越崎尤得新学识，足以改良金矿，适用机器，力图发展。乃值吉林省政府，与俄商合办穆棱煤矿，以滨江蔡道尹督办其事。俄多矿师，非得专门人才，相与共事，不足以争优胜。再三物色，始派越崎与俄矿师同为探矿队长，旋任首席股长，得长矿务。五六年来，历尽艰险，始竣全功。计自探矿，以至大井告成，年获纯益数十万，多至二百万；缔造经营，不遗余力，大展所学，中外翕服，亦可叹观止矣。乃越崎自愿欿然，求学愈切，毅然辞职，赴美留学，以宏造就。乘风破浪，壮哉此行。余甚韪之。惟穆矿既成效大著，得与兴安，逢源，后先辉映，似宜有所表现，以饷全国矿业家，引起兴奋，亦足以救吾国之贫弱。质之越崎，始出一书，手自类钞，名曰穆棱煤矿公司纪实，皆经历也。其意为过去与将来自备学问，事业之考镜云尔。乃正厌余之望以勤来者。余尤韪之，亟赞付梓。乐为之序。

民国十八年十月绍兴朱庆澜

翁序

民国十六年秋冬间，余至哈尔滨，于北行考察黑龙江金矿前，便道先赴穆棱煤矿，吉林北部新辟之大矿也。穆棱煤矿之发现，仅二三十年间事；地处僻远，榛莽未辟，关以内，殆少知者。民国六七年间，余与闻矿政，略知其地；复从俄国学者稍闻其间地质。遥想荒陬，远不可及；兹乃亲履其地，则已井架双峙，木屋栉比，矿工云集，市廛繁兴，数年之间。矿产额一跃而至每年三十万吨，为北满区域内唯一之新式大矿矣。主此矿工程者，余初未相识，自获握谈，则北洋大学毕业之一青年孙君越崎是也。余居矿数日，孙君日必导余登山，下井，指示一切；游归，辄抵掌长谈，为余述其数年来经过：当其初至也，固犹荆棘满山，茆茬迭起，孙君辈二三人，构帐荒居，于周圆百余里内，四出探测，孤骑入林，破撬驶雪，筚路蓝缕，差足状之。嗣而苗脉渐明，层系可得；乃进而修筑铁道，开掘矿井，鸠工庀材，凿山开道，宝藏兴焉，大利斯启。当时数家孤村之梨树沟，今已阛阓殷阗矣；当时寂寞荒凉之穆棱河谷，今则麦豆遍植矣。先后数年间耳。人力之足以变更环境，有如是哉！居穆棱矿数日后，余复进探尚未开发之矿区：登鸡冠山而四望，"空山霜叶无人迹，平岭松风作啸声。"地利虽丰，人力未至；穆棱矿区，在孙君未至之先，当亦如是。由此可见有志之士所应努力之方向为何在矣。而余尤有感焉者，方今黉舍青年往往感于一时环境之艰，而灰终身进取之志。事求其易，禄惟其厚，数年蹉跎，一生断送矣。今观孙君之一出学校，即入穷山，数载辛勤，卒创大业。其奋发兴起者当如何？而孙君更不肯以一得自满，既著其经验以告同志，复航海东游，求于所学百尺竿头，更进一步。临行索赠言。余当谓之曰：学不致用则虚学，用非所学则妄用；欲用其所学，固须有可藉之业；而欲成其所业，尤赖乎有学之人。业亦养人，而亦须人能创业。中国矿学幼稚极矣，偶有一二，亦藉外人。孙君游学归来，且益将发挥其开创穆棱之精神，以更从事于矿，为斯学斯业光欤？盖不禁馨香祷之。因穆棱书成，乃志余之所以获交于孙君，及更所望于孙君者，为之序。

民国十九年一月鄞县翁文灏序于地质调查所

吉林穆棱煤矿纪实目录

第一章　地位

第二章　矿区面积

第三章　地质及煤层

　　　地质

　　　煤层

第四章　煤量及煤质

　　　煤量

　　　煤质（附表一）

第五章　沿革及资本

　　　附合办合同

第六章　公司组织

　　　组织

　　　附公司章程

　　　附矿路事务所章程

第七章　职员

　　　职员人数

　　　高级职员姓名（甲）董事会（乙）总公司（丙）矿路事务所

　　　附职员待遇章程

第八章　采煤

　　　概况

　　　两井位置

第一直井

　　第二直井

　　副井

　　扩展计划

第九章　探矿

第十章　采煤法

　　井内区段

　　残柱

　　井内坑道尺度

　　采煤用具

　　井内情形

第十一章　搬运

　　搬运法

　　搬运设备（一）铁轨（二）煤车（三）搬运机械

第十二章　支柱及木板

　　支柱法

　　支柱材料

　　支柱价值（附表二）

　　支柱使用量（附表一）

　　支柱费与煤矿产额（附表一）

第十三章　排水

　　排水系统

　　排水量（附表一）

　　排水设备

第十四章　通风

　　通风法

　　煽风机

第十五章　井内灯火

　　灯火种类

第十六章　钻炸

　　概说

　　炸药价值（附表一）

　　炸药使用量（附表一）

　　炸药管理

　　　　附章程
第十七章　选煤
　　　　选煤
第十八章　工人
　　　　工人籍贯及人数
　　　　工数及平均工资（附表一）
　　　　工作时间
　　　　休息日期
　　　　发工资日期
　　　　雇用解雇手续
　　　　井内工人管理
　　　　附矿物技士勤务简则
　　　　住宿
　　　　医药
　　　　抚恤
　　　　工人死伤数（附表一）
　　　　矿工产煤能力（附表一）
第十九章　包工法
　　　　附包工合同
第十二章　历年产煤额
　　　　概况（附表一）
　　　　每月产煤额（附表五）
第二十一章　开支（附表一）
第二十二章　成本
　　　　成本（附表一）
　　　　每月成本（附表五）
第二十二章　销路及售价
　　　　销路（附表）
　　　　售价
第二十四章　矿区自用煤斤（附表一）
第二十五章　职工薪俸（附表一）
第二十六章　井外设备
　　　　厂房
　　　　办公事务所

仓库
　　职员住宿
　　工人宿舍
　　护矿队房
　　招待室
　　学校
　　医院（附表二）
　　浴室
　　俱乐部
　　体育部
　　自用物品部
　　浆洗房及理发处
　　邮局
　　附铁路运输邮件章程
　　电灯
　　电话
第二十七章　原动力
　　汽锅房
　　发电厂
第二十八章　机械厂机械
第二十九章　穆棱铁路
　　概况
　　附合办合同
　　附公司与东铁联运合同
　　车站
　　工段
　　行车及路警
　　机车及车辆（附表二）
　　营业收入（附表一）
第三十章　总公司与矿区资产
第三十一章　历年盈余

附图目录

穆棱煤矿公司矿路事务所—第一图

来宾接待室—第二图

所长宿舍—第三图

穆棱煤矿附近地质图—矿区界线附

穆棱煤矿地质剖面图

两直井工作实测图

第一号大井—第四图

第二号大井—第五图

探矿机钻—第六图

材料厂—第七图

历年出煤吨数比较表

历年每月一二号煤掘出吨数比较图

木材厂—第八图

工人住宿—第九图

职员宿舍南部—第十图

护矿队—第十一图

机车厂—第十二图

梨树镇车站—第十三图

附表目录

煤质分析表

柞木松木价值表—十八年

各项木料平均价值表—十七年至十八年

支柱耗用数目表—十四年至十八年六月

支柱采煤成本表—十七年

井下水量表—十七年

炸药价值表

炸药施用量表—十五年至十六年六月

工数及工资表—十六年至十七年

工人死伤数表

矿工产煤能力表

历年产额总表—十四年至十八年

历年产额分表—十四年至十八年六月（共五表）

开支经费表—十四年至十七年

采煤成本表—十四年至十七年

历年采煤成本分表—十四年至十八年六月（共五表）

历年销售吨量表—十六年至十七年

矿区自用煤斤表—十六年至十七年

职工薪俸表—十五年至十七年

住院病人数目表—十七年

门诊病人数目表—十七年

公司机车及车辆价值表

租用东铁车辆价值表

铁路营业收入表

公司资产表—十八年一月一日止

历届盈余表

第一图　穆棱煤矿公司矿路事务所（略）

第二图　来宾接待室（略）

第三图　所长宿舍（略）

第一章　地位

穆棱县，在吉林省东北，因穆棱河上游而名，中东铁路东西横贯于其间，地势峻峭，山岭重叠；煤矿位于该县东北之梨树沟，本属荒凉僻地；自煤矿开辟，铁路建筑，地方骤形繁盛。新辟梨树镇街市，不三年间，遂为吉林东北数县粮食总汇之区。南距中东路下城子车站六十五公里，西距哈尔滨四百五十二公里，东距海参崴三百三十一公里。（略）

第二章　矿区面积

矿区面积为二十八方里四百十五亩零。因煤层断层与地势之关系，分为第一第二两区。现所采掘之煤层，属于第一区范围。（略）

第三章　地质及煤层

地质　本煤田之地质层经穆棱煤矿顾问俄人阿乜耳特来往勘查，如煤层之分布，地层之构造均知之至详。民国十六年北京地质调查所长长翁文灏氏曾一莅是地，对于地层之分类，多有所指示。旋复派王恒升君专来调查，曾极煤田之分布，著吉林省穆棱，密山二县地质矿产纪要，载该所地质汇报第十三号。本篇所述，仅佔其西隅一小部分，然于地层除二叠纪石炭纪之变质岩外，已包罗而无遗。举一斑未尝不足以推全豹也。试叙述如下：（略）

（一）上侏罗纪含煤层　分上下二部，均富砂岩，下部砂岩夹凝灰岩，上部砂岩中夹煤层，厚可三四尺，间有页岩，含植物化石。其最习见者有下列三种：

一、Cladophlebis browniani

二、Coniopteris sp.

三、Plagiophyllum sp.

就化石言，似属上侏罗纪。其分布，南始小碱草沟，向北延展，越梨树沟以入于小北沟，多露出沟中崖底，上为玄武岩所覆盖。本层岩石，大抵疏松，甚易风化，故所成之山，率多低缓。

（二）上侏罗纪砂岩层　本层位于含煤层之上，亦多砂岩，间夹页岩。砂岩色棕白，晶粒细匀。其分布分南北两区，南区东始梨树沟之东南枝，向西南展布，经小碱草沟之南坡，逾穆棱河，成西岸近河之山岭；北区南起梨树沟之北坡，随小北沟之山坡向东北延展。南区之西界阻于花岗岩，北区之北界阻于玄武岩。惟前者为花岗岩侵断，后者乃被玄武岩所掩覆也。

（三）白垩纪砾岩层　大部为砾岩所组成，其砾石有石英，黑色石英岩，赭色长石，斑岩，及片麻岩等，均极圆滑，示原来被水冲徙之现象。体积大小颇不一致，大者直径可二三公寸，小者约数公分。岩质坚实，所成之山，多绝壁峭峰，矗崎巍立。其分布，沿大碱草沟向西展布，先成穆棱河东岸之高山，迨近本区之西南隅，逾河而西，夹河而立，河谷为之骤束。本层之内，尚未寻得可鉴定之化石。惟其下之地层，既定为上侏罗纪，本层多砾岩，与前之砂岩页岩者殊甚悬殊，似应另分为一系，或属于白垩纪也。全层总厚越二百公尺。

（四）白垩纪长石砂岩层　本层颇发育于亮子河一带，在研究区域之内，仅见于大碱草沟顶之东南侧，位于砾岩层之上，似成整合之接触，故亦属之于白垩纪。全体为砂岩所组成；砂粒粗松，含长石，示当时气候干燥之征象。似在本区当上侏罗纪之际，天气湿润，植物繁蔚，因有煤系之生成。后经白垩纪，渐过干燥，砾岩屑及长石砂岩屑相继过沉积。惟植物稀少，故缺化石。

穆棱煤矿地质剖面图（略）

（四）冲积层　多分布于河床谷底，大部为泥砂，近河床之中心有卵石。泥砂层厚自三四公尺五六公尺；野草茂盛，朽腐之后，使地益肥，农田多辟其上；乃流水侵冲之沉积，为最新之地层。

（五）火成岩　火成岩有二：一为云母花岗岩，一为玄武岩。前者属诸深造类，后者乃岩流是弥漫所凝固者，试简述之：

云母花岗岩　分布于本区之西北隅，侵入于侏罗纪地层之内，故后者受其热力之酷炙而变质为变质岩，本区东北隅穆棱河东岸之变质岩，及其例也。在梨树镇之西北，石色灰白，粒晶精细，间显斑晶。造岩矿物富长石及水晶；黔色矿物含黑云母及磁铁矿，正长石多于斜长石，石质细匀。其坚实者，居民采为建筑之用，上侏罗纪之地层既受其侵入而变质，故其侵入之时代，当后于上侏罗纪。但白垩纪地层之褶皱，与侏罗纪恒相一致，而褶皱之原动力，又似于花岗岩侵入以起者，故其侵入之时代，或在白垩纪也。

玄武岩　乃岩流弥漫凝结之岩石，原来分布极广，多相连续，其横流地表，颇极一时之盛。后经侵蚀，已剖割分散矣。在平岗一代受穆棱河及小北沟之侵触，分裂为三：一在穆棱河之西岸，平覆于花岗岩之上；一在穆棱河之东岸，平覆于花岗岩与侏罗纪地层之上；一在小北沟之东，平覆于侏罗纪地层之上。在梨树沟之南者，一在小碱草与大碱草沟间之山巅，平覆于侏罗纪地层之上，一在大碱草沟之东，一在大碱草沟之南，皆平覆于砾岩层之上。石色黔黑，岩质坚实，结晶细致，以白色橄榄石及针状长石为多，磁铁粒亦不少，橄榄石有时成斑晶，风化之后变为红色伊鼎石。玄武岩之上与下，皆无较新之化石层，故其时代颇难确定。但其与各较老地层之不整合观之（如深造之花岗岩被侵蚀而显露，且被其所弥漫），白垩系之后，必经一极长之侵蚀期，而后始喷发，或为第三纪[1]之产物也。

地层构造　虽研究区域面积狭小，然断陷与褶皱绵亘起伏，故就地构造言，尚称复杂也。小碱草沟矿区，这当一向斜层。小碱草沟之南，地层侵向西北，为向斜层之南翼。过小碱草之北顶，至小碱草之沟，地层倾向，反转向东南，成向斜之北翼。自此向西北越小碱草草沟之大枝沟，又倾向西北，与前一向斜层之北翼相连，造成一背斜层，靠近梨树沟，地层之倾向又反转向东南，变成一向斜层之北翼。梨树沟附近，小断层上下错裂，纷纭复杂，故梨树沟一带地势转平；枝渠横流，即因位于断层带之故也。逾梨树沟，地层又倾向西北；将近平岗之南坡，后转为东南，成一小向斜层。

小碱草沟与大碱草沟中间之横顶，这当一背斜层之顶脊，故至大碱草沟之北坡，地层即倾向东南也。此横顶又受断陷两次，北一断层，北为仰侧，南为俯侧，伏于玄武岩之下，但玄武岩则未受影响，其发生也，似在玄武岩之前。南一断层，北为俯侧，南为仰侧，而在南顶之玄武岩则高出于北顶者，似玄武岩曾受其影响，故其发生，或在玄武岩之后，使观察

---

[1] 今古近—新近纪。

不谬，则本区断层之发生，应分为二期；一在玄武岩流之前，或与褶皱同时；一在玄武岩之后，属于第三纪。

白垩纪之长石砂岩，会受褶皱；第三纪之玄武岩，则尽有断层，褶皱不甚显著。故主要褶皱之发生当在白垩纪或白垩纪之后而在第三纪，玄武岩流横溢之前。考中国主要地层之褶皱，为燕山期，翁先生❶定之为上侏罗纪，但其在热河北票之研究，则又知所谓燕山期者，在上侏罗纪，仅为始动期，其主要之运动，为时尚后。本期之地动期，既假定在白垩纪或白垩纪之后，故颇似与北票之主要地动期有相比拟之可能，或者中国北部地壳动期发生之前后无甚悬殊，而移动之缓剧，则各处有不同。

煤层　煤层据目下已探知者，计三层，共厚不过两公尺半❷，现所开探者为第二层，计厚一公尺。煤层虽薄，惟区域尚广；间有断层，大致均与走向成垂直形，故工作无甚困难也。

第四章　煤量与煤质

煤量　本煤田第一区可采之煤层，现只一层，厚一公尺，走向延长三千公尺，今设以岩倾斜深至1440公尺作为可采之煤，则煤量当为8,100,000吨。第二区煤层厚亦一公尺，走向延长一千六百公尺。设以深至七百二十公尺作为可采之煤，则煤量当为2,160,000吨，设以百分之七十五为实际可采出之煤量，则得净煤7,695,000吨。以每年30万吨计，可采二十五年。但第二区煤质不佳。无独立可采之价值，须与第一区良煤同时并作方可。

本煤矿依蕴藏总量而言，实属贫矿，惟以矿区各种设备，及年来产煤额至28万余吨而论，亦足为我国有数之大煤矿。

煤质　属于有烟煤。品质，东南端较优。第一号直井，质坚，多块煤；第二号直井，质软，少块煤，燃烧力强，富粘结性，故烧火者，宜勤加搅拌，庶不致闭塞空气，今将矿区化验平均结果如下：

水分	挥发分	炭质	灰分	硫黄	干烧灰分	比重❸	发热量
3.10	23.12	57.08	16.10	0.60	15.34	1.35	热级6600
此项煤样是在井外卸煤场所取							

第五章　沿革与资本

穆棱煤矿，并无久远之历史，完全为一新矿。民国初年，土人挖窑见煤，曾经山东人

---

❶翁文瀚。

❷公尺相当于现在1米。

❸即密度。

高某开过二十公尺深之斜洞一个。此外别无废窑遗迹。查该斜洞从煤层露头处掘进，不沿煤层倾斜面向煤底进行，故只打石膏，不再见煤，从此停废，足见高某不明煤矿之土著也，时有哈尔滨俄侨富商谢吉斯，向以经营中东铁路沿线林场为业，深知北满森林日少，木料燃料日贵，煤业必有代与之一日，故派矿师在东路沿线，及松花江沿岸探查煤田，迄无头绪，民国十二年，土人王琦，以本矿开于谢吉斯之探矿师卜鲁西言克，携带探矿铁具，前去私探，事为滨江道尹兼交涉员蔡公运升所闻，即令谢吉斯停止探矿，报告吉林省政府，磋商结果，定为省政府及谢吉斯官商合办事业；大致用人并利益均分，省政府以矿权做资本三百万元，谢吉斯出资本三百万元，合作六百万元。照此基本条件，由事业厅马厅长德恩代表省政府，于民国十三年一月，与谢吉斯缔结合办合同二十三条，定名为中俄官商合办穆棱煤矿公司；特派蔡道尹为督办，马厅长为董事，刘文田为理事长，詹珏为监事，俄方谢吉斯自为会办，以其弟为董事，聘沃伏坚克为理事长，合组董事会，为本公司立法行政最高机关。十三年四月，经董事会议决成立总公司于哈尔滨。先于二月间，由督会办委派鄙人及卜鲁西言克为探矿队长，前赴矿区探矿。同时建筑运煤铁路，由矿区接中东路下城子车站。经时一年半，至十四年八月，探矿筑路告竣。九月十一日，董事会议决成立矿路事务所于矿区，以邝英杰，及托帕尔科夫为中俄两所长；以两探矿队长鄙人及卜鲁西言克为矿务股长，兼机械及工程股两股长；郭忠及霍特塞活基为中俄两煤师；张廷彬及金贺为会计股，兼总务股两股长。确定矿区境界，购买矿区用地五千亩，着手探煤，开掘第一二号两直井。第一号由俄矿物股长督率负责，所有煤师，以及全井技士（师）、监工，均数俄人。第二号直井，由中方矿务股长督率负责，所有煤师，及全井技士（师），监工，均为华人，分工合作，各不相属；竞争结果，产煤大旺。十五年三月，本矿运煤铁路，经董事会议决，以穆棱煤矿公司名义，与省政府合办，定名为穆棱铁路，兼营运货载客；派孙炜鄂，及包活尔为铁路股两股长，铁路并重，业务益盛。至民国十六年底，各项工程，各种机器，均已布置就绪，规模大备。谢吉斯资本三百万元，亦已支付足额，待十七年度决算，柴煤二十八万余吨，铁路营业进款四十四万五千余元，公司实际纯利一百九十四万余元。北满煤矿，此为第一，中外合办之事，亦以此为第一也。

附 中俄官商合办穆棱煤矿公司合同

中华民国吉林省政府（以下称代表人）。与俄商索洛门列昂结也为赤谢结得尔斯基（以下简称合办人），为合办吉林省穆棱县梨树沟小碱场沟煤矿（以下称本矿），互订条款如下：

第一条　代表人与合办人合办穆棱县梨树沟小碱场沟煤矿，定名曰穆棱煤矿公司（以下称公司），在哈尔滨设总公司，吉林省城设分公司；并于矿山所在地设立事务所。

第二条　公司业务，以开采本矿区煤矿为限，不得兼营他业，但为运输煤质期间，应建筑宽轨铁路，自矿场起，至东省铁路最近之车站止。

前项建筑铁路时，仍须遵照交通部拟定专用铁路暂行规则办理。

第三条　本矿矿区面积，计华里二十八方里又四百十五亩三十一方丈，其矿区境界，另绘矿区图。

第四条　本矿合办年限，自订立合同之日起，定位三十年。期满后经双方协议同意，得续订合同，如届期有一方不同意，即行解散；所有公司财产物件，双方均分，矿业权及其他之权利，同时消灭。变卖公司购置之不动产时，须由中国人承受。

第五条　本公司资本定为中华民国国币六百万元，代表人与合办人各出一半，计三百万元。

代表人应出半额，即以本矿矿产估作中华民国国币三百万元；合办人应出之半额，与合同签订后，应即先缴一百万元，存入吉林永衡官银钱号；其余两百万元，视事业之必要，分期缴足。

第六条　公司因事业之扩张，须增加资本时，准本合同第五条第二项之规定，代表人矿产之估价，与合办人现金之资本为同额之增加。

第七条　公司每年决算一次，由总收入中除去一切经费并提十分之1.5公积金外，所得纯利，代表人与合办人双方均分，其公积金至资本总额四分之一为止。

第八条　公司遇有损失，每五个年间，其损失之总额，统应归合办人负担，并补充之；代表人概不负责。

第九条　本公司设置职员如下：

督办一人，由吉林省长公署委任，督理公司全部经营事务；公司对于各官厅有接洽时间，均由督办行之。

会办一人，由合办人充之，会同经营公司全部事务。

理事长二人，由代表人与合办人各委选一人充之。

董事二人，由代表人与合办人各委选一人充之。

监事二人，由代表人与合办人各委选一人充之。

以上各职员，代表一方面，由吉林省长公署委任；合办人一方面，由合办人自行选任。技师及其他职员，代表人与合办人双方各半任用；其任用方法，照第十条办理。

第十条　本公司一切事务，由两理事长办理，凡任免公司职员，须商承督会办行之。

第十一条　本公司事务、技术、会计等重要事项，须两理事长商定，经督会办签字、盖印，始能实行。

第十二条　本公司内遇有认为重大事件，须由两理事长商承督会办，并提交董事会会议，以得董事过半数之同意议决行之。遇可否同数时，由督会办协商决定。

董事会议事规则及权限，另定之。

第十三条　督会办、理事长、董事均为董事会会员；凡本公司所有各项工程，以及支付款项，任用技师，并其他职员，非经董事会议决，不得执行。

第十四条　对于矿业管理上之一切程序，及其他行为，须遵照矿业条例，及矿业条例施行细则，并关系诸法令办理。

第十五条　本矿矿工概用中华民国人民。

第十六条　本公司一切记账方法，均用银本位。

第十七条　本公司职员薪俸，及一切经费等项，由董事会议规定。

第十八条　本公司为维持矿区秩序及安全，并保证矿业上之利益起见，设置矿业警察时，须遵照矿业警察组织条例办理。

第十九条　本矿应纳矿产税，悉照本省通行章程完纳。

第二十条　本公司应照本合同另订办事章程，以资遵守。

第二十一条　本合同，以中俄文各善四份，以一份呈吉林省长公署，一份呈农商部，一份呈实业厅，一份交合办人收执。遇有误解时，专以中文字意为凭。

第二十二条　本合同由吉林实业厅呈准吉林省长公署，转咨农商部，并双方签订后，方生效力。

第二十三条　如遇索洛门列昂结也为赤谢结得尔司基身故，则本合同所得之权利，移归其法定承继人承受。

中华民国十三年一月　　日
西历一千九百二十四年一月　　日
吉林省政府代表吉林实业厅厅长马德恩
俄商索洛门列昂结也为赤谢结得尔司基

第六章　公司组织

本公司最高机关，为中俄合组之董事会，以督办为主席，设总公司于哈尔滨，以中俄两董事长，秉承督会办，及依据董事会议决案，发布命令，处理一切事务。内分秘书、会计、技术师、总务四处。又与矿区设矿路事务所，由中俄两所长同意，秉承理事长办理一切事务。内分矿务、铁路、机械、会计、工程、总务六股，各由中俄两股长同意，秉承两所长办事。兹将组织系统列表如下：

董事会	督办	总公司	秘书处	矿路事务所	矿务股
	会办		会计处		铁路股
	董事		技术处		会计股
	理事长		总务处		工程股
	监事				机械股
					总务股

附 穆棱煤矿总公司章程

第一条　根据合同第二十条，规定办事章程，以资遵守。凡公司一切事务，除照合同规定各条办理外，余均依本章程办理。

第二条　本公司设总公司于哈尔滨，设矿路事务所于矿区，设分公司吉林省；于必要时，得设分公司于重要各地方。

第三条　本公司对于各官居厅接洽事件，以督办名义行之，由督会办或两理事长署名。行文所用文字，分别如下：

（甲）以督办名义，向各官厅行文，均用中文；

（乙）除前项外，其他均中俄文并用；

（丙）寻常简单函件等，为便利起见，或只用中文，或只用俄文；由两理事长，随时协定之。

第四条　本公司业务进行计划，及事务管理方法，由两理事长依据本公司董事会议第二条所载各项，分别筹议，拟具议案，提交董事会议决、执行。但关于第一、二、六、七、八各项，得由督办呈吉林省长，并函报实业厅备案。

第五条　本公司总公司、矿路事务所、分公司一切事务，由两理事长，依据合同第十条，及董事会议决章程赋予权限，发布命令处理之。但遇特别重要事件，须商承督办行之。

第六条　第三、四、五等条各事务，由两理事长合议处理；倘有意见不同时，陈明督会办行之。

第七条　本公司总公司、矿路事务所、分公司职员，董事会议规则第二条第四项所载者，由两理事第陈明董事会任免之；遇必要时，两理事长得逐停其职，但须将理由报告董事会。其余均由两理事长随时进退，商承督会办行之。前项所载各处职员行动勤惰，均由两理事长考核，依据法律，及公司章程办理。

第八条　万元以内之各项工程工作，及其他契约，均由两理事长缔结确定之。

第九条　总公司职员事务，由两理事长直接指挥处理之。

第十条　矿路事务所所长，及分公司主管人，对于各该本所职员事务，秉承两理事长之命，指导管理之。

第十一条　理事长，如因事故出差，不能执行事务，得委公司重要职员，权代执行之。但华理事长，应委华员，俄理事长，应委俄员代行。

第十二条　总公司设技术、总务、会计，秘书四处，受两理事长之命办理；除技术处外，其余三处，每处设主任二人，及相当职员，均由两理事长，依据合同第九条第七项，及本章程第七条办理，并视各处事务繁简，酌量支配。在公司事业尚未发达之前，得由甲处人员，兼办乙处事务。

（甲）技术处，办理关于矿路上一切技术计划、预算，及特别委任技术事项。

（乙）总务处，办理公司一切营业，及不属他处事项。

（丙）会计处，承命办理下列各项：

一．一切银钱出纳、保管，及登记、簿记。

二．编制预决算，及各种表类。

三．保管公司财产、契据，及各项契约。

（丁）秘书处，承命办理下列各项：

一．保管公司印信，及签印。

二．撰拟机要文件，及其他文书、电报。

三．翻译文件，及通译。

以上各处办事细则，及关于会计应用账簿，并其他各项用纸格式，均由两理事长商定之。

第十三条　本公司银钱、契据、出纳，另以会计规则定之。

第十四条　所有工程之包修者，以投票法，或其他公平方法行之。

第十五条　本公司所有收入，存放本埠永衡官银钱分号，记入本公司活存账内；支取时，须由督会办两理事长四人中，华俄各一人于支票上签字、盖章，方为有效。

第十六条　本公司账簿，以中俄两国文字记载。

第十七条　本公司来文，及发文存稿，除用督办名义，向官厅行文外，均用中俄文互译，由翻译者签字。

第十八条　本公司各事务所，及分公司，以每年一月一日起，至十二月三十一日为一年度。

第十九条　翌年事业进行计划，及编制各项开支预算，由两理事长于每年度告终时，作成议案，由督会办同意后，提交董事会。

第二十条　上年技术及财政经过情形，由两理事长编制报告书，至迟须在五月一日以前，由督会办同意后，提交董事会。

第二十一条　监事对于总公司事务所，分公司账簿，预算案查阅后，签字盖章。

第二十二条　本章程经董事会议决，自呈请吉林省长公署核准后，施行。修改时，亦同。

附　矿路事务所章程

第一条　本所设所长二员，中俄各派一员，由董事会任免之，秉承理事长之命，共同负责，办理矿区，及铁路一切事务。

第二条　由公司发给图记一颗，文曰"中俄官商合办穆棱煤矿公司矿路事务所之章"。所有文件图表册籍，均须盖用，以昭慎重。

第三条　所有本所技术、财政、用人、管理，及其他一切事务，须上两所长合议处理；

其收文、发文，并须两所长核阅、签字、盖章。

但关于采矿之技术，重要问题（专指矿洞内之工程，矿洞外之机器而言），如两所长意见不同时，为维持工作起见，暂按俄所长意见办理；惟须立刻电请总公司核示。

前项规定，自矿路事务所成立之日起，暂以三年为期，如认为不适当时，得随时由董事会另议延长，或取消之。

第四条　本所置中俄秘书各一员，翻译两员；并置下列各股，每股设股长两员，中俄各派一员，均受两所长之监督，指挥办理指定事务。

一、矿务股

股长二人，管理所有一切矿务，及采矿事项。

二、铁路股

股长二人，管理一切路务，及沿线建筑物、行车、站台、及其他装置，修理各事项。

三、机械股

股长二人，管理一切机械、装置、修理等事。

四、工程股

股长二人，管理矿区非技术之一切建筑，及其修理各事项。

五、会计股

股长二人，管理账簿、钱款、出纳，及材料、仓库、木样场各事。

六、总务股

股长二人，管理售煤、庶务、医院、卫生、教育、交际、职工、宿舍，及其燃料、饮料、俱乐部、运动场及其他不属于各股事项。

前列六股，现以事务尚简，暂设矿务、路务、会计三股，其余三股，视事业之必要，陆续增设。在工程、机械、总务三股未设之前，其事务由现设之三股暂行分别兼办。

第五条　按照各股事务繁简，酌设职员若干，不得超过董事会所定员额，受股长之命令，执行职务。各股办事细则，由两所长商定，并呈明两理事长核准，施行。

第六条　各股相互关系事务，由各股股长，接洽周妥。陈明两所长许可，实行。

第七条　各股事务，由各股股长共同负责办理。

第八条　本所职员任免，均照公司章程第七条，及合同第九条第七项办理。但遇有重大过失，须立时处分者，如月薪在一百五十元以上者，得由两所长暂停其职务；其月薪不足一百五十元者，得迳免其职务，惟须一面详报两理事长核夺。其非重大过失，如认为违背公司章程，及不能尽职者，须先行呈请两理事长核准，处分之。所长对于各项工人，得按本公司所定之工资，雇用，及辞退之。

第九条　所长如因事故请假，或辞职，须具声请书，得两理事长许可后，方得离职。俄所长委俄职员代理，中所长委中职员代理。职员如因事故请假或辞职，须具声请书，得两所长许可后，方准离职；并由两所长委员，代理职务。

第十条　除第三条第二项规定外，无论何项工程，何项契约，其价格在二千元以上者，均须随时由所长督同主管人员，关于工程者，应造具预算，连同图案、说明，关于契约者，应造具契约草案，呈请两理事长核准，方能分别与修订定。但遇预防工程危险，或保护工人安全紧急工程，不及呈请时，得由所长负责，先行施工，补请核准。

第十一条　所有工作考勤、奖励、抚恤，均照本公司各项专则办理。

第十二条　两所长须按照将本所各项事务，及决算，以公司所定格式，陈明两理事长查核。惟甲月应报事项，及决算，至迟须在乙月十日以前行之。

第十三条　探矿采矿工作日记，及铁道运输日记，均按日以预定表式报告两理事长。

第十四条　本所对于总公司两理事长所有文书、报告、账簿及对内对外凡以文字表示者，均用中俄两国文字，并须两所长签字、盖章、各关系股股长并副署之。但无关重要事件，得由两所长协议，只用一国文字，仍由两所长签字。

第十五条　两所长对于公司报告，或请求之件，均须书明两理事长职名。

第十六条　本章程，自董事会议议程，呈奉吉林省长公署核准，施行。

第七章　职员

职员人数　十八年六月份总公司职员，中俄两方，共计三十五人，双方各半。矿路事务所职员，共计二百十八人，中方一百零七人，俄方一百十二人。

高级职员姓名　今将本公司十八年五月现职高级职员，姓名列下：

（甲）董事会

职别	国籍别	姓名
督办	华	蔡运升
会办	俄	谢结斯
董事	华	马德恩
董事	俄	沙赖孟
监事	华	宋汝贤
监事	俄	阿立诺克夫
顾问	华	李绍庚
顾问	俄	史毕臣

（乙）总公司

理事长	华	刘文田
理事长	俄	伊斯哈庚
秘书主任	华	杨灌菊
秘书主任	俄	阔其可夫

续表

会计主任	华	赵成恩
会计主任	俄	沃脱克维基
技术主任	华	杜景芳
技术主任	俄	列瓦金
总务主任	华	张醒亚
总务主任	俄	宝金
地质顾问	俄	安聂尔特

（丙）矿路事务所

所长	华	聂树滋
所长	俄	阔列也夫
矿路股股长	华	孙毓麒
矿路股股长	俄	卜鲁西言克
铁路股股长	华	孙炜鄂
铁路股股长	俄	蒲列柴夫
会计股股长	华	牛毓麟代
会计股股长	俄	金贺
机械股股长	华	田锡富
机械股股长	俄	葛洛思末
工程股股长	华	孙毓麒（兼）
工程股股长	俄	卜鲁西言克（兼）
总务股股长	华	牛毓麟（代）
总务股股长	俄	金贺（兼）
秘书	华	邵继宗
秘书	俄	鲁德合
煤师	华	张春恩
煤师	俄	霍特活塞

附 公司职员待遇章程

第一章 总则

第一条 凡在总公司矿路事务所分公司服务之职员，皆享此项章程之待遇。

第二条 公司职员员额、薪俸，由董事会议定之。但前议定薪额，董事会得增减之；惟须于一个月以前，通知本人。

第三条 职员薪水，由到公司执行职务之日起支。

但总公司职员于到差之日，须先谒两理事长；矿路事务所及各分公司之职员到差时，须谒见其所长，及主管人。

第四条 免职或辞职职员，自解职之日止薪。

第五条 职员薪水，每月一日发给之；但第四条所载职员，不在此限。

第二章 职责

第六条 总公司，矿路事务所，分公司办公日期时间，由两理事长分别规定之。所有职员，应遵法定时间到值办事。如因事不能到值办事，须向主管人声明理由，请假。

第七条 职员如有请求，或声明，及陈诉事项，须向主管人行之。

第八条 矿路事务所职员工作，分为两种：

一. 有一定时间工作。

二. 无一定时间工作。

但无定时间工作之职员，不得因工作时间增多，要求加薪。

第九条 所有职员，应忠于职务，应守本公司一切章程，并其他法令，及主管人之命令。

第十条 所有公司公文、图书，及其他一切证据，总公司非得两理事长之许可，矿路事务所非得所长之许可，均不得以示外人。

关于营业，技术职务上之机密事件，并不得以口头流露。

第十一条 所有公司职员，对内对外均应亲切和蔼。

第十二条 职员不得营牟公司内非其职务内之事项，并不准兼充公司以外之差。

第三章 惩戒

第十三条 职员有本条四项行为之一者，按乙项各款，酌量情形处罚之：

（甲）一. 不执行职务者。

二. 办事不力，及旷职者。

三. 不服从章程及命令，或主管人之指挥者。

四. 对于职务，及主管人，同事，或外人，有不正当行为者。

五. 罢工，或煽惑罢工，及违法集合者。

六. 不遵守本章程第八及第十、第十二等条者。

（乙）一. 申斥。

二. 记过。

三. 记过并告诫。

四. 减薪，或迁调，降等；如不悛悔，即行免职。

五. 免职

第十四条 前条乙项各款，由各该主管人酌定，并执行之。

第十五条 被处分职员，如认处分为不当，应于接到处分通知后两星期内，声明不服。逾期，不得声明。

第四章 房费

第十六条 总公司及其他职员，为执行职务便利，应住繁盛地方，公司给予房费。

前项房费，比较该职员薪水二成五支给之，但至多不得过一百二十五元；即每月薪水在五百元或五百元以上者，亦均不得超过一百二十五元。董事会职员，不在此限。

第十七条 矿路事务所、分公司，如非繁盛地方，其职员由公司给予官房，不给房费。

第十八条 矿路事务所职员，由公司给予煤炭者，按照董事会规定给煤章程办理。

但前项给予之煤，由煤栈至该员往之运费，由领煤人负担之。如该员往所取用饮料费，亦由该员负担之。

第十九条 已给房费之职员，不再给煤。

第二十条 凡住居公司官房之职员，除自己家庭外，不得容留他人；并应注重清洁，维持秩序，且不得加以拆改。

如遇免职，须自免职之日起，两星期内迁出。便不得应薪水尚未领齐，借口缓迁。但职员因病故时，其遗族得于自该员病故之日起，一个月内迁出。

第二十一条 矿路事务所职员，遇有疾病，由矿医诊治，或住医院疗养，所需药品及绷带等，按照矿医方剂给予之，均免收费用。惟住院疗养，须医师认为必要时，方可。

但无医师方剂而用药者，得按原价收费。

第二十二条 矿路事务所职员同居家族，遇有疾病，亦按二十一条规定待遇之。

本所所谓同居家庭，系指父、母、妻、子而言；但子不得过十八岁。

第二十三条 矿路事务所职员，其家族免费诊治期间，至多不得过两个月。

第二十四条 分公司职员，于其往所无相当医师，及药房时，得斟酌情形，按照本章程二十一、二十二、二十三，各条办理。

但住繁盛地方者，不在此限。

第六章[1] 请假及期限

第二十五条 总公司职员请假时，由两理事长许可；矿路事务所分公司职员请假时，由两所长，及主管人许可。

第二十六条 职员因病请假三日以上者，应将医师诊断书送交主管人查阅。如不送交前项诊断书，即认为旷职；并按本章程第十三条酌量处分之。

---

[1] 原文如此。

病假逾两个月者，应予免职处分；但董事会得延长其期限。

第二十七条 公司职员请左列各假者，准予带薪：

甲．病假在一个月以内者。

乙．请普通事假七日者。

丙．请婚假十四日者。

丁．请丧假（祖父祖母妻）二十一日者。

但因甲项事故请假者，须呈医生证明书；倘其假满病未痊愈，董事会可准续假，仍免扣薪。惟共计至多不得超过两个月。因丙丁事故请假者，其路程确离在职地主遥远者，得展一星期，不扣薪水。

第二十八条 职员服务满一年未经请事假一次者（但经医生证明请病假者不在此限），得请假一月，不扣薪水。其在一年以内，按本章程第二十七第乙项规定，呈请短期事假，若陆续请假日期，总计未满一月者，不扣薪水。惟满一年未经请事假一次者（呈医生证明请病假者不在此限），于董事会分配奖金时，得多给之。

第二十九条 职员假满后，无故不销假者，认为无意继续供职，应予免职。

其因病，或交通阻止，或父母及其妻病重者，不在此限。

其延期原因，本公司认为正当时，得酌量展期；但至多不得过一个月。逾期仍不回差，即予免职。

第七章　特别工作

第三十条 所谓特别工作，系指有定时间工作外，临时发生特别紧急事件而言。

第三十一条 在有定时间内，未能办竣事件，仍须继续办理者，不为特别事件。

第三十二条 第三十八条特别工作，应组相当酬劳金，总公司由两理事长命令行之，矿路事务所各营业所，由各所长，或主管人命令行之。本章程第八条内所列无定时间之工作，不在此限。

第三十三条 按照第三十、三十一、三十二各条规定特别酬劳金，每点钟不得超过其所提月薪百五十分之一。

但酬劳金，每月总数不得过其薪额之半数。

第八章　旅费及宿舍费

第三十四条 职员赴差调任时，照本条规定支给旅费：月薪在一百五十元以下者，给予三等车船票；月薪在一百五十元以上至四百元者，给二等车船票；四百元以上者，给头等车船票。

但无火车轮船处，得雇用船只，或马车，按实数开支，日住须有车船户收据。

第三十五条 公司职员被派出差，除支原薪，并按第三十四条支给旅费外，并按下表支给食宿费：

月薪	每日食宿费
五十元以内	一元五角
五十元至一百五十元以内	二元五角
一百元至二百五十元以内	四元
一百五十元至三百元以内	六元
三百元至四百元以内	八元
四百元以上	十元

第三十六条　出差人员，应尽力缩短时间；如逾一月以上者，须得董理会许可。逾一月仍未办竣者，其住宿费，按第三十五条之规定，发给三分之二。

第三十七条　职员于出差期内，如得疾病，于此期间不给食宿费。但重事会得给辅助金，惟不能超过该员月薪之数。

第三十八条　其出差时间开支食宿费，应向主管人报告，并照以下各款详细开列：

一．奉何人派遣。

二．出差地方。

三．因何出差。

四．出发日期。

五．销差日期。

六．出差日期。

七．应领食宿费数目。

八．轮船火车票价，及车马船只雇价。但此项费用，须有被雇者收款单据。

九．已领住食宿旅费数目。

十．未领足或多领数目。

第三十九条　职员被派出差时，预支旅费；但须按出差期间所需旅费全额，预支七成五。销差职员，于缴出第三十八条所规定各款清单时，应发给其旅费，及食宿费。如出差职员预支旅费等有余时，应于销差时，立即缴还。

第四十条　职员出差时，须得两理事长之命令，或许可；但矿路事务所所长，于必要时，得派其所属职员出差。惟须将派差理由，即时呈报两理事长。

第四十一条　出差职员，对于所委事件，未能办理完善，或未能办理，两理事长如认为不应给予旅费食宿费时，即不支给。

第九章　恤金

第四十二条　公司职员，因公病伤死亡去职者，照下列名欠款抚恤之：

一．职员于工作时，因不幸事件受伤残废，失其按劳劳动能力一半，或较多者。

甲．其在职未满一年时，比较该职员月薪数给予津贴六个月；按月支给。

乙．其在职一年以上时，每满一年，递加给半月；但至多不超过该职员九个月薪数。

二．职员于工作时，因不幸事件受伤残废，失其劳动能力全部者。

甲．其在未满一年时，比较该员月薪半数给予津贴一年；按月支给。

乙．其在职一年以上时，每满一年，递加给一个月；但至多不得超过该员十二个月薪数。

三．职员于工作时，因伤致死者，比较该员两个月薪金，给予一次恤金。并比较该员月薪半数，给其家族赡养费二年，按月支给。

四．在职一年以上之职员，积劳病故者，得按本条第一项办理。

五．因伤致死，或积劳病故职员，并按月薪半数给予治伤费。

六．前项恤金，未满一年零月，每月按照应得递加一年之总额十二分之一计算。

第四十三条　职员因公被匪伤害，或被掳去，应如何抚恤救治，由董事会，或督会办临时商定。

第四十四条　遗族恤金及津贴，由伤者死者之妻、子，或父、母具领。

第十章　奖励

第四十五条　职员著有特别劳绩者，给予特别资金。此项资金数目，由董事会定之。

第四十六条　职员办事勤勉者，得加给薪水。

此项加薪，须在职一年以上者，始享有之。

加薪数目，由董事会定之。

第四十七条　每年年终董事会，认为必要事，得于红利内提出若干奖给公司职员。此项奖金，惟于本年内办事勤劳，且无本章程第十三条之行为者，始得享有。

奖金数目，由董事会定之。

第四十八条　为奖励矿路事务所职员起见，董事会得于下列各种情形，给予奖金：

一．采煤迅速。

二．运输敏捷。

三．储蓄材料得法。

四．努力工作。

五．节省消耗。

此种奖金，由董事会特别命令行之，并须载明职员姓名，及应行奖励事项、奖金数目、奖励方法，及发给奖金日期。

第十一章　附则

第四十九条　本公司为谋矿区职员办事便利起见，于矿区设中俄语言学校；其详细办法，由两所长酌定，呈请理事长核准。

第五十条 本公司为谋矿区职员身体健康，及增进智识起见，于矿区设运动场，及图书室。

第十一条 本章程由董事会议通过施行，未尽事项，随时修正。

第八章　采煤

概况　本矿在十四年九月，矿路事务所未成立前，虽属探矿时期，已有小范围临时探矿之工程。计开斜洞一、立井二，及横洞七，共计洞内坑道延长五千三百公尺。以上各井洞，除第七号横洞为第一号直井，及第六号横洞，为第二号直井作行人通风道外，目下均已煤尽作废。现在采煤地点，皆属第一、第二两直井范围。出煤数量，两井大致相等。

两井位置　本矿第一区，现在所采之煤层走向延长三千公尺，两端为大断层所切断，已如上述，自第六七两横洞干巷起，沿倾斜深至七百五十公尺止，以此3000，乘750，得2250000平方公尺之一片煤层，以第一第二两直井平分地段，采尽之。依此情形，故定第一号直井，于新机械厂附近，其主要理由，为井内搬运便利分述如下：（一）每井顺走向，各得一千五百公尺，而又各位其井之地点，于其区域之中间。则每井之干洞顺走向左右掘进各七百五十公尺，一端逢断层而止；其另一端则与别井之一端互相掘通而止；搬运长途适宜。（二）又沿倾斜七百五十公尺分为三片，各二百五十公尺。直井位于第一片与第二片交界处。向上采掘二百五十公尺，向下五百公尺；所有煤斤，均运集于直井干洞，再由井口捲扬出井，搬运亦称便利（参见矿区界线及井外设备图）。

第一直井　地点在一小丘阜上，民国十四年九月开工，十五年四月见煤；深三十八公尺，井为长方形，用红松方木密叠镶固；宽2.2公尺，长4.8公尺，分为三间。煤车、罐笼上下两间，每间宽1.5公尺。捲扬井架，高十一公尺，日能吊煤七百吨。（第四图）

第二直井　距第一号直井一千五百公尺。民国十四年十一月开工，十五年九月见煤，深五十一公尺。井身木镶，长方。宽度，与第一号直井同。因井口地低，煤车井出井口之栈桥，须离地面5.3公尺。故捲扬井架高为十五公尺。罐笼每次上下，能容半吨煤车一辆。日能吊煤七百吨（第五图）。

副井　通风及输送材料之副井有四：第一号直井北翼，及第二号直井南北两翼，均利用煤层露头浅处，开小井三眼，颇省工料。惟第一号直井南翼因山高煤深，特开一九平方公尺，深五十公尺之立井一眼；分为两间，一作输送材料，一作通风之用，以蒸气为原动力之抽风机一架安置于此。

扩展计划　民国十七年春，因销路畅旺，遂有开采第二区之计划，修筑十华里运煤支路，开凿南北两斜洞，共需大洋十六万四千四百元。第一年即能产煤一万九千吨，第二年可加两倍。正在备料兴工，公司销路，忽然停滞，矿区煤斤，囤积如山；供过于求，扩充计划，遂告停滞。

第四图　第一号大井（略）

第五图　第二号大井（略）

第六图　探矿机钻（略）

第七图　材料厂（略）

第九章　探矿

本矿因煤量蕴藏不多，探矿工作，历年进行，未当停止。所注意者，在第一区煤层与第二区煤层之中央区域。去冬，曾探提一公尺厚之煤层一层；惟因煤层倾斜甚急，而公司只有深能及八十公尺之人力探钻五架，未能深探。故难确定煤层之价值。又为探东端大断层，及预定第三、第四两直井之地点，非有机器探钻不可，今年春，新由德国购买到钻机一架，刻正在距第二号直井沿倾斜七百五十公尺预定三年后开第四号直井之地点工作，兹该探钻构造、能力，及价值列表如下（第六图）：

制造厂　德国阿里夫列里维尔特工厂。

钻头　钢质。

钻头直径　最小三英寸，最大九英寸，计七种。

岩心径　二英寸。

掘进能程　二百五十公尺。

附件　二百五十公尺之钻杆及抽水机，并各种零件。

原动力　蒸汽为原动力其附带汽锅汽压，为十一；系司米达工厂所制。

价值　美金一万三千元。

第十章　采煤法

井内区段　采煤预备工程，先分全井为若干区段，以直井井底往左右顺走向掘井之干洞为基线；沿倾斜向上二百五址公尺为上一片，向下二百五十公尺为下一片，再向下二百五十公尺为下二片。全井共为三片，每片有一宽巷，名曰干洞；敷设坡度千分之五双轨轻便铁道。全片煤井，均输送于此，以至井口。每片又分为四小片，每小片，相距六十公尺；各有一与干洞平行之平行巷，名曰平行洞。依次以第一、第二、第三等名之；各敷设单轨铁道。此井内沿倾斜区划之情形也。

此等干洞，及平行洞顺走向每掘进二百五十公尺，开一斜运道，依次以第一、第二等名之，各敷设双轨铁道。所有全片名平行洞之煤，均经由斜运道以辘轳送至干洞。此井内顺走向区划之情形也。如此经纬纵横，遂分全井为若干区段。

残柱　采煤残柱法。由上述之干洞，及平行洞顺走向，每掘进十公尺，开一与干洞及平行洞垂直之上山，以一、二、三、四等依次名之各上山每掘上十公尺，开一与干洞及平行之顺槽，亦经次序名之；与第二之上山相掘通。如此类推，掘进遂成若干一百平方公尺之正方残柱，直至上条所述之斜运道上开始，将此等残柱采拆，以至于尽。工人名为吃回槽。除干洞两旁按煤质之硬弱，留保护十公尺，或二十公尺，其除各并行洞，均与残柱同时崩塌，不施填充。其木料可拆出者，亦均拆出之。

井内坑道尺度　井内各坑道，宽狭高低，均有定数如下：

干洞　　　高一·八公尺　　　宽三公尺
斜运道　　一·八　　　　　　三
平行洞　　一·八　　　　　　二
人行道　　一·八　　　　　　二
上山顺槽　一·〇　　　　　　二

采煤用具　掘井及采煤所有一切用具，均由公司发给；或用鹤嘴锆，或用土名之苏城尖锆，及十斤重锤，与半公尺长钢闸等件。干洞掘进，凿顶及穿断层，或遇硬煤，则用炸药。今年新购依里倭脱手摇钻煤机四架，以替代人工。每架价二百十二元。

井内情形　本矿煤层良煤仅一公尺；其上为〇·二公尺之劣煤，名为三号煤。再上为〇·二公尺之煤性页岩；又上为〇·四公尺白土。此等情形，当干洞平行洞掘进时，煤顶均系软质，自属省工；惟上山顺槽，因其顶软，不能久支，常须更换支柱，而采取残柱，尤须多木，且有崩塌之险，是其劣点。又良煤层中，夹杂〇·〇二以下之薄泥片三层。工人采煤时，虽令其注意隔离，而事实困难，故出井煤质灰分增高，此井内之困难情形也。

两直井在去年底，互相掘通，其别两端，亦各将至煤层尽处，均逢将近大断层前之断层，第一号直井断层差落五公尺；而第二号直井，竟差落二十五公尺之多。自去冬直至本月，始穿过见煤，其石头隧道，计长一百三十余公尺，实为本矿井内最大之断层。正值公司销场停滞，否则影响甚大。

第十一章 搬运

搬运法　井内各采煤场采下之煤,由矿务技师、督令工人分别一二三号等级,用铁锹入木制之四轮把犁内;由把犁夫经各上山道,藉自动力推至敷设单轨之并行洞;再装入铁质,或木制煤车内。插一木质标志,标明何等煤质。由推车夫推至井底停车场,以捲扬机提出井外;复由井上推车夫先经过宽七公尺之栈桥(敷设四轨轻便铁道),推煤车入圆形开转车筐倒入于停放下层栈桥(宽高各二·三公尺两柱相距亦二·三公尺敷设双轨铁道)之阔别小式铁翻车内;再沿该栈桥,倒于敷设地板之卸煤场。各号煤斤分别地点,不得混乱。然后由装车,及选煤技师指挥选煤夫,及装车夫选出泥土杂质,以两人抬之木斗,装入中东铁路租用之火车内。此项车辆,载重十六吨半,或二十吨,以至五十吨。经穆棱铁路,及中东路,输送各地出售。

井内下一片,及下二片,刻正在掘进之际;其各片运搬方法,与上一片同。惟因在井底水平线下,故须先以捲扬机经过长二百五十公尺之暗斜洞(倾斜:第一号直井五度;第二号直井十四度),捲至直井干洞,再推至井底提出井外。此等暗斜洞提煤,将来用无极循环索捲扬机;第一号井以蒸气为原动力,业已到矿,方在安置之中;第二号直井以电为原动,机器购妥,已在途中。

搬运设备　今将搬运设备分述于下:

(一)铁轨　井内外轻便铁道,从前大小不一,近来业已划定,列表如次:

长	每根六公尺
高	六〇·五公厘
重	每公尺七·五公斤
价	每公尺八角一分
两轨距	六〇〇公厘
两枕木距	六五〇公厘

全矿铁轨共长三八四三〇公尺(以双轨计)。

(二)煤车　煤车有三种:(一)系德国阿萨阔别尔式(Arthur Koppel)铁翻车,装煤一吨。全矿共有五十九辆,每辆价二百六十七元三角,运费在内。(二)系德国(Grubenwagen)式方形铁车,内容0.6立方公尺,装煤约0.55吨,车重三〇〇公斤,全矿共有二百辆,每辆价值运至矿区二百四十七元三角八分。又每一车轴,带车轮两个,价为三十元;(三)系矿区自制木质长方车,大小容量,与铁煤车同。

(三)搬运机械　双轮汽动捲扬机两架,每井各一架。其装置位置,第二号直井捲扬机辘轳中心,与井口中心,距离为十五公尺半。兹将捲扬机构造价值列下:

马力	八五

汽压	六
汽缸直径	二七五公厘
行程	四六〇公厘
捲扬速度	每秒2.5公尺
捲扬能力	二〇〇〇公斤
齿轮	大小各二个
辘轳	二个
辘轳直径	一六二〇一一八〇〇公厘
辘轳宽	八五〇公厘
两辘轳中心间距离	一六九〇公厘
价值	25,816.89元
第一号	直井内暗斜洞复式汽动循环索捲扬机构造、价值列下（方在安置中）：
马力	三二
汽压	六
汽缸直径	二〇〇公厘
行程	三〇〇公厘
速度	每秒种〇·五公尺
运煤能力	每昼夜工作二十小时　六六〇吨
两索间距离	一，六九〇公厘
两车相隔时间	五四秒钟
附件如下：	
竖轴捲扬滑轮	二个
钢索滑车	一八对
钢索直径	一九公厘
钢索长	六〇〇公尺
挂车练锁	二五个
价值	美金3201.25元

第二号直井暗斜洞内电动循环索捲扬，购自德国，已在途中。其工作情形，与上述汽动机同，惟以电为原动力。其附属之电动机为三相交流，五十周回，二二〇〇电压，五〇启罗瓦特。全机重量一一，一三二公斤。全机及附件在海参崴交货，计价值美金四，〇六〇元。

第十二章 支柱及木板

支柱法 井内支柱方法所有掘进工程,均属木棚,由一梁两柱而成。两架相距,干洞及斜运道等宽巷,为〇·五公尺;并行洞、人道,及上山顺槽等狭巷,为〇·七分尺。架与架间,插以劈板,疏密不一,以防煤顶,及壁土溃落。惟采残柱时,不用一梁两柱之法,只以立柱横木各一,临时支持。柱与柱之距离,平均约〇·七公尺,仍以煤顶之硬软为定。

支柱材料 本矿支持本料,不外柞木、桦木,及松木三种。二年以前,多用柞木、桦木就地购自矿区附近十里以内。近因桦木质弱易腐,除作轻便道木外,拒绝使用。柞木则均在二十里以外,运达价值,且不易买;故近来支柱,多购用距矿区七八十里之谢吉斯秋皮沟松木。该项松木,利用河水流至穆棱铁路亮子河车站,再由铁路装运矿区。松木除黄花松外,品质不及柞木;煤顶不坚,及采煤残柱等处,均有用柞木之必要。

支柱价值 兹将民国十八年柞木、松木订购价值,列表如下:

直径 每根价值 长	110公厘	135公厘	155公厘	180公厘	200公厘
1.20公尺		0.35元	0.40元		
2.00公尺	0.40元	0.60元	0.75元	1.00元	
2.50公尺		0.75元	1.00元	1.30元	
3.00公尺				1.60元	2.00元
备注	黄花松及柞木,如整车装运,不掺杂木者,柞木按原价增加百分之五,黄花松增百分之十。				

又将民国十七,十八两年各项木料实用平均价值,列下:

种类	尺寸 径或宽	长或积	价值	备注
窑木	自110至260公厘	1.40公尺	每根0.38元	轻便铁道枕木
	自110至180公厘	2.00公尺	0.61元	
	自110至180公厘	2.50公尺	1.01元	
	自90至289公厘	2.75公尺	1.13元	
	自110至180公厘	3.00公尺	1.35元	用途甚少
红白松板	厚25公厘宽178公厘	6.40公尺	每片0.93元	
	厚25公厘宽229公厘	6.40公尺	1.14元	
	厚51公厘宽178公厘	6.40公尺	2.07元	
	厚51公厘宽229公厘	6.40公尺	2.88元	

续表

种类 \ 尺寸	径或宽	长或积	价值	备注
红白松方木	普通	每立方公尺	37.93元	
	干枯	每立方公尺	18.36元	
	新斫	每立方公尺	31.07元	
穆棱铁道枕木		每根	1.92元	

支柱耗用量 今将民国十四年起，至本年六月止，历年每月使用窑木根数，列表如下：

月别 \ 年别 根数	十四年	十五年	十六年	十七年	十八年
1	3957	6520	8330	10000	14248
2	5511	4855	4460	13050	4500
3	6372	7225	10910	22647	13300
4	6108	11531	14690	22870	15928
5	2638	5923	14226	21171	12150
6	3832	5706	12740	8609	10616
7	4132	5982	10867	18673	
8	5179	8505	25321	17930	
9	—	5280	21482	19343	
10	2740	6683	25897	17202	
11	7920	6404	25086	15084	
12	8040	13210	21300	14060	
共计	56429	87824	195309	200639	70742
总计	610943根				
备注	每根长至1.20公尺至3.00公尺，径自110公厘至180公厘，价目二角五分至二元。				

支柱费与产煤额 今将民国十七年度，每月窑木使用根数，及费用，并每吨煤之窑木费，列表如下：

月别 \ 类别	窑木根数	窑木费	产煤额	每吨煤之窑木费
正月	10000	6229.23	15379.559	0.4051
二月	13150	10162.36	20118.623	0.5051
三月	22846	13420.12	30027.694	0.4472
四月	22870	14909.74	28647.215	0.5204

续表

月别\类别	窑木根数	窑木费	产煤额	每吨煤之窑木费
五月	21169	13352.68	22770.000	0.5864
六月	8407	4819.35	16170.000	0.2986
七月	18670	11737.53	18869.000	0.6221
八月	17930	11161.36	21234.500	0.5256
九月	19343	12263.11	17550.000	0.6987
十月	16826	14914.06	22354.000	0.6671
十一月	14920	15139.81	17624.500	0.8591
十二月	14060	19589.52	25055.617	0.7419
总计	200191	147698.87	255801.208	0.5774

本表产煤额以吨为单位又表中煤额只头二号煤不列入三号煤窑木费以哈洋元为单位每元合现大洋七角。

第十三章 排水

排水系统　全井三片，每片各有蓄水池，及抽水机。下二片方在掘进之中，其抽水机，随暗斜洞之延长而移动，吸取该片水量至下一片之水池，复有该水池，抽之上一片之干洞，流入直井底总蓄水池内。自此再行抽出井外。本矿因系新开之矿，并无废井旧窑湧水之患；即或地面河沟于残柱采掘时，亦可先时预防移改水道，或镶做木槽。惟逐年采煤，残柱塌陷区域渐广，每届春季化冻，及久雨时，井内水量，亦与年俱增。

排水量　今将民国十七年雨直井，每月每小时平均排水量，列表如下：

月别\水量\井别	第一号直井	第二号直井
正月	8118	13738
二月	8052	15743
三月	10209	19937
四月	11070	23369
五月	17219	22346
六月	10909	37143
七月	22299	44302
八月	27649	46283
九月	28510	52272
十月	29519	49320
十一月	31732	46800

续表

井别 水量 月别	第一号直井	第二号直井
十二月	28756	49910

备考　水量以公升为单位。

排水设备　井底总蓄水池、抽水机，均以蒸汽为原动力。下一片及下二片掘进所用之抽水机，刻亦暂用蒸汽，俟新发电机安妥，电力充足时，改用电动抽水机，庶免长途耗汽。今将两井井底排水机房卧式蒸汽抽水机构造、能力、价值等，列表如下：

制造厂	德国司瓦特工厂
排水量	一二〇〇公升
	每分钟可抽四十三至四十六次
扬高	一二〇〇——三〇公升
	气压在十八以上
汽压	六—七
冲程	二五四公厘
汽缸径	三五六公厘
水缸径	二〇三公厘
进水管径	一七五公厘
出水管径	一五〇公厘
进汽管径	六四公厘
出汽管径	九〇公厘
每架价值	二四四四·一三元哈洋
架数	第一二两直井共四架

又第一二两号直井内暗斜洞，及第二号直井底水泵房，共有华盛顿式同样抽水机四架，其构造价值列下：

汽缸径	七英寸半
水缸径	五英寸
冲程	六英寸
出水管径	三英寸
进水管径	四英寸
价值	哈洋八〇二元

此外全矿尚有蒸汽抽水机出水管，径三英寸者二架，二英寸半者二架，一英寸半者三架，分布于机械厂两汽锅房，及穆棱铁路各站水塔抽水之用。

第十四章　通风

通风法　井内工作区域虽广，惟沿煤层倾斜尚不甚深，沼气爆发，仅限于少数布局。此等区域，安置2.6马力电动直接送风机，经过送风筒，输送新鲜空气，以冲和之。

全井目下仍依自然通风法，两直井各有通风副井。第一号直井地势较副井高，夏季由直井进风，副井及七号横洞出风。冬季由副井及七号横洞进风。若依自然通风，冬季须有第二直井进风，由副井出风。然直井井身四壁水势甚旺，冬季冷风由直井入口，则水结为冰，妨碍工作，故必须使风反向，仍由直井出口，方免此患。其法因第六号横洞地势较第二直井低，故将南北两翼通风副井，完全堵塞，利用六号横洞，以为冷风进口要道；安设风门，使空气分流于各采煤地点，及下一二两片，再由直井出口。

煽风机　自去年第一号直井，及今年第二号直井发现爆发沼气，又以下一二两片采煤区域渐广，购买煽风机两架。第一号直井一架，以蒸汽为原动力；第二号直井一架，因距发电厂较近，以电为原动力。蒸汽煽风机购自日本，业已到矿，正在装置中。电动煽风机，向德国购买，不日与新添一百二十五启罗瓦特两架发电机，同时到矿。

第十五章　井内灯火

灯火种类　井内取光，分洋烛、油壶灯、电石灯（Acetylene lamp C_2H_2）、安全灯，及电灯五种。干洞斜运道、人行道、卷扬机室，及抽水机室等处，均用二二〇电压之电灯。两灯距离，在直线坑道，普通为三十公尺。采煤夫，及掘进夫，多用洋烛；推车夫多用油壶灯。公司技师。与监工人员，及包工人工头，均用手提电石灯。在空气不佳处，工人亦有用电石灯者。沼气区域，职员及工人，均用华尔夫安全灯。除电灯由公司装置外，所有灯火费，归工人自备。平均工作八九小时，约需灯火费大洋一角。兹将华尔夫安全灯构造、价值，及数量列下：

（一）华尔夫式安全灯，带双层铁丝罩，不用磁石锁；灯底有铅弹灯捻机关。灯之上部，不带铁质外罩者，每盏价值，运至海参崴，美金一元八角七分，全矿计有二百五十盏。

（二）与上节相同，惟灯之上部有铁质圆形外罩者，每盏价美金一元九角五分。计有二百五十盏。

（三）玻璃灯罩五千个，每百个美金五元一角，在海参崴交货。

第十六章　钻炸

概说　除第十章采煤法所述四架手摇机钻煤机外，所有凿石、钻煤，运用工人。钻用六棱，钢制。钻眼最深1.2公尺。在普通沙岩层，平均每二小时，二人合钻一眼，每钻一眼装红糖色62%炸药一条，至四条，以明火燃着导火线燃放之。惟在沼气区域，另用低燃烧点安全炸药，以电气爆炸机施放之。该项电炸机，购自德国西门子，全矿两架，每架哈洋二〇六元。凿石工价，每一立方公尺为六元二角，炸药费在内。

炸药价值　兹将炸药、铜炮，及导火线价值列下：

药别＼类别	制厂	价值
62%炸药	诺别拉	每公斤0.92元
铜炮		每个0.08元
导火线	比克福尔达	每公升0.07元
备考　价值以哈洋为单位		

炸药使用量　兹将本矿历年每月炸药施用量，列表如次：

年别＼类别＼月别	十五年 炸药	铜炮	导火线	十六年 炸药	铜炮	导火线	十七年 炸药	铜炮	导火线	电气炮	安全炸药	十八年 炸药	铜炮	导火线	电气炮	安全炸药
正月	51.6	200	298.70				49.14	500	568.96			319.42	2245	2105.15	150	2.25
二月	44.23	100	227.69	17.20	290	114.00	115.49	700	568.96			100.74	220	156.46	140	
三月	46.68	300	398.37	46.68	286	355.70	88.45	1030	739.65			407.87	3022	2319.56		
四月	93.37	490	754.38	58.97	424	369.42	186.73	1120	1134.92			282.57	1723	1237.49		
五月	81.08	530	511.45	52.83	600	411.78	197.49	2004	1248.43			245.71	3000	1422.40		
六月	93.37	450	839.11	49.14	230	327.05	173.32	2009	1075.69			196.57		1066.80		
七月	61.43	400	598.02	60.20	470	398.98	196.57	2700	924.56	100						
八月	51.60	235	512.67	46.68	200	384.35	125.32	50	1479.29		2.25					
九月	147.42	790	1365.50	108.11	1500	739.44	167.02	1300	611.63							
十月	68.80	505	809.55	154.79	500	365.76	218.68	2600	1137.92							
十一月	61.43	300	739.84	120.39	1400	292.61	98.28	500	711.20	10						
十二月	22.11	87	455.07	162.16	1500	495.60	196.57	1000	1066.80							
总计	823.12	4387	7510.35	877.15	7400	4254.69	1813.06	15513	11307.01	110	2.25	1552.88	10210	8307.88	290	2.25
备考　炸药以公斤为单位；铜炮以个为单位；导火线以公尺为单位。																

炸药管理　本矿有炸药总库一，在矿区东山坡，与各建筑物相隔离；派一矿务技士兼管之，负保守，及收发之责。两直井各有一小炸药房，以备由总库领来存放用余之用，归包工人负责，由各井矿务技士监督。兹将炸药管理使用规则，附录于下：

穆棱煤矿矿路事务所保管搬运及使用炸药规则

第一章　炸药之保管

第一条　存贮炸药，及其附属品之库房，应具防火性，及防止流弹穿透之能力，并应装备通气筒。至库房之地点，应与住所隔离约二百公尺以上（存药约二千英镑），并应利用地势，以防万一之爆发。

第二条　炸药库应备置避雷针，并于四周用土培成高一公尺以上之土墙。若遇行人往来穿行地点，尤须安设栅栏。

第三条　炸药库门外须用锁关闭，并用黄蜡火漆封固。其封固火漆之样本，则交保管该库之管理员收执，以资佐证。

第四条　炸药库除管理员，及持有两所长与矿务股两股长书面证明书者外，概不得擅近库门。该库看守人，亦不得任其徘徊栅栏左近。

第五条　凡有相当资格得入炸药库之人，应特别注意炸药库之门闩，及蜡印是否完整。当出库时，或应会同看守人将蜡印从新封固，以昭慎重，倘蜡印及锁发觉破坏时，应即呈明两所长，及护矿队长，以便稽查破毁原因；并核对炸药存余数目。

第六条　除持有两所长及两股长特别书面证明书之人员，及搬运炸药之工人外，不许入库。但以上所指之员工，仍须由炸药库管理员到场监视。

第七条　凡入炸药库之人，不得擅带火种、军火、洋火，或吸烟；如遇必须用灯火之时，只能用手电灯以保安全。

第八条　炸药库内，不得留放能发火光之铁器。库内地上，尤须铺设芦席，或毛毡。入库之人，应于库外脱去皮靴，换着毡靴。地板务须清洁，不得将炸药、导火线、雷管等物，弃置其上。

第九条　炸药箱应置于特备坚固之架柜上。各箱之距离，须在100公厘以上。架柜可作两层，但必须敷垫芦席，或毛毡。若炸药箱上，再放他箱，则其中间，须铺垫较厚之毛毡。

第十条　炸药与其附属品，不得同贮于一库房内。但遇必要时，应将库房间断，划为两部分，以便分别存贮。如系临时性质，虽可同贮于一库内，但仍须划分界限，单独放置；其数量，亦不得过多。

第十一条　炸药库设管理员一名，办理保管，收发炸药与其附属品，及记账等事项；并应由矿务股两股长随时监视之。该管理员职务，可暂由矿务股技士兼任之。至于炸药库守护之责，则由护卫队办理之。

第十二条　炸药库附近，不许放枪，以防药库被流弹击射。

第十三条　炸药库周围之地面，应随时清除，不得有树枝叶草根等物存置，以防被临近火烛之连累。

第十四条　盛炸药之箱，不准在库房内打开。开启炸药箱之器具，应以木质锤楔为之；能发火之物，禁不准用。

第十五条　炸药库内，应干燥，以免炸药，及附属品将湿气收吸，而丧失其感觉性，及效力。

第十六条　库房内应备置一寒暑表，位置于适宜地点；并应装置一玻璃窗，以便在库外随时调查，库内之热度。其热度不得过高，以免炸药，及其附属品之损坏。

第十七条　药库如须修理时，应于事前，将库内存品搬至安全地点，并须防其受天然之影响。库内地台，如经受炸药之粘染，应以特别配置之药水洗擦之后，始可动工。

第二章　炸药之搬运

第十八条　往炸药库运送炸药，须用马车装载。在未装载以前，须以谷草，或洋草，将车加厚敷垫，然后将炸药箱放置妥当。顶上必须加盖毛毡，且车上所装各炸药箱之距离，须在200公厘以上，其中间空处，亦已谷草，或洋草添满，不得距离过近。装运炸药之车辆内部，不得有钢铁等物，以免与炸药箱相摩擦，而发生火光。

第十九条　往车上装载炸药箱，及在炸药库卸炸药箱之工人，应特别注意，慎勿将该箱压落地上，或振动之；亦不得在地上，将箱拖之而行。

第二十条　运送炸药，应择平道行走；且须缓步轻移，并在车前标以红旗。

第二十一条　运送少数之炸药，不得置于衣囊内，须置于特制之布袋内，而以肩荷之。且须严密包裹，以免炸药漏出；尤应特别小心，以防其坠地，或与别项物件相冲击。

第二十二条　于搬运炸药时，不得携带灯火，及吸烟。至携带灯火，或吸烟者，概应禁止其接近。

第二十三条　大宗雷管，不得于衣袋内携带，应以木箱装之。

第二十四条　炸药不得与雷管、导火线，或别项引火材料，同时装运于一车。

第二十五条　将炸药，或其附属品，以提筐，或皮兜送入井洞内，应特别小心。

第三章　收发炸药之手续

第二十六条　无论收受，或发放炸药，均须立即于收发炸药簿内，将该库管理员根据收发炸药之证明书详细注明。

第二十七条　炸药须经矿务股主管人许可，施放炸药人员亲笔于收发炸药簿上签字，并有矿务股主管人领单，始得发给之。

第二十八条　矿务股两股长应到炸药库检验炸药，及其附属品，并核对收支账，每月至少须行一次。并应将该项账目，列表呈报所长核阅后，转呈理事长备案。

第二十九条　领用炸药，及其附属品时，管理员应将库内旧货，尽先发给；俟发清后，始得发给新货。

第三十条　炸药库及各处临时炸药库收发，及存货账目，应由炸药库管理员，每月报告矿务股长两次。

第三十一条　施放炸药者，每日应将其经手收入、消耗，与存余炸药数目，列表报告矿务股股长；表内并应备载导火线燃放爆发数目，以凭稽核。

第四章　使用炸药之规则

第三十二条　温度在摄氏表十三度，或华氏表五十五度以下，炸药即受冻，不特不易燃放，若稍受震动，即行爆发。此项受冻之炸药，应禁止使用。

第三十三条　温暖被冻之炸药时，备至暖药桶，而借助热水之力，以温暖之。其水之热度，应在摄氏表十三度（即华氏表五十五度）以上，摄氏五十五度（即华氏表一百三十度）以下，最适宜之热，则为摄氏二十七度（即华氏表八十度）。

第三十四条　炸药如已受冻，必须先用适当方法温暖之，不得将其直送之矿洞内使用。及施用时，不得将炸药条折断，以防内部尚有受冻坚实之处以防爆发。

第三十五条　应严禁将炸药置于炉火之上，或其附近地点。

第五章　装置及燃放炸眼之规则

第三十六条　装置及燃放炸眼，除炸药外，雷管及毕克佛达导火线等物，均须连用。当导火线装置于雷管时，应以特制之钳子为之，切勿以牙齿咬之，或以别项器具击之，以防其爆发。

第三十七条　燃放炸眼时，其毕克佛达导火线之长度，应视同时所燃放炸眼之数目，及其深度为标准；无论如何，其长度在0.5公尺以上。

第三十八条　装置炸眼时，须得导火线平面割断，并清理雷管内物质，以便导火线插入雷管呢，使之接触圆满。但清理雷管内物质。须在木料上轻轻触动，而不得以口吹之使出，以免雷管因之受潮，而失其炸性。至导火线插入雷管后，应用特备铜质钳子夹紧之。

第三十九条　装妥导火线之雷管插入爆药时，须先将爆药一端之护纸拆开，以木杆将爆药穴孔，再将雷管全部之四分之三插入之；而于拆开护纸之处，用细线缠固。雷管之顶部，应指向钻孔内，炸药最多之部分：换言之，如带雷管之药条，系置于钻孔之上，雷管之顶部，应指向钻眼之底，及其口，应向钻眼之口。

第四十条　燃放炸眼时，须将爆药连贯放入一眼内，再以木棒，向下轻推，务使各爆药，均相互接触；再将装妥雷管，及导火线之爆药置其上，亦以木棒向下轻推，使之与眼内原有爆药密接，然后用无石之松土填平，再用木棒轻轻填固之，炸药装置于钻眼内时，禁用铜制器具。

第四十一条　所有炸药之多寡，须以钻眼之深浅，及炸放之目的为标准；但为数至多不得超过钻眼深度之三分之一；钻眼径不得较爆药径小，并不得将带雷管之爆药强推之入钻眼，以防其爆发。

第四十二条　在湿池燃放炸药时，须用特种导火线；并于雷管与导火线接衔处，涂以脂肪，或以他种方法泥固之，以免雷管内侵入湿气。导火线之外部，如已受损伤，不得使用。

第四十三条　在水内燃放之炸眼，无须用泥填固之。

第四十四条　同时燃放之炸眼，在干池，为数不得超过五个；在湿地，不得超过三个以上。

第四十五条　在燃放炸眼之先，燃放炸药人须令在燃放地点之人离开；并于该洞各入口，派人把守，以免他洞之人，无心走入，致生命危险。

第四十六条　燃放炸药人，须于未装置炸眼前，预将应炸之地点，绘成图样，注明炸眼之位置；该图即交付炸药爆发后清理杂质之工头收执。

第四十七条　每次燃放炸药时，燃放炸药人，须谨记爆发次数，并于炸药爆发后，详细视察炸眼，是否尚有未炸之爆药。

第四十八条　倘遇炸药未能爆发或未全部爆发时，须于燃放后十五分钟，方可近前察看未燃之炸眼。

第四十九条　炸眼未能爆发者，不得擅动，应极谨慎的清理眼内杂质，而换以新引火药，重行燃放之。若仍不能爆发时，亦不得擅动其炸眼，只可于未炸之眼旁0.3公尺之外，另打一眼，再行燃放，则未炸者同时可以爆发。

第五十条　燃放炸药人，须有充分装置，及燃放炸眼手续之技能，并确有熟悉各种炸药性质之能力，方可充任司职。

第五十一条　矿务股股长，对于该项人员，须预先试验，是否确系熟悉本规则，及其他燃放炸药之规则。

第五十二条　凡经允许燃放炸药之人员，须出具确系熟悉本规则，及违反本规则，由自身担负完全责任之字样。

第十七章　选煤

选煤　本矿选煤，均用人工，并无选煤设备，其原因有二：（一）本矿煤斤，以煤质之优劣、分等，不以煤块之大小分等。在井内采掘时，即已分等：煤层深度之煤为头号，浅处为二号，又煤层上部0.2公尺之煤质，灰分较多，无论深浅，作为三号煤，各号煤斤，由井内卷扬出井，分别倒于卸煤场。选煤夫在此地，手捡煤内杂质；如欲特别干净，于装车时，重捡一次。（二）北满不烧煤球（煤末与黄土混合物），而燋子销路又少，若用选煤机经过漏筛，则十公里以下占原煤百分之十五之煤末，无法销售。苟煤末如有适当之处置，则选煤台，实有设备之必要。

第十八章　工人

工人籍贯工人数　本矿除铁路、机械两股工匠，及各股夫役，由公司雇佣外，其余采煤，建筑等工，全属包工制。工人雇佣、解雇，均归包工人办理，并无工人登记簿。工人移动频繁，来往无定，大致冬春多，而秋夏少。多时至三千人，近约千人。籍贯山东人为多，河北人次之，辽宁又次之。井内工作者，约百分之八十为山东人。

工数及平均工资　本矿对于每日实在工作人数，及工资，均有详细之统计；今特将十六、十七两年节录列表如下：

项目		十六年			十七年		
		日工	包工	总计	日工	包工	总计
矿务股	工数	21581	230654	252235	18926	348916	3678.42
	平均工资	2.34	2.34	2.34	1.08	2.22	2.16
	共计工费	30123.53	561155.11	591278.64	20331.02	777672.34	789003.36
机械股	工数	33536	1341	34877	47815	3639	51454
	平均工资	1.35	1.95	1.36	1.48	2.42	1.52
	共计工费	45134.54	2615.03	47749.57	69807.29	8811.92	78619.21
工程股	工数	27070	72038	99108	33184	59433	92617
	平均工资	0.95	1.93	1.66	0.91	2.12	1.69
	共计工费	25923.84	159303.56	165227.40	30069.93	126578.60	156648.53

备考　表中工资以哈洋元为单位又公司雇佣之日工每日哈洋八角。

工作时间　矿工分采煤夫、掘进夫、支柱夫、推车夫、把犁夫、辘铲夫、打点夫、修道夫、选煤夫、装车夫等。工作时间不一致，紧要处，每昼夜分三班；每班八小时。普通分两班，每班十小时：自早七时至晚七时为班，晚七时至早七时为夜班。中间休息两小时。然实际上，因系包工制，公司有时听工人之自便。工程股建筑包工工人亦然。至铁路股，及机械股工人，系日工制，由公司直接雇佣。工作时间，均有一定。机械股工匠，在机械厂内者，每日工作九小时；在厂外者，如两直井之捲扬机，司汽锅夫，水泵夫，及发电机司机等，均工作八小时，三班轮值。

休息日期　矿工除中国旧节，照例休息外，阳历每月末日，及一日，亦休息二日，因每届阳历月底，井内丈量工作，结算工资。星期日，照常工作。

公司直接雇佣之工人，每逢星期，及节假日，照例休息，扣除工资。如因公务不能停止，如汽锅夫，水泵夫，捲扬机，发电机等司机，则按平日工资，加给半资。

发工资日期　矿务工程，铁路各股包工工资，于次月底发给之。公司直接雇佣之工人工资，于次月十五、十六日发给之。应得工资，均由主管股长核算，经所长核准，交会计股发给之。公司材料厂，拥有大宗食品，如白面，大米，油，盐等，按原价，加运费出售包工人，及工人。平日可向会计股开单记账领用，至每月发薪时，如数扣除。一月一清，职员亦然。

雇用解佣手续　公司直接雇用之工人雇用时，先经主管股长允许发给收受证，载明工人姓名、年龄，及何种工作等，持赴矿区医院，检验身体。如果合格，再请事务所所长签字雇用，发给工资小账一本，以后凭此账本，发给工资。

解佣时，先由主管股长核准，结算工资发给清单，持向会计股领薪，解佣。

本年五月份公司直接雇用之工匠夫役，计矿物股二十八人，铁路股二百八十七人，机械股一百八十人，工程及总务股八十一人，共计五百七十六人。

井内工人管理　井内工人指挥，及管理，俱归矿务股办理。采煤及掘进，按照预算，由煤师随时指定。疑难重要之处，由股长解决办理。全井划分为若干区域，每一区域，昼夜两技士，轮班指挥，各负所管区域工作之责。全井复以煤师总监督之。兹将矿务技士，勤务简则，附录于下。

矿务技士勤务简则

第一条　各技士于接班前半点钟，应莅矿山事务所，以便对各包工人，或其工头，分配各项工作。

第二条　各技士，于交班后，应将本班之包工、日工，及出煤车数详书于工作日报表内；倘包工人，或其工人，有罚款等事，或系本所自雇之工人，有损坏材料等事，均须详为报告于该表内。所有日工，或另件之包工，应于该包工人之工作小账内书明。倘本班技士，在本班未能将应办之事完结时，可将其应办之事，交于次班技士续办之。但须详细告明，以期接洽。

第三条　各技士于值班时，应在各采煤处往返，巡查。

第四条　各技士于值班时，应谭诫工人；对于分析煤石杂质等项，须特加注意，勿使混入煤内。各采煤处所出之煤，须全行推出；并用扫帚，将各该处打扫洁净，然后方可采掘煤、石、杂质等类。采煤处之白泥，宜扫除干净。各上山口，宜铺置地板，以免装煤车时，混入泥土。

第五条　拆残柱时，须令工人将旁边的杂质、污物除去干净。所拆出之煤，悉数运出，用扫帚将各该处扫尽，然后方可，将支柱拆去。

第六条　由残柱内拆出支柱时，技士必须在场监视。

第七条　技士对于支柱插柳，须注意考察，是否坚实。

第八条　每班工作时，技士于各处挂线，必须查看一次，有无偏歪之处。

第九条　干洞，及并行洞之轻便铁道，须铺垫坚实，免生翻车，意外之事。铁道之坡度，为千分之五。

第十条　干洞，及各平行洞之高为1.8公尺，由道方上面起算，至顶棚为止。棚顶须平，不得倾斜。

第十一条　轻便铁道，每两公尺须安置道方子三根。

第十二条　干洞，及平行洞掘进时，须随挖水沟，以便流。

第十三条　对于公司一切材料、用品等项，须加意节省保存。

第十四条　凡井洞内各工作处，必须清洁；所有栈桥，路灯，及洞内旧采煤处，尤宜时常检查。倘有损坏之处，须立即动工修理，以免危险，及误工作。

第十五条　领来之材料，须亲加检收，有无照单缺少之处。

第十六条　倘发生意外之危险时，如水灾、火灾，及塌陷等类，须立即报告股长，及煤师。

第十七条　所长若有直接命令，应即奉行，但须报告两股长。

第十八条　包工人若不听技士指示，技士有罚款之权；但每次数目，不得过五元；若罚后，仍不听从，可禀请两股长核办之。

第十九条　倘包工人，或其工头，或工人，有侮辱技士之行为时，可呈请两股长核办之。

第二十条　技士于值班时，倘得股长，或煤师之允许，亦可离开工作之地点。

第二十一条　本简则，经所长批准后施行。

住宿　全矿修建工人住房四十三所，内有二十五所工料简陋，余则墙壁，或用石叠，或用土坯，工程坚固，房屋高爽，玻璃窗户，光线充足。每所面积，约一五〇平方公尺，可容工人五十至八十人。内铺对面木炕，炉灶均全；每所房后，有厕所一。工人住宿，尚称满意。卫生管理，及修善，由工程股办理。房内燃料，由公司供给三号煤，惟须自行拉运；饮水亦然（第九图）。

医药　本矿矿区，专为医疗职员，工人疾病起见，设有医院；兹节录公司待遇工人章程四条如下：

（一）所有工人，及其同居家族，遇有疾病，由矿医诊治；药品在内，免收医药费。

（二）工人及其家族，如遇疾病时，须向其股长，领取诊察证，持赴矿医处，请求诊治。如因病不能亲自领取诊察证，得委托其友人，或其家族代领。

（三）工人领得诊察证，即应赴矿医处诊治；如病重不能亲赴医所，或委托他人持证请医师至其住所诊视。

医师如至病者住所，而病者并不在家，认为旷工，并处以罚金。住院医治，或在家疗养，由医师定之。

（四）工人病愈后，医师于诊察证上注明，于上班之日，将诊察证，提交股长。如不照办，认为旷工，并处罚金。

抚恤　公司待遇章程，开于抚恤工人者五条；兹节录于下：

（一）工人于工作时间，遇有意外危险，致失劳动能力者，依照下列规定抚恤之。

一．终身失去其全体之工作能力者，须给予二年以上之工资。

二．终身失去其一部分工作能力者，给予一年以上之工资。但工人如自不谨慎，或违反章程的致者，不给恤金。

（二）工作遇有意外危险致死者，给予五十元以上之葬费；并给其遗族二年以上之工资，作为恤金。

（三）工人因劳成疾者，疗养时，不能工作，须按其日数，给予工资三分之一以上之恤金。

（四）工人积劳病故者，给予十元以下之葬费；并给遗族抚恤，按照死者百日以上之工价给予。

（五）前条各项恤金，须由其妻，或子具领，如无妻子，得由其父母具领。

工人死伤数　兹将民国十七年度两井，及穆棱铁路死伤表如下：

编者附注：上录各条，从前曾经实行；自民国十五年，采煤工作，由两理事长包给大包工人王庆平后，合同第二十四条订定工人因自己过失，发生不幸，由包工人出资办理云云。从此井内外工人死伤，公司概以自己不慎四字卸去抚恤责任。王庆平是否抚恤，亦无权代为过问。原公司当局，对此穷苦无告之孤儿寡妇，一注意焉。

姓名	月日	致死原因	受伤	备考
赵桂喜	二月十三	十一里修桥绞盘铁锤坠下击伤脑部殒命		
于相和	同日		十一里修桥绞盘铁锤坠下击伤脑部	
于承光	同日		十一里修桥绞盘铁锤坠下击伤脑部	
张连同	同日		十一里修桥绞盘铁锤坠下击伤脑部	
刘殿荣	二月二十三	第十一次车在下城子站开南站抢登车失足轧断双腿身死		
无名男尸	二月二十五	在三十九里火车轧断双足身死		
王敬智	二月二十七		在第七号横洞工作煤块落下致伤腿部	
王福文	三月二十三	第一直井推车白泥塌陷被伤殒命		
张同芳	四月三日		第一直井工作打伤腰部	在矿区医院疗治无效于十九日身死
耿中五	四月二十九		第二直井工作煤车脱钩受伤	在矿区医院疗治无效于五月十六日身死
李葵功	六月十三	锯木时被原木坠下击死		
辛有	六月十五		由矿站开梨站地车铁闸绊倒轧伤腿部	经绥芬医院疗治用手术两足割断现成残疾

矿工产煤能力　今将历年矿工每人每工平均产煤能力列表如下：

年别 能力 月别	十六年			十七年			十八年		
	每采煤夫	每井内工人	每矿务股工人	每采煤夫	每井内工人	每矿务股工人	每采煤夫	每井内工人	每矿务股工人
正月	1.654	1.507	1.179	1.027	0.896	0.671	1.095	0.942	0.710
二月	1.507	1.359	0.966	1.084	0.955	0.710	1.001	0.915	0.648
三月	1.540	1.408	0.983	1.192	1.054	0.788	0.930	0.826	0.615
四月	1.540	1.392	1.000	1.199	1.060	0.804	0.873	0.742	0.544
五月	1.523	1.367	0.999	1.084	0.967	0.732	0.931	0.790	0.583
六月	1.146	1.097	0.753	0.922	0.789	0.569			
七月	1.196	1.097	0.737	1.056	0.894	0.650			
八月	1.015	0.934	0.671	1.148	0.984	0.731			
九月	1.048	0.950	0.704	1.108	0.939	0.714			
十月	1.097	0.934	0.704	1.070	0.939	0.703			
十一月	1.097	0.950	0.737	1.111	0.946	0.671			
十二月	1.015	0.901	0.688	1.126	0.996	0.718			
总均	1.281	1.159	0.843	1.094	0.952	0.705	0.969	0.837	0.618

第十九章　包工法

全矿一二两直井采煤工作，均包与大包工人王庆平。自井内采煤起，至运搬出井，及装入火车。至其工价用重量计算法。兹将包工合同三十七条，附录于下：

第一条　包工人王庆平，自十六年六月五日起，承认在吉林省穆棱煤矿公司矿区，开始包做下列采煤工程：

一.所有一、二、三、五、六、七各号横洞，第一号斜井，及一、二两号大直井内掘进，及架设支柱之预备工程。惟第一号斜井，须沿煤层倾斜，深至一百二十沙绳及上述各号井洞内各干洞，顺洞上下山洞通风道、人道、斜运道掘进，及架设支柱工程，并其他关于上述各井洞内工作时所必要之地下工程。

二.采取第一、二、三、五、六、七各横洞，第一号斜井，及第一、二两号大直井内残柱；同时须将顶壁支架坚固。

三.布置第一、二、三、五、六、七各横洞，第一号斜井，及第一、二两号大直井内斜运到用品，包工人由公司领出，分别支配之。

四.第一、二、三、五、六、七各号横洞，第一号斜井，及第一、二号两大直井内所有斜井干洞，上下干洞、顺洞、人道，以及其他地下工程，应妥为修理，并保管之。

五.第一、二、三、五、六、七各号横洞，第一号斜井，及第一、二两号大直井内地下、地上溢水沟渠，均应修成，并清理之。

六．第一、二、三、五、六、七各号横洞，第一号斜井，及第一、二号两大直井内所有斜井，应循序敷设地下轻便铁道；并十五年六月五日以前工作之煤洞内，包工人应尊重矿区管理人之要求，安设铁轨与道岔。经双方协议，得将工费由穆棱煤矿公司担负。

七．在上下山洞口，铺设地板，以便堆积煤斤。

八．所有第一、二、三、五、六、七各号横洞，第一号斜井，及第一、二两号大直井内，新旧轻便铁道，须负修理，及保管之责。上述各井洞内干洞，支洞，支柱上之苔菌，每月须扫除之。爬、梨、煤车与掘煤所用器件（如洋镐钻子铁钳等类），须修理之。

九．由地下运煤至一、二、三、五、六、七各横洞，第一号斜井，及第一、二两号大直井洞口所用辘轳，及起重机，从上述各井洞内地下工作开始，即当安设，其起重机司机，由公司自行雇用。

十．第一号斜井起运煤斤，由穆棱煤矿公司免费供给马匹、马夫。其井上、井下看车工人，及地上堆煤装车一切工作费用，由包工人负责。若穆棱煤矿公司不能备给时，包工人应照穆棱煤矿公司之要求，自备之。惟须按照市价，经矿路事务所两所长书面批准后，按矿路事务所规定之价格，记入穆棱煤矿公司账内。

十一．第一、二两号大直井起运煤斤（捲扬机司机不在内）。

十二．运煤至洞口后，须沿第一、二、三、五、六、七各号横洞，第一号斜井，及第一、二两号大直井之栈桥，运送。

十三．由第一、二两号横洞口，顺斜运道放煤至第六号横洞栈桥。

十四．由第五号横洞口，顺斜运道放煤至第六号横洞栈桥。

十五．在第一、二、三、五、六、七各号横洞，第一号斜井，及第一、二两号大直井，建设通风隔壁，并看守地下门洞。

十六．在第一、二、三、五、六、七各号横洞，第一号斜井，及第一、二两号大直井内，并交付包工人工作之各井洞所有栈桥上灯烛之费用，由公司自备。

十七．往第一、二、三、五、六、七各号横洞，第一号斜井，及第一、二两号大直井运送支柱，及其他各种材料，由公司担任，但运进洞井内，则归包工人。

十八．上述横洞，及各号井内，按设厕所。

十九．向上述横洞及各号井内运送之木料，应划除树皮。

二十．遵从矿区管理人指挥，拆除上述横洞，及各号井内支柱。（附注）但长一沙绳外者，每根一角；一沙绳内者，每根五分，另由公司给价。

二十一．在上述横洞各号井内之煤车，应行上油，并修理。栈桥转盘，及翻轮上之木料工程。油，及木料，由公司备买，经铁路事务所无价发给包工人。

二十二．包工人于一、二、三、五、六、七各号横洞，第一号斜井，及第一、二号大直井内所采之煤，应装入火车。

第二条　对于本合同内第一条所载各项，包工人应守下列各款：

一.对于工作地点，应由矿区管理员指定。凡为矿区管理员正当之要求，与包工合同条件不背者，包工人均须遵守。且工作时，应严守秩序，以免意外一切危险。矿区管理员对于工作有增加，或改良之处，包工人须遵守之。

二.干洞，及第一顺洞斜运道、通风洞等所有之预备工作，每月掘进不准少过十五沙绳（指每一工作地言），其余上下山及顺洞，每月掘进不准少过十二沙绳（每一工作地）。矿区指定各种工作，包工人于接到矿务股长命令后七日内，应开始工作。

三.包工人应先令工人尽数从事预备工作，其余工人方准采掘残柱。

四.所有由煤层掘出之劣煤，并杂质，包工人经矿区管理人之指挥，应运至地上，或地下特别煤场，分别堆积之。

五.对于修理地下工程，及其他各种工作，矿路事务所发给之木料，包工人应监视用途。

六.对于地下工作地点，应经管理员之指导，妥为巩固之。

七.对于用炸药工程，包工人应备有经验丰富之人，遵守定章进行；且包工人对于此项工作，及储放炸药，应负全责。

八.包工人应储有相当额数之矿工，按照管理员所规定之工作，妥为分配，以便进行。

九.包工人应自行备办食粮，运往矿区；倘公司储有此项食粮时，可照原价，附加运费，由公司领取之。

十.在俄人监工之井洞内，包工人应在工作时间，每班备一熟悉矿务，通晓俄语之工头，以便了解监工员之指挥，进行工作。

第三条　在所有横洞，及各号井内，对于预备，及掘煤工作办法：

一.包工人应将白泥下十索特煤皮掘出，另用煤车运至洞外，由矿区管理员指定地点，另行堆积。

二.包工人应将煤皮下十索特劣煤掘出，列为三号煤斤；另煤车运至洞外，由矿区管理员指定地点堆积之。

第四条　在上述各横洞，及各号直井之预备工程。应将白土上之薄煤层，单行掘出，另用煤车运至洞外，由矿区管理员指定地点堆积之。

第五条　在一、二、三、五、六、七各号横洞，第一号斜井，及第一、二号大直井所采之煤斤，除去白泥下煤皮，及劣煤，并白泥上薄煤层外，除均作为头、二号煤。至于分别头、二号煤时，由矿区管理员指定。包工人应将头、二号煤运至地上，经矿区管理员指定地点，分别堆积之。

第六条　包工人对于预备工程，及采掘残柱，并其他各种工作所得之煤，不准含有杂质。凡掘出之煤，不论地上、地下，如有杂质，均应选出；并应于储煤厂，及装车时，专置选煤工人数名，以应矿区管理员之指挥。

第七条　包工人对于本合同第二、三、四、六各条，有不遵守时，则公司即认为包工人违背合同。倘对于所采之头、二号煤混入各种劣煤，及其他杂质时，则此项煤斤，包工人不准受分文之工价。如矿区两所长有两次书面警告，而包工人对于本合同第二、三、四、六各条，仍不遵守时，则公司有权取消此项合同，则以违背合同论，归咎于包工人。

第八条　包工人于煤斤装车时，应照下列手续办理：

一.包工人装煤车时间，由煤车到装煤道岔停止之时起，不得逾六小时；如逾六小时，每辆煤车，公司罚包工人大洋三元二角。

二.于未装煤以前，包工人应将煤车地板，扫除清洁。

三.包工人应遵照矿区管理员指定之煤堆，装车。

四.于煤井装车时，包工人应有选煤监工人，监视装车，工人拣选煤皮，及杂质。

五.包工人应按照规定量数装车，即不得少，亦不得多。如下城子站过秤时，发现煤量缺少，或超过规定数目时，多者卸下，缺者补足。此项装卸，由包工人雇用长期工人办理之。

六.包工人应遵守矿区命令装煤，不准擅行用手，或其他方法移动装煤车辆；并不许去车辆之掩木。如煤车或机车，因包工人，或其职员、工人之过失，受有损坏时，则此项修理费，包工人应全数偿给公司。

七.煤车装毕，包工人应将车门关好；并用铁丝封闭。倘认为必要时，且应打用铅饼。

八.已装好之煤车，由装煤道岔引去后，包工人应将装煤地点，及道岔扫除清洁。余下之煤，应运回原堆。煤皮及杂质，应另堆存放。

第九条　包工人，并其职员、工头以及工人，对于矿区职员，应和蔼对待，并遵守命令。包工人之职员、工头，以及工人，如不遵守规则，或不服区管理员之正当命令，及要求，则包工人应将其革除，另换他人。

第十条　包工人应遵本合同第一条所指明之工程办理，昼夜两班，轮流工作；昼班，自早七时起，至晚七时止；夜班，自晚七时起，至早七时止。

第十一条　不论平日，或假期，若遇矿区内发生特别危险，如火警、水灾，以及不幸事件，包工人应遵矿区之要求，拨派职员，及工人，归矿区管理员支配；但公司应照矿区之工价，发给酬劳金。

第十二条　矿路事务所发给工人采煤必需器件，如洋镐、带嘴镐、铁签、铁钻、铁锹、铁锤等类。

上项器件发给包工人作为借用；本合同期满时，包工人应将所领器件，交还矿区，不得有所损坏。至此项器件费用，归包工人负担。

第十三条　斧、锯、钢鎈、抬煤器具、挑板等件，包工人应出资，向公司支领。修理费，亦归包工人负担。

第十条　上述所有横洞，及各号井内，包工人，每昼夜应采取煤斤由三万五千布得，至四万五千布得；或每月由一百万布得，至一百二十五万布得；或每年由一千二百万布得，至一千五百万布得。至每井洞之产额应由矿区在每两个月以前，用简单书面，通知包工人。

第十五条　包工人对于矿区发给之备用器具，以及与工作有关系之设备，应负完全责任。

第十六条　公司由矿区发给工人相当工棚，以便工人，及其职员居住；并安设账房。

第十七条　所有矿区拨与包工人作账房，并职员、工人所用之房舍，以及与房舍相边之空地，包工人应修理清洁，保持秩序。于本合同期满时，包工人应将房舍交还矿区，不准有损坏之处。

第十八条　包工人账房，及职员、工人房舍所需之燃料，矿区发给三号煤；并限以必需数目，另由矿区与包工人商定之。如矿区与包工人对于本条发生争论时，则由总公司解决之。

第十九条　包工人账房，及职员、工人房舍运送三号煤斤，及饮料之费用，由包工人自行负担。

第二十条　包工人依本合同第十六条所占用房舍之应用灯烛，暂归自备。公司电灯厂放光时，由包工人工人所占用之房舍，即可免费享受电灯。至所有电灯附属品，如灯泡、闭电机，以及其他零件，将来发给包工人，作为借用。但包工人应负保全，及修理之责任。至本合同期满时，所有附属品、零件，应即缴还。

第二十一条　包工人得免费在穆棱铁路运送其职员，及工人赴矿，人数以一千人为限。其离矿时，应照路章购票。

第二十二条　公司发给包工人穆棱铁路长期记名为三等免票二张，四等四张。

第二十三条　在穆棱铁路上包工人，得免费为工人运送小米、白面；每月每人以二布得为限。但所有东省铁路拨车、装卸该项米面一切小费，均归包工人担负。至在公司铁路所运其除物品，由应照章纳费。

第二十四条　如包工人之职员、工人，因自己过失，发生不幸事件，应由包工人出款办理。

第二十五条　如包工人，与自己职员、工人，发生何种纠葛，公司概不负责。如关于款项等事，公司只与包工人直接办理；与其职员、工人毫无关系。

第二十六条　包工人，应察看工人之勤惰，每人每月至少以二十天为工作限度，不得辍作无常。倘一月内，无故休工至十日以上者，包工人应将此项工人革除，另行更换。

第二十七条　如包工人对于本合同之条款，有不遵守时，经矿区两次书面通知后，由公司有权取消此项合同。

第二十八条　本合同第十一条所载之工程，包工人王庆平，应得工价，规定加左（下）。

由上述各横洞，及各号井内亲取之头、二号煤，一月内采足五十万布得时，连同装入火车，此二十五万布得，每布得应得工价大洋四分五厘。由上述各号横洞，及各号井内采取之头、二号煤，一月内采足五十万布得时，连同装入火车内，每布得应得工价大洋四分。

由上述各横洞，及各号井内采取之头、二号煤，一月内于足五十万布得外，又犁足二十五万布得时，连同装入火车，此二十五万布得，每布得应得工价大洋四分五厘。

由上述各号横洞，及各号人采取之头、二号煤，一月内于足七十五万布得之外，其余多采之数，连同装入火车内，每布得应得工价大洋五分。

第一、二两号大直井内预备工程，公司为赶办起见，除采煤工价外，照后（下）列办法加工价：

各干洞，每月无论软煤，或中性煤，掘进超过十沙绳（每一工作地）者，自十沙绳起，索至十五沙绳止，第一绳沙绳付给大洋五元。自十五沙绳起，至二十沙绳止，每一纵沙绳付给大洋十元。自二十沙绳起，至二十五沙绳止，每一纵沙绳付给大洋十元。

硬煤自十沙绳起，至十五沙绳止，每一纵沙绳付给大洋十元。自十五沙绳起，至二十沙绳止，每一纵沙绳，付给大洋五元。分别煤之硬、软或中等性，由矿区酌定之。

第一顺洞，每月掘进如超过十五沙绳（每一工作地），每纵沙绳付给大洋一元。

斜运道，每月掘进超过十五沙绳（每一工作地），每纵沙绳付给大洋一元。

第二十九条　包工人所采之头三号煤斤数目，及包工人采煤之工价，应根据本合同第二十八条，由每下一月计算。其法列下：

一．包工人在上月所采之头、二号煤斤数目（已交货者），按东铁每月一号过秤，记录，计算。

二．矿区事务所当地售出，或矿区自用之头，二号煤电，其数目，按照矿区过秤，记录，或以车数计算。每车重量，根据每月试验秤，记录为准，应由包工人，或其代表人，在场监视。三号煤（即上层劣煤十索特者），及白泥土薄煤层之煤，不给工价。

第三十条　在翻车下堆煤外之头、二号煤，于每月一号，如存有余额时，由包工人按照余额，可领接济金每布得按三分五厘计算；但其重量，每立方沙绳定为四百九十布得。包工人所领之接济金，于下月领款时，应即按数扣除。

为计算下煤台下煤斤起见，包工人自行出资将煤斤作成积方形式，以期便于丈量。

第三十一条　矿区事务所，与包工人每月算账，最晚限度不逾下月十五日。

第三十二条　为免除不遵守本合同起见，包工人，于本合同签字前，应具哈尔滨天成茶庄大洋一万元之保证书。本合同期满，账目结清后，即将保证书发还包工人。

第三十三条　本合同定期一年，自十六年六月五日起，至十七年六月五日止。

如经双方同意，本合同得延长一年。续定合同之条件，于合同满期两个月前，由双方协订之。

第三十四条　公司与王庆平以前关于采煤缔结合同之一切附加条款，自本公司施行起注销。

第三十五条　本合同缮立二份，一份留公司备案，一份交包工人执存。

第三十六条　本合同未尽事项，由双方协议，变更之。

第三十七条　本合同印花税，由包工人自行粘贴。

附注：如遇有天灾、意外等障碍事项发生，为中华民国法律所规定者，因之一方，或缔结合同之双方，不能执行本合同，经双方协商，准于本合同本条规定有效期前，将本合同取消。

编者附注：

一．本合同内所用度量衡，均系北满通用之旧俄制度。自十七年一月起，已改用公共度量衡制。

二．一布得，合一六〇·〇三八公斤。一沙绳，合二·一三公尺。一索特，即百分之一沙绳。

三．本合同迄今，继续有效。

第二十章　历年产煤额

概况　本矿自十三年正月起，开始探矿；十四年，即小范围采煤。至十六年，两直井告成，产煤增多。十七年最旺。今年公司销路迟钝，产额退步。兹将历年头、二、三号煤产额列表如下（主参观比较图）：

年别＼煤别	头、二号煤	三号煤	共计
十四	3189971布得 合52295吨	680351布得 合11153吨	63448吨
十五	5863395布得 合96121吨	495437布得 合8122吨	104243吨
十六	11959910布得 合196064吨	766719布得 合12569吨	208633吨
十七	256925吨	24112吨	281037吨
十八	926475吨	11570吨	104217吨
备考	十八年份系半年产煤额		

历年每月产煤额　今将上列各年每月产煤额，详表如下：

甲　民国十四年度（以布得为单位六十一布得为一吨）

月别＼煤别	头号煤	二号煤	三号煤	共计
一月	81950	51800	5200	138950
二月	112065	99430	29080	240575
三月	187425	103455	61800	352680
四月	221210	61255	71465	353930
五月	98300	60710	43120	302130
六月	120870	73570	52120	246565
七月	113950	104860	62730	281540
八月	155320	134640	86490	376455
九月	176880	80825	67178	324883
十月	147551	46395	41273	235219
十一月	348940	45070	77940	471950
十二月	484065	79430	81950	645445
总计	2248031	941440	680351	3870322

（乙）民国十五年度（以布得为单位六十一布得为一吨）

月别＼煤别	头号煤	二号煤	三号煤	共计
一月	591670	28205	73740	693615
二月	208330	11335	27125	246810
三月	403165	35620	31550	470335
四月	293960	83670	40865	418495
五月	149625	67245	28215	245085
六月	167310	85345	32705	285360
七月	214785	54345	40530	369660
八月	326120	156115	47775	530010
九月	348060	105415	39005	495480
十月	474820	190380	35140	700340
十一月	580866	239266	51206	871338
十二月	621870	365853	47581	1035304
总计	4440581	1422814	495437	6538126

（丙）民国十六年度（以布得为单位六十一布得为一吨）

月别＼煤别	头号煤	二号煤	三号煤	共计
一月	525303	328901	56153	910357
二月	208644	166179	21325	396148

续表

月别\煤别	头号煤	二号煤	三号煤	共计
三月	447274	326039	47391	820704
四月	633218	196237	49664	879119
五月	628850	216156	41356	906362
六月	525243	176461	44624	746518
七月	538723	195569	34083	768375
八月	855309	314458	66820	1236587
九月	863915	261021	88486	1212422
十月	992245	354785	99839	1446869
十一月	1254536	302315	89737	1646598
十二月	1378309	300210	107241	1755710
总计	8821569	3138341	766719	12726819

（丁）民国十七年度（以吨为单位）

月别\煤别	头号煤	二号煤	三号煤	共计
一月	13242.040	2462.568	1096.633	16801.241
二月	17825.893	2632.730	1415.042	21873.665
三月	27764.221	2722.473	2250.090	32736.784
四月	26050.675	2596.540	2245.280	30892.495
五月	20534.500	2235.500	1852.000	24622.000
六月	14736.000	1434.000	2041.500	18211.500
七月	15745.000	3124.000	2013.000	20882.500
八月	17153.000	4081.500	2156.000	23390.500
九月	15077.500	2472.500	1765.500	19315.500
十月	19593.050	2761.450	2232.500	24587.000
十一月	13678.000	3946.500	2486.000	20110.500
十二月	16820.790	8234.827	2558.000	27113.617
总计	218220.669	38704.588	24112.045	281037.302

（戊）民国十八年度（以吨为单位）

月别\煤别	头号煤	二号煤	三号煤	共计
一月	15,244.340	8,563.160	2,138.000	25,945.500
二月	3,526.430	3,958.070	1,982.500	8,567.000
三月	12,703.500	5,566.000	2,481.000	20,750.500
四月	8,585.000	5,416.000	2,161.500	16,162.500

续表

月别\煤别	头号煤	二号煤	三号煤	共计
五月	10,308.000	2,685.500	2,133.000	18,720.500
六月	4264.500	8232.500	1574.000	14071.000
总计	54624.770	38021.230	11570.000	104217.000

第二十一章　开支

类别\年别	十四年	十五年	十六年	十七年
采煤经费	125243.62	340636.36	808187.07	1096619.19
事务所经费	143996.83	264201.62	325594.87	419819.11
穆棱铁路经费	122263.47	225726.87	314942.13	434096.80
资产折扣				3736.66
总计	382503.92	830565.05	1472754.07	1955049.48

备考

经费以哈洋元为单位。

又以十七年七月一日以前谢结斯资本金三百万元整置各种资产，业已足额。自十七年七月一日以后所添置之资产方，逐年折扣。

第二十二章　成本

成本　今将历年头，二号煤斤运到中东路下城子车站，每吨平均成本，列表如下：

类别\年别	十四年	十五年	十六年	十七年
采煤经费	每布得0.03236 每吨1.97396	每布得0.05210 每吨3.17810	每布得0.06662 每吨4.06382	每吨4.24594
事务所经费	每布得0.03488 每吨2.12768	每布得0.04044 每吨2.46684	每布得0.02684 每吨1.63724	每吨1.62547
穆棱铁路经费	每布得0.03159 每吨1.92699	每布得0.03454 每吨2.10694	每布得0.02818 每吨1.71897	每吨1.68075
资产折扣				每吨0.01748
总平均成本	每布得0.09883 每吨6.02863	每布得0.12708 每吨7.75188	每布得0.12164 每吨7.42003	每吨7.56964
备考	以哈洋元为单位			

每月成本 今复将头二号煤运到中东路下城子车站，每月每吨成本，详表列下：

(甲) 民国十四年每布得成本表（以元为单位）

月别 \ 费别	采煤经费	事务所经费	穆棱铁路费	总计
八月以前	0.05320	0.04434		0.09754
八月	0.02852	0.02377		0.05229
九月	0.02901	0.03330	0.03800	0.10031
十月	0.04795	0.05515	0.05618	0.15928
十一月	0.02487	0.03545	0.03048	0.10080
十二月	0.02874	0.03394	0.03723	0.09991
总平均	0.03236	0.03488	0.03159	0.09883

(乙) 民国十五年每布得成本表

月别 \ 费别	采煤经费	事务所经费	穆棱铁路费	总计
一月	0.03024	0.02724	0.02844	0.08592
二月	0.05230	0.06938	0.05712	0.17880
三月	0.04166	0.04273	0.04241	0.12680
四月	0.05562	0.05016	0.06292	0.16870
五月	0.08476	0.09030	0.06085	0.23591
六月	0.06481	0.06461	0.04945	0.18247
七月	0.05833	0.05043	0.03501	0.14377
八月	0.05119	0.03682	0.02945	0.11749
九月	0.07488	0.04270	0.04573	0.16331
十月	0.05146	0.03805	0.02593	0.11544
十一月	0.04835	0.03370	0.02051	0.10256
十二月	0.04841	0.02550	0.02461	0.09852
总平均	0.05210	0.04044	0.03454	0.12708

(丙) 民国十六年每布得成本表

月别 \ 费别	采煤经费	事务所经费	穆棱铁路费	总计
一月	0.04197	0.02517	0.02338	0.09052
二月	0.07364	0.04782	0.03893	0.16039
三月	0.07162	0.03512	0.04682	0.15356
四月	0.06171	0.02689	0.02687	0.11547
五月	0.05884	0.02483	0.05039	0.13706
六月	0.07760	0.02860	0.04290	0.14910
七月	0.06043	0.03075	0.03427	0.12234

续表

月别 \ 费别	采煤经费	事务所经费	穆棱铁路费	总计
八月	0.07741	0.02224	0.03103	0.12978
九月	0.06823	0.02076	0.02076	0.10975
十月	0.07165	0.02518	0.02274	0.11957
十一月	0.06673	0.02916	0.02077	0.11666
十二月	0.06804	0.02361	0.01252	0.10417
总平均	0.06662	0.02684	0.02818	0.12164

（丁）民国十七年度每月每吨成本表

月别 \ 费别	采煤经费	事务所经费	穆棱铁路费	资产折扣	总平均
一月	3.85083	2.25141	1.72468		7.82692
二月	4.02415	1.55149	1.87566		7.45130
三月	3.91352	1.39079	0.97357		6.27788
四月	3.97107	1.27519	1.64406		6.23032
五月	3.85852	1.23012	1.57193		6.66057
六月	4.15188	2.08305	2.19312		8.42865
七月	4.59906	1.81373	1.84650	0.03063	8.28992
八月	4.19931	1.40046	1.54426	0.02738	7.17141
九月	4.81528	1.72954	2.44111	0.03313	9.01906
十月	4.39643	1.62473	1.86218	0.02601	7.90935
十一月	4.81261	2.09665	1.99510	0.03226	8.93662
十二月	4.72520	1.68249	1.92793	0.06422	8.38984
总平均	4.24594	1.62547	1.68075	0.01748	7.56964

备考：本表每吨以元为单位。

（戊）民国十八年五个月每月每吨成本表

月别 \ 费别	采煤经费	事务所经费	穆棱铁路费	资产折扣	总平均
一月	4.41537	1.44676	1.72206	0.24115	7.73890
二月	4.66660	3.73823	4.05658	0.28008	12.96837
三月	4.50469	1.85136	2.35937	0.21463	8.93005
四月	4.83995	2.40502	3.35042	0.50696	10.87547
五月	4.42721	2.07209	2.94587	0.16471	9.68632

备考：本表每吨煤费用以元为单位

第二十三章　销路及售价

销路　本矿未开办前，北满除中东路自办之扎伦诺尔褐煤矿外，别无规模完具之煤矿。东北工业中心之哈尔滨煤业市场，几全为日本抚顺煤所垄断。本矿乘机崛起，应环境之需要，工业急进；不三年间，两直井布置就绪。民国十七年，产额达二十八万余吨，北满固已首屈一指，中国亦可数为大矿，遂成抚顺煤北满市场之劲敌。今年矿区预算，可产煤三十五万吨。然因种种关系，销路退步，大约全年产量，将不过二十万吨。比去年减少四分之一，抚顺煤仍得执北满之牛耳。今将（民国）十六、十七两年销售情形，列表如左（下）。

年别 区域别	十六年	十七年 头二号煤	十七年 三号煤	十七年 共计
中东铁路公司	6343077布得 合103985吨	159149.367		159149.367
中东路东及穆棱路沿线	19660布得 合322吨	4610.096	1567.033	6177.129
中东路北线包销人	共5871.780布得合96.260吨	14376.867	1722.700	16099.567
中东路南线包销人		3200.690		3200.690
哈尔滨包销人		18655.974	4429.845	23085.819
哈尔滨电业公司		8729.420	169.570	8898.990
油坊火磨		26668.139		26668.139
东北航务局		721.310	138.010	859.320
总公司职员自用		945.790	360.453	1306.243
捐助			214.980	214.980
矿区自用	792.730布得合12996吨	580.460	18232.360	18812.820
总计	621563吨	237638.113	26834.951	264473.064吨
备考				

售价　售价不一：普通在下城子交货，每吨头号煤哈洋十六元二角五分；二号煤十五元〇五分；中东路运费在外，由买主自付。三号煤，现已专供自用，不再出售。

第二十四章　矿区自用煤斤

今将矿区自用煤斤，列表如下：

年别 煤别 用途别		民国十六年（布得为单位）头号煤	二号煤	三号煤	共计	民国十七年（吨为单位）头号煤	二号煤	三号煤	共计
矿区自用	汽锅	255	2938	225562	228755	66	220	4473	4759
	职工宿舍			107815	107815			4060	4060
	机械厂房			52050	52050			1557	1557

续表

用途别	煤别\年别	民国十六年（布得为单位）				民国十七年（吨为单位）			
		头号煤	二号煤	三号煤	共计	头号煤	二号煤	三号煤	共计
矿区自用	烘烤新房			10750	10750	2	2	62	66
	铁匠炉	7350	3850		11200	194			194
	炼焦	2220			2220	25			25
	共计	9825	6788	396177	412790	287	222	10152	10661
铁路沿线自用	机车	3841	60209	242400	315450		74	6798	6872
	职工及路警房			63530	63530			1192	1192
	水塔	300			300			92	92
	客车	310	280	50	640				
	共计	4451	69489	305980	379920		74	8082	8156
总共		14276	76277	702157	792710	287	296	18234	18817

第二十五章　职工薪俸

职工员额，逐年增加，薪俸亦随之增加，今特列表如下：

类别	年别	民国十五年	民国十六年	民国十七年
职工薪俸		135783.45	185685.54	248428.18
工资	机械股工资	17665.95	47701.57	78619.21
	工程股工资	83952.11	124233.53	151240.02
	矿务股工资	63723.85	60872.25	42474.05
	铁路股工资	59341.35	78255.11	117018.78
	总计	264733.26	311062.46	389352.06
包工人王庆平工资		197093.93	584427.04	774962.56
总计		597610.64	1081175.04	1412742.80

备考：表内以哈洋元为单位。

第二十六章　井外设备

厂房　均系木造洋铁盖分列如下

　　第一二两直井捲扬机房　汽锅房　　二所　二所

　　机械工厂　　　　　　　　　　　一所

机车厂（第十二图）　　　一所
　　　铁匠炉房　　　　　　　一所
　　　翻沙房　　　　　　　　一所
　　　模型制造及抑工房　　　一所
　　　木工厂（第八图）　　　一所
　　　发电厂　　　　　　　　一所
办公事务所　石库砖墙洋铁盖（第一图）
　　　所长秘书会计总务两股　　合一所
　　　矿务及工程两股　　　　　合一所
　　　铁路及机械两股　　　　　各一所
　　　第一二两矿山所　　　　　各一所
材料厂及木料厂办公所（第七图）　各一所
仓库　均系木造洋铁盖
　　　材料仓库（位矿区中央）　四所
　　　木板场（同上）　　　　　一所
　　　机件电料仓库　　　　　　一所
　　　机器钻件仓库　　　　　　一所
　　　安全灯房（石造）　　　　一所
　　　炸药库　　　　　　　　　一所

第八图　木料厂（略）

第九图　工人住舍（略）

职员住宅　均系木造洋铁盖（第十图）
　　住两家者　六所
　　住四家者　一六所
　　住六家者　一七所
　　共计　　　三九所
工人宿舍（第九图）
　　　马架棚（柳条编内外涂泥抹灰）　二〇所
　　　板马架　　　　　　　　　　　　五所
　　　土坯墙草盖玻璃窗　　　　　　　一〇所

石墙草盖玻璃窗	五所
石墙洋铁盖	二所
双板墙洋铁盖	一所
共计	四三所

护矿军队房　石墙，草盖，玻璃窗房，大小共四所；驻吉林陆军一连保护各区，矿区有指挥之权。每月津贴伙食费一千余元。

宾客接待室　一所，专供宾客来矿住宿之用（第二图）。

矿区初级小学校　一所，中俄各半，专为矿区职员子弟而设。中俄矿聘教员正副共四人，中方有学生四十余人，俄方六十余人；一切经费由公司担任。

矿区医院　专为疗治矿区职工疾病而设，医药免费；中俄各派正副医生共四人、尚有俄产婆一、看护妇一。今将民国十七年医院疗治职工病人表列下：

（甲）住院病人表

类别	病别	内科	神经科	伤科	外科	妇科	产科	伤寒科	胃病	花柳病	喉科	皮肤科	送他医院治者	共计
性别	男	17	9	42	8			6	10	2	1	2		97
	女	6		3	1	10	12	3	5				1	41
	孩童	2						1						3
共计		25	9	45	9	10	12	9	16	2	1	2	1	141
国籍别	中方	7		38	6	2	2		6	2	1	1		65
	俄方	18	9	7	3	8	10	9	10			1	1	76

（乙）门诊

诊别	国别	中方	俄方	共计	备考
初诊		1129	1070	2199	以人数为单位
复诊		2374	1866	2440	
共计		3503	2936	6439	

浴室　第一号直井附近，有俄国式浴室一所，专为职员公用，共三大间，一系汽浴间，一系喷壶水浴间，一系更衣间。第二号直井附近有中国式浴室一所，内分二十六间；以六间为职员之用，二十间为工人之用，两相隔绝，男女分日，免费沐浴。

俱乐部　中俄俱乐部房一所，内部各半分占，有公共电影场，及跳舞场等。中方俱乐部组织，有新剧、图书、电影、音乐，及室内游艺五系，由职员公举部长，及各系主任处理之。

体育部　有洋灰网球场，及筐球场、足球场、田径赛场，及儿童游戏场，并公共凉亭等，由职员公举部长，及各主任管理之。

第十图　职工宿舍南部（略）

第十一图　护矿队（略）

自用物品部　中俄职工合租自用物品部，即消费合作社之别名，由公司供给房屋，及流通资金；职工出洋五元，即有购买物品之权。凡属职工日常用品，及食品，无一不备，以补公司材料厂之不足；按照原价加运费，及使费出售，由职工公举董事会会员，及总副经理处理之。另雇柜伙售货，记账。

浆洗房及理发处　房屋燃料，均由公司供给，职员得廉价洗衣，理发。

邮局　由公司供给局房，归吉黑邮务管理局直辖；与公司订立穆棱铁路运送合同十七条。兹附录于下：

中华民国十七年一月一日，穆棱煤矿公司（简称公司），与吉黑邮务管理局（简称邮局），缔结本合同条款如下：

第一条　以东省铁路载重一千布得货车之半，即载重五百布得（即容积二〇·五立方公尺），供给邮局作为运输邮件包裹之用。

第二条　前条所开货车，由中间隔断。邮车内设备，及暖炉，由公司代为办理，费用归邮局负担。

第三条　前项邮车，由穆棱铁路客货车通行，每日夜一次，通行下开各站。

由东铁下城子站，至穆棱铁路矿区站六十五公里。

由穆棱铁路矿区站，至东铁下城子站六十五公里，共一百三十公里。

第四条　邮车专为运输信件，及包裹而设；其他货物及行李，不准于邮车内运输。

但于必要时，邮车内得运邮政公用物品，如信箱、信筒、铁柜、邮政招牌等。

第五条　公司可派本路列车检查员，检查邮车若干邮袋，及公用物品外，查得货物及行李（邮车职员人行李不在此内），须照穆棱铁路对于无证书，及违禁物规定处理之。

第六条　邮车技术上之检查，及随时之修理，由穆棱铁路办理之。

第七条　邮车内不准私人乘坐。

第八条　公司发给邮局左列人员定式长期免票四张：

押车员　二张（记名）

巡员　一张（不记名）

特别职务委员　一张（不记名）

第九条　如邮车损坏时，公司由列车三等车内，发给一部，以资装运邮件，及随同邮车职员乘坐，不另收费。

第十条　邮车如因邮局职员过失损坏时，由公司修理之；其确实费用，归邮局担负。一经公司送达账单，即须照付。

第十一条　公司修理邮车时，由自己车内给予邮局本合同第一条所规定之地位，不另修费。

第十二条　邮车内燃料，及灯火，归邮局自行备办。

但邮车燃用之煤，公司照穆棱铁路规定车辆用煤数量，免费供给之。如将来穆棱铁路客车设备电灯时，即由公司供给电灯。

第十三条　如因邮局过失，致邮件及邮车被焚烧时，归邮局负责。如因公司过失，则归公司负责。

第十四条　租用邮车费，每立方公尺载运一公里，定为大洋二厘九毫，即（0.0029元×130公里×20.5立方公尺×365日=2820元9角），核成二千八百二十元零九角，每年分四季缴纳；并须于各期前，将应纳之款，先行送交公司。

第十五条　倘本合同第一条规定之地位，不足载运邮件，及包裹之用时，公司当为设法，另拨地位，以应邮局之需。费用照本合同第十条规定征收之。

第十六条　本合同定期两年，自中华民国十七年一月一日起，至中华民国十八年十二月三十一日止。

第十七条　本合同共缮三份，一份存公司，一份存邮局，一份送存北京邮政总局。

电灯　全矿，及梨树镇车站职工，均免费享受电灯，计全矿公司电灯，约有二五〇〇盏，由机械股管理。民国十七年度，电灯厂，及工匠全年费用，计洋一八八〇三元。全年共用电量一七四五一〇K.W.H.[1]平均每K.W.H.须费一角零八厘。

电话　全矿公私电话，计有四十二架；其余铁路长途电话，穆棱铁路沿线各站，均一架，由铁路股管理。

第二十七章　原动力

汽锅房　全矿有捷克斯拉夫斯阔达工厂所制兰卡雪式汽锅八具；在第一号直井汽锅房安设二具；在第二号直井汽锅房安设六具；兹将其构造价值列表如下：

　　火热面积　　　六〇平方公尺
　　汽压　　　　　八·五
　　火门　　　　　二个
　　锅长　　　　　六七〇〇公厘

---

[1] 即千瓦时。

锅重	一三·五〇〇公斤
炉底重	八〇〇公斤
附件重	一七〇公斤
价值	哈洋六二一〇元运到矿区

烟筒为图形锅铁制成，高三十六公尺，共九节，每节四公尺。顶口径一·二公尺，用四公厘厚之锅铁所制。每往下四公尺，锅铁加厚一公厘。自下而上，在全高三分之二处，有圆铁鼻圈三个，以备盘钢索绷带之用。

用水自直井抽出，经过铁筋洋灰圆形滤水池，以至蓄水池，其容积为十立公尺，然后再以列福里工厂制之一英寸抽水机，压入汽锅，第一号直井汽锅房，有华盛顿式两英寸半抽水机一架。第二号直井，有三英寸抽水机一架，以备上汽锅之水，及救火之用。

水管及汽管，全矿共计长约六七〇〇公尺。燃料用三号煤，有时略掺头号煤；因三号煤杂质多，原来炉底孔小，由本矿翻沙厂，自行改铸，成绩良好。

此外矿区，尚有列福里工厂制卧式汽锅四个，马力四十五，气压一〇〇磅，价哈用五三八九元；及立式汽锅四口，火热面积有二十二平方公尺、十八平方公尺，及十平方公尺者，价自三四〇元至八四〇元。

发电厂　蒸汽发电机，两架每架价值哈洋一二八〇〇元。今将其全部组织分列如下：

（一）坚体复式蒸汽原动机，系磅开来尔工厂制造，马力六〇，气压七·五，每分钟回转三二五次；上部汽缸直径二六〇公厘，下部汽缸直径四三〇公厘，冲程二〇〇公厘。

（二）直流发电机，波格工厂制，电力四六启罗华脱，每分钟回转三二五次，双式电压$2 \times 220 \text{volts}$❶。

（三）两层分电版，并附属电压表、电流表、变阻器、开变器等。

现因井内使分电动机器颇多，拟扩充发电厂。新购交流三相式、一二五启罗华特发电机两架，已在途中。

第二十八章　机械厂机械

机械	机械厂内，大小机械，难以枚举，今择重要之镟床、刨床、铣床等，略举于下：	
铣床	凡结列尔工厂制	一架
	床面	一一〇〇×二八五公厘
	转动	二·五马力
	价值	四六三〇·〇〇元
镟床	倭唐日尔克工厂制	一架

---
❶即伏特。

　　　　两顶针距离　　　　　　　　　　　　　　　　二〇〇〇公厘
　　　　高　　　　　　　　　　　　　　　　　　　　二五〇公厘
　　　　转动　　　　　　　　　　　　　　　　　　　二马力
　　　　价值　　　　　　　　　　　　　　　　　　　三一四四·〇〇元
　　镟床　　　　　　　　　　　　　　　　　　　　　一架
　　　　两顶针距离　　　　　　　　　　　　　　　　二七一〇公厘
　　　　高　　　　　　　　　　　　　　　　　　　　一九二公厘
　　　　价值　　　　　　　　　　　　　　　　　　　二七二五·〇〇元
　　镟床　　　　　　　　　　　　　　　　　　　　　一架
　　　　两顶针距离　　　　　　　　　　　　　　　　一二八五公厘
　　　　高　　　　　　　　　　　　　　　　　　　　一七三公厘
　　　　价值　　　　　　　　　　　　　　　　　　　一〇四七·〇〇元
　　镟床　列月列尔工厂制　　　　　　　　　　　　　一架
　　　　两顶针距离　　　　　　　　　　　　　　　　二四四〇公厘
　　　　高　　　　　　　　　　　　　　　　　　　　一三四公厘
　　　　价值　　　　　　　　　　　　　　　　　　　七七一·〇〇元
　　镟机车轮床　　　　　　　　　　　　　　　　　　一架
　　　　价值　　　　　　　　　　　　　　　　　　　一六四二·〇〇元
　　刨床　米伊克利工厂制　　　　　　　　　　　　　一架
　　　　转动　　　　　　　　　　　　　　　　　　　二马力
　　　　价值　　　　　　　　　　　　　　　　　　　一三七六·〇〇元
　　钻孔机　乌拉里司基厂制　　　　　　　　　　　　二架
　　　　钻空径至一又四英寸
　　　　价值每架　　　　　　　　　　　　　　　　　四三五·〇〇元
　　镟螺丝机　　　　　　　　　　　　　　　　　　　一架
　　　　直径自八分三至一英寸螺丝钉
　　　　价值　　　　　　　　　　　　　　　　　　　三二二·〇〇元
　　旋转总轴价值　　　　　　　　　　　　　　　　　五八三·〇〇元
　十足马力电动机　为转动上述机械之原动力，价值六五八·〇〇元。
　此外尚有四分之一吨重之蒸汽锤，及熔铁炉等，并十一马力，七马力，四马力，三马力半，三马力，及一马力等电动机各一架。

　　　　　　　　　　第十二图　机车厂

第十三图　梨树镇车站

第二十九章　穆棱铁路

概况　穆棱铁路，衔接中东路下城子车站，沿穆棱河，至穆棱煤矿矿区，计长六十五公里；宽度钢轨，均与中东路同。当初专为运煤支路，十三年三月，着手勘测，十四年三月通车，十五年三月，公司与吉林省政府订立合同二十二条，作为省政府，与穆棱公司合办铁路，定名为穆棱铁路，兼营运货、载客，由铁路股管理之；并与中东铁路订立联运合同二十条。交通便利。密山、勃利等数县粮食，悉由此输送出口。商店鳞次栉比，附近居民日增；中东铁路局，并在下城子车站，建筑最新式之卸煤台，利用机器装卸煤斤；由司可达工厂承修，今年年底竣工，约须金卢布三十余万元。寂寞无声之下城子小站，遂一变而为繁盛之大站；近闻吉同铁路，拟先修筑梨密一段，则此后发达，更未可限量也。

附　公司与省政府合办合同

吉林省政府（以下简称省政府），与中俄官商合办穆棱煤矿公司（以下简称公司），订立管理穆棱铁路合同如下：

第一条　吉林实业厅厅长，为吉林省政府全权代表，穆棱煤矿公司督会办，为公司全权代表，双方合议为便利交通起见，将公司专用铁路，改为穆棱铁路。

第二条　穆棱铁路，以省政府与公司合办。穆棱煤矿原合同所定三十年限期内，供一般旅客，及他人货物之运输。其公司业经取得之专用铁路权，照旧存在；但原合同如延长期限，本条年限亦随之延长。

第三条　穆棱铁路，由省政府委托公司管理之。

第四条　穆棱铁路，每年纯利，提出三成辅助吉林地方办理教育、实业经费，其余七成，归公司均分。

第五条　穆棱铁路一切收支，另立账目，选派中俄专门人员管理之。其程序，遵照交通部定铁路会计法办理。

第六条　穆棱铁路车票票价，及运费率，均按中华民国国有铁路一切章程办理。

第七条　穆棱铁路管理方法，须遵照中华民国国有铁路一切章程办理。

第八条　穆棱铁路任用车务、路务、机务人员资格，均须照中华民国国有铁路任用办法办理。

第九条　穆棱铁路，须遵中华民国农商部定之权度法。

上列第五条、第六条、第七条、第八条，及本条规定各办法，其有因地方情形不同时，得参照中东路各办法办理。

第十条　穆棱铁路任用职员，应遵照省政府，与公司合办穆棱煤矿公司原合同，各半任用之。

第十一条　穆棱铁路一切文件、账簿、单据，中俄文并用。

第十二条　穆棱铁路车票票价，及运费费用，均需收用中华民国通用国币；遇有找零，均须一律，均须与商民一切便利。

第十三条　穆棱铁路运货、载客一切设备，如购置车头、各等客车、货车，敷设道岔，修筑车站、货栈、站台，及培补全线经费，职员薪水，并其他一切开支，均由公司支付；但职员薪水，得由铁路收入项下，补助一半。

第十四条　穆棱铁路，为保持全线旅客安全，维持车站秩序，得酌设路警若干；枪械、子弹由省政府供给，所需价值由公司照缴。

第十五条　穆棱铁路路警，深恐实力单薄，由省政府于各车站，由车站附近处所，配置警察，或军队；但警察，或军队任何经费，公司概不担负。

第十六条　省政府如于穆棱铁路运兵，或运送军用粮秣、被服、军械、火药、器具时，穆棱铁路，得依关于国有铁路之法令办理。

第十七条　军警学生乘车，一律减收半费；但须持有身份证明执照。

第十八条　省警府，负严禁任何军警于穆棱铁路全线滋扰之责。

第十九条　穆棱铁路一切办事细则、账目、单据、格式、均由公司所派本路专门职员，组织委员会，拟具草案，呈报两全权代表核准后，会报吉林省长公署备案。

第二十条　穆棱铁路开车营业时，须开具左列各款，呈请吉林省长公署备案：

（一）车辆开到时刻表。

（二）往来次数表。

（三）载客等级价目表。

（四）运货等级价目表。

（五）行车规则。

前项各款，吉林省长公署，认为有应行增减，更易之处，得令修改。

第二十一条　本合同以中文为主，共缮三份，一份存吉林省长工署，一份存实业厅，一份存公司。

第二十二条　本合同由双方全权代表人签字，呈奉吉林省长核准后，实行。

附　公司与东铁联运合同

穆棱东铁两路货物往返联运协定如下：

（一）为转运穆棱，东铁两路往返运输货物，东铁得派联运委员。

（二）联运委员之薪俸，由穆棱铁路担负；其员额、薪俸，及服务地点，由两路另行协定之。

（三）委员之办公室，及宿舍，由穆棱铁路供给之。

（四）该委员之职务：

（甲）凡由穆棱铁路发往东铁路线之货物接收，及装车时，应行临场。

（乙）缮具甲项货物，由东铁下城子站，运往东铁各站之裁纸。

（丙）东铁路线运到之私人货物，转发穆棱铁路。

（五）接收发往东铁之私人货物，由穆棱铁路，按照本协定第四条办理之。

（六）穆棱公司发运，及收领之货物，由穆棱铁路运往东铁者，及由东铁运到者，均由穆棱铁路自办，东铁委员不得参与。

（七）本路私人货物之运输，亦完全由穆棱铁路自办，东铁委员不得参与。

（八）向运货人征收由穆棱铁路各站运往东铁私人货物之运价。

（甲）穆棱铁路线之运价，由穆棱铁路职员征收。

（乙）东铁线之运价，由东铁以命令征收。

（九）凡私人货物，由穆棱铁路各站，运往东铁者，及有东铁运往穆棱铁路各站者，联运委员，代东铁照下列征收特别费：

（一）整车粮食　　　　　　　　每布得金卢布一分二厘。

（二）整车零星货物　　　　　　　金卢布七厘。

（三）以布得计算货物　　　　　　金卢布二分八厘。

（十）前条规定之费用，由东铁以命令向收发货物人征收之。

（十一）由穆棱铁路各站装载私人货物之车辆，发往东铁路线者，应加盖两路铅印：计（甲）穆棱铁路，（乙）东省铁路。

（十二）穆棱东铁两路所运私人成车之货物，应按照分交车，移交东铁；运到者，由其委员移交之，穆棱铁路运到者，由穆棱铁路下城子站长办理之。敞车装运，及布得计算之货物，其移交接收，均以分交单为凭。

（十三）检验移交货物，及车辆之期限，由到达时间计算，应于三小时内行之；如逾三小时后，无论有无货物，或有无铅印，即认为已照分交单全数接收。

（十四）凡由穆棱铁路各站往东铁装运私人货载之车辆，应按照一九二五年东铁第八十五号命令，由穆棱铁路，向东路请求供给。其租价，应按该命令第六款之规定办理之。移交穆棱铁路所租车辆，由到下城子站铁道横木之时间计算。穆棱铁路交还东铁之车辆，亦于车辆到此横木时起算。

（十五）列车到穆棱铁路路线起，由穆棱铁路负责保管。穆棱铁路接收之车辆，及交还东铁之车辆，应以技术笔录记载之。此项笔录，由东铁委员，及穆棱铁路代表签字，证明；并须于笔录内，注明车辆所有之损失，如全部被火，及因装载过量，及车辆各部分零件之损失，缮具笔录；穆棱铁路代表，如不临场，及拒绝签字时，则应于笔录内注明。修理受损之车辆，及其零件，应按照笔录，以东铁车辆之预备零件估价表计算。穆棱铁路于由东铁收到账单后，应于一月内，将款送到东铁路局。

（十六）车辆由穆棱铁路移交东铁下城子站，及由东铁下城子站接收车辆，均由穆棱铁路机车，及职员办理之。穆棱路机车入东铁道线，及于其道线上行动时，必须由东铁人员随车；且须值日站长，临场指挥。机车在该路线内，队员应完全服从其命令。穆棱铁路机车，列车，于东铁下城子站路线内，因穆棱铁路之过失受损，或发生不幸事件时，应由穆棱铁路，按照东铁定章负责。如由东铁职员之过失发生不幸事件，须由东铁负责。

（十七）穆棱铁路，于接交车辆时，于东铁下城子站路线内，无论何种倒车，均不办理。

（十八）货载在穆棱铁路时，应由穆棱铁路负责。在东铁时，应由东铁负责。

（十九）所有本协定中穆棱铁路应享之权利，及义务，由穆棱煤矿公司负责。

（二十）本协定由签字之日施行，双方各得随时废除此协定；但须于一月以前通知对方。

车站　全线有大车站三，即起点之下城子，终点之梨树镇，及中途之八面通，又小站三，曰三道河子、亮子河，及矿区站。各站均有办公房，及职员宿舍。

工段　共三分段，段各二十公里，各设一工段员负看管修理之责。全线有两大桥，均系跨过穆棱河者，一在第十二公里，长三八五英尺，一在第二十五公里，长四二〇英尺。桥系木制。下城子、八面通、梨树镇三大站，各有机车上水水塔一座；下城子、及梨树镇站，各有机车转向之三角道岔一股。

行车及路警　每日客车来回一次，货车、煤车次数无定，行车事宜，由行车管理员指挥各站长，及司机车守，调度之；各站保护，由公司自办之。路警队负责分驻各站，以一队长流辖之。

机车及车辆　今将公司购置，及租用机车，及车辆列表如下：

（甲）公司机车及车辆价值表

价值 名称	单价	数量	共价
机车美国巴洛得云工厂制	34005.00	1	31005.00
仝上	26500.00	2	53000.00
仝上	27847.57	1	27847.57
仝上	33882.26	1	33882.26
四等客车	2581.38	8	20651.04
邮政车	2581.38	1	2581.38
行李车	2581.38	1	2581.38
花篮车装沙子用半截货车	1145.75	15	17186.21
共计哈洋			191734.84

（乙）租用车铁车辆价值表

租价 车别	每画夜租价	
	金卢布	哈洋
三等客车	3.00	5.10
装煤车	1.50	2.55
平板车	1.50	2.55
备考	每日租用数无定	

营业收入 今将三年来铁路营业收入列表如下：

年别 款别	十五年	十六年	十七年
粮石货载进款	88556.81	255403.81	36712.28
乘客行李杂项进款	77121.98	139477.77	171347.68
总计	155678.12	394881.58	533058.96
备考	进款以哈洋为单位		

第三十章　总公司于矿区资产表

资产　今将民国十八年一月一日止，公司矿区资产列下：

动产	322887.73
不动产	2460116.76
机械	188760.84
机车火车	191734.84
共计	3163500.14

第三十一章　历年盈余

历年营业，除总公司，铁路事务所一切开支外，纯获盈余列表如下：

民国十三年、十四年两年	卖煤纯益	65072.74
民国十五年	卖煤纯益	263391.65
民国十五年	铁路纯益	119948.63
民国十六年	卖煤纯益	879338.63
民国十六年	铁路纯益	335303.56
民国十七年	卖煤纯益	1505678.05
民国十七年	铁路纯益	445038.82
合计	历年获利	3612772.06

（完）

津浦铁路沿线煤矿调查报告[1]

目次

第一篇　中兴煤矿

　第一章　总论

　　第一节　位置

　　第二节　交通

　　　　一　运河

　　　　二　津浦铁路

　　　　三　陇海铁路

　　第三节　沿革

　　第四节　资本

　　第五节　公司组织及职员

　第二章　煤田

　　第一节　地质

　　第二节　煤层

　　　　一　层次及厚度

　　　　二　断层

　　　　三　枣庄盆地

　　第三节　煤量及煤质

　　　　一　煤量

　　　　二　煤质

　　第四节　矿区

　第三章　探矿

　　第一节　大井设备

　　　　一　南大井

　　　　二　北大井

　　　　三　东大井

　　第二节　井下工程

　　　　一　暗井

　　　　二　石巷

----

[1] 作于1933年。

三　煤巷

四　井下分段工作及管理

五　今后探煤大计

第四章　探矿方法

第一节　采煤

一　小槽机器采煤长壁充填法

二　小槽人工采煤长壁充填法

三　大槽四米连填圩子法

四　采煤包工制

五　采煤效率

第二节　搬运

一　电动簸箕

二　下坡绞车

三　重力转轮

四　无极循环索

五　暗井放车

六　骡马人力

七　人力骡力及机力之比较

第三节　支柱

第四节　通风

第五节　排水

一　抽水

二　放水

第六节　用灯

第五章　矿厂设备

第一节　电气原动设备

一　发电厂

二　发电厂锅炉房

三　烟突

四　凝汽室

五　凉水塔

六　热水室

七　设备费

八　压气机

　第二节　机械厂设备

　第三节　制炼设备

　　　一　炼焦

　　　二　砖厂

　　　三　石灰窑

　　　四　筐绳厂

　　　五　制品成本

　第四节　房屋

　第五节　教育卫生设备

　第六节　材料厂

　第七节　台枣铁路

第六章　职工

　第一节　职员

　第二节　工人

　　　一　工人人数及工资

　　　二　包工法

　　　三　工作时间

　　　四　居住

　　　五　抚恤

　　　六　外工奖罚

　　　七　工会

　　　八　惠工设备

　第三节　护矿队

第七章　产额及成本

　第一节　产额

　第二节　成本

第八章　运费及税捐

　第一节　运输状况

　　　一　津浦铁路

　　　二　运河水道

　第二节　运费及上下力费

　　　一　津浦运费

　　　二　运河运费

三　海路运费

　　四　京沪路运费

　　五　长江运费

　　六　上下力费及损失

　　七　中兴煤至上海成本

第三节　纳税

第九章　营业状况

第一节　销售

第二节　市价

第三节　盈亏

　　一　营业收支表　二十一年份

　　二　资产负债表　二十一年份

第四节　公司财产

　　一　矿产原价表

　　二　矿产现有价值表

附录

　　一　中兴公司二十一年份营业报告

　　二　纯益分配表　民国二十一年份

　　三　提议发行新公司债券二百万元案

　　四　提议　发朱桂辛养老纪念基金案

第二篇　华宝煤矿

第一章　总论

第一节　位置及交通

第二节　附近人民生活状况

第三节　沿革及资本

第四节　公司组织

第二章　煤田

第一节　地质

　　一　地层

　　二　构造

第二节　煤层及煤量

第三节　煤质

第三章　采矿工程

第一节　矿井

第二节 井下情形

第三节 采煤

 一 采煤方法

 二 采煤包工法

第四节 搬运

第五节 捲扬

第六节 支柱

第七节 通风

第八节 灯光

第九节 排水

第四章 矿厂设备

第一节 锅炉

第二节 机械厂设备

第三节 制炼

 一 炼焦

 二 砖窑及石灰窑

第四节 房舍

第五章 职工

第一节 职员

第二节 工人

第三节 职工待遇

第四节 护矿队

第六章 产额及成本

第一节 产额

第二节 成本

第七章 运输及税捐

第一节 运输

第二节 税捐

第八章 营业状况

第一节 销场及售价

第二节 历年盈亏

第三篇 华丰煤矿

第一章 总论

 第一节 位置及交通

第二节　沿革及资本

第三节　公司组织

第二章　煤田

第一节　煤层

第二节　煤量

第三节　煤质

第四节　矿区

第三章　采矿工程

第一节　矿井

第二节　采煤

　　一　预备工程

　　二　采煤方法

　　三　采煤包工法

　　四　凿石包工法

第三节　支柱

第四节　搬运

第五节　捲扬

第六节　排水

第七节　通风

第八节　灯光

第四章　矿厂设备

第一节　锅炉

第二节　机械厂

第三节　焦池

　　一　井池

　　二　锅池

第四节　学校

第五节　医院

第五章　职工

第一节　职员

第二节　工人

第三节　职工待遇

第四节　保安

第六章　产额及成本

第一节 产额
第二节 成本

第七章 运输及税捐
第一节 运输
第二节 税捐

第八章 营业状况
第一节 销场及市价
第二节 历年盈亏

第四篇 华东煤矿

第一章 总论
第一节 位置及交通
第二节 沿革及资本
第三节 组织
第四节 会计处账项
一 资负账之科目
二 收支账之科目
第五节 材料课

第二章 煤田
第一节 地形
第二节 地质
第三节 地质构造
第四节 钻眼
第五节 煤质
第六节 煤量
第七节 矿区

第三章 采煤
第一节 矿井
一 现有各井
二 新井计划
第二节 采煤法
第三节 采煤包工法及工煤效率
第四节 支柱
第五节 搬运
第六节 捲扬

第七节　排水

第八节　通风

第九节　灯光

第四章　矿场设备

第一节　锅炉

第二节　机电设备

第三节　矿柳铁路

第四节　教育卫生设备

　一　矿区小学

　二　矿区医院

　三　浴池

第五章　职工

第一节　职员

第二节　工人

第三节　灾变

第四节　职工待遇

第五节　警护处

第六章　产量及成本

第一节　产量

第二节　采煤成本

第七章　运费及税捐

第一节　运输概况

　一　矿柳轻便铁路

　二　津浦铁路

第二节　运费及上下力

　一　矿柳铁路

　二　津浦铁路

　三　浦沪输运

第三节　矿税

第八章　营业状况

第一节　销售

第二节　盈亏

附录

　一　甲·华东会计处收支账项目

　　　　乙・华东会计处资负账项目

　　二　华东材料目录表

　　三　甲・华东煤务课日报单

　　　　乙・华东二十一年度煤收付明细表

　　　　丙・华东柳泉煤机二十一年度煤斤收发总表

第五篇　烈山煤矿

　第一章　总论

　　第一节　位置及交通

　　第二节　沿革及资本

　　第三节　公司组织

　第二章　煤田

　　第一节　地势

　　第二节　地质

　　　一　地质

　　　二　构造

　　第三节　雷家沟之矿探

　　第四节　煤层

　　第五节　煤量

　　第六节　煤质

　　第七节　矿区

　第三章　采矿

　　第一节　矿井

　　第二节　采煤

　　　一　采煤方法

　　　二　采煤包工法

　　　三　凿石包工法

　　第三节　支柱

　　第四节　搬运

　　第五节　捲杨

　　第六节　排水

　　　一　水泵

　　　二　水罐

　　　三　牛皮包

　　　四　排水计划

第七节　通风

第八节　灯光

第四章　矿厂设备

第一节　锅炉

第二节　机械厂

第三节　医院

第四节　学校

第五章　职工

第一节　职员

第二节　工人

第三节　职工待遇

第四节　保安

第六章　产额及成本

第一节　产额

第二节　成本

第七章　运输及税捐

第一节　运输

一　当地运输

二　矿符运输

三　津浦路运输

第二节　税捐

第八章　营业状况

第一节　销场

第二节　售价

第三节　盈亏

第六篇　大通煤矿

第一章　总论

第一节　位置及交通

第二节　沿革及资本

第三节　公司组织

第二章　煤田

第一节　地层

第二节　构造

第三节　矿眼

第四节 煤层

第五节 煤量

第六节 煤质

第七节 矿区

第三章 采矿

第一节 矿井

第二节 采煤

　　一 预备工程

　　二 采煤方法

　　三 采煤打石包工法

第三节 支柱

第四节 搬运

第五节 捲杨

第六节 排水

第七节 通风

第八节 灯光

第四章 矿厂设备

第一节 锅炉

第二节 机械厂

第三节 运输设备

　　一 轻便铁路

　　二 轮驳

第四节 医院

第五节 麦粉厂

第五章 职工

第一节 职员

第二节 工人

第三节 职工待遇

第四节 矿警

第六章 产额及成本

第一节 产额

第二节 成本

第七章 运费及税捐

第一节 运费

一　运输概况

　　　二　运费及装卸力

　第二节　税捐

第八章　营业状况

　第一节　销场

　第二节　市价

　第三节　盈亏

第七篇　淮南煤矿

第一章　总论

　第一节　位置及交通

　第二节　沿革及资本

　第三节　矿局组织

第二章　煤田

　第一节　地质

　第二节　煤层

　第三节　煤量

　第四节　煤质

　第五节　矿区

第三章　采煤工程

　第一节　矿井

　第二节　采煤

　　　一　预备工程

　　　二　井下情形

　　　三　采煤打石工包工法

　第三节　支柱

　第四节　搬运

　第五节　捲扬

　第六节　排水

　第七节　通风

　第八节　灯光

第四章　矿厂设备

　第一节　锅炉

　第二节　机厂

　第三节　运输设备

一　矿洛轻便铁道

　　　二　轮驳

　　　三　计划中之通江窄轨铁路

　　第四节　医院

　第五章　职工

　　第一节　职员

　　第二节　工人

　　第三节　职工待遇

　　第四节　矿警

　第六章　产额及成本

　　第一节　产额

　　第二节　成本

　第七章　运费及税捐

　　第一节　运费

　　　一　运输概况

　　　二　运费及上下脚力

　　　三　磅馀及损耗

　　第二节　税捐

　第八章　营业状况

　　第一节　销场

　　第二节　售价

　　第三节　盈亏

　　第四节　资产

　附录　淮南　大通合作营业议约草案

第八篇　结论

　　　一　位置及交通

　　　二　沿革及资本

　　　三　煤田

　　　四　组织与管理

　　　五　采矿工程及设备

　　　六　窑木

　　　七　工人及矿警

　　　八　产额

　　　九　成本

  十 运费

  十一 销量

  十二 市价

  十三 优劣

  十四 困难

  十五 建议

 附录 各矿煤质分析表

重要参考书目

第一编　中兴煤矿

第一章　总　论

第一节　位　置

中兴煤矿民国二十一年度产煤百万吨，为津浦铁路沿线第一大矿为全国第三大矿，（抚顺第一开滦第二）。总公司向在天津，现移上海，其矿厂在山东峄县之枣庄，南距峄县县城12公里，西距津浦铁路临城车站32公里。

第二节　交　通

中兴交通甚便，南有运河，西有津浦，不久又可接通陇海，东运出海，兹分述如左。

一、运河

津浦铁路未通以前，中兴煤斤以运河为唯一之运道，但自枣庄矿厂至运河大埠台儿庄尚有一段骡车运输，迟缓多费。公司于宣统二年❶自筑台枣铁路，购置车辆，建筑码头，投资约1600000元，每日运煤能力达1500吨，交通称便。煤斤到台儿庄后，装船运销运河各埠，北至济宁，南至清江浦、镇江及上海等处。兹将由台儿庄至各埠水程距离列表如下。

台庄至济宁	距离190公里	行程5日
至清江浦	180公里	5日
至镇江	375公里	10日

二、津浦铁路

自津浦铁路之临枣支线告成（临城至枣庄）。中兴煤斤可由津浦运销各处，较之水运便捷多多，兹将由枣庄至南北各大埠距离开列于下。

枣庄至天津	距离634公里
德州	400公里
济南	282公里
徐州	99公里
蚌埠	263公里
浦口	439公里

三、陇海铁路

自陇海铁路通车至海州后，由台儿庄至陇海之赵墩站，不过25公里，中兴因历受津浦运输困难之苦，早拟延长台枣路至赵墩，与陇海接轨，以期多一出路，惟一因海州港口未开，

---
❶公元1910年。

二因购地为难，迄不果行。近陇海路局已于海州建筑码头中兴遂竭力进行接轨计划，叠与陇海路局商洽，为免购地纠纷起见，由陇海路局修筑台赵支线，中兴垫款1000000元，预定二十二年七月开工，年底完工。公司又拟在海州港口，自筑临时码头，以期直接出口，如此中兴煤斤，不独西至开封、洛阳，东至海州，且可由海州出口至上海、广东、日本等地，销路畅旺，可以想见。兹将由枣庄至陇海各大埠距离，开列如下：

枣庄至开封　　　　　　418公里
枣庄至海州连云港　　　220公里

第三节　沿　革

枣庄煤矿自明代即已发现，清季土法开采更盛，北洋大臣李鸿章曾派戴华藻集股20000两，在枣庄设立中兴矿局，初亦土法开采，嗣后陆续购用机器，光绪二十一年❶山东巡抚李秉衡通令禁采，因而停歇。

光绪二十五年，杭州人张莲芬（其子张仲平现任公司协理）取得开矿筑路之权，聘邝荣光为矿师，复行集资继续开采。越三年，为谋扩充矿厂，加入德国资本，定名为华德中兴煤矿有限公司。兴绪三十年，曹州教案发生，德人割据胶澳，张莲芬及各股东，遂力图脱离德国关系，特集华股800000两，兴绪三十四年，退还德股，注销华德字样，改名为商办山东峄县煤矿有限公司，此为该公司完全华商自办之始。

宣统元年，划定矿区面积为317方里。宣统二年，南大井（第一大井）及台枣铁路告成，招足资本30000000两。民国四年，井下大水，发生空前火灾，溺死四百余人，损失甚巨，总矿师德人高福满因此辞职，改聘华人朱言武为总矿师，产额日增，成本减轻，而国人办事能力，不逊于外人，遂为各股东信任。

自井下大水后，为办理善后及改良设备起见，在武汉添招新股1000000元，黎元洪一人占600000元，至今为该公司第一大股东。民国九年，北大井（第二号大井）开工，添购新式电机，产量大增，营业发达。民国十一年，改定资本10000000元，尽先招足7500000元。民国十四年，产额达800000吨，获利甚厚，实为公司之黄金时代。

比岁以还，直奉齐卢等役，内战频仍，张宗昌在鲁诛求无厌，矿区附近土匪肆扰，销路停滞，积煤约五六十万吨，而津浦路欠该矿煤价及车辆租价，又达2000000元之多，民国十五年七月，该公司不得已委托银行团募集公司债2000000元，以矿区存煤作抵，徐图恢复。及民国十六年七月，又认购二五库券1000000元，公司势难支持，适战事再起，矿厂沦为战区，遂于是八月停工。

民国十七年，北伐军入鲁，因该矿股东对于1000000元之军饷，抗不缴纳，由总司令部下令没收矿产，组成整理中兴委员会，派俞飞鹏主持该矿一切事务，标卖存煤七八万吨，约值900000元。是年九月，公司遵令缴款1000000元，政府遂徇股东之请，撤销整理委员会，

---
❶公元1895年。

除收没倪嗣冲等逆股二十余万，作为官股，派一董事外，其余一律发还商办，惟公司欠债太多，停工两年，无款不能开工，乃向沪银行界借款5000000元，至民国十八年八月一日，始行复工，并聘德人克礼柯为总矿师，主持全矿工程，以至于今。

该矿自开办以来，采煤方法，向来中西兼用，即一面用新式大井两口，一面仍用无数小井出煤，自矿师克礼柯到矿后，完全采用新法，集中南北两大井出煤，所有小井，除留数口为通风外，一律取消，此为该矿工程历史上一大改革。现又开钻东大井，第三大井业已到底，正在布置井架煤仓及安设卷扬机等，预定民国二十二年八月正式出煤。该井完成后，全矿每日最大生产能力可达5200吨。惟南大井须加修理，运道又远，未能尽量出煤，然全矿每日4500吨，则绰有余裕，现时【民国二十二年三月】南北两井每日最大产量，可达3000~34000吨。

第四节 资 本

初设中兴矿局时，资本值20000两，取消德股后，股本计800000两，至宣统三年，资本已达3000000两，每股100两，计30000股，民国九年增至5000000元，至民国十一年，改定资本额为10000000元仅先招足7500000元，以至于今，个人股额，以黎元洪为最多（600000），张仲平次之（450000），而所藉以复业者，为沪银行团。故总公司总经理为钱新之君，协理为张仲平君，驻矿常务委员为黎绍基君。

第五节 公司组织及职员

中兴公司组成，已变更数次，最近组成董事会董事十三人，监察三人，由股东会产生，董事会互举一人为会长，五人为常务董事，又由董事选举一人为经理，一人为协理，组成总公司，处理一切事务。矿厂方面，有驻矿办事委员会及矿师办公处，驻矿办事委员会设委员五人，其中三人为常务委员，常务会员中更推定一人为主席委员，矿师办公处设总矿师一人，受驻矿委员会之节制。兹将公司组织系统表列下。

以上矿师办公处，名义上属于总公司，实际受驻矿委员会节制，而电务机务两处，名义上受矿师办公处节制，实际与驻矿办事委员会直接办事。

惠工教育卫生各委员会会员，均由各处主管人员兼职。除兼职及护矿队外，矿区全体职员，共326人。兹将重要职员姓名，开列如下。

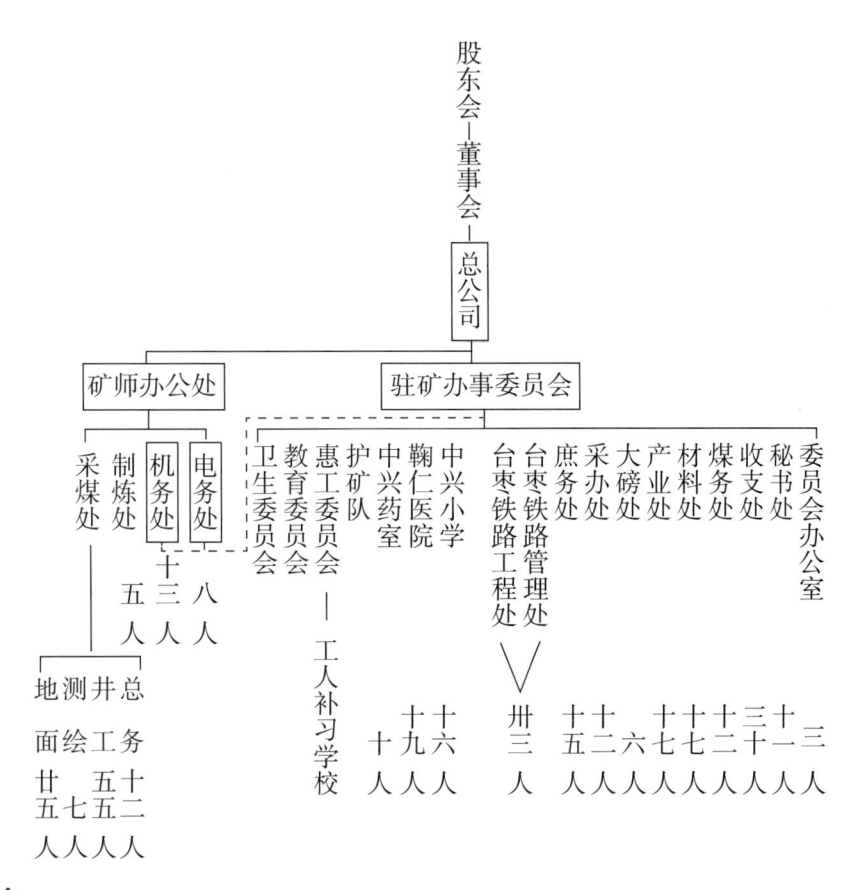

```
                    股东会─董事会
                          │
                        总公司
            ┌─────────────┴─────────────┐
         矿师办公处                  驻矿办事委员会
    ┌────┬──┬──┬──┐    ┌──┬──┬──┬──┬──┬──┬──┬──┬──┬──┬──┬──┬──┬──┐
   采  制  机  电   卫  教  惠  护  中  中  台  台  庶  采  大  产  材  煤  收  秘  委
   煤  炼  务  务   生  育  工  矿  兴  兴  枣  枣  务  办  磅  业  料  务  支  书  员
   处  处  处  处   委  委  委  队  药  仁  铁  铁  处  处  处  处  处  处  处  处  会
              十   员  员  员      室  医  路  路                              办
              三   会  会  会          院  工  管                              公
              人   │                     程  理                               室
      八                │                 处  处
      人   ┌──┐         │                  │
       十  五    工人补习学校              ∨
    采 地 五  二
    井 测 人  人  廿  十              十  十  十  十  三  十
    总 绘                九  六  卅   五  二  六  七  二  一  三
    工 面      人  人    人  人  三   人  人  人  人  人  人  人
    务                       人
    廿  十
    七  五
    人  人
```

一、董事会

董事长　朱桂辛

二、总公司

经　理　钱新之

协　理　张仲平

秘　书　王子敏

三、驻矿办事委员会

主席委员　　张叔诚

常务委员　　黎绍基　　申士魁

秘　书　　　李敷青

总矿师　　　克礼柯（德人）

总煤师　　　李重麟　　吕承箕

测量师　　　吴克颐

总队长

台枣路工程师　　　李牧洲

电机工程师　　　　钱福谦

机务工程师　　　　王道昌

鞠仁医院院长　　　吴道豫

第二章 煤　　田

第一节　地　质

中兴煤系地质，属二叠—石炭系，直接覆于奥陶系石灰岩之上，本系岩石约可分为下中上三部，自直覆奥陶系之底部起，至纺锤虫石灰岩为下部，以黏土及泥质页岩为主，中部为煤层萃集之处，以页岩砂岩为主，含重要煤层，并夹薄层石灰岩，上部不夹煤层，岩石以彩色泥质页岩砂岩为主。

中兴煤矿地面建筑及附近村庄图（略）

第二节　煤　层

一、层次及厚度

煤层在枣庄区域，计有六层，走向大致东西延长，倾斜向北，倾角自15°~25°，平均18°，但因断层甚多，煤层走向及倾斜随地而异，至矿区东端，走向东西折而向北，成NNE—SSW向，兹将煤层名称及厚度，列表于下。

层次（自上而下）	土　名	厚　度
一	柴煤窑	1公尺
二	大　窑	8公尺
三	白炭窑	1公尺
四	泥　窑	1.4公尺
五	鸡子窑	1公尺
六	碴子窑	1公尺

以上煤层有六，而可采者仅大窑及泥窑两层，俗称大槽小槽，两者相距约100公尺。

此外沿临枣路之陶庄、郡坞等处之煤层，据历年钻探及其施工结果，与枣庄为同一煤线，惟郡坞煤层甚薄，无开采价值，陶庄煤层厚约2公尺，久已开采，民国十六年因军事停工。

二、断层（参观井下工作图）

中兴煤层断层颇多，据井下施工结果，知枣庄及汤庄区主要断层有八，可分东北中西四部叙述之：

1.东部断层，有甲、乙、丙三道，皆南北走向，即成平行，相距各约三四百公尺。

2.北部大断层，为煤田之北界。

3.中部断层一道，（丁）走向东北西南，中途分而为二，相距约100公尺，其东北端斜贯甲、乙、丙三断层，增加施工之困难。

4. 西部断层，有戊、已、庚三断层，走向亦为东北西南，几成平行。

中兴公司煤层及岩石经过全图（略）

兹复将各断层升降情形，以四道剖面线分述之：

1.沿AB线由南而北，南端即丁断层以南之煤层，倾向北20余度，断层以南地层向下降，以北上升，升降差53公尺，断层以北之煤层，初向南微倾，中间几成水平，至北大井以南，始复向北倾斜，过北大井以北不过百余公尺，又渐成水平，继复向北倾斜，直至北大断层为止。

2.CD沿线一带之煤层，大抵向北倾斜，由西而东，第一经过丁断层，断层西部上升，东部下降，升降差55公尺，为逆断层（Thrust Fault），至丙断层，西部上升，东部下降，升降差70公尺，为正断层（Normal Fault），至乙断层，则西下降，东部上升，升降差30公尺，亦为正断层，至甲断层，仍是西部下降，东部上升，升降差甚小，约仅一二公尺，为正断层，总观CD剖面，大势成两个阶级断层（Step Faults），中段下降，两端渐次上升。

3.沿EF线一带之煤层，大致向北倾斜，但在西部者，倾斜微向西，在东部者倾斜向东，形成一背斜层（Anticline）之构造。在丙断层处，其东部下降，西部上升，升降差50公尺；在戊断处，其东部下降，西部上升，升降差甚小，约一二公尺；在已断层处，亦是东部下降，西部上升，升降亦不大，约二三公尺；在庚断层处，仍是东部下降西部上升，升降差约二三公尺。上述四断层，均系正断层，就全线观察，四个断层实造成一阶级断层，自西而东，渐次下降，然以升降差太小之故，又以背斜层关系，是以西部地层，并未高出于中部。

4.沿GH线之煤层，在戊断层西北之地层上升，东南下降，升降差甚小，为正断层；在丁断层处，西北部上升，东南部下降，升降差55公尺，为逆断层，其西部地层倾向东微南，以东地层则倾向西北，故又组成向斜层之再造（Syncline Structure）；在丙断层处，西北部上升，东南部下降，升降差70公尺，为正断层；在乙断层，处西北部下降，东南部上升，升降差亦不大，为正断层。总之中兴煤田断层甚多，变化复杂，幸断层之升降差，尚不甚巨耳。

三、枣庄盆地

枣庄煤田为中兴煤矿主要部分，其南部煤系地层，均倾向北，其东部煤系地层均倾向西，其北部煤层倾斜，大致向南，其西部煤层，在戊断层线以东者，向东微北。故枣庄煤区，实形成一小盆地，东西长约3公里，南北宽约2公里，面积约6平方公里。

第三节 煤量及煤质

一、煤量

该矿煤量，因开采已有数百年，土法小井竟有深至200余公尺者，故上部煤层，继已采完。据该矿总工程师克礼柯所告，枣庄区大窑及泥窑之煤，实际可望采出者约二千万吨，按目下产量每年百万吨，尚有二十年之寿命。

二、煤质

煤质甚佳，可以炼焦，在津浦沿线各矿中，不够资本量居第一位，即煤质亦首屈一指。大窑槽厚七八公尺，自顶至底，不夹杂质，令人可爱，惜以前土人开采，废弃太多，即中兴公司所用陷落法房柱法，损失亦不少，泥窑槽硫黄较多，煤层亦薄，且中间夹杂泥片两层，较之大窑槽，殊有逊色。兹将该矿煤质分析表列下：

煤 别		水分	挥发分	固定炭	灰分	硫黄	发热量	符号
大窑槽	统 煤	0.646	27.186	62.215	9.953	0.623	7853	Bm1/3
	块 煤	0.590	27.957	62.303	9.150	0.582		Bm1/3
	末 煤	1.030	27.312	60.905	10.749	0.601		Bm1/3
泥窑槽		0.420	28.231	64.299	7.050	1.456	6930	Bm2/2

第四节 矿 区

前清初办中兴矿局，矿区并未规定，只限枣庄100里以内，不准他人开采，至宣统元年，始经农工商部画定矿界，计共三区，合计面积317方里[1]。

第三章 采 矿

第一节 大井设备

中兴煤矿在民国十六年停工以前，除陶庄分厂不计外，枣庄一区有新式大井两口，土法小井58口，自民国十八年复工以后，所有陶庄分厂及枣庄小井，一律停止，集中南北两大井出煤，民国二十一年又开钻东大井，民国二十二年八月可以完工。兹将三大井布置，分述如下。

一、南大井（一号大井）

南大井为中兴新式出煤第一井，位于大围墙内，总工程处之南，原属土井改造，于宣统元年完工。

---

[1] 方里应为平方里。

中兴煤矿公司南北大井地层剖面及井上设备图（略）

1. 井筒

井筒圆形，直径3.66公尺（12英尺），深200公尺（653英尺），工人称为700尺大井，全用青石（石灰石）圈砌，每隔3公尺，装设铁梁一道，罐道四条，系45磅钢轨作成，井筒东壁，装设250公厘（10英寸）排水管三条，及100公厘（4英寸）冷气管（Compressed-airpipe）一根，南壁则装设3000启罗瓦特高压缆（线）三条，又电话线一根。

2. 井架

铁制架27公尺（88英尺），原数旧货，今已略倾斜，时需修理，公司开凿东大井，半因此井井架太老之故。

3. 煤楼

煤楼系铁制，靠着井架建设，共分三层，上中两层均为运煤之用，其中层与东南两方煤桥相连接，南方煤桥为运煤倒入火车及运往煤堆之用，东方煤桥为运煤直入电厂锅炉房之用，罐笼（Cage）提升时，其上两层或下两层（罐笼分四层）与煤楼上中两层相平，罐笼下层之煤车，可直接由煤楼中层推至煤桥倾去，罐笼上层之煤车，则由煤楼上层，经重力放车，放至中层，再推至煤桥倾去，煤楼之下层，装有节煤机，用电开动，从前井下所出之煤，先过筛煤机，分为块煤、末煤，并将杂货选净，然后装车。但近因均售统煤，此筛久已不用，煤斤经煤桥倾去，又煤楼之东西两旁，装有汽力绞车两架，以供升送材料至煤楼之用。

4. 罐笼及煤车

罐笼分四层，每层容煤车两只，四层共容八只，每车容煤1/3吨，故每提罐笼一次，约2.7吨。

5. 绞车

500匹马力蒸气直道径车一座（First motion hoisting），装在井口之北，距井口32公尺，汽缸直径700公厘，冲准1200公厘，速度42RPM，滚筒直径为3公尺，井架上铸铁飞轮径2.5公尺，钢索粗38公厘(1.5英寸)其倾斜角度为48°，升降一次，需时一分钟。（此绞车归机务处管理）

6. 锅炉

锅炉房在绞车房东，内有锅炉四座，现用三座，备用一座，每座直径2.5公尺，热面积100平方公尺，每日约用煤两吨，用水十余吨。（此锅炉归机务处管理）

7. 出煤能力

罐笼每升降一次，计一分钟，提煤八车，约2.7吨，其间装卸煤车及耽误，又约一分钟，再除去上下工人五小时，材料四小时，每日实际出煤时间为十五小时，每小时升降三十次，每日出煤能力约1200吨。

二、北大井（二号大井）

北大井在田庄之旁，距南大井约1公里，民国十年就五号钻眼开凿，民国十三年完成，原拟凿至泥窑槽为止，乃至980英尺处，水势太大，无法深凿，遂停止。在940尺处，开一横洞，以达泥窑槽，井上下工程均极新式，用费亦巨。

1. 井筒

井筒直径为4.9公尺（16英尺），井深290公尺（940英尺），圈砌布置与南大井同，惟罐笼道系65磅钢轨，排水管径12英寸，信号用电力，为西门子厂造之最新式者。

2. 井架

井架铁制，高28公尺（92英尺）。

3. 煤楼

煤楼及材料等设备，皆与南大井同。

4. 罐笼及煤车

罐笼分上下两层，惟每层只容两车，每车容煤半吨，每提罐笼一次，计煤两吨。

5. 绞车

绞车房在井口之南，相距约30余公尺，内分三间，前间对井口，即为电绞车所在地，中间装变电机。（总发电机为交流，绞车因或作或辍，宜用直流，故变之。）后间为配电机关，发电厂所发来之电，先至油箱配电机，而至变电机之交流马达，马达之一端链接一22kW直流机，其另一端连接一795kW直流机，22kW小直流机之电流，为节制各机器之用，795kW大直流机之电流，即为开绞车马达之用。

电绞车之马达为720kW，左右各一，捲扬机之滚筒（Drum）位于其中，以38公厘（1.5英寸）之钢绳，与罐笼相连结，绳之倾斜为48°滚筒直径3.3公尺（16英尺），井架飞轮直径4公尺，每提煤一交，需时约45秒，所有升降速度及起煤次数，皆有机器自动记载，电门开关机距滚筒2公尺，配电箱系级接式，箱内之热度，常以压风机（Air Pump）排除，此机装在房基之下层，又刹车之重锤及附属机件，亦均装在下层。

中兴煤矿北大井井架图（略）

6. 出煤能力

每提一次，共装四车，计煤两吨需时45秒，运装卸煤车及耽误，共需1分10秒钟，北大井不下材料，每日除上下工人5小时外，工作19小时，出煤能力可达2000吨之谱。

三、东大井三号大井

东大井又名新大井，在中兴大围墙东门外约半公里，原属金17号土井改造，加深放大，重新布置，于民国二十一年七月开工，调查时井筒已镶砌成功，正在建筑井架及安放捲扬机等，预定民国二十二年七八月间，正式提煤。

东大井之开凿，一因枣庄大部煤量，均在东部，距南北井均远，亟宜就近开一大井，以利运输，二因南大井井架多年失修，常生障碍，应再开一第三大井以免危险，故东大井告成后，南大井除必要时外，将停止出煤，专作为上下材料工人等用之副井。

1. 井筒

井筒圆形，径4公尺，深194公尺，全用青石圈砌，青石每块尺寸，高375mm，上宽425mm，下宽300mm，厚175mm（7英寸），石与石之间为1∶3之洋灰浆，厚约七八公厘，罐道梁用工字铁，罐道用65磅铁轨，装于罐笼之两端，兹将井筒工程费列表如下：

A.材料费　　　30,000元

甲・青石　　　　　每块到地四角五分，每圈32块，全井1100圈，共计15000元

中兴煤矿三号大井地面建筑及铁道布置图（略）

中兴煤矿三号大井井底转道布置图（略）

乙・洋灰每桶8.5元，每公尺需6桶，井深194公尺，共计10000元

丙・罐道及罐道梁计3000元

丁・其他材料约计2000元

B.工作费　18000元

甲・井工

上部改造金17小井120公尺，计7000元

下部新钻74公尺，计8000元

乙・其他地上捲扬及各种杂工3,000元

2. 井架煤楼

均属铁制，井架为A字式，高25公尺，煤楼分两层，井口用活动道嘴，且用压气推车机，与德国各煤矿所用者同，极为新式。

3. 罐笼煤车钢索

罐笼分上下两层，每层装煤车两辆，与北大井同，煤车容量720公斤，较北大井大三分之一，出煤效率可以增加，钢索粗38公厘（1.5英寸），倾斜角为47度。

4. 煤仓

南北两大井煤桥布置，均用人工倒煤入火车，火车缺乏时，推煤至煤桥尽头，倾于地上，再用人工上车，三号大井为求省费起见，改设一铁制煤仓，容量原定2500吨，现改1250吨，有火车时，仍直接倾入火车，否则将煤先倾入煤仓，候火车到时，打开仓门，再行装车。

5. 绞车及出煤能力

绞车亦用直流电力，与北大井同，出煤因煤车较大，效能亦大，且装却罐笼，用压气推车机及活动道嘴，尤为迅速，若每日工作15小时，可提煤2000吨。

6. 全井建筑费

兹将新大井建筑费预算表，开列如次：

一. 改宽小井井筒120公尺并砖砌洋灰青石墙及井梁罐道等26000元

二. 新钻井筒74公尺　　　　　　　　　　22000元

三. 井口　　　　　　　　　　　　　　　5000元

四. 井架煤楼翻车煤桥　　　　　　　　　135000元

五. 煤仓　　　　　　　　　　　　　　　65000元

六. 煤车300辆　　　　　　　　　　　　36000元

七. 直流电绞车　　　　　　　　　　　　155000元

八. 地面房屋土工及站台　　　　　　　　24000元

以上新井全部工程，除原动力机不另添置外，共需

468000元

第二节　井下工程

井下工程之布置，以南北东三大井为主，以开采大窑槽及泥窑槽两层煤为目的，洞巷纵横上下，至为繁复，要而言之，可大别为暗井石巷煤巷三种，兹特分述大概如下。

一、暗井

暗井均竖式，或长方形，或圆形，普通分两隔，以为上下罐笼之用，从前南北两大井下，有第一、第二暗井各一口，均用电绞车起煤，第一号暗井毁于火，第二号暗井亦早停工，现在南大井无暗井，北大井下自民国十八年复工以来，开有第三、第四、第五暗井三口，惟与第一、第二号暗井不同，均利用自然重力，往下送煤，即重车下降，随带空车上升也。

第三号暗井在北大井西南，深20公尺，第四号暗井在北大井口附近，深22公尺，均放大槽煤至940尺平巷，第五号暗井在北大井西南约1200公尺，深25公尺，将来最为重要，西北全区之煤，皆由此放至940尺平巷，再以1200公尺长循环无极索，运至北大井井口（各井位置请看井下工作图）。

二、石巷

石巷为井下运输要道，大者高3公尺，宽3.3公尺，小者高约2公尺，宽约2公尺半，以本矿所烧红砖砌成拱道，整齐坚固，工程甚好。

开凿石巷，多用压气钻（Rock Drill Sullivan PD33 Wafer Rotation）及黄炸药（85% Nitro-Glycerine Dynamite）凿进，速度平均每月约五六十公尺，包工价普通每公尺

44元，其中打石费30元，砖拱费14元，炸药费在内。

石巷有平斜两种，总计长度不下两万公尺，公布甚杂，惟平石巷较斜石巷为重要，兹以南北东三大井为主体，先将平石巷之大略分述如下。

1. 南大井深700尺，故井下平石巷，均称700尺石巷，主要者有五：

A. 东石巷，又名700尺东马道，与煤井走向大致平行，在民国二十二年八九月东大井完工以前，所有矿区东部煤炭，均由东马道运至南大井出口，计长1900公尺，运煤皆用骡马或人力。

B. 西石巷，又名700尺西马道，亦与煤层平行，计长400公尺，刻已无用。

C. 西北石巷，自南大井向西北行，与煤层走向垂直，计长1550公尺，原拟直达汤庄煤区，嗣因改变计划，停于中途。

D. 北石巷，为贯通南北两大井唯一孔道，计长1000公尺，自南大井北行，直到北大井。

E. 南石门，与煤层走向垂直，计长260公尺，直达泥窑槽（小槽），装有电动无极循环索一道，凡南大井小槽煤，均由此运至井口提出。

2. 北大井深940尺，故井下平石巷，统称940尺石巷，主要者有二。

A. 940尺石巷，计长2,300公尺，为全矿石巷之最长者，由北大井东行折而南，复折而东，又向北，蜿蜒经过东北煤田之全区，为开发该区煤田之干线，但运煤皆用骡马之力。

B. 940尺西南石门，由北大井向西南进行，计长120公尺，毫无弯曲，为全矿石巷之最直者，装有电动无极循环索一道，直达第五号暗井，以取小槽之煤，完工不久，将来西区大小两槽煤量，均将由此要道运至北大井口。

3. 东大井平石巷主要者有二：

A. 北石门一道，计长250公尺，自东大井北行，衔接南大井之东马道于半途，而将东马路之东半段，划为东大井之运道，因东大井之底，与南大井之底在同一水平线上，故两石巷可以联运，将来东大井布置完成后，南大井东马路东端之煤车，将在中途转入东大井之北石门，由东大井出口，缩短运道不少，此为开凿东大井之最大理由，现方装置电动无极循环索一道，自东大井底，经北石门直至东马道之东端，以为将来东大井大槽煤唯一之总运道。

B. 南石门一道，计长200公尺，直达小槽，以为采取小槽煤之总运道，与南大井之南石门，同一功用，亦拟装设电动无极循环索一道。

东大井井底在大小两槽之间，故南北两石门至大小两煤槽之距离，大致相等。

综上所述，南大井下有平石巷五，内南石门有无极循环索一道，北大井下有平石巷二，内西南石门有无极循环索一道，东大井下有南北石门两道，皆拟装无极循环索，凡装无极循环索之石门，皆在民国十八年复工以后开凿，于此可见井下总道之运输，将由骡马人力，逐渐改用机器之趋势，此中兴煤矿近年工程改进诸大端中之一，故特详细述之。

平石巷之外，各井有重要斜石巷数道，（一）上坡石峒，在北大井西，由小槽700尺煤巷通大槽，斜度约12°，长约300公尺；（二）1000尺下山，在北大井南，由700尺煤巷至

940尺煤巷，计长300公尺。（三）太平路，在南大井东，自700尺东马道起，以十七八度之斜度向南上行，升至地面，长约250公尺，以为大井绞车机发生障碍时上下工人之用。

三、煤巷

煤巷之用，半为运输，半为采煤，沿煤层走向开进者，谓平巷，顺煤层倾斜度开进者，谓上山或下山，煤巷之最深者达430公尺，主要煤巷高约1.8至2公尺，宽约2.2公尺，以木为支柱，每架一梁二柱，每隔半公尺一架，其工作重要或煤质疏松之处，亦有以砖为墙，以木或铁为横梁者，煤巷纵横错杂，较石巷为甚，其主要者如次：

1.南大井大槽有700尺东煤巷，长约1800公尺，与700尺东马道相夹而行，每隔30公尺开一横巷，与马道通，小槽有940尺、700尺、600尺、500尺等煤巷，600尺、500尺煤巷之间，即自下切煤机工作区域。

2.北大井大槽有1100尺、940尺、840尺、700尺及500尺等煤巷，上述各平巷间，以许多上下山联络之上下山不计其数，参阅井下工作图，较易明了。

四、井下分段工作及管理

全矿分两大井区，下分七工段，以采大小两层煤槽，各有专人负责管理，兹列表如下：

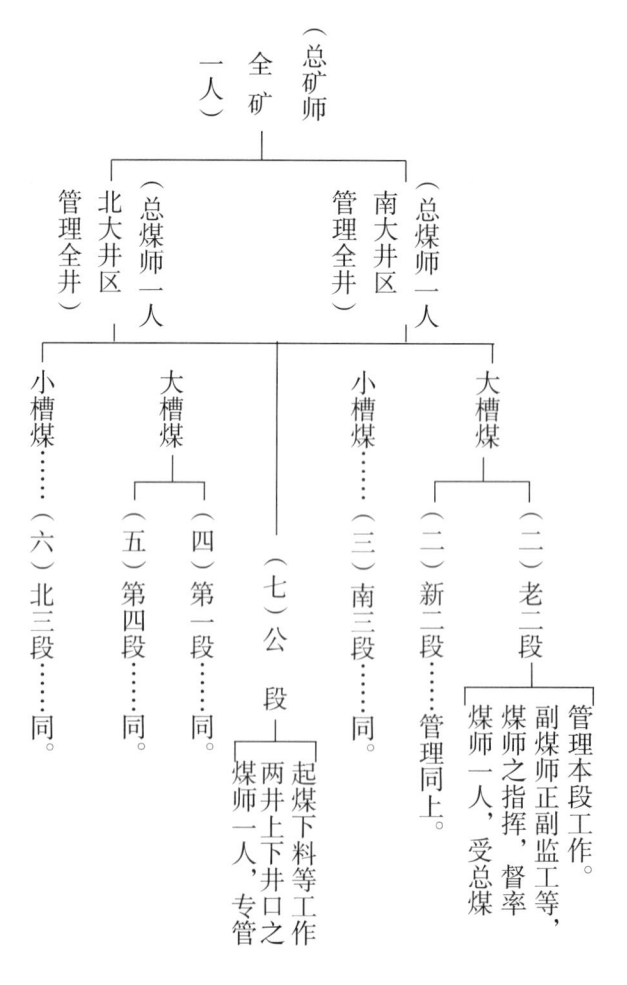

```
                    （总矿师一人）全矿
                          │
          ┌───────────────┴───────────────┐
   （总煤师一人）                    （总煤师一人）
    北大井区管理全井                   南大井区管理全井
          │                                │
     ┌────┴────┐                    ┌──────┼──────┐
   大槽煤    小槽煤              大槽煤   小槽煤   （七）公段
     │       │                     │       │      │
  ┌──┴──┐  （六）              ┌──┴──┐ （三）   起煤下料等
 （四）（五） 北三段            （一）（二）南三段  两井上下井口之
 第一段第四段  ……同。          老二段 新二段 ……同。工作煤师一人，
  ……同。……同。                            管理同上。专管
                              管理本段工作。
                              副煤师正副监工等，
                              受总煤师之指挥，督率
                              煤师一人，
```

中兴公司大槽煤工程全图（略）

五、今后采煤大计

枣庄全区大槽煤，开采已久，尚剩7000000吨，其中在东部者，计5000000吨，在西北部者，计2000000吨，又全区小槽煤，大部尚未开发，约共有15000000吨，合计22000000吨，将由南北东三大井采尽之，其计划大致如下。

1.南大井大槽煤，几已采尽，将来仅为南三段小槽煤出口，及上下工人与材料之用，其重要性逐年减少。

2.北大井第一段及第四段大槽煤，约2000000吨，第一段所剩甚少，第四段之煤，其预备工程，均已告竣，用房柱法采煤，惟在田庄保险区（另详），用四米达填圹法采煤，北三段小槽煤，拟由新完成之第五号暗井及1200公尺西南石门之无极循环索，运至北大井口。

3.东大井为中兴一支生力军，今后二十年公司生命。该井当负大半责任。东部半壁煤田大小两层槽，合计约有一千余万吨，将藉此井以开发之。东部老井极多，均已淹没，现用人力小钻，在井下各采煤尽头穿凿孔眼，放浅积水，以便采煤，本年三月间，水灾惨剧，即在东部发生，东部煤田较新，东井工程亦较新式，采煤方法，小槽用长壁局部充填圹法，并利用切煤机及播煤机，以其迅速，大槽用两层填圹法，将来尚求随时改良，以期煤不损失。运煤巷道均较直接，并用无极循环索，由南北两石门运煤至井口，以替代骡马人力。

第四章　采矿方法

中兴井下采煤方法与设备，从前殊少完整之计划与步骤，自民国十八年复工以后，颇多改进，兹分述如次。

第一节　采　煤

中兴现采煤层有大小两槽，已详前第二章第二节，大槽在上，小槽在下，相距约100公尺。采煤顺序先采上层大槽，再采下层小槽，两层相距100公尺，故上下采煤，尚无显著之影响。其采煤方法，因大槽与小槽煤层厚薄不同，故方法亦随之而异，小槽自民国二十年起，试用机器采煤，但大半仍用人工，大槽则均用人工。

一、小槽机器采煤长壁充填法

1. 预备工程

在煤层内每隔100公尺开一平巷，两平巷间井底保险柱外，顺煤层倾斜开一斜巷，此斜巷长100公尺即为长壁法进行之起点，亦即长壁进行之煤面（long wall face），同时可为通风及运煤之用。

2. 采煤机械

采煤用切煤机，系德国Flottmann Chain Coal Cutter Type GK，运煤用簸箕，（Ball type shaking Conveyer），均以电为原动力，可谓完全机器化，在欧美固属司空见惯，但在中国煤矿，中兴实为首倡，兹将切煤机简述如下。

A. 构造　全部长2公尺，宽0.80公尺，分前后两节，前节为切煤臂及电动机关，后节为捲扬机关，切煤臂长1.4公尺，切刀32把（Walfram steel制）。

B. 马力　交流电，平时10kW（14hp）短时间（二小时）最大能力15kW（20hp）。

C. 切煤能力　平进1.2公尺，切口厚0.15公尺，平均速度每小时切十一二公尺，煤层厚1.4公尺，每日两班实际工作约12小时，能切煤一百六七十吨。

D. 价值　中兴现有两架，每架美金1455元。

3. 机器采煤长壁法每班工人人数职务及效率如下。

切煤机夫	3人（里工）
簸箕夫	2
锆夫	7
锹夫	7
支柱夫	5
钻石夫（打石以备充填）	3
充填夫	11
装车夫	4
以上每班	42人

泥窑槽长壁充填采煤法（略）

每日正式工作分两班，共计84人，第三班不过十余人，合计每日在切煤面上，至多百人，每日出煤至多160吨，每工合1.6吨，效率不高，大约购用不久，训练不精所致，惟所得块煤，较用人力采掘，增加20%（即块煤可得60%）。

4. 采煤情形

兹将机器采煤顺序述之如下，未明了处，请参见附图。

A. 切煤机工作，沿煤层倾斜，由下平巷而至上平巷，切煤槽口深1.4公尺，即顺煤层走向，掘进1.4公尺之意。

B. 采煤夫将机器切下之煤，用锹播入簸箕内，自动送至下平巷，装入煤车。

C. 沿煤层倾斜，距新煤面约1.4公尺，支以支柱一排，各支柱相距亦1.4公尺。

D. 移簸箕至新支柱后。

E. 旧簸箕地，以顶石作为局部充填（每12公尺充填8公尺，空4公尺）。

F. 充填8公尺之石头，即在4公尺空隙处，就地打钻炸下并非由井外运来。

以上切煤簸箕装车支柱移箕打石，以至充填，是为工作一周，如此周而复始，循环进行，如煤层中途无变化，则陆续掘进，可直至煤层尽头。

二、小槽人工采煤长壁充填法

人工采煤长壁充填法之预备工程，采煤顺序，及运煤，亦用簸箕，皆与机器采煤长壁充填法相同，所不同者，唯不用切煤机，而用人工耳，沿煤壁大约每七八尺一人，排列成行，以洋镐掘进，其效率亦不亚于切煤机。

三、大槽四米达填矸子法

1. 规划区段

在煤层底部（Foot-Wall），顺走向每相距100公尺，开一大平巷，又沿煤层倾斜，每相距300公尺，开一斜巷，如是划成300公尺乘100公尺之长方区段。

2. 预备工程

上段所述两斜巷，一为下放煤车用，一为上运矸子用，运矸子之斜巷，须开高至煤顶（hanging Wall），下填4公尺之矸子，敷设铁路，以便运矸，沿运矸斜巷之顶部，每相距10公尺，开一小平巷，以为运矸之小巷，又于两大平巷间，每相距30公尺，开小平巷，与大平巷平行，以为运煤小巷。

3. 采煤情形

4米达填矸采煤法，实为变相长壁充填法。因大槽煤厚7公尺，势难一次采尽（7公尺支柱之木料甚不易得），不得已分作两层，先采下层4公尺，用矸子填满，再采上层3公尺，故土名4米达填矸法。采下之煤，装入煤车，由运煤小平巷，经运煤斜巷，放至下平巷，一面由运矸斜巷，以电绞机卷扬矸子车，经运矸小巷，倒于空隙，以充填之，如是一面向里采煤，一面填矸充满，直将长100公尺宽300公尺高4公尺之煤采完填满后，再采上部3公尺之煤其采法或用长壁充填法（与采小槽煤同）或用房柱法，按情形随时办理。

4. 矸子来源

大窑槽煤质甚净，地下矸子甚少，将来采煤全用充填法，势非在地面取材不可，故该矿近在东大井（新大井）旁，修一运矸轻便道，挖北山土石，由东大井入口，以为该大井下大小两槽采煤充填之用。

5. 改良研究

以上两层分采方法，其上部3公尺之煤，往往因下部充填不实，煤已松落，采取困难，损失太重。总矿师克礼柯近正竭力研究各种方法，以期于相当经济条件之下，减少煤量之消耗。现已决定先行试用者，为一次采出充填法，已购得7公尺之大木，以为支柱，惟国内此种材料甚缺，必须购自外洋，每根约十四五元，价目昂贵，经济问题是否合算，尚待试验决定。

中兴煤矿大槽四米达填矸图（略）

中兴从前采大窑槽煤，尚有陷落法及房柱法。陷落法太不经济，业已废止，房柱法现仍用之，与普通房柱法同，煤柱约50公尺正方，但因煤层太厚，损失亦多，且影响地面甚巨，故逐渐以充填法代之。总而言之中兴大槽采煤方法，迄今尚未得一美满结果，正在研究试验改良中。实则此等厚煤好煤，除用完全充填法外，难得较善方法，不过用何种充填法，仍值得研究耳。

四、采煤包工制

采煤用包工制，采装运一切在内。至井底口为止，南大井包价，每车0.39元，即每吨1.17元，北大井每车0.45元，即每吨0.90元（南大井每车1/3吨，北大井每车1/2吨），所有包工合同，每月改订一次，以便按工作进行情行，每月另议工价。

五、采煤效率

采煤效率与中兴之设备相比例，实不算高，兹将该矿大槽及小槽之采煤效率表列下。

南大井南三段小槽采煤效率统计表　　　民国廿一年十二月

包工人	NO.1	NO.2	NO.3	NO.4	NO.5	总　计
工人数	686	801	1192	1228	451	4358
采煤车数	1880	2016	2670	2781	532	
采煤吨数	627	672	890	927	178	3294
平均（吨）	0.914	0.839	0.747	0.755	0.395	
总平均						0.756

北大井第四段大槽采煤效率统计表　　　民国廿二年二月四日至十八日

包工人	NO.1	NO.2	NO.3	NO.4	总　计
工人数	2047	1910	1978	2163	8098
采煤车数					16113
采煤吨数					8052
平　均					约1吨

比较上列两表，大槽煤效率较高，因大槽煤层较小槽厚四五倍，预备工程自然减轻，又因北大井煤车较大，装煤较多，故大槽采煤效率较高。

次将全矿井工采煤效率统计表列下

月　年		外工工数	采煤吨数	每工采煤（公斤）
一	廿	78232	53802.03	687
	廿一	131681	81202.68	616
二	廿	68601	43774.24	638
	廿一	70081	37837.00	540
三	廿	84851	51806.25	610
	廿一	105549	69737.38	660
四	廿	89800	55306.21	615
	廿一	119680	81313.26	679

续表

月	年	外工工数	采煤吨数	每工采煤（公斤）
五	廿	93750	58478.17	623
	廿一	119224	86360.98	674
六	廿	100299	63991.02	637
	廿一	127271	86729.20	681
七	廿	112231	65911.00	587
	廿一	99625	62643.02	628
八	廿	112286	62206.76	554
	廿一	135486	93636.78	691
九	廿	115742	71906.10	622
	廿一	131768	93071.54	706
十	廿	116303	70093.20	611
	廿一	133984	92052.92	687
十一	廿	120812	73350.77	607
	廿一	132855	90564.17	687
十二	廿	135672	83312.20	614
	廿一	147364	104063.97	706
共数	廿	1228579	754858.27	
	廿一	1454568	973218.90	
平均	廿	102381583	62904.855	611.083
	廿一	121214.000	81101.575	669.07

中兴煤矿搬运程序（略）

第二节　搬　运

中兴井下各石巷煤巷，均铺设轻便铁道，总道用32磅，小巷用16磅，全以铁制煤车运煤，南大井下有1/3吨煤车1100辆，北大井有半吨煤车800辆，搬运方法，机器与人畜兼用。兹将井下搬运程序另绘一图，以明大概，并分述各种运搬情形如下。

一、电动簸箕

电动簸箕（Shaking Conveyer）用于长壁法之煤面（Long-wall face），中兴公司于民国十九年初试用，现共有六套，每套长100公尺，系德国Eickhoff Brothers, Bochum 制造。其簸箕形之铁槽宽0.6公尺，每节长3公尺，用钢球为承托簸箕之枢纽，动力用14kW交流马达，装于簸箕之上端，或簸箕之中途，按就地情形而定，大致装于簸箕中途，或自上而下1/3处，较为相宜。

二、下坡绞车

下坡绞车，均用电力，其马力为10~18kW全矿现有十副，分置于各下山之上口，以为卷扬重车之用。

三、重力转轮

重力转轮放车（Gravity Plane）设于上山口，利用自然重力，重车下放，空车上升，其转轮简单轻便，占地甚少，可以效法。

四、无极循环索

从前平巷搬运，用骡马或人力，自民国十九年起，先在南石门运煤总道，改用电动循环索（Endless rope），成绩良好，又在北大井1200公尺西南石门，装置第二循环索道，刻方完工，尚拟在东大井南北石门，装置第三第四循环索道，兹将南大井南石门循环索情形开列如下。

巷长	260公尺
巷斜	1/100
索径	6/8in
速度	每秒钟1.2公尺
马力	19kW
能力	绳之一边煤车20辆，另一边空车20辆，每7小时可运1200车，合400吨

五、暗井放车

从前第一第二号暗井仅用电力，早已废止，现在第三第四五号暗井，系利用自然力，重车下放，空车上提，已详前第三章第二节。

六、骡马人力

凡石巷、煤巷，敷有轻便铁道而未设电动簸箕循环索及绞车等处，则用人推或用马拉，距离短者用人力，长者用骡马，故南大井七百尺东西石巷，有东马道西马道之称。现在南大井有骡35匹，北大井24匹，每骡每次能拉四车（北大井煤车较大，惟用钢球承托（Ball bearing），故亦能拉四车）。

七、人力骡力及机力之比较

中兴公司井下运煤总道，如七百尺及九百四十尺等石巷，曲折太多，不能装置新式搬运机器，论者病之，但因乃时煤层尚未大明，亦非得已。现将巷道逐渐改直，利用机器。兹将矿师克礼柯井下运费比较表列下：

人力每吨公里（一吨煤运一公里）需洋一角零。

骡力	又	6分
机力	又	3分

第三节 支 柱

主要石巷多用本矿自制之红砖或缸砖砌拱,煤巷多用木料,普通每隔二尺一架,每架一梁二柱,有时加以套梁,亦有密排者,全视其压力之大小而定,水泵房用铁筋洋灰建筑,井口用青石砌成,井下各处工程,均甚坚固。兹将民国二十一年度支柱费用表,开列如下:

项目 月别	支柱根数	支柱费用	共计木料费	每吨煤木料费	每吨煤木料费占采煤成本%	民国二十年度每吨煤木料费占采煤成本(%)
一 月	59508	42994.58	42994.58	0.589	23%	0.398	18%
二 月	29165	21811.50	21811.50	0.585	19%	0.386	16%
三 月	41481	30902.93	30902.93	0.433	18%	0.367	15%
四 月	45329	32952.17	32952.17	0.404	19%	0.412	16%
五 月	57526	36664.42	36664.42	0.449	20%	0.442	17%
六 月	54147	33015.19	33015.19	0.382	19%	0.459	19%
七 月	37707	24465.08	24465.08	0.390	16%	0.474	19%
八 月	52719	37109.56	37109.56	0.396	19%	0.600	22%
九 月	49935	35432.95	35432.95	0.380	19%	0.602	23%
十 月	45571	32892.65	32892.65	0.375	18%	0.630	24%
十一月	47234	34013.07	34013.07	0.370	17%	0.567	22%
十二月	57530	40265.01	40265.01	0.385	15%	0.422	18%
共 计	577852	402519.11	402519.11	0.412	18%	0.488	19%
平 均	48,154	33543.26	33543.26	0.424	18%	0.479	19%

支柱除7公尺长木,向外洋购买外,其余均购自津浦路及运河沿岸,兹将民国二十一年度采买支柱统计表列下。

木质	尺寸	数量	单位	车价	共价	购买地方	附记
杨柳雕木	7'×7'	38,668	根	0.94	36,347.92	枣庄	
	6'×6'	75,839		0.80	60,594.20	台庄	
	5'×6'	93,593		0.55	51,476.15	兖州	
	4'×6'	105,188		0.33	34,712.04	洛口	
	3'×7'	87,758		0.22	19,306.76		
	合计	401,341	段		202,437.07		

第四节 通 风

通风全用电扇,装于金十、金十一、金十八、富十三、富廿七(牛窑)、富三十四及石猴子岭新风井等小井口,以富三十四电扇为最大,计60kW,石猴子岭新风井,亦拟用60kW之电扇,目下正在布置中,将为东方最大之风井。风道由南北东三大井进风,由上述各小井出风。矿区四周小井甚多,略加修理,即可作为风井。风道四通八达,管理甚易,井下空气甚佳，此土井百弊中这一利也。

第五节 排 水

中兴排水设备，颇称完备，排水分两类，（一）抽水，用电泵将南北两大井下之水，抽至地面；（二）放水，用人力铜钻凿穿旧井，放浅积水。分述如下。

一、抽水

1. 水仓

南北两大井下，均设有水仓。南大井水仓，在700尺东马道下5公尺，系砖拱石巷，长1,000公尺，面积2.5公尺×2.5公尺，容水量3000吨，凡700尺以上之水，均汇积于此。北大井水仓，在940尺运道下6公尺，计有两道，均为砖拱石巷，一为浑水仓，长300公尺，可容水1000吨，凡700公尺以下之井水，均集积于此，一为泉水仓，长70公尺，容水量300吨，存积大小两槽间石灰岩中之泉水，抽至地面，以为饮料及锅炉之用。东大井下亦有一泉水仓，但无浑水仓，全井浑水均由南北两井抽出。

2. 电泵

南北两大井各于水仓旁，筑有电泵房一座，全用铁筋洋灰及铁梁，房间高大，内部清洁，确具大矿气象，兹将各井电泵，列表于下。

地 点	部数		电力 kW	排水量每分钟吨数	扬高（公尺）	水管径（公厘）	用 途
	现用	预备					
南大井	1	3	480	6	260	250	抽七百尺以上之水
北大井	1	2	460	5	330	300	抽七百尺以下之水
同	1	1	160	1.5	170		抽泉水
东大井		2		1	200	100	抽泉水

中兴煤矿北井井下位置及水泵房图（略）

中兴煤矿北井井下布置及水泵房图（略）

井下泵数仅足敷用。井水最大时，每日30000吨，少时五六千吨，平时每井只用一泵，且不全日开动。调查时南大井每日开二十一小时，有时只开八九小时，夏季雨水多时，两泵同时开二十四小时。

二、放水

矿区四周，旧日土井，星罗棋布，井内积水甚多，一旦掘透，溃决为祸，惨烈可怖。最巨者为民国四年二月，曾透旧井积水，淹死458人，伤者215人。民国七年，又透旧井积水，死十余人。民国十二年，又因透水，死监工二人，工人数十人。凡失事伤人，几无不与积水相关。惟此等旧井，停废已久，井口埋没，与平地无异，在地面殊难寻觅，只有在井下随做随探。从前用麻花钻探试积水，不能深入远探，往往煤面已距老空甚近，煤壁为积水压力冲破，一发不可收拾。自民国十八年复工以后，矿师克礼柯购得一种煤钻，以手搬动，可深入四五十公尺，最远达100公尺，构造简单，移动轻便，每架购价不过六七百元，该矿现有七架。工作时，每班五人，以一人扶钻杆，二人搬手轮，一人押水泵，一人预备替班，每班平均可钻深7公尺（包工每公尺六角）。

自此钻试用后，成绩甚佳，三年来在矿区东部，探得积水数处，未曾肇祸一次。内有一钻透过80公尺之煤面而达老空，放水140000吨之多。东部老空积水，估计已去十之六七。不意本年二月底，放一下山之水，已用钻杆钻透，水流并不甚急，夜间钻眼突然溃决，致将该处工作之工人二名，冲倒淹死。乃时记者正在该矿调查，当肇事前一日，闻该处透水，曾与总煤师李君约定翌晨六时下井，至该处参观。不料夜间竟发生不幸事，相距不过数小时。但至次晨，一切如常。盖水实不多，虽祸殊出意料，据说此为民国十八年复工后第一次。

第六节　用　灯

矿内沼气甚少，又兼利用旧井通风，故井下空气甚好，油灯、电石灯、安全灯、干电灯及电灯，各种兼用。但与旧窑相近处，必须用安全灯，因积水之中，沼气甚多，土人有（先水后火）之说，民国四年大水后，处置不慎，以大火，损失甚巨，平时向无火灾。该矿现有安全灯800盏，地上有安全灯室一所，实际因沼气甚少，对于用灯并不重视，工人所用灯油，均归自费。此外该矿尚有沼气试验灯数盏，用以侦知沼气之有无及多少，又有德国印格公司所制之防毒救火器五具。

中兴煤矿发电厂电机位置图（略）

第五章　矿　厂　设　备

第一节　电气原动设备

中兴煤矿除南大井绞车用蒸汽外，其余全用电力，由电务处总司其事。

一、发电厂

发电总厂在电务处办公室内，发电机有新旧两种，一为汽机（引擎）发电机，一为透平发电机。汽机发电机是民国二年购置，有720kW之三相交流发电机二部，用两个1250hp卧式双汽缸蒸汽机为原动力，装于电厂之西端。透平发电机是民国十一年开北大井时装置，有1600kW三相交流发电机两部，用二个2300hp透平机为原动力，装于电厂之东端。合计全厂电力，共有4640kW惟在西端之两部汽机发电机，因机身太重，地基不牢，不能同时开用，故厂中同时实用电力，只有透平发电机二部、汽机发电机一部，合计3900kW从前系数

（Power factor）极低，只有0.65，近经改良，高至0.95，几增加1/3之电力，故虽开钻东大井，不必添购发电机也。

厂中两种电机，均由西门子承造，为三相台尔太式连结（Delta Connection），在电厂西端之汽机发电机联成一组，用一西配电台（Switch Board Stager），自电子环（Slip ring）至配电台之出线，为No.70电缆（Cable），在东端之透平发电机，亦联成一组，用一东配电台，自电子环至配电台之出线为No.95电缆，此东西两组，又以平行式（Connection in parallel），用No.120电缆，联成一整组，中有标识表（Synchroseope）以示两组之电流，是否配合相当，现在全矿用电，每日约3,000K.W.H.每K.W.H.之价格，约计二分，兹将发电机之状况，列表如下。

电机种类	部数	连接法	速度rpm	电力kw	系数	kVA	电压V	电流A	周率Fro.	磁激力 V	磁激力 A	磁激力 kW	电缆
汽缸电机	2		125	720	1~0.8	900	3150	173	50	148	115	17	70号
透平电机	2		3000	1600	0.8	2000	3150	673	50	109	110	12	95号

中兴煤矿发电厂锅炉房布置图（略）

二、发电厂锅炉房

锅炉房原有两间，相距甚近，一供南大井绞车之用，归机务处管理，已在第三章大井设备节内详述之，一供发电厂之用，归电务处管理，特名为发电厂炉房，以示区别，房址与发电厂相联，内有锅炉四组，均属水管式，两组为德国博希西厂制造，民国二年购置，专为开汽机发电机之用，后因开钻北大井，加装透平发电机，添购拔伯葛水管式锅炉两组，专开透平机。

锅炉烧煤，先过自动磅煤机，再至17hp电动磨煤机，磨成细末，经15hp电动运煤机，送至煤斗内，陆续由自动火廉，加入炉内，博希西锅炉有6m²自动火廉四条，每日烧煤20吨，拔伯葛有13m²自动火廉四条，每日烧煤30吨左右。兹将锅炉情形，列表如下。

制造厂＼项目	汽压	温度	超热	热水器温	燃量 Coal/24h	煤廉速度	热面	超热面
博希西	11kg/cm²			70℃	20TONS	80mm/m	320m²	
拔伯葛	14kg/cm²	20℃	350℃	70℃	30TONS	80mm/m	499m²	153m²

制造厂＼项目	蒸发量	喂水量	种类	数量 现用	数量 预备	购买年月	买价
博希西	6600kg		水管		2	2年	25056.64
拔伯葛	10000kg	132t	水管	1	1	11年	136170.27

上列两种锅炉，各有专用，其汽管之连结，亦分成两组。

三、烟突

烟突系砖制，两组锅炉合用之，位置在电务处东约10公尺，与南大井绞车锅炉之烟筒对峙。

烟突高63公尺，底面积30.03平方公尺，顶面积10.5平方公尺，顶径3公尺，底径4.62公尺，烟道长50公尺，（自锅炉至烟突）烟道面积6.5平方公尺。

四、凝汽室

凝汽室在电厂之下层，内有凝结器两种，一为喷射凝结器（jet condenser），计二座，用以凝结蒸汽机之发废汽，一为表面凝结器，亦二座，面积400平方公尺，用以凝结透平机之废汽，凝汽所用之冷水，由厂外凉水池为80kW之电泵汲入器内，凝后之气，由一空气帮浦抽至水池。

五、凉水塔

煤矿用水问题，最为困难。中兴公司虽在西沙之高巅上，建有水台一座，可容水800000加仑，有30hp电泵两座，每分钟能供水1000加仑，然河水时有干涸之虞，专靠北大井之泉水，又恐或有障碍，故不得不利用废汽，以接济厂中凉水。在电厂外水池之上，建立凉水塔二座，由凝结器新来之冷气，导入塔顶，经过重叠之木叶，徐徐注漏，下用电动风扇，排去其中温度，使变为完全汽水，以资利用。用于喷射凝结器者，为第一号水塔，塔下之水池，能容水200000加仑。用于表面凝结器者，为第二号水塔，塔下之水池，能容水500000加仑。

六、热水室

锅炉用水，因水质不净，不便用节热器（Eco omizer），唯用两个热水器（Heater）。热水器水温，常为70摄氏度，两个交换使用，每隔七日，洗刷一次。喂水帮浦亦有两个，出水管径100公厘，上水力量极为充足。

七、设备费

项 目		价 值（元）	总 计	备 考
建筑工程	厂 房	324642.00		
	烟 突	24720.00	349362.00	民国十一年
锅 炉	博希西水管锅炉	50113.00		民国二年
	拔伯葛水管锅炉	273341.00		民国十一年
	磨煤运煤机器	46942.00		
	热水室机器	14086.00	384482.00	
发电机	汽机发电机（横式双汽缸）	76048.00		民国二年
	透平发电机	280799.00		民国十一年
	变流机	4694.00		
	起重机	3209.00	364750.00	
凝汽设备	凉水塔	19554.00		
	水 池	51638.00		
	水 泵	16132.00	87324.00	

续表

项目		价值（元）	总计	备考
配电总机关	汽机配电台（西台）	4939.00		
	透平机（东台）	37832.00	42771.00	
其他	电缆、电话、电灯等	15970.00		
	电杆、铜线、磁头等传电设备	20075.00		
	沙河等各电所	6052.00	42097.00	
总计			1270784.00	

八、压气机（Compresser）

亦归电务处管理，共有两座（Perpendicular 2 stages），是美国Sullivan厂制造（size20″-12″-14″），专供井下风钻（Rock Drill）之用，其电动机为200hp速度224rpm共价约11935元。

第二节 机械厂设备

机械厂修理全矿一切机械，并制造锅炉蒸汽机，及井下各种普通机器，由机务处管理内分机器，钻工翻沙，铆工修车，木型等六厂厂房仿照欧美最新式样之齿状形，于民国十三年建筑，建筑费连机务处办公室在内计七八万元。厂内机械设备，颇称完备，矿中各种机器，均能修理，亦能仿造，各厂动源皆用电力，综合全厂马达能力，共约130kW兹将各厂机件价值列表如次。

中兴煤矿机厂平面图（略）

厂名	机名	数量	购买年月	制造者	能力	价值	总计	备考
厂房						73854.00	73854.00	
机器厂	马达机	1			50hp	6233.00		
	车床	18	宣统三年至民国十五年	本厂及各国工厂		65867.00		详注一
	刨床	2				18587.00		详注二
	钻床	6				10860.00		
	插床	1	民国十一年	德国工厂		2193.00		
	砂轮	4	民国元年至十五年	本厂及英国厂		871.00		
	螺师床	1				941.00		
	老虎钳	40	民国元年至十五年			2100.00	142943.00	
铁工厂	汽动锤	1	民国元年	英国	650磅	2486.00		
	电动锤	1	民国十五年	英国	吨	10632.00		电动机25hp
	打风机		民国十三年	本厂	10hp	526.00		30吋径管
	炉子	11				1662.00	15306.00	详注三

续表

厂　名	机名	数量	购买年月	制造者	能力	价值	总计	备考
铆工厂	马达机	1			20hp	2100.00		
	穿孔机	2	民国十三年	德国		5198.00		
	剪冲机	2			18hp	7231.00		详四
	滚板机	1		德国	20hp	9380.00		
	炉	6				678.00	24587.00	
翻沙厂	起重机	2	民国十三年	本厂	2½吨	2416.00		
	化铁铜炉	5	民国十三年	本厂		10825.00		详五
	打风机	1	民国十三年	美国	20hp	3713.00		
	翻轮机	1	民国十三年	德国		1975.00	16513.00	
木型厂	旋床	1	民国十三年	本厂		250.00		
	刨床	1	民国十三年	德国	7½hp	2400.00		
	锯床	2	民国十年	德国		5400.00	8050.00	圆锯带锯
修车厂	手摇起重架	8				1129.00		
	起重吊车	1			10吨	1872.00		
	生铁汽煲	4				157.00		
	其他					575.00	3733.00	
	总计						284986.00	

（注一）伸出最远者，能达35寸，车身最长者15尺。

（注二）洗齿轮机一座，普通洗床一座。

（注三）长方双型9座，圆形2座。

（注四）大剪冲机，能剪一英寸之厚之钢板及冲一英寸径之眼孔。

（注五）大熔炉一座2½吨，小熔炉一座1½吨。

第三节　制炼设备

制炼设备原有焦池、砖厂、石灰窑、筐绳厂、木工厂、榨油厂及制面厂七种，其中制面、榨油两厂，近已取消，木工厂近亦归并机务处之木型厂内，目下只有焦池砖厂石灰窑筐绳厂四种，统属于制炼处，除焦炭外，其余砖灰筐绳等制品，均属矿区自用，并不出售，兹分述如下。

一、炼焦

1. 焦池数目

炼焦沿用土法，炼炉圆形，半在地上，半在地下，宛如池形，故称焦池，原有82座，近又添加60座，共计142座，排列成行，均在矿区西方。

2. 焦池构造

焦池式样与唐山同，掘地为底，深入土中约0.7公尺，底部平坦，其中央有穴，名为风道，与地下沟道相通，以进空气，上部与地面相平处，周围用砖筑成短墙，高可1公尺，径约4公尺，墙脚有小孔九个，名曰火眼，以为出烟之用。

3. 炼焦程序

炼焦时，先以柴草少许，堆积炉底，覆以块煤，用火燃着，待火势已烈，再放粉煤，略与地面相平，另用砖瓦筑成火路，将风道与火眼连络贯通，此种火路，皆以风道为中心，然后再用粉煤逐渐增加，直至高过短墙，使成覆碗形为止，每日用木履蹈压一次，至第十一二日，用木槌槌压，每日二次，约计四日，至火焰渐长，闭塞四周之火眼，使火焰由顶上煤隙中取道而出，待一处烧透，覆以灰土，再透一处，再覆灰土，如此逐渐至全部皆透为止。然后用水倾入，以息其火，并再覆以灰土，约一日夜，即可取焦，每座焦池能装煤末24吨，可得焦13吨。炼焦时间，连装煤出焦在内，每炉约需二十天。

中兴煤矿炼焦池图（略）

4. 焦之分类

焦分头等二等两种，头焦系经筛洗涤洁之煤末炼成，二焦系由未经洗过之原煤炼成，兹将两种焦质比较表列下。

焦类	水分	挥发分	固定炭	灰分	硫黄	磷质	发热量
头焦	1.081	1.464	84.963	12.493	0.526	0.616	13,591
二焦	0.765	1.573	80.912	16.750	0.567	0.616	12,974

5. 炼焦工价

头焦每炉须60工，包工价每吨2.2元，二号焦每炉须20工，包工价每吨1.15元，头焦较二焦工价均加倍，因头焦之煤经过筛洗，全用人工故也。

6. 产额

兹将最近三年头二两焦产额，列表如下。

年别		头焦（吨）	二焦（吨）	共计
十九年		323.20	1961.92	2385.12
二十年		769.30	1104.87	1874.17
二十一年	一月	298.80	411.80	71.60
	二月		383.00	383.00
	三月	345.40	300.00	645.40
	四月		37.00	37.00
	五月	509.00	18.00	527.00
	六月	723.40	11.00	734.40
	七月		20.00	20.00
	八月		53.00	53.00

续表

年别		头焦（吨）	二焦（吨）	共计
二十一年	九月		100.00	100.00
	十月		200.00	200.00
	十一月		219.63	219.63
	十二月	200.00	300.00	500.00
	共计	2076.60	2035.43	4112.03

二、砖厂

砖厂亦在矿区西部，厂房机器及砖窑等设备费，合计约需40000元。砖窑有土式窑与西式窑两种。土窑烧砖须半月一次，每次出缸砖3000块，红砖约10,000块，原料以页岩为之。西式窑一座，烟突高26公尺，长方形，长约45公尺，每边有门七，宽约12公尺，每端有门二，四周共有18门，内分18间，每间装砖10,000块，共可装180,000块，循环燃烧，烧砖时间，七天可成，故每日可出砖约二万四五千块，缸砖用煤，每万块约2.4吨，红砖每万约1.5吨。兹将民国二十之民国二十一年砖之产额列下。

年份	缸砖	红砖
二十年		2305200
廿一年	495000	2975400

三、石灰窑

灰窑亦有土窑及新窑两种。土窑八座，圆形如鱼池，燃料用炭泥（煤末与土混杂成块），装窑时，一层石灰石，一层炭泥，炉底燃火，到顶面而灰成，与炼焦同，平均十日一炉。新式窑三座，高6.5公尺，墙以缸砖砌成，燃料须用好煤，每炉能出灰18000公斤，需煤六吨半，每窑燃烧三天，装卸二天。民国二十一年总计烧石灰约3500000公斤。

四、筐绳厂

以柳条编筐，以麻为绳，大半为井上装车抬煤之用。

五、制品成本

兹将制品包工价及成本，列表于下。

类别	单位	包工价	料价	交材料处价成本
头焦	每吨	2.20		
二焦	每吨	1.15		
缸砖	每万	24.00	51.40	85.00
硬红砖	每万	50.00	（料在内）	68.00
红砖	每万	47.00		64.00
青砖	每万	67.00		80.00
大窑灰每座	18000公斤	9.00	81.00	100.80

续表

小窑灰每座	12000公斤	8.60	28.00	67.20
元　筐	每　个	0.063	0.30	0.50
抬　筐	每　个	0.063	0.18	0.30
麻　绳	每公斤	0.060	0.30	0.40

第四节　房　屋

中兴一切建筑，均在大围墙内，周围约七八公里，房屋以总事务所为最巨，建筑费约140000元，次之经理住宅及俱乐部，亦各约四五万元，其余职员住所，散漫无序，工人住所竟付缺如，公司刻正大规模的计划工人住宅，已将原有大围墙之西门外，划为工人住宅区，并扩充围墙，作为外城，以便保护此等工人住所，拟用砖造，房样已定，不久动工，将来落成，工人均移居墙内，不但矿工之卫生与安全，皆有改进，又工作效能，亦必能增高。现在中兴普通建筑，如办公室、职员住房、矿队营房等三种建筑费，约计600000元。

第五节　教育卫生设备

小学校系新式洋房，原有两所，现只用一所，其他一所为省军驻矿所用，故校舍颇觉拥挤，不得已限制学额600名，分高初两级，共12班，初级8班，四百二三十人，高级4班，一百六七十人，职员子女占38%，工人子女60%，地方人2%，男生80%，女生20%，纸笔自备，余均免费，女教员15人，男教员1人，校长1人，由驻矿委员会秘书兼任，经常费每年自13000元至17000元。下学期尚拟添设幼稚园。

医院分中西两院，中医院名中兴药室，西医院名鞠仁医院。鞠仁医院又分医务药剂两部，房屋甚壮丽，民国十一年开工建筑，十二年完工，建筑费100000元，楼上为办公室及招待室，楼下为诊病及手术室，地窖为药室，又另有平房一所，为病人住室，计有单房16间，通间病室4间，每间可住20余人，共计可容100人。院内治疗设备颇称完备，太阳灯X光及各种电气治疗设备费约一万三四千元，其他设备约一万六七千元，合计30000元，连同建筑费共约130000元。惟病人住房内床铺设备，极不完善，未免美中不足耳。近来经常费年约50000元，其中药费估15000元，现在每日门诊约600号左右，有远自徐州来者。就诊之人，无论职工外来，医药费全免，住院除伙食外，手术费亦免。兹将医院组织表，附列如下（略）。

第六节　材　料　厂

材料之存储及保管，有材料厂、机件保管厂及木棒厂三厂。材料厂在发电厂与南大井之间，所有矿区应用材料，均存于此，目下存有约值200000元之材料。木棒厂在机器厂之西，所有窑木板片均存木棒厂，机件保存厂与材料同在一处，专为保存各种新旧机件。中兴原有小井甚多，现已废弃，所有锅炉及捲扬机等，如数拆去，均存机件保存厂，待价出售。

第七节 台枣铁路

台枣铁路，系公司自筑，由枣庄至台庄，计长四五公里，用六五磅钢轨，轨宽与津浦同，全路财产约值大洋1570000元，矿区内岔道纵横，计延长20公里之多，约值910000元，所有养路行车修车等事，均归台枣路管理处办理。该路在民国十四年前，机车及车辆甚多。民国十四年后，津浦路战事迭兴，损失殆尽，目下虽陆续交还，但相差尚远，且均须修理。兹将该路原有及现有车辆，列表于下。

类别	能力	民国十四年前数量	民国十四年后数量（现有）	现状
机车	大号400吨	10	3	一个租与津浦路，一个矿区倒车，一个修理中
	小号220吨	9	6	一个台枣路行车，二个矿区倒车，一个大修理，一个小修理
货车	40吨	150	16	中十辆租与津浦路，连同大机车一辆，专在济南蚌埠间运中兴煤
	30吨	100	30	均坏须大修
	15吨	70	50	均好

第六章 职 工

第一节 职 员

中兴矿区职员，更动甚少，在矿七八年至十余年者几占半数，目下大小职员共计326人，月薪总额23000余元，其中总矿师2500元，主席委员600元，常务委员及机务电务铁路等工程师各500元。兹将民国二十二年正月矿区职员调查表列下。

项别 职务别	人数 以月薪别 百元以下	100~200	200~300	三百以上	以任事久暂别 不到一年	1~2	2~3	三年以上	共计	月薪 最高	最低	普通	月薪总额	附记
委员办公处	179	13	5	4	20	18	15	148	201	600	11.50	30~40	13157.00	
工程处	107	12	3	3	2	2	5	116	125	1500	20	30~40	9890.00	
共 计	286	25	8	7	22	20	20	264	326				23047.00	

第二节 工 人

工人分里工外工两种。里工由公司直接雇用，普通以月计饷，人数较为固定，外工由包工头代为雇用，完全以日计工，工资由包工头代付，人数极为流动。机务电务铁路三处工人多为里工，采矿煤务两处工人多为外工，近为免除匪徒混迹鼓动风潮起见，无论里外工，于雇用前，必须摄影登记，方能上工。

一、工人人数及工资

兹将民国二十二年二月采矿煤、装煤、机务、电务、铁路五处里外工工人表列下。

工人	职别		采煤	装煤	机务	电务	铁路
工人人数	井下	里工	226	—	—	68	—
		外工	5,324	—	—	31	—
		共计	5,550	—	—	99	—
	井上	里工	227	47	259	131	—
		外工	250	300	62	11	—
		共计					
	共计		487	347	321	142	—
里工工资	最高		98.08	20.00	73.00	92.00	60.00
	最低		9.50	9.50	9.50	9.50	9.50
	普通		15.70	11.00	30.00	14.00	11.00
里外工工资总额（元）	二十年		1565060.36	74153.42	80407.81	48013.04	54607.50
	廿一年		1258274.53	70494.56	89865.66	52504.79	
附记			一班修理两班出煤				

采煤外工由包工人雇用及管理，又采煤里工，除少数有固定职务，如看风门、管骡马等外，其余均由包工头临时拨交公司使用，工资记里工账，工人实仍外工，故采煤里工，并不如电务机务处等之固定，兹将电务机务等里工详表列下。

处别	部分	机匠人数	工人人数	合计人数	月资	附注
电务处	厂内	16	37	53	1050元	电机匠、电话匠、电灯匠等凡有技术均属机匠
	地面各处	19	52	71	1150	机匠工资最高92元，最低16元
	井下各处	7	91	98	1785	开绞车、开电泵、看风车、加油及一切杂工凡无术者均属工人
	北井绞车房	9	10	19	415	
	合计	51	190	241	4400	工人工资最高27元，最低9.50元
机务处	机器厂	51	44	95	2500	机匠月资最高73元，最低21元
	铆工厂	11	23	34	650	工人最高18元，最低9.50元
	铁工厂	9	39	48	750	
	翻沙厂	8	17	25	600	
	木型厂	48	9	57	1200	
	修车厂	9	22	31	750	
	南井绞车房	7	3	10	300	
	南井锅炉房	1	20	21	400	
	合计	144	177	321	7150	

续表

处别	部分	机匠人数	工人人数	合计人数	月资	附注
铁路	总务			15	189	最高60元
	工务			106	1203	最低9.5元
	机务			72	1220	普通11元
	车务			95	1112	
	合计			286	3724	

二、包工法

公司对于外工，均用包工法。包工制度有二，一为包工头，二为公包。所谓公包者，由工人合伙承包，代表公司接洽，财政公开，有利均分，亏本分摊，此为民国十八年复工后之新制。至于包工头利害，一人当之，每日给大工（采煤）至少五角四分，小工（推车）至少四角三分，均是日工。公司对包工头为包工制，包工头对工人则为日工制，包工合同每月一订，不独包价可以随时上下，即工作亦可随时更动。兹附录民国二十一年十月份包工合同实例二份如下，以备参考。

1. 吉兴山十月份包工单

人数　早班120名，中班110名，夜班30名，共260名。

预定煤数　每日450车，每车半吨。

采煤包价　北大井940尺北区放墩采煤，每车0.43元。

修棚　绞车下山及总运道修理大棚，每架0.60元，同上小棚每架0.50元。

石巷　940尺向西风钻石洞及砌石水沟订道（2.5公尺宽、2.2公尺高），每公尺44元，940尺向西石洞打暗井及砌井装铁梁，每公尺4元至5元。

2. 毕书元十月份包工单

人数　早班125名，中班120名，夜班40名，共285名。

煤数　每日550车，每车1/3吨。

包价　南大井南石门泥窑切煤机采煤，每车0.40元。

托底　预备煤洞工程（7公寸至8公寸），每公尺4元至5元。

打顶　预备煤洞工程（6公寸），每公尺3.5元，每月做过60公尺者，每公尺加洋一元。

三、工作时间

民国十六年前，工作时间皆为12小时，休息及食物时间在内，井上井下皆同，故当时仅分两班，轮流交替，其不须作连班之各处，则仅于白日作工12小时而已。民国十六年后，政府令该公司缩短工作时间，遂改变制度，不轮班者9小时，轮班者8小时，后者多属井下采煤之工作。兹将井下换班时间列下。

班　别	换班时间	工作时间
早　班	上午6时—6.45时	上午6.45—下午2时
中　班	下午2时—2.45时	下午2.45—下午10时
夜　班	下午10时—10.45时	下午10.45—次晨6时

每次换班上下，共须45分钟，实际工作，大概只有7小时。现在早中两班出煤，夜班仅做修理及预备工程，工人极少，故虽有夜班，并不如早中两班之重要。

不轮班之工作，均在地面，其工作时间，每日自上午7时起，至下午5时止，中间以12时至1时，为规定用饭时间，星期日概不休息，全年假日计七天，放假日工资照给，如过工程上有特别情形，不能停止，则给予双工工资，此项规定，里工外工均适用之。

四、居住

工人住处，公司向不过问。有家属者，除少数在公司围墙内，租屋或自行建屋外，其余均在墙外，大都破烂拥挤，污秽黑暗，租金每间每月自三角至一元。无家属者，大半寄居小客店，每月租金三四角，卫生毫不讲究，随处排泄，并无公共厕所。公司有鉴及此，现拟以200000元建筑工人住宅，倘能早日实现，则矿厂周围，当焕然一新矣。

五、抚恤

兹将该矿目下抚恤办法，分述如下。

1. 因公死亡

里工除给予50元丧葬费外，并分别在矿期间之长短，给其遗族以一次抚恤费，规定如下：

A. 在继续工作未满七年者，给予一年之工资。

B. 七年以上者，给予二年之工资。

外工因公死亡，给丧葬费50元，抚恤费100元。

2. 因公受伤及残废

里工除由公司担任医药伙食及住院外，每日工资照给，至伤好为止。伤愈残废不能工作者，由公司按月发给其最后工资之半数，以终其生。如愿一次领足者，依在矿年限多年，发给赡养费，规定如下：

A. 在矿继续工作，五年以内者，给予一年之工资。

B. 五年至十年者，给予二年之工资。

C. 十年以上者，给予三年之工资。

外工因公受伤，亦由公司担负医药伙食住院各费，工资亦照给，与里工同，但加伤愈残废，则一律一次给予150元之赡养金。

3. 疾病

里工生病，经医生证明者，得请病假，其须住院者，即入鞠仁医院。在院之一切医药饮食费，概由公司担任。病假期内工资折半发给，倘经三个月尚未病愈，经医生诊断，为不能即愈者，依照其在矿时间之久暂，给予相当工资，令其退工。其规定办法，在矿一年者，给予一个月工资，二年者二个月工资，以此类推，至多以半年工资为限。

外工生病，直接向包工头请假，亦得免费向公司医院医病。

4. 因病死亡

里工每工每人发给丧葬费50元，并按其在矿年程之长短，另给相当抚恤费，规定如下：

A. 在矿继续工作未满三年者，只给丧葬费，不给抚恤费。

B. 三年至五年者，只给三个月之工资。

C. 五年至十年者，另给六个月之工资。

D. 十年以上者，另给一年之工资。

外工因病死亡，一概不给丧葬抚恤各费。

5. 养老

养老金始于工会成立之后，民国十八年工会与公司第一次协定中，有"凡在矿工作满十年以上，年逾六十岁者，公司每月给予最后一月之半数工资，其愿一次领足者，给一年全数工资"。嗣于民国二十年第三次劳资协约中，修改为"凡继续在矿工作满十年以上逾六十岁者，公司得令其退休，每月给予最后一个月之半数，其愿一次领足者，给予十八个月之全薪"。

外工不由公司直接照管，查考年月，亦甚困难，故此项协定，不适用于外工。

六、外工奖罚

1. 奖

民国二十年度，中兴获利约700000元，矿区职员及里工均有花红，全体外工以里外工同属工人，且外工为直接采煤之人，何能偏枯，要求同等待遇，亦分花红，公司方面以外工来往无定，在矿久暂无从查考，分红毫无标准。双方相持不下，因此于民国二十一年七月间罢工，以鸣不平。最后公司另定一外工奖金办法，自八月起实行，风潮始息。其奖金办法，以每工采煤620斤为最低限度，如超过此限度时，给予奖金。其标准如下：

每工采煤效能（公斤）	每工资一元应加洋数
620	0.000
630	0.016
640	0.032
650	0.048
660	0.065
670	0.081
680	0.097
690	0.113
700	0.129
710	0.145

续表

每工采煤效能（公斤）	每工资一元应加洋数
720	0.161
730	0.177
740	0.194
750	0.210
760	0.226
770	0.242
780	0.258
790	0.274
800	0.290

在民国二十一年七月以前，采煤效能，平均约六百三四十公斤。

故以620公斤为标准，自八月规定奖金以后，效能逐月增加。至民国二十二年二月间，每工能采720公斤，按此计算，公司每年奖金，约需120000元。奖金以外，尚有"加辛"，大工每日加四分，小工每日加三分，加辛之人名，由包工人保举，大都以在矿年久、工作勤劳为标准，但人数不得超全体外工百分之七十。目下加辛之工人，约有2800人，每日约需92元，每月2800元。中兴对于工人向不给煤，惟给里工每月煤费二元，外工不给煤费，此项加辛，实际即系津贴煤费。

2. 罚

煤中混有泥石，理应在井下捡净，否则每车罚十车，如在一月之间，发现二十次以上，即将该包工头外工之奖金取消。煤车内如混有旧木废筐或煤未装满者，均罚一车，此等检，均在井口行之，受罚者在矿师办公处广告牌上宣布。此外，公司虽订有奖罚条例，但实际甚少，具文而已。

七、工会

工会于民国十四五年，已有酝酿，革命军入鲁后始行产生。最初有里外两种工会，意见不同，常有纷争。民国十七年八月，中央派员到矿整理，统一组织。民国十九年，中央又派员卦枣庄再度改组，名为山东峄县中兴煤矿公司工会，设理事七人，监事三人，数年扰攘不息之工会，至此乃正式成立。

工会经费，除由公司按月津贴500元外，其由工人担负者，计有入会费、经常费及临时费三种。但实际征收极少，全恃公司津贴，维持会务，会员约五六千人，以采煤夫及装煤夫为最多。

工会之工作，大半为谋工人薪工教育卫生娱乐及其他关于工人一切福利之设施及待遇。自工会成立，与公司交涉凡四次，第一次在民国十八年二月，第二次在同年八月，第三次在民国二十年三月，第四次在民国二十一年七月。前三次关于工资及普通待遇，第四次专为外工奖金问题，已详上节。

八、惠工设备

1. 惠工委员会

民国十七八年间，工潮最盛，劳资双方恶感日深。十八年八月，公司准备复工时，为表示其自动惠工之决心，并避免直接与工会冲突起见，特设惠工处，直辖于驻矿委员会，而与工人共谋合作，逐渐消除劳资间的敌对形势，颇著成绩。民国二十年，始改组为惠工委员会，以各处主管人员为委员，以机务工程师为委员长，凡关于惠工一切设备，均由该委员会办理之。

2. 工人补习学校

民国十九年六月间，由惠工处开始筹备，十月开课，开办费1200元，每月经费420元，规模不大，所授课程，与普通民众教育之性质相同，学生完全免费，多属里工。初开课时，学生约二三百人，近则逐年减少，上课亦不踊跃。

3. 工人俱乐部

工人俱乐部，本由工会组织，不久停顿，嗣后工会正式成立，始再加以整顿，每月由公司津贴200元，不另征收会费，设备简陋，无足述者。

4. 卫生委员会

卫生委员会成立于民国十九年，以鞠仁医院院长为委员长，矿区各处主管人员为委员。委员会之工作，为讨论卫生实施方针及草定各种卫生规则，交由各主管机关，分别实行。

5. 浴室

职员浴室为洋灰盆，颇清洁。工人浴室为浴池，计四个，每池可容十余人，同时可浴60人，每班换水一次，极不清洁。工会屡请扩充，公司亦早允许，至今尚未实行。

第三节 护 矿 队

中兴矿区距著名匪窟抱犊固不过二三十里，故矿区附近匪风甚炽。该矿修筑之砖石围墙，周围约长15里，远望宛如城郭。护矿队700名分为六队（等于一连），各有队长一人，以大队长一人统属之，由驻矿委员会常务委员申士魁，专任矿区治安及调度护矿队等事。士兵月给8元5角，每星期六日会操一次，训练颇勤，枪械亦足，约有马步枪700支，机关枪4架，迫击炮4尊，均属公司自备。每年警备费约164000元，可谓一笔极大开销，兹将矿队组织表列下（略）。

该矿近奉山东省政府命令，划出一部分护矿队，另组矿区公安局，执行矿区地方警察职务，一切经费，由公司开支，局长由省府委派，但归公司节制。至于护矿队，专任保护公司抗拒盗匪之责，不得干涉地方事务，其性质颇似各大市之保安队，职权较前分明，亦省政进步之一端也。

第七章 产额及成本

第一节 产额

中兴自民国十八年八月复工以来，产额逐年增加，计十八年150000吨，十九年360000吨，二十年750000吨，廿一年970000余吨，二十二年二三月间调查时，每日约产三千二三百吨，已达该矿南北两大井最大生产能力。二十二年八月后，东大井完工，全矿生产能力，每日可达4500吨。兹将最近两年每月产额，列表如下。

采煤吨数	年	月
53802.03	20	1
81202.68	21	
43774.24	20	2
37837.00	21	
51806.25	20	3
69737.38	21	
55306.21	20	4
81313.26	21	
58478.17	20	5
86360.98	21	
63991.02	20	6
86729.20	21	
65911.00	20	7
62643.02	21	
62206.76	20	8
93636.78	21	
71906.10	20	9
93071.54	21	
70093.20	20	10
92052.92	21	
73350.77	20	11
90564.17	21	
83312.20	20	12
104063.97	21	
754858.27	20	共数
973218.90	21	
62904.55	20	平均
81101.575	21	

第二节 成 本

中兴采矿处采煤成本，记载甚详，兹将该处最近两年每吨采煤成本，及民国二十二年一月份分类成本，列表如下，以备参考。

月	年	每吨外工采煤费（元）	每吨棚木费（元）	采矿处采煤成本（元）	外工按月奖金（元）
1	20	0.95	0.45	2.27	
	21	1.18	0.53	2.39	
2	20	1.05	0.39	2.40	
	21	1.24	0.58	3.04	
3	20	1.15	0.37	2.50	
	21	1.10	0.44	2.34	
4	20	1.12	0.41	2.60	
	21	1.12	0.40	2.17	
5	20	1.18	0.44	2.54	
	21	1.18	0.45	2.19	
6	20	1.14	0.44	2.46	
	2	1.10	0.38	2.04	
7	20	1.19	0.48	2.48	
	21	1.24	0.39	2.46	
8	20	1.22	0.61	2.64	
	21	1.00	0.39	2.01	0.11
9	20	1.10	0.61	2.41	
	21	1.08	0.38	2.00	0.10
10	20	1.20	0.63	2.54	
	21	1.10	0.36	2.05	0.08
11	20	1.20	0.57	2.52	
	21	1.10	0.37	2.14	0.08
12	20	1.20	0.43	2.30	
	21	1.06	0.38	2.00	0.13
共数	20	13.71	5.83	29.66	
	21	13.72	5.05	26.99	0.50
平均	20	1.142	0.486	2.471	
	21	1143	0.42083	2.23583	0.0416

中兴公司民国二十二年一月份采煤分类成本表

项　别	开　支	每吨摊价
薪工类	员　薪	0.0696
	里工工资	0.0888
	外工工资	1.0978
	各项杂工	0.0543

续表

项　　别	开　　支	每吨摊价
材　料　类	铁　料　费	0.0470
	电　料　费	0.0079
	木　料　费	0.3851
材　料　类	油　料　费	0.0139
	各项杂料	0.1021
马　力　类	提煤费	0.0602
	筛煤费	—
	通风费	0.0225
	排水费	0.0284
	电灯费	0.0041
	各项特用费	0.0035
杂费	奖励金	0.5235
	赏号费	0.0026
	抚恤费	0.0073
	各项公费	0.0049
每吨成本		2.5236
本月出煤		104660吨

该矿采煤处成本，完全公开，惟矿山成本及公司总成本，颇难调查，兹以民国二十一年采煤数量（980000吨）及其采煤成本为标准，估计矿山成本及公司总成本如下。

一、矿山成本

采煤费	2.28
矿区税	0.05
矿产税	0.45
管理费	0.21
矿警费	0.16
矿产折旧	0.45
特别费	0.21
共计	3.81

二、公司总成本

矿山成本	3.81
董事会及总公司费	0.26
各分厂费	0.17
租金利息佣金等	0.41

特别费	0.51
共　计	5.16

第八章　运费及税捐

第一节　运输状况

中兴运输，向有津浦陆运及运河水运两路，不久又将添一陇海路，已详第一章交通节内。兹将水陆两路运输概况，分述如下。

一、津浦铁路

津浦铁路为中兴运煤命脉，同时路局用煤，亦多仰中兴供给，彼此利害相关，故路局与公司订有运输煤买煤互惠合同，大致每吨每公里运费，平均为六厘，特别站为五厘，公司供给路局之煤，每年约180000吨。照合同规定与市价比较，实合半价收费。如路局每年能将中兴所产之煤，尽数运出，则此项合同对于中兴方面，甚有利益。

兹将民国二十一年六月以后，中兴煤在津浦路上运输情形，分作四类，述之如次。

1. 北宁租车往返枣庄浦口间

是项租车，于民国二十一年七月实行，开津浦路运煤史上之创举。先是一·二八上海抗敌，津浦南段完全停运时，中兴销往长江之煤，全由台枣路经运河至镇江、上海等处，未受津浦停运影响。及至六月间，日煤倾销，煤价大跌，运河水运之费较高，非改道津浦陆运，不能与长江各煤竞争，但公司自有车皮，既已损失殆尽，津浦车辆亦奇缺，不能为公司运煤，适北甯路路线缩短，车辆有余，中兴于万分困难之中，杀出一条血路，于民国二十一年六月三十日，以中兴公司名义，向北宁路租车四列，在津浦路上驶行，嗣又添租七列，共为十一列，每列载重600吨，专驶枣庄浦口间，平均每列每月可往返六七次，凡民国二十一年七月以后中兴销往长江之煤，全恃此项租车运输，否则矿区积煤如山，公司前途不堪设想。兹将北宁租车合同，附录如次。

北宁铁路筹拨中兴煤矿公司运煤货车协定

一、北宁铁路筹拨货车四列，每列机车一辆，敞车600吨，守车一辆，拨归中兴煤矿公司，专备由津浦路枣庄运煤南下至浦口段内各站使用，如不足时，可由中兴煤矿公司随时函请增加。

二、中兴煤矿公司对于此项煤车，每项应出具100000元之保证，以为机车货车遗失应计赔偿之担保，但遇其他情形发生，军队扣车，或其他不可抗力情事，应由津浦路与中兴煤矿公司双方负责。

三、此项运煤列车在津浦路运行所受运费，应按以五成分拨北宁计算，但为免除核算烦琐计，应即规定每列每月北宁路应得运费为银洋8700元，由中兴煤矿公司按每月直接交付北宁，其中兴运煤特价，因与供给津浦路用煤斤有连带关系，不适用于此项列车北宁应分运费成分。

倘因天灾事变，非铁路权力所能制止，以致中途停运，经津浦路当时通电证明者，应于运输中断期间，计日按吨，扣除北宁应分运费。如因军事或其他特殊情形，将列车退还北宁路时，应自中兴煤矿公司声明退还之日起，计日按吨，扣除北宁应分运费。

四、中兴煤矿公司应缴北宁运费，须按月清理，由中兴煤矿公司委托殷实银行正式函达北宁，担任按照协定，每月应付北宁运费银数。

五、此项专用列车机车，因修理及洗炉种种关系，津浦路得自由支配，以甲列机车拖引乙列车辆，或用乙列车辆拖引丙列车辆，以资调剂，但不得以此项机车行驶津浦路自有列车，或其他列车。

六、此项列车，津浦不得用以装运他项货物，或拨给他商运煤使用。

七、此项列车机车如有损坏，小修者应由津浦负责，如有缺少配件事情，可向北宁借用，照付料价，大修者应送回北宁，由北宁修理。又不论机车损坏与否，每三个月，应由北宁路调换一次，以资修养。

八、此项列车，北宁派车守随车押护，并将该列车运输情形，逐日呈报北宁运输处。

九、此项列车，津浦不得加挂任何空重车辆。车辆如有附挂情事，应由津浦另按六等货车普通运费，以半数拨归北宁。但军队强挂车辆，确非路局权力所能制止，且系记账运输者，北宁应不分运费。

十、此项列车，在津浦运行时，如发生事变，因而损及机车车辆时，其修理费应由两路平均负担，因而伤及北宁员工时，其抚恤办法亦同。

十一、此项列车在津浦路运行时，所需煤水油料棉丝及其他一切消耗材料，均应由津浦免费供给。

十二、此项列车，中兴煤矿公司如不需用，可随时退还北宁，并按照北宁路收到机车车辆日期结算运费。

十三、本协定如有未尽事宜，得由三方同意修改之。

十四、本协定自签定之日起，发生效力。

北宁路管理局局长　　　　　　　　　　（印）
中兴煤矿公司总经理　　　　　　　　　（印）
津浦铁路管理委员会委员长　　　　　　（印）
见证人　　　　　　　　　　　　　　　（印）
中华民国二十一年　　　　月　　　　日

2. 中兴租车来往蚌埠济南间

中兴公司现剩400吨大机车3个，40吨大货车16辆，已详第五章第七节台枣路设备表内，其中以大机车1个、大货车10辆租与津浦路局，配成一列车，载重400吨，司机守车人员均由路局派遣，但规定专为中兴运煤之用，运费照付，此项煤车，南不过蚌埠，北不过济南，每日装运一次。

3. 中兴小车驶行曲阜宿县间

中兴现剩220吨小机车6个，15吨煤车50辆，亦详第五章第七节，其中以机车1辆、煤车14辆配成一列车，载重220吨，由中兴自行派遣司机及车守，借用津浦路轨，受津浦路局之指挥，专运公司之煤，南至宿县北至曲阜之间，每日装运一次。

4. 津浦车辆运路局自用之煤

依据公司与路局互惠合同，公司每年供给路局180000吨之廉价煤，由津浦路局自行拨车装运。无论车辆如何缺乏，此项煤斤向未短运，去年且超过定数，运去200000吨云。

二、运河水道

中兴煤至运河台儿庄码头，须先经过45公里之台枣铁路，然后改陆循水，但运河水势无定，沿路又有水闸，煤斤到台儿庄，往往须堆积厂中，等候装船，中途又须换船，故运费较贵。但当津浦路未通以前，中兴南运之煤，实以运河为唯一之出路，即如民国二十一年上半年，上海抗敌，津浦南段停运时，中兴日产二千三四百吨，运销未受重大影响，亦全恃运河水运，平均每日运至1500吨之多，实为水运最旺时期。

运河内公司旧有钢驳4只，每只可运200吨，拖轮2只，每轮可拖两驳，又有槽船52只，每船可运25吨，此外尚有民运小船，每船可装六、七吨至15吨。运河水浅时，由台庄先装小船至三叉河，改用槽船至瓜州，再改轮拖，运销长江各埠及上海等处。

第二节　运费及上下力费

一、津浦运费

路局对于货物运价，普通按货物等级分六等收费，惟对于煤运，路局为优待大批运输起见，特呈准铁道部减收运费，是为特价。又路局与矿公司特订合同，于特价之外，再加折扣者，为专价，多含有互惠性质。兹将津浦路局与中兴公司互惠合同及至沿线各站运费详表，附抄于后，以备参考。

津浦铁路管理局与中兴煤矿公司修订合同

一、此合同系因路局添购煤斤，公司仍按廉价出售，路局亦允核减运费，以表互相辅助之意，将来此合同如有更动，彼此均须于六个月以前知照。

二、路局应允自修订合同之后，除公司运煤至第四款载明特订专车减价办法内所指浦口各站外，凡系路局寻常货车带运之煤，无论由本路运至何站及路局将来添设支路所至之站，均照以下所列整车装运减价办法，核收运费。

（甲）自20公里至80公里，每20吨车每车每公里收运费洋1角4分。

（乙）自81公里至240公里，每20吨车每车每公里收运费洋1角3分。

（丙）自241公里至480公里，每20吨车每车每公里收运费洋1角2分。

（丁）本路运费以20公里起码，在20公里以内，亦作20公里算，遇有奇零不足1公里者，均作1公里算。

以上运费，系由枣庄车站运至路局各车站卸货轨道自行雇夫卸煤而言，如须倒车及换车，或用路局长夫卸煤，所有费用，须按路局定章算付。

三、公司售煤处所凡附近津浦干路及以后有新修支路之处，均应由路局装运，其远于干路、支路者，听公司之便。

四、自津浦枣庄车站运煤至浦口、天津等站（站名列后），特订专车减价办法如下。

（戊）徐州、兖州、济宁、泰安四站，均在240公里以内，每20吨车每车每公里收运费洋1角2分。

（己）济南、德州、蚌埠、临淮四站，均在400公里以内，每20吨车每车每公里收运费洋1角1分。

（庚）浦口为煤聚集之处，公司由枣庄专车运煤至浦口，特订专价每吨收运费洋2元2角。

（辛）天津尤为各煤荟萃之区，距矿愈远，公司由枣庄专车运煤至天津，特订专价每吨收运费洋3元1角。

本条所指专车，系指整列车由枣庄运达前列指定之站点卸车而言，若中途各站摔卸，即按第二条整车装运减价办法办里，不在此列。

五、将来公司销场畅旺，售价增高，获利较厚，路局为整理运务起见，临时或议增运费，公司仍当允照本路通行章程，一律照增，公司售于路局煤价，亦可照增，以示互相维持，利益均沾之意。

六、公司焦炭运往各站，如20吨车装满一车，无论斤重若干，均按车吨收取运费。若装运零吨，计算运费，应照运煤定价，核加五成。若系整车焦炭随同运煤专车运往指定站点，即照第四条专车减价办法，按车吨核收运费。

七、公司矿内所有一切料物及银洋铜元等项，允按本路通行运货章程照所运物料等项，按半价核收。此项所指物料，以实际矿厂所需为限。

八、公司运往各站煤车，应由公司派人随车押运，以资保管，路局允发给搭坐煤车往来押运长期免票18张，均注明姓名，粘贴相片，惟其张数，仍可视运多寡，酌量增减。此项免票，如押运人借票舞弊，一经查出，即照票面注明站点，按三等票价，科罚十倍，由公司照付，其余公司员司勇役往来各站，搭坐客车，仍须照章购票。

九、凡路局车辆在矿局厂或各岔道，无论如何损伤，皆归公司负责，所有损伤，即由路局赶紧修理，其修理费由公司照数算付。

十、路局允按公司逐日由津浦全路运输各站须用煤车数目，除路上行走及各站应卸煤车外，应在枣庄车站预备足敷一日一夜装煤空车，俾公司得用车头随时挂带至井口装煤，除风雨灾变及非常事故外，装车时间以16点钟为限（按照路章以能工作时间计算）。如有延迟，应照以下所订之延期费，按车之吨数照付。装车时间，以空车由枣庄车站点交公司这时刻起，至装起煤焦带回枣庄站时刻为止。卸车时间，以运往各站，路局送到各应卸煤岔道起，至卸完时刻为止。如系路局在各车站自行延误，公司不认延期之费，以昭公允。

每10吨车，每日或不足1日，付延期费5元。

每20吨车，每日或不足1日，付延期费10元。

每30吨车，每日或不足1日，付延期费15元。

每40吨车，每日或不足1日，付延期费20元。

以上所称1日，系自逾限时刻起，扣足24点钟为1日。遇到奇零钟点，亦作1日算。如车吨有多寡不齐之处，亦照前列按吨计算延期费之法类推。

十一、公司应允每年供给路局煤块90000吨，统煤以路局敷用为度，但至少须供足90000吨，并允在矿内井口装车，照以下所定之煤价，尽先供路局应用。

上等煤块，每吨价洋5元。

上等统煤，每吨价洋4元5角。

上等末煤，每吨价洋3元5角。

再块煤一项，每年用煤在60000吨以内。照上列价目计算，逾60000吨以上，所逾之数，每吨加价2角。此系按照民国元年六月二十日路局与公司所订合同价目仍旧办理，其统煤、末煤，无论购用若干吨，概照前列价目，不再加价。若将来公司减低井口售价，此价亦应切实核减。

十二、如附近铁路，另有别矿售煤，其煤质与煤价均较公司合宜，路局应先知照公司，酌量减价。如公司不允减价，路局亦得购用别矿之煤，而与公司所订减价运煤章程，仍照办理，并不再加价费，以示格外辅助之谊。

十三、公司应付路局运费，及路局应付公司煤价，均按通用银圆核计，每日互相开送账单，无论彼存此欠，均须按月找付。

十四、本合同照缮两份，路局与公司各执一份。

枣庄至津浦路各站运费表

站名	距枣庄公里数	中兴矿津浦局合同运价（每十吨运价）	合同特别价	备考
天津东站	639	38.34	31.00	天津为各煤荟萃之区故订特别减价
德州	400	24.00	20.00	特别减价站
平原	368	22.08		
禹城	346	20.78		
晏城	317	19.00		

续表

站名	距枣庄公里数	中兴矿津浦局合同运价（每十吨运价）	合同特别价	备考
济南	282	16.90	10.51	特别减价站
党家庄	269	16.10		
固山	257	15.40		
张夏	250	15.00		
万德	228	14.80		
界首	224	14.50		
泰安	210	13.65	12.60	特别减价站
东北堡	199	12.90		
大汶口	182	11.0		
南驿	178	11.10		
吴村	153	9.93		
曲阜	144	9.35		
兖州	126	8.19	7.56	特别减价站
孙氏店	147	9.55		
济宁	158	10.27	9.48	
邹县	107	6.59		
雨下店	95	6.16		
界河	81	5.27		
胜县	66	4.61		
南沙河	57	4.00		
官桥	47	3.30		
临城	32	2.24		
沙沟	40	2.94		
韩庄	51	4.00		
利国驿	65	4.55		
柳泉	79	5.52		
茅村	89	5.80		
徐州	99	6.43	5.94	
三铺	116	7.55		
曹村	132	8.60		
夹沟	145	9.43		
符离集	162	11.52		
南宿州	176	11.40		
西寺坡	192	12.50		
任桥	208	13.50		
周镇	221	14.40		
新桥	238	15.50		

续表

站名	距枣庄公里数	中兴矿津浦局合同运价（每十吨运价）	合同特别价	备考
曹老集	252	15.10		
蚌埠	264	15.48	14.52	特别减价站
门台子	281	16.80		
临淮关	291	17.40		
板桥	302	18.14		
小溪河	309	18.50		
明光	328	19.70		
管店	344	20.60		
三界	357	21.40		
张八岭	368	22.06		
沙河集	380	22.08		
滁州	393	23.60		
乌衣	409	24.58		
东葛	418	25.10		
花旗营	430	25.80		
浦口	439	26.34	22.00	浦口为各煤聚集之处，故订特别减价

二、运河运费

由枣庄至台庄，每列车每日可往返四次，每次运煤220吨，每吨运费平均约6角。由台庄至上海运费，因运河水势及农产关系，高下不一。普通自台庄至瓜州，船运每吨约8元。瓜州换船至上海，每吨约2元。另加台枣路运费6角，及总成本约5元。故上海煤市尚在16元以下，运河运输即不合算。

三、陇海路运费

中兴煤由徐州转入陇海路，运至海州，每20公吨之整车，收费46元，即每吨2元3角。

四、京沪路运费

中兴煤至浦口后，多由轮船运沪，其走京沪路者，自南京江边至上海，每吨运费1元6角。

五、长江运费

自浦口及瓜州等处，运至上海，公司无自备轮船，均系临时租用商轮，受制于人，故运费自9角至1元1角，高低不一，平均计算，每吨轮费1元，上海出舱费六七角。

六、上下力费及损失

矿厂由煤堆装入火车，均归煤务处管理，每吨装车费1角，至浦口卸车，因煤堆离铁道远近不一，每吨卸费，自1角5分至2角，在浦口码头装船，每吨自3角至6角不等，以离码头远近准标。

长江过江上下力费及渡费，每吨约大洋1元至1元2角，闻将来长江渡轮完成后，铁道部有向各煤矿收渡费1元之说，归根据于此。

津浦路沿线偷煤之人甚多，竟有以此为职业者，矿厂称此等人为"煤狗子"，中途缓车之处，纷纷踊跃上车，随带麻袋，装满即跳下车。据说此项损失，约占百分之三四。公司专派矿警押运，每列车四人，仍不能完全禁绝。

台儿庄卸车，每吨7分，装船每吨8分，但冬季水涸，工人不能维持生活，中兴须给以津贴，每月约二三元，至上下船煤斤损失，每吨至多以25斤为限，过此数目，须责令包工者赔偿。

七、至上海成本

综上所述各种水陆运费及上下力费，估计中兴煤斤经津浦、长江至上海成本如下。

公司总成本	5.16
津浦运费	2.20
浦口费用（卸车装船及码头费等）	0.60
长江船费	1.00
上海起舱上栈及码头费	0.70
共计	9.66

第三节 纳　税

税有四种，列举如下：

一、矿区税，每年每亩3角，中兴矿区317方里，每年矿区税约五万一二千元，直接缴纳实业部。

二、矿产税，按市价5%纳税，煤每吨4角5分，焦每吨9角，归财政部征收，但实际由山东省政府派员驻矿，以财政部名义行之。

三、山东省临时补助税，煤焦一律每吨3角，此项临时煤税，以筹足600000元为度，但只限于销售省境内之煤斤，如系出境煤斤，因与别省煤有竞争关系，不在被征之列。

四、浦口转口税，其性质属于关税，由税署征收，每吨2角4分，但此种税票，仍可专交财政部，由矿产税内扣除。

第九章　营业状况

第一节　销　售

中兴煤民国二十一年度销于临城以北至济南者，约占全销量（910000吨）7.7%，销于济南以北者更少，约占全销量0.8%，总计中兴北销之煤，不过8.5%，盖临城至济南间，用煤本不多，又有华丰、华宝两矿，年产八九万吨，均销于沿线附近各地。至济南已入华北范围，东有胶济之煤，北有河北各矿之煤，销场拥挤，非中兴所能竞争，故中兴煤90%，皆销矿厂以南。兹将最近两年销场销数表，及民国廿一年度矿厂自用煤斤表，开列于下。

民国二十年民国二十一年销场及销数表

销场	地点	发煤吨数	
		民国二十年	民国廿一年
津浦路局		176230.75	207879.00
陇海路局		41520.00	25350.00
沪宁路局		41899.00	60959.00
海军司令部		31510.00	35160.00
镇兴分销	临城北至济南	74535.00	69031.00
福兴分销	蚌徐韩庄	35074.00	22035.00
同兴分销	柔团泊头	3215.00	6610.00
和兴分销	陇海路徐州以东各站	2560.00	6660.00
裕记分销	南宿县	6315.00	1360.00
矿厂门市		19537.30	24419.15
浦口门市		70551.00	229882.15
台庄分厂		187328.65	222940.00
大浦分厂		12420.00	
峄县分厂		3941.57	4271.70
临城分厂		15850.00	3655.00
合计		772487.27	920212.56

民国二十一年中兴自用煤焦表

用途	煤类	原煤	煤		焦	
			块煤	末煤	一号	二号
消耗	汽锅用	20703.60				
	铁路用	3555.50	1179.20			62.40
	工厂用	2065.80		300.00	80.00	101.00
	职工用	4661.02				
	杂用	2123.66	30.00			1020.37
	共计	33109.58	1209.20	300.00	80.00	1183.77
炼焦		4.00	20.00	5081.10		

第二节 市　价

兹将民国二十二年二三月间各地市价开列如次。

出售地	统煤（元）	二焦（元）
枣庄门市	9.50	20.00
津浦路局	4.50	
临城	11.00	
台庄	11.00	
徐州	12.50	
蚌埠	12.50	
浦口	13.00	
上海	14.00	

以上市价，除门市不常变动，及津浦路局不能变动外，其余变动无常。上列价格，系调查时询得数目，录之以备参考。又津浦沿线各包销公司如镇兴等，均在枣庄矿厂交货，包价每吨8元5角。

第三节 盈 亏

中兴公司承民国十六、十七、十八等年丧败之余，上下协力，惨淡经营。于民国十八年八月复工以来，整理旧债，布置新井，产额日增，营业日隆，虽中经冯阎之役、上海抗敌及日煤倾销等狂风巨浪，民国二十一年底结账，竟得余利1380000余元，实属难能可贵，成绩优良。兹将该公司民国二十一年份营业收支表及资产负债表，开列如下。

一、营业收支表（民国二十一年份）

（一）营业收入（元）

煤焦售价	8364056.02
自用煤售价	393235.36
房地租	36141.80
车租	8849.57
物料变价	2934.51
各项盈余	160089.90
各项杂款	26084.09
煤焦作价	1553417.23
兑换损耗	6369.32
合计	10551177.80元

（二）营业支出（元）

董事会经费	12000.00
总公司经费	133367.25
总矿经费	208044.23
分矿经费	1848.86
分厂经费	166115.62
护矿费	164222.43
大井采掘费	2183623.33
炼焦费	159646.73
运输费	2960634.33
税捐	377241.70
租金	137831.83
利息	145752.67
汇费	8543.05
特别费	426311.89

佣金	120238.66
上届煤焦作价	1165617.90
矿产折旧	442050.44
备抵呆账	300000.00
提存筹办本矿公益基金	60000.00
本届结余	1378086.88
合计	10551177.80

二、资产负债表（二十一年份）

会计科目	资产（元）	负债（元）
股本金		7500000.00
公司债		900000.00
契约借款		200000.00
保证押款		149000.00
存款		712462.17
各项往来		256228.84
总分往来		6089.74
备抵呆账		344688.99
上界结余		21795.77
矿产	4216792.38	
台枣路产	922762.45	
银行往来	156471.21	
商号往来	1256310.64	
煤焦存价	1553417.23	
材料作价	724903.73	
津浦定期借款	1348000.00	
有价证券	31101.36	
特种垫款	1000000.00	
现金	258593.39	
本界结余		1378086.88
合计	11468352.39	11468352.39

第四节　公司财产

中兴公司收足资本7500000元，各项财产计千万元，历年折旧结至民国二十一年底止，实值四百二十余万元。兹将该公司现有矿产价值表开列于下。

矿产现有价值表（民国二十一年份）

款别	二十一年底矿产原价	二十一年分折旧数	二十一年底止历年折旧总数	二十一年实有资产价值（元）
总矿一号大井	1425486.92	49251.66	1158601.03	166885.89
总矿二号大井	1523711.52	81189.08	930684.12	593027.40
总矿各小井	278404.38	7573.52	256365.68	22038.70
陶庄分矿小井	179824.40	185.19	34107.29	145717.11
电气原动部	1351426.51	59975.28	677911.75	673514.76
机器修造部	344990.21	18873.47	189775.90	155214.31
造砖厂	37426.66	340.91	36308.88	1117.78

续表

款别	二十一年底矿产原价	二十一年分折旧数	二十一年底止历年折旧总数	二十一年实有资产价值（元）
榨油厂（面粉厂附）	23380.38	855.23	21807.38	1501,00
材料厂	97591.76	1234.59	76252.00	21339.76
炼焦厂	8182.54	—	8182.54	—
总矿房产	483215.80	19549.11	242990,59	240225.21
总矿地产	336392.00	13681.24	136272.93	200119.07
分矿地产	171498.47	—	29701.33	141797.14
总矿煤务站,矿厂铁道机车	874335.66	3162393	519535.89	354799.77
总矿运输设备（轻便铁道）	10261.41	704.76	8331.59	1929.82
矿区市政设备	79757.35	4361.82	55083,25	24674.10
矿区保安设备	139729.30	3048.22	39671.82	100057.48
普通机件	1200.78	—	1200.78	—
附业（农林）	31002.93	—	5018.34	25984.59
煤车	1600819.02	122751.20	935802.57	663016.45
运船	186755.10	9896.81	127244.49	59510,61
总公司及各埠房地产	579457.35	16181.59	234052.00	345405.35
钻探部机件	121118.15	772.83	119051.40	2066.75
总矿三号大井	176777.33	—	—	176777,33
合计	10062745.93	442050.44	5845953.55	4216792.38

第七编　淮南煤矿

第一章　总　论

第一节　位置及交通

淮南矿局在安徽怀远县舜耕山之九龙岗，位于淮河南岸，西距大通煤矿5公里，烟囱相望，汽声可闻，西北距淮河沿之洛河镇9公里，筑有轻便铁道，用机车拉运，（洛河镇仅为历史上之名词，现已无洛河遗迹），东北距蚌埠陆道43公里，水道53公里，有小轮行驶，水大可直航，水小在距洛十余公里之新城口有浅淤6公里，小轮不能通过，冬季尚有20日封冻时间，交通断绝。煤局鉴于水道之不便，津浦路南段货运之拥挤，及车辆之缺乏，大宗煤斤，无法运出，乃筹筑通江窄轨铁路，从矿山南行经合肥、巢县，而至扬子江北岸之裕溪口，与芜湖隔江相望，长约200余公里，已经测勘，一俟筹有的款，即行兴工。

矿局至洛河及蚌埠，有长途电话，与大通煤矿，亦有线直接联通。

第二节　沿革及资本

淮南煤矿系建设委员会于民国十八年春开始创办，为津浦路各煤矿中之最后起者。当时该会曾遣专门技术人员，往复实地测勘，经一年之久，认为质优量富，遂向农矿部领得矿区30,000余亩，于民国十九年春正式组织淮南煤矿局。先就九龙岗区购地建屋，开钻东西两井，并筑矿区洛河间轻便铁路。民国二十年十月，各井上下布置完竣，正式出煤。至民国二十一年底，前后投资计矿厂830000余元，铁路420000余元，合计约1,250,000余元，每日充分产量，可达700吨。

第三节　矿局组织

淮南煤矿局设局长一人，承建设委员会命令，管理产运销一切事务，下分四课，课各分股，课长除营业课长驻蚌外，余均在矿，组织如下表。

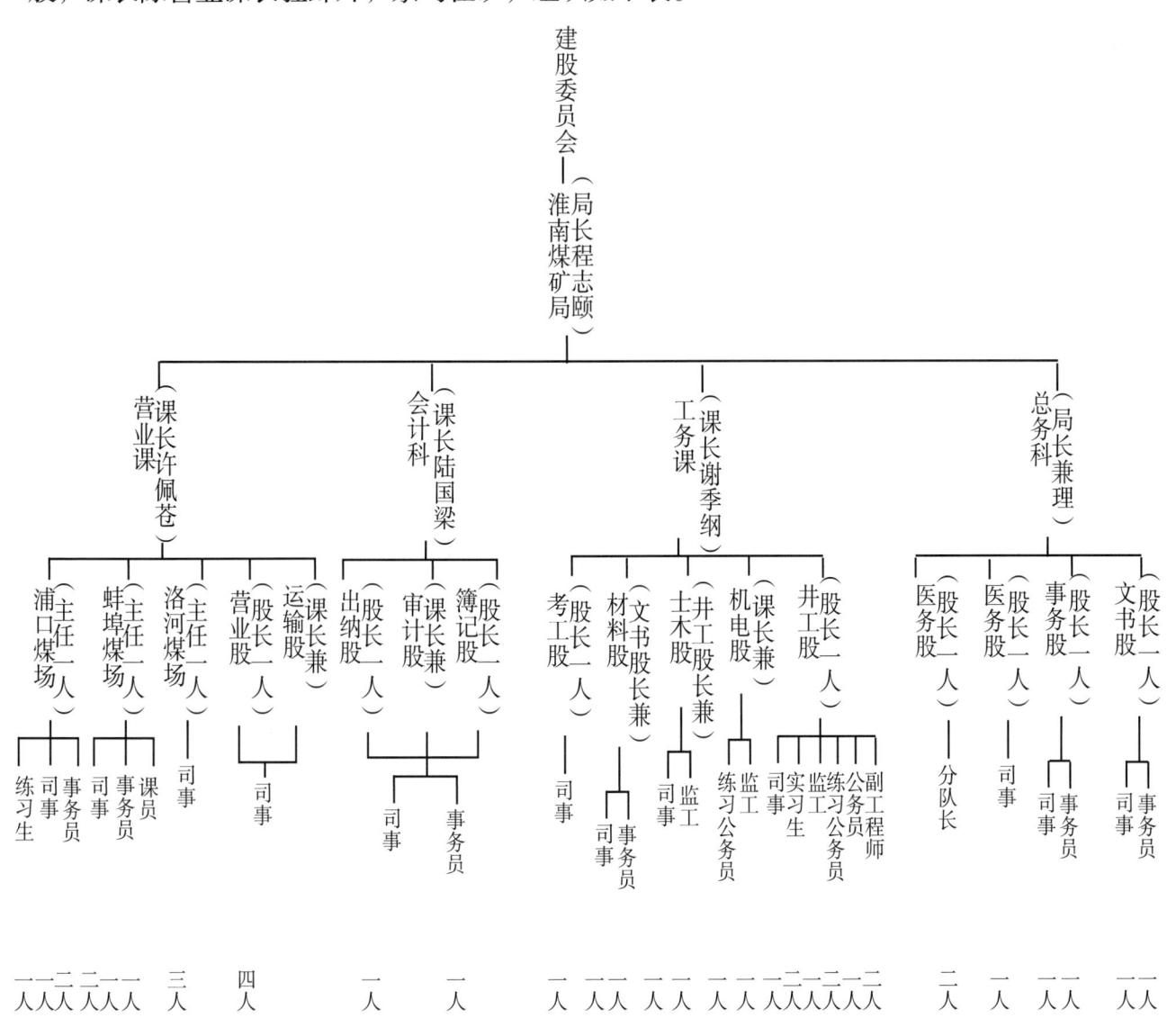

第二章 煤　田

第一节　地　质

淮南与大通同属舜耕山煤田，其地质情形已叙于第六编大通煤矿报告中，兹从略。

第二节　煤　层

淮南煤层层数，因系立槽，钻探不易，又在淮河南岸，浮土甚厚，挖沟探查露头，亦难办到，不如在井下开钻石门，连做带探，较为得计。据现在石门所及，已知煤层数目，计在东井井下南北石门240余公尺中，于一号井北见煤一槽，一二号井间，见煤五槽，二号井南，见煤四槽，计共十槽。目下开采者为者为南一、南一A、南二、南三、中二、中五及北一等七槽。西井井下南北石门180余公尺中，于四号井南见煤五槽，四号井北见煤四槽，计共九槽。完全开采，东井煤层不及西井之整齐，不独忽厚忽薄，且忽有忽无，此种变迁，是煤层受压所致，并非断层。西井距大通较近，煤层较东井良好，但视大通，仍有逊色，故以大通淮南西井，及淮南东井三点，互相比较，可见舜耕山煤田，由西南而东，逐渐变劣。淮南矿区，以稍偏东矣，本年正月叶良辅喻德州两君，曾就砂岩、页岩交互变换程序为标准，致知淮南东西两井各煤层，应相当如下表。

西　井		东　井	
煤层名称	厚度（公尺）	煤层名称	厚度（公尺）
南五槽	1.0~2.0	南三槽	1.5~2.5
南四槽	1.2~1.5	南二槽	1.0~1.0
南三槽	1.2~2.0	南一槽	1.2~1.6
南二槽	2.0~3.0	南一槽A	1.2~2.0
南一槽		中二槽	1.5~2.0
南一槽半	1.1~1.7		
北一槽	1.2~2.0	中三槽	
北二槽	1.1~3.0	中五槽	1.0~1.5
北三槽	2.4~3.0	北一槽	2.0~3.0
北四槽	1.0~1.2		
共　计	12.2~17.7		9.2~13.6
平　均	15		11.4

淮南西井（略）

参观淮南西井井口摄影（略）

煤层走向在西井为西北东南，向西南倾斜，倾角平均60°，在东井略成东西，向西倾斜，倾角平均80°。

第三节 煤 量

淮南矿区有四，兹就最有希望之九龙岗及洞山两区，经叶喻两君估算其储量如下。

（一）九龙岗区

煤层总厚假定为9公尺。

东西长2500公尺。

斜度平均60°，可采深度，假设地面直下400公尺。

煤之比重定为1.3。

依此计算共得储量12600000吨。

（二）洞山区

煤层总厚亦假定9公尺。

东西长3000公尺。

斜度60°，可采深度地面直下400公尺。

煤之比重为1.3。

据此估计，共得储量15000000吨。

两共27000000吨。

淮南煤矿井下石门，向南将至煤系底部，无大希望，向北或尚可得厚煤层，果尔，储量当不止也。

第四节 煤 质

淮南与大通煤质相同，挥发分甚高，在35%左右，而定炭较低，在50%左右，属一种瓦斯炭。据地质调查所燃料室化验结果，如下表。

地点	水分	挥发分	固定炭	灰分	硫	加水燃率	符号
淮南一号井	2.49	37.32	51.61	8.58	0.90	1.3	$B1_3^2$
淮南二号井	1.75	37.93	51.70	8.62	0.85	1.3	$B1_3^2$
淮南三号井	2.91	36.46	52.58	7.75	0.68	1.3	$B1_2^1$

据地质调查所金开英先生，在试验室试验之结果，以淮南煤60%与中兴煤40%据合炼焦，可得良好之冶金焦。又云，舜耕山煤挥发分甚高，最合低温蒸馏，提取油质之原料。

第五节 矿 区

淮南煤矿局领有四矿区，其地点及面积如下。

九龙岗区	5499.50公亩
洞山区	58175.26公亩
长山区	50263.94公亩
新城口区	63963.34公亩
共　计	227202.04公亩（合34080.30旧亩）

第三章　采矿工程

第一节　矿　井

淮南有直井四，在东井区域者，有一号、二号两井，在西井区域者，有三号、四号两井。二四两井现为出煤井，一三两井现为通风井。一号井现改大井筒，用石镶砌，将来地面布置完竣，改作主要产煤井。兹将各井状况，列表如下。

项目＼井别	东井 一号井	东井 二号井	西井 三号井	西井 四号井	共计
形色	圆形	八角形	六角形	长方形	
对径（公尺）	4.0	3.0	2.13	长3.66 宽2.13	
深度（公尺）	106	106	86	86	
镶砌材料	石	木	木	木	
现在用途	通风	出煤	通风下入及材料	出煤	
每次绞煤吨数		0.4吨上下		0.4吨上下	
每日充分绞煤吨数	—	200	—	500	700
现在每日绞煤吨数	—	180	—	320	500
井架 构造材料	8″×8″木	14″×14″木	8″×8″木	10″×10″木	
井架 高度（公尺）	10.0	12.8	6/0	9.0	
价值（元）	604770.49	53750.32	三四井共计61910.50		176138.31
附记	现无绞车		正往下接井，凝加深至180公尺或120公尺，视经济状况而定		

一二号井在100公尺处，开掘石门，三四号井在80公尺处，开掘石门，其下之6公尺，留为蓄水之用。三四号井初为急于出煤，曾在40公尺处开巷，乃常遇老洞，始知地面下50公尺左右之煤，已为前人采尽，故加深40~80公尺处开巷，近以大巷上之煤量有限，复动工接井，凝加深40公尺或80公尺。又二号井亦有加深100公尺之议，井筒凿掘及镶砌之包工价，视圆径之大小、岩石之硬软及镶砌材料之种类而规定，大约每公尺自50元起，至110元止。

一二号井井筒，每公尺之工料费，大抵如次：

井别	凿井工价（公尺）	镶井料价（公尺）	共计
一号井	100元	150元	260元
二号井	75元	80元	155元

又四号井每公尺接深工料价，如次表。

凿井工资	65.00
辘铲工	36.00
材料	110.00
共计	211.00

凿井速度，每月自10~15公尺不等。

第二节　采　煤

一、预备工程

淮南井下方法，多与大通同，巷道有煤巷、石门两种。石门甚多，皆为南北向，穿过各煤层，其大井井底之石门，为总石门，其余东西两方石门，相距或60公尺，或140公尺，或170公尺，或220公尺，概以通风及运输情形而定。煤巷大抵东西向，沿煤层走向前行，与各石门成垂直形。东井内煤巷，每隔15公尺，西井内每隔20公尺。沿煤层倾斜开上山眼，在上山眼内，每隔12公尺，再循煤层走向，开一顺槽，直至距地面50公尺上下为止。相邻之两上山，其一作通风用，谓之风眼，其一作倒煤用，谓之煤眼。煤眼之底，以木板做成漏斗形，不装煤时，其口用铁铲插入关挡。上山人行道，即设在易于爬行之风眼中。

各石门高宽不同，如下表。

道别	宽（公尺）	高（公尺）
双道	上　2.15 下　2.44	2.44
车道	上　1.98 下　2.28	1.98
风路	上　1.37 下　1.67	1.67
小石门	上　1.07 下　1.37	1.67

煤巷高宽，与单道石巷相同，上山眼则为1公尺见方，有镶木框者，亦有不镶者，依煤质之松硬而定。

各煤层经煤巷及上山眼纵横交错，划成许多高12公尺、长15或20公尺之煤柱，其拆取方法，现正在研究中，总期减少煤柱之损失。

每日巷道掘进之速度，随煤层、石层之硬度而异，平均煤巷有1~3公尺，石巷有0.5~1公尺。

东西井下,上做三四十公尺,辄遇老洞,积水不少,为免除水险起见,于近老洞时,用人力钻沿煤层向上钻探,以放积水。现有探水钻之架数种类、价值如下。

名称	钻头	架数	每架价值	附记
手摇钻	金刚石钻头	1	300元	购置
	钢钻头	1	270元	购置
冲击钻	钢钻头	4	未详,大约数十元	自造

钻头对径1吋,每班手摇钻用4人,冲击钻2人或3人,每8小时能钻进约2公尺,最深不能过30公尺。

二、井下情形

东井有总石门一,目下南北共长240余公尺,为运输便利起见,于一号井旁作西绕道,二号井旁作东绕道。西井有主要石门二,相距20公尺,其一现长230余公尺,另一现长170余公尺。东井除总石门外,以一、二号井为中心,东有60公尺石门、260公尺石门、400公尺石门、480公尺石门及610公尺石门五道,西有175公尺石门、310公尺石门两道。西井除主要石门外,以四号井为中心,东有70公尺石门、240公尺石门两道,西有220公尺石门一道。

东井下最长之煤巷为南三槽,东长620余公尺,西长420余公尺,东西共长约1050公尺。西井下最长之煤巷,为南二槽及北一槽,东西各长600公尺。

三、采煤打石包工法

采煤全用包工制。现东井有包工头2人,西井5人,最大包工头有工人270名,最小包工头,有工人10名。包价论车计算,车之大小,有0.5吨、0.42吨、0.33吨、0.36吨四种,价格规定0.29元、0.25元、0.21元、0.24元四级,每吨煤包工价合0.6元上下。其上山顺槽之掘进,及巷道之支柱,另有工价。包工头对于所属工人,则论日或论月付给工资,其下有总领工、查头子、二头子、大工、小工等名目。总领工工资每月35~50元,查头子每月30~35元,二头子每日工资0.8~1元,大工每日0.55~0.65元,小工每日0.4—0.5元。打石亦用包工,炸药用65%一级,包在包工价内。井下常开石门,又因煤矿层厚薄不一,常须打石过压,每吨煤需打石工料0.5~1元。

淮南所定煤巷石门包价,伸缩性甚大,兹照录于下。

建设委员会淮南煤矿局井下工程包价章程

(廿二年三月一日实行)

煤洞

一、煤价

煤价以车计算,暂分四种,一号车(0.5吨)每车给价洋0.29元,二号车(0.42吨),每车给价洋0.25元,三号车(0.33吨)每车给价洋0.21元,四号车(0.36吨)每车给价洋0.24

元。如出煤地点，超过750公尺，得依远度，酌加推车临时裹工。

二、尺价

尺价依工作种类，及煤层软硬分以下各项，其煤层软硬，当按该月实际情形规定之。

甲·软煤　顺槽每公尺价洋0.66元，上山每公尺价洋1.00元。

乙·中硬　顺槽每公尺价洋1.32元，上山每公尺价洋1.65元。

丙·硬煤　顺槽每公尺价洋2.00元，上山每公尺价洋1.00元。

丁·极硬　顺槽每公尺价洋3.00元，上山每公尺价洋2.50元。

戊·压层　凡煤厚足0.5公尺者，照打石边计算，不足0.5公尺者，照压层计，其价格依煤洞大小及石质软硬，分下列数种。

1. 大巷

硬石每公尺价洋25元，中硬每公尺价洋17元，软石每公尺价洋10元。

2. 风巷

硬石每公尺价洋15元，中硬每公尺价洋12元，软石每公尺价洋8元。

己·石边　硬石边每立方公尺价洋3.0元，中硬石边每立方公尺价洋2.8元，软石边每立方公尺价洋2.0元。

庚·下山　下山尺价，视工程难易，临时规定。

石门

一、石门

石门暂以双道（上宽7′，下宽8′，高8′）单道（上宽$6\frac{1}{2}$′，下宽$7\frac{1}{2}$′，高$6\frac{1}{2}$′）风路（上宽$4\frac{1}{2}$′，下宽$5\frac{1}{2}$′，高$5\frac{1}{2}$′）及小石门（下宽$3\frac{1}{2}$′，下宽$4\frac{1}{2}$′，高$5\frac{1}{2}$′）四种为标准，如尺寸有更改时，其单价按标准价格推算之。

甲·双道　硬石每公尺价洋41.3元，中硬每公尺价洋33.00元，软石每公尺价洋26.4元。

乙·单道　硬石每公尺价洋33.0元，中硬每公尺价洋26.4元，软石每公尺价洋19.8元。

丙·风路　硬石每公尺价洋19.0元，中硬每公尺价洋15.0元，软石每公尺价洋12.0元。

丁·小石门　硬石每公尺价洋15.0元，中硬每公尺价洋12.0元，软石每公尺价洋10.0元。

二、水沟

宽$1\frac{1}{2}$′、深1′，硬石每公尺价洋1.00元，中硬每公尺价洋0.5元，软石每公尺价洋0.33元。

赏罚条例

凡煤石洞适用于本条例者，须先经主管人员通知所属包工，方为有效。

一、凡适用于本条例之煤石洞，于每月月底结量一次，评订赏罚。

二、凡适用于本条例之煤洞，煤层软硬，分别规定合格数如次。

甲・软煤层平均每日进行3公尺。

乙・中硬煤层平均每日进行2公尺。

丙・硬煤层平均每日进行1.4公尺。

丁・极硬煤层平均每日进行1公尺。

三、结量进尺，足合格数，按照"井下工程包价章程"给价，否则依下列各条予以赏罚。

甲・平均每日进尺超过合格数，每多1公寸，加尺价全数5%，作为赏金。

乙・平均每日进尺不足合格数，每少1公寸，减尺价全数5%，作为罚金。

四、凡适用于本条例之石门，依石层软硬，分别规定合格数如次。

甲・软石层，平均每日进行1.0公尺。

乙・中硬石层，平均每日进行0.8公尺。

丙・硬石层，平均每日进行0.6公尺。

五、结量进尺，足合格数，按照"井下工程包价章程"给价，否则依下列各条予以赏罚。

甲・平均每日进尺，超过合格数，每多0.05公尺，加尺价全数5%，作为赏金。

乙・平均每日进尺，不足合格数，每少0.05公尺，减尺价全数5%，作为罚金。

第三节 支　柱

煤巷、石门及顺槽中之支柱，为三木式，两腿一梁，每架相隔1公尺，两架间于梁上更插35板皮，以防落煤。上山眼内之支柱，为密接方圈式。

支柱所用木质，为柳松二种，对径自3~7吋不等，大抵上山眼用3~4吋之木，顺槽用4~5吋之木，煤巷、石门内用6~7吋之木，支持寿命：大约8~10个月须更换一次。现在木料来自淮河上流正阳关一带，由商人运矿，其价值如下表。

木质	对径	长度	每根价值	附记
柳　松	8″	8′	1.60 1.50	
柳　松	7″	7′	1.10 1.00	
柳　松	6″	6 ½′	0.80 0.69	不足8″，以7″计算以下类推
柳　松	6″	6′	0.70 0.58	
柳　松	5″	5 ½′	0.53 0.45	
柳　松	5″	5′	0.45 0.40	
柳　松	4″	4′	0.24 0.22	

续表

木质	对径	长度	每根价值	附记
柳 松	3″	3 $\frac{1}{2}$′	0.14 1.13	不足8″，以7″计算 以下类推
柳 松	2″	3 $\frac{1}{2}$′	0.08 0.07	

井下支柱另有工价，每架规定如下表。

项目		每架包工价（元）	
		石柱窝	煤柱窝
架棚及加补棚	单道或普通顺槽	0.65	0.50
	双道	0.80	0.65
	上山眼梁 方圆木	—	0.30
改棚	双道	1.40	1.00
	单道	1.20	0.80
抬棚		与改棚同	

每吨煤平均需支柱1.2~1.7根，小料居半，每吨需洋0.5元，支柱工价，每吨约0.25元，故每吨支柱费，共计洋0.75元。

第四节 搬 运

井下以石门为总运道，铺设双轨，煤巷为支运道，铺设单轨。上山顺槽内之煤，用荆条筐辗转从上山煤眼运至煤巷，直接装入小煤车，经由石门推至井底。轨重16磅，间距457公厘（18吋），东西井上下轨道共长8公里。小煤车大小有四种，共计130辆。各种小煤车之构造、材料、辆数、来源及价值，如下表。

项目 车号	构造材料	每辆容煤量（吨）	来源	每辆价值（元）	辆数
一号车	铁质	0.50	自造	45.00	15
二号车	铁质	0.42	舶来	150.00	55
三号车	铁质	0.33	自造	40.00	29
四号车	木质	0.36	自造	37.00	25
共 计					124

第五节 卷 扬

煤车装煤，推至井底，放入罐笼，用绞车起出，罐笼单层，每次容煤车一辆，罐道用钢绳四条，直立井中，各井除三号井仅用一罐笼外，其余均有两个，互为上下。二三号井绞车钢绳，为六股十九丝，四号井为八股十九丝。各井绞车之大小如下表。

井别	汽缸 道径（公厘）	汽缸 术程（公厘）	每分钟转数	马力	形式	绞行一次所需时间（分钟）	钢绳经（公厘）
东二号井	305	305	185	80	齿轮式	2/3	25（1″）
西三号井	305	305	180	70	同上	2	22（7/8in）
西四号井上	203	305	190	45	同上	$1^1/_2$	27（1/6″）
西四号井下	152	305	160	25	同上	井下绞车为接井用	—

一号井现无绞车，如二号井绞车发生障碍，则工人材料之上下，立即停顿，局中拟俟四号井更换大绞车后，将换下小绞车，暂先移至一号井，待经济充裕，或事业上需要时，再换大绞车，俾一号井成为东区主要出煤井。以现时各绞车之设备而论，每日东西两井充分产量，共可出煤700吨。

第六节 排 水

东井目下每日水量，约740吨，西井约510吨，共计1450吨[1]。石门及煤巷内有水沟，井底设水仓，各处之水从水沟汇流水仓，用汽泵排出。西井水泵3座，安于三号井下，东井水泵2座，安于二号井下，其大小如下表。

地点	座数	出水管（吋）	每座每分钟排水量（加仑）	形式
东井	1	4	100	卧式
又	1	4	130	同
西井	2	3	60	同
又	1	4	80	立式

四号井接深到底，拟加水泵1具，又东井尚有二三马力电泵2座，因厂中柴油发电机未用，故电泵亦未使用。

第七节 通 风

通风为自然通风。东西两区，每区各有两井互相联通，东井一号井进风，二号井出风，西井四号井进风，三号井出风。出风井之深度，本与进风井相同，地面井口又在同一水平上，惟因出风井底，装有水泵汽管，故能使井下空气流动，井内调节风。在大巷内装置风门，各小巷内安设麻布风挡。

---

[1] 原文如此，有误。

第八节 灯　　光

井下现尚无沼气，矿局为求安全起见，禁用灯，职员用手电筒，工人用安全灯，东西井各有灯房，严密管理，共计有安全灯500盏。

第四章　矿 厂 设 备

第一节 锅　　炉

锅炉房有二，东西井各一。兹将两处锅炉之座数及大小，列表于下。

地点	形式	大小 马力	炉径（公尺）	炉高或炉长（公尺）	常用汽压（磅）	座数	现用或备用座数	用途	每日烧煤吨数
东井	立式	50	1.52	2.44	80	3	全用	东井水泵绞车及机厂引擎	6吨余
又	卧式双火管	90	1.98	6.66	80	1	清洗		
西井	立式	50	1.52	2.44	80	3	现用2备用1	四井井上下绞车及水泵	4吨余
又	卧式双火管	90	1.98	6.66	80	2	现用1备用1		4吨余
共计						9			16吨

西井蒸汽，目下尚称敷用。惟东井水量较大，有时须开两个汽泵。此外尚有机厂、电厂，亦用蒸汽。平时供给，勉强应付，一过洗炉或修理，势必停顿一部分工作。故拟自制径2.44公尺、长9.15公尺之双筒锅炉2座，每座100马力，2座工料，合计10.000余元。又拟向中兴公司购买旧单筒锅炉1座（50马力），约需洋3000元。

第二节 机　　厂

机厂分机厂、铁工厂、翻砂厂、铆工厂、电厂数部，设备简陋，兹列举于下。

地点	机件名称	说明	数量	附注
机厂	蒸汽引擎	80马力	1	
	车床	宽2呎、长8呎	1	
	又	宽3呎、4吋长8呎	1	
	刨床	宽16吋、长6呎	1	
	铁床	1/8″～3/8″钻孔	1	
	煤油机	3马力	1	
	交流马达	5马力	1	

续表

地点	机件名称	说明	数量	附注
铁工厂	铁匠炉	—	3	
电厂	交流发电机	电力40kW，电压380V	1	不用
	柴油机	80马力	1	不用
	压气机	35马力	1	不用

第三节　运输设备

一、矿洛轻便铁道

矿洛轻便铁道，以西井为起点，东行经过东井，折而北偏，西行至淮河南岸之洛河镇，计长12公里，铺设轻便铁道，道轨重30磅，轨距1公尺，有100马力机车两辆，每个每次能拉煤130吨，50马力机车一辆，每次能拉煤60吨，又载重10吨之煤车40辆。

轻便铁道之建筑费及车辆购置费，探得约数如下。

1.铁道建筑费

项目	价值（元）	说明
购地	20000	
土方	10000	
石方	10000	1600方，每方6元
钢轨钢枕	130000	30磅钢轨每条长30尺，每20尺用9钢枕
铺轨工	2100	
涵洞	5000	
桥梁	2000	
其他（如筹备费等）	33500	
合计	212600	

2. 车辆费

项目	数量	价值（元）	说明
50马力机车	1	61567.36	德国货
100马力机车	2		比国货
10吨煤车	40	151020.00	比国货
合计	—	212587.36	

两项总共425200元。

二、输驳

矿局为便利洛河、蚌埠间运煤计，特购置汽轮两艘、驳船两只，其大小如下表。

1. 汽输

汽轮	马力	拖煤吨数	吃水尺数	工人数	来往一次燃用煤（吨）	价值（元）
1号	24	50~70	3.5	6	3.5	3877.49
2号	100	180~200	3.0	11	5.5	15750.00

2. 驳船

驳船号数	最大载煤量（吨）	平常载煤量（吨）	价值（元）
1号	50	20	1100
2号	60	40	1900

三、计划中之通江窄轨铁路

建设委员会为免淮河及津浦铁路运输困难起见，有建筑通江铁路之议，由矿局南行经合肥、巢县，达扬子江边之裕溪口，计划大致如下。

暂时以每日运煤1500吨为目的，外加开客货车以输送沿线土产及乘客，而图铁路经济之独立，该线计长215公里300公尺，加倦道、叉道及厂码头各处复线40公里，共长255公里300公尺，轨间1公尺，概用45磅钢轨。各项预算费用，开列如下表。

项别	细目	数量	单价（元）	共价	附记
（1）筹备费	经伟仪	8架	1000	8000	
	其他仪器设备			1400	
	水平仪	8架	600	4800	
	材料消耗			1076.50	每公里5元
	家具设备			1200	总工程师处500元，三总段工程师处各100元，分段工程师处各50元
	路线测量			21530	每公里100元
	用地测量			4306	每公里20元
	共计			42312.50	

续表

项别	细目	数量	单价（元）	共价	附记
（2）总务费	总工程师处薪资办公费	21月	5126	123024	筹备3个月，工作24个月
	总段工程师处薪资办公费	15月	2007	90315❶	
	分段工程师处办公费	15月	1160	156600	
	共计			369939	
（3）购地费	路线用地	15421	30	462630	
	车站用地	2080亩	30	62400	
	房屋迁移	646间	30	19380	每公里3间
	坟墓迁移	4306座	5	21530	每公里20座
（3）购地费	花息	4306亩	6	25836	
	树木	6,451株	0.1	645.1	每公里30株
	围墙	2153平方公尺		538.25	每公里10平方公尺
	停亭及牌坊	8所	70	560	
	事务费注一	5月	300	1500	
	共计			595019.35	
（4）路基筑造费	土工	3384786公方	0.20	676957.20	
	石土	604274公方	1.20	725128.80	
	筑堤改河护岸	150000公方	0.20	30000	
	共计			1432086	
（5）隧道费	隧道	700公尺	600	420000	
（6）桥梁费	大桥	394公尺	400	157600	
	小桥	61公尺	350	21350	
	水管涵洞	108处	250	27000	
	共计			205950	
（7）路线保卫费	里程牌	220个	2	440	
	坡度标	159个	4	636	
	水准标	200个	3	600	
	界石	4000个	3	12000	
	工程段标志	55个	1	55	
	其他标志	72个	3	216	
	道叉警标	430	2	860	

❶原文如此，疑似有误。

续表

项别	细目	数量	单价（元）	共价	附记
（7）路线保卫费	平填过路	44000公方	0.2	8800	
	棚栏	16处	600	9600	每处200公尺，每公尺3元
	棚门	4处	300	1200	
	棚夫住所	4	300	1,200	
	敷设费	215处	5	1075	
	合计			36882	
（8）电报电话费	电杆电线测量运送敷设各费			172240	
	二十门电话交换机	1	500	500	
	电话机	20	100	2000	
	电报机	8	650	5200	
	电报员	10人	1,400	14400	每人月薪60元，24月计算
	合计			194340	
（9）轨道费	枕木	390,609根	2.0	781,218	每公里1530根
	桥梁用枕木	2,500根	6.0	15,000	
	钢轨及配件	9,446吨	150	1416,900	
	路基石渣	244,322公方	2.0	488,644	每公里957公方
	铺轨工费及器具			51,060	每公里200元
	铺石渣工费			51060	同上
	合计			2,883,882	
（10）转辙器及号志费	转辙器	80组	400	32,000	
	转辙器号志	80组	100组	8,000	
	装设费			800	每组10元
	道叉枕木	4,000根	6	24,000	
	闸夫住房	40所	100	4,000	
	合计			68,000	
（11）车站房屋仓库厂场及码头费	大车站房屋	2处	4,000	8,000	
	中车站房屋	3处	2,000	6,000	
	小车站房屋	11处	1,500	16,500	
	仓库、厂场、月台等			22,000	
	机械厂、修车厂等			60,000	
	材料厂、机车库等			20,000	
	给水及其他设备等			12,000	
	尾站码头及设备等			60,000	
	合计			204,500	

续表

项别	细目	数量	单价（元）	共价	附记
（12）车辆	机车重量30吨	8辆	30,000	240,000	
	煤车载重20吨	150辆	3,500	525,000	
	客货车载重15吨	60辆	3,500	210,000	
	合计			975,000	
总共				7,378,710.85	

第四节 医 院

矿局设西医院一所，有医务股长兼院长主任一人，事务员兼看护长一人，司事兼司药及看护一人，分设门诊处、待诊处、外科室、内科室、药房及手术室各一间，又病房四间，每间可容四五人，被褥床几俱全，全年费用，约计4,600余元。

第五章 职 工

第一节 职 员

职员在矿区者计43人，在各分厂者计16人，共计59人，每月薪金约4600元。又建设委员会在上海设有购料委员会，关于矿局五金机件等，均由其购办，每月矿局摊派经费600元。

第二节 工 人

淮南煤矿仅有四年之历史，在津浦路线各煤矿中最为后进，工人多来自大通，分里工外工两种，采煤归外工，亦有里工若干，关于土木工作，或为外工，或为里工，视情形而定，至机电则全归里工。本年三月间，每日产煤500吨，采煤里工西井103名。东井56名，采煤外工，西井820名、东井408名，采煤外工，共1228名，里工159名，土木外工27名，里工40名，机电里工128名，共计外工1255名、里工327名，里外工总计1,582名。就采煤里外工言，工煤效率约0.36吨，就全矿里外工言，工煤效率约0.31吨，因井下压层太多，又皆做预备工程，故效率减低。淮南煤矿局矿场工人，民国二十二年三月间调查如下表。

淮南煤矿局工人调查表

职务别	工别		工人数	工资			班次		廿年工人因公伤亡数		最近全月工资	附计
				最高	最低	普通	每日几班	换班时间	残发	死亡		
采矿	外工		1228	1.40	0.40	0.65	3	上午6时、下午2时、夜10时		东井2人	17500	
	里工		159	1.17	0.30	0.50					2360	
土木	外工		27	0.70	0.30	0.40	1	上午7时至12时 下午1时至5时			536	
	里工	大工	9	0.80	0.50	0.55						
		小工	31	0.45	0.30	0.30						
机电	大工		105	1.60	0.45	0.65	里厂1班、外厂3班				2188	注1
	小工		23	0.35	0.30	0.30						
其他												
			1582								22584	

注一：

木工　　　　　　　　　10人
机工　　　　　　　　　20
电话匠　　　　　　　　2
铁工　　　　　　　　　9
翻砂　　　　　　　　　4
铆工　　　　　　　　　12
绞车及水泵共　　　　　22
锅炉　　　　　　　　　12
机车　　　　　　　　　14
共计　　　　　　　　　105

第三节　职　工　待　遇

一、上班时间

职员早七时上班，十二时下班，午后一时上班，五时下班，工作九小时。土木工人及机厂厂内工人，上下班时间与职员相同。机厂厂外工人（如看泵开车等）与采煤工人每日分三班工作，每班八小时，以早六时，午后二时，及夜十时为换班时间。

二、假期

职员星期日不休息，每年得请事假一月，工人于星期日及例假日工作，亦无双工。

三、房舍

淮南房舍大半草盖泥房，职员无眷者，给有房屋，一间住一人或数人，有眷者向公司租屋，每间每月三元，惟因屋舍无多，又未设立学校，故携眷者不过四五人。

里工无眷者，矿局亦给住房，如不敷分配，由局代理租民房，若携眷属，则须自行设法。外工住食问题，均归包工头料理，矿局不过问。

四、用煤

职员及里工用煤，以半价购买，每吨4元，职员每月以三斗（计0.3吨）为限，工人以一斛为限，工头倍之。

五、支给薪工

职员发薪，每月一次，里工分二次支领，外工一次，压支半月。

六、公伤

工人及矿警因公伤亡者，建委会订有抚恤规则，兹照录如次。

建设委员会直辖矿局工警抚恤规则

（廿年五月十一日会令颁布，廿年五月十六日局令公布）

第一条　本会直辖矿局工警，因公伤亡，依本规则办理抚恤。

第二条　工警因公受伤，或因公伤残，致永久不能工作或因公致死者，经局长核准后，依下列各项之规定，给予抚恤。

一、因公受伤而能治愈者，除由局供给医药伙食外，在五日以内治愈者，工资照给，逾五日者，照给半数。

二、因公受伤致一部永久残废者，除医治期内，照第一项办理外，伤愈后，仍酌予相当工作，如不愿继续工作，或无相当工作时，给予一次抚恤金国币50元。

三、因公伤残致永久不能工作者，除医治期内，照第一项办理外，伤愈后，给予一次抚恤金150元。

四、因公死亡者，除发给棺木外，并给家属一次抚恤金国币150元。死亡后，致不能寻获尸体者，给予家属一次抚恤金200元。

第三条　抚恤金非本人或死者家属亲自到局具领，概不发给，其家属以死者之父母妻子及其未嫁之女为限。

本条所称家属，须有相当证人之确实证明。

第四条　死亡工警无家属者，除发给棺木外，给治丧费国币20元，不另给抚恤金。

第五条　工警请恤，均应向矿局领取请恤表，照式填齐三份，呈经局长查明属实，核准发给，一份留局存案，两份呈会备案。

第六条　抚恤各费均给现金。

第七条　本规则自公布日施工。

第四节　矿　　警

矿局为保安起见，办公室及西井均筑有砖墙，自练矿警120人，中设警务股长兼总队长一人，分队长二人，所有组织，均照新军编制，月响约2000元。

第六章　产额及成本

第一节　产　额

淮南煤矿目下每日最多产额，可达700吨，然以井下煤层变化无定，及汽力不足，每年产量，多亦不过150000吨。兹将淮南自开办以来，至本年三月所产煤量列表于下。

产量统计	二十年全年		30994.90
	二十一年	一月份	8539.10
		二月份	1556.50
		三月份	1292.90
		四月份	3323.80
		五月份	3207.50
		六月份	5202.39
		七月份	7877.31
		八月份	9017.60
		九月份	6908.24
		十月份	7271.50
		十一月份	6862.32
		十二月份	7004.95
		合计	68064.11
		磅余	5903.36
		总共	73967.47
	二十二年	一月份	11639.55
		二月份	10113.11
		三月份	13997.80
		合计	35750.46
存煤数量	二十一年底	矿山	2743.12
		洛河	7691.40
		蚌埠	8983.93
		浦口	2365.38
		转运未到	689.00
		合计	22572.82

存煤数量	二十二年三月底	矿山	8417.00
		洛河	6479.00
		蚌埠	3460.00
		浦口	11675.00
		合计	30031.00
调查时每日产量（吨）			500
调查时每日充分产量之估计（吨）			700
每年最大产量时期			春季
每年最小产量时期			夏季

第二节 成　本

淮南矿局在二十一年七月以前，无分类账单，对于成本一项，至难得一确数，自七月后，每月始有统计。该矿民国二十一年七月至十二月成本统计表如下。

	月份	七月份	八月份	九月份	十月份	十一月份	十二月份	合计	每月平均
产煤费用	产煤吨数	7877.31	9017.60	6908.24	7271.50	6862.32	7004.45	44941.92	7490.32
	井内产煤费	15606.10	17550.42	14536.22	13069.47	12272.80	14985.94	88020.95	14670.16
	采煤扩充费	6565.69	7442.81	3407.60	4961.55	3788.09	4381.05	30546.79	5091.13
	地面采煤费	3161.23	4222.46	3802.92	5848.03	4368.28	7175.59	28578.51	4763.08
	管理费	10074.04	9394.92	8959.82	9451.84	6650.62	9386.56	53917.80	8986.30
	购委会经费	600.00	600.00	600.00	600.00	600.00	600.00	3600.00	600.00
	共计金额	36007.06	39210.61	31306.56	33930.89	27,679.79	36,529.14	204664.05	34,110.67
每吨产煤成本	井内采煤费	1.981	1.946	2.104	1.798	1.788	2.139	1.958	1.958
	采煤扩充费	0.833	0.825	0.493	0.682	0.552	0.625	0.680	0.680
	井口每吨成本	2.814	2.771	2.597	2.480	2.340	2.764	2.638	2.638
	地面采煤费	0.402	0.468	0.551	0.804	0.637	1.025	0.636	0.636
	矿山煤堆每吨成本	3.216	3.230	3.143	3.284	2.977	3.989	3.274	3.274
	管理费	1.279	1.042	1.297	1.30	.969	1.340	1.20	1.200
	购委会经费	0.076	0.067	0.087	0.082	0.087	0.086	0.080	0.080
	共计每吨矿山成本	4.571	4.348	4.532	4.664	4.033	5.215	4.550	4.554

阅上表，去年七月至十二月每月平均产煤7500吨，每吨矿山成本，平均为4.55元。若如今年三月份产煤多至14000吨，矿山成本，约合3.5元。

第七章　运费及税捐

第一节　运　费

一、运输概况

淮矿运煤分矿洛、洛蚌、蚌浦三段，分述如下。

1. 矿洛

煤出井口，即不归井工股负责，而由营业课接收，按车计吨。

煤由井口推至天桥翻车架上，直接倒入铁路煤车，或推至煤堆存放，候车起运，其装卸力费，与装卸工作均归营业课办理。东井有推车工人24名，西井54名。

煤车由矿区用机车拉至洛河，有大机车两辆，专驶正道，每辆能拖煤车13辆，即运煤130吨，小机车一辆专作矿场倒车之用，能拖煤车6辆，运煤60吨。将40辆之10吨煤车分为三列，东井及西井各停一列装煤，第三列则常川驶行矿洛路上。

矿洛相距12公里，火车往返一次，须一小时半，大车头往返一次，烧煤1吨，小车头烧煤0.3吨，每一车头，每班二人，一开车，一烧火及烧油。

煤至洛河镇，凡卸车打推等工，均用包工制，卸车工人，约60名。

矿洛间火车每日最多可往返12次，惟平日装煤卸煤费时，每日不过运行三次或四次，共运煤300余吨至500余吨，一月中平均计6000余吨。兹将民国廿一年矿洛间煤斤运输统计表列下。

月份	每日最高运量(吨)	运输吨数
一月		2771.80
二月		3298.00
三月		4307.00
四月		4789.55
五月		6469.20
六月		6342.00
七月	315.00	6153.00
八月	420.00	10791.40
九月	525.00	9726.30
十月	303.00	7403.30
十一月	363.60	6696.30
十二月	267.80	6705.30
合计	525.00	75453.35
每月平均		6287.78

2. 洛蚌

由洛河至蚌埠，水程53公里，运煤轮驳有矿局自置者，有租赁者，另尚有自运民船，极为复杂。兹为明了起见列表如下。

船别	自置或租赁	挖煤或载重吨数	工作条件
一号汽轮	自置	50	工人工资包出，每月134元，用具浇煤油料由矿局供给
二号汽轮	自置	180	工人工资包出，每月240元，用具烧煤油料由矿局供给
三号汽轮	租赁	150	每月租价600元，烧煤由矿局供给，用具油料归包工
四号汽轮	租赁	200	工料一切在内，每运煤一吨，给价67元
一号驳船	自置	50	
二号驳船	自置	60	
租用驳船	租赁	40（平均）	轮载重量给价每吨每月2元，即每月80元，用油由局供给，修理归包工
自运民船	租赁	40（平均）	运煤一吨，包价0.75~0.80元

租用驳船，共有37只，其中有15只，系随同四号汽轮行驶，矿局不能调动。大约每一汽轮，须有三班驳船，一班在洛河装煤，一班在蚌埠卸煤，余一班在路上行驶。租用驳船，大抵载重30~50吨，太小者不要，冬季不得小于12吨，夏季不得小于30吨。至自运民船，大小无定。

汽船空放，每小时行10公里，拖煤船下行，每小时6公里，拖空船上行，每小时5公里，洛蚌间计53公里，往返约需20小时，每日一次。民船速度，全视风向而定，快时一日可到，慢时需三日，平均往返一次，约五六日，一月可行四五次。兹将民国二十一年度淮南在洛蚌段每月运煤数量表列下。

月份	每日最高运煤量（吨）	运输吨数
一月		1565
二月		2157
三月		3175
四月		4587
五月		5527
六月		4777
七月	469	6484
八月	373	7422
九月	491	9398
十月	343	4093
十一月	161	1774
十二月	412	4120
合计	491	55079
每月平均		4596

今春该矿新租两轮，加雇驳船，每月可运15000吨，自洛河煤堆上船，及至蚌埠卸船，均用包工制。现洛河装船工人约120名，蚌埠卸船工人有160人。

3. 蚌浦

蚌埠至浦口，为175.21公里，系津浦货运最拥挤之一段，车辆常感缺乏。淮南煤矿乃仿照中兴煤矿办法，于民国二十一年十一月，向北宁路租用600吨火车一列，专驶浦口、蚌埠之间，平均二日余来往一次，每月十三次，最多十四次，共能运煤8400~9000吨，其租车合同要点如左。

A. 北宁路备具货车一列，计机车一辆，敞车600吨，守车一辆，供矿局蚌埠站至浦口使用。

B. 矿局应备具殷实争银行所出100000元保函，以为机车、货车遗失赔偿之担保，即以机车一辆作价40000元，货车每10吨作价1000元计算。

C. 在津浦路运行所收运费，应按北宁拨中兴煤矿公司运煤先例，蚌浦段应收运费，按津浦、淮南规定运价，以五成拨交北宁，并由淮南煤矿另按每吨贴补费0.5元加给北宁，按月直接交付北宁。

D. 北宁机车不能运输时，由津浦机车拉运，北宁分运费1/3，津浦分运费2/3，至每吨补助费0.5元仍交北宁。

其余各条，与中兴租车合同相同。

至津浦本路之运煤车，多寡无定，大概货运多则煤运少，货运少则煤运多。兹将民国廿一年度淮南煤局在蚌浦间每月运煤吨数，列表如下。

月份	每日最高运输量（吨）	运输吨数
一月		750
二月		（受上海一·二八事变影响本月未运煤）
三月		2210
四月		2875
五月		3905
六月		6992
七月	500	4785
八月	720	5572
九月	600	3425
十月	400	6330
十一月	410	1210
十二月	600	4502
合计	720	42556
平均		3546

4. 江运

淮南煤自浦口下销上海，及上销芜湖皆用大轮运输，每轮可装1,000~2,000吨，但销芜湖者，为数不多，过江走京沪铁路者亦居少数。此外，销往龙潭、镇江、江阴、常州、无锡、苏州等处均用民船装载。

5. 浦口装卸情形

浦口卸车装船，俱有包工用箩抬运，8箩合成1吨，2人抬1箩，1日共能抬60余箩约8吨左右，每箩价洋6角余，连同大绳约值1元，箩能用20余日，绳能用2月，抬扛能用1年，此等费用，每吨煤约须摊洋4厘。

浦口外运除装力外，尚有码头费，有租地费，有转口税。码头费论船吨计价，租地费每亩每年500元，均归津浦路局征收，转口税由海关征收现金，再由财政部于应纳矿产税内扣除。

在浦口装大轮、扛力外，尚有平舱搭跑费。至上海卸船，卸力及码头费外，尚有起舱费。

二、运费及上下脚力

1. 矿洛

A. 每吨煤从井口卸至煤堆脚力0.10元。

B. 每吨煤从煤堆上车脚力0.10元。

有时不上煤堆，而从井口直接推至天桥装车，每吨亦合0.10元。（矿山装火车，实际按小煤车车数给价，东井每车0.03元，西井每车0.04元。而小煤车大小有四种，所谓每吨0.1元者，就概数而言）。

C. 矿洛铁路每吨煤平均运费0.20~0.25。

D. 洛河每吨煤卸车脚力0.05。

E. 洛河每吨煤上堆脚力0.08。（现在常不上堆而直接装船）

每吨煤从矿山运至洛河，平均约0.35元。

2. 洛蚌

A. 洛河每吨装船脚力   0.11元

B. 洛蚌间船运费，运煤船多种，故运费亦各不同，列举如下。

甲・自置一号汽轮每吨工料费   0.72元

乙・自置二号汽轮每吨工料费   0.65元

丙・租赁三号汽轮每吨工料价   0.70元

丁・租赁四号汽轮连同驳船每吨包运价   0.67元

戊・自运民船，每吨包运价   0.75至0.80元

C. 蚌埠卸船每吨脚力，亦有三种。

甲・外工卸至煤堆，每吨包价   0.285

乙·外工由船直接装火车，每吨包价 0.31
丙·里工卸船上堆，或卸船装津浦火车，每吨煤 0.27

以上每吨煤，由洛河运至蚌埠煤厂内，或上津浦火车，共约1.10元，连同箩筐绳缆费约0.12元，此外再加船运筹备费，摊提0.073元，总计约1.3元。

3. 蚌浦

A. 装火车每吨脚力 0.145。

B. 火车运费，火车有津浦本路车及租用北宁车两种。

甲·津浦本路车 矿路两方订有特价，其各站运费表如下。

站名	距蚌埠（公里）	整车每公吨普通运价	淮南煤整车及整列车每公吨特价	照普通运价之折扣
浦口	175.21	2.889	整车 2.3112	8扣
			整列车 1.7334	6扣
花旗营	162.56	2.690	整车 2.152	8扣
			整列车 1.883	7扣
东葛	151.62	2.520	整车 2.016	8扣
			整列车 1.764	7扣
乌衣	142.05	2.381	整车 1.9048	8扣
			整列车 1.6667	7扣
滁州	125.30	2.117	整车 1.6936	8扣
			整列车 1.4819	7扣
沙河集	111.67	1.902	整车 1.5216	8扣
			整列车 1.3314	7扣
张八岭	101.97	1.748	整车 1.3984	8扣
			整列车 1.2236	7扣
三界	89.50	1.545	整车 1.3905	9扣
			整列车 1.2360	8扣
管店	77.80	1.339	整车 1.2051	9扣
			整列车 1.0712	8扣
明光	61.04	1.064	整车 0.9576	9扣
			整列车 0.8512	8扣
小溪河	43.85	0.756	整车 0.756	无扣
			整列车 0.6804	9扣
板桥	34.68	0.601	整车 0.601	无扣
			整列车 0.5409	9扣
临淮关	24.27	0.429	整车 0.429	无扣
			整列车 0.3861	9扣

续表

站名	距蚌埠（公里）	整车每公吨普通运价	淮南煤整车及整列车每公吨特价	照普通运价之折扣
门台子	15.03	0.344	整车 0.344	无扣
			整列车 0.3006	9扣
曹老集	13.91	0.344	整车 0.344	无扣
			整列车 0.3006	9扣
新桥	27.75	0.481	整车 0.481	无扣
			整列车 0.4329	9扣
固镇	42.70	0.739	整车 0.739	无扣
			整列车 0.6651	9扣
任桥	57.85	0.996	整车 0.8964	9扣
			整列车 0.7986	8扣
西寺坡	73.38	1.271	整车 1.1439	9扣
			整列车 1.0168	8扣
南宿州	89.90	1.545	整车 1.3905	9扣
			整列车 1.2360	8扣
符离集	103.52	1.779	整车 1.4232	8扣
			整列车 1.2453	7扣
夹沟	120.20	2.041	整车 1.6328	8扣
			整列车 1.4287	7扣
曹村	134.24	2.257	整车 1.8056	8扣
			整列车 1.5799	7扣
三铺	149.16	2.489	整车 1.9912	8扣
			整列车 1.7423	7扣
徐州	164.81	2.721	整车 2.1768	8扣
			整列车 1.9047	7扣

除上项规定运费外，另加行车费，如浇油、倒车等，每吨约0.15元，又津贴车站员工费，去年每吨0.2元，今年减为0.1元，故淮南煤用津浦本路车，自蚌埠至浦口，每吨运费，去年共需2.0334元，今年减为1.9334元。

乙·北宁租车 一列车600吨，自蚌埠至浦口行车一次，各种费用如下表（此外并无车站员工津贴费）

项目	共数（元）	每吨煤摊派（元）
浇油夫	1.00	0.0017
车守司机	6.30	0.0105
倒车	36.00	0.0600
路警	37.80	0.0630

续表

项目	共数（元）	每吨煤摊派（元）
火车运费	1,040.00	1.734
北宁贴补费	300.00	0.5000
共计	1421.10	2.3686

C. 矿警押运煤车，每列车来回约需十元零四五角，北宁车每列600吨，每吨摊0.174元，津浦本路车，平均不到600吨，每吨摊0.0186元。

D. 浦口卸车，每吨煤脚力洋 0.17元。

综上所述，淮南煤自蚌埠至浦口，整列每吨煤运费，合计如下。

津浦本路车：

蚌埠上力	0.1450元
浦口下力	0.1700元
火车运费	1.7334元
火车行车费	0.1500元
车站津贴费	0.1000元
矿警押运费约	0.0186元
共计	2.3170元

北宁租车：

蚌埠上力	0.1450元
浦口下力	0.1700元
火车运费	1.7334元
火车行车费	0.1352元
北宁贴补费	0.5000元
矿警押运	0.0174元
共计	2.7010元

比较上表，每吨煤蚌浦间费用北宁车较津浦本路车多出0.384元。兹更将大通、淮南两矿火车运费，列表如次，以资比较。

车别＼煤别	大通煤每吨费用（元）	淮南煤每吨费用（元）	大通较少洋数
北宁车	2.442	2.701	0.259
津浦本车	1.738	2.317	0.579

又蚌浦运费内，尚须再加蚌厂半数营业费，每吨约摊洋0.232元。

（注）蚌厂为淮矿转运枢纽，用费独多，故提半数营业费摊入火车运费账内。此外洛厂浦厂全数，均作营业费。淮南记账方法，为求摊派精确起见，弄得异常复杂，其成本颇不易算。

综合上述各节，每吨煤至各处运费及成本，可计算如下。

运费及上下力费：

至洛河	0.350元
至蚌埠	1.643元
至浦口	
津浦车	4.192元
北宁车	4.576元

成本：

矿山（二十一年下半年平均成本）	4.500元
至洛河成本（洛厂营业费不在内）	4.850元
至蚌埠成本（蚌厂半数营业费不在内）	6.143元
浦口成本（浦厂营业费不在内）	
津浦车	8.692元
北宁车	9.076元

兹将淮矿民国廿一年下半年运费统计表，及各厂平均成本表录后，以资参考。

淮南煤矿运费统计表
民国廿一年七月至十二月

项别	处所	月份\科目	七月份	八月份	九月份	十月份	十一月份	十二月份	合计	每月平均
运煤吨数		矿洛	6153.00	10791.40	9726.30	7403.30	6696.30	6705.30	47475.60	7912.60
		洛蚌	6484.00	7422.00	9398.00	4093.00	1774.00	4170.00	33291.00	5548.50
		蚌浦	4785.00	5572.00	3425.00	1330.00	1210.00	4502.00	20824.00	3470.67
运煤费用	矿洛	矿洛运输费	2408.82	3259.64	3046.28	2620.28	2330.70	2067.07	15733.09	2622.18
	洛蚌	洛蚌运输费	8093.58	8739.34	10375.48	5175.63	3425.30	5009.99	40819.32	6803.22
	洛蚌	航运筹备费	476.08	544.96	690.04	300.53	130.26	302.51	2444.38	407.46
	蚌浦	蚌浦运输费	11572.81	13159.27	8134.47	3203.93	3045.69	11684.46	50809.63	8166.77
	蚌浦	摊提蚌厂营业费	1108.10	1290.36	793.15	308.00	280.20	1042.57	4822.38	803.73
		合计	23656.39	26993.57	23039.72	11608.37	9212.15	20106.60	114619.80	19103.30
每吨运输成本	矿洛	矿洛运输费	0.392	0.302	0.313	0.353	0.348	0.308	0.331	0.331
	洛蚌	洛蚌运输费	1.248	1.177	1.104	1.264	1.931	1.216	1.226	1.226
	洛蚌	航运筹备费	0.073	0.073	0.073	0.073	0.073	0.073	0.073	0.073
	蚌浦	蚌浦运输费	2.418	2.362	2.375	2.409	2.517	2.595	2.440	2.440
	蚌浦	摊提蚌浦费	0.232	0.232	0.232	0.232	0.232	0.232	0.232	0.232
		合计	4.303	4.146	4.097	4.331	5.107	4.424	4.302	4.302

淮南煤矿平均成本表
民国廿一年七月至十二月

科目	每吨成本	
井内采煤费	1.958	
地面采煤费	0.636	
采煤扩充费	0.680	
管理费	1.200	
购委会	0.080	
Ⅰ 矿山成本		4.554
矿洛运输费	0.331	
Ⅱ 洛厂成本		4.885
洛蚌运输费	1.226	
航运筹备费	0.073	
Ⅲ 蚌厂成本		6.184
浦蚌运输费	2.440	
摊提蚌厂营业费	0.232	
Ⅳ 浦口成本		8.856

4. 江运每吨各种费用

A　浦口转口税　　　　　　　　　　　　　　　　　　　0.24

B　浦口码头费　因船之大小及装船时间之长短而异

　　民船　　　　　　每吨　　　　　　0.03元
　　大轮　　　　　　每吨　　　　　　0.05元

三日以内每只船码头费97.50元，若过三日，每日加39.00元。

C　装船费

　　民船　　　　　　每吨　　　　　　0.33元
　　大轮
　　　　扛力　　　　每吨　　　　　　0.33元
　　　　平轮搭跳　　每吨　　　　　　0.20元
　　　　合计　　　　每吨　　　　　　0.53元

D　船运运费

运往地点	船别	每吨煤运价
芜湖	大轮	1.00
龙潭	民船	1.00
镇江	大轮	1.00
镇江	民船	1.20
江阴	民船	1.90
常州	民船	2.10

续表

运往地点	船别	每吨煤运价
无锡	民船	2.20
苏州	民船	2.50
上海	大轮	100

  E 上海码头费 轮船在2000吨下，每只100元，2000吨至3000吨，每只140元，3000吨以上，每只200元。每吨煤约摊洋0.05元，均以三日为限。

  F 上海起舱费 即从船舱内用起重机起至舱外之费，每吨煤0.05元。

  G 上海卸脚力 每吨煤   0.70元

综合以上江运各费，淮南煤自浦口至上海合计每吨

  运费   2.62元

  总成本   11.312~11.696元

此外如将煤渡过下关，装京沪车，则用驳船载煤，以小轮拖运，每吨煤各种费用如下。

  装船费   0.33元

浦口及下关码头费   0.11元

小轮及驳船费   0.38元

卸船装车费   0.49元

合计渡江费   1.20元

三、磅余及损耗

矿局为补足运输损耗起见，各处煤斤，实际均增加成数计算，其数量列举如左。

  井口   加百分之10.0

  矿厂至洛河   加百分之7.5

  洛河至蚌埠   加百分之5.0

  蚌埠至浦口   加百分之2.5

其办法，在井口不以1680斤为一吨，而以1850斤为1吨，其他类推。因此之故，各处均有磅余，但工人未免吃亏一点。

由洛河运蚌埠，按99收受，即运煤100吨，短少以1吨为限，有余收账，不足则责令船户按蚌埠市价赔偿。

第二节 税 捐

淮南煤税有矿产税矿区税转口税三种。（一）矿产税，每吨煤0.25元。（二）矿区税矿区计共34080.30亩，每年应纳10224元，以年产煤120000吨计，每吨煤应摊洋0.08元。但以上两种税矿局并不付现，历年记账。（三）转口税，此税在浦口由海关征收现款，此种税单，可汇缴财政部，由应纳之矿产税内扣除，他矿虽多费一番手续，实际并无损失，但淮南支出现金，实加一笔费用。闻矿局现正要求转口税亦用记账方法，不知能成事否。

第八章 营业状况

第一节 销 场

淮南矿局，除矿山门市外，有洛河、蚌埠、浦口三厂，更于怀远、蒙城、涡阳临淮、蚌埠、南京、江阴、无锡等处设分销户。该矿最初所产之煤，因近地面，品质不佳，又不注意挑选，故初次上市，不为商家欢迎，后井筒加深，煤质渐好，推销方面又竭力设法，故营业日有起色。然淮河上下游及蚌埠一带，有大通为其劲敌，发展不易，故去年百分之六十以上运销于浦口。兹将民国廿一年度各厂每月销售数量，列表于下。

各厂 月别	矿山 自用	矿山 销售	洛河 自用	洛河 销售	蚌埠 自用	蚌埠 销售	浦口 自用	浦口 销售	共计 自用	共计 销售	总共
一月	374.0	641.00	68.50	1383.70	38.00	944.50	3.00	103.0	483.60	3083.10	3566.70
二月	395.90	612.30	86.20	660.60	38.00	596.00	3.00	617.00	423.10	2585.90	4009.00
三月	403.00	618.00	113.30	682.20	38.00	703.12	3.00	1530.00	557.30	3533.32	4090.62
四月	451.60	385.30	79.20	512.90	38.00	312.37	2.00	2834.00	670.90	9044.57	4715.47
五月	485.70	459.60	146.50	719/00	38.00	516.50	2.00	3482.00	672.20	5177.10	5849.30
六月	521.30	209.60	276.40	719.60	38.00	622.50	2.00	6374.13	737.70	7925.83	8663.53
七月	493.90	188.60	222.80	860.10	11.50	491.50	2.00	3836.00	730.20	5376.20	6106.40
八月	533.60	248.40	228.70	730.00	27.50	534.37	2.00	3718.00	791.80	5230.77	6022.57
九月	529.10	318.90	268.00	2042.00	17.50	456.98	2.00	3647.00	816.60	6464.88	7281.48
十月	513.50	205.00	138.10	1568.90	32.50	602.50	2.00	4403.00	686.10	6784.40	7470.50
十一月	653.30	191.00	18.30	1932.63	89.75	783.37	2.00	2546.00	763.35	4953.00	5706.35
十二月	736.70	201.20	15.70	964.00	51.50	780.37	3.00	2039.00	856.90	3974.57	4831.47
合计	6,191.0	4279.80	1,601.80	12280.63	458.237	7349.08	28.00	35114.13	8289.75	59023.64	67313.39
各厂销售 百分数	7		31		13		60		100		

据淮南矿局调查淮河流域及蚌埠南北沿路线30公里以内，去年销煤数量总计90000余吨，其中大通约占52500余吨，内有路局用煤20000余吨，淮南占23900余吨，列山占10000余吨，中兴数千吨。

淮南、大通二矿，同在一地，争夺市场，自所难免。今年蚌埠中兴包销处，忽弃其往年之放任主义亦参加竞争，积极倾销，列山煤又复侵入，淮通二矿，乃感有合作之必要，于六月一日，订立淮河及过涡河流域两矿合作营业议约，以一年为期在蚌埠成立联合营业处，所有职员双方平均派任，双方销煤各按上月份之产量平均支配，本月份之销额煤价、包销，及分销条件，务求双方一律，其议约草案见后。

淮南矿局民国廿一年度产煤73937.47吨（参阅二十一年产量表），而自用煤为8289.75吨，约占产额11%。兹将七月至十二月自用煤斤分类统计表列下。

淮南煤矿局自用煤分类统计表
民国廿一年七月至十二月

月份	发煤处所 矿山	洛河	蚌埠	浦口	合计	各处杂用 矿山	洛河	蚌埠	浦口	矿山工厂	锅炉房 东井	西井	砖窑	火车	轮驳	合计
7.	493.90	222.80	11.50	2.00	730.20	19.00	1.20	5.50	2.00	6.00	200.00	150.00	72.00	46.90	227.60	730.20
8	533.60	228.70	27.50	2.00	791.80	19.20	1.10	7.50	2.00	7.00	250.00	175.00	42.00	40.00	247.60	791.80
9	529.10	268.00	17.50	2.00	816.60	19.20	1.20	7.00	2.00	8.00	250.00	180.00	20.50	51.40	277.30	816.60
10	513.50	138.10	32.50	2.00	686.10	20.80	1.20	6.50	2.00	6.00	292.00	145.00	7.50	42.20	162.90	686.10
11	653.30	18.30	89.75	2.00	763.35	24.80	1.30	5.75	2.00	7.00	282.00	280.00	20.50	39.00	101.00	763.35
12	736.70	65.70	51.50	3.00	856.90	35.00	1.70	6.00	3.00	8.00	333.20	300.00	14.50	46.00	109.50	856.90
合计	3461.0	941.60	230.25	13.00	4644.95	138.00	7.70	38.25	13.00	42.00	167.20	1230.00	177.00	265.90	1125.90	4644.95
每月平均	576.68	156.93	383.38	2.17	774.16	23.00	1.28	—	2.17	7.00	267.87	205.00	29.50	44.32	187.65	774.16

第二节 售 价

本年三月间，淮南煤各厂售价如下。

矿山门市	每吨洋	8.00元
洛河		9.50元
蚌埠		10.00元
浦口		10.50元
蚌埠路局员司		6.50元

每年以一千吨为限，两方仅以公函治商，未订合同。

以上为牌价，若属趸买，尚有佣金等。兹将民国二十一年七月至十二月各厂平均售价，列表如下。

月别 \ 地点	矿山	洛厂	蚌厂	浦厂
七月	7.493	9.180	10.577	11.591
八月	7.604	9.026	10.092	11.037
九月	7.708	8.957	10.096	10.871
十月	7.540	8.845	10.111	10.267
十一月	7.403	8.831	9.497	10.665
十二月	7.258	8..423	9.544	10.233

第三节 盈 亏

淮南煤矿民国廿一年七月前，营业情形，殊难稽考，据闻有亏无盈。自七月起，各厂营业成本，始有统计，至十二月底结算，均有盈余，是产销方面，已有长足之进步也。

各厂营业成本统计表
民国廿一年七月至十二月

项别	售煤处所	矿山	洛厂	蚌厂	浦厂
	摘要　　顿数	1353.10	7597.63	9649.09	20174.00
售煤煤价及营业费	售煤煤价	10180.00	67284.43	36185.16	218211.26
	除售煤费用	—	6891.74	1417.60	1939.62
	佣金、运送费等	—	—	—	—
	营业费	—	3113.29	4822.38	11564.95
	净计售煤款	10180.00	57279.40	29945.18	204709.69
每吨成本及盈亏	售煤煤价	7.523	8.856	9.916	10.816
	除售煤费用	—	0.907	0.388	0.096
	营业费	—	0.410	1.322	0.573
	净计每吨售价	7.523	7.539	8.206	10.147
	每吨本期成本	4.554	4.885	6.184	8.856
	每吨盈亏	盈2.969	盈2.654	盈2.022	盈1.291

*蚌厂营业费（佣金在外）$9644.76内，占运输间接费用一部分，酌摊1/2归运输成本计算。

由上表，可计算淮南煤矿民国廿一年度下半年营业盈余数目如下。

售煤地点	售出吨数	每吨盈余（元）	合计（元）
矿山	1353.10	2.969	4.017
洛厂	7597.63	2.654	20.165
蚌厂	3649.09	2.022	7378
浦厂	20174.00	1.291	26.045
合计			57.605

第四节　资　产

淮南矿局资产，至民国二十一年十二月底，值1256000余元，至本年三月底，据会计师调查结果，增至1300000元，兹将该矿民国廿一年十二月底资产统计表，抄录于后。

科目	廿一年十二月底金额	廿一年六月底金额	廿一年七月至十二月增加金额	每吨产煤增加金
竖井建立工程	176138.81	166792.57	9346.24	0.208
井下开拓工程	232874.35	196532.39	36341.96	0.809
矿洛铁道工程	425251.96	223506.71	201745.25	4.489
通江铁道工程	26164.17	26164.17	—	—

续表

科目	廿一年十二月底金额	廿一年六月底金额	廿一年七月至十二月增加金额	每吨产煤增加金
机械设备	123978.94	109230.53	14698.41	0.327
房屋建筑	111443.47	106200.29	5243.18	0.117
地产	17584.25	16833.45	750.80	0.17
家具仪器	29581.30	29006.56	574.74	0.013
航运设备	28033.89	12223.74	15810.15	0.352
煤厂资产	16840.89	14940.98	1899.91	0.042
他项矿产	1920.29	597.73	1332.56	0.029
开办费	66695.55	66695.55	—	—
合计	1256507.87	968774.67	287733.20	6.403

（附）建设委员会淮南煤矿局、大通煤矿股份有限公司合作营业议约草案

立议约淮南煤矿局、大通煤矿公司（以下简称淮南大通）今谋两矿营业便利起见，双方同意订定下列合作条件，共同遵守。

一、双方合组营业机关，定名为淮南大通煤矿联合营业处，秉承双方主管机关，办理下列各项事宜。

甲．审定联合营业区域内，双方各厂煤价及包销分销条件，务求双方一律。

乙．稽核联合营业区域内，双方各厂进出煤吨。

丙．登记及审核本处营业账目，并收解双方煤款。

丁．接洽双方营业事项。

戊．签订销煤合同，核发拨煤凭单及售煤联单等。

己．化验双方煤质成分。

庚．划一磅分。

辛．关于其他合作营业事项。

二、本议约规定条件，适用区域暂以淮河及涡河流域营业范围为限，俟办有成效，双方同意时，得推广至长江一带。

三、凡在第二条规定营业区域内，双方销煤各按上月份之产量平均支配，本月份之销额，其煤价磅分及分销条件，亦应一律，不得歧异。设遇一方违背本议约规定，擅行私自暗地竞销时，对方所受之一切损失，应由违约之一方赔偿之。

四、凡遇争执，双方不能解决时，得公请公断人公断之，公断后不得再事争执。

五、联合营业处设正主任一人，由淮南派任，副主任一人，由大通派任，下设办事员若干人，由双方平均派任之。

六、联合营业处经费，由双方各半担负，营业预算，应按季编制，由双方主管机关核准。

七、联合营业处地点，设于蚌埠，其在洛河街田家庵两厂，由淮南大通双方互相调派稽

核员一人，负协助厂务及稽核煤斤出入之责。

八、联合营业处成立后，在第二条规定营业区域范围内，双方不得再行另设其他单独销煤机关。

九、本议约试行期间，暂为一年，即自　年　月　日起至　年　月　日止，期满后，如双方同意，得延长之。

十、本议约如有未尽之处，双方同意得修改之。

十一、本议约一式三份，甲乙双方各执一份为凭，其余一份，呈建设委员会备案。

建设委员会淮南煤矿局局长

大通煤矿股份有限公司总经理

中华民国二十二年六月一日

附录（略）

一、津浦沿线七矿最近煤质分析表

二、沿线各矿历年产额表

三、沿线各矿运煤至蚌浦两站协定运费表

四、运销表（二十一年度）

五、津浦路各矿煤径由路线运往各站吨数表（二十一年度）

六、长江各埠销数表（二十一年度）

七、长江各埠四季平均市价表（二十一年度）

八、各种七矿储量、矿区面积、工人人数、工煤效率、资本、吨煤成本、运费等比较图表（共九幅）

重要参考书目

一、地质调查所矿业纪要

二、地质调查所地质汇报

三、中华矿学社矿业周报

四、山东实业厅矿业报告

五、中华矿冶工程学会矿冶

河南焦作中福煤矿的坎坷道路[1]

中福煤矿简史

河南焦作中福煤矿是我国储量丰富、煤质优良的一个大无烟煤矿。该矿系中原公司与英商福公司中英双方合办的新型煤矿，成立于民国初年。它的历史可分为几个阶段：

（1）英商福公司

1894年中日甲午战争后，帝国主义列强纷纷向清政府要求开矿和筑路权，在中国划分势力范围。英商福公司（Peking Syndicate）就是英帝国主义向我国山西、河南两省进行煤矿、铁矿方面经济侵略的一个企业组织。后来山西省自己开矿，把福公司赶走，而河南省没有能够办到这一步。1900年福公司从清政府取得河南修武县焦作煤矿开采执照，正在筹备建矿，因义和团爱国运动的发生而暂停。1902年在焦作建立了"泽煤盛矿"，1906年开始出煤。由于地质复杂，井下掘透了奥陶纪石灰岩层，水势过大，就在地面装了一大排锅炉，井下安放当时全世界最大的两个蒸汽水泵之一来抽水（另一个在南非金矿）。但出煤少，排水费太大，成本高，有亏无利，被迫停产。

福公司为了另开新井，由原矿区向西侵展数倍于原矿区的面积，遭到了河南地方人民的反对。但这种反对是消极的。应当筹集资金，在福公司矿区附近开办煤矿，与之竞争，进而收回福公司矿区，自行开采，使工人不失业，人民有煤烧，才是抵制外国经济侵略的积极办法。可惜当时没有这样做。

直至辛亥革命以后，1914年河南督军张镇芳派河南省交涉员许沅、河南省代表胡石青（汝麟）、王搏沙（敬芳）至北京与福公司代表交涉，达成协议、签订合同。据此福公司获得了焦作以西的李封、王封新矿区的开采权。

（2）中原煤矿公司

在焦作东边李河，原有三个小煤窑，1914年联合起来，并有河南省政府和国会议员胡石青、王搏沙、副总统黎元洪、河南督军张镇芳及参议会议长王家襄等集资加入股本，组成中原煤矿公司，聘请技术人员，增添机器设备，改进了生产管理，基本上成为机械生产的新式煤矿。从此开始了抵制福公司垄断的新局面。

（3）道清铁路

福公司于1902年在焦作办"泽煤盛矿"后，即于1903年修筑了运煤的道清铁路，从河南

---

[1] 原文刊于《文史资料选辑》1985年第二辑。

省浚县卫河边的道口镇到现在的博爱县的清化镇，计长一百六十六公里。后因泽煤盛矿开办四年，尚未出煤，该路维持困难。福公司遂于1905年以贷款方式将铁路卖给清政府作为国有铁路，设管理局于焦作，但主管的领导人和总工程师仍由英国人充任。后来经过十多年才由我国技术人员和管理人员逐渐把他们替换下来，成为真正的国有铁路。在1906年至1915年，道清铁路的煤炭运输，完全由福公司所垄断。1914年中原公司成立后，道清铁路的运输业务，随着两公司产量的发展而发展。道清铁路的收入来源百分之九十五以上就靠中原和福公司的煤炭、器材、物资和人员等运输，而两个煤矿也靠铁路运输而生存。双方互为依存，本应合作互利，但事实并不如此。由于铁路承运当地小窑煤的问题，道清铁路局与中原公司和福公司始终存在着矛盾。

（4）福中总公司

中原公司成立以后，在销煤方面与福公司互相跌价竞争，双方都受损失。后来，1915年双方为了避免竞争，博取厚利，两公司经过协商，决定组成"分产合销"的福中总公司。这种以"福中总公司"名义实行的分产合销的局面，延续了达十年之久。但福公司的井下储藏量比较丰富，机械设备比较多，在产量上占优势。

1925年上海五卅惨案发生，全国爆发了反对英帝国主义的爱国运动。在河南也掀起了福公司全体职工的大罢工，使福公司从此停产长达七年。中原公司乘机积极支援罢工运动，以打击福公司而壮大自己，因此得到了发展。

（5）中福两公司联合办事处（简称中福煤矿公司）

1931年福公司仍在停产中，蒋介石与冯玉祥、阎锡山大战于河南，蒋得到胜利，派刘峙为河南省政府主席。刘峙派财政厅长李文浩任中原公司监督。李对办矿完全外行，他以中原公司为河南省政府的财源，以参议、咨议和顾问等各式各样的名义向国民党政府实业部和河南省政府的官员及地方有势力的士绅，支送大笔干薪，以资拉拢，随意挥霍浪费。再加管理不善，工程技术跟不上去，存煤销不出去，以致入不敷出，遂向福公司求援，商借巨款。福公司乘机要挟利诱，以福公司复工为条件，答应贷款现大洋三百万元，从此福公司在停产七年以后，又复活了。

李文浩提出两矿合作，由分产合销的福中总公司改为合产合销的中福两公司联合办事处，把原来的"福中"改为"中福"。按当时国民党的公司法和矿业法的规定，中原公司占股份的百分之五十一，福公司为百分之四十九，双方互相利用，达成协议，经报国民党中央政治会议批准，组成了"中福两公司"。中方代表为总经理，福公司代表为总代表，共负产销业务上的实际责任。中原公司和福公司各有自己的董监事会。中福公司设董事部，由中原公司和福公司各推选三人为中福公司董事，以中原公司所推举的人为董事长。李文浩以中原公司董事长兼任中福公司的第一任总经理。合作条件对中方而言，比开滦煤矿公司为有利。当时之所以叫"联合办事处"，是因为福公司生产设备好，矿产资源多，而股份少。协议规定联合办事处对双方原有财产，只有使用权，没有所有权，所以不能称为公司。但合办后，由联合办事处新添置的财产,则为联合办事处所有。福公司保留这一最后的权利,为中原公司李文浩所同意。实际上经过几年的折旧之后,福公司保留的财产也就无形消失了,对此李文浩是有功的。而向福公司借了现大洋三百万元,却没有把中福煤矿搞好,这是不能宽恕的。

翁文灏任中福公司整理专员

李文浩任"中福公司"总经理后,工潮迭起,在1931年7月,1932年3月和1934年5月曾发生三次较大的工人罢工风潮。再加以管理不善,浪费多,开支大,产量少,成本高,亏本不少,不但三百万元的借款完全花完,还欠了工资、铁路运费和窑木价款等。李文浩在此情况下,穷于应付,被迫辞职。河南省政府先后派了李汉珍、陈泮岭为继任总经理。两人都是河南人,一个是国民党中央委员,一个是河南省党部主任委员,也都管理无方,束手无策,不到几个月,就相继垮台而去。至此中福煤矿已到了山穷水尽、不可收拾的局面。

"中福"办得好坏,于福公司有切身的利害关系。因焦作地处河南省腹地,不像开滦煤矿之在唐山、离秦皇岛海岸较近,故福公司得靠中国人来办好中福煤矿,才能分享共利。所以福公司董事长吴德罗夫(Woodruff)于1934年7月来华,由英驻华大使陪同到庐山,向蒋介石表示不满意河南省政府对中福公司的领导体制,要求国民党中央派员彻底予以整理。蒋为取悦于英帝国主义,答应派一知名人士前去中福整理。

那年夏天蒋介石在庐山请全国社会名流去讲学,翁文灏是其中之一。翁以实业部地质调查所所长兼任以蒋介石为委员长的国防设计委员会秘书长的身份,给蒋讲中国的地质和中国矿业史,因此蒋就派翁文灏为中福煤矿整理专员。

翁文灏当时对焦作中福煤矿生产和经营管理的具体情况不了解,是否同意前往就职,正在犹豫不决。这时(1934年9月)蒋介石已电令河南省政府主席刘峙,特派翁文灏为河南中福煤矿整理专员。在翁文灏到任之前,由河南省政府建设厅长张静愚暂行兼代中福整理专员,主持矿务。整理办法如下:

第一,整理时间定为两年。在整理期间,中福煤矿由河南省政府改归军事委员会领导。

第二,解散中福两公司联合办事处董事会,停止总经理、协理和中原公司董监各员的职权及待遇。

第三,派兵驻矿,负责保护。

第四,解散职工联合会,停止工会活动。

第五,修武、博爱两县地方官民对于整理均应竭力赞助,不得扰乱破坏,或鼓动风潮。如敢故违,分别捕拿,严加惩处。

第六,中福联合办事处欠外债款,暂缓付还。

第七,中福联合办事处支出之教育经费,概行停付。焦作工学院归省接办。中小学归县接办。

第八，实业部驻矿监察员之经费，立即停付。

第九，取消收入特别账内之装车费，一切收支按照正规会计手续办理。

第十，缩小组织，裁汰冗员，减低薪额，剔除浮费。

另外还规定二条：（1）停运土窑煤炭，与中福公司订立合销合同；（2）两年整理期满后，交还中福两公司联合办事处董事会和经理部自行办理。

当时我担任着国防设计委员会陕北油矿探勘处处长，下分二队；分别在延长和延川两县进行探勘。翁文灏电邀我到北平，面告他被任命为中福煤矿整理专员的经过，要我去焦作进行实地调查，再作去不去就职的决定。1934年10月初我去焦作，停留一星期，作了井上井下详细的调查后回到北平，把结果向翁报告。我指出现在中福有两个黄金时代：一是中福井上有大量存煤，冬季即将到来，正是无烟煤销售的旺季，只要把存煤运出去，销路不成问题，全矿经济就活了。二是煤矿井下开拓掘进是花钱的阶段，回采是赚钱的阶段，而现在中福煤矿井下开拓工程进行过渡，已开拓掘进的煤量，足够三年的回采，在两年整理期间内，不用再多花钱进行井下开拓掘进工程，只要回采就行。有这两个黄金时代，应立即前往赴任，实属机不可失。翁听了以后，电告蒋介石即去焦作就职，并请派我为中福煤矿总工程师，在他不在矿时，由我代理整理专员。蒋复电同意。

翁和我于1934年10月底先到南京见了蒋介石，同时向金城银行总经理周作民商借现大洋三十万元，以备到矿后周转之用，约定一年内还清。周作民提出要求金城银行在焦作设立办事处（支行），并划定一个区域由金城银行经销中福产煤。我们都同意了。

1934年11月，翁文灏和我从南京到焦作接办"中福公司"，并调去国防设计委员会和地质调查所的工作人员8人，同时到矿。

中福公司整理经过

一、人事的整顿。主要有以下几项：1. 宣布新旧职员的任命。翁文灏到矿后，召开中高级职员会议。宣布派我为总工程师，张兹闿为会计科长；王菊如为主任秘书；刘季辰、姚景周、董询谋、褚保熙、赵英达五人为秘书、财务、营业和运输等科科员。其他李河（东矿）、王封（西矿）两矿矿长以及总公司各科科长等工作人员，完全照旧工作。在整理专员离矿时，由总工程师代理。

2. 淘汰冗员。中福总公司原设有秘书室、会计科、营业科、工程科、总务科和材料室，以及王封、李河两矿等建制照旧不改。原有工程技术和经营管理人员并不多，实际工作的人员没有裁减。所谓冗员是指李文浩所派的挂名领干薪而并不工作的参议、咨议、顾问等等之类的人，一律予以裁汰，停付薪资，以节开支。

3. 由中方主持公司业务。中福公司的英国职员有正副代表、会计科长、会计员、材料室主任、办事员和打字员各一人，全公司共有英国职员七人。会计科和材料室也有中方的科长和主任各一人。李河、王封东西矿自矿长以下全是中国人。

曾在开滦煤矿任"总管"二十五年已退休的比国人道格，一年以前曾由中福公司聘请为工程顾问，并由他请来曾在开滦任工程师的比国留学生黄某任中福公司总工程师。我们到中福接办后，这位总工程师就走了。所以中福在工程技术、营运管理等方面，实际上都由中方主持。

二、整理办法的实施。上述中福整理办法十条，除了下列三条外，其余照办。

第一条：中福公司董事部解散后，中原公司和福公司仍各派代表一人驻在中福公司，作为两方与中福公司的联系人，以便随时了解中福公司的整理情况。在整理期间，中福公司原有的总经理、协理停止职权和待遇，由整理专员和总工程师代行他们的职权。

第二条：关于派兵驻矿问题。原来就有河南省保安团一团驻在焦作矿区，仍照旧，不另派军队来矿。

第三条：焦作工学院和中小学没有移交省县接管，教育经费仍由中福煤矿支付。

三、工程的改进。过去中福由于井下开拓掘进过度，尤其是原福公司的王封矿，不但运输平巷以上的工程开发过度，而且还开发下山，殊无必要，等于浪费。我们接管后，把下山全部停工，把水泵、绞车、钢轨等全部撤出，任水淹没，以节省开支。道格对此提出异议。我画了一张井下回采图，预定整理第一年生产一百万吨，第二年生产一百二十五万吨，第三年生产一百五十万吨的回采面积，分年分月用不同的符号绘制平面图给他看，说明过度开发的浪费，不但下山应当停止，就连运输平巷与回风道也应缓慢进行。用图向他说明以后，他不但不坚持己见，而且完全赞同我的意见。这种精神令人钦佩。因此他对翁文灏说："我在这里没有用了，可以走了。"翁文灏留他，过了半年，他辞职回国了。

王封（西矿）和李河（东矿）的电力，原来各自发电，电力不互相调剂。我们到矿后，就把两厂的电网连接起来，从此两矿的电力可以调剂。井下奥陶纪石灰岩离煤层近，一遇断层容易出水，两厂电力沟通后，可以防止水淹。

焦作矿区断层较多，为了加强地质工作，我们购置了钻机，组织了钻探队，派地质师主持此事，在王封矿区以南和李河矿区以东打钻，以探明地质储量，为另开新井做准备。

为了适应用户需要，改善了筛选设备，增加了两个煤的品种，也增加了块煤分类的煤价。同时我们还专派工程技术人员研究用户烧煤炉的改进，到主要销煤地点作实地试验，以资宣传应用，借以推广焦作煤的销路。

四、改善经营管理。在我们到中福之前，公司拖欠了职工部分工资、窑木费和铁路运费，更谈不到周转资金了。幸而我们在到矿之前，向金城银行借到三十万元，方将上述几项欠款付清，人心安定，矿上精神面貌大为改观。但道清铁路运煤仍须先付现款。时值无烟煤销售旺季，装车很多，每天结账付款，实感麻烦。

我们为了克服上述麻烦，在1935年2月间做了一个全年产运销计划。1935年全年生产运输销售各一百万吨，盈利一百万元，即当时所谓全年四个"一百万"。我们把所有道清、平汉、陇海、津浦、沪宁铁路大小车站，道清铁路到卫河的终点站道口，和南运河流域沿岸各地的运量、销量和煤价，详列一份表格。此表的横格是铁路沿线的大小车站站名，直格是分十二个月，每月又分运量、销量和售价三格。这表全是数字，由于车站站名多，因而画了很多张表格。一过旧历年，我们就请道清铁路局局长和处长等高级职员吃饭，把这份详细表格挂在墙上，请他们看。实际目的是使该局全体负责人了解中福的整理是认真的，是经过通盘筹划，有整个计划的。他们看了以后，深表赞赏。于是我们请他们将现款现运的办法改为按月结算的办法；同时请他们不要再给小窑运煤，以免破坏资源和扰乱市场。道清铁路的营运收入主要靠中福的煤运，经过相互了解以后，他们认识到只要中福煤炭产销发展了，铁路营业和收入就有了保证。所以同意将现款现运的办法改为按月结算的办法。但矿路双方仍由于道清铁路局一方面没有运足我们全年计划的运量，另一方面继续为小土窑运煤，因而关系还是弄得不够好。我曾很有感慨地说过一句话："铁路局是办煤矿者真正的上司。"

五、重订中福煤价。过去中福的煤价，向以矿区的销售价格加上铁路运费作为各地的售价，所以越远越贵。我们到后，改变这个办法，凡是有煤矿竞争的地方，减低售价；没有煤矿竞争的地方，则提高售价，并不以路途远近为定价的标准。这样核算我们在各地的煤价虽有亏有盈，而平均起来，每吨仍有盈利一元以上。例如在平汉路上的密县、禹县、鹤壁、六河沟、怡立等煤矿和陇海路西段的义马煤矿等地，我们都削价与之竞争。道口以下和南运河流域及其他没有小窑的地区，就提高煤价。这样完全以资本主义的大鱼吃小鱼的经营方式，把沿途的小矿都压垮了，做到了有计划地通盘销售和售价不等，从而打开了中福产煤的销路。一俟小矿被打垮，难以恢复以后，我们就在这一地区逐渐提高售价，从而垄断市场。不但对国内这样搞，而且上海市场上的越南鸿基无烟煤也被我们挤走了不少。

但是中福与道清路局的关系始终未彻底解决。1935年中福与道清路局原定铁路运量计划为一百万吨，但路局全年为中福的实际运量不足此数，而仍给小窑运煤。道清路局过去与中原公司和福公司为了给小窑运煤问题一向闹矛盾。他们看了中福产运销的通盘计划后，虽然表示满意，但给小窑运煤的问题并未解决。后来我们"四个一百万"的计划，唯独铁路运量没有完成。我们虽多次向他们交涉，希望能消除双方的隔阂，而终无效果。我们研究了其中原因：一，这不仅是一个纯粹的经济问题，还牵涉政治上的派系问题。因当时铁道部部长顾孟余、道清路局局长范予遂等是汪精卫系的改组派，而翁文灏是蒋介石派来的中福整理专员，难免有派系的成见在作祟。道清路的终点站道口镇在卫河边，通南运河可达德州，这是中福销煤最多也是售价最高的地方，是中福销煤的关键地区，这就关系到中福整理的成败问题。由于道清路局仍给小窑运煤到终点站道口镇，这对中福是个致命打击。因此当时矿路双方的关系搞得很紧张。翁文灏为此愤而在当时北平出版的杂志《独立评论》上写了一篇不指名的批评文章。

焦作矿区的小土窑为数很多，开采者大都为当地人，农闲就开，乱挖乱采，农忙就停，没有一个组织，以致我们也找不到一个头来协商收购合销（中福整理办法原有收购小窑煤合销的规定）。道清铁路既给他们运煤外销，他们就更不愿交中福收购了。所以中福与小窑间的矛盾，又演变为中福与路局之间的矛盾，导致路局不给中福运足原计划的运量。

1935年道清路局虽然没有给中福运足一百万吨的运量，但中福那年销量仍超过一百万吨，其原因是我们的煤价低于小窑，在矿区附近百里以内的煤商和用户，很多自派大车来矿购煤，再加上路局机车用煤，实际销量就超过一百万吨了。

直到1935年冬张嘉璈继长铁道部，由于道清铁路全长不过一百六十余公里，专设一个铁路局来经营管理是很不合理的，也不符合经济原则。因此张嘉璈到任后，就把道清改为平汉铁路的支线，撤销了道清铁路局的建制。从此不但仍旧把中福运煤现款现运办法改为按月结算，而且也解决了中福煤的夏运冬销问题。

焦作煤是无烟煤，一向以冬春为旺季，夏秋为淡季。铁路则因运粮食和农作物关系，也是冬春为忙季，夏秋为闲季。而且粮食运价高于煤的运价，每到冬春忙季，运粮往往挤了煤运，而在夏秋闲季，则铁道车皮又不能充分利用。我们全年产煤是均衡的。因此，我们建议夏运冬销的办法，夏天可以充分利用路局的车皮多运煤，以利中福冬春的大量销售。路局不但对夏煤运费予以折扣优待，且在夏季可欠付一部分运费，到冬季畅销时再补付结清。这样对于矿路双方都有利。从而双方互相依存合作，关系较前融洽多了。

1935年7月底，翁文灏以银行存款有限，对我说："今年计划实现'四个一百万'，现在时过一半，现款这么少，百万元盈利靠得住吗？我们来矿时向金城银行借款三十万元，讲好一年还清，这是信用问题，必须届时还清才好。"我和会计科长张兹闿对他说，我们买了窑木、机器、五金材料等，把现款变成实物，一样是盈利。但是他做了多年地质调查所所长，每月向实业部领经费作开支，银行存款是有钱无钱的标志，不信我们的话，他要我出去多推销煤炭，其实这时正在夏季销煤淡季，不得已我和营业科长都樾周同去汉口，沿江东下到芜湖、南京、上海等地。经过市场调查，并经统筹核算，售煤每吨削价四元之多，仍能达到全年盈利百万元。因此也确实打开了一些销路，如上海专售开水的"老虎灶"，原来烧越南鸿基煤的，多改烧焦作的中福煤了。

我记得中秋节，我和都樾周由上海回到南京，拟休息二三天回矿。当天忽接翁文灏急电说，李河东矿大水成灾，他有要事回北平，要我即日返矿。我立即赶回，第二天傍晚到了东矿，不回焦作，就在车站下车，立即下井察看。矿长汤子珍已两天两晚未睡，在井下全力抢险，两眼通红，精神疲乏不堪。我立即叫他上井睡觉，当夜由我值班，请机械工程师王逸凡和几个技工帮助，汤子珍见有我亲自值班，才放心回家休息。这时奥陶纪断层出水，已淹没大巷和水泵基础。水泵基地已用沙袋围起，另用扬程低而出水大的所谓"牛头泵"，把大巷的水抽到沙袋围墙的水泵池里去，这项应急处理办法是正确的。但水势仍大，我即下令把西矿王封的水泵、水管调来，连夜抢装，泵水力量加大，水势被控制住了，一场大祸过去了。我于次日午前才到焦作回家，并电翁文灏报告，让他放心。

翁文灏这次离矿后，1935年10月间蒋介石任行政院长，请翁文灏去南京任行政院秘书长。翁就此不再回矿。我继任中福煤矿公司整理专员。我们于10月间把金城银行借款三十万元，一次还清，周作民见到翁文灏夸一句"真守信用"。

整顿和拆迁

1936年7月，鉴于日本帝国主义既占东北，又侵内蒙，更进一步侵入长城，大有吞灭中国的野心，我把中福煤矿公司职员分焦作总公司、东矿、西矿三处，全部实行军训。由矿警队长或分队长作教官，除星期日外，每晨各人先到矿警队部取枪，六时在操场集合，升旗奏乐，风雪无阻。从列队、看齐、开步走开始，至训练战斗，用了一年多的时间。年六十以上的人不到十人，也要同时到场，但不受军训，行升旗礼后，依次步行到西矿来回一次。我自己每晨六时以前必先到达操场督操，点名查人，七时操毕回家吃早点，八时上班。各人一律身穿绿色布军服，戴军帽，绑裹腿。军服左上角也佩小布块符号，上写职称姓名，编号与军人无异，下班后才能穿便服。河南省主席刘峙到矿一看，说了一句笑话："你们是伪军。"我说："我们是为日本帝国主义者万一南侵，占领新乡，断了我们的退路时，上太行山打游击作准备的。"

焦作重要街道的墙上都写上飞机空袭警报时鸣笛的符号。是年10月10日在操场举行阅兵典礼，由驻防军队、焦作市警察、中福矿警队和中福军训的职员参加。并在前一天电请洛阳航空队届时派飞机一架到焦作上空作空袭演习。凡中福员工，焦作工学院师生，各机关、市民都到各指定郊外地点躲藏，并派警车巡视有无玩忽不执行的情况，操场一角搭了一个临时小房，作中弹起火灭火演习。中福医院的轻病号用行军床抬到树林中，由穿白衣的医务人员救护，任人参观。一切布置非常周密。上午十一时整，洛阳飞机来到上空前，警报鸣笛四起，飞机掷下长方小包代替炸弹，焦作工学院学生十人一簇，头部都聚在中央，高空看下来，伪装得像很多坟堆。我和爱人子女共四人，闻警报后，也外出至指定地点隐蔽，急急忙忙走过高低不平之地。爱人边跑边怨："这真叫庸人自扰。"我说，不要怨，将来有可能会死在日本人炸弹之下的。这次演习很成功，各路巡逻车回来汇报，都说秩序很好。以上是中福煤矿职工军训的情况。

下面再说说防治贪污的情况。1936年中福产煤一百二十五万吨，盈利达一百七十万元。运输因道清铁路改为平汉铁路的支线，矿路关系搞得很好。各方工作都非常顺利，企业蒸蒸日上，全矿生气勃勃，这是中福煤矿前所未有的黄金时代。

当时我们要求中原公司股票，暂时不要买卖过户。并下令中福职员不得买中原公司股票，发觉的严加惩处。原因是中原小股东几百家，不尽知道盈利情况，以为多年没有分利，股票形同废纸，可能贱价出售。这是堵塞中福人员贪污的一个预防措施。英国伦敦的《泰晤士报》报道中福情况较详，说翁文灏办理有方，也涉及我。因而福公司股票在伦敦市场票价大涨，为数十年所未有。

1936年冬，中福两年整理期满，应按整理条例，还政于中原公司股东和董事会。但还政必先选举董事会，怎么选是个问题。我与原董事胡石青、周树声等商量结果，只有用通讯选举的办法，才切实可行。根据中原公司董事会的记录，向原有股东发信，提出若干候选人，差额选举。印成一定格式的信纸信封，请一一填写回复。专设信箱，由中原和中福共同贴上封条，回信投入箱内。到期再请就近比较大的股东监督开箱检票，选出中原新董事会，再由中原董事会推举出中福的董事，然后与福公司协商成立中福公司的新董事会。这个新董事会的第一次会议是在南京召开的。中英双方一定要请翁文灏任董事长，实际他无股票，是名誉董事长。由董事会聘我为中福公司总经理，任期三年。是年一次分了1935和1936年两年的股息和红利。中原股东和福公司股东都已多年不分盈利，这次都喜形于色，十分高兴。

从1937年1月起，中福即告整理结束。中福公司总经理向董事会报告大政方针，经董事会讨论决定施行，平时由总经理负责处理生产营业等事务。1936年底，除分股利外，还捐赠修武、博爱两县各十万元，作为兴修两县水利之用。

1937年7月7日发生卢沟桥事变，日本帝国主义大规模地侵略我国。接着八一三上海战事爆发，全国进入战争状态。中福的好景不长，为了支持长期抗战，大规模拆迁机器开始了。

一天，中原公司四位董事刘燧昌、胡石青、杜扶东、周树声衣冠楚楚地来到我的办公室，态度非常严肃地说："我们听说您在拆迁机器去汉口，这是我们河南的财产，不能拆走。"我说："中原一向是四战之地，但以前都是内战，这次情况不同，是日本帝国主义侵略我们，非内战可比。现在摆在我们面前有三条路：第一条是不拆不迁，那敌人可以用，我们不能用；第二条完全破坏，敌人不能用，我们也不能用；第三条把井上井下机器设备全部拆走，敌人不能用，我们可以用。拆走的器材产权仍归你们所有，到南方找矿区，由我负责，开矿得到的利润全部分给你们。以上三条，你们看哪一条好，由你们定吧。"他们商量之下，也同意拆了，但是很勉强。至于福公司方面，总代表贝尔也不赞成拆迁。他说，英国与日本是友邦，日本人来了，不会损害我们的权益。我说，日本是你们的友邦，却是我们中国人的敌人，我们一定要走。他考虑了几天后说："我也请示了伦敦董事会，我们跟你们一起走，矿上器材由你们处理。"就这样，我说服了中原董事和福公司代表同意拆迁。特别是福公司伦敦董事会同意跟着中国政府西迁重庆，这不但为全国煤矿所未有，也是外商合资公司跟中国政府走的独一无二的事例。

我说服了中福两公司的董事和代表同意拆迁以后，就放手发动员工迅速拆运井下和地面设备机器。正在顺利进行之际，不料河南省国民党部与焦作市国民党部串通一气，向冯玉祥将军设在新乡的第六战区司令长官公署军法处控告我拆迁器材并准备疏散家属，动摇后方军心，有汉奸嫌疑，请予逮捕法办等情。该军法处通知中福公司新乡办事处长陈祥俊转告我，限于次日自去新乡投案，否则派人前来焦作逮捕。我接陈祥俊电话后，即与会计科长张兹闿、营业科长都樾周二人彻夜不睡，一条一条地写出我走后，矿区应办的各项事宜，以备万一我回不来。次日，张兹闿留守矿区，都樾周同我一起去新乡，以便把情况随时向矿区报告。我们到了新乡，同去第六战区军法处，我一人进去，在客房等了很长时间，军法处长才出来相见，颇有怠慢之意。他坐下尚未发言，我即将我的名片递过去给他，上面印着"军事委员会同少将专员"官职。这位军法处长一看，态度大变，很和气地说："原来我们是一家人。"他掏出名片，上面印的也是"军事委员会同少将专员冉××"（忘其名）。我说，昨接电话，今天特来投案，不知发生什么问题。冉处长很客气地说，等一等，我去把案卷给您看，您就明白了。不久他拿了一个卷宗出来，翻开来给我看，是河南省党部与焦作市党部控告我的文件。我当时还不是国民党员，我把党部平时对我不满的经过，简略地告诉了他。同时也把与中福两公司董事谈话的大意告诉了他，说明拆迁机器是破釜沉舟、与敌斗争到底的大局问题。冉处长听了后大为赞赏，认为我的处理非常正确，表示支持我。我趁机把矿上打算做的事全部告诉了他，并请指教。我说：（一）不久即把家属疏散到汉口等地；（二）矿区生产不久停工，每一员工拟发遣散费三个月工资，工人每人最少可得一百多元；（三）机器材料照旧拆运；（四）在新乡被敌人侵占以前，职员技工不离矿区。冉处长完全同意，并建议把停产计划先给他处一份，以便大家都主动。当晚我与都樾周返回矿。谁知早晨我上火车去新乡时，焦作市党部以为告准了，散布谣言说，孙越崎到新乡被冯玉祥枪毙了。因此我予次日早饭后，特去焦作市上走了一趟，给大家看到我还健在，以息谣言。对停产计划当即给军法处写了报告，一面就开始执行。

当时保定、石家庄、邢台已先后失守，日军长驱南下。经过新乡站南下的火车，都是逃难的人，连车顶上也坐满人，无法上人，秩序之乱，非言可喻。我们只有电话请郑州车务段长派一辆客车直来焦作，才把家属撤走，直达汉口。我那时年富力强，当日寇到达卫辉、淇县、汲县一带时，才从火车窗口爬进去到郑州。过了一二天，看日寇未即前进，又回到焦作、王封等地，工人把我包围起来，我指着新修而尚未竣工的工人宿舍说，这些房子本来再过几个月就可分配给你们一家家住进去了，现在停工了，是什么原因呢？工人齐声说，日本鬼子打来了嘛！我说是的，但请你们放心，我们中国人总有一天会打回来的，请你们等一等吧，我们是不会亡国的。工人们听了我的话，热烈鼓掌。老实说，我真不愿离开三年来苦心经营复兴起来的这样一个大矿。

不知什么原因，日军停在卫辉、汲县一带，不直下新乡，而且停的时间很长。过了春节，我看日军并不前进，因而从汉口再派张莘夫为首的拆迁队重到焦作拆迁第二批机器。我和都樾周同到郑州与车务段长紧密联系，只要焦作拆满一列车的机器，车务段长即派一列车前去装运。当时日机天天飞临郑州轰炸，中福办事处就在车站附近，每天要躲避日机轰炸。一次车站遭到日机大轰炸，我和都樾周二人都死里逃生，幸免于难。因有我们在郑州，张莘夫等在焦作拆运也很放心。结果当日军南下新乡时，我们的最后一列火车事前已通过新乡，而且爆炸黄河铁桥的队伍在我们的要求下，等这列火车通过后，才把黄河铁桥炸断。虽然我们在焦作和郑州冒了很大危险，但都平安回抵汉口，而且这第二次的拆迁比第一次拆运的还多。后来这些拆运的机器，对四川后方开发煤矿贡献不小。

1938年3月，所有中福拆迁机器先集中到汉口丹水池煤场。这时四川民生轮船公司总经理兼天府煤矿公司董事长卢作孚来汉口，我和他在翁文灏寓相遇，谈起上海一带工厂和兵工厂等上运重庆建厂，川江轮船运输紧张，缺乏煤炭是个大问题。我即告以中福煤矿机器材料及技术管理人员和技工都在汉口，如与天府合作，可解决这个问题。卢作孚闻之大喜，立即同意合作，并允负责把中福机器设备优先运输入川。我们二人性格相近，一言为定，不订协议，也未与双方董事商谈，我即一人赴川，亲自到北碚附近后峰岩天府煤矿，由原天府煤矿公司协理黄云龙陪同，调查考察了全矿所有的三个大平洞的采煤情况。上山煤已采完，全靠采下山煤。采掘全用手工，煤从下山用人工背上来，用竹篓绳子背在肩上，两手两足都抓住铺在底板成"其"字形的梯子上，用竹篓一步一步地背上来。抽水也用人工，每人用一长约一丈的竹筒，打通竹节，一丈一个水池，一丈一个人，连续往上抽水，看了使人心酸。加以通风不良，坑内很热，工人全是裸体，背煤工人背到平洞，再拖到洞口，一经风吹，易受感冒，死亡率很高。大平洞又弯曲不直，我看了这情况很伤脑筋，感到改造这一老矿并非易事。但它有三个优势，也可以说是三个有利条件，即（一）有一条十七公里长的二十磅钢轨可运五吨重煤车的轻便铁路，从矿区直达嘉陵江边，（二）煤层较厚，可采的煤层有两层，一层厚二——三米，一层厚一点五米，储量丰富；（三）由嘉陵江下运重庆不到一百公里，运输便利。优缺点相比，优点较多，决议合办。初步做了规划，总处和电厂、机修厂设在后峰岩，比较适中。

我回到汉口，即派原中福李河矿长张莘夫为天府煤矿矿长，即日率部西上，一面组织合办的天府矿业公司，卢作孚为董事长，我任总经理，商定资金为一百五十万元，老天府煤矿公司以矿权及铁路为股本，中福以器材现款为股本，双方各半，原川方股东一律转为新公司的股东。民生轮船公司最初因是用煤大户才参加的，今后更是天府的用煤大户，所以卢作孚急于与中福合作，以解决船行的无米之炊。但上海至宜昌用大轮运输，川江只能用小轮运输，运量较小，因而那时积压在宜昌的器材货物太多。卢作孚亲自在宜昌调度督运，各方压力很大，他也不能给中福先运。我为此很着急，亲自去宜昌两次，每次住四五天，向卢作孚催运。那时日本飞机每天必来数架，盘旋宜昌上空，人心惶惶，工作效率很低。我对卢作孚说：日军一旦占领宜昌，所存物资有全部资敌的危险，而要快运又无办法。卢作孚也为此而忧心忡忡，焦急万分。最后他想出一个办法，由宜昌不直接运至重庆，由直运改为区间运输，即先运进三峡以上各地，有险可守，日军即使占领宜昌，也不敢再向前进，然后再倒运重庆。这样一改，宜昌疏运加快，迨日军进占宜昌，物资已全部运到巴东一带，可说没有什么损失。卢作孚和民生轮船公司对抗战立下的功劳是不可磨灭的，我永远记得他。这是1938年的事。

天府煤矿名为改造扩建，实则比新建还要困难。后峰岩大平洞要截弯取直，又要扩大开高，成为双轨煤车运行大巷，共长三百五十公尺，有的洞帮要充填，有的洞帮要开凿，还要为采煤运出洞外让路，同时开凿下山运煤斜井。每一巷道的间距为五十公尺。通风办法是在平洞的水沟上用竹篾、木板、泥土做一小洞，往里打风，由平洞回风，直至风洞凿通，安装好风扇，才使平洞出风变为进风。合办一年左右后，产量没有增加，出的多是石头。矿区附近的股东说："天府在开石头矿，不是开煤矿。"民生轮船公司用煤增加，而天府不能多供应该公司用煤，也向卢作孚说闲话。卢作孚也有些怀疑了，他一个人亲自来矿考察。他虽非矿业内行，但他一看，知道只是从头开始，不是一时权宜之计，而出石头不出煤，花的现款都是中福公司的，不用川方一个钱，因而他向川方股东说：这不是开石头矿，而是准备开大煤矿，为我们开创百年大计，不久就可大出煤了，请大家不要听流言蜚语，妨碍工作。这又使我十分钦佩他的识见。我们两人合作得十分融洽，这也是天府终于成功的原因之一。最后天府年产量达到五十万吨，重庆附近几百个小窑总共年产量与天府一矿差不多，天府产煤占了重庆全年用煤的一半左右。这是第一个在四川合办的煤矿。

第二个在四川合办煤矿是犍为县的嘉阳煤矿，矿长汤子珍。这原是资源委员会的矿区，但未开发，是侏罗纪煤，只有一层煤，厚不过半米。旁边已有一个民营小矿。但运煤只有一条出路，因此由资委会、中福公司与当地绅士重庆银行家宁芷村三方合办，自修一条小铁路，运煤到马边河，船运犍为县，再沿岷江上销嘉定、成都，下销宜宾、泸州。因煤层薄，且只一层煤，年产量十万至十二万吨。

第三个在四川合办的煤矿是在威远县黄荆沟的威远煤矿，矿长郭象豫。这是四川盐务局的矿区，也未开发。因此由盐务局、中福公司和资委会三方合办。产煤专供自流井、贡井煮盐和资中糖厂和酒精厂之用，也是侏罗纪，煤层较薄，年产量约十至十二万吨。

第四个合办煤矿是隆昌的石燕煤矿，矿长俞物恒，是中福公司与四川省建设厅合办的，是一个老矿，也是侏罗纪煤，产煤销隆昌、内江，产量是四个合办矿中最少的一个。

以上四个合办的煤矿公司，都由我兼任总经理。合办成功之后，中福迁运入川的器材、现款和人员技工也分配完了。再无余力合办其他煤矿了。当时各种电工、风钻工、机修工等技工不够用，我又派焦作当地职员许继彬潜赴焦作，瞒过日本人，冒险招收技工数十人来川补充，一面工作、一面训练四川本地工人。技术人员则是每年从重庆大学、西北工学院及西昌矿业专科学校招聘来实习的毕业生等。抗战胜利后，很多人转入资源委员会，为解放后各地煤矿做出了一定的贡献。

这四个煤矿的总公司，连同中福公司一起，设在重庆一个新建的大院，合处办公。每个公司的账目，各设会计主任一人，各自分管。但秘书、总务、材料及勤务员等仅一套班子，合用分摊费用，这样既人员精简、节省开支，也可提高效率。我除仍任中福总经理外，又兼四矿的总经理，常去各矿巡视，就地解决较大问题。平时矿上一切管理生产、人员调度等，都由矿长全权处理。各矿长都是在国外学煤矿的留学生，并富有实际经验。我虽兼任四矿总经理，实际并不过于忙碌。后来我又兼任资源委员会甘肃油矿局总经理，负责开发距重庆二千五百公里的玉门油矿。由于四川各煤矿都已生产正常，我每年四月至十月期间，以半年多的时间常驻在玉门油矿老君庙矿场，督促领导生产建设。冬季回重庆编预算，购买器材，运往玉门油矿，以备夏秋油矿建设生产之用。四川各煤矿的重要事宜，夏秋用电讯指挥联络，冬春亲自料理。煤、油兼顾，是够操心的。

四川四矿联合总公司虽然财务、账务各自分管，但有时某矿财务紧张，各向其他财务较宽裕之矿暂时借用，照规定付息，有借有还，互通有无，变成了四矿内部的一个小银行，对各矿周转金的利用很起作用。

战时的重庆，尤其在1939年至1940年间，日机经常在市区狂轰滥炸，无法安心工作。我把四矿总公司疏散到离重庆八十多公里的北碚附近的金刚碑，自购一块山坡地，建房数十幢，安置职工及家属，并自设防空洞、小学校、图书馆、招待所等，在乡间办公。而我自己则冒着敌机轰炸的危险，独留在重庆市区，以便与各方联系。有勤务人员一人自愿随我留在重庆。我们的宿舍是二层楼房，瓦顶楼板，因日机在附近多次轰炸，虽未被命中，但为弹片打破瓦顶，无人修理，天雨漏水，常常一夜之间数迁床位，也够辛苦的。但也只有以身作则，才能团结全体员工，同心一德，努力工作，使事业蒸蒸日上。

后来美援飞机进驻成都，日机空袭减少，重庆市区情况恢复安定，四矿总公司仍迁回重庆市区办公，以利业务。

四矿合办完成之后，我在重庆请了一次客，客人是中福两公司的董事和他们的工作人员，以及四矿矿长和四矿联合总公司的主要工作人员。我作了四矿合办经过情况的报告。这时有的矿已经分了盈利。中福两公司董事们至此才认识到抗战的长期性，当年把中福机器拆迁到后方来，对抗战和他们都有利。中原公司的创办人老董事，也是当年反对拆迁最激烈的胡石青先生站起来说："中福煤矿是我国在抗战期间唯一拆迁到四川后方的煤矿，它像母鸡下蛋，在四川合办起了四个煤矿，大力支援了抗日战争。今天才认识到孙总经理真是有远见有魄力的一位能人。"福公司总代表贝尔先生也站起来说："我们当年如果不跟着中国政府到重庆，今天也就会在山东潍县的集中营里生活，哪有现在自由自在。"我也衷心感谢他们当年同意和支持拆迁，感谢全体员工的同心同德和艰苦奋斗，功劳属于大家。

抗战胜利后，我辞去四矿总经理职务，并推荐一位四川矿业家黄志煊继任天府和嘉阳煤矿公司总经理；一位姓史的贵州人（现忘其名）也是学矿的，担任威远煤矿公司总经理。我同时也辞去了中福公司总经理职务，改由汤子珍继任。

1945年11月底，我离开重庆到北平任行政院河北平津区敌伪产业处理局局长兼资源委员会副委员长及经济部东北区特派员。后来回南京专任资委会委员长。

1947年下半年起，我思想开始转变，1948年4月起下定决心，并于1948年10月在南京资委会召开各地所属主要厂矿负责人会议，冒着危险鼓动资委会全国所属三百个厂矿企业和三万职员保护财产，弃暗投明，迎接解放。关于我领导组织资源委员会留在大陆的详细经过，我已另有专文刊载于全国政协《文史资料选集》第六十九辑和1983年9月的《人物》杂志的访问记里，这里不多述了。

我一生做过不少错事，但有两件事，至今认为是做得对的。第一件就是上述在抗战初期把中福煤矿的器材和人员拆迁到后方，为抗战作了贡献。第二件事是解放前夕动员资委会全体人员保护厂矿投向人民，以及动员前任委员长翁文灏和钱昌照二人从国外回归祖国，他们的家属也从台湾回到大陆。这两件事都是发生在中国历史上的大动荡年代，中福是抗战期间全国迁往后方的唯一煤矿；资委会是国民党政府中全体投向人民的唯一的部级机关。

我一生从事矿业工作五十多年，解放前先后在吉林穆棱煤矿、陕北油矿探勘处、焦作中福煤矿、四川天府、嘉阳、威远、石燕四矿及甘肃玉门油矿和新疆乌苏县独山子油矿等处工作。解放后，在唐山开滦煤矿总管理处工作到地震为止，计二十五年。我在焦作中福煤矿的时间不长，从1934年11月随翁文灏到焦作整理中福公司起，到1937年10月因抗战拆迁机器设备撤退为止，为期不过三年。但这段经历还值得写出来作为史料，其中难免有不当之处，尚祈知者指教。

在矿场技工机电训练班开学典礼上的训词[1]

机电训练班系一种特殊教育，为国内大学所仅见。大学教育要注重环境和出路，工学院环境极好，其在采冶系毕业者多在东西两矿场供职，已有人满之患，内有在矿数年之久，薪水仍仅四五十元者，不得不另想办法，扩张出路。所以本届毕业生，要令其向总公司业务会计管理方面实习，以增加其上进之机会，大学毕业生不一定要在矿场监工，经理处即本公司之分公司，另有销售处可谓本公司之小公司，但该处人员俱不懂得煤的性质和做法，对于成本多少亦属茫然，所以业务不能发达。有此困难，所以除在矿场供职外，要培植公司分销人才。此外矿场内最需要实际指挥工人工作的工头，非内行不可，所以工头的薪水较职员大的很多，有至百三十元者，且有升为职员的。谚云缺者为贵，因为实际干部工作要依靠他们，职员技士出缺了，不要紧，如果工头离开，就不行了。此项技工，目下极为缺乏。有一次某君应某矿之邀充任总办，托本公司介绍几个内行的工头，公司答以无人，于是某君就不敢去了，所以我们要培养技工以供需要。现在是劳工时代，学政治经济法律的人已经背时，没人重视了，俄国工程师最"吃香"，衣食住最阔绰，工人亦贵重，我在俄国过时，他们听说我是学矿的，都羡慕不止，要留我在俄，但我不愿意就回来了。实际工作是独立的，有价值的，靠人吃饭是不能独立的，没有价值的，我要靠工吃饭，工是最可宝贵的，这是我的志愿，也就是我的感想。现在先行试办机电训练班，将来也许要办土木，水工，金工，以及其他训练班，初班出路是最有希望的，公司一定要用，还怕学成后挽留不住呢。

---

[1] 原文刊于1935年11月18日《焦作工学院周刊》四卷十一、十二期合刊。

中福两厂采煤计划[1]

孙越崎先生在本院讲演

翁专员去年十二月十日来，命来焦整理中福，到了今天，恰好一年，在此一年以内，整理事项，可说是千头万绪，归纳起来，不外产、运、销、难四字。产，自本年一月至六月每吨平均成本，较之去年已减低两成有余；运，除西安一时阻于特运外，其他多于夏季畅运，以应冬销；销，虽值各处煤价惨落，购买力弱，较之去年，尚可希望多销二十万吨。在全国中，除开滦、中兴外，中福位列第三；难，则包括甚多，如中英借款合同之修改，收回矿权，为翁专员半年苦心交涉之所得。中福职员，无论上下内外，在翁专员指导下，埋头苦干，诸事循序运行，渐有佳象，这是整理一年以来之大概情况。

今天所讲的中福两厂采煤计划，仅为产字中一部分之工作，在未讲之前，先略讲采矿方法之理论。我们选定一个矿区以后，在矿区的适当地点，开凿井筒，至少两个，一井通风运料兼备工人上下，其他一井则为绞煤之用，井筒凿达层煤后，分向左右开掘，起初一二年，只有开发工作，而无回采工作，最后一二年，又只有回采工作，而无开发工作，惟在最初与最后两个时期的中间，开发与回采工作，必须相辅而行，二者不可偏废，因为煤柱留得时间过长，即不免过于破碎，砟少末多，特别是无烟煤矿。砟块售价较末煤昂贵，尤应避免煤层破碎。又关闭许多巷洞，要用木料支撑，年深日久，上压下腐，便要常常翻修，更须多耗工料，加以通风险，种种原因，大都一个煤矿，开工一、二年以后，一方面开发工作继续向前发展，一方面回采工作即须分层分段在四十五度之斜形开始进行，两者相辅而行，此乃采矿一定不易之理。至于土窑，面积甚小，开发一二年后，再采回一二年，煤层吃完，毫无规则，自然不在我所讲的采矿原理以内。现在两本极通行的采矿参考书，一本是美国采煤工程汇载，一本是美国皮耳氏矿师丛刊。请大家按照我折角的页数，参考一下，便可印证我刚才所讲开发与回采相辅而行的理论了。

说到采煤工作，大致可分为采掘与安全两方面。关于采掘的有挖煤，装车，运输，卷扬四项。关于安全的，有支柱，排水，通风，照明四项。处处顾及以上八项的合理，再加开发与回采之预定步骤的恰当时期，即可为开矿的总计划。开矿的原理，大致明了了，现在讲中

---

[1] 作于1935年12月16日。

福两厂采煤的计划。中福两厂，以前都犯开发过度的毛病，而以王封第二厂为尤甚，计算该厂已经开发之煤量，南井大平巷以上有二百八十万吨，假定八成可采，为二百三十万吨，每年采取五六十万吨，可采四年。大平巷以下，计有二百万吨，假定八成可采，为一百六十万吨，每年采取五六十万吨，亦可采三年。并计已开发之煤足敷采取七年之用，开发过度，以致巷洞历时过久，全部塌落，煤块破碎，均须另开新层，重换支柱，通风不改，以致去年迭遭煤气爆发之危险，运输亦极不便，皆因违反开发与回采并行之原理，以致影响上述八项采煤工作。彼时顾问工程师鲍克尔先生，亦以开发过度，亟须改良为言，乃呈明翁专员，确立全年采煤计划，即于本年元月起施行。施行以来，工作集中，管理周到，通风，输运，采掘，支柱诸种困难，均迎刃而决。施行之始，曾将全年采煤计划，绘成一图，自本年一月至十一月采煤地点，按四十五度之斜形以不同颜色，标于图上，挂于总工程师及厂长办公室，使来宾及全体工作人员，一目了然。此实为中福未有之创举。兹将改良工作呈文及鲍克尔工程师意见书印刷多份，分送诸君参阅。

李河第一厂，其开发过度现象，正与王封相同，已经开发尚未取用之煤，按照现在日产吨量估计，至少亦足采取四年，王封采煤计划改良以后，本年一月起，亦即随之改革，其分区采煤逐月采取吨量，亦经列有预算，用不同之颜色，标明图上，表示采煤地点，与王封同样办理。

本年国庆日，矿冶工程学会在焦作开会，矿界专家赴厂参观，均以该厂从前过度开发，不合采矿原理，而一致赞成三年开采计划，足以矫正前失，否则年复一年，塌陷愈久，无法采取，不独减少中福财产，抑且损害国家富源。藉此可见，开发与回采时期配置适当，在采煤计划中之重要性，其影响于整个矿厂生命之前途，若是其巨。辱承院长诸位教授和同学们欢迎讲演，辄将一年来产字中井下工程实施最重要之部分，与以奉告，并将今日携来两厂采煤计划全图两份，留赠工院，籍供参考，还希教正批评，并欢迎教授及同学们前往井下参观，随时来处，质证研究是幸！

在焦作工学院纪念周上的演讲[1]

诸位教职员先生，诸位同学：贵院九日举行开学典礼，适兄弟至中兴煤矿公司参加全国矿冶工程学会，未能参与盛典，至以为歉。中国现在矿冶工程学校很不多，至今所存在者，不过北洋、湖南、唐山、焦作等数处，按成立年限说，除北洋工学院为老大哥外，其次则为焦作工学院矣，其中又以焦作工学院所处之地位最佳。其他各校，与煤矿毫无关系，以致每届实习，则感极大困难，焦作工学院则与本公司中福两公司关系密切，或参观，或实习，比较便利。兄弟对于贵院，改进意见有三。

（一）养成简朴之风。焦作非繁华区域，此种校风，很容易养成。

（二）精诚和爱。大家相处，要有团结之精神，互相关爱，万勿学分党成派之恶习。

（三）爱国尚武。要爱国，必先有尚武之精神。

---

[1] 刊于1936年9月21日《焦作工学院周刊》五卷三期、四期合刊。

关于恢复焦作工学院给教育部长朱家骅的信

窃查焦作工学院设立于民国前二年，由英商福公司创办之焦作路矿学堂，福公司与中原公司合办之福中矿务专门学校、福中矿务大学蝉联蜕变扩充改组而成。经历任校董、校长、院长30余年之惨淡经营，规模粗具，设备充实。抗战军兴，敌寇内侵，本院秉承政府及校董之意，于二十六年（1937年——作者注）十月迁至长安；二十七年三月复迁至天水；嗣于二十七年七月奉钧部令饬，本院与国立平大工学院、东大工学院及北洋工学院合并改组为西北工学院。借用本院图书仪器，战后复校还原。查本院自元年迄今毕业同学12班，并入国立西北工学院后毕业同学4班，共16班400余人，分在国内外各工程机关、学校服务，对于国家贡献殊多。兹值敌寇投降，复员在即。战后建设需材尤多，亟宜恢复旧观，培植英才，蔚为国用。焦作虽属小镇，地处晋冀豫三省工矿中心，交通便利，环境优良。本院设置于此，允称最为适宜。数年以来，本校校董及毕业同学迭经集议，筹备复校。惟以抗战艰苦，时机未至。现值胜利来临，教育复员，高唱入云。钧部复有召开全国教育复员会议之说。欣闻之下，曷胜雀跃。公推本院前教授张鸣韶、王有中二先生及毕业同学袁慧灼、单志钧、王梦龙等，代表本院复校委员会诣前请示。恳乞钧部准予复校，并令本院院长张清涟参加全国教育复员会议。俾可早日筹备，积极办理，不胜迫切，待命之至。谨呈

教育部部长朱

私立焦作工学院复校委员会
孙越崎　孙延中　黄志煊　陈　郁　张仲鲁
许道生　张鸣韶　袁慧灼　王有中　单志钧
重庆望龙门铁囤船单志钧先生转
1945年8月31日

抗战时焦作工学院西迁[1]

焦作有一所培养矿冶，机电和土木工程技术人员的大学，是旧中国准许英商福公司在焦作开办煤矿的条件之一。规定由福公司办一所大学，经费由该公司负担。学校先名路矿学堂，后改为矿务大学，最后定为焦作工学院。中福公司成立后，就担负该院全部经费。根据学院章程，由中福公司总经理兼任学院常务董事，我整理中福煤矿，使生产业务蒸蒸日上，同时非常关心教育事业，在兼任该院常务董事时，亲自过问学校办学情况，为毕业同学安排实习和工作场所。学院经费随着中福公司营业的发展、不断增拨，同时教育部也补助部分设备和图书经费，该院自办一个工厂，各种机床设备齐全。

为了加快培养采矿工程技术人员，以应当时实际需要，我特令在该院增办一个高中毕业生的矿业专科班，二年毕业后就在中福煤矿分配工作，平时就在中福煤矿实习。第一班专科班开学典礼上，我前去参加并讲了话。平时我经常到该院向学生作报告，介绍煤矿工程及经营管理的经验，并且鼓励学生要认真学好采矿冶金等工程技术，将来报国有日。

1937年七七事变后，日军入侵逼近焦作时，我下令将中福煤矿机器设备和人员撤迁后方，同时为了保全焦作工学院，以常务董事的地位也要求将该学院全部设备、仪器、图书、标本和实习工厂机床等教学用具联同教职员工一起迁往陕西，并为学校安排了铁路车皮。由于这所学院是完整西迁的，图书和教学用具实习工厂齐全，为流亡到陕西的北洋、平大和东北等工学院合并成立西北工学院创造了条件。抗战期间西北工学院培养了大批工矿技术人员，为抗战后方新兴的工矿企业和交通发展提供技术骨干，很多毕业学生被聘到甘肃玉门油矿和四川天府、嘉阳及威远等煤矿工作，其中不少人至今尚在国家重要企业中负责煤矿技术工作。

1949年新中国成立后，焦作工学院由燃料工业部接管，改为中国矿业学院，继续培养更多煤矿技术人才，为新中国的建设事业作出了贡献。

---

[1] 作于1984年3月12日。

就任中福两公司联合办事处总经理时致河南建设厅的公函

径启者本处奉
今整理业经期满前奉

国民政府军事委员会令颁中福两公司联合办事处组织法则七条，并于本年1月14日奉军事委员会委员长蒋令派翁文灏先生为本联合办事处董事长，顷由董事长翁派越崎为总经理。越崎遵于本月1日在矿就职。自维轻材时霣陨越除呈报并分行外，相应函达查照，并希时锡赐南针，以匡不逮，是为至荷。此致
河南建设厅

总经理　孙越崎
1937年2月2日

资源委员会 中福两公司联合办事处合办湖南湘潭谭家山煤矿草合同[1]

一、军事委员会资源委员会（以下简称委员会）中福两公司联合办事处（以下简称办事处）双方同意依照下列条款合组湘潭煤矿有限公司。

二、本公司开采中国湖南省谭家山煤矿。

三、本公司资本定为中国国币200万元，委员会占51%，以现金为资本；办事处占49%，以机器材料作价为资本。

四、本公司所得纯利，委员会分51%，办事处分49%。

五、本公司董事会设董事长1人，董事4人。董事长由军事委员会委派，董事4人由委员会及办事处各派2人。

六、本公司设总经理1人，由董事长遴派，管理公司事务。

七、本公司设稽核1人，由委员会及办事处董事部同意遴派，审核公司账目。

八、本公司得随时酌用办事处职员，并酌给薪水。如焦作煤矿复工，办事处得请求本公司将上项职员仍回办事处工作。

九、委员会谭家山煤矿矿区作为本公司矿区。

十、办事处作为本公司资本之若干机器，如焦作煤矿复工，必要时得以接收时，原估价值向本公司购回。

十一、办事处对于本公司投资，以机器材料为限，其价值不超过98万元。

十二、本公司重要事务经董事会决定，呈请军事委员会核准后，交由总经理执行。

十三、在建设工程进行期间，本公司须付股本利息，以年息六厘计算。建设工程期间定为两个，但未满两个而每日出煤已达一千吨时，上项利息应即停止。

十四、本合同条文经双方同意得修正之。

十五、本条文经下列各方签字后，矿山工作应即开始。

资源委员会秘书长
中福董事
1937年11月15日

---

[1] 与钱昌照共同签署。

湘潭谭家山煤矿初期工程计划及预算❶

谭家山煤矿，煤质甚佳，为长江以南各矿之冠，应专作为钢铁焦炭之用，若作普通燃料，未免可惜，但在此非常时期，武汉及粤汉路需煤孔急，以谭家山水陆交通，较为便利，不得不先行积极开采，以资救济，好在初期拟先采150公尺以上之煤，浅煤煤质较逊，用作普通燃料，尚不足惜。

凡开新煤矿除煤层与地形关系特殊者外，开发计划应分为临时永久两期，第一期先采浅煤，提前生产，早得利息，免压资本，同时进行探矿工作，以为第二期工程之准备，待第二期工程设备完竣，浅煤将完，正可衔接，此次开发谭家山，临时先采浅煤，以救煤荒，将来永久工程，采取深煤，可作钢铁用焦。

综上所述，此次积极开采谭家山煤矿，以应国家需要，并未暴殄天物，且合开发新矿原理，越崎受命主持，自当积极筹划，以期早日出煤，兹将应办各事，报告如左：

一、运输机器材料

运输机器，须分水陆两段，现因湘水大落，水运不独不能运至下摄司，即至湘潭，亦有问题，若由长沙起运，困难甚多，费亦浩大，现已雇妥民船。船设法起运，第一批民船二百艘。先装笨重机器，昨日业已起运，目的地为下摄司，不得已时在湘潭起卸，来回一次至少二十天，预期存在丹水池重要机器，在四十天内运出。

二、井洞

此次开矿以早日多量出煤为目的，与平时开矿略有不同，故沿煤层■■❷，多开井洞，在可能范围内，有缆索绞车，开采凿井洞。总言之，用机器开小密，但究竟何处开洞，共开若干，须崎到谭家山与汤矿长及各工程师会议决定。

三、建筑

谭家山矿区附近，只有零星民房，并无村庄，短期内招集多数工人，必须赶筑工人住房，此外，汽房、绞车房、发电房、机房、材料库、炸药库、职员宿舍及办公室等亦需同时开工，湘潭一带，自二月起至四月底为雨季，上述各种房屋，须在正月底前一律完成，故除开井工程外，建筑工程亦极忙碌，为求迅速起见，上项房屋除少数用砖瓦外，拟以木杆为柱，竹片糊泥为墙，稻草为盖，能避风雨，可以支持二三年为标准，为长久计，并不经济，

---

❶原件存于河南省档案维中福公司档案，案卷号：w71-3236卷。
❷原稿不清，每字用一黑框代替，下同。

但为应急计，不得不尔也。

四、材料购置

木杆，竹片，稻草，均属湖南土产，购买本极容易，但因同时兴工，需要大量数量，不免发生困难，尤以木杆为甚，必须四处派人，广为收罗，否则材料耽误，势必影响工程。

五、购地

开井，盖房，用地甚多，且免将■人民杂居矿场起见，须即购地五百亩，拟请资源委员会函湘省政府，转饬湘潭县政府，准本公司用地亩，公平发给地价。

六、工人

平地，盖房，运机，开井，同时急进，极短期内须有各种工人一二千人，普通工人不难立集，技术工人成或恐发生困难，已函焦作即来一百人余，其余临时办理。

七、探矿

谭家山煤田，有煤四层，成V字形，但底部情形不明，极应探明，除资源委员会已有钻机一架，正在装置外，中福亦有■石。

八、组织

总公司在汉口，总经理常驻总公司，平常事务暂时委托中福总处代办，本公司酌给补助资若干，不另用职员，矿区方面派矿长一人，督率全矿员工，主持一切事务，至矿长以下如何组织，因此次开矿情形不同，须调用多人临时协助，故全部组织暂不规定，俟工程渐入常规，再行正式组织，此时一切以人治为主，以免铺张，而期运用灵活，效率增高。

工作人员暂时规定仝书德负丹水池发运机器之责，徐文耀负责船水运之责，张莘夫负陆运之责，汤子珍负全矿工程及事务之。

湘潭煤矿筹办之经过

（一）绪言

湖南湘潭谭家山一带煤田，发现甚早，民国以来经政府核准开采之商榷，数不胜书，但均用土法，规模甚小，旋开旋停，自划归国营矿区以来，始停发私商矿照，然昭潭公司则仍继续开采。

二十六年九月资源委员会组成谭家山煤矿筹备处，开始探矿，一面收买昭潭公司继续采煤。嗣因前方抗战正烈，后方燃料缺乏，适中福两公司联合办事处因逼近战区，为保全生产工具起见，将一部分机器材料拆迁南来，资源委员会乃决定与中福合作，利用其物力人力，发展本矿，以期增加生产，充实后方实力。是年十二月一日筹备处结束，成立湘潭煤矿公司，设总公司於汉口，设矿厂办事处於矿山。

本公司成立之初，积极办理汉口至湘潭下摄司，及下摄司至矿区间机器材料运输事宜，至二十七年元月矿厂始开始工作。其时正值南京失守，华北各大矿均已沦陷，武汉需煤甚急，苦无来源，当局所责望于本矿者在能迅速出煤。先时本矿区内各商公司均系土法开采，零星散乱，除昭潭公司斜井外均停采多年，旧井口遗迹淹没，煤层露头亦为浮土掩覆，未能发现，筹备处成立亦仅设一钻，迄结束时尚未完成其第一钻眼，故煤层情形不明。本矿既因环境需求，急于出煤，不能按步就班，预先从事钻探，则开采方针唯有依据各地质家之查勘报告，决定井筒位置，以半探半采为原则。此外探矿、土木、建筑及机器安装，同时进行，企在最短期间，一面将煤层数目厚度，各层间相距之远近，以及各岩层之性质构造，含水多寡等，彻底明了，以作将来大规模计划之基础，一面设法从速出煤，以济武汉煤荒。如是积极工作共历十月之久。至十月下旬粤汉两地同时失守，长沙亦告紧急，不得已乃全部停工。计共完成直井八口，斜井两口，小探井六个，钻眼十九个，各井除一号直井外，皆先后见煤层，共产煤约四万五千吨，煤田西段之地层情形地质构造，及煤层水量等等，已得初步明了。将来施工最困难者，为地层压力太大，煤系中间无坚硬之石层，而煤系上下又皆为矽石层，直井井筒及井下运煤大巷，均难维持久远。兹将十个月中工作所得结果分别记述如次。

（二）煤田

1 地层 本煤田地质时代为二叠纪，兹将层序自上而下分述如次：

一、矽石层 厚约三百公尺（包括中下两层）

二、石灰岩 此层较薄，多被掩覆，无露头，第二号钻眼及发电房水沟内见之，含

Doliolina化石极富，似与清溪冲石灰岩相当，顶部含铁质较富，多养化而成不规则之巨块，本地人谓之铁石，视为寻觅煤层之标志。

三、煤系　煤系之上下地层皆为矽石，含水而沙软，煤系岩层以页岩为主，砂岩次之，灰岩则仅于上部见之，全部厚约八十公尺，兹将各层岩石种类厚度自下而上述之：

（1）黑页岩　位于铁石层之上，厚约半公尺。

（2）煤层　盐砂槽　厚一至二公尺。

（3）砂质页岩　厚一公尺。

（4）黑页岩　厚约十公尺，含斧足类化石极富。

（5）煤层　副槽　厚仅数公分。

（6）灰色含云母砂岩　厚约十公尺。

（7）灰色砂岩　厚约五公尺。

（8）灰色页岩　厚约五公尺。

（9）煤层　外槽　厚约一公尺。

（10）页岩　厚约十二公尺含Gigantopteris化石。

（11）煤层　中槽　厚约半公尺。

（12）页岩　厚约五公尺含Gigantopteris化石。

（13）煤层　内槽　厚一至三公尺。

（14）页岩　厚约四公尺含斧足类化石。

（15）砂岩及页岩　厚约十六公尺含Gigantopteris化石。

（16）煤层　包子炭　厚约半公尺。

（17）黑页岩及石灰岩　厚约十五公尺含Syhonia化石。

四、黄页岩及上矽石层　厚达二百公尺以上，黄色页岩内含化石甚丰，有Gastriocerss，Chonetes，Psoduoters，Lingula等。

2　构造　本煤田之整个构造有主张为V形之向斜层者，有主张为W形者。惟考主张W形者之主要根据，实为谭家山与双鹤岭间之中条煤系露头，但此中条煤系地层中所含化石，实为侏罗纪产物，足见此煤层与本矿所采之二叠纪煤层无关，故W形构造之说，已失其根据，则本煤田确为V形构造无疑矣。煤田轴向北六十度东，东自谭家山起西至锁龙桥止长约六公里，宽约八百公尺，北翼倾角自四十五度至七八十度，南翼则倾角较平，煤层最深处约在地下六百公尺，西端掀起至锁龙桥而煤系即尽，东端则谭家山以东一带全被红土掩覆。惟考各地层走向则并无环合之趋势，故煤系确有向东延长之可能，但确实情形则犹有待诸钻探工作之证明也。至于断层则正断层与逆断层皆有，前者尤多，惟差距皆不甚大，井下施工尚无甚大影响也。

3　煤层　本煤田共有煤六层，第一第三第五三层可供开采，兹分列于下（自下而上）：

一、盐砂槽　位于煤系底部，厚薄不匀，厚者达三公尺，但不多见，薄者仅数公分，普通以一公尺至二公尺为数常见。

二、副槽　在盐砂槽上约二十五公尺，厚仅数公分，不值开采。

三、外槽　在盐砂槽上约三十公尺，厚约一公尺，可供开采。

四、中槽　在外槽之上约十公尺，厚不及半公尺，不值开采。

五、内槽　在外槽之上约十五公尺，厚一至三公尺，为本煤田之主要煤层。

六、包子炭　在内槽之上约二十公尺，忽薄忽厚，时有时无，多弃而不采。

4　煤质　本煤田可采之煤层凡三（内槽，外槽，盐砂）上节已详述之，其地质时代虽同属二叠纪，且层位上下相距不过数十公尺，但煤质则确截然不同，兹列各槽煤之分析表以资比较（汉口化验室分析）。

槽别	水分	灰分	挥发分	定分	硫	发热量BTN
内槽	五・八〇	三・八八	一五・八二	七四・五〇	〇・七五	一四一六二
外槽	一・一二	一九・一二	一三・八一	六五・九五	三・七七	一二三〇八
盐砂	一・〇六	一六・二〇	一二・九八	六九・七六	三・九八	一二七四八

内槽煤灰少硫低，制成焦灰极合炼钢铁之用，外槽及盐砂槽则灰硫皆嫌过高，惟灰分多来自顶板及煤层中所夹之薄层页岩，硫黄多来自片状或块状之硫化铁，二者皆不难用洗煤方法之使减低。

5　煤量　依采煤计划按第一及第二两类分别计算。第一期矿井可采之煤层斜深约为二五〇公尺，长约一五〇〇公尺，各层煤量如下：

槽别	平均厚度（公尺）	沿煤层斜向（公尺）（深度）	昔人已采（公尺）	长度（公尺）	比重	煤量（吨）
内槽	一、五〇	二五〇	一〇〇	一五〇〇	一・二〇	四〇五，〇〇〇
外槽	一、〇〇	二五〇	六〇	一五〇〇	一・二〇	三五二，〇〇〇
盐砂	一、五〇	二五〇	五〇	一五〇〇	一・二〇	五四〇，〇〇〇

以上三槽共有煤一，二八七，〇〇〇吨，如可采出百分之九十，每年采煤三〇〇，〇〇〇吨，约可支持四年之久，至第二期采煤施工计划，拟将煤田分为两段，第一段由牛形山起至黑泥塘止，第二段由青山起至谭家山止，将V形煤系南北两翼之煤同时采出，其煤量如下：

	槽别	两翼煤层斜深度（公尺）	第一期已采（公尺）	平均厚度（公尺）	长度（公尺）	比重	煤量（吨）
第一段	内槽	一四七〇	二五〇	一・五〇	二〇〇〇	一・二〇	四，三九二，〇〇〇
	外槽	一五二〇	二五〇	一・〇〇	二〇〇〇	一・二〇	一，〇四八，〇〇〇
	盐砂	一六〇〇	二五〇	一・五〇	二〇〇〇	一・二〇	四，八〇六，〇〇〇
	合计						一二，三〇〇，〇〇〇

续表

	槽别	两翼煤层斜深度（公尺）	第一期已采（公尺）	平均厚度（公尺）	长度（公尺）	比重	煤量（吨）
第二段	内槽	一四七〇	二一〇	一·五〇	二〇〇〇	一·二〇	四，五七二，〇〇〇
	外槽	一五二〇	一二〇	一·〇〇	二〇〇〇	一·二〇	三，三六〇，〇〇〇
	盐砂	一六〇〇	一〇〇	一·五〇	二〇〇〇	一·二〇	五，四〇〇，〇〇〇
	合计						一三，三三二，〇〇〇

以上共储煤量二五，六三二，〇〇〇吨，而牛形山以西谭家山以东尚未与焉，兹按百分之九十计算，则可采之煤共有二三，〇六八，八〇〇吨，每年采煤五十万吨，能支持四十六年之久。

6 地下水之分布 煤系地层中共有四个含水层：

一、第一层 在盐砂槽底板之矽石层内；

二、第二层 在盐砂槽顶板之黄色含铁砂石层内；

三、第三层 在内槽与包子炭间之砂岩内；

四、第四层 在上矽石层内。

就本矿现有各井深度所及，则第一层第二层水量每分钟约共为一百加伦，第三层每分钟约四十加伦，第四层每分钟约一百五十加伦。

（三）钻探及凿井工作

（1）钻探工作 本矿成立后，钻探与凿井工作同时并进，兹先概述钻探工作于次：

第一钻眼，在雷打坟，深度达四九二呎四吋，其层次为黑土二呎，红土五呎，黄土沙六呎，黄页岩四五呎九吋，矽质页岩一四九呎一吋，黄矽质页岩七二呎二吋，灰沙质灰岩一六呎六吋，灰质金页岩一一呎，矽质石灰岩八呎八吋，含沙黄页岩九呎一一吋，沙质石灰岩一呎一一吋，砂质页岩五四呎，矽石一一〇呎四吋。

第二钻眼，在祖塘东，深度为一八〇呎一吋，其层次为黑土六呎，黄土三呎六吋，含砂黄页岩二六呎九吋，含砂灰页岩二七呎九吋，含砂黑页岩含二一呎六吋，含煤页岩二呎六吋，灰页岩二呎二吋，含油页岩九呎一〇吋，黑页岩一二呎四吋，软沙岩六呎，灰页岩一七呎六吋，灰质页岩一一呎四吋，矽石二呎，黑页岩一〇呎一吋，灰质黑页岩一六呎三吋，矽石三呎一〇吋。

第三钻眼，在土地庙冲，深度为二七呎，其层次为土及老矸子七呎六吋，岩砾层四呎六吋，黑页岩五呎，煤五呎，黄沙岩五呎。

第四钻眼，在土地庙冲，深度为六一呎六吋，其层次为黑土四呎，砂砾八呎，灰页岩三一呎，黑页岩一四呎，煤二呎六吋，砂石二呎。

第五钻眼，在土地庙冲，深度为一四九呎五吋，其层次为黑土三呎六吋，砂石八呎八吋，黄土七呎，含沙灰页岩二九呎一吋，泥质灰沙岩一五呎，红页岩二呎五吋，黑页岩七七呎四吋，砂石一呎四吋，煤四呎八吋。

第六钻眼，在祖塘东，深度为一六五呎一〇吋，其层次为黑土六呎六吋，黄土五呎六吋，黄页岩一五呎四吋，黑页岩二呎八吋，煤二呎八吋，灰页岩三七呎二吋，灰砂岩三一呎二吋，灰页岩六呎九吋，灰页岩夹汝岩三二呎三吋，黑页岩下为黑儿硬页岩一九呎，煤一呎六吋，黑页岩一呎二吋，煤三呎二吋，黑页岩一呎，矽石六吋。

第七钻眼，在雷打坟，深度为一九一呎一一吋，其层次为黑土三呎，黄土一呎五，老矸子二〇呎九吋，含沙黑页岩一二呎九吋，灰页岩六六呎九吋，矽石二吋，灰黑色灰页岩四七呎八吋，灰质硬砂岩二呎，砂质硬页岩二三呎一〇吋。

第八钻眼，在第一二号大井中间，深度为四八五呎，其层次为地皮土六呎八吋，细砂三呎八吋，矽石砂砾八呎一一吋，黑页岩内有老洞一〇呎五吋，灰页岩二五呎，黑页岩一四呎，石灰岩一五呎四吋，灰页岩二六呎，灰色硬页岩一七呎五吋，灰黑页岩五四呎七吋，黑页岩内夹薄层石灰岩七三呎一吋，灰砂岩四七呎一吋，黑页岩七呎，煤九呎三吋，灰砂岩五〇呎三吋，灰色沙质页岩四一呎四吋，灰砂岩一〇呎，灰色砂质页岩六五呎。

第九钻眼，在土地庙冲，深度为一一五呎六吋，其层次为黑石及昔日废石老矸子二二呎，粗粒黄沙岩二呎，黑页岩灰砂岩三呎，黑页岩五一呎，黑页岩黄铁矿三呎一吋，矽石三呎一吋，黑页岩五吋，煤四呎六吋，黑页岩八吋，煤四呎四吋，黑页岩九呎一〇吋，煤六呎二吋，黑页岩二呎五吋，矽石二呎二吋。

第十钻眼，在东茅塘，深度为二一一呎，其层次为废矸及积土四呎六吋，黄页岩二六呎九吋，灰页岩三二呎三吋，黑页岩一二呎，灰页岩四二呎七吋，黑色砂质页岩三呎五吋，灰页岩五呎六吋，灰色页岩夹砂岩五呎四吋，灰页岩二二呎一〇吋，黑页岩七呎五吋，灰页岩七呎一吋，老洞一〇呎三吋，黑页岩六呎一吋，灰页岩二二呎一〇吋，灰砂岩三一呎一吋老洞。

第十一钻眼，在二号井东南，深度为一一〇呎，其层次为砂石一一〇呎。

第十二钻眼，在雷打坟，深度为二九七呎七吋，其层次为矽石一一五呎一吋，矽质页岩夹矽石一二呎一吋，矽石一五呎五吋，黑页岩夹黑页岩二五呎一吋。

第十三钻眼，在一号井底，深度为一二五呎三吋，其层次为矽石一二五呎三吋。

第十四钻眼，在三号井南，深度为一一三呎二吋，其层次为矽石一〇呎五吋，黄色矽质岩一一呎二吋，黑色矽石一五呎九吋，黄色矽石八呎七吋，黄色页岩与矽石二呎一一吋，白色黏土五呎六吋，矽石七呎，砂质页岩八呎三吋，矽石八呎四吋，黄色矽石及页岩一八呎四吋，深色矽石二呎五吋，黑页岩三呎九吋，黑色石灰岩一二呎一吋。

第十五钻眼，在东茅塘，其层次为废矸四呎五吋，灰页岩四一呎，灰页岩夹薄层石灰岩二七呎一一吋，黑色石灰岩一二呎一〇吋，黑页岩夹石灰岩二二呎四吋，黑色石灰岩一三呎，灰页岩内含灰页岩块七七呎七吋，灰色泥质砂岩一五呎一一吋，黑硬页岩二呎六吋，灰色砂岩一三呎六吋，灰色砂质页岩二六呎，灰页岩二九呎，灰砂岩三〇呎一〇吋。

第十六钻眼，在一号井南四〇英尺，深度为二二呎，其层次为红土八呎，砂石六呎八吋，黄砂质页岩三呎六吋，灰页岩三〇呎一〇吋。

第十七钻眼，在一号井南五〇英尺，深度为四六呎三吋，其层次为红土及黄土七呎，矽石一七呎，黑色矽质岩二二呎三吋。

第十八钻眼，在雷打坟，深度为五二呎四吋，其层次为矽石四九呎五吋，灰砂岩二呎一一吋。

第十九钻眼，在雷打坟，深度为一四三呎九吋，其层次为覆土二二呎，黑页岩与灰岩块一二一呎九吋。

（2）井务　井务工作之第一步为规定各井筒所在地，经一再研究方行施工后，一号井因遇流砂放弃，除皆先后出煤，各井施工及出煤情形见下表：

井筒分布大小深度动工及出煤日期表

井别 \ 项别	分布	大小	深度	动工日期 年	月	日	出煤日期 年	月	日	备考
一号井	蓝凤山	直径12′	61′—1″	27	1	15				因遇流砂工作困难钻探至125′后停止凿井
二号井	全	直径12′	241′—2″	27	2	1	27	7	17	
三号井	紫竹林冲	5′×8′	258′—0″	27	2	9	27	5	28	
四号井	全	5′×8′	177′—0″	27	6	4	27	8	7	
五号井	盐峰岭嘴	5′×8′	210′—0″	26	12	16	27	5	27	井下水窝深四呎
六号井	全	12′	294′—0″	27	2	11				
七号井	土地庙冲	5′×8′	128′—0″	27	2	20	27	4	15	
八号井	全	3′×5′	100′—0″	26	12	8	27	7	5	为乙小探井2月1日停工4月19日复工改为八号井
一号斜井	祖塘牌	高6′ 宽6¹/₂′	55′—0″	27	2	3	27	6	20	斜长以遇煤为标准
二号斜井	土地庙冲	高6′ 宽6¹/₂′	52′—0″	27	2	11	27	4	15	全

（四）机器材料之运矿安装及土木工程

本矿机器材料运矿，皆先运至下摄司，再行转运矿厂，由下摄司至矿厂之运输工具，初时仅用汽车，嗣因汽车缺乏，运费过高，乃并用双轮车单轮板车及黄包车等。

本矿因须迅速出煤，所有井上井下应装各种机械如捲扬，排水，照明，通风等机械，及电厂机厂各工作，皆就原有人力物力分别缓急，积极安装，均已次第完成。

本矿厂矿办事处初成立时，曾设有土木工程处，办理土木建筑事宜，以专责成，机器材料初运到矿皆无处存放，率先搭建草棚以蔽天雨，同时即在棚下筑基建屋，至三月间有关工程之房舍始大致完成，至职员办公住宿则仍用唐家祠房屋，虽狭隘不便，而同人工作无间晨夕积极进行，工人则多租住附近民房，至四月间，办公室及员工宿舍先后落成，遂得迁入，所有地上土木建筑各于适当地点分别缓急次第进行，至是大致完竣，当将土木工程处取消，改设土木股办理土木事务。

（五）产运销概况

（1）生产　本矿产煤数量，当成立之初，日仅出煤四十吨左右，以后积极开凿各井，逐月均有增加，至本年九月出煤最多时，每日竟达三百九十余吨，设非时局变化，则八个月后每日出煤五百吨，一年后每日一千吨之预算，绝无问题。综计本矿自成立迄于停工，仅十月余，共产煤四万二千九百七十五吨（涨吨在内）。兹将各井产量列表于次：

各井逐月产煤表（单位吨）

年　月	一二号井	三四号井	五六号井	七八号井	祖塘矿	一号斜井	二号斜井	涨　吨	合　计
2612					1202.64				1202.64
271					1117.51				1117.51
272					962.14				962.14
273					1384.63				1384.63
274				31.93	1173.55		192.82	261.46	1654.76
275		119.10	37.20	245.26	1355.06		661.38	112.01	2530.01
276		30.00	237.00	614.87	1283.08	8.00	846.77	177.05	3196.77
277	203.26	21.00	1096.20	1741.82	1205.17	139.90	1040.80	255.01	5703.16
278	1218.00	2332.34	689.30	1103.42	934.28	502.20	905.70	139.79	7825.03
279	660.45	4115.07	368.40	1173.24	1067.88	397.90	1073.20	141.79	8994.93
2710	938.00	3586.27	610.40	1045.42	1244.35		931.70	42.30	8398.44
合计	3019.71	10203.78	3035.50	5985.96	12930.29	1048.00	5652.37	1129.41	42975.02

（2）运输　本矿煤斤大部销售于长沙汉口两地，其运输全赖湘江船只运出，而矿厂至湘江岸之下摄司一段陆运，殊感困难，本矿初立时，此段煤运，仅用汽车，耗费甚距，后乃兼用双轮板车及黄包车等，惟产量日渐增加，上项运输工具仍属不敷应用，不得不别筹他法，以资代替，迄发现紫金河后，乃尽量利用河运，并于矿厂修筑轻便铁路直达紫金河岸，所有煤觔外运，大部分皆由紫金河运至下摄司，再由湘江运往长沙汉口各地，运费因而减低，前此所感由矿至湘江岸下摄司一段运输困难问题，于是得告解除，兹将由矿运出煤觔及以下摄司收转售用煤觔分别列表如次：

逐月发运煤斤统计表

年 月	下摄司 汽车	下摄司 双轮车	下摄司 单轮车	下摄司 其他	河运站 汽车	河运站 铁翻车	合计
2612	98.50						98.50
271	707.00	27.50					734.50
272	991.00	145.50	53.34				1189.84
273	1480.50	264.00	118.66				1863.86
274	795.20	379.00	353.44		348.80		1876.44
275	171.30	285.00	157.01		777.00		1390.31
276	69.50	359.40	187.50	14.20	715.00	1479.00	2824.60
277	58.50	397.60	522.85	3.90	10.00	3683.20	4676.05
278	5.00	307.30	181.28			5460.80	5954.38
279	5.50	355.10	180.60			8556.20	9097.40
共计	4382.00	2520.40	1754.68	18.10	1850.80	19179.20	29705.18

逐月煤斤运销及存量表

年 月	原存	收入	运汉	售出	自用 地输	自用 下摄司及河运处	月底结存
2612		98.50		10.00	3.50	0.90	84.10
271	84.140	734.50	220.00	232.60	17.50	3.85	346.65
272	346.65	1184.50	1136.00	172.40	12.00	3.75	207.00
273	207.00	1865.34	1705.00	2.00		4.00	361.34
274	361.34	1763.08	1925.00	34.00		4.50	160.92
275	160.92	1400.44	761.00	222.00		6.20	632.16
276	632.16	2257.22	2208.00	310.00		6.00	365.38
277	365.38	4446.55	2657.00	1496.00		7.00	651.93
278	651.93	6500.79	3378.00	1736.76	39.00	3.00	1995.96
279	1995.96	8787.79	4380.00	4021.00	63.00	3.00	2316.75
2710	2316.75	6635.27	4050.00	3760.95	69.00	5.00	1061.07

（3）销售　本矿售煤市场，因缓急关系以武汉为第一，其次为矿区附近及下摄司一带，上年底至本年一二月间产量无多，大部销售于矿区附近及下摄司等处，运销武汉者不过数吨，三月以后武汉需煤渐急，同时本矿产量亦略见增加，乃积极筹雇船只，以大部煤斤运销于该地，平均每月一千五百吨左右，至七八月间产量大增，而运销武汉之煤亦增至三四千吨，矿区零销及下摄司焦煤亦较前增多，九月间各机关征用船只渐紧，本矿尽力筹运武汉之煤，为数虽在四千吨以上，但终未随产量而同时增加，好在长沙湘潭一带，需煤亦急，故以一部分供给各该地之用，十月以后武汉情势紧张，船运更觉困难，乃以大量煤斤改销于下摄司并转售于长沙湘潭一带，由去年十二月至今年十月总计销煤三万二千四百五十余吨，占全

销量百分之六十五，在矿区零销者一千三百余吨，占全销量百分之四，下摄司零销及转售于长沙湘潭者为九千四百余吨，占全销量百分之三十一，此售煤之大概情形也。兹将售煤吨数价款及产销存量分别列表于次：

湘潭煤矿公司售煤统计表

年 月	汉口经销处 吨数	价款	矿厂零销 吨数	价款	下摄司售煤 吨数	价款	总计 吨数	价款
2612		元	225.600	2256.00元	10.000	140.00元	238.600	2,396.00元
271			350.200	3502.00	230.600	3228.40	580.800	6730.40
272	854.800	22453.80			172.400	2413.60	1027.200	24867.40
273	1414.000	36764.00	81.200	1015.00	2.000	28.00	1497.200	37807.00
274	1883.064	48959.66	100.200	1252.50	34.000	476.00	2017.264	50688.16
275	1254.450	32615.70	84.820	1060.25	22.000	422.00	1361.270	34097.95
276	1713.350	44547.10	84.560	1057.00	10.000	155.00	1807.910	45759.10
277	3082.170	80136.42	131.420	1642.75	120.00	2130.00	3333.590	83909.17
278	4006.695	106758.07	107.760	1347.00	1575.900	32513.35	5690.335	140618.42
279	4587.620	126202.42	67.320	1101.00	3680.460	80913.33	8335.400	208216.65
2710	2845.140	78603.44	90.760	1488.40	3630.850	81316.17	6566.750	161408.01
总计	21641.289	577040.81	1323.830	15721.90	9488.210	203735.85	32453.339	796468.56

湘潭煤矿公司产销存煤吨数统计表（单位吨）

年 月	接收存煤	收买煤力	产量	涨脱吨	总计	销售	自用	售煤涨脱	结存
2612	978.510		1202.640		2181.150	235.600	163.990		1781.560
271			1117.510		1117.510	580.800	214.490		2103.780
272			962.140	−1.250	960.890	1027.200	276.850	+31.800	1792.420
273			1384.630		1384.630	1497.200	417.320	+27.000	1289.530
274		800.000	1398.300	+261.460	2459.760	2017.264	528.200	+22.064	1225.890
275			2418.000	+112.010	2530.100	1361.270	633.040	−5.550	1756.040
276			3019.720	+177.050	3196.770	1807.910	675.420	+2.350	2471.830
277			5448.150	+255.010	5703.160	3333.590	816.640	−45.830	3978.930
278			7685.240	+139.790	7825.030	5690.355	905.180	−35.705	5172.720
279			8853.140	+141.790	8994.930	8335.400	915.700	−11.380	4905.170
2710		25.000	8356.140	−172.700	8208.440	6566.750	889.180	−4.860	5652.820
总计	978.510	825.000	41845.610	+913.160	44562.280	32453.339	6436.010	−20.111	5682.820

（六）矿厂办理结束之经过

自九江沦陷后，阳新、马当等地紧急之际，本矿为预防万一计，即将矿厂所存尚未安装机器材料陆续运至宜昌，候船运川，马当失守后，员工眷属亦一律送川，以策安全，俾各员工安心工作，加紧生产，以应战时之需要。及武汉、威宁相继失守，湘南各地之煤均运长沙，而此时长沙各工厂多迁移停闭，于是煤价大跌，且亦不能脱售，本矿乃于十月二十四日先停井工若干，至十月三十一日大部分员工共约四百五十人随同第五批运川机器材料船赴宜转川，此时除祖塘矿外，其他各井一律停工，嗣以祖塘产煤成本过高亦停止出煤，并将小锅炉汽动水泵集中三号井维持排水工作，以待时局之好转，如因需要将三号井开工，每日可产煤二三百吨，十一月初因岳阳长沙一带吃紧，乃赶办结束，并清理一切事务账务，至十二日时局益紧，矿厂办事处不得不全部结束，另设财产保管处，负责保管矿厂财产，最后一批撤退员工三十余人于十二日分乘载重汽车三部，携带轻便机器仪器等件，由矿长汤子珍率领取道桂林贵阳入川，至二十五日安抵重庆。

总计本矿自成立以迄停工，为时不及一载，产量共仅四万余吨，殊不足道，惟当时武汉军事上与工业上之燃料恐慌，一部分即赖本矿之力而得缓和解决，是本矿在抗战建国之中，不无有相当贡献也。

四川之煤矿业[1]

四川省煤田生成时期有二：一为中生代之侏罗纪，二为古生代之二叠纪。

二叠纪煤田所含煤层较厚，通常在一公尺以上，厚时且达五公尺。本纪煤层分布在南者，如古蔺、长宁、桐梓、南川、彭水、涪陵一带，均有露头；在北者如安县、广元、亦有露头，惟西则仅有侏罗纪之岩层露出，二叠纪尚未发现也。二叠纪石炭系之在东部者如嘉陵江江北、壁山间、华蓥山脉一带，均有露头，嘉陵江二叠纪煤层厚度及藏量，均较其他各地为优。

侏罗纪煤系在灌县、彭县、雅安、犍为、屏山、宜宾、綦江、涪陵、云阳、广元以及嘉陵、三峡、永川、隆昌、威远、荣县等地，皆有露头。侏罗纪煤田之分布较二叠纪为广，几遍全省，惜其煤层较薄，难施以大量开采之计划。

四川煤田分布虽广，但大多数因交通不便，运输困难，所产煤斤仅限当地之用，销场既微，产量难多，殊不足道。盖煤矿本为重工业，必须与其他工业互相联系，以应需要，否则僻在边远，矿藏虽美，亦无价值。兹就交通便利，距离工业市场较近之煤矿，分为川东、川中、川西三区，叙述如左：

1.川东区煤矿业　本区煤矿业以重庆市场为中心，凡嘉陵江流域、綦江流域及永川等煤田皆属之。

2.川中区煤矿业　本区煤矿业以自流井贡井盐业及内江糖业等市场为中心，凡隆昌、荣昌、威远及荣县等处之煤田皆属之。

3.川西区煤矿业　本区煤矿业以乐山、宜宾、泸州及叙昆铁路等市场为中心，凡犍为、屏山一带煤田皆属之。

川西区之煤田，位于岷江大渡河间，犍屏县境之石磷黄丹一带，纵横约百里，含煤十层，分为上下两部，中间隔以厚约二三百公尺之砂岩，两部各含煤五层，可采者上下各二层。在上部者：（1）三层炭，（2）双层碳，皆可炼焦。在下部者：（1）上皮炭（2）真双层，不能炼焦，最厚者为真双层，俗亦称黄丹层厚约〇·五〇至〇·七五公尺。在四川各地，侏罗纪煤层中，以此层较有大规模开采之可能，煤田构造呈不完全之穹窿形，愈近穹窿形之中央煤层，距地表亦愈近，故现有小窑均集中于中部。至其侧翼则尚少开采，煤层完整。去年全区各矿年产约三十万吨，运输路线南经马边河，北经沫溪河，西经大渡河，以达

---

[1] 作于1939年6月。

岷江，分运各地。目前市场虽限于五通桥、宜宾及泸州等处，但将来叙昆铁路通车，及嘉定、宜宾新工业区成立后，所需燃料绝非现有各小矿所能供给。

经济部在马边河北岸之马庙溪黄丹一带，及沫溪河南岸之石磷一带，划有国营矿区各一区，该部为谋嘉定、宜宾新兴工业区燃料供给起见，于本年一月间令资源委员会积极筹开上国营矿区，并由中福煤矿公司、民生实业公司及美丰银行等参加，合资一百廿万元组织嘉阳煤矿公司，负责办理，利用中福煤矿由河南焦作迁川机器及技术人员，在马庙溪附近作有计划的开采，拟开直井三口，其在芭蕉沟之直井两口已凿深至三十余公尺，预计四月间可达真双层煤层，六月间正式采煤。排水绞煤均用机器，并建筑轻便铁路十余里，自矿井达马边河岸之马庙溪，以为运煤之用，约七月间可以完成，预定第一期每日产量五百吨，第二期每日产量一千吨，将来当为川西区唯一之大煤矿。

川中区煤田以自流井、内江市场为中心，可分为东西两部：东部为隆昌、荣昌煤田，以隆昌石燕公司设备较为完备，每日产量约一百吨；西部为威远、荣县煤田，其中以威远天保公司设备较佳（现为水没停工），两部煤田距自贡盐业及内江糖业两市场均尚不远，惜无适当水道可资利用，故运费稍昂，以致煤矿业不能发展。本区各处煤田均属侏罗纪，煤质尚佳，惟煤层不厚，更因开采年久，煤层多已残破。惟本区东部隆昌、荣昌煤田，如将来成渝铁路通车，运输便利，尚有相当发展之机会。

川东区煤矿业，无论在储量交通市场现在产量及将来希望各方面而论均较川中川西为优，盖重庆本为川省工业中心，居水陆交通要道，平时年销煤已达四十余万吨，抗战以来国都西迁，不惟人口增加，即沪汉工厂内移者亦甚多，故将来用煤势必倍增，此为本区市场之概况。至运输方面，则北有嘉陵江，南有綦江及长江，木船终年均可通航，而嘉陵江及綦江流域煤田分布甚广，煤层亦厚，煤质亦佳，皆在川中川西两区之上。

嘉陵江自江北县狮子口起至合川县，约一百里间，沿江煤矿不下二三十处，然每日产量在一百吨以上者不过两处：一为江北县之白庙子，又一为璧山县之夏溪口。白庙子有天府煤矿之专用铁路，自白庙子至大田坎长十七公里，沿该铁路有天府煤矿、三才生煤矿及新华煤矿等，每日平均产量共计约五百五十吨。夏溪口有宝源煤矿之运河，长约五公里，宝源及燧川两矿之煤，均经该运河运出，每日平均产量约在三百吨以上，两处计占嘉陵江全部产量百分之六十以上。因其关系重大，故称白庙子一带煤矿为铁路系统之煤矿，均属二叠纪煤，夏溪口一带煤矿为运河系统之煤矿，均属侏罗纪煤。

天府煤矿于民国廿七年五月由旧天府煤矿公司与北川铁路公司合并，再加入中福煤矿机器材料作股合并而成，共计资本一百五十万元。后峰岩矿厂新工程自民国廿七年五六月间，中福煤矿机器到后，积极布置，计有发电机两座，共电力一千一百启罗瓦特，先后装置就绪，所有井内绞煤排水通风凿石均用电力，并拟筛煤洗煤亦用电力，以便炼焦供给钢铁化炼之用。天府煤矿在川东区各煤矿中，无论设备交通及产量，均首屈一指。

綦江流域有南桐、东林等煤矿，均为二叠纪煤田。南桐煤矿系资源委员会与兵工署合办，经营南川桐梓一带之国营矿区，亦用机器开采，正在积极设备中，并由经济部导淮委员会疏浚綦江水道，以利煤运，该矿将为綦江流域之大矿。

永川煤矿距重应虽不甚远，惟因不通水路，故难运销重庆。该处煤田目下尚无经营之价值，将来成渝铁路通车，永川之煤必到重庆，与嘉陵江、綦江之煤在重庆市上鼎足而主，可预卜也。

综上所述，四川煤矿以川东区为最盛，前途亦最有希望，次之则为川西区，最末为川中区，以矿藏与交通皆难为大量之发展也。在川东区中，以嘉陵江流域为最盛，而以天府煤矿为巨擘，此四川省煤矿业之大略也。兹将川东川中川西三区民国廿七年产量约计于后，以供参考。

一、川东区　年产　五二五，〇〇〇吨

1.嘉陵江流域　四六〇，〇〇〇吨

2.綦江流域　一五，〇〇〇吨

3.永川各矿　五〇，〇〇〇吨

二、川中区　年产　一七五，〇〇〇吨

1.隆昌荣昌区　八五，〇〇〇吨

2.威远区　九〇，〇〇〇吨

三、川西区　年产　三〇〇，〇〇〇吨

以上三区共计年产约　一，〇〇〇，〇〇〇吨

煤为动力之源，亦即重工业之本，依据上述煤矿业情形，四川重工业区之建立，第一应在川东区之重庆附近，第二应在川西区之宜宾附近。

解决四川煤荒问题之建议

自抗战军兴，国都迁渝，全国之人力物力财力集中西南，共同从事抗建之伟业，沪汉各工厂在经济部督导之下，迁来四川者达百数十家，多已先后开工。四川原有各工业，如盐业糖业等，亦皆随市场需要，增加产量。而各种工业所用之煤焦，虽因各矿之努力，产量亦较往昔增加，但其增产之速率，尚远在其他各种工业需煤数量增加速率之下。需超于供，因之演成煤荒现象：渝市煤价高涨，自贡井产盐不能如期增加，影响所及，良非浅鲜。作者曾将四川煤矿业，按距离销场远近及交通情形，分为川东川中及川西三区，详细检讨各区煤矿业之产销情形。（见新经济第二卷第五期）兹将上述三区最近产销实况，统计列表于后，并建议增产办法，以期解决四川煤荒问题：

（一）产

（甲）川东区（重庆南北）	月产	四七〇〇〇吨
1.嘉陵江		四〇〇〇〇吨
2.綦江		五〇〇〇吨
3.重庆南岸一带		二〇〇〇吨
（乙）川中区（沱江流域）	月产	四六〇〇〇吨
1.威远		三〇〇〇〇吨
2.荣县东部		五五〇〇吨
3.富顺石灰溪		二〇〇〇吨
4.隆昌石燕桥		二〇〇〇吨
5.泸县怀德镇		三五〇〇吨
6.胡市		三〇〇〇吨
（丙）川西区（岷江流域）	月产	四八〇〇〇吨
1.马边河区		一五〇〇〇吨
2.岷江两岸及罗泥溪		九〇〇〇吨
3.沫西河区		一二〇〇〇吨
4.大渡河流域		一二〇〇〇吨

（二）销

（甲）川东区	月销	五三〇〇〇吨
1.重庆		四五〇〇〇吨
2.其他		八〇〇〇吨
（乙）川中区	月销	五七〇〇〇吨
1.自贡井		三七〇〇〇吨

续表

2.资·内·富		一二五〇〇吨
3.其他		七五〇〇吨
（丙）川西区	月销	三七〇〇〇吨
1.犍乐盐场		二五〇〇〇吨
2.成都宜宾		九〇〇〇吨
3.其他		三〇〇〇吨

试将以上产销两表比较，则川东区需超于供每月约六千吨；川中区需超于供每月约一万吨；川西区则供超于需，本可接济川东川中，但因运道太远，运输困难；工人及船隻俱感缺乏，■■大量运达川东及川中两区。故欲解决川东及川中两区煤荒问题，非在两区就地设法不可。川东区问题不在生产，而在运输。川中区则问题确在生产。兹就管见所及作下列之建议：

（1）在川东区嘉陵江流域改善天府煤矿轻便铁路。

（2）在川东区綦江流域建筑南桐煤矿至扬子江岸轻便铁路。

（3）在川中地区开采威远县黄荆沟或砚台坝煤矿。

（三）改善天府煤矿轻便铁路

川东区煤田，侏罗纪与二叠纪，虽均有相当之开采，然二叠纪煤层较厚，在嘉陵江流域，天府煤矿之大连子（又称内连），厚约四公尺，最厚者达五公尺，在綦江流域，南桐煤矿之内连厚均在一公尺半以上，最厚者达三公尺。故欲大量生产，以供重庆市场，非从开采二叠纪煤田下手不可。换言之，此后重庆煤焦之供给，须赖天府南桐两矿之努力。

天府煤矿自矿场至嘉陵江岸，已筑有轻便铁道，长约十七公里。钢轨重自二十磅至二十八磅不等。计有机车五部及五吨车皮四十余辆。目前每日运量约六百吨。天府煤矿生产能力，以后每日增加四百吨或六百吨，毫无问题。但运量须再增加四百吨或六百吨，则非改善铁路不可。为使产运二者相应起见，天府铁路应增加改善之点有三：（一）增加七八十匹马力之机车两辆；（二）增加五吨车皮三十辆；（三）在相当地方敷设双轨铁道。以上三端，事非甚难，虽在抗战时期，努力为之，非不可能，则重庆煤荒已解决大半矣。

（四）建筑南桐煤矿至扬子江岸轻便铁路

南桐煤矿直井，业已完成。因系二叠纪，层厚煤富，日产五百吨，甚为易事。但因矿场位于綦江上游之茵河内，煤斤下运，由蒲河至三溪流入綦江，至江津县之江口入扬子江，滩多水浅，路远费时，运输困难，冬季枯水时尤甚。重庆闹煤荒，而矿厂煤积如山，虽经资源委员会费一年半之工夫，在蒲河内消闸疏浚，然綦江全河，浅滩何止百数，一处受阻，全河堵塞。枯水期间，綦江煤运，每月至重庆者，不过一千余吨。故欲大量开发南桐煤矿，以济重庆市场，除疏浚綦江外，极应筑一轻便铁路，自矿场直达扬子江岸，长约一百二十公里，每日运量可达三百吨。辅以綦江水运，当可达到每日五百吨之数，目下长沙宜昌，水运畅通，上项钢轨，可由湖南方面收集从前浙赣路旧轨，以资利用，实一举两得也。

（五）开采威远县黄荆沟或砚台坝煤矿

威远之末要煤区，以（一）■场附近，（二）黄荆沟附近及（三）砚台坝附近三区为最重要。■场一带，小矿节此，煤田多已残破，不堪新法开采。黄荆沟一带之下元炭，煤层完整，厚大〇·六〇公尺，质佳量中，为四川侏罗纪煤田所罕有。砚台坝一带之硬炭，厚〇·四〇—〇·六〇公尺，虽煤质不如黄荆沟之下元炭，但距威远河船运起点之卜子湾甚近，交通便利，是其优点。惟井下水量较大，土法不能开采，物弃于地，甚为可惜，故欲解决自贡井煤荒问题，不能不开发威远煤田，而威远煤田之开发，又不能不从黄荆沟或砚台坝两处入手也。故宜在威远筹办较大煤矿一处，用新法机器开采，视自贡井之需煤数量，决定产额，供自贡井不再有煤荒之虞，则盐之增产，亦可迎刃而解矣。

川煤产销之回顾与前瞻

一、川煤以往产销概述

川省煤矿之开始采掘时代，虽无专资可征，而利用煤炭，代替木柴，以煎制地下盐溶解所成之卤水，实有最长之历史。秦时蜀太守李冰，在四川盆地内已开掘盐井，而石炭可用为薪，并已载入后汉书，故汉唐以来，川省境内与盐井附近之煤矿，似因燃料需要，曾经着手开采，就近日四川各地显著，读苏轼石灰诗，便可知之。至元明之际，川省内煤炭，已采地方，亦已留有若干之遗迹可寻，在嘉陵江流域者，如璧山县转龙乡底洞煤矿，及江北县二岩煤矿之甲子洞，据父老相传，均为明代以前所开采。至清康熙时，因发现旧坑，始复继续施工。在岷江及沱江流域者，如威远、仁寿境高顶皆一带煤矿，相传在张献忠下四川之际，即有多数居民，避居山寨，并籍炭洞，得以幸免于难者，亦可推知此带煤矿，在明末以前，即已从事开采。

满清一代，在光绪以前，四川煤矿之开发，均视其附近盐场、酒坊与重要城市之远近而定其发现之程度，如犍乐等县盐场之与五通桥村附近之煤矿，自贡井之与荣威煤矿，罗泉井之与仁威煤矿，又彭灌煤矿之与成都省会，江巴煤矿之与重庆市场是也。又在光绪以后，外轮上驶重庆，川省内地工厂，渐次萌芽，於江北及合川两县煤矿，在前清光绪年间，由英人李得羅呈准开采，同时有士绅组织江合公司，亦在江北县龙王洞石牛湾地方开采，与英方发生争执，嗣由省方以银二十二万两，赔偿英方损失，赎回自办，并于宣统初年，将英商已购置机件房屋等，作价六万两，由江合公司承顶，更集资十万元正式开采，以供给外轮之需，是为川省煤矿历史资料之足堪记录者。

民国成立，统一告成，由元年以至三年，四川省各处煤矿产额，按年增加，据前农商部统计如左：

年限	产额（单位：吨）	备考
民国元年	312601	系由前农商部根据七十余县派员调查报告统计者
民国二年	825685	同前
民国三年	1104195	同前

上表中产煤区域，共七十余县，惟民国三年以后，川省内乱频仍，煤业因以不振，统计亦多缺略，又自民国二十年至二十五年，虽亦调查记录，然产量则远不如民国三年之盛矣。

212

兹再附表如下：

年限	产额（单位：吨）	备考
民国二十年	658100	根据地质调查所第五次矿业纪要
民国二十一年	603000	同前
民国二十二年	618000	同前
民国二十三年	638000	同前

上表中矿工约计共6000人左右。至四川重庆市之煤矿，据前农商部全国物价统计表，亦有相当记录。兹附表于此，可以观知当时之情形。

年限	烟煤每吨价格（元）	焦煤每吨价格（元）
民国十年	16.00	17.96
民国十一年	15.66	18.33
民国十二年	21.50	24.33

上表中据市商会查报者，至重庆市销煤之数量，在民国二十三年，约为200000吨，以人口为281000名计，每人消费量，平均为0.71吨云。

二、现阶段川煤之产量及其采掘方法

自抗战军兴，政府迁渝，国内沿铁路水路各大煤矿厂，随政府所组织之工矿调整处，将机件迁运西南各省者，虽有河南中福、安徽淮南、江西萍乡、湖北利华、湖南湘泽等矿，而机器与材料，迁来四川者，则以中福为最多。于是四川境内，原有旧式各煤矿，如嘉陵江上原有之天府公司，因而改用新法者有之；未开各煤矿，如×江×岸新组织之××公司，因而加紧探索钻，开始凿井饶路者亦有之；同时川省内外人民之热心煤业者，亦风起云涌。计自二十七年一月至二十八年六月底止，民营煤矿矿区，共已达四百零五区，面积竟增至■■万九百零五公亩六十公厘，至国营煤矿矿区之在四川者，至现在止虽共仅此四区，而面积则已达至一百零五万七千一百三十三公亩六十九公厘。故截至二十七年止，川省各地产煤额，已由一百万吨，增至一百五十万吨，超过民国以来最高之记录（最高纪录是民国三年见表前），至二十八年十月止，更已增至两百万吨。

再次就川省境内各地现状，分别言之。

1. 岷江流域

各煤矿，分布于犍乐屏三系，因运输关系，由南而北，可分为五区域：

（甲）马边河区域：包含张沟黄丹与高荀乡三小区，均由马边河运出，集中于××。

（乙）石麟区域：包含朱溪河、许家沟、麻柳沟、大小一沟与西溶镇等五小区，由石麟河运出集中于×××××。

（丙）石板沟区域：由罗泥溪运出一小部分，由张、黄旱运而来者占大部分，集中于

×××。

（丁）大渡河区域：俗名上下铜河、包含上沙沟、福禄镇、复兴乡、罗亦溪，太平镇等五小区。

（戊）河东区域：包含磨子场、金井乡、罗城镇三小区。

上述各区矿厂，除马边河区域内之国营嘉阳煤矿，全用机器以新发开采，从开工起仅七个月内，即已每日出煤百吨外，其余人工土法开采，矿场虽多，而产量究属有限，兹就二十八年八月内之统计列表如左：

产煤矿区	矿场约数	每月总产量（吨）	最大矿场产（吨）	最小矿场产（吨/月）	附注
马边河区域	80	15000	1800	50	
石麟区域	49	12000	1350		
石板溪区域	40	4000	600	10	
大渡河区域	110	12000	620	50	
河东区域	21	5000	1000	20	
共计	200	48000			

至此区域内之工程，除××煤矿及×××之××矿凿直井外，余均沿露头由平洞掘进，见煤即采，与长壁法相似，排水设备，除××及×××××等三厂以及石麟区之××××××之××等厂外，余均人工抽水：除自然通风外，人工风扇及火炉抽风两种，亦均采用；照明除××××等四厂用自制水电池灯外，余因洞内无沼气，均用清油灯。

2. 沱江流域

各煤矿，分布于威远荣县富顺泸县隆昌等县，而以××产额较多，兹依此次序，为产销表如下：

产煤区域	每月产量（吨）	销售区域及用途
× ×	30000	自贡井及资内仁井四县之盐场及糖厂
荣 县	5000	自贡井及井研宜宾县等之盐场糖厂
富顺（石灰溪）	2000	自贡井及内江富顺之盐场糖厂
泸系（怀德镇及胡市）	6430	自贡井及内江富顺之盐场糖厂
共 计	43430	

至本流域各煤矿之工程，皆系旧有土法，刻为改良计，正由经济部矿冶研究所，派员赴威远调查指导中。

3. 嘉陵江流域

各煤矿分布于江北壁合山川各县，其中除××公司之设备，完全电气化，正在加紧工作外，其余如宝源燧川江合三才生二岩等煤炭，皆系旧式。兹为表如左。

产煤区域	每日产运数量（吨）	每月产运数量（吨）	说明
北川铁路沿线	525	15750	内以××公司产量为多
夏溪口运河路沿线	600	18000	内以宝源产量较多
其他沿嘉陵江各矿	675	20250	内以二岩及龙王洞等处所产稍多
共　　计	1800	54000	

此外属于大江南岸及綦江流域者，除南桐国营区现正在筹备外，原有各煤矿，均系土法，计南岸各煤矿，现在产额每日为二百吨，月产不过六千吨；綦江流域各煤矿，每日为一百六十吨，月产亦不过四千八百吨而已。

三、今后产销预估与增产计划

煤为动力之源，其他各种工业之母。故煤矿开发，必与其他各种工业之进度，作密切之联系。根据各种工业之需煤数量，计划煤矿之生产能力。务使煤之需供数量，在可能范围内，不致有缺少或过剩之弊。本此原则，兹将×××及×××两工业区现有各煤矿之生产能力及各种工业所需煤之逐年增加数量，详细估计，表列于次，以作增产计划之根据。

	二十八年六月前年产（吨）	二十八年底年产（吨）	二十九年年产（吨）	三十年年产（吨）	三十一年年产（吨）
嘉陵江流域	540000	660000	840000	876000	876000
綦江流域	48000	60000	144000	216000	216000
南岸及其他	60000	60000	60000	60000	60000

上表附注：

嘉陵江流域：1.二八年底北川铁路一带每日增产200吨

2.二九年度北川铁路一带每日增产500吨

3.卅年度××煤矿每日增产100吨

綦江流域：1.二十九年度××煤矿每日增产1100吨

2.卅年度××煤矿每日增产1100吨

四三

岷江流域	432,000	540,000	720,000	828,000	828,000
沱江流域	540,000	540,000	540,000	540,000	540,000
共　　计	1,600,000	1,860,000	2,304,000	2,500,000	2,500,000

四四

岷江流域：1.二八年底××煤矿每日增产25吨

2.二九年度××煤矿每日增产300吨

其他各处增加20吨

3.卅年度××煤矿每日增产300吨

川康其他各处如万县云阳广元彭灌叙永高珙等各煤矿年产约1,000,000吨未列入此表内。

上表乃就现有各矿实际情形，因各方面之努力，将现有设备充分利用，则煤之产额，在二十九年度可增加七〇〇，〇〇〇吨（由一，六〇〇，〇〇〇吨增至二，三〇〇，〇〇〇吨），三十年度可再增加二〇〇，〇〇〇吨（由二，三〇〇，〇〇〇吨增至二，五〇〇，〇〇〇吨），三十年以后，各矿产量，已达其现有设备最高能力，若不另开新矿，或扩充现在设备，则产量不能再行增加矣。兹更将今后三年需煤增加数量，列表如下：

项目 \ 煤量（吨）\ 年别	二十九年 每日	三十年 每日	三十一年 每日
钢铁业	650	70	—
动力	150	100	—
机器业	200	100	—
岷江钢铁厂	—	200	—
永利碱厂	—	100	—
永利钽厂	—	—	250
叙昆铁路	—	100	—
纺织业	120	—	—
犍乐盐业	—	100	150
自贡盐业	500	—	—
北川丝盐业	200	—	—
煤矿业	100	100	—
其他各工业	300	200	—
间接用煤	300	250	—
估计应用增产煤量	—	—	2,400
总计	2,520	1,950	2,800

观上表知煤之需要量，其逐年增加数，超出现有各煤矿自然增加数量甚巨。兹将上列二表比较，得第三表如下。

第三表　逐年煤量需供比较表

年别	需供数量（吨）	现有各矿自然生产能力（吨）	不足数量（吨）	应设法增产之数量	
				全年（吨）	每日（吨）
二八年	1600000	1600000	—	—	—
二九年	2500000	2300000	200000	200000	600
三零年	3200000	2500000	700000	500000	1500
三一年	4200000	2500000	1700000	1000000	2800

川康其他各处如万县、云阴、广元、彭、灌、高、珙、叙永水等各煤矿年产约一，〇〇〇〇〇〇吨，不列在内。

因煤之需超于供，故必计划开发增加生产，以应各种工业之需要。其方法为另开新矿及扩充现有各矿厂，俾达到增加生产之目的。其增加数量则在二十九年度每日须增产六百吨，三十年度每日一千五百吨，三十一年度每日二千八百吨。

需供状况及应增产之数量既如上述，再研究煤田之分布，以定开发之计划。

本计划所研究煤田之范围，包括嘉陵江流域、綦江流域、岷江流域及沱江流域各煤田。其分布情形可略述如次：

嘉陵江及綦江流域煤田，就地质时代论，有二叠纪及侏罗纪之别。二叠纪煤层较厚，储量亦丰，值得大规模经营。××之××××一带，及××之×××一带，以地质构造关系，煤系出露于地表；现由××、××二煤矿分别开发。江北县三■塆一带，亦有二叠纪露头，惟以交通不便，尚未大量开采。巴县白市界附近，虽无该纪煤系露出，但埋藏不深，在最近将来，即应设法采取。

侏罗纪煤田皆在嘉陵江流域，其在綦江流域者，则层薄质劣，无经营价值。嘉陵江一带侏罗纪煤田分布甚广，惟或以埋藏过深，或以煤层过薄，无法开采。其值得注意者，亦仅数处而已。×××煤矿一带，煤层厚度达一公尺以上，为川省侏罗纪煤层所罕有；璧山之宝源煤矿，合川全济煤矿，及永川东山一带，交通尚便，煤层亦佳，××××煤田，煤质之佳，在川、康二省，实居首位。极合炼冶金焦之用。以上五处，或以量丰，或以质佳，皆侏罗纪煤田之值得开采者也。

岷江及沱江流域煤田亦有二叠侏罗二纪之分，前者皆在大江之南，惟以交通不便，暂时无大开发希望。后者皆在大江以北，尤以×江流域之×××交通不便，暂无大开发希望。后者皆在大江以北，尤以×江流域之×××及×江流域××、××等区、储量丰，煤质佳，最有价值。在×××区内，有××煤矿用机器开采。在××区内，尽系小矿土法开采。将来欲大量生产，尤待以新式机器之设备置也。

根据上述煤田之分布及其开采情形，则是犹未臻充分用天然矿藏，设吾人能善为处就置，一方面就原有厂矿。加欲扩充或改良采掘方法，他方面更积极添设厂矿，从事钻探采掘，则欲达吾人第三表所列应增产之数量，实非难事，至所据详细增产计划。业由有关机关审核施行中，容当另文就正于读者。

后方煤矿生产实况与困难问题及解决途径

后方煤炭生产，首推四川，次为湖南，再次为陕西。今后除湖南已经沦陷外，陕西生产照旧，问题在于四川。重庆附近之煤，多来自嘉陵江，嘉陵江沿岸煤矿甚多；次则来自綦江，綦江较大之矿，不过二三个。嘉陵江煤称为小河，綦江煤因此长江运来，故称为大河；而重庆所用之煤，实以小河煤为主。

去年冬季，整个煤产量月可达八万吨，其中一部为黑炭，一部分为焦炭，故冬季存煤数量特多，各工厂均有充分存储。但以存储过多，而第二年各工厂为不景气所笼罩，煤炭销路，大受影响，因之煤矿竞相减产。今年四五月，岚炭、焦炭、生煤经磁器口运至重庆者，每月不足四五万吨。减产至八月份，乃形成煤荒。至十月份，全部生煤产量为八万吨，每万吨可炼制焦炭二千三百吨，岚炭四千吨。以上数字，不包括綦江南桐煤矿之生产。南桐煤厂系兵工署及资委会所合办，生产岚炭焦炭，专供大渡口钢铁厂之用。綦江其他煤矿之生产，则均在上列数字以内，目前生产情形，已渐恢复，与去年旺盛时相差有限。

至各种之困难问题，可分内在及外在两种。在内之困难，因各矿自抗战以来，产量均向上增加，今夏因鉴于钢铁业之不景气已有两年，或恐煤矿亦将步其后尘。故抱减工省料之宗旨，一方面又以储存太多，资本耽搁周转不灵，于是煤洞之中，咸不顾向下开发。煤矿之面积愈宽，容纳工人愈多，则煤之生产亦愈多，故煤矿除向内开发列，必须多打支洞，此一工作，花钱甚多，及洞成出煤，所费反少。但各矿由于上述原因，有煤可采，则先采伐，多不愿继续打洞。今日如欲增产，非继续打洞不可，此实非一时所能办到。至一部分用机器之矿，亦以上述原因，对于损坏之机器不加补充修理，欲求尽量开动，修补添置，亦均需相当之时间。

外在困难，则以管制机构太多，权责不能统一，如只有一个管理机关，所有问题，易于解释，如机关过多，则每一问题，必须求各方面均能了解，事务始得推动，倘其间有一部分不能通过，则全部计划，即为搁置，工作乃受许多牵制。今日欲求增产，非统一管理机构不可。

今日情形，一如大病人尚未恢复，欲其较过去更强，自属不易。目前若用煤机关并无增加，则局面尚可逐渐应付；万一用煤数量增加，煤矿又一时不易改善，则煤荒问题，或较严重。

再言解决途径，则政府除国营事业外，对民营事业尤须予以协助。政府可派员往各矿视察，而予各矿以四项标准：（一）增产若干数量，（二）何时可以达到增产数量，（三）需要增加若干器材，（四）需要资金若干，每一煤矿，对此四项问题必须作切实答复。资金最好由各矿自行筹措，以免浪费，不得已时，再予贷款。材料方面，亦须尽量利用各矿所原有者，不足时由政府予以租借。但政府所借器材，须与该矿自有器材划分清楚。租借器材，类似租借法案，但不能义务供应，以免养成惰性。政府明了各矿所需要之器材后，即嘱机器工厂为之制造，钢铁及机器工业亦能因之而活泼，如一部分款项由煤矿自行筹措，一部分由政府贷予，器材则帮助租借，则问题可解决大半。

目前煤矿大多数均不用机器。所谓用机器者，亦非真用机器。因平地层煤掘完后，势须向下发掘，而必先将洞内之水抽干，此非人力所能办到，故非利用机器不可，初非谋减少人工与减轻成本也。以四川煤矿论，多在高山之上，打一平洞，水自然流出，故可不用机器掘，而煤矿如能不用机器，最为优良而经济，至需要机器时，已有困难，惜多年不用机器开采，上面煤层，已渐耗竭，所有者均在下层，今日欲求增产，许多煤矿，非用机器不可，而工程相当困难。过去以为贷予款项，即能生产，不知资金之外，尚须器材，当然若干器材，可在国内制造，但锅炉管必须向国外购买，目前该项器材，无法运入，故应至各兵工厂等调查，有无多余之器材，以便增补不足，即有破坏者，亦可利用凑合。四川煤矿，并不需要大机器，小型机器，可由民营工厂制造。租借机器，较四联之完全借款为优；盖款项贷予之后，究竟作何用途，不易管制也。

其次，冬季存煤四字，须予取消。冬季存煤之由来，盖恐旧历过年，煤矿停工，故于年前多多存储，以防不虞。实则过年之时，煤矿休息，各工厂亦休息，即欲存储，三五天之量已敷，无须存储二月五月之煤。余尝谓存煤须有常年之存储，庶能调转不息。当然今年虽欲存储而不能，然去年覆厂，实已不能再蹈覆辙。嘉陵江之煤，经一星期即能运至重庆，存储之量，最多一月即可。至于煤之分配，可由燃料管理处主其事，如能秉公处理，明了各厂情况，则各厂用煤可无中断之虞，目前困难亦可暂时解决。岚炭四千吨，连生炭一万一千吨，已足供应，问题在于分配，非确实明了各厂之实际情形不可。重庆人多而地狭，煤之供应略有盈亏，感应极为灵敏。但各厂若能不竞相存煤，一方设法增产，政府与工厂了解合作，则问题相当简单也。

视察华南各矿报告[1]

(一) 旅程经过

此次视察华南各煤铁矿，同行者有中福煤矿总经理汤子珍，煤业总局技术处长吴京，业务处长钱雍，会计主任虞效忠，秘书沈嘉元，工程师冯维华，课长温新生，专员徐维森等八人，于一月七日自京出发，二月六日返抵京，历时一月，旅程经过概记如次：一月七日自京飞汉，下午在旅舍共王局长野白等商谈赣西煤矿事。八日上午拜会武汉行辕程主任，下午拜会湖北省府万主席，并视察武汉电厂，五时搭粤汉车赴长沙，宿车中。九日上午十时抵长沙，下午拜会湘省府各首长（王主席赴粤未返）并视察锑品制造厂及湖南电气公司。十日上午共粤汉铁路局刘副局长传书商谈煤运问题，十一时赴第二铁矿处向在长本会各单位同人讲话。中午应省府刘秘书长公武李厂长钦九邀宴，商谈湖南工矿问题。下午二至六时在湖南电气公司共在长本会各单位主管人举行座谈会。十一日离长赴萍乡，因车误点，至午夜三时始抵萍。十二日，上午赴泉江堰看新电厂的基平地工作及高坑铁路支线敷设情形。下午视察高坑矿厂新井及三分井，机器厂，白马庙煤栈等。晚开会商讨赣西工程及材料等问题。十三日上午会雨乘轿赴一四两分井，下午赴安源区视察萍矿废墟及各土窑。晚开会商赣西业务会计等问题。十四日离萍乡乘车赴湘潭并参观铁路总机厂，当晚由湘潭乘汽车及换轮至湖湘矿厂，午夜一时始抵新桥湖湘办公处。十五日上午视察湖湘煤矿南祝山长槽各井峒及地面设备。中午商湖湘工程及财务问题。下午乘轿经七里铺南北塘渡涟水至杨嘉桥湘江矿厂，即视察三四五号井及机厂办公室等。晚间会商讨湘江湖湘中湘各矿材料及财务等问题。十六日上午视察湘汉电厂及钻探工程即乘湘江支线火车至湘河口换乘汽艇至下摄司视察电厂及电工厂。下午赴谭家山视察中湘煤矿，仍返湘潭。十七日由湘潭过江搭粤汉车赴坪石，下午六时过衡阳，未下车，在站与粤汉铁路局林副局长等晤谈一小时（杜局长在粤未返）十六日晨六时半车抵坪石，即下车，乘汽车循运坪公路至栗园堡看南岭煤矿，再至包公庙站换车，沿修筑中之公路线至狗牙洞矿厂。下午在矿查看井峒明堑及煤坪后，乘车至关桥站，换汽车返坪石水牛湾南岭办公处。晚开会商讨南岭工程及财务业务等问题。在坪闻翁委员长将飞穗，即修函一件由张伯研兄越日赴穗面陈。午夜一时登火车。十九日晨四时许开车，十一时抵高亭司下车，即坐轿并换汽车至湘渡，步行过桥后，再换汽车至永兴改坐木船，至白头狮湘永矿厂，下午视察矿厂直井机器房及拟筑新电厂之地址。晚开会商讨湘永工程业务运输等问题，决定即派谢子贞等赴穗向翁委员长报告并接洽向粤省府售煤事。二十日上午视察河栈及蛇形

---
[1] 作于1948年2月。

山周家山两土井，下午汤子珍吴京等下井视察工程情况。晚继续开会商讨业务问题。二十日晨七时离湘永矿厂坐轿至永兴渡来河换汽车二次至高亭司登粤汉车，下午六时抵衡阳，即晚换乘湘桂路车赴易家桥宿车中。二十三日晨五时许抵易家桥，七时下车，即赴永邵煤矿视察牛 塘新开斜井口，锅炉房，填河工程，前一二号直井及机器房等。下午坐木船下行至沿江口，看沿江口矿厂斜井布置及运输情形，下午五时仍坐木船回易家桥江边，查勘原拟建筑新电厂之地基，决定将五百千瓦发电机一套，改装于易家桥小河边牛 矿厂附近。晚开会商永邵工程业务材料等问题，至午夜一时半始乘轿离矿登火车，宿车中。二十三日晨八时开车，下午二时抵衡阳，下车即赴衡阳电厂视察，并向同人讲话。晚应粤汉路局杜局长邀，往该局招待所。二十四日上午共粤汉铁路杜局长及副局长处长等开会商洽赣西煤运合约事。下午共杜局长及湘南煤矿邱矿长传孟商谈资助支线问题。晚八时登粤汉车北行赴长沙宿车中。二十五日，晨七时抵长沙，上午拜会湘省府王主席，中午在湘江公司举行湖湘公司董事会，下午三时搭粤汉车离长赴武昌。宿车中。二十六日车误点至上午十一时始抵武昌东站，即过江至汉。下午在旅馆接见来客。二十七日，晨九时坐华中铁矿公司专车赴大冶。下午，四时抵石灰窑华中码头登岸，即视察办公室医院宿舍等，晚些，华中钢铁公司大冶电厂各主管人共餐并饭后座谈。二十八日，上午视察大冶电厂及华中钢铁公司机器厂材料库炼铁炉原址及新厂工地情形。下午视察鄂南电力公司五千瓦新电厂建筑及工地情形。后赴华新水泥公司察看新机安装情形。再转往源华煤矿参观地面及井峒设备。晚应利华、源华、华新三公司及交通银行等五团体之公宴。二十九日，晨八时视察张家湖华中公司将来拟建住宅区地形，九时乘华中公司大车赴铁山及象鼻山视察铁矿设备。下午搭车由铁山经鄂城樊口葛店等地（计程一百公里）返武昌，即过江返汉。三十日上午赴汉阳视察汉阳钢铁厂 址及码头。中午应既济水电公司之邀赴该厂参观并午餐。下午参观该公司水厂。三十一日晨九时与招商局姚经理一鸣晤谈华中航运及需煤情况，并承协运中纺煤二千吨至沪。上午十一时过江乘车至珞珈山，应武汉大学周校长之约，在该校午膳，并与各院长教授晤谈。至下午五时始离武大过江返汉。晚应湖北省府万主席邀宴，商谈应城石膏工业问题。二月一日上午赴丹水池视察煤业总局仓库及石油公司储油库，下午在旅舍接见来客。二月二日上午应平汉路局之约，在平汉联谊社演讲国防资源问题，中午视察煤业总局汉口营运处，并在该处午膳，下午拜客，七时应平汉铁路局夏局长之宴，十时登招商局江新轮。二月三日原定晨九时开船，因运兵及装煤延至下午四时半始开船，船行约百里天黑，即下锚停驶。二月四日下雪，船行甚缓，下午六时半抵九江停泊。二月五日下午五时过安庆，继续夜航下行。二月六日中午十二时抵京登岸。

（二）华南各省煤矿生产及运销情况

湘鄂赣粤四省公营煤矿产量，此次经调查估计，每月约有一 十万五千吨，其中湘省占第一位，有八万余吨，鄂省估两万一千吨，赣省（萍乡区）估二万一千吨，粤省估两千三百吨，而本会所属赣西、湘江、湖湘、中湘永、永邵、南岭七矿，目前每月产收煤约有

三万六千吨，估华南煤矿总产量25%（详附表）

华南区煤 市场，集中于粤汉铁路沿线城市及铁路本身与武汉广州诸市，经估计每月约需八万四千余吨。（详附表二）湘省煤产在湘江水涨时期，每月可以外运六万四千吨，以济武汉者，每月亦可运二万余吨，总计四省煤产除就地销售外，每月可以外运者有十万零五千吨，以之供应粤汉平汉浙赣诸铁路，及武汉广州，每月尚可敷余两万余吨，可以由长江下运接济京沪，故华南区域在涨水时期，就供销情况而论，不应发生煤荒现象。惟湘赣民营土窑，因煤价高昂，不注意煤质之改善，且更渗入夹石，加以煤多由湘江水运路线甚长，船夫亦亲煤中灰分有超过5%者，以致在武汉闹出煤商在河下煤存达两万吨，无人问津，而工厂仍然缺煤之现象。

会属华南各矿战前毫无基础，战后因经费缺乏，工程进展缓慢，现在一面看重原有土窑之增产，并改善其品质。一面加紧开钻新井。估置新工程，同时加强运输工具，自本年四月份起，产运数量可 逐渐增加，由每月三万六千吨增至七万七千吨，而华南区域之用煤量之外销量则甚少增加，故至本年下半年度，仅本会各矿每月可增加三四万吨之外煤，可以供应京沪。

本会华南六矿，本年度煤产量，经就实际情况，切实估计，可达十五万一千吨，如有充裕之资金，产量尚可增多，兹将各矿三十七年度每月产煤数量列表于后：

华南煤产及运销估计表（Ⅰ）

省名	产煤区	每月产量	每月就地销量	每月外运量	备注
湖南	湘江	10000	—	10000	供给粤汉铁路
	湖湘小窑	4500	—	3000	运销粤汉沿线及武汉
	湘乡小窑	3000	—	2000	
	邵阳小窑	1000		500	
	宁乡首益	4000		2500	
	宁乡训惠	1000		500	
	宁乡清溪茂利	2500		2000	
	辰谷各矿	5000	3000	2000	除供应华中水泥公司兵工厂，安江纱厂及辰谷发电厂每月约3000吨外，可共运2000吨至武汉
	祁阳观音滩省矿	3000	3000	—	供湘桂铁路
	祁阳阜华	2000	2000		
湖南	永邵煤矿局及小窑	3000	3000	—	
	湘南煤矿局	20000	—	20000	供粤汉铁路及广州
	湘永	6000	—	6000	供粤汉沿线及武汉广州家用
	高亭司小窑	10000		10000	
	醴陵	3200	200	3000	供销粤汉沿线
	谭家山小窑	500		500	
	渌水小窑	1500		1500	
	小计	80200	11700	63500	

续表

省名	产煤区	每月产量	每月就地销量	每月外运量	备注
湖北	大冶源华	11000	1000	10000	销武汉及京沪家用
湖北	大冶利华	8000	1000	7000	
湖北	蒲圻嘉鱼	2000	—	2000	销武汉工厂
湖北	小计	21000	2000	19000	
江西	赣西	6000	—	6000	
江西	萍乡小窑	15000	—	15000	
江西	小计	21000	—	21000	
广东	南岭	1600	600	1000	销粤汉铁路及广州工厂
广东	富国	700	—	700	销广州
广东	小计	2300	600	1700	
	总计	124500	14900	105200	

注：各矿每月总产量达124500吨除就地供销14900吨外尚余109600吨但为运输能力所限每月估计仅能运出105200吨。

武汉广州及华中各铁路每月用煤数量表（Ⅱ）（略）
会属华中各矿1948年度每月产煤预计表（Ⅱ）（略）

武汉广州及华中各铁路每月用煤数量表（Ⅱ）

区域	用户	每月需用数量	备注
武汉	既济水电厂	7000	湘桂黔铁路局用煤每月约六千吨可由祁阳各煤矿供给未计入本表之内
武汉	武昌电厂	3000	
武汉	第一纱厂	4500	
武汉	振华纱厂	500	
武汉	由新纱厂	3000	三月份开始用煤
武汉	平汉铁路	10000	
武汉	轮船	5000	
武汉	砖石玻璃厂	2000	
武汉	烟厂	300	
武汉	其他	1000	
武汉	粤汉铁路北段	10000	
武汉	小计	46000	
广州	粤汉南段	10000	
广州	工厂电厂家用	20000	
广州	小计	30000	
长沙	电厂	3000	
长沙	其他	500	
长沙	小计	3500	
湘潭		1500	
衡阳		3000	
	总计	84300	

注：华南区煤每月外运量105200吨减去该区域用量84300吨，尚余20900吨可运济京沪。

会属华中各矿三十七年度每月产煤预计表（Ⅲ）

矿名		一月	二月	三月	四月	五月	六月	七月	八月	九月	十月	十一月	十二月
赣西	产	5000	4000	6000	9000	10000	12000	15000	15000	16000	16500	18000	18000
	收	9000	7000	9000	9000	12000	13000	15000	15000	15000	15000	15000	15000
湘江		10000	5000	10000	10000	10000	15000	15000	15000	15000	15000	15000	15000
湖湘					1000	1500	2000	2500	3000	3000	4000	4000	5000
湘永		6000	4000	6000	6000	6000	6000	7000	7000	8000	8000	8000	8000
永邵		2000	1500	3000	4000	4000	6000	6000	6000	7000	10000	10000	10000
南岭		1600	1000	1500	1500	2000	2000	2000	2500	3000	4000	5000	6000
总计		33600	22500	35500	40500	45500	56000	62500	63500	67000	72500	75000	77000

三十七年共计产煤651000吨

三、各矿现况概述

（一）赣西煤矿

赣西煤矿矿区，虽经汉冶萍公司四五十年之开采，地下蕴藏煤量尚在赣湘两省各个煤矿储量之上，仍为赣湘两省唯一之大矿，值得大规模经营，该矿矿区分为高坑新矿及安源旧矿两区，在抗战初期，本会曾在高坑开直井两口，现仍继续下 本年一月底一号井深至一四零公尺，各深至二零零公尺开第一平巷，约计三月底二号井到底，一号井四月底到底，七月底，大井可小量产煤，将来再深至300公尺，开第二平巷，如美贷有望，再扩大井峒，添置新式设备，大量产煤，以日产原煤五千吨为目标。

两百公尺第一平巷估计上山煤150公尺，向东延长1000公尺，向西延长2000公尺，煤层三层，总厚平均六公尺，可产之煤为两千七百万吨，实采约为两千万吨，该平巷可供日产3000吨二十年之久，（两百公尺及三百公尺平巷同时工作，日产5000吨）

在直井完成产煤以前，为供应目前需要，现有土井三口，本年一月份共产五千吨，逐渐增加至日产500吨，至本年冬季直井加入产煤，可望月增加矿区动力设备甚少，以致工程进展甚慢，第一步 在泉江堰水源处设4000千瓦电厂一座，六公里高压输电至高坑矿厂，本年一月分开始平地建厂，并在上海购买铜线及各种电料，积极运煤，预计五月底完成第一步1000千瓦电机（共1000千瓦两部、2000千瓦一部）先行发电，矿场工程始能开展。

浙赣路萍乡至株洲八十三公里，已正常通车，自萍乡至泉江堰十三公里已铺轨、但无石渣、自泉江堰至高坑矿区白马庙煤栈六公里半，尚有一公里半因地价问题为地主阻止，迄未铺轨，何时能解决未定，估计至早日购买大量地，及建筑目前必须之厂房库房运输道路等，约计需款三百亿元。

安源区任汉冶萍残余煤屑中，小矿林立，目前平均产量每月约一万五千吨，赣西煤矿局拟收购土窑二、三个，月产六千吨，以应需要，在收购土窑以前，拟每月收购煤七千吨至九千吨，但煤质因素关系，必须洗选，方能运销武汉京沪，同时华中钢铁公司拟自本年六、七月起制炼生铁，每月八九百吨，需焦一千八百吨，高坑因水源不足，不能洗煤，故须在安源收购土井或收购土煤洗选炼焦，供给大冶，拟照天府洗煤设备，及天府蜂窝式炼焦炉，在安设洗煤厂一所，及蜂窝炼焦炉五十座，至少需款五百五十亿元，此事势不可缓，否则即华中无法炼铁。

安源距萍乡四公里半，如在安源收煤洗炼，尚须利用汉冶萍四公里半铁路道，（现归交通部所有）铺设轻便铁路，及运输工具，专运该局煤焦，需款亦须一百亿。

自株洲以下运输煤焦至武汉，粤汉路每月至多可代运两千吨，此外均须雇用木船铁，从湘江运出，船只不敷应用，亟须补充四百吨铁五双，需款一百五十亿元，每月可由株洲运煤赴汉增加三千吨。

以上除 井建设电厂及购买各种器材，本年上半年预算已规定五百亿按月拨发外，尚需令筹一千两百五十亿元。

（二）湖湘煤矿

湖湘煤矿分长槽及南祝山二区，均属二叠纪，有煤一层厚，约二公尺，可炼焦，长槽为 中湘矿区，距谭宝公路或湘黔铁路四公里半，南祝山为 云湖煤矿矿区，距谭宝公路五公里，二区相距五公里，现自谭宝公路七里铺（距湘潭十八公里）修四公里半公路至长槽，在自长槽修五公里公路至南祝山，均在动工，预计四月底先完成路基，勉强行车，运煤，路面工程，尚需八十五亿，须另筹款，方能完成正式行车。

长槽矿区原有斜井一口，即长120公尺，现已修至距井底五英尺，即可到底，惟井底附近煤层会为前人采过，须再需两个月时间，修理前进，方能开始产煤，该区水量颇大，目前仅待蒸汽抽水，极不可靠，在电力未完成前，是否发生水患问题，尚无把握。

南祝山区本年一月起新开斜井一对，预计深至200公尺，至十月到底，十一月起可少量产煤，该区水量更大，在电力未到达前，恐中途停进之虞，势必贻误到底期限。

该矿电厂与湘江煤矿合用，设在湘江煤矿矿内，系500千瓦二部，1000千瓦一部，2000千瓦一部，共计4000千瓦，预计第一部500千瓦于四月份发电，自电厂输电至长槽，约十七公里，再由长槽至南祝山四公里半，购运器材敷设线路，亦须相当时日。

该矿曲塘矿区，原系省政府合办矿区之一，距南祝山西北约十二公里，为在乡军人占领产煤，据说强占人愿意交，但需银洋六千元，约合国币六亿元，当然不能照办，在长沙会与王主席李厅长谈及，亦无结果，湖南全省各地退役军人，均有在乡军人会之组织，把持地方，保庇运输，无所不为，各级地方当局初则优容，继则无可奈何，为今日湖南之特殊现象。

该矿自失去曲塘矿区后，只好在南祝山与长槽两地整理及开新井，利用原有陈旧简陋之设备，困苦经营，尚需相当金钱与时间，方有成效可期。

（三）湘江煤矿

湘江煤矿有朱家山与王家山二区，相毗连，王家山为二叠纪，尚未钻探开发，现所开采之朱家山区，属侏罗纪，有煤一层，厚薄极不规则，厚处达二十公尺，但区域甚小，煤量有限，每日500吨，约计可采二三年，趁此有盈余时期，应即开发王家山矿区，以矿养矿，免至青黄不接。现该矿日产约四百吨，大部供应粤汉路，由矿区至湘江边有十二公里半之铁路支线，为粤汉路所修，煤车到湘江边再转轮渡原车过江，转至粤汉路各站。

（四）南岭煤矿

南岭煤矿分湘省之狗牙洞，粤省之八字岭二区，八字岭仅有土窑一家，日产三十吨，包土人开采，由该矿收购运至坪石，狗牙洞则由该矿自行开采，为该矿目前积极经营之矿区。

狗牙洞为侏罗纪煤屑，可采者三层，最后一层平均四公尺，其余二层，自一公尺五至二公尺，均属炼焦烟煤，惟硫份达百分之四或五，现开明堑一道，长280公尺，大体完成，在明堑头，过大煤层，正开始顺煤层走向前进，约经过二百公尺洞，四个月后可到新煤，方能开始正式产煤，现仅有明堑头另开平峒，继续前进，到达另二煤层，再沿煤层走向开平巷采煤，何时到达该二煤层，现尚未知，该矿在正式煤层开采前，现仅利用平峒二处出煤，日产约三十吨，与八字岭合计日产六十吨。

该矿自粤汉路坪石车站至狗牙洞矿厂，约三十五公里，除利用运坪公路二十三公里外，自修十一公里半公路，路基工程已完成一半，三月底或可完工，尚须铺设路面，需款至少七十五亿，现有五吨卡车十一辆，可日运一百吨，如本年底增产至每月二百吨，以后再行大量增产，必须修筑坪狗铁路支线，该支线已由粤汉路局初步测量。正在呈请交通部拨款计划修筑中。

该区为湘粤交界，山岭崇峻，民情强悍，矿区治安颇堪顾虑。每年冬季就地需煤一百吨，供烧石灰为肥田之用，就地保甲联合要求，以每吨二十万元在矿厂交货，售与灰窑，不及成本四分之一，拒则酿祸，售则矿厂无以自存。为目前迫切问题之一。

（五）湘永煤矿

湘永煤矿资本，本会占三分之二，商股份三分之一，该矿距永兴县城五公里，距耒河边一公里，由矿区水运至耒阳七十五公里，经粤汉路南运广州四八三公里，北运武汉六一四公里，自以运销广州为宜，已由谢子贞钱雍遣赴广州洽商售煤，将过去专销长衡武汉甚至京沪之业务，完全南移。

湘永煤田为湖南唯一二叠纪白煤窑，煤质甚佳，可采煤层有二，一厚二公尺，一厚四公尺，本有直井二口，深达140公尺，上山煤已采尽，现择继续下钻至220公尺，方能增加产量，目前该井每日产煤约一百二十吨，另有土井三口，日产八十吨，合共二百吨。

矿厂现有存煤一百吨，因耒河枯水时仅能载重五吨，及湘河水枯，粤汉路亦无力代运，致资金无法周转，经济异常困难，同时该矿原有蒸汽设备，多系萍乡建，陈旧不堪再用，直井加深，更无能力，必须设立电厂，改用电力，本年上半年预算一百五十亿，不敷上。

电厂500千瓦电机已运到耒阳，候水涨运矿，现正洽购厂地，以期赶装电机，并在上海购运变压器电机及各种电动机到矿装置，然后开始加深直井，奠立基础。

该矿现代办资关系属湘盛煤矿，与湘南煤矿局之资与矿厂毗连，本为供应湘永煤矿锅炉燃煤，但湘盛煤质甚佳，为炼焦烟煤，有煤一层厚，一公尺，新钻平峒一个，共长500公尺，现已钻深460公尺。四月底可到煤层，有上山煤200公尺，该平峒内可采之煤约600万吨，除钢轨煤车外，不需其他设备最为经济，该峒口距曾养甫之资与煤矿之铁路支线约九公里，地势平坦，接轨甚易，如能有粤汉路修复资支线，接通该峒，则可经粤汉路许家洞车站（郴州以北）南销广州，最合需要，实为极有经营价值之一矿。

（六）永邵煤矿

永邵煤矿原有永州之牛塘（湘桂路易家桥车站北一公里）湘江南岸沿江口（在易家桥下流五公里）二矿区（侏罗纪）及邵阳之牛马司矿区，现因邵阳牛马司交通不便，暂予停工，现出煤者，仅沿江口一区，离湘江半公里，一月份出煤二千五百吨，全部供应湘桂铁路，新开斜井一口，三月间可增加产量，该区有煤一层，厚约一公尺半，为不炼焦烟煤。

牛塘区在从前祁零煤矿直井以北，因直井为水所淹，故另开新斜井二口，可采煤二层，一厚0。八公尺、一厚二公尺，均属不炼焦烟煤，但因蒸汽设备简陋，非有电力不能正常工作，正在购地设备电厂，已购得500千瓦旧电机及锅炉。一面修理，一面建厂。本年十月可望配装完成。

（七）鄂南煤矿

湖北蒲圻嘉鱼煤田，土法开采已逾数十年，其主要煤田有三，（一）蒲圻煤田、分布于粤汉铁路蒲圻站两侧，距铁道线仅二公里，并有橹河绕其北上，船行二十五公里即通过长江，再下驶七十五公里至武汉，交通便利，煤有二层，向南倾斜约六十至七十度，南层为半烟煤，火力强，露头部分甚薄，仅二三十公寸，沿倾斜下钻，逐渐加厚，煤质亦渐佳，现有　煤矿开采，至一百二十公尺处，煤层增厚为十二公尺，北层系优级烟煤，能炼焦，灰分仅百分之七，挥发分为百分之二十一，固定炭约百分之七十，火力极好，露头部分煤层甚薄，现正有三处小窑，顺煤层向下采探，如能南层煤结构相同，愈下愈重，则诸甚可观，此处应速钻探，而定开发步骤。（二）嘉鱼煤田分布于嘉鱼县之东十五公里蒲圻县之北二十公里处，距铁道亦不远，但水运极便利，出井口不及一公里，即可装船，沿西凉湖经金水闸而达长江，再至武昌，不过三十五公里，煤系烟煤，有三层烟煤，层与层间距约三十公尺左右，上层厚约一公尺半，中层厚约一公尺二，下层厚约一公尺，向南倾斜约二十度，抗战时敌人曾在此开采，现由裕民煤矿经营，由湖北浠水人程宗伊主持其事，因经费及器材不足，未能大量生产，仅日产十数吨极愿与资源委员会合作，充实设备，扩大经营，现聘有日本工程师牧原测量设计，以质量和交通条件，确有积极开发之价值。（三）鹰木崖煤田位于蒲圻以东，距粤汉路约六公里，系白煤，质甚佳，厚约六公尺，如趁开发嘉鱼蒲圻岩煤矿之便，三矿合并经营，三五年后，即可成为鄂南之一大矿。

（八）中湘煤矿

中湘煤矿即前谭家山煤矿，现由湘江煤矿代管，并无设备，现仅收购小窑煤每月约500

吨，如下摄司电厂能放线至该矿（约二十公里）该矿方能开发。

（九）华中钢铁公司

华中钢铁公司现管大冶铁厂，象鼻山铁厂，及汉阳钢铁厂旧址三处，接收器材颇多，苟能善加运用，小规模钢铁生产，颇有可为。大冶本有四五十吨化铁炉两座，一座已无遗迹，另一座亦全部拆卸，但在河边尚未运走，暂时不拟重装利用，电厂6000千瓦现由鄂南电力公司接收运用，机器一所，设备尚佳，由钢铁公司接收，可资利用，江边存有铁砂八十万吨，并有新式卸砂装船设备两架每小时装卸能力五百吨，此外有大小机车九辆及四十吨车皮一百二十辆，一切房屋仓库均无损坏，由厂至铁矿设有标准轨距铁道二十五公里，及6600伏高压线路，亦均完整。矿山存铁砂二十万吨，及各项开矿设备与轻便铁路，矿车，无极胶皮运输设备，稍加整理，即可复工，但内外存砂一百万吨，数年内无重行开矿必要，已嘱主管人员善加保护，或运集石灰窑保管，至于汉阳铁路厂旧址，为一片空地，沿江码头附近房屋，现为联勤总部船舶修理总厂占用，但汉阳地皮计九千亩，沿长江设有码头，本会其他单位可利用。

大冶现在利用旧料，另造三十吨化铁炉一座，约六月底可完工，月生产铁约一千吨，实为目前所必须，已嘱积极进行，如期完成，但必须赣西煤矿能如期月供焦炭三千吨，方能如期出铁。

此外炼钢轧钢，因鞍山无望，亦有积极建造之必要，拟设三吨电炉一座，及中小型轧钢机一套，已在汉口与六河沟钢铁公司代表人洽妥，购买该厂存香港三吨电炉一套，并由四川资渝钢厂拆移轧钢机一套，互相配合，如立即进行，至本年十月底可以出货，如此华中可有小规模钢铁厂一所，供给各方需要，且经估计业务上可以自给自足惟建设经费需一千余亿，可在鞍山售货款内匀拨，无另向政府请拨。

四、修筑粤汉铁路三支线

以湖北为中心之产煤区域，东自湘赣边境之萍乡，西迄湘黔边境之辰谷，南至湘粤边境之坪石，北抵湘鄂边境之蒲圻，散布甚广，藏量甚丰，其间粤汉路实通南北，各处产煤均待该路运输，而该路无力办理，此次历经湘鄂赣粤等产煤地区，深感非由粤汉铁路局增设若干支线，不足以谈此区域内煤矿之开发，会就当前需要，并顾及政府负担，与粤汉路杜局长商谈，认为左列三支线，必须及时修筑：（一）资兴支线——此线由粤汉路许家洞车站至湘南煤矿局资兴矿厂，全场共约三十五公里，抗战期内原为湘南煤矿局之轻便铁路，目前路基及三十五磅钢轨依然完好，仅枕木须更换，如第一步利用原有基础，换修枕木，沿用旧敷钢轨，完成来河大桥一小部分工程，粤汉路小机车及车皮即可行驶，将来第二步斟酌财力，再行换铺标准钢轨，以期一劳永逸。

该线完成后，湘南煤矿局之资兴矿厂，及本会所属湘盛矿厂所产烟煤，均可运出，供应粤汉路自用及广州燃料，该区煤质灰分甚低，热量甚高，为华南各矿之冠，将来生产能力每月可达一万五千吨至二三万吨。

目前粤汉南段用煤，均赖湘南煤矿局之杨梅山矿厂供给，据可靠估计，该区上山煤存量已极有限，如不及时设法修复，上述许家洞至资兴支线，将来粤汉南段及广州用煤，势必发生问题，故就粤汉路本身需要，该路亦有早日修复之必要。

（二）湘潭支线——此线由湘潭江边至云湖桥，一面通往本会与湘省府合办之湖湘煤矿，一面接通粤汉路局前已为湘江煤矿公司修筑之轻便铁路，直达湘江公司之朱家山矿厂，合计三十五公里。

该支线自湘潭江边至云湖桥一段，原系湘黔铁路旧基，抗战前湘黔路已修至新化，嗣因抗战拆，路基仍可利用，此段共约二十五公里，占全线三分之二以上，其余需要新修十公里，亦均地势平坦，施工甚易，全线修通以后，湘江及湖湘两矿产煤，均可由此运出，两矿产量合计每月可运一万五千吨至二万吨，尚可增加，除粤汉北段用煤以外，尚可运销汉沪等地，将来政府财力充裕，再由云湖桥延长至新化，沿线均为产煤及产锑地区，极有经济价值。（三）坪石支线——此线由粤汉路坪石车站至本会与粤省府合办之南岭煤矿狗牙洞矿厂，全长亦约三十五公里，早由粤省府发起修筑，全部测绘工作，均已完成，其筑路预算并已由粤汉路局呈请交通部核拨。此线修竣后，南岭煤矿产量可望迅速增加，现该矿因限于运输能力，月产烟煤不过两千吨左右，将来可望增至月产一万吨至两万吨，全部供给广州。

目前湖南煤矿运输，全赖水运，以致开矿较大器材无法运入，产煤无法运出，不能作较大规模之开发，小窑林立，为数至少在五百以上，此种小窑设备简陋，施工无度，不但伤矿藏，且产煤品质极劣，现武汉一带劣煤充斥，用户交相厌恶，至于产量已达相当水准之各矿，又苦产煤无法外运，致矿区存煤堆积，资金滞，周转不灵，无法维持，估计湖南一省各矿存煤即达十余万吨，如仍依赖水运，在枯水时期，每船不过载重三五吨，集中船只千艘，充其量每月运煤不过五千吨，且速度甚缓，成本甚高，管理甚难，弊端甚多，故欲开发华湘潭两线，已有相当基础，可资利用，实属轻而易举。

石油篇

调查陕北油田及钻探计划[1]

上篇 调查

绪 言

油为国防必需之品，其重要盖与钢铁相等。近代航空利器，全恃汽油。新式军舰，多用柴油。其余如无线电、坦克车、自动车等，亦莫不赖油为原动力，我国用油，完全仰给外货，一旦国际有事，来源断绝，危险实甚。本会有鉴于此，除聘专人研究煤中及石中取油之术外，同时委托地质调查所，考察陕北石油地质，结果以地层平缓、油量是否丰富，谓再精密调查及实施钻探，方能确定其价值，于是本会遂作进一步之计划派崎等出发赴陕，调查陕北油田情形，延长官厂设备及运输机器道路等，以为实施钻探之准备。

至地质情形为钻探之根据，已由地质调查所王竹泉先生等再度赴陕详细测勘，另有报告。

出发前对于路线研究再三，大致有四，均以延长为目的地：（一）由平绥路之包头镇顺黄河而下，经府谷吴堡而至延长；（二）由太原至军渡渡河，而至延长；（三）由潼关风陵渡河，乘汽车至河津渡口（即龙门）溯黄河而上，至宜川县东之圪针滩，而至延长；（四）由西安遵陕北大道，经中部肤施等县，而至延长。以上四线，据各方报告，均有运输机器之可能，而均无切实之表示，故必须身历其境方能决定，但以时间有限，势难四路并行，经慎重考虑之结果，以清末民初，两次探矿，皆走陕北大道，遂仍循履辙焉。

九月十日，由京出发，绕道津平、郑州，至潼关、承邵主席派车来接，至西安，雇骡北上并承建设厅派该厅技正赵国宾先生陪往，一行三人，循陕北大道而行，时虽中秋，风雨载道，哭泉坡上且已见雪，五站至中部县，谒黄帝轩辕氏陵庙，十站至肤施县（延安府）东三十里之拐峁镇，越崎与心田分途。心田顺延河直赴延长，先调查官厂机器，崎与赵君绕道北行，经蟠龙镇、瓦窑堡、永平镇、石油沟、延川县及甘谷驿，而抵延长，距西安出发，已十六日矣。

至越崎绕道之原因：（一）以此次预定探矿地点，除延长外尚有永平镇，这必须一到该处；（二）为永平镇探矿用煤，故到瓦窑堡调查煤矿；（三）为考察王竹泉先生所发现之油母

---

[1] 与张心田合作于1934年1月。

页岩，故到蟠龙镇;（四）为调查甘谷驿至延长及至永平镇运机道路，故绕道甘谷驿而不由延川直赴延长，此外在宜君县之偏桥至大窑子，及洛川县城至街子河两段，均绕走昔时美国人之大车道，（已经不走）以为将来修路之准备。

在延长则详细调查官厂设备王家河美人探矿旧址及延长附近各处油泉等共取道宜川韩城南旋至龙门、遵邵主席命，考察龙门煤矿改乘黄河煤船顺流而下，兼视黄河能否为陕北运机运油运煤之用，计在船中三夜四日，水程二百九十里，遇匪一次，绝粮一日，而至潼关复赴西安，谒邵主席及赵建厅长商洽实施探矿及救济官厂等办法，再回潼关，乘陇海车东旋，至徐州，又北折至中与煤矿机械厂拟请完制探油机件，因该厂无暇不果于十一月十五日返京。

此次陕北之行，承邵主席赵厅长招待指教，并承省府张委员电托陕北驻军，而延安高旅长派张营副直至同官来迎沿途派队保护洛川程团长、曾施石参谋长宜君章团副，同官王营长永平张营长，延长刘连长等，及沿途各县县长与延长县各县各团体殷勤招待，暨赵国宾技正一路引导，盛情可感特志于此藉申谢忱。

第一节 陕北情形

一、地理

陕北昔称高原，自地质专家谢家荣先生于民国二十一年，考察陕北地质后因四周地势及内部地质等种种关系，断定陕北为盆地，与昔日普通所称者适相反，亦陕北地理名词之一大革命也。

陕北政治区域，指昔日之榆林道区而言（陕省分榆林、关中、汉南三道），南由宜君宜川两县与关中道之同官韩城两县为界，北越长城，与绥远为邻;东尽黄河，与山西相望；西接宁夏甘肃，犬牙相错。

境内最高之山为白于山，海拔二千余公尺，陕北诸水均发源于此，东南流入黄河，最大者为洛河，次之无定河，又次之则为流过延长之延河。

榆林为陕北第一大市，交易以毛皮为大宗，延安为第二大城，地势险要，宋防西夏夙称重镇。

二、地质及油层

据二十一年地质调查所（陕北油田地质）报告，陕北地质除其南部近渭河盆地为近生代沉积外，全为中生代之地层，倾斜甚缓，普通向西由一二度至三四度，重大之折曲，虽非全无，实例甚少，惟微小之断层，则颇常见耳，兹按油泉发现之地名与地质构造之关系，由下而上分陕北油层为三组如左。

陕北油泉虽有三组而开采者仅延长组中之一层，曾施组曾经美国人打过一钻，永平组则从未加以试探，究竟何组含油较富，非实施钻探不可，若就油泉而言，似乎延长与永平较有希望，换言之，即三叠纪中含油较富也。

（甲）延长组亦称下组（中三叠纪）	（乙）永平组亦称中组（上三叠纪）	（丙）曾施组亦称上组（下侏罗纪）
第一油层（蓼子原） 第二油层（烟雾沟） 第三油层（延长石油官厂） 第四油层（乔家石料）	第一油层（石油沟村东） 第二油层（石油沟村西）	第一油层 第二油层 第三油层

陕北油泉，除上述三处外，南自宜君，北至米脂，尚多发现，唯一出陕北范围未闻有油泉发现，是陕北全区之地理地质，颇有引人注意者在也。

三、气候

关中道区，常有大旱，陕北则否，如民国十七八年，关中连旱四五年，陕北仅旱一年，近年陕北地方，较前发达，即为关中大旱时，饥民相率北迁之结果。

夏秋之交为雨季，间或发洪，修路及运输均不相宜，春雨不多，秋雨亦少，此次崎等在陕北道上，秋雨绵绵殊非普通现象，至于各季之确实雨量，因无纪录不得而知，冬季自十二月至三月地冻，修路最不相宜。

四、驻军

陕北自民初迄今二十余年，向为陆军第八十六师防地约一万人，分驻二十三县地面（最南达宜川县及关中道之同官县），凡陕北油区均在该军防地以内，师长井岳秀（陕西蒲城人），驻榆林；第二百五十六旅旅长高福双，驻延安；第五百十三团团长程钟麟，驻洛川，军纪甚好，不准士兵吸纸烟，平日提倡兵工，延安东门外跨过延水之大石桥，计十一洞修筑经年，均用兵工高旅长且亲自下水作工，以资提倡闻本会拟去探油甚为欢迎，该师士兵，在陕北多年，视陕北为第二故乡，凡对前去开发陕北者，无不竭诚协助。

五、金融

陕北用钱均为现洋及铜圆，闻有用制钱者，陕西省银行，在陕北各地设一分行，汇兑不通，钞票不用，邮局因邮信不多，现钱亦少，延安等处，每月可通汇数百元，至多一千元。榆林设有地方实业银行，发行钞票，通行陕北，但为数甚少，此次所遇仅一二次，见该行一圆之钞票数张而已，该行在西安亦无分行，与省银行并无联络，此外陕北各地，另无钱庄票号，将来探矿用钱是一问题。

六、邮电

邮信向日走，不分昼夜，延长至西安，六天可到。电报线自西安沿陕北大道，直通榆林，但自今年起，耀县至同官一段约七十里，线均丢失，杆亦无存。因之西安与陕北，不能直接通电，惟同官至榆林，是八十六师防地，以军事关系，各县均注意保护电线，未尝损坏，同官榆林间，不独电报无阻，且通车用电话，又闻榆林师部有无线电台一架，西安方面，交通部电报管理局，新设无线电台，可与各处通电。

七、黄帝陵庙

黄帝轩辕氏衣冠陵，在中部县城之北山，山名桥山，故又名桥寝，满山柏木森森，墓前有碑文曰："古轩辕黄帝桥寝"，墓旁有汉仙台，为昔时汉天子求仙之处。

黄帝庙在东门外，古柏甚多，内有一株，大可六七围，年代湮远不可考，庙宇全毁，唯有碎瓦颓垣及清代祭祀残碑若干而已，轩辕氏受祭于满清，而失祀于民国，今日不独庙宇荒凉，即泥塑亦毁。好事者于蓑草没茎之神柜工，置白木神位一面，书曰"黄帝灵位"，展谒之下，为之慨然。

林主席上次赴陕，坠于民族式微，祖庙颓废，拟重修庙宇，以振民族精神，闻全国经济委员会已议筑西安至中部县之公路，以为修庙之先声，中部南距西安五站（四百二十里），北至延长六站（五百里），倘经委会因黄帝而先修西安中部之路，则中部延长间之一半，不难一气呵成，以便运输各种机器、果能探得大量油源，造福民生，充实国防，黄帝庇佑之功，当不亚于逐鹿之役矣。

第二节　延长及永平镇形

一、延长县情形

全县三千六百余户，约二万三千人，田赋年约六七千元，此外尚有杂捐附加税等，全县多山地，仅沿河两岸及原地稍肥腴，出产以棉花、小麦、羊毛等为大宗。

延长县城，在延河北岸，南临延河，北负高山，东西二门，形势可观，城内有东西大街一条，长约二里，铺以石板，男女小学各一所，校舍甚好，风气较他县开通，是受油矿之影响也。

城内驻军一连，为八十六师，校兵团第二营第六连连长刘过千人极和蔼，军纪亦佳，延长无电报局，有一邮政代办所邮信间日一走。

延长四近，油泉最多，量亦较旺（第一沟井沟旁之油泉，至今涌油，为各处冠），清末探矿，先择延长者，固因矿在城边，诸事便利，然泉多量旺，未始非首先被选之一大原因，但延长地层平缓，殊少聚油之地质结构，油泉虽多大量无望，不能不使千里跋涉之考察者为之气馁。

二、永平镇及石油沟情形

永平镇与石油沟相距十里，均属延川县，永平镇为永平川中第一大镇，商民约百户，驻兵一连，属于炮兵团第二营，营部亦在镇上，石油沟为一小村，住户十余家，将来探矿员工，无论住永平镇或石油沟，租房均不成问题，但永平川向多盗匪，去年十月间，石油沟村长王某被抢遇害，永平镇上因此驻兵匪氛为之稍杀，此次崎自石油沟起身赴延川县，在中途白家坪打尖，据村户言，晚间曾遇匪徒十余人，幸未遭抢劫云云，将来永平镇石油沟间探矿机关，为安全计，似应设在永平镇。

永平川上游有四五十度之背斜层数处，地质情形较延长附近为佳，煤之供给亦近，惟质劣层薄耳，距永平镇六七十里之瓦窑堡，煤窑甚多，煤质甚佳，煤层亦厚，永平探矿燃料不成问题。

石油沟村口之西，永平川之川边见古油井一口，为长方形，大小与普通水井相仿，闻井深土一丈五尺，石三尺，共深约一丈八尺，油由石中流出，取油用车辘轳，与普通水井提水同，每日出油多少不一，平均二三十斤，井主八家，分五大股，每股做两天，井是何时所凿，无人知之，该井自二十一年六月起，停止吸油，一因井为大水浮土所没，二因麻子油丰收，打油无利。

此外在石油沟村口之东，约一里余，亦见一油泉，即在永平川川中之沙滩上，井浅，不到石层，与其称井不如称塘，油由塘边涌出，形如蝌蚪，浮至水面，逐渐扩大，成为薄膜，日可取油数斤云。

永平镇在延长西北，如走捷径，两天可到；如走大道，由延川经甘谷驿则须三天，多则四天，将来运机器赴延长及永平时，应在甘谷驿分途。

第三节　陕北道路情形

赴延长之道有四，水陆各二，已在绪言中言之，兹详述其情形如左：

一、水路

水路有二，一由包头顺黄河而下，一由潼关、龙门等处溯黄河而上，但下行者仅能用牛皮包或小船运小量之煤斤及皮货而已，上行者因逆水行舟，用人拉牵只行空船，不载重货，且黄河夏有洪水之患，冬为结冰之期，实不是倚为唯一运输之道。

黄河行船之难，他处未经亲历不得而知，自龙门至潼关一段，水程二百八九十里，崎等此次曾坐载重二万四千斤之煤船顺流下行，知其详情述之如下：

龙门昔尝以为瀑布，实则壶口为瀑布，龙门乃一窄口也，两旁皆石灰岩，相隔仅数十尺，水过口时，急流如矢，口内河狭称山河，口外河宽称川河，口外常有大风，崎等至龙门之越口，本即乘船南下，适逢风作，尘沙蔽天，咫尺莫辨，船不能行，以致人及行李下船复起，归途饱受风沙，抵寓几如泥人矣。翌晨风稍息登舟行十里，出风境，是日共行百里，夜泊山西荣河县岸，第二日又行百里，夜泊永济县黄龙镇河岸，第三日行约八十里，至黄、渭、合流处时，正下午三时，距潼不过十里，遥望陇海车站，历历在目，因滩宽水浅，船难前进，不得已又在中流泊宿一夜，而船中已告粮罄，第四日自晨六时至下午三时前进不过七八里，距岸仅二三里，船复不动，饥困交加，遥见潼关岸际，有小船两双，因派水手涉水呼小船来，始将人物驳载登岸，中途船小流急，碰撞大船，几遭没顶之祸。

此外沿途搁浅不下十次，但均不久即出，据闻黄河去年发洪，流归正槽，航行已较前便利，且龙门至潼关为黄河在秦晋境内最好一段，情形尚且如此。则河运之不足恃可想见矣（黄河行船法向所未见，下行时不用舵，亦不用桨，全仗水力航在船前，艄公把之船后两锚，另有二人，司其赵落，助航以定船行之方向，水面甚宽，船行必择水流深处，此为艄公唯一之责任与能事，谓之看水线。一不小心，船出水线，即遭搁浅，甚者须候翌年水涨，始能开行，夜间不能看水线，故不能行船，至空船上行，全用人力拉牵，未闻有运货者）。

二、陆路

陆路有二，即太原至延长，与西安至延长是也，两路远近相仿，惟陕北属于陕西省，有事须与山西省接洽，故以走西安为相宜。

此外由韩城、宜川赴延长之路，崇山峻岭，道路难行，又自延安经蟠龙镇、瓦窑堡，石油沟至延川县之路，亦不好走，比较之下，运输机器，自以陕北大道为宜。

三、陕北大道

陕北大道是西安至榆林之干路，直贯陕北，终达长城，古时秦筑长城，汉征朔方，宋防西夏，军行皆由之。

清末为开延长油矿特拨防军，大修西安至延长一段，通行大车，运输送机器，民三中美合办，二次大修，民十六冯玉祥亦稍加修补，至洛川为止，惜一日暴之，十日寒之，至今距大修已二十年，距小修亦六七年，完整好路固不少，而坎坷狭窄之处亦甚多，大车已不通行，即骡轿行走，亦有几处应加修理，兹将此次履勘陕北大道情形，叙述如下：

（甲）陕北大道现状

（子）第一站自西安至三原县、九十华里，可通汽车。

（丑）第二站自三原至耀县九十里，曾通汽车，现只能通大车。

（寅）自耀县以上曾通大车，现只用骡马驮运。

（卯）自西安至中部县，计程五站，（四二〇里）有黄帝轩氏陵庙。

（辰）自西安经肤施至延长县，计程十一站，（九二〇里）。

（巳）自西安经甘谷驿，延川县城，及石油沟，至永平镇，计程十二站，（一〇三〇里）。

（午）自西安至榆林计程十八站，为陕北大道终点。

（未）路面宽狭不一，狭处不过一公尺，宽处七八公尺，普通约二三公尺。

（申）运货全用骡马，最大重量，一骡能驮二百五十斤，两骡能抬四百五十斤。

（乙）陕北大道各站距离及高度

陕北大道，自三原以北，站站上升，尤以自同官县经金锁关至哭泉镇一段为最急，至宜君县，则登峰造极矣，过宜君后，站站下降，参阅路线剖面草图，可以了然。

各站距离，短则七十里，长则一百里，普通八九十里，每骡驮重二百二三十斤，如无特殊原因，均可赶上站头，但将来运机器时，人多货重，路远道坏，自必耽误时间，势难赶上站头，必须中途歇店，但陕北僻壤，中途未必处处有店，有店亦未必能安顿大队人马，此运机器时路上最应注意之点，最好每日早为询明，预作准备，以便临时处置，而免进退两难，兹将行程列表于下以备参考。

站名	西安	三原	耀县	同官	宜君	中部	洛川	鄜县	甘泉	延安	干谷驿	延长	干谷驿	延川	石油沟	永平镇
高度(公尺)	290	260	470	740		1300	840		1070	860	950		920	800	700	920
站数		第一站	第二站	第三站	第四站		第五站	第六站		第七站	第八站		第九站	第十站	第十一站	第十二站
各站间距离(华里)	90	90	70	90	80	70	100	90	90	70	80	100				
打尖地点	30里之草滩镇	30里之楼底镇	30里之黄堡镇	60里之哭泉镇	30里之偏桥镇	40里之交河口	80里之交道镇	45里之道左镇	45里之苏家河	30里之拐峁镇	30里之黑家铺	携干粮不打尖	40里之白家坪			

右表海拔高度，是用气压测高仪测量，又西安之标准高度，根据西安气候所报告。

（丙）陕北大道应修之大工程

陕北公路，修至延长及石油沟，全段均须辟宽、填平挖沟、泄水，惟除二百余里之石砭外，均是土路，修筑甚易，其中工程较大者约有三种。

石砭、（丑）土坡、（寅）桥梁分述如下：

（子）石砭　沿河边之石路，土人称谓石砭，河水侵蚀甚盛，路均羊肠小道，里边为陡壁，外边临深涧，不独危险难行，且最易冲坏，沿途又有许多支流，均须架桥或做涵洞，流短水急，桥洞易冲，为全线工程最难之路段，修公路时，最好能避开石砭，自西安至延长及至石油沟，共有石砭四段：

（1）沿洛河上游　鄜县茶坊镇以北十里起，至甘泉县城北五里止，全程长八十五里，内约七十里为石砭，而以甄家湾一带为最坏。

（2）沿延河中游　延安城东十里（台儿沟）起，至四十里铺止，计石砭三十里，又自韩家湾（距延安东五十五里）起，至黑家铺止，计石砭五十五里。

（3）沿马家沟　延川县淮阴山以北至延川县城石砭约三十五里，但不如沿洛河及延河之险恶。

（4）沿永平川　自延川至石油沟，计石砭八十里，亦不如沿延河及洛河之险恶。

以上共计石砭二百七十里。

自黑家铺以东至延长，美国人亦修有沿河石砭大车道，已不行，目下均走山道，约四十里，道路不好，据驻延长之刘连长言，黑家铺至延长之山上，有原地甚平，惟中间有一大坑，苟在黑家铺修一上坡，在延长城西修一下坡，又在原土将大坑填好，必成一条好道云云。

（丑）土坡　陕北所谓坡，即南方这岭也，全是土质，故曰土坡。坡度自百分之二十至百分之三十五不等，间亦有至百分之四十五者，将来修路，必须辟平至百分之七八，兹将沿途各大坡，明列于下（上下坡之名指由西安北行而言）。

  （1）宣君县属　　　　　哭泉坡上坡　　　　三里
  （2）又　　　　　　　　火窑子南坡下坡　　五里
  （3）中部县属又　　　　北坡上坡　　　　　三里
  （4）又　　　　　　　　城南坡下坡　　　　七里
  （5）又　　　　　　　　龙首坡上坡　　　　四里
  （6）又　　　　　　　　安子头坡下坡　　　五里
  （7）洛川县属　　　　　交河口坡上坡　　　三里
  （8）又　　　　　　　　街子河坡下坡　　　五里
  （9）鄌县县属　　　　　街子河坡上坡　　　四里
  （10）又　　　　　　　 茶坊坡下坡　　　　五里
  （11）甘泉县属　　　　 分界岭上坡　　　　一里
  （12）延安县属　　　　 分界岭下坡　　　　二里
  （13）延长县属　　　　 黑家铺土坡　　　　四里
  （14）又　　　　　　　 城西坡下坡　　　　四里
  （15）甘谷驿与延川县间　雁门山上坡　　　　五里
  （16）又　　　　　　　 雁门山下坡　　　　五里

以上共计土坡十六面共长六十五里。

（寅）桥梁

（1）西安三原间　过渭河一次（现用渡船），泾河一次（涉水）

（2）三原县耀县间　通乾河、赵子河、石川河，各一次。

（3）耀县同官间　通漆水四次。

（4）同官宜君间　自同官县北经金锁关至哭泉坡止，共过同官水二十余次，但均属上流小溪，水浅而狭。

（5）宜君中部间　通火窑子河一次中部河（又名沮水）一次。

（6）中部洛川间　过中部河（沮水）四次，过小河一次，过洛河一次（现用渡船）。

（7）洛川鄌县间　过街子河一次，过茶坊河二次。

（8）鄌县甘泉间　沿洛河行，所过均小支沟。

（9）甘泉延安间　因过洛河与延河之分界岭，经过小沟约十六七次。

（10）延安甘谷驿间　过延河一次（已由八十六师驻军以兵工修桥，计十一洞，全用石板，可通汽车，已完工一半），此外因沿延河行，过小河十四条。

（11）甘谷驿延长间　过流入延河之小河六条。

（丁）修路经费预算

修路费用，必先测量路线，确定路基与路面之宽狭，及桥梁涵洞之数目等工程计划，方能作切实之经费预算，但为得一概观起见姑按丙项所列应修之工程，参照七省公路会议所定公路工程之标准，假定路基六公尺路面二级单车道（三公尺），坡度百分之八，先修中河各桥梁，及不可省之涵洞等，全部工程约略估计，每公里需国币一千二百元，西安至延长约五百公里，共需六十万元。

第四节　延长石油官厂情形

一、位置

延长官厂，在延长县西门外，有东西两厂，中隔小河，相距十余丈，西厂为油井及机器房，东厂为炼油房及事务所，东厂邻接县城，其东墙即县城西墙之一隅。

二、沿革

延安油矿，陕西人士视为无穷之富源，省银行钞票，以延长油井为标记，可见一斑，至该矿自开办迄今，将三十年。曾经复杂之历史，兹分为三期，述之如下。

第一期　创办

延长官厂，于光绪三十年十月，经（陕西）巡抚曹鸿勋奏请开办，得旨九准。三十一年开始筹备，聘请日本技师，赴延勘定凿井地点，并拨防军一营，修治西延大道。三十二年十月，路工告竣，同时日本机器两套，及日本技工七名亦到，省委延长知事洪寅兼油矿提调，雇车运机，实行开办。三十三年（丁未）正月，机器到延，鸠工伐木，平地搭台，至四月二十五日，橹台（即井架）机器，均安置妥当，即于是日正式开凿第一油井，口径一尺，七月十三日深一百六十尺，钻头坠落，直至十八日取出，改用八寸钻头，复凿至八月初三，共深二百四十二尺，油气沸腾，吸之得油，日约二三千斤，是为延长第一号油井，初次试探，即告成功。于是延长石油之名遂遍传全国矣，邮传部及农工部，乃派法国技师，由太原入陕，勘测铁路，预备大办，经省议会通过，改为官商合办，积极扩充。各方无不重视，后因故，未能尽量发展，至宣统三年正月，开凿第二井，三月深三百二十尺，达油层，日吸原油三百余斤，又告成功。中外逐认延长遍地皆油矣，但同年又在第一井之北坡，凿第三井，在雷家滩凿第四井，均未得油。

第二期　中美合办

中美合办油矿之合同，于民国三年成立，定油矿为国营矿业，派熊希龄为油矿督办，美国机器及技师技工，陆续到陕，试探陕北油田，共计凿井六眼如下：

延长西门外第一油井西南深	深	八七〇公尺
延长烟雾沟王家河	全	六二五
肤施县东乔儿沟	全	九〇〇
中部县店头镇红石崖	全	一一八〇

中部县店头镇西南十五里	仝	八〇〇
宜君金牛庄	仝	一二〇〇

中美油矿公司，开凿上列各井，并修治西延大道，测量地形，及调查地质等共费二百六十万元，其工作报告、关于地形地质者颇详，而对于钻探记录则独略，含混模糊，殊难得其真相（延长西门外第一号油井西南之一钻，曾因活心钻杆（gar）破裂，钻头钻杆落井，不能起出，嗣在其旁另打一钻到底）。

民国五年，陕北大乱，股匪两攻延长城，加以各处钻探，无大希望，中美油矿事务所，遂于三月间撤销，美人皆去，全部机器均遗留该地。

中美合办探油，是国营事业，延长官厂，是省营事业，本属两事，并无直接关系，但间接关系不少。例如民国四年，中美油矿事务所，曾一度调查官厂设备，有估价收买之议，卒因油矿事务所撤销，事不果行，又民国十三年，赵国宾任油厂总理时，收集美人所弃之机器凿井两眼，民国十八年，包恩骙监督，藉此项机器，开凿第一新井成功，得以继续官厂之寿命至于今日。

第三期　第一新油井成功至现在

自宣统三年至民国十三年，未打新井，（民国八年第二号井毁于匪，官厂专恃第一号井维持生命），民国十三年，总理赵国宾，拟增加生产，曾打两钻，见油少许。民国十八年，现任监督包恩骙，在第一号旧井西北，开凿第一号新井，二月十五日动工，平治地基，建筑橹台（井架），移装机器，五月四日，一切就绪，正式开凿。八月三日深五百二十尺，达到油层。此为延长官厂成功之第三井，初时每日出油两万余斤，一月后减至七八百斤，至十九年春，再减至二三百斤，现在日仅一百余斤。

自第一新井成功后，官厂有新旧两井出油，产量较多，收入较丰，曾在附近陆续打第二、三、四、五等新井，除第四新井，曾得少数油量，至今每隔四、五日，吸油数会增外，其余各井，均未见油。

民国十七年第一新井未成前，每日产量，平均不过二百五十斤，官厂生命，岌岌可危，及十八年新井成功，产量日达七、八百斤，一时生气勃勃，嗣后逐年递减，至今年调查时，产量又回复十七年每日二百五十斤之旧纪录。

三、油井（参阅延长图及油井剖面图）

延长共有油井十四眼，正式出油者，仅二井，其余均为废井，兹以第一油井为标准，将各井位置高低及深度等，列表如下❶：

---

❶井深原始数据不清。

井号	距第一井公尺	方向	海拔（公尺）	深度（公尺）	年月	结果	备考
第一井			六九一、五	七四、二〇	光绪三十三年四月二十五日至八月一日	成功	日人凿掘
第二井	一三三	N26° 15′ W	七〇一、八	一三五、〇	宣统三年正月至三月	成功	全
第三井	一〇五〇	N20° 30′ E	七一〇、七	一六四、七	宣统三年三月二十九日至六月十日	无油	全
第四井	雷家滩		六九四、〇〇	一二〇〇〇		因革命未完工	全
第五井	三四〇〇〇	N87° 30′ W	六八二、五	八七〇、〇〇		未详	美人凿掘
第六井	烟雾沟			六二五、〇〇		未详	全
第七井	一七五〇〇	N65° 15′ E	六九二、八	九六〇、〇		分打井无油	赵国宾凿掘
第八井	二八〇〇〇	S11° 45′ W	七〇〇、五	一二九〇〇		微量	全
第九井	四六七〇〇	S57° 30′ E	六八七、五	一一〇〇〇		无油	全
第一新井	三二五〇〇	N32° 30′ W	七三〇、六	一五八六〇	十八年三月十五日至八月三日	成功	包恩骏凿掘
第二新井	二三五〇〇	N37° 30′ W	七一六、三	一七五七八	十八年十二月十一日至十九年六月十四日	无油	全
第三新井	一六〇〇〇	N23° 15′ W	七一〇、八	一四五四八	十九年七月十五日至十月二十七日	无油	全
第四新井	二七五〇〇	N23° 15′ W	七三四、九五	一八六九六	十九年十一月二十日至二十年七月一日	微量	全
第五新井	四〇〇〇	S33° 45′ W	六九一、三〇	一三五〇	二十年七月二十六日至十月十二日	无油	全

四、炼油方法及油品

延长炼油，是三十年前老法，将来如果得油，自非改良不可，兹将该厂炼油方法及炼得油品，叙述如下：

第一挥发油（在颇美氏比重表八十度左右）。其制炼法：第一步将采之原油，用机器或人力装置于大号炼油釜内，形似锅钵（容量七千二百斤）；第二步用火烧之使原油沸腾，而成汽体；第二步沸腾之汽体，由蒸馏汽管径过长方形冷凝槽之盘肠管（因液体遇热成汽，汽体遇冷仍为液体之理）流至油池，先出者即为挥发油，每釜原油七千二百斤中，能取挥发油约五十斤，惟天气越蒸则所取油量愈少，甚至全无。

第二汽油（即挥发油之次者，颇美氏表六十五度至七十五度上下）。其制炼法，与挥发油同，惟在挥发油之后，所取数量（每釜原油七千二百斤），约二百五十斤至三百斤不等，亦以气候冷热为转移，惟汽油多则甲油减少矣。

第三甲油。即普通灯用煤油，其炼取时间，又在汽油之后，炼出时，且须经硫酸曹达等净洗手续，每釜（原油七千二百斤）可得甲油二千八百斤之谱。

第四乙油（一名安全油，又名柴油）。在陕北，普通芯用以点灯，故又名乙等灯油，乙油之来源有二，一由大号釜内白腊（蜡）油中取出，其炼取时间，在甲油之后，且须经过压榨手续，当甲油取过之后，炼出之油曰白腊油，置于空气较冷的地方，使其冷凝而成乳质体（越冷凝越好），然后装入裱有毛布包（牛羊毛线）之大木柜内（柜下有漏孔口）以人力拌搅之，压榨之，压出之液体，即乙等灯油，每釜能取九百斤之谱，毛布包内之渣质，称谓白原腊块，每次约有三百斤，又自二号釜内黑腊油中，亦能炼取乙油约九百斤之谱。

第五原腊块。分白黑两种，白腊块出自大号釜内，即白腊油中取过乙油之渣质，黑腊块出自二号釜，黑腊油中取过乙油后之余渣，所取数量，因气候而异，气候冷则腊块多，热则腊块少，但多则油少，少则油多，此必然之理。

第六重油。此油是大号釜内炼过以上各种油品后所留之油渣，每釜原油（七千二百斤）约余重油二千二百斤之谱，此项重油装入二号釜内，再可制炼其他油类。

第七黑腊油。大号釜所余重油，以人力担于装入二号釜内（容量一千八百斤），能炼出黑腊油一千斤之谱，此油经过压榨提出乙油，其手续与前由白腊油中制乙油全同，可得乙油七八百斤之谱，剩余之渣，即黑腊块所得数量，全视气候冷热而异。

第八软腊油及净腊块。软腊油一名巴拉粉，净腊块一名凡士林，将白腊油中压出之白腊块，及黑腊油中压出之黑腊块，置于烘腊房内，（查烘腊房是用一小房，内边盘一大炕，炕上置一木架，架上置原腊块，然后将门封闭，下边以火烧之），是原腊块内之软质为热度烘流，流出之液体，即成软腊油，块体即成净腊块，在气候较热时，每百斤原腊块，可出净腊块五十斤，软腊油三十五斤，消耗约十斤之谱；天凉时，每百斤可烘出净腊块四十斤，软腊油三十余斤。

第九种净蜡块与蜡烛。查净腊块虽经前法烘成，但质不纯净，再以骨灰及砂滤过，即可制腊，用净腊块制蜡烛，中间须经种种手续。

第十机器油。有黏性，此油在二号釜内取过黑腊油之后所得，每釜能取一百斤之谱，因油质含有黏滑性，故可作润滑机器之用。

第十一擦枪油。此油即将上项机器油置于太阳光下晒之，待色变黄时，即成擦枪油，因与机器油无甚差异，故有时混而为一。

第十二渣油。此油乃是重油炼取以上各种油品之余渣，每釜约余四百斤之谱。

以上炼油时间，大号釜每次需三十六小时，二号釜每次需二十四小时，兹为明显起见，特将炼油系统，列表如下：

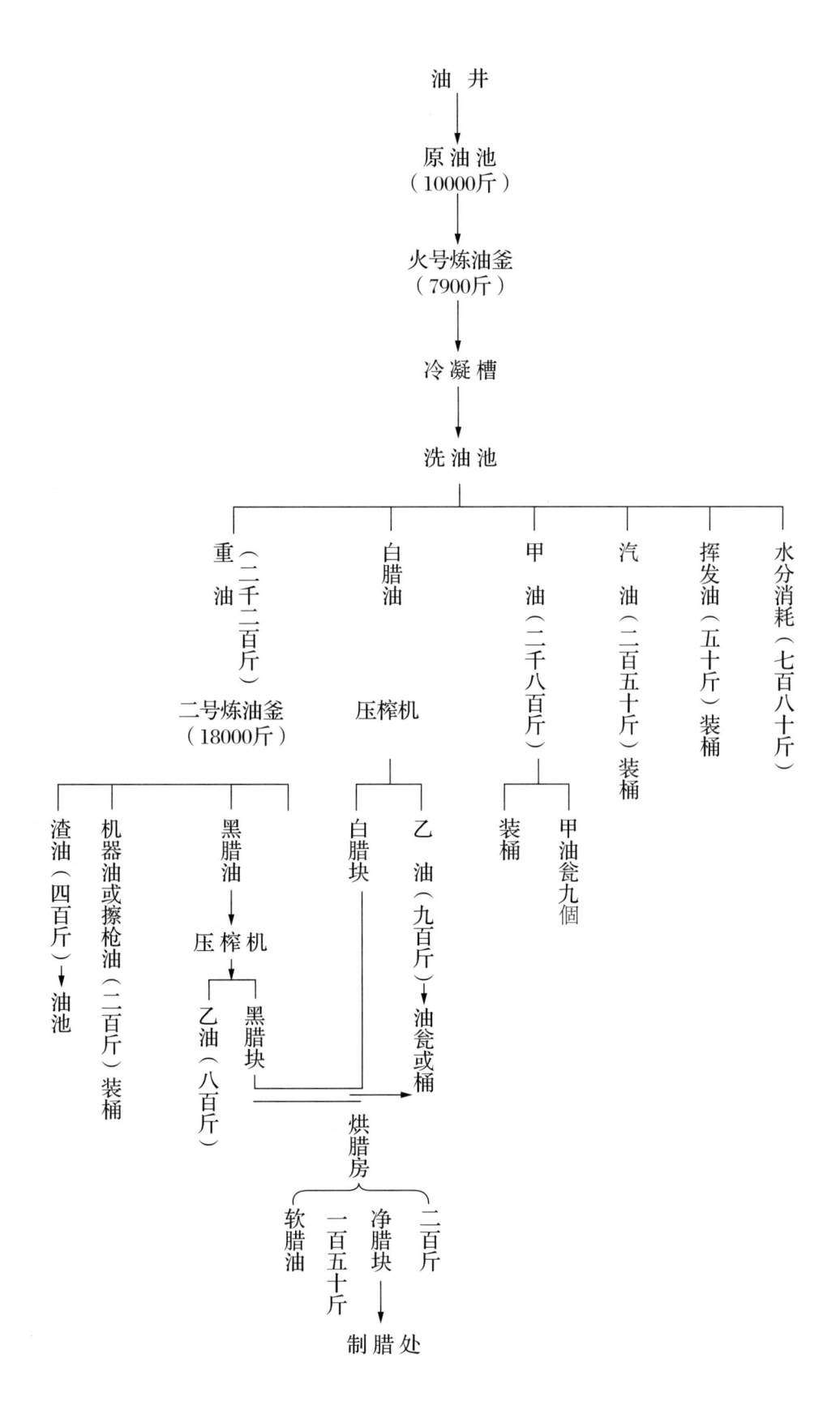

```
                              油  井
                               ↓
                            原 油 池
                           (10000斤)
                               ↓
                           火号炼油釜
                           (7900斤)
                               ↓
                            冷 凝 槽
                               ↓
                            洗 油 池
    ┌──────────┬──────────┬──────────┬──────────┬──────────┐
    重          白          甲          汽          挥          水
   (二          腊          油         油          发          分
    千          油         (二        (二         油          消
    二                      千         百         (五          耗
    百                      八         五          十         (七
    斤)                     百         十          斤)         百
                           斤)        斤)         装          八
                                       装          桶          十
  二号炼油釜    压榨机       桶                                 斤)
  (18000斤)      │           │
    │           │          装
┌───┼───┐    ┌──┴──┐        桶
渣   机   黑   白    乙        │
油   器   腊   腊    油       甲
(四  油   油   块   (九        油
百   或   │    │    百        瓮
斤)  擦   压   │    斤)       九
 ↓   枪   榨   │     ↓       個
油   油   机   │   油瓮
池  (二   │    │   或桶
     百  ┌┴┐   │
     斤) 乙 黑  │
     装  油 腊  │
     桶 (八 块  │
         百 │   │
         斤) └──┼──→
                ↓
             烘腊房
          ┌─────┼─────┐
          二     净     软
          百     腊     腊
          斤     块     油
                 一
                 百
                 五
                 十
                 斤
                 ↓
              制 腊 处
```

五、燃料

燃料分煤与柴两种，煤产于石马科，跨县城西南六七十里，煤层厚二三尺，煤质尚佳，该处由官厂派经理一人专司采煤事宜，采煤工资，大约每百斤三角，运费亦约三角，合计每百斤约六角，柴亦来自四五十里之山野，每百斤约三角五分。

官厂采油，每日早六时起至十时停止，锅炉烧煤日约一千余斤，月计三万余斤，约需二百元，再加引火柴钱，共需二百二三十元之谱。

炼油用柴，大号釜每炼一次，需柴二千五百斤，二号釜每炼一次需柴六百斤，至消腊烘腊，冬夏平均每次需柴五百斤，自下官厂每月炼油一次，共需柴三千六七百斤，计洋十四五元。

以上煤柴两项，目下每月共需二百四五十元之谱。

又该厂打钻时，每昼夜，冬日天寒，用煤五千余斤，夏日天热，用煤三千余斤，平均四千斤，合计每月用煤十二万斤，计洋七百二十元。

六、产量

目下新旧两井，每日抽油四小时，又第二号新井，每隔四五日抽油一次，不过数分钟，为数甚少，大约全厂产量，每日平均可得二百五十斤，每月七千二百斤，正合大号炼釜一釜之容量。兹将该厂近五年产量表列下以资比较。

延长石油官厂历年产油成品调查表

年别	原油	油类							附产类				
		甲油	乙油	挥发油	汽油	重油	机器油	擦枪油	渣油	软蜡油	蜡块	大号蜡	二号蜡	四号蜡
1928	91400斤	34500	22700	400瓶		4800	7300	65瓶	5100	700	4247	116支	1125	5610
1929	270448	136525	89480	225斤	9990	97300	5750	50斤	15000	1525	5330	174	796	970
1930	262610	107200	84325	2021	8470	69600	12280		25720	4642	1430	99	1272	34180
1931	132510	54700	46250	800	2210	43800	4350		12200	1685	224	22	1118	27700
1932	93420	38200	24950			26400	1300		5200	275		254	784	21474
备考														

注：参照上节《炼油方法》，此表油类项下之数量，或有错误，姑存之以待证。

七、销量及市价

延长油品，以甲乙两种灯油为大宗，今年因乡间大麻子灯油丰收，兼以农村经济奇窘，民间购买力弱，官厂灯油，遂无法销售，目下存量达三万余斤，为自由厂开办以来仅有之现状，兹将最近三年油品销量表列下：

年别	月份 油类	一月	二月	三月	四月	五月	六月	七月	八月	九月	十月	十一月	十二月	总计
1931	甲油	5600	4950	4925	5625	5525	2250	4825	5650	4375	2850	5200	6875	58605
	乙油	3400	3700	9575	4225	4550	3080	5150	2700	3875	3850	5175	2575	52255
1932	甲油	2552	3700	6675	2075	1550	1150	900	2475	1375	4225	2875	4025	33550
	乙油	1800	3550	6225	2275	2775	1975	2875	—	2175	375	650	600	25275
1933	甲油	3600	4350	2800	2775	550	425	550	2825	1500	—	—	—	
	乙油	425	2100	3475	2775	1000	625	800	650	450	—	—	—	
备注									本月一日起减价三元五角					

兹将最近三年官厂门市油腊价格表列下（单位为元）：

年度	月份	类别	甲等油	乙等油	大号蜡	二号蜡	四号蜡
			每桶	每桶	每支	每支	每包
1932年	1月至9月份		6000	3500	250	150	250
1932年	10月至11月		5500	3000	250	125	200
1933年	1至3月		5500	3000	250	125	200
1933年	4月至7月		5500	3000	250	125	200
	8月至10月		3500	2500	250	125	200
备注			查每桶重量二十五斤	仝上	查每支重量14两	查每支重量7两	查每包6支重量12两

观上二表，目下官厂油品，销量既减，价格又跌双面夹攻，维持为难，可见一斑矣。

八、销场

民国十八九年，产量旺时销路西北至宁夏，计一千余里，南至西安，九百余里，但因交通不便，用骡驮载，每桶煤油至西安，须加运费三元之谱，难与外货竞争，近则外油价跌，延长之油，更难及远，只在附近一二百里销售。兹将民国十八年九月至十九年三月，油品最旺时期，销场地名及距离表录下以明当年延长油之势力范围。

项目	西北路	距离里数	销量	西南路	距离里数	销量	东北路	距离里数	销量	东南路	距离里数	销量	正南路	距离里数	销量	备注
销场地及距离	肤施县	150	次	鄜县	320	最次	延川县	120	次	宜川县	170	次	蒲城与市镇	760	最多	
	安塞县	200	最少	洛川县	410	次	清涧县	180	微次	韩城县	440	最次				
销场地及距离	保安县	280	最少	同官县	650	最次	绥德县	320	最多	邵阳县	500	最次				
	宁条梁	510	次	耀县	720	最次										
	安边堡	590	微次	三原县	810	微次										
	宁夏省	1060	微次	西安市	920	最次										
说明																

九、历年经济概况

延长石油官厂历年收支比较表

年别		1928	1929	1930	1931	1932
收入		946032	2671677	2919754	2093263	1251815
支出	经常支出	972089	1340273	1804484	1819918	1291637
	临时事业支出		1406415	929352	479167	11840
	共计	972089	2746688	2733836	2299085	1303477
备考						

十、机械设备

官厂钻机为卫擎法（Standand oil-well rig）所有机械，全是日美两次遗下旧物，锅炉除锅身外，多半残缺，汽机漏汽，钻具不全，惟套管不少，尚可应用。兹将该厂现存机件，详细开列于下：

（甲）钻机

（子）原动机械

（1）锅炉

（a）日本式两座，一立式、一卧式。光绪三十一年装置，均已破坏，不堪再用。

（b）美国卧式管锅炉两座，民国四年装置，现作旧一井、新三井及新一井抽油之用，兹将该项锅炉详情开列如下：

制造厂Lealigonia national Supply Co.U.S.A.

式样	横卧火管式
重量	八千余磅
马力	四五
火床面积	一五四八平方英尺
燃烧面积	四八一〇〇平方英尺
汽压	每方英寸一〇〇磅
全长	一四英尺
外皮直径	四英尺
火管	三英寸共四十二根
上水	一英寸射入器
烟筒径	一八英寸
又高	一五英尺

（2）汽机

（a）日本卧式单筒汽机两座，光绪三十一年购置，现为新一井及新三井抽油之用，均已漏汽，须大修理，兹将详情开列如下：

制造厂	日本东京新岛铁工厂
式样	卧式单筒附带倒正车
马力	二三
转数	每分钟一六〇
汽缸径	十英寸半
行程	十二英寸
进汽管	二寸
出汽管	四寸
皮带轮径	三十寸

（b）美国卧式单筒汽机两座，民国四年装置，一座现作旧井抽油之用，其他一座存西厂未用，亦均漏汽，非大加修理不可，详情如下：

制造厂	美国
式样	卧式单筒
重量	四四〇〇磅
马力	三十

转数	每分钟一六〇
汽缸径	十二英寸
行程	十二英寸
进汽管	二寸
出汽管	四寸
皮带轮径	二十七寸半

（丑）动作机械

各井动作机械，年久失修，多半损坏，抽油尚可勉强使用，凿井则绝不可能。

（寅）橹台

第一老井及第三新井之橹台皆为四平式，高十八公尺，与普通煤矿井架相似，第一新井之橹台为丁字式，高十六公尺，两种槽台均是木制。

（卯）凿具

以序	名称	说明	量数
一	六寸套管	现存于距延长县城十五里烟雾沟	二十八根
二	八寸套管	仝上❶	九十八根
三	十寸套管	存于西厂五根烟雾沟五根	十根
四	十二寸半套管	存于延长西厂	四十七根
五	十八寸烟筒	四十五马力锅炉用	九根
六	美国十八寸类钻头	存于陕北大道中部县城内三个	四个
七	美国十寸类钻头	存于西厂尚能使用	五个
八	美国八寸类钻头	仝上	二个
九	美国六寸类钻头	尚未用过	三个
十	美国五寸类钻头	内有二个未用过	三个
十一	美国十四寸土钻头	内有一个未用过	二个
十二	日本十寸类钻头		二个
十三	日本八寸类钻头	内有三个未用过	九个
十四	日本六寸类钻头		四个
十五	日本十寸重式类钻头		二个
十六	日本八寸重式类钻头		二个
十七	日本六寸重式类钻头	均未用过	二个
十八	美国钻杆	长短不一	六根
十九	日本钻杆	仝上	五根

---

❶意为同上。

续表

以序	名称	说明	量数
二十	美国活心钻杆	大小尺寸不一	七个
二十一	日本活心钻杆	仝上	六个
二十二	捞砂筒		六个
二十三	提水筒		三个
二十四	捞钻头器		一个
二十五	偏钻头	修理井筒用	二个
二十六	铲井钻头	仝上	二个
二十七	捞套管器		二个
二十八	磨井筒器		四个
二十九	捞麻绳及钻头		四个
三十	捞钢绳及钻头		一个
二十一	美国上下钻头大扳手	五寸三分板口一副	二个
三十二	日本上下钻头扳手	三寸半板口一副	二个
三十三	仝上	二寸六分板口一副	二个
三十四	仝上	二寸半板口一副	二个
三十五	仝上	二寸板口一副	二个
三十六	普通扳手	二寸螺丝用	一个
二十七	仝上	二寸螺丝用	一个
三十八	仝上	一寸螺丝用	一个
三十九	链箱	长五英寸	一个
四十	仝上	长四英寸	一个
四十一	仝上	长三英寸	一个
四十二	一寸钢绳钻帽		三个
四十三	二寸半麻绳钻帽		三个
四十四	十二寸管卡		二个
四十五	八寸管卡		二个
四十六	六寸管卡		六个
四十七	四寸管卡		一个
四十八	二寸管卡		二个
四十九	一寸管卡		一个

续表

以序	名称	说明	量数
五十	一寸钢绳轮		八个
五十一	六分钢绳轮		一个
五十二	四分钢绳轮		三个
五十三	二寸半麻绳轮		二个
五十四	一根铁链起重滑车		一个
五十五	十四寸单轮滑车	一寸钢绳用	一个
五十六	十二寸三轮滑车	二寸半麻绳用	一个
五十七	十二寸双轮滑车	仝上	一个
五十八	四寸双轮滑车	六分钢绳用	二个
五十九	一气起重千斤		三个
六十	润节螺丝		一个
六十一	一寸铜绳卡子		一个
六十二	上下钻头起重器		一个

（乙）修理厂设备

（子）机械厂　现存之工作机，多半损坏，不能使用，今将各机名称主要部分及应修之点，分述于下：

（1）五马力蒸汽机式抽水机一台。该厂原来安装时，将水筒活塞拆去，作蒸汽引擎用，但现在轴承垫臼盖及胀圈等部，均已磨坏。

（2）六只锐床一台，床面长四十六英寸，床面宽十英寸，床腰深十二寸，床腰宽十一寸，车心距三十八寸，径丝梗每寸方螺纹四牙，用一寸半宽二十尺长之皮带引动，若将车心卡轮湾板齿轮等配齐，尚可做螺丝及修理汽门拉杆等小件工作之用。

（3）平刨床。床面长三尺四寸。宽十八寸，用一寸半皮带引动，添配力架及刨刀等件尚可使用。

（4）钻孔机。是小型轻便式，身高四尺，底盘直径三尺，最大能钻二寸直径之孔眼，用一寸半皮带引动，添购各种尺寸钻头，尚可工作。

（5）传动轴。长四十二尺，直径一寸六分，两端架于吊挂（Beaung）上，中间有皮带轮数个，以为助动车床等用。

（6）分摇轮架。为补救发动机之用，有四寸宽二十四寸直径之皮带轮两个，若用二人摇动，可带动一部车床工作。

（丑）锻工房。该房为修理凿井类钻头及修造各种螺丝铁钉零件等之用，兹将各种工具列表如下：

次序	品名	说明	数量
一	四尺方炉台	用人力打风	二座
二	流钢锁子	打铁用	三个
三	普通铁钳	各样均有	七把
四	特制铁钳	修理钻头用	四把
五	三寸管钳		一支
六	四寸口老虎钳		三支
七	钳工台		一个
八	舞钻	能钻三分孔	一个
九	六寸内外卡钳		一副
十	十寸内外卡钳		一副
十一	十六寸细扁锉		四把
十二	十六寸粗扁锉		六把
十三	十二寸圆锉		四把
十四	十寸半圆锉		两把
十五	$7/8$ft割螺丝板牙		一个
十六	$3/4$ft仝上		一个
十七	二寸割管刀		一把
十八	二寸细扣丝板	专作二寸管子螺丝用	一个
十九	一寸半螺丝板		一个
二十	小螺丝板		一个
二十一	二寸螺丝锥		二个
二十二	一寸半螺丝锥		二个
二十三	一寸螺丝锥		二个
二十四	二寸螺丝锥		二个
二十五	五分螺丝锥		二个
二十六	四分螺丝锥		二个
二十七	三磅大锤		两把
二十八	五磅大锤		一把
二十九	平锤		一个
三十	压子		四个
三十一	六分铆钉卧子		一个

续表

次序	品名	说明	数量
三十二	一磅手锤		二个
三十三	锛子		二个
三十四	铁锯		一支

（三）采油设备

（子）油管及油杆

油井	每井油管数	油管直径	油管总长（尺）	油杆直径	油杆总长（尺）
第一旧井	三根	二寸	500	六分	500
第一新井	二根	二寸	360	六分	360
第三新井	一根	二寸	470	六分	470

（丑）储油池

原油池有两种，第一种掘地成池，以石板砌成，深五六尺，每寸能储油二百斤，全池能储油一万余斤，第二种为圆形，铁桶用二分铁板铆成，直径十英尺，高十英尺，能储油二万斤左右。

（丁）炼油设备

七千二百斤炼油釜　　　　　　　　　一具

一千八百斤炼油釜　　　　　　　　　一具

长方盘肠大冷凝槽　　　　　　　　　一具

小冷凝槽　　　　　　　　　　　　　一具

洗油槽　　　　　　　　　　　　　　一具

压腊机及制腊器具均用竹木就地自造并无机器。

十一、房屋

官厂房屋尚足敷用，东厂内有石窑房五间、办公室五间、炼油房三间、装油房三间、压腊房三间、工人住房四间。

西厂内有锅炉房一所、引擎房一所、铁工厂二间、储藏室三间、办公室五间、饭堂三间、厨房三间、磨坊三间、马房五间，此外在城内尚有办公室三间。

十二、组织及员工薪资

官厂设监督一人总理全厂一切事务，下分科股，组织完备，兹录其系统如下：

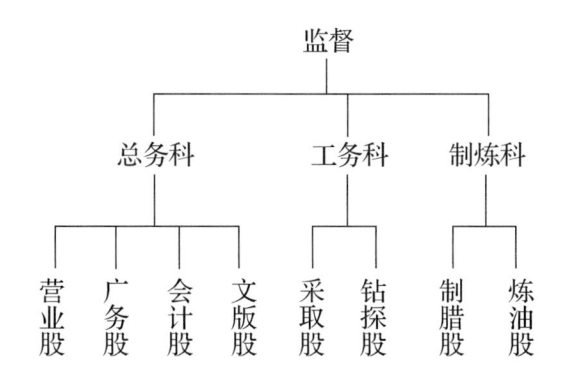

```
                          监督
          ┌───────────────┼───────────────┐
        总务科           工务科          制炼科
    ┌──┬──┬──┐         ┌──┐           ┌──┐
    营 广 会 文         采 钻           制 炼
    业 务 计 版         取 探           腊 油
    股 股 股 股         股 股           股 股
```

监督一人，月薪八十元，每科科长一人四十五元，每股主任一人十七元，办事员五人，每人十五元，司事一人八元，煤矿经理一人十一元，共计职员十九人，此为一二年前之情形。近因产量减少，销路停滞，一再裁员减薪。兹将本年十月间，在厂调查时之员工额薪列表如下：

延长石油官厂现任职工及薪资调查表　民国二十二年十月

姓名	籍贯	职别	任职期	薪工数 原薪	薪工数 定支数	注
包恩骎	山东海阳县	监督	十七年十一月	八十元	五十元	
马仲清	陕西三原	工务科科长	二十二年五月	四十五元	三十元	拟十一月一日起取消
刘生孟	延长	文版主任	二十一年五月	十七元	八元五角	仝上
张汝年	高陵	会计主任	十七年十二月	十七元	八元五角	
孙洪九	河南洛阳	广务主任	十八年九月	十七元	八元五角	曾充钻探主任
杨慎德	三原	营业主任	十八年四月	十七元	八元五角	
朱少卿	延长	制炼主任	十八年一月	十七元	八元五角	
卫锡祺	韩城	办事员	二十一年四月	十五元	七元五角	
姜好信	米脂	炭窑经理	十八年十二月	十一元	五元五角	
共计职员九人，月薪一百三十五元五角						
郑招喜	延长	总领工	四年十月	二十五元	十二元五角	专管炼油事宜
马进昌	延长	铁工领工	十三年八月	二十元	一十元	
张万顺	延长	铁工	十八年三月	十三元	六元五角	
崔鸾云	山西	木工领工	十八年四月	十三元	六元五角	
包柱长	山东	木工	十九年一月	十元	五元	
刘考生	延长	采取领工	四年九月	十八元	九元	司机烧火修井
高文业	仝上	工人	十三年三月	十三元	六元五角	仝上
赫凤瑞	绥德	工人	十四年四月	十一元	五元五角	仝上

续表

姓名	籍贯	职别	任职期	薪工数 原薪	薪工数 定支数	注
赵丁未	延长	炼油工人	十四年二月	十三元	六元五角	
赵五金	仝上	压腊工人	十八年四月	十一元	五元五角	
刘德荣	延长	制腊领工	十三年六月	十三元	六元五角	
高金锁	仝上	工人	十七年一月	十二元	六元	
何延年	长安	油桶焊匠	八年四月	十二元	六元	
季中和	甘肃	脚夫	十八年一月	九元	四元五角	
王玉成	直隶	主役	十八年八月	十元	五元	
宋德昌	延长	工役	二十一年十月	十元	五元	

共计工人十六人，工资一百零六元五角。

十三、总结

综上所述，知该厂自开办以来，已将三十年所赖以维持者，仅一号旧井，其间虽开凿数井，或无油失败，或因故停止，或见油少许，至目下则日产不过二百五十斤，且销路停滞，油价跌落，每月收入约四百元，而开支需五百元（其中燃料二百四十元，员工半薪，一百七十元，材料杂项等约八九十元）入不敷出。势难持久，如欲维持，非另打新井不可，而另打新井非添购新机或大修旧机不可，厂口需款，然泛出此实官厂危急之秋也。

下篇　计划

绪　言

陕北油泉，南自宜君，北至延川，分布甚广，石油之存在固已毫无疑义，但其量究如何，实为极大问题，油量之多少，与油泉分布之广狭，未必有一定之关系，而与地质构造，确有重要之关系，盖石油体轻，往往浮集于上升构造，如背斜层ant line穹层Qome等之顶部，陕北油田之地层，大致水平，局部之小变动小构造，已属难得大规模之背斜，单斜穹层，更未发现地质上既无聚积石油适宜之结构，则吾人对于陕北油田，似不应有大量存在之奢望。

石油一物，地质学者大致认为远代海楼动物质所成，故大量油潭，必在海成地层，陕北含油之三叠纪层，迄今未有海成证明，如此在地质学理论上，又为陕北油田无大量希望之一证。

延长正式产油之井，为一号旧井、二号旧井与一号新井等三井，民国十九年春，包监督曾在二号旧井西北二十八公尺处，凿一第三号新井，得油甚少，十九年冬，又在一号新井东南七十公尺处，凿一第四号新井，未见油，二十年又在产油最多之一号旧井西南四十公尺处，凿一第五号新井，亦未得油，此三井者，皆与油井近在咫尺，而皆未得油，足见延长油潭之小，如此在实际工程上，又为陕北油田无大希望之一证。

综上所述，在地层构造上，地质理论上，及实际工程上，皆使吾人对于陕北油田，为之失望，然则本会已知其不可为而仍决然前去一探者，其故何在，简略言之，约有三端：

一、中国油田太少，而需要太殷，苟其地有一线储油之希望，即应有搜索试探之必要，陕北一隅，较之川甘等省，究属油泉较多，引人注意，且已略有基础，继续试探，所费不多，何吝一试。

油之聚积，在平缓地层中，亦非绝对无望，兹举一美国沃克老好买省油田，地质图如下，以资研究。

延长油田，或与此类构造相似，盖延长地层虽平缓，而老井出油，确已有二三十年之久，故施以精密之钻探与详细之地质研究，一决数十年来陕北油田之谜，实为一件极有价值之事。

三、大量即使无望，苟得中量，对于"油渴"之中国实足以大加润泽，裨益国防经济，当非浅鲜。

陕北油田大规模之探勘，第一次日本人，可算成功；第二次美国人，不得不算失败，此次为第三次，当然望其成功，以利我国，然倘原来无油，则亦回天乏术，本会此次与陕西省政府合作探矿，并委托地质调查所研究地质，共同计划，更希望全国经济委员会提前修筑陕北公路，以利交通，冀合各方之力，启此秘藏，幸而得油固佳，否则亦期得一反面结论，促起国人加倍努力于他处油田之搜求，及研究其他提油之法术，以应今日国防与经济之急需。

陕北油泉甚多，势难同时钻探，兹选择稍有基础之延长与油泉最旺之永平镇，先行试探，侯有成效，再行扩充，故本文一切计划，均以试探此两区油田为基础。

第一节 工 程

一、钻探区域及拟定井数

（甲）延长 十八井

（乙）永平镇 八井

二、钻机地点及钻机数目

（甲）延长区 钻机三座

（1）西门外 旧机一座

（2）雷家滩 旧机一座

（3）烟雾沟 新机一座

延长西门外，经日本人、美国人、赵总理、包监督等先后凿井十一眼之多，本可无用再探，惟细考一号老井二号老井及一号新井等产油三井之位置，适在一直线上（参阅延长地图），而三井油层之深浅，又适在一致之倾斜线上（参阅产油三井剖面图），油脉之存在，其果与此象征有若干之关系欤，抑适逢其巧而已耳，姑用钻机一座，试探数井，以观其究竟。

（乙）永平区　钻机二座

（1）川北　新机一座

（2）川南　新机一座

永平与延长两区，如事实许可，同时开工，否则永平区略缓一二月。

三、深度

延长区自四百尺至六百四十尺，平均五百尺，达到油层，永平区有油层二组，上为永平组，下为延长组（参阅上篇调查"陕北情形"及地质剖面图），据王竹泉先生预计，深至一千五百尺，可穿过永平组而达延长组，故永平区各井，拟自一千五百尺至二千尺。

钻机能程，可达三千尺，井之深浅，全视钢索长短，如有必要，可换长钢索，随时加深。

四、井眼直径

开始十二英寸或十寸，中间十寸或八寸，最小六英寸。

五、时间

（甲）每井每昼夜，分两班工作，完全不停，平均需时五个月，延长永平两区，共有钻机五座，即平均每月可凿成一井（搬运及装卸机器与橹台均在内，倘搬运较远，所费时间无定，应作例外）。

（乙）延长十八井，永平八井，全部工程，预定两年左右完毕。

六、凿井工程困难之点

衡掣钻机（Standard oil-well rig）最易发生之困难有二：

（甲）凿头跌落，其原因或因螺丝太宽，或因接头未曾上紧，或因衡制太猛，或因活心钻杆（gat）破裂或因钢索脱出或因钢索折断。

（乙）凿头夹住，其原因或因衡掣时凿头旋转不匀，以致井壁不圆，或因凿头对径之大小，不能十分精确，或因凿头初下时，一气到底，为岩浆粘住（每次下凿头时，应于到底前约一公尺处略停片时），或因井壁中途忽突出小块碎石，或因地层压力，井壁塌落。

凿头脱落，虽有各种捞具，然捞起者少，失败者多，凿头夹住，轻尚易起，重亦为难，往往耽误半月十日，如能事先注意各种原因，根本减少困难，最为上策。

七、煤

延长之煤，来自距离六七十里之石马科，属于石油官厂，烟煤质佳，产量足供新旧三炉同时燃烧之用，官厂向派经理一人，驻矿管理，该经理在探矿期间，可归探矿处开支，采煤运煤，向是包工，以后一仍旧例。

永平镇附近，煤窑颇多，不难就地收买，惟煤质不佳，将来或可改用距离六七十里瓦窑堡之好煤，与延长用石马科煤之距离相仿佛。

八、水

锅炉用水，延长区西门外及雷家滩两座，雇工挑用延河之水，烟雾沟一座，用烟雾沟水。

永平区两座，用永平川水，冬夏均不虑缺乏。

九、工人

工人可分三类：钻井工人、修理厂工人及普通工人。

（甲）钻井工人。均拟就地雇用，除一座钻机之工人有经验外，其余均须临时训练，因延长近十七八年，纵未有两座钻机同时工作之时，今五座钻机同时工作，工人必不敷分配，新训练之工人，工作必慢，效率必低，必须经过若干时日，方能减少困难，如事实上有必要时，再向别处招募有经验之钻井工头数名。

（乙）修理厂工人。如机器匠、璇匠、铁匠、木匠等，均属技工，非短时间所能训练成熟，延长方面，仅有一二人，其余须在别处招募。

（丙）橹台机器之装卸搬运及平治钻井地基，与搭盖工作房屋等所用普通工人，或其他杂工，均拟就地雇用。

第二节 机 械

此次工作，限于探矿，故炼油机械，并未计及，所购置者，仅：（一）钻机；（二）修理机；（三）采油机而已。

一、钻机

开凿油井所用之钻机，种类甚多，通用者有两种：旋转法（Rotary method）；衡掣法（cable-tool method）。旋转法之钻头，多是鱼尾形，专为采油之用，世界各大油矿公司，近来多用此种钻机。衡掣法之钻头，是凿形，探采两宜，陕北方面，第一次日本人，第二次美国人，两次探矿，均用衡掣钻机。

此次除为节省燃料购用新式灵巧之锅炉汽机外，钻具则仍用衡掣法，一因运输便利；二因购价低廉；三因探采两宜；四因延长尚有旧货，可以搭配凑用也。

衡掣钻机可分四部：（甲）原动机械、（乙）动作机械、（丙）橹台、（丁）凿具。

（甲）原动机械。原动机械，指锅炉与汽机而言，当初为谋运输轻便，拟用柴油机，但柴油机变更各种速度，不及蒸汽机之灵活，又柴油机若昼夜不停，颇易损坏，陕北僻壤，修理为难，考虑结果，仍用蒸汽。

惟运道不良，锅炉笨重，实成问题，本拟在国内工厂定制，运陕铆钉，又恐本国锅炉，费煤多而效率低，煤为陕北探矿最大开支，不容忽视，始决定购用德国R.wovb厂之"motovwovb"式锅炉三架，此种锅炉，装有过熟器（snkerheater）用煤少，生汽快，体积小，重量轻，虽将来运输尚有困难，然为陕北探矿，已无有轻于此者矣。

惟此种锅炉，是水管式（water tube）。陕北水质，未经化验，倘含多量沉淀物质，水管极易损坏，将来拟多备水管一套，并时常洗炉外，另用一种Anti-Scaler（"Lithakhabe"）放在水内，可免积底之患（附录三六）。

五座钻机之锅炉，除用"mutorworb"式三架外，其他二架，则利用延长官厂现在抽油所用之旧锅炉，加以修理添配，尚能应用，另由本会买十马力油动机二架（附录）替代该项锅炉与汽机，以免妨碍抽油工作，其理由详后"救济官厂"节。

（乙）动作机械。动作机械，包括地面各种轮、轴、梁、柱、调带及开闭缓速等机门而言，五座钻机之动作机械，均须新置，由本会绘制面样，在上海工厂定制，较洋货便宜，而功用则同（附录）。

（丙）橹台。橹台即井架，有四平式及丁字式两种，丁字式构造简单，是其优点，摇摆不稳，是其短处，此次探矿，拟均用四平式，高约五十三尺，全用木制就地购料设置，五座钻机之槽橹台，均须新置，所需木料甚多，当请陕省政府转饬官厂包监督，先期定购，以求干燥（附录）。

（丁）凿具。凿具包括井内各种大小凿头、凿杆、水筒、捞具套管、钢索等而言，延长旧货，有日本的、有美国的，搭配凑合，尚敷一座之用，其余均向美国national supply co. N. W.定购新货（附录），惟套管一项，暂时可勿添置，一则延长油井，除土层须用套管外，石层井壁，向未塌落，仅可不用套管，二则美国人在延长所遗旧套管颇多，尚敷五座钻机之用（参阅上篇"官厂情形"），惟永平镇方面，是完全处女地，将来井内石层，是否易塌，不得而知，拟将延长套管，运去一部，以便应用。

二、修理机械

在荒僻穷远之陕北，使用最新式之锅炉、汽机、柴油机及各种探矿钻机，修理厂之设备，实不可少，延长官厂，曾有极小规模之修理厂，今已破旧，不堪再用，本会拟重新设置，以利探矿工程。

修理厂分三部：（甲）机械厂、（乙）锻工厂、（丙）木工厂，其中锻工厂与木工厂，设备较简，费用亦省，延长及永平两区，均可设置，唯机械厂，仅能设于延长，兼顾永平（附录）。

三、抽油机械（附录三一）

钻探虽不敢望井井得油，但五井中得一油井，应在希望之中，延长官厂之抽油机械，不独毫无敷余，抑已破旧不堪，将来探矿，万一得油，必先抽吸，验其产量，如产量相当，即留作正式油井，此次虽是探矿，并非采油，但为应临时需要起见，至少宜预备抽油管、抽油杆各一套，十马力柴油机一座（替换锅炉汽机可以另打新井），地面动作机械，及橹台用料各一副，可以另打新井，可免耽误时间，至储油拟临时掘地砌石，或做木桶，足以应急，暂不预备铁槽，以免虚费。

第三节 运 输

探矿机器，均由上海起运，经潼关西安至陕北，运道可分三段如下：

一、上海至潼关

无论由上海装火车直至潼关，或由上海轮运至新浦口，再装大车至潼关，拟均托陇海路包运，大约二星期可到，机器运费为二等货，整车每公顿三十五元七角五分，装卸等费，一切在内，潼关至渭南约一百六七十里铁路路基已成，尚未铺轨，运机前若能通车，则汽车道可以缩短一半矣。

二、潼关至西安

潼西公路，计程二九零里，是泥土路面，天雨须停车，平日小汽车约五小时，货车约八小时可到，货车载重普通三千斤（二顿弱）陕西建设厅公路局有此货车数十辆，往来营业，运费每百斤粗货三元，细货四元，机器属于粗货，本会本与陕（西）省政府合作探矿，将来潼西一段，或可免费运输。

三、西安至延长或永平镇

西延及西永一段，已"陕北大道情形"节，昔时日美两次运输机器，均先修大车道，目下国家经济困难，且大车道已为时代落伍之物，若必待修公路而后运机，恐探矿实现无日，为急求油田起见，不顾运道之如何恶劣，运输之如何困难，及手续之如何麻烦，决定骡马驮抬机器，跋涉千里远路之冒险计划。

每骡取重能驮二百五十斤，日行七十里至九十里，骡轿（两骡前后扛抬），最重可抬四百五十斤，日行不过六七十里（轿轻亦可行九十里），骡轿因两骡合作，转弯过水，及上山下坡时，互相牵制，耽误时间，将来如事实许可，最好驮骡与轿骡分队起行，驮骡队按站赶路，轿骡队可缓缓而行，不致互相妨碍，但一骡户往往有驮骡亦有轿骡（轿骡须经训练，为数不多，非个个骡子能抬轿），不愿分行，或稍为难耳，如无天雨，或其他特别阻碍，骡驮机器，十一天可到延长（九二零里），十二天可到永平（一〇二〇里），即或不能按期到达，亦不过一二天之出入。骡轿则无把握，如情形良好，大约十六七天可到延长，二十天可到永平，惟此次新买锅炉之锅炉心三个及钢索五捆，均超过四百五十斤之最重限量，将来如何派人照料，使中途避免困难，及何时达到，均不敢逆料，钢索运法，拟在西安打开拉直用多人肩抬，形如长蛇，弯曲上下，均无不便，如果能行，可免骡抬之困难矣。

全部机器、襟物、行李、人员及护兵，约计需骡七一四头，骡夫三五〇人，如此大队，势难全队同行，原因如下：

（甲）大队中一处出事，全队受阻。

（乙）陕北荒僻，大站店已不多，小站更不必说，人尚容易设法，骡马无法安顿，料草无从取给。

（丙）西安就地无骡，将来运机，均须雇用陕北驮货来省之回头骡子，短时间雇骡数百匹，势难办到（西安至三原通汽车，但陕北驮骡至三原回头者太少，故不能以汽车直达三原）。

综上三因，将来运机，必须分批起行，每隔三日，装运一批，每批大约四五十骡，沿途足以安顿供应，如是最后一批，须四八天后方能装发，自第一批装发之日起，至最后一批运到之日止，约需六六天之期，又在西安，每隔三日，尚恐雇不到四五十匹之陕北回头骡子，或须派人赴耀县等处，专雇骡子也。

陕北大道有多处须辟宽填平，方能畅行四百五十斤之重骡轿，此等地点，均属土路，又是短距，东一段，西一处，零星坷坎，修补尚不费工，运机器前，拟请陕省政府令饬沿路各县，设法修理，实属事半功倍，裨益不少。

最近王竹泉先生探得一条路线，由太原乘汽车经汾阳至离石县之军渡，改水道顺黄河而下，至延水关（永和关）上岸雇骡至永平约一百五六十里，至延长约二百五六十里，如是缩短骡道，倘果可通，实属便利多多，惟查山西二十二年五月建设厅报告"太原至军渡横西干路二八八公里，汾阳至军渡一段，尚未开放汽车"云云，现状如何，已函晋省建设厅详询矣。

军渡至延水关，水路约三百华里，能否船运机器，以及黄河开冻时期，船行日数，每船载重，雇船办法及船费等情，当函延长官厂包监督，请其赴军渡，查明一切，迅速函告，以便取决。

第四节　事　务

一、组织

探矿工程进行时，地质方面，除由地质调查所派员特别研究外，钻探方面，应设一总机关于延长，设一分机关于永平，由国防设计委员会与陕西省政府会同派人主持全部工程事务，并在延长设矿务技术员二人，机务员一人，测量员一人，办事员二人，电报生一人，永平镇设矿务技术员二人，办事员一人。

二、房屋

延长方面，石油官厂之房屋，暂服探矿事务所及职工之用，如临时需要，可在城内租房，但烟雾沟距城稍远，须修筑房屋，或挖窑洞，似应先期筹备，永平镇租房，尚能办到，惟各铁匠炉均须自修耳。

三、用款

陕北金融情形，已详上篇"调查"中，延长永平两处，均不通汇兑且用现洋实属不便，榆林地方实业银行，仅在延安有一代办所，距延长及永平，尚有二三百里，前与该行函商将来探矿用款之汇兑办法，据覆可由西安自立后银号及天津、上海银行设计办理，惟能否在延长及永平镇领款，尚未商妥，如能办到，自属便利，否则实是问题，至邮汇每月不过数百元，且亦仅能至延安而已。

四、无线电

延长及永平两处，均不通电报，将来探矿，往返通信，动则兼旬，为谋便利计，应于延长探矿事务所，置短波无线电台一副，请交通部饬西安电报管理局，每日规定时间，互相通报，以便转电各处，该电台不必另买发动机，仅用一皮带，挂在一号旧井之十马力油动机上，每日抽油时间约三四小时，正可作为通电时间，如是，无线电台，即可不另买发动机，且可不费燃料，仅用一电报生及零星修理材料等足矣，该项电台，据本会电室主任朱其清先生预算，约需二千元，其通信距离，自五百公里至千公里，仅足服用矣。

五、保安

延长及永平两处，均属八十六师炮兵团第二营防地，谷县尚有保卫团，将来探矿工作人员，当请陕（西）省政府及榆林八十六师，特别保护以利工程。

第五节　救济官厂

一、救济原因

官厂现状，已达山穷水尽之境（详上篇"官厂情形"），半年来职工仅发半薪仍属入不敷出，建厅与官厂方面，希望本会探矿时予以接济一节，颇有窒碍难行之处，但倘置之不管，探矿工人，皆发全薪，则官厂工人，必离官厂，而就探矿工作，官厂立刻停顿，若探矿工资，与官厂平等，则无人应募，探矿工作，无从开始，故必救济官厂，恢复全薪，方能进行探矿，此理已极显明。

二、救济办法

救济本可分开源节流两法，官厂目下存油三万余斤，月产亦七八千斤，倘能扩充销路，本属开源上策，但内有大麻子油之丰收，外有洋油之跌价，延长油之出路，实无法打开，因之救济办法，只能从节流方面着想。

查官厂开支，以煤与薪资两项为大宗，对症施药，必须省煤裁人，方能恢复薪资。

（甲）省煤。官厂现有锅炉两座，每月燃料二百余元，倘将锅炉移为探矿之用，另由本会购买十马力柴油机两座，以供官厂抽油之用，利用该厂存储之柴油，不必另买燃料，如此该厂每月可省燃料费二百余元。

（乙）裁人。官厂员工，已极紧缩，每月职员半薪六十二元五角，工人半资一百零六元五角（参阅官厂职工调查表），对照现状，实已无法裁撤，因多数职工，均属多年旧人，未忍离退，以免失业，又如铁匠木匠等，平日虽无要事，苟完全裁撤，一旦机件损坏，即无人修理，贻误甚大，故不得不半薪维持，以待转机，倘本会前去探矿，则该厂职工，尚可裁减，如凿井监工、煤窑经理、锅炉火夫及铁匠木匠等，均可拨归探矿之用，官厂机件，如稍损坏，可由探矿技工代为修理，不致碍及抽油，被裁各人，不但不致失业，且均可得全薪，人人高兴，大约全厂可裁去八九人，节省半薪七八十元。

以上省煤裁人两项节省之款，每月合计不下三百元，以之补足留厂职工全薪而有余，尚可零星添置炼油材料，如硫酸遭达等类，以期改良油品，推广销路，此实为目前救济官广唯一办法，已在西安与陕主席及赵厅长言之，均极赞成。

上项办法，固有益于官厂，亦有利于探矿工程，一可得若干熟练员工，二可省两架笨重难运之锅炉，实一举而两方俱利，深符合作之实者也。

官厂柴油（乙种油，又名安全油），提炼不净，其色与质与舶来品各有不同，是否合于普通柴油机之用，未经试用，不得而知，为慎重计，曾随带一桶回京，托上海新中工程公司试验（因将来十马力之柴油机拟向该公司购买）已得证明书（附录三七），尚可适用，官厂柴油产量，亦足以供给而有余。

惟官厂之锅炉与蒸汽机均须大加修理，修理费及购买替代锅炉之两架柴油机约合一架新锅炉之费用。此外，该项锅炉尚有一大缺点，即烧煤太多，较之"matonuolk"锅炉相差三倍（附录二二），惟"maconvolk"锅炉"说明"中计算煤量消耗之标准煤质（附录三五）较高于延长石马科之煤质，故实际新锅炉之用煤必多于说明书中之规定数量，似无疑义，同时官厂旧锅炉与蒸汽机经修理之后，可望效率增加，用煤减少，究竟将来新旧锅炉用煤相差若干，须经一二月之实际比较方能确定（新锅炉有预热器，较旧锅炉省煤已无疑义，问题在相差若干耳）。

如果相差太多，同时新锅炉运输亦不十分困难则利，旧锅炉实不合算，不如再买"motonuolb"式锅炉二座，以求节省煤料，将来实际比较以后随时斟酌办理。

第六节 预算

科目	价格（元）			附录号数	附录页数
	目	项	款		
第一款 开办费			108989.60		
第一项 设备费		92147.60			
第一目 钻机	80991.60				
（一）新置原动机	25121.83			1	1—4
（二）修旧原动机	8699.34			2	5—11
（三）动作机械	10142.64			3	12—14
（四）橹台	2338.00			4	15
（五）凿具	34689.79			5	16—17
第二目 修理厂机械		8227.20			

续表

科目	价格（元）			附录号数	附录页数
	目	项	款		
（一）机械厂	6109.60			6	18-19
（二）锻工厂	1742.40			7	20
（三）木工厂	375.20			8	21
第三目 厂房		1658.80			
（一）钻井房	693.00			9	22
（二）锅炉房	786.80			10	23
（三）锻工房	179.00			11	23
第四目 仪器		720.00		12	24
第五目 图书		550.00		13	25
第二项 运费			14620.00		
第一目 铁路		6400.00		14	26
第二目 汽车		4240.00		15	26
第三目 船费		980.00		16	23
第四目 骡费		2800.00		17	26
第五目 上下堆机等费		200.00			
第三项 杂费			2222.00		
第一目 旅费		1722.00		18	26
第二目 修理事务所房屋		200.00			
第三目 家具杂物		200.00			
第四目 印刷文具		100.00			
第二款 经常费				7560.00	
第一项 工作费			6100.00		
第一目 工资		2535.00			
（一）凿井工人	1600.00			19	27
（二）修理厂技工	635.00			20	28
（三）普通工人	300.00			21	28
第二目 燃料		2500.00			
（一）锅炉用煤	2268.00			22	28
（二）锻炉用煤	157.00			23	28
（三）机械厂柴油	75.00			24	29

续表

科目	价格（元）			附录号数	附录页数
		目	项款		
第三目 材料		406.00			
（一）油料	206.00			25	29
（二）熟料	25.70			26	27
（三）铁料	42.50			27	29
（四）木料	90.00			28	30
（五）工具	23.00			29	30
（六）杂项	18.00			30	30
第四目 杂项		659.00			
第二项 总务费			1460.00		
第一目 薪金		690.00			
第二目 医药		10.00			
第三目 旅费		100.00			
第四目 邮件		50.00		邮包及石材等	
第五目 电		40.00			
第六目 运费		100.00		运输添置材料等	
第七目 汇水		150.00			
第八目 地租房租		20.00			
第九目 图书杂志		30.00			
第十目 报纸文具印刷		10.00			
第十一目 添置		20.00			
第十二目 夫役		40.00			
第十三目 杂项（骡马燃料等）		200.00			
第三款 预备费			6000.00		
第一项 抽油机械			6000.00		
第一目 原动机械		1740.85		31	31
第二目 动作机械		1737.73		32	32–34
第三目 橹台		568.60		33	35
第四目 抽油具		866.80		34	35
第五目 运费		1086.02			
第四款 临时费					
除上各款预算外，如有大宗开支临时呈准遵办。					

附录

一、新添原动机设备费	一
二、修旧原动机设备费	五
三、动作机械设备费	一一
四、橹台设备费	一五
五、凿具设备费	一六
六、机械厂设备费	一八
七、锻工厂设备费	二〇
八、木工厂设备费	二一
九、井架房设备费	二二
十、锅炉房设备费	二三
十一、锻工房设备费	二三
十二、仪器购置费	二四

陕北油田钻探工作纪要[1]

（一）已往探勘工作及地质调查之回溯

陕北自清季光绪三十二年政府聘用日本技师技工于延长西门外钻凿第一油井，钻深二四三尺见油，日产四五百斤，第二井钻深三二〇尺见油，日产三百余斤，油矿之名遂播传遐迩。至第三第四两井，因辛亥革命，未达油层而废。厥后民国三年至五年，中美合办油矿之议成，复以美国资本用美国技师为大规模探油之举，计于中部县钻三井，肤施、延长两县各钻二井，共钻七井，钻深均达二三千英尺，其结果除延长烟雾沟之井，在四百十八英尺深处遇一油层，每日可出油二三百斤外，其余均未探得可采油层。旋亦因袁氏称帝陕北大乱，探油事务所全部撤销，综计先后两役所费，不下四百余万元，日技师探钻时期，遗有钻机及炼油设备；美技师探钻时期，对于地质调查，测量地形，区域较广，事务所撤销后，钻机等件亦即遗留陕北，惟探勘进行详况，及钻探石层纪录，则均阙略不详。延长日技师所凿之第一第二两井，虽油量因阅时较久，日就减缩，然藉以维持日后陕省府石油官厂开支及凿井工费，亦且十有余年。计于民国十三四年间赵国宾任该厂总理，十八九年间包恩骏任监督，均曾利用日美旧钻机于延长附近先后钻凿八井，仅包凿五井中之一井，位于日技师第一油井西北者见油，最大产量，曾有一日出油三五〇〇斤，旋亦锐减。其余七井虽亦位于产油之井附近，乃甚至根本无油砂。统计延长附近前后共凿十有三井，内中只有三井见油，由此可以推知延长油潭不易有甚大希望。复观察美技师所钻中部，肤施，延长各井，深度均已达二三千英尺以上，迄未获得可采油层，又似陕北即凿深井，油量亦未必果能丰富。

石油蕴藏地内，除偶有流出者外，绝鲜露头，故凭地质原理及石油特性，以资推断，尤为重要。国人调查陕北油田地质则自民国十三年始，实业部地质调查所于是年派技师王竹泉入陕，由陕省东北隅之府谷西南行经榆林抵靖边后，复折而东行，越绥德至黄河右岸之吴堡，是役为依据美孚公司煤油技师调查报告，对于陕北全区地质加以覆勘，并订正美技师所定地层之错误，此为派员调查地质第一次。民国二十一年该所复派王竹泉偕同调查员潘钟祥再度入陕，由晋省离石县西之柳林镇经吴堡清涧绕道永平镇瓦窑堡至肤施而达延长，因石油均含于下侏罗纪煤系，故此役专为调查该系地质情形，以及关于石油层及油苗发现地方，如永平镇之石油沟及延长烟雾沟、呼家川、蓼子原等处，均经前往详细履勘，此为派员调查地质第二次。调查情形详见《地质汇报》第二十期王竹泉氏所著《陕北油田地质》一文中。民国二十二年，本会有试探陕北油田之拟议，乃再商地质调查所派王竹泉、潘钟祥、周宗浚、

---

[1] 与严爽合作于1938年7月。

颜惠敏四君三度入陕测量地形，选定油田钻探地点，由油泉发现地方与地质构造之关系，由下而上，分陕北油田为三组：

甲、延长组亦称下组（中三叠纪）：第一油层（蓼子沟）、第二油层（烟雾沟）、第三油层（延长石油官厂附近）、第四油层（乔家石科）。

乙、永平组亦称中组（上三叠纪）：第一油层（石油沟村东）、第二油层（石油沟村西）。

丙、肤施组亦称上组（下侏罗纪）：第一油层、第二油层、第三油层。

陕北油泉除上述三处外，南自宜君，北至米脂，亦多发现，唯一出陕北范围以外，则尚未有所闻，此为派员调查地质第三次。

（二）本会钻探陕北油田之意义

本会以石油为国家重要资源，而我国石油产区大致均限于西部，陕北四川尤为最有希望，余如新疆、甘肃，距离海岸及铁路交通均甚远，地质详查工作，亦未进行，衡以近代经济价值，启发尚须有待。石油按地质理论成于远代海栖动物质，四川已证明地层属于海相三叠纪，陕北地层则迄今尚无海相证明，海相地层含油较陆相者为丰，此就地层成因上言，陕不若川者一。又石油体轻往往浮集于上升构造，如背斜层穹层之顶部，易使油质聚积一处，四川则此种构造触处皆是，陕北地层率皆平缓，即局部小变动小构造亦甚少，至大规模之背斜，单斜，穹层则更未发现，此就地质构造上言，陕不若川者又一。陕北与四川两油田相较，即以川之希望为多，此次探勘工作仍由陕北入手者，则以陕北已经我国地质家三度调查，旧遗机件间有可用，石油官厂设备现成，训练工人就地易集，屡次钻探结果，虽不甚佳，而延长日技师及包监督所凿两井之初见油量，不可谓不丰，陕北地层虽属平缓，然如北美沃克老好买省油田即属平缓地层，可见油之聚积，在平缓地层中亦非绝对无望。况岩层倾角有时亦有缓急之别，未始不可为预定钻井地点之助，而陕北油田广布，足证含油层之多。且从前所已开凿各井，对于油池状况，事实上已稍有证明，对于此次钻探工作之进行，当有不少资助，即就延长而言，其附近共凿十三井，见油者三井，虽似毫无规则可言，但若将各井位置详绘于一平面图，将此见油之三井，用点线连之，则似列于东西南北向同一直线之上，或则此为偶然，乃表示延长油潭为长带形，此次继续钻探，关于延长方面即欲明了此理想油池长度，此一油池外是否尚有其他油潭。又延长东北相距约十里之烟雾沟，美技师工作时仅一井见油，嗣即未继续钻探，此次尤应探索此油池之形状。至于永平镇方面，则从前向未有人在该处试探油矿，虽美国技师在该处附近会测一地形详图，惟并未开凿钻井，然峪子沟、瓦厂沟、庙儿巷、东沟等处，则均有背斜层，其中峪子沟尤为显著，永平镇附近岩层又为阶形构造，永平东十里石油沟村北沿永平河床，发现油泉复不只一处，但此外百里以内，则从未发现他种油迹，此或因含油层大部尚深藏地下，虽受现在地面河流之侵蚀，仍难暴露其油质于地表，抑亦含油地层面积原不甚广，一经河流侵蚀，仅原含有油之露头发现少许油泉。两种解释均不乏相当理由。据王竹泉技师地质上推论，则以永平含油层之走向南北延布甚远，侵蚀状况大致相同，而油泉则独现于石油沟附近者，当以含油地层面积不广之说为近理，然油田不广，仍为抽象名词，此含油层之实际延袤及其分布状况若何，舍实施钻探外，仍无由得其明证。陕北油田，区域甚广，自不能仅恃延长永平两处之钻探，即可定全区之范畴。要之此次延长永平钻探，苟能获有结果，地质理论与钻探工程，表里互证，豁露显明以后，三十年来陕北油田之谜，当不致永远徘徊于乐观悲观两论之间，必可得一相当之结论。油渴如我国，复值此大战前夕，铁血油血相需殷切之时，苟其地有一线储油之希望，尚应兼搜索试探之功能，况现有基础，费款不多，地质既经查明，亟待钻探为之实证，此本会决定先行钻探陕北油田之意义也。

（三）筹备工作

探勘前各项筹备工作可分下列数点分述之。

（1）钻机之选购　开凿油井所用之钻机，种类甚多，惟通用者有二种，一为旋转式，一为冲击式。旋转式之钻头多系鱼尾形，专为采油之用，世界各大油矿公司近年多采用之，冲击式之钻头则系凿形，探采两宜。日美技师在陕北先后钻探所用之钻机均为冲击式。此次探勘，计需用钻机五座，冲击式钻机较之旋转式者分量为轻，陕北运道困难，易于搬运；且是项钻机探采两宜。购价复不若旋转式者之昂贵；延长旧存各机又均为冲击式者，搭配凑用，尤感便利。故此次除为节省燃料及运输便利起见，特购用新式灵巧之锅炉汽机外，钻具一律采用冲击式。兹就该项冲式钻机分为原动机械，动作机械，井架，及凿具及附属机件四部分，分别叙述其选购情形于次。

甲、原动机械　延长三钻，其中两钻之原动机械，利用延长石油官厂旧存之美国锅炉及汽机，其余一钻则决定购用德国R.WOLF厂之"MOTOR WOLF"式锅炉三架。旧存之美国锅炉一为横卧火管式，具有四十五匹马力，一为卧式单缸，具有三十匹马力。新购之德国锅炉则为水管式，具有二十八匹马力。按新旧两种原动机械，互有优劣，新机之分量轻、体积小、省煤、省水、生汽快、省工各点，较旧机为优；但快慢不匀，用水须特别滤清，汽压太高速度太快，是其不及旧机之处。

乙、动作机械　五座钻机之动作机械，均绘具图样，于上海工厂定制，其重要部分之名称、大小及所用材料如下表：

名称	大小	材料
调带轮	$\phi 8'\ 10''$	松木
拖　轮	$\phi 6'$	松木
调带轮轴	$3\frac{7}{8}'' \times 5'$	铸钢
捞渣摩擦轮	直径$3'$	生铁
捞渣绳转轮	$\phi 8' \times 7\frac{1}{2}''$	软钢
起钻轮	直径$8'\ 3''$	松木

续表

名称	大小	材料
钻绳卷轴	$15''\phi \times 10'-11''$	槐木
钻绳滑轮	$\phi 24''$	生铁
捞渣绳滑轮	$\phi 19\frac{1}{2}'$	生铁
游樑	$15'' \times 12\frac{1}{2}' \times 22'5''$	松木
游樑立柱	$14'' \times 4'' \times 14'$	松木
调带	$8'' \times 75'$	皮带
拉绳	$2\frac{1}{2}''\phi \times 55'$	四股棕绳

丙，井架 井架通常有四平式及丁字式两种，丁字式构造简单，惟摇摆不稳。此次所用均为四平式，高约五十三尺，全用木架，系就地购料，因五座钻机之井架均须新制，故所需木料较多，均托石油官厂代为先期定购，以期干燥合用。

丁、凿具及附属机件 此项包括井内各种大小凿头、凿焊、水筒捞具、套管、钢索等而言。延长旧存，日美均有，搭配凑合，勉敷一座之用，其余均向美国定购新货。惟套管一项，暂时尚无须添置，一因延长油井除土层须套管外，石层井壁向未塌落，套管尽可不用，二因美技师在延长所遗旧套管尚多，足敷五座钻机之用。永平镇以前为未经钻探区域，井内石层是否易塌，不得而知，故将延长套管运去一部，以应需要。

（2）修理厂之配备

僻远若陕北，使用新式锅炉，汽机，钻机等，益感修理厂设备之必要。延长石油官厂曾有极小规模之修理厂，原设有旋床、刨床、钻床各一，但弃置年多，零件大半损失，亟须重行设置。计分修理厂为机械厂、锻工厂、木工厂三厂，其中锻工木工两厂设备较简，费用亦省，分设延长及永平两区，以期应用方便，机械厂则集中延长。延永两地机械大修均归延长办理。此次新购各机，计有镟床二寸钻孔机，砂轮磨床及柴油机各一部。其他五金油类零星工具如钳锤、车刀、钻头、锉刀以及螺丝钢板、管子牙及锻工厂，木工厂应用各种工具等，亦均添置不少。此次修理厂添置机械所需费用、计为5345.34四元，除锻铁炉及木料等系由延长就地添置外，余均取材于上海工厂及五金商号。

（3）商请榆林地方实业银行添设延长永平两处兑换所 延长及永平素无汇兑机关，用款甚觉不便，因榆林地方实业银行所发行之钞票，在陕北尚能通用，乃商请该行在延长及永平二地各设一兑换所，以利汇兑。

（4）请准交通部设置短波无线电台 所请设之电台为15伏短波无线电台一架，通信距离为自五百公里至一千公里，由部饬西安电报管理局每日规定通报时间，以便转电各处。该电台为以皮带挂于一号保井十马力抽动机上，在每日抽油时间三四小时内，兼可利用互通电报，如此发动机可省，即燃料亦不需要，仅用电报生一员及零星修理材料而已。

（5）商请陕晋省政府修理运输道路　陕北交通，或由西安遵西北大道，或由潼关经禹门口沿黄河而上由屹针滩登陆，以上两途，著者均经调查，前者则大道年久失修，修复需款甚巨，时间亦来不及。后者属于黄河水运，民国六年，虽曾由延长下运一次，然上行逆水行舟，向行空船，不载重货，夏季洪水，冬季冰结。水运即不能照常进行，最后乃决定运机路线由太原经汾阳至离石县之军渡，为汾离公路之终点，改水道顺黄河而下，水路约三百里至延水关（永和关）上岸雇骡，至永平约一百六七十里，至延长约二百五六十里，如是可以缩短骡运道路甚多，惟太原至军渡汽车路二八八公里，其中汾阳至军渡一段，尚未通行汽车，而延水关至延长及永平之旱道，亦复高山峻岭，故于着手运机之前，特函请陕晋两省政府分别予以修缮。

（6）钻机运陕情形　陕北偏远交通不便，运输全仗骡驮及骡轿，每件最重不得过四百斤，而此次五座钻机计重一百公吨，约合十七万斤，若用多人扛抬，又因狭路难以行走，若先修路，则羊肠千里经费时间皆所不许，此属为此次探油工作中最感困难之点，因之事先选择钻机极费踌躇，临时办理运输，更费周折。此次运输路线，原定先由上海转西安，再北运延长永平，嗣因骡运太远，乃决定取道太原，经晋西之军渡，利用黄河二百里水运，至陕境之延水关，再用骡驮分运至延长永平。所有钻机于二十三年四月十八日从上海分批启运，用火车至太原，改用汽车，先至汾阳，候晋省政府赶修汾阳至军渡汽车道，该路于六月十六日修竣，即日再用汽车由汾阳运往军渡，货多车少，时已旧历端午，伏汛将届，黄河水势一涨，即非过中秋不能行船，遂又添用大车帮运，至六月二十四日运到半数，先装船十八只作为第一批，雇最有经验之艄公于二十五日黎明，由一部职员乘船押运下行，中途遇碛三道，尤以土积碛最为危险，职工均出船步行河滩，在辛关船宿一夜，于二十六日下午五时安全达到延水关。第二批船十五只于七月三日由后批职员押运自军渡启碇，四日下午四时到延水关，不三日而伏泛即至，所有船只均先期获达目的地，可谓幸矣。延水关至延长旱路三站，全用骡驴及人力，所有机器一再拆散，凡在四百斤以下者用骡力，在四百斤以上者用人力，大小一七〇二件，自七月九日启运，至九月四日竣事，计五十六日，共用驮骡四百十七头，轿骡三百二十六头，人夫四百十八名，时值二十三年夏季暑天奇熟，经过路线，地荒人少，即茶水亦不易得，人畜病亡颇多，困难万状，非笔所能尽书。幸发货收货办法完密，故大小机件无一损失，由延水关经延川直至延长，其中一钻运永平者因治安关系先运至延川县城暂存，迨至永平定期正式开工，乃将该项机件再由延川运往永平，延川永平间相距约九十里，溯永平川而上，无山岭之阻，特制一种平车，运输尚无困难，所以延川至永平一段运输，尚为探勘处开运机器以来比较便捷之运输，亦为方法最完善之运输，至十一月二十五日，所有应运机件乃完全告竣。总计由上海至延长或永平，约二二六〇公里，经过铁道一七〇〇公里，汽车路二九〇公里，水程二〇〇公里，旱道一〇〇公里，运费共计一八〇七八元，每公吨运费约合一九〇元。

（7）依据王竹泉技师地质考查择定之延长永平两区凿井地点　延长划西门外及烟雾沟

一带为工作区域，西门外经日美技师及赵国宾、包恩骏等先后凿井十三眼，仅有日美技师所凿之两井及包凿之一井见油，此三井之位置，在北北西南南东之一直线上，似此处为一狭长之油池，沿此直线分布，故新定钻眼地点，均在此范围以内，藉以探查油池长度。延长除西门外，油泉即以烟雾沟一带为多，美技师于槐里河曾凿一深六二五公尺之井，在一三一公尺处见一油层，每日可产三百余斤，故此次在该处亦从新拟定钻探地点。兹将在延长拟定之钻探地点列后：

地点	探井	井号	位置
延长西门外	第一井	一零一井	在石油官厂东厂院内西，北距日技师属井一一二公尺
延长西门外	第二井	一零三井	在延河南张家园子西，北距日技师旧井五五七公尺
延长西门外	第三井	一零五井	在西山之岭东，南距日技师旧井五七〇公尺
烟雾沟	第一井	一零二井	在烟雾沟油泉之东六〇公尺，北距美技师探井二五七五公尺
烟雾沟	第二井	一零四井	在王家河村南，北距美技师探井二二〇〇公尺
烟雾沟	第三井	一零六井	在王家河村北，北距美人探井三五五公尺

永平以峪子沟为一背斜层，岩层倾斜大致北急南缓，至樊家沟则背斜层即不甚显著，轴向约为南偏西三十度，故拟于峪子沟背斜层之延长线上，在永平川河边开凿二零一井，又因该岩层东翼倾斜较急，西翼较缓，故拟于距该背斜层轴西二十尺处开凿二零二号井，庶可抵油层时，钻井恰位于背斜层轴之上。皮柏沟地点平平，无特殊之构造，惟为试探永平全区一般含油层之丰歉，故拟于该处开凿二零三号井。张家沟为一局部平缓背斜层，大量聚集虽不可期，小量聚集似颇有望，故拟于该处开凿二零四号井。崖宝沟表面虽为一断层，惟断距不大，下部有背斜层存在之可能。如为背斜层，固适于石油之聚集，即非背斜层而为断层，亦仍为石油可以聚集之所，故拟于该处开凿二零五号井。瓦厂沟前经挖掘以后，虽非一急倾背斜层，但究不失为平缓背斜层，拟于该处开凿二零六号井。贺家屹达是否为平缓穹层，尚难预定，但至少为一平缓背斜层，颇适于石油之聚集，惟此层距油苗稍远，油层能否达到此处，亦属疑问，惟藉此一钻，可以测定永平区油田之广狭，故拟于此处开凿二零七号井。庙儿巷东沟似为一平缓局部背斜层，轴向约为南偏西七十度，另为一约南北向之断层所切断，拟于此处凿二零八号井。永平正东地势平平，无特殊之构造，惟因油泉关系，或于各井钻凿成功以后，拟凿二零九号井。

（四）钻探经过

各项筹备工作完成后即开始凿井，其速度因石层软硬而异，大概在页岩内进行较速，砂岩内进行较缓，就延长区三井比较，每日速度较慢为一·二公尺，最大为三·〇公尺，平均为一·六公尺。各井经过岩层，大部属于灰砂岩，灰页岩及灰砂质岩中夹薄煤层四层，颜色有深有浅，岩石硬度大体观之，极硬者较少，极软者亦不甚多，永平岩层比延长较为整齐，因延长地下有裂缝而永平无之。关于经过岩层之厚度及层次，除永平之二零二井，二零三井，因开凿不久，即遭兵祸，纪录未能完全外，余均有详细记录。延长此次所凿剖面与已往旧井对照，其间仍苦无显明之比较。兹将各井岩层见油情形分述于次。

一零一井在延长西门外，其见油深度，预计为六二·〇五公尺，迨凿至五六·二一公尺处，打出之水满浮油花，至五九·五六公尺，其中喷出油气，初起声若沸腾，臭味触鼻，方以为气尽油来，久之反寂然无闻。直至深达九五·七〇公尺后，油量始增加，每隔三小时捞砂一次，可从水面取油四十余斤。以为此次真到油层，乃再凿深二公尺后，油量无增无减。其时井内水面深五七公尺，距井底约四〇公尺，水银柱压力合计每方寸约五六磅，颇疑油为水压，乃于井内安装二寸吸筒四具抽吸，计费五六日之久水始抽尽，最后仅有黄水，并不见油。仍继续下凿至一〇〇·二五公尺，岩层为黑砂岩，油量大增，每隔三小时起钻捞砂一次，可从水面起油二百余斤。至一〇一·二五公尺，岩层为灰砂岩，油量更大增，每隔三小时起钻捞砂一次，可从水面取油四百余斤，此时钻绳钻具捞砂绳上满沾原油。自一〇三·五五公尺后，油量无增无减，一〇五·四三公尺，岩层为微红灰砂岩，井中复喷气，初起汹涌情形与在五六·五九公尺时相同。下凿至一一二·三八公尺，岩层为拨状深灰砂岩，油气转微，油量照旧，遂停钻装管，试抽八日，昼夜工作，计第一日得油三二〇〇斤，第二日得油二九〇〇斤，第三日得油一七〇〇斤，第四日得油一九〇〇斤，第五日得油一五〇〇斤，第六、七、八日亦各得油一五〇〇斤。试油既竣，即将原动机移凿一〇三井，改装柴油机抽油，所产之油与石油官厂旧一井相同，色绿质稀，在华氏表六十度时比重为〇·八六。

一零二井在烟雾沟，于四〇·二五公尺见油苗，油层为微绿浅灰砂岩，同时井中发出少许硫化氢臭味，每日可从水而捞油十余斤，油色黑，质稠，在华氏表六十度时比重为〇·九六，与油泉之臭气相似。嗣再往下深凿至一五四公尺，未遇其他油层而止。

一零三井在延河南岸，于六四·二五公尺见油苗，所出之油，色黄绿，质稠，在华氏表六十度时比重为〇·九四，每日可捞油四十余斤。嗣即继续下凿，于一一七公尺处见油，每日可产百余斤，品质颇佳。

一零四井在烟雾沟王家河北，正在美技师所凿油井南面，于八七公尺起钻时见油七十余斤，且品质甚佳。惟彼时因共军即入延长，未能继续下掘，下部油层有无及情形若何，未明究竟。

永平共凿三井，其中二零一井及二零三井见油，二零二井钻深一五〇公尺迄未见油而止。就中见油之井，二零三井于八一公尺处稍稍见油，后因政治关系停顿半年，再继续钻深三一公尺，共深一一二公尺，油量经试抽每日可产一百余斤。至见油情形，因纪录未能保存而不得详。二零一井则于八·九三公尺处见油花少许，且有极小黑油珠。至二五·七五公尺时，又见小油珠。至五七·三一公尺为灰砂岩，打出之水略见黄色，且有咸味。迨下凿至六四·一七公尺，打出之水有小块黑油渣，且有挥发油味〇至六四·二五公尺为浅灰色砂岩，水味极咸。至六五·九五公尺见原油，每次打水，原油满浮于上，打出之水味乃更咸，此即油层。其先所见之油花及油珠，仅能谓为有痕迹，不得谓之含油层，其真正含油层，厥为六五·九五公尺以下之砂岩。砂岩呈浅灰色，不甚坚硬，砂性极大，砂砾较细，含有石英，味颇咸，油即含于其中。岩层共厚二九·一一公尺，油层下有灰砂质页岩，油层之上相距八·六四公尺处有灰色砂质页岩厚约三·〇六公尺，油之得以聚焦地下而未分散者，即因有此页岩层为之盖覆。该井于（民国）二十四年二月二十二日见油时，水面即增高，五·一公尺，水面增高固一方面原于油层含水一经钻透，水自由流入井中，而其另一原因，则似为挥发气体之向上积压，水受上压力之影响，势须向上升腾，故于水打尽时，井内气泡声如鼎沸，井之附近且有挥发气如烟之上冲。至该井油量，因堵井以前，抽油器具尚未到齐，故油量之测计，仅赖八寸二十尺之打水筒，将油水混合取出，引至沟内，使油水分开，油集水面，然后用器取之，见油之后，曾抽取五次，然因尚在打钻时期，复以缺乏巨量储油器，故仅作一次整日二十四小时之试验，其余四次，每次试验时间不过六七小时而已，每次出油量多寡不等，平均每小时油量约在三百斤以上。最后一次为三月十九日，抽油一昼夜共得油量五千九百余斤，平均每小时抽油二百四十五斤，较之延长一〇一号井产油更多，为此次探油各井中成绩最佳之井。

（五）钻井工料及成本

（1）钻工　钻工分井工、铁工、司机、伙夫、水夫五种，除铁工只为每日一班外；余均分昼夜两班工作，每班井工四名，铁工四名，司机一名，新旧钻机相同。至烧火夫则新钻机每班一名，旧钻机每班二名，挑水夫则视水源距离钻探地点之远近，每班自一人至三人不等，故每班钻工，新钻机最少为十八名，旧钻机最少为二十名。兹将各井钻工人数，列表如次：

工人别数	一零一井			一零二井			一零三井			二零一井			二零二井			二零三井		
	昼班	夜班	合计	昼班	夜班	合计	昼班	夜班	合计	昼班	夜班	合计	昼班	夜班	合计	昼班	夜班	合计
井工	四	四	八	四	四	八	四	四	八	四	四	八	五	五	一〇	四	四	八
铁工	四		四	四		四	四		四	二	二	四	二	二	四	二	二	四
司机	一	一	二	一	一	二	二	一	三	二	二	四	二	二	四	一	一	二
火夫	二	二	四	一	一	二	一	一	二	一	一	二	一	一	二	一	一	二
水夫	一	一	二				三	二	五									
共计	一二	八	二〇		七	一八		九	二四	九	九	一八	一〇	一〇	二〇	八	八	一六

（2）材料　凿井所用材料，以煤为大宗，次为油料，余则数量甚微。兹将此次所用新旧两种钻机每日消耗材料数量，列表以后，以资比较。

材料		新机消耗量	旧机消耗量	价格
煤	锅炉	六五〇斤	一八〇〇斤	每百斤〇·八〇
	铁匠炉	一二〇斤	一五〇斤	〇·八五元
汽缸油		三磅	一二磅	每磅〇·三四元
机器油		二磅	一·二磅	每磅〇·二四元
黄油		〇·三磅	〇·二磅	每磅〇·三四元
灯油		三·五磅	三·五磅	每百斤〇·一〇至〇·一八元
棉油		〇·四磅	〇·二磅	每磅〇·三〇元

（3）成本　各井钻凿成本之高下，因石层软硬及中间有无发生故障停工而异，惟在各种消耗中仍以煤为大宗，至耗煤多寡则视原动机之新旧显生甚大之区别。兹姑以延长一零一井用旧原动机及一零二井用新原动机所耗工料各费。列表比较，以见一班。

	延长一零一井（深一一二·三八公尺）所用旧原动机	延长一零二井（深一四八·二九公尺）所用新原动机
工资	九五八·〇〇元	一,六二五·八四元
柴	四·三二	一〇·四〇
煤	一,二六九·三〇	七八六·四二
木料	一五·〇〇	一八·四〇
油类	一〇四·二〇	二四四·八四
五金	二七·〇〇	四一·九五
其他	三四·六〇	五八·八五
材料费合计	一·四五〇·四三	一,一六〇·八六
工料合计	二,四〇九·四三	二,七八六·七〇
每公尺费用	二一·四三	一八·八〇

（六）结论

著者于二十二年九月奉派入陕勘查延长石油官厂情形，并视察陕北运机道路，归后即着手筹备购买钻机、接洽与修运道，成立陕北油矿探勘处。二十三年四月，由沪开始分批启运钻机前往，至九月初始全部安全运抵目的地，当即安机开钻。惟至二十四年五月三十日，因政治关系，仅二〇三井在停顿半年后，勉强续钻三一公尺，全盘预计钻探计划，则已无法赓续进行，故此次实际钻探工作，为时极为短促。就已经钻探之延长四钻，永平三钻而言，所储油量似只能供给小范围用油之需要，除非再经地质考查，另择地点再度钻探，觅得新开油源，一时自难即言具有若何国营油矿之价值。但在此短期间内，幸能求得以上近似之结论，且有不少可与地质调查工作表里相互参证之点，最低限度亦足以使国人心目中，对于陕北油田之一部分，得有更深切之认识，虽因政治关系未竟全功，然此项钻探工作之进行，未始不涵有相当意义而可引为慰藉者焉。

陕北一带石油勘查概况[1]

诸位都是学矿的，兄弟也是学矿的，今日得与诸位见面谈话，兄弟实觉荣幸之至。要谈的题目，是陕北一带石油勘查概况。国防建设委员会在陕北成立了陕北一带石油勘查处，兄弟奉派主持，关于在该处工作情形，可分数条来说：

一、石油矿区之位置与交通

陕西省在逊清时代，共分三道，所谓榆林、关中、汉中三道。陕北一带，即前清榆林道，此处交通大不方便。从太原西上，距离不过三四百里，无风雨之阻，仍需十余日之路程。由西安北上，至陕北不过三百里之遥，犹需十一日始达，由此概可想见交通之困难。本勘查处现在工作区域在陕北延长县北，地僻荒凉只有高山峻岭，无火车轮船之利。

二、石油探采之沿革

延长等处石油矿之沿革时期过远，兹不赘述。只因土人时常发现油泉及油苗，漫流地面，清光绪二十八年，陕西当局乃用日本技士，工人及机器二盘，以经营探采延长石油。第一钻即见油，光绪三十年终，三个钻眼完全告成，每天约出原油五千斤。于是日本力事宣传，全世界大为震惊，美孚油公司欲得而甘心焉，于是在民国四年，吾政府乃成立陕西煤油督办处，陕北油矿收为国营，日人完全回国。而与美孚油公司订立合同，资本三百万，购置机器四盘，共同开采。民国五年，美孚公司派员赴陕从事调查勘探，计钻三眼。第一钻眼，出油量颇多，第二钻眼油量较少，第三钻眼则未见油。先中国请日（本）人探采，主权乃属中国，及与美国合作，而大权几操于美人之手。延长一机其南三机计打钻眼六个，其调查报告略而不详，且声言陕北石油无望，无开采之价值云云，因观陕油不能与美孚油争衡，无人能霸占东亚其原有之石油市场，可知其此次钻探结果，别有用心，其野心可显而易见。美孚公司遂于民国六年，趁袁世凯死后国内变乱，美人全体回国，所有机器，全留陕北陕西，省府接办，设立陕北石油厂，从事续采。……（民国）十八年冯玉祥到陕，在此井之旁，钻一新井，每日出油万余斤，现在每日仍不下四百余斤，本会前往勘查，已为第三期，计运去钻机五架，分两区勤查。

三、陕北石油地质

查石油矿地质构造，以背斜层及穹地地层为最好，总之须有地质变动、褶皱作用，始有良好油矿之生成，油轻浮聚于最上部位，故石油矿之部位，一要为油区，更要有特别

---

[1] 原文刊于1934年10月15日、10月22日《焦作工学院周刊》三卷七期、八期。

之地质构造，最忌地层平坦，无褶皱作用。陕西、四川、新疆等处油田，地史乃属三叠纪（Triassic）及侏罗纪（Jurassic），而陕北乃为三叠纪，地质构造简单，大致向西北倾斜，坡度极小，非精确考查，几不能看出。世界各大油田，多系海相沉积，而陕北地质是否海相，现尚未考查清楚。统观上种情形，及现在工作情形，确定有石油无疑，然是否为一最有希望大油田，尚不敢定。如开四井，三井出油尚好，否则恐无大望。新疆距内地较远，现尚无人精确调查，四川恐更无望，故本会决议到陕北去勘查。

四、本会去勘查之意义

本会负有国防建设责任，迩来大战风云，甚嚣尘寰，石油关系国防，不得不加以勘查。勘查方法，一是多打钻眼几处，凡美国以前所作过地方，本会即不再钻探。因不明白该地石油究竟如何，为要证明是否石油丰富以解决疑难问题，故决意作精确之钻探。如陕北实无希望，再行往四川去探。四川如再无希望，则利用科学方法以补救之。是故该地有油与否，本会在所不计，要作确切之勘查而已。

五、勘查工作方法

本会与陕政府合作，共同努力。保安问题由陕政府派兵负责保护，地质调查则由北平地质调查所派王竹泉先生负责调查，经济及一切设备则由国防建设委员会负责办理。本会工作区域，现下只有两区，一在延长，一在延长之北，计用五盘钻机，地质报告，地质测量，都已做过，并有报告，所用钻机为水利旋转机（hydraulic rotary）及顿钻（churn drill）两种，钻眼直径十二寸至十四寸，水利旋转机 所用钻头为鱼尾式（fishtail bit），其用此种钻之目的，为可探采合用，所用顿钻为标准顿钻，该地工人训练极难，职员共有十人，分事其事，因需要几个机匠，余特来此地寻找。至于所用锅炉、蒸汽机、钻机等件，则由德国购来，所用工具（tools），购美国，其余则为上海自造。五盘机器共重一百吨，其运输困难万分，自上海至陕北延长，共费时四个半月，可想见运输之困难。从上海到太原，用火车运载，计需十一日；自太原到汾阳，有汽车载运，约需十余日；汾阳至黄河边，晋省府筑有公路，尚不见若何困难，及至过河，则所有机件，均行拆开，费时一月。因钢轮不可拆开，恐运输困难，在上海即用木质造成。此轮拆开，多至百余片，其他概可想见矣。运至黄河右岸，装船逆流而上，河内礁石大小如晨星棋布，其锐也如刃，且水缓急无常，船行极难，当时余只顾及地形，忽略天时，按该处黄河水势，每在阴历五月五日"端午节"至八月十五期间，不宜航船，以前以后均可无虞。及运机件过河后，仅差三天，亦云幸矣。计费一月之功，由河岸至延长矿区，概用骡马运输，计用骡马千余匹，六百余工人，另外还用了三头黄牛，本处所用钢丝绳，为六股三十二丝，长凡七百尺，每一绳竟分做六七匹骆驼载，计费时匝月，始告运完。本处第一钻眼深度约五百余尺，自破土至见油，费时三百天。第二钻眼已将完成，每钻眼深度以五百尺至六百尺为限。总计五年后，可将五机完全设妥。

为什么要办通讯？[1]

在极度艰苦中建立起来的本局，现在已有四年的历史了，虽然成绩还谈不上，可是油的产量至少总在逐年逐月的增加范围、设备和人员等，也都渐渐地在扩充；直属于资源委员会的各机构中，我们甘肃油矿局可算是相当重要而又庞大的一个了。

无论就本局的将来或整个中国的石油事业的前途来看，现在仅仅只是一个开端，才踏上长长坡道的第一级，我们不但必须继续努力，而且一定要准备长期奋斗！因为这个缘故，我觉得目前有两件事必须优先做到：

第一要使员工对本局所经营的事业发生兴趣。因为我们不能不承认在同事中间，至今还有不少人以为到这里工作只是为了解决吃饭问题，凡怀有这种错误观念的人，对于工作，当然只求得过且过，混一天算一天，决不再能提供什么计策，改善本局的现状和发展未来业务了，甚至会厌恶自己所担任的工作，坐在办公室里度日如年。这种情形，不但对于员工本身是一种痛苦，一种阻碍，便是对于本局，也是非常不利的，就像几个人划一条船，其中有一两位握着桨，似划非划的敷衍，那木船的速度就非慢下来不可，所以我们必须尽力提高同仁的工作兴趣，而要做到这一点，还得先从促使同人充分认识本局入手。从内部组织，一直到油品的产运销。至少都要有一个明确的概念；因为兴趣只能从认识、熟悉、亲近上发生的。

第二要使全体同人或感情融洽，合作无间。本来一个机关就等于一个家，"家和万事兴"，机关也是如此。不过这里所说的"和"字，却不仅指不相骂、不打架而是必须做到同舟共济，上下一心，大家即使因为工作地区遥远隔绝的缘故，很少（有）机会见面亲近，可是我们无论如何要保持精神上的联系。尽管天各一方，千里阻隔，却不能不有一种亲切的"同志感"，存乎各人的方寸之间；犹如站在一条火线上的战士一样。同人果能如此紧密团结，则不但本局的经常工作必可顺利推进，便是未来的扩展，亦必易于完成。然而这种联系和情感的养成却也不是凭空就能做到的，还需尽一切人力才行，那就是先要使散处数千里地区内的同人能够互通声气，常有机会知道彼此的消息或听到彼此的意见，从熟悉而消除隔膜，从消除隔膜而产生联系和情感。

这一次我们决定创办KPA通讯，目的就是为了要做到上面这两件事，使同人因充分认识而对油矿事业发生兴趣，使同人因彼此熟悉而增进情感，加强团结。所以在这一份小小的刊

---

[1] 作于1945年3月11日。

物里面，我们所登载的第一便是本局各部分的工作近况，其次是介绍有关油矿工程的知识，或交换各人对于工作的意见，同时亦附带刊登一些同人业余活动的消息。

不过这是一个新的尝试，同时它本身也需要各部分的合作。深望同人加意爱护本刊，使它在不断的进步中，得以达成预期的任务。

一滴汽油一滴血[1]

中国的石油一向靠进口，抗战开始，南京沦陷，国民政府迁至武汉。海港失守，切断了石油来源。大后方严重缺油，曾有"一滴汽油一滴血"的口号。所以国民党政府不得不自己加紧找油矿。当时在国内已有四个地方有原油流出地面，这四处是：甘肃玉门、陕北延长、新疆独山子、青海柴达木。那时我们还不能物理探矿，全凭这种天然现象确定油矿。

1938年，国民党政府经济部长翁文灏先生决定开发玉门矿。翁担任地质调查所所长时亲自勘察过玉门矿，认为那里油储量较丰富，而且那时西兰公路和兰新公路已建成，比较有开发条件。但是，在敌人封锁条件下，难于进口钻机和设备。怎么办呢？翁文灏找在武汉的中共代表周恩来同志商量，想把陕北的两部钻机调给玉门矿。这两部钻机原来是1934年，我任陕北油矿勘探处处长时弄去的。红军到达陕北后，我们停止在那里勘探，但是钻机留在那里了。当翁向周恩来同志提出上述要求时，周恩来同志立即表示同意，并且派钱之光同志负责此事，翁文灏派经济部资源委员会的张心田去陕北把钻机运到玉门。

1940年，国民党政府经济部资源委员会决定成立甘肃油矿局，我担任总经理。

1942年，抗战进入艰苦阶段，为了支援战争，我向经济部资源委员会提出报告，争取年生产汽油180万加仑。如果达不到愿受降职或撤职处分；若达到目标，则要求给全矿二千多名职工以奖励。因1932年我从美国回来时，途经苏联，适逢他们执行第一个五年计划，他们的宣传工作很广泛，我接触到的司机、服务员、导游员都知道"五年计划"，这给我很深的印象。所以我也学习这种"群众运动"办法，把"为一百八十万加仑而奋斗"的目标让油矿所有职工都知道。到11月份，果然实现了年初提出的奋斗目标。炼油厂汽笛一鸣，全矿的汽笛齐鸣，一片沸腾。但是当初我向经济部资源委员会提出完成任务要奖励的报告，一直没有批下来，我不能失信于职工，从矿上拿出一部分钱，全矿每人犒赏二斤羊肉、四两白酒，大家还是热烈地庆祝了一番。

油的生产能力不断提高，但是没有储油设备，限制了生产。1942年，蒋介石到玉门视察，问我有什么困难，我说，储油设备不足。他下令给国民党军队后勤司令部和西北公路局，让他们把空闲的汽油桶都交给油矿，这样我们得到三万只空桶。有了储油的工具，从此，油矿炼油厂就能日夜三班生产了。

但是，要把油从玉门运到重庆，却困难很大。那时大后方没有铁路，运油也得靠公路，

---

[1] 原文刊于1985年8月20日《人民政协报》。

即用两吨半的载重汽车。自玉门到重庆二千五百多公里，完全靠几百辆汽车运油，"油吃油"消耗极大。后来我把黄河上的羊皮筏子，移用到嘉陵江来。汽油由兰新公路从玉门运至四川广元，改用羊皮筏子把油桶装上水运，直抵重庆，减少了约八百公里公路里程，节省了汽油。

汽油在抗战中真发挥了作用。苏联以货易货援助我们抗战的大炮就是靠我们生产的汽油运到抗日前线，日本侵略者进攻风陵渡，出乎他们意料，猛烈的炮火使他们受挫，得以阻止他们越过潼关。

1944年，滇缅路打通了，美国盟军的空军驻在成都，飞机用的油是从国外空运来的，而地勤用的汽油都是玉门油矿生产的。我们千辛万苦生产出来的石油终于在抗日战争中发挥了作用。

接办乌苏油矿之经过[1]

新疆乌苏油矿在迪化（今乌鲁木齐）以西二百六十公里，迪化在天山以北，就是我们平常所说的北疆，新疆的地形恰似一个"疆"字，右边最上的一横是阿尔泰山，下面的田字是准噶尔盆地，中间的一横是天山，下面的田字是塔里木盆地，最下面的一横，便是昆仑山脉。左边的"弓"与"土"是执干戈以卫国土的意思。迪化在中间一横的上面的正中，乌苏便在左端。

我们接收的乌苏油矿有两种财产，一种是用一百七十万美金从苏联买来的地下的矿藏，因为地面上能够拿走的东西，苏联完全拿走了。一种是地面上的农场及其房产、用具等物，这一部分产业本来是可以二百万元法币买下来的，但因政府无款可拨，只得与新疆省政府商量算作省政府的股本。经过几次折冲和准备，在本年八月十五日才算正式接收了。

矿场离河流六公里，因为苏联临去时把水管拆卸了，矿上只得用三辆汽车，四个司机昼夜轮流不息的拉水，在这种情况下，用水自然是非常困难的，还有沟渠也被破坏了，田地已无法继续耕种，因此，只有制造水沟，以便输水，预计本年十一月底可以完工，不过到时候河上已经结冰，恐怕还是不易利用。

油井方面，有几口已不出油，其中有一口我们接收以后，已经开成出油，但封口已经敞开，按油井的上口是不能敞开的，因为取油时使赖井中的气体，使油向上喷射，如果井口敞开，气体消耗尽净，取油也就困难，关于这一点，我曾向新疆当局说明，可作将来产油极少的注脚。

过去苏联在那里打过很多井，除了上述一口井以外，都没有打出油来，据新疆一般人的见解，说是苏联为保护高加索油田，故意不开出油来，因为这里一开掘成功高加索的油便要流到这里来了。这种说法固然无稽，也表现人们对这种工作的恶意。所以在省会某次扩大纪念周上。我曾就这个问题加以说明解释。我说：地下的油并非相通的，如果相通的话，开一口井便够了，为什么还要开许多井呢？再譬如玉门的油田如果与这里的油田相通，那么这里的油田也就不必开采了。我更以妇女的乳泉为譬喻，说明地下的油田是不相流通的。使他们明了这种情况，以便免除误会。除了已打成的一口井以外，还有两口已开了一半。我认为这两口井都有连续开掘的价值。现在已有一口开成，每月可出原油百吨，另一口井，在我回来时已经出油。这两口井，我们都装了开关，以便不用时把井口封起来，而免散气。除此以

---
[1] 1944年10月30日在资源委员会国父纪念周上的讲话记录。

外，再开凿新井已经很不容易。因为开一口井便需要五百吨器材，而这五百吨器材，还要经过四、五千里长途的运输，在目前的交通情形下，几乎是不可能的。

关于新疆用油，我以为不一定取之于乌苏。譬如：哈密离玉门只六百公里，乌苏离哈密几百公里。如哈密用油，尽可以就近到玉门取用，新疆的用油，因边境需要的关系，比平时增加了三分之二，我曾与盛督办商讨过供应问题，大致今年还可以应付，明年似乎也没有问题，到□年就非开凿新井不可了。

该处原有的职员，知识水准都很低，所有的课长，都是小学毕业，为了适应我们的需要，只得另换新的课长，同时，为避免影响他们的工作情绪，课长的名义虽然取消了，仍支科长的薪水，至于会计方面，非常紊乱，因此，会计课长一职，暂时请原人担任，等明年一切渐上轨道时，将再为调整。其他一般职员的待遇与员工福利，都予以调整改进，使他们安心工作。这样一来所需的经费很多，都就近先由甘肃油矿局暂为垫付，

我们生产的汽油，新疆当局不许自由发售，要完全由新疆军务处收买，煤油也只能卖给财政厅。目前汽油不够用，煤油因财政厅无力购买，又不许自由发售，几经交涉，也得不到结果，只得全部地贮放起来。

以上是接办乌苏油矿的大概情形。我在工作完毕后，曾顺便到伊犁去看了一趟。伊犁是中苏的边界，在那里的见闻，很有参考的价值，现在附带的报告一下。

平时我们都说伊犁是中苏国界，其实中苏国界在离伊犁十里有河。据说河上有桥，桥两端和中间都有栅门，桥这一端是我国，桥那一端便是苏联。其实到哪里一看，根本没有什么桥和栅门，就连河也看不清楚。河那边有树林，有木牌楼，有岗亭营房和瞭望台；我们这边也有树林，有岗亭和瞭望台，但没有木牌楼，所谓国界的标志，也不是我们想象中的界碑，而是垒积的大小石堆而已，这种石堆是可以临时移动的，所以过去边界的纠纷是很多的。我们之所以不建立牌楼，据说是因为建立了牌楼，便表示承认了这是国界，没有牌楼我们是不承认目前这种国界的，我们驻扎那里的兵只有十个人，枪只有三支。最近曾设立海关，因为要检查苏联的车辆，曾起过一个小小的纠纷。至于对面苏联地方，沿河修有公路，经常有巡逻，每周还有飞机沿边巡视，有时晚间都能听到对面的枪声。于是我发生了一种感想，我们是弱国，苏联是强国，强国对弱国还这样戒慎提防，而我们一向对边防的疏忽，今后是很值得注意警惕的。

关于中国石油发展史的
讲话录音稿❶

我今年虚岁88岁，是个老古董了，如果要讲工程科学，我没有资格讲话，但要讲的历史，那么，我还知道一点，可以稍稍讲一讲。但是年纪大了，时间长了，恐怕有许多错误的地方，好在在座的有许多参与这个工作的同志，可以给我纠正。

我先讲讲延长油矿的事。今天有延长油矿来的人吗？（下面答：有）很好，很好。

第一次开采是光绪年间的事。也就是西太后时期，请日本人来开采。在延长西门外油苗露头的地方，钻了一口井，一天能出个一吨多油。以后又钻了两口井，均不见油。到了辛亥革命，日本人走了，办厂的事也就告终了。

第二次是中华民国时代，也就是袁世凯当大总统时代。熊希令是内阁总理。在延长成立了"中美油矿事务所"，请美国美孚洋行来开采。购买了四台3600升流动钻台，在陕北各地打了七口井，仅有两口井出油，但油量不多，他们就断定陕北油层系石炭纪，没有多大开采价值，于1916年3月停办，总计耗费了270余万元，美国人就扬长而去。人民反对袁世凯做皇帝，又开始打仗了，开矿的事又停了。

第三次是1932年，我们去了。我是怎么去的呢？是翁文灏先生叫我去的。实业部派地质调查所的地质师王竹泉、潘仲祥到陕北测量地形，调查地质，发现了永坪油田，并对延长、永坪、延安三个层段重新划分，在延长、永坪拟定了二十个井区。

1932年夏天，我从美国学习回来。我是学习采矿的，先在天津北洋大学采矿科学习，1919年在学校当学生会会长，因参加"五四"爱国学生运动被开除学籍。后来得到蔡元培先生的帮助，我们到了北京大学采矿科，最后在北京大学毕业。毕业后我到穆棱煤矿去工作。就是现在鸡西煤矿下的一个单位，作了近六年的技术工作。我是个南方人，到了北大荒，气候寒冷，地处荒凉。其实北大荒是个好地方，没有风沙，水草很肥，但因土匪多，没有人家住。我在那里干了五年八个月，从探矿到矿井完成，一直到铁路修好。

我骑马很好，天天出去探矿，掌握了开矿的全部过程。后来我到美国斯坦福大学去学习。我无意于读学位，我选的课程都是自己在实践过程中感到欠缺的问题，因为我学习的目的很明确，回国还是要开矿的。

我在美国三年，每年寒暑假，我就背个照相机到各油矿去参观学习。那时美国已有旋转

---
❶作于1980年春，根据录音整理的，后半部录音带被人借出，不慎抹白，故缺失。

钻机了，最深的井有8000英尺。当时国内刚有电钻，是翁文波在搞的。

我从美国回来，从西伯利亚取道哈尔滨。因为我家在那儿，父母、妻子、兄弟姐妹都在哈尔滨。1932年，日本人占领了哈尔滨。我出国三年，回来却成了亡国奴。我只在家住了三个月，怕日本人来查，我就进关了，去找翁文灏先生。我和翁文灏先生早已相识，我在穆棱煤矿时他曾去过，我在北大听课时，也曾听过他讲课，但不是学校的专职教授，而是临时一次讲座，我对他印象很深，他要介绍我到南京去是国防设计委员会，我想南京是做官的地方，我不去。我要办矿，搞实业救国，不想当官。

在国外，那里收音机已经很多了，中国却很少。我国当时只热衷于打仗，蒋介石和阎锡山、冯玉祥都在打仗。有一个外国人问我："你们都崇敬孙中山，都叫孙逸仙，为什么还要打仗呢？"问得我一脸无光，心中难过得很。但我想了一想，急中生智，我说："在大街上，我碰到有基督教徒，都信耶稣，但他们在大街上还相互谩骂，为什么美国人都信耶稣，这一派却骂那一派呢？"他听了说："你的话，我听懂了，听懂了。"所以说，中国人在外国，越知道爱国。

其实南京新成立的那个机构，叫什么名称还没想好，这个机构比地质调查所有钱。我想办矿没有资金是不成的。翁先生又对我说："你是学矿的，我国现在还没有一个油矿，陕北那里原来美国人开采过，但他们把资料也拿走了。地质调查所倒搞出点资料。"他把那个测量图给我看了。我看了觉得很不详细，连那个小村庄在图上都没有。还不如穆棱煤矿搞的详细。我就把穆棱煤矿的给翁先生看，他看了很高兴。翁先生又介绍了两个人，一个是张心田，他是穆棱煤矿矿长的外孙，只有十七八岁，是个中专生。还有一个叫严爽，他是北京大学毕业的，学采矿的。我们二个人先到延长去参观一下。

从南京出发到西安，那时铁路已经通到潼关，坐汽车到西安。陕西省主席是邵力子，和我是同乡，他又是复旦的老师。我请他多帮忙，他答应了。邵先生从西安派人派车到潼关来接我，潼关县县长兼陕西省驻潼关办事处处长张丰胄招待我们在潼关待了几天后，再去西安。我们到西安后，邵先生又派陕西省建设厅的一个技正，北京大学矿科毕业的赵国宾陪同前往陕北。我们调查了陕北油矿的部分情况。我们买了三匹马，两只毛驴背行李。那时没有公路，只有人走的路。美国人修的大车路已经没有了。往北走蟠龙镇、瓦窑堡，再走寡毛镇到延长。我要看看那边的情况。

延长有一幢美国人修的房子，三边围墙，很高大，我们就住在里边。回来时，我们走延水滩，黄河边上，到山西太原，走石家庄回南京。为什么我们不走原路呢？我想，将来喷出油来，这油怎么运出来呢？多几条路看看。回到南京，又到北京向翁先生汇报了情况。张心田说："从国外买设备，远水解不了近渴，还是先从国内组织加工吧。"于是和上海新中公司联系，制造200马力的钻机两套，加上原有的配件，又与上海机械公司联系制造的采油机、发动机等，还从德国、美国进口锅炉、钻铤、钻头等工具，总计约100吨。用火车从上海运到石家庄，又到太原，卸下来运到黄河边。那里是夏天，黄河边上的宋家川有一段路被水冲了，我们去找山西省政府主席徐永昌，要求修路。他答应一个星期修好。他办事认真，果然一个星期修好了。

到宋家川，黄河水涨高200多公尺，机器要从公路上弯弯曲曲地盘下去才能到黄河边。我们租了五六只大木船，把钢板放在下边，机器放在上面，人也坐在上边，第二天一早开船了。船主要先杀一只白雄鸡，放鞭炮，烧纸，这是迷信，但船夫要祭船后才能开船。开到一个地方，要下滩，叫我们上岸。过险滩很危险，过完滩再叫我们上船，这样有四五处，走了两天，才到了延水关。

延水关有一个小村庄，我们住下了。县长和警察局长来看我们。我们请他们代为雇人和马或骡子。他们说："哎呀，那可很难。现在抓官差，官家运东西都不给钱，人都跑了，找不着人。"县长还说："这里很不平静，你还是和我们一起回去吧！"那时我是勘探处长，我说："我不能回去，你什么时候给我雇好人，我和机器一起走。我愿意以我为人质。"后来，我又想了个办法，在电线杆上广帖告示："运机器以现款当场付清。"这招还真灵，呼啦来了好多人，总算解决了问题。

运机器时，有的机器很大，无法运。张心田想了个办法，把大机器拆开，但最小的也要16个人抬，再不能拆小了。我们雇了298头骡子，102乘骡轿，民2266名，历时50余天。机器一部分运到延川，一部分运到延长两地探矿。另外，我们还有个无线电发报机，手摇的，可以发到南京设计委员会。

1934年7月，我们到了延长，第一个钻井在断层结构上。在我们住的院子里却发现了一个井，出油了，打了200英尺，这个油井不会喷，流到井口就不出了。我们就用抽的办法，和蒸酒一样。先出来的是汽油，后来是柴油，最后是重质油。第一口井出油了，就在断层上打井，但都没有出油。

第一口井叫101号井，开始产油一吨半左右，后减到150公斤。102号井深149公尺，103号深177公尺，104号深88公尺，这两口井每口产油2.3公斤到50公斤左右。

在永坪又钻了三口井，叫201号井，井深104公尺，初产油3000多公斤，推翻了美国人的无油判断。

记甘肃玉门油矿的创建和解放[1]

一、玉门油矿在抗战中诞生

甘肃玉门油矿位于祁连山北麓的戈壁滩上，西到玉门县三十多公里，东到嘉峪关（万里长城的终点）八十多公里，至酒泉一百多公里，至重庆二千五百多公里，海拔二千五百米。早在一千六百年前的西晋时，我们的祖先就发现了这里的石油，在古文献《水经·河水注》中有一段引用《博物志》的记载："酒泉延寿县南山出泉水……水有肥如肉汁，取著器中，始黄后黑，如不凝膏，燃之极明，与膏无异，但不可食……谓之石漆。"这就是原油的露头。以后，在唐宋时期的文献中也都有石油的记载。清末左宗棠坐镇酒泉经营西北时，曾派人去玉门取油样送往德国化验，证明油质十分理想，但由于当时一无设备，二无运输条件，无法开采。

我国燃料用油，过去一向仰赖国外进口，曾有"一滴汽油 一滴血"的口号。所以国民党政府不得不自己加紧找油矿。当时在国内已有四个地方有原油流出地面，这四个地方是：甘肃玉门、陕北延长、新疆独山子、青海柴达木。那时我们还不能作物理探矿，全凭这种天然现象寻找油矿。

1938年，当时翁文灏在汉口任国民党政府经济部长兼资源委员会主任委员和工矿调整处处长时，决定开发甘肃玉门油矿。翁文灏原任地质调查所所长时勘察过玉门油田，认为那里油储量较丰富，而且那时西兰公路和兰新公路已经建成，比较有了开发条件。但是，在敌人封锁的沿海港口的情况下，难于进口钻机和设备，这怎么办呢？幸而那时国共已第二次合作，一致抗日。而早在1933年翁文灏任国防设计委员会（即资源委员会的前身）秘书长时，曾派我到陕北的延长、延川、延安一带调查勘探油矿。1934年夏，国防设计委员会派我担任陕北油矿勘探处处长。

二、艰苦创业的历程

从嘉峪关到玉门油矿，一路全是戈壁滩，除矮小的骆驼草外，既无草木也无人烟，是个不毛之地。有条石油河从祁连山里向北流，经过油田后不远潜入戈壁滩不见了。幸有这条小河，油矿就地有水，否则，人是无法生存的，油矿也无法开采的。但从河床把水提升到戈壁滩上，约有一百来公尺高才能饮用。

戈壁滩上的土壤，沙子太多，不能烧砖瓦，盖房全用"干打垒"为墙（想不到三十年

---

[1] 根据孙越崎手稿整理。

后这种房屋一度在初创的东北大庆油田广为推行），屋顶拱状形，上盖沙土拌油渣，以避风雪。后来，我们从三十里以外运土到矿区，与当地沙土混合烧砖瓦，才能建造高大的房屋。木料需从酒泉以东，距矿约一百八十公里的祁连山上，自己砍伐，拖到公路旁，用汽车运来。

矿区不但纬度高，而且海拔也高。一年中有半年冰冻。最初，矿区取暖、做饭、烧水都从西边几十里外的祁连山里自开小煤窑，需用骆驼、驴、马驮运到公路，就没有正式开采。一九三五年五月，延长县解放，钻机两台和工程人员仍留陕北。我因事前应翁文灏之邀已到河南焦作担任中福煤矿总工程师，后继任总经理。但仍兼陕北油矿勘探处处长原职，用无线电联系工作，直到延长县解放为止。

为了开发玉门石油，急需钻机，翁文额在汉口撤退以前，特与中共周恩来同志商请，将在陕北的两台钻机调运到玉门，以应急需。周恩来同志以事关开发后方能源，支持抗战，热烈赞同，满口同意，并派钱之光同志接洽具体办理调运事宜。翁文灏即派资源委员会的张心田去陕北延长提取钻机，并电告西安八路军办事处和延安中共中央有关人员，经八路军协助将两台钻机送到咸阳，再经西兰公路运到酒泉，又辗转运到玉门老君庙矿区。在此之前翁文额已派曾任陕北油矿勘探处第一队队长严爽和地质调查所的孙健初和靳锡庚等三人先到玉门油矿进行勘察，待陕北钻机一运到，即开始钻探，很快开始出油。而炼油剩下的重油和油渣，我们当时没有裂化设备，无法再炼成轻质油成品，作为废物舍弃，很可惜。我鼓励职工想办法把这些废品作为燃料，代替煤炭来取暖、做饭、烧水。不久机械修造厂厂长单喆颖与员工研究，制造出一种烧这种废品泊的炉子，既利用了本矿的资源，又不要再到远地开小煤窑，特别是省了一大笔骆驼运费，减轻了产油的成本。

油矿职工和家属总数约达万人，所需粮食一小部分从酒泉购运，大部分要到离矿区约三百至七百公里的永登、武威、张掖等地买来。矿区自设粮仓和面粉厂，磨面卖给职工。面粉厂是新式钢磨，厂房有三、四层楼，规模不小。同时在玉门县附近赤金堡和嘉峪关两地自办农场，生产蔬菜运往矿上，在戈壁滩峭壁里凿洞储藏，随时取用。还有一个规模很大的供销社，等于一个百货公司和副食品商场。有布匹、衣服、鞋帽、文具和干鲜水果等。并自制醋、酱油等调料。自办各种修理服务业，如理发、修鞋、补衣、浴池等生活设施，以及职工自己组织的京剧、秦腔、曲艺等文艺娱乐活动。在四无人烟的戈壁滩上，造成一座生机勃勃的油矿城市。所以外来的人如不经油矿照料，住宿都成问题，根本没有容身之地。

以上所说的不过是首先解决了油矿职工的生活问题，油矿创业之艰难更反映在设备奇缺上。建矿初期，我国所有港口已被封锁，武汉已经失守，我在油矿成立初即派人向美国订购一套蒸馏裂化联合炼油装置和十套能钻一千公尺的旋转钻机。原定运到越南海防转运矿区，但不久海防被日军占领，一部分钻机只好运到缅甸仰光，而仰光仓库又被轰炸，损失很大。万里迢迢抢运到玉门后，只能拼凑完整的三套钻机。至于炼油设备，虽已向美国订购，但一部分也在途中被炸毁，所以一点儿也没有用上。

依靠进口已经不行，只有走自力更生之路。这是一条比在荒漠立足更为艰辛的路。当时我们的炼油厂是完全依靠自己设计制造安装的。但只是釜式蒸馏式的，不是裂化式的。因为，当时我国不会做高压设备和无缝钢管，因此，只能从原油中炼出18%的汽油，以及一部分煤油和含蜡柴油。

抗战大后方，当时只有重庆靠上海搬迁来的小工厂尚能制造一些小型机械，而油矿用的钻机，套管和高压设备全不会做。即使照图仿照，也因钢的质量差，有砂眼，不耐高压根本不能用。我们只得向重庆那里的一二百家从上海迁来的小工厂订购普通车床、水泵、油泵、煤油釜闸等设备配件，并向各地搜购由沦陷区拆迁来的和从重庆江北拆来的各种管子、马达等，经二千五百公里的长途汽车运输到矿区。我们苦干了三个月，终于自己设计，制造，安装了二十四座釜式炼油炉，开始从原油中炼出18%的汽油和部分煤油、柴油。这在当时已是难能可贵了。

至于打井用的水泥，只有重庆一家生产，也要用汽车运到玉门。还有打井用的重晶石，以前不开油矿，根本不知哪里有，临时在重庆下游的涪陵地区找着了。由水路运输到重庆，再用汽车运到玉门。矿区自设粉碎机厂，大石块轧成小石块，再轧成细块，最后用球磨机磨成能筛下一平方英寸面积有二百个孔眼的筛子（即200网目）的细粉，掺在泥浆里，打进井中，以压住井喷。

由于上述情况，我们因而将油矿局设在重庆，专办财务及搜购器材，并且自设运输处在重庆歌乐山，自重庆至玉门沿途设了十几个车站，把各种器材物资源源不断地运输到玉门矿区。如果不在重庆设油矿局，不大力搜购各种器材并自办运输，那么玉门油矿的建设和生产就一件也办不成了。此外，生产的油品，除了在矿区售给西北公路局等用油单位以及各地用的煤油外，多余的产品也由自己的车队运到兰州、重庆由油矿局销售。所以，在重庆的油矿局名义上是玉门油矿的上级机关，实际上是专为矿区服务的机构。而且真正做到了这点。前方生产建设在玉门，后方搜购转运在重庆。这是当时玉门油矿的布局，也是当时油矿生产建设能够很快成功的关键所在。

三、蒋介石来玉门油矿视察

蒋介石于1942年8月间到甘肃玉门油矿老君庙矿场来视察。当时油矿开办已二年多，矿区一切设备还很简陋。他和宁夏省主席马鸿逵的兄弟马鸿宾坐在第一辆汽车，由我陪同前行，后边有胡宗南等六七辆小汽车同去。在油矿看了几个油井，胡宗南紧跟着他，不离身边，好像是在保护他。

我们当时开采的油层，取名K层和L层，K层很浅，L层比较深些，但一般油井也不过四百五十公尺至七百公尺左右，都是浅井。我们从美国买的钻机只能打一千公尺的浅井，幸而油层浅，否则也打不出油来。

我还陪着蒋介石看了矿区的炼油厂和电厂、机厂等设施，他一边看，一边说："不容易，不容易。"他在油矿吃了中饭，午睡一小时后，我向他介绍了矿长严爽（已故）、炼油厂厂长金开英（现在台湾）、地质师孙健初（已故）、物探地质师翁文波（现在石油部）、总务处处长靳范隅（已故）及重庆油矿局炼厂供料科科长邹明（现在石油部）等六七人与他见面，汇报油矿的一些情况。

当天下午我陪同他同返嘉峪关，仍是他与马鸿宾和我三人同车。蒋离矿时，当我的面对胡宗南说："孙某他们在这个地方办矿，看来困难不少，你要支持他。"

来矿时，我在车上除了给蒋介石介绍一路情况外，主要介绍油矿开办的经过。回去时，他说了些视察油矿的感想。大意是，在这样荒凉偏僻的地方建设确是困难的，以后有什么问题，随时告诉我，一定支持你。

蒋介石这次到玉门油矿来，我当时没有向他提出帮助解决油矿具体问题的要求。但事后有一件事是我电请他帮助解决的。这就是油矿开采的油井昼夜不停地流到集油池，再输送到炼油厂，炼出汽油、煤油、柴油、油渣和蜡烛等产品。但来矿买油的不但数量时多时少，而且夜间不来，只白天来装运，因此矿上必须有储油的油罐。我们以前只从长沙拆过二个油罐到玉门，但远远不能适应昼夜炼油周转的需要。这是生产上的一个大问题。而我们自己又不会做储油罐的薄钢板。我曾请求经济部资源委员会在重庆收集五十三加仑的油桶代替油罐，以为储油周转之用。但他们都无办法。这成为我们油矿能否昼夜连续生产的问题。因此，我就打电报给蒋介石，请求拨给油矿六万个五十三加仑的油桶，以周转之用。他即令军委后勤总司令拨运了约三万个。拨到的空油桶，虽多破旧，但经过我们检修后，大部分能用上，解决了大问题。油矿炼油厂就能日夜三班连续生产了。而且来买油的单位都自带五十三加仑的全油桶。我们就以装好的油桶与空油桶交换，这样也大大加快了装运，用户也都满意称便，真是一举两得。

但是，要把油从玉门运到重庆，却困难很大。那时后方没有铁路，运油也得靠公路，即使用两吨半的载重汽车，自玉门到重庆二千五百多公里，完全靠几百辆汽车运油，"油吃油"消耗极大。后来，我们把黄河上的羊皮饺子挪用到嘉陵江来。汽油由兰新公路从玉门运到四川广元，改用羊皮饺子把油桶装上水运，直达重庆，这样可以减少了约八百公里的公路里程，这样既节省了汽油，羊皮绞子收起折叠后交回空汽车运回广元，可重复使用，费用也较低。

四、在实践中锻炼培养了油矿人才

开矿除了有天然资源和机械设备外，还得靠有人才。油矿开办时，工人来源由国民党政府批准，把酒泉、王门、金塔三县每年征兵名额拨给油矿当工人。这些人在油矿做工，既不用远离家乡，也不用打仗，比服兵役高兴多了。因此情绪相当安定。同时，这些工人来自社会各阶层的各行各业，其中有的是学校教员、财会、文书、铁工、木工、瓦工、裁缝、酿造工等都有。正为油矿孤悬在戈壁滩上自成一个小社会所需要，一方需要，一方愿意，各得其所，比较能安心工作。经过一段实践的锻炼过程，后来，有不少人在工作中做出成绩，成长为油矿的职员和技工，成为我国油矿的第一代职工。

至于技术和管理人员比较缺乏，我们只有靠实践中锻炼培养。当时，玉门油矿是我国第一个比较正规的油矿。在这以前，除延长油矿做过一些工作外，我国还没有人有开发油矿的经验。我是北洋大学和北京大学矿冶系毕业。又留学美国继续研究。曾在洛杉矶油矿和得克萨斯州油矿实习参观过。当时的矿长严爽是北京大学矿冶系毕业，也到美国实习参观过油矿。物探地质师翁文波在美国留学后，到波兰油田实习过。还有炼油厂厂长金开英，曾留学美国，担任过重庆动力油料厂厂长，后来调到油矿工作。只有我们四个人，虽在国外看过油矿，但也没有实际经验。此外，当时国内大学毕业生没有人见过油矿。所以玉门油矿刚开办时，除少数人员是从其他单位调来的以外，大部分技术人员只好每年招我国大学毕业生。主要是陕南的西北工学院的和昆明的西南联大化工系的毕业生。其他大学毕业的也有一些。他们都是刚出校门二十多岁的青年人，当然更没有经验。当时他们并不是由政府部门分配去的，可以随便找工作，要走也是随时可以走的。即使在抗战时期，玉门也是一个比较偏僻艰苦的地方，所以很多人不安心于长期留在玉门油矿生活，这是可以理解的。特别是这些青年人的婚姻问题难以解决是个大问题。为此，我就有计划的陆续招些重庆的青年女学生到油矿。当时，邵力子夫人傅学文在重庆办了一所女子职业学校，我就同邵夫人商量，在该校挑选了一批肯吃苦耐劳，有志边疆建设的女学生。亲自带队送到矿上。分别安排担任教员、护士、财会和其他管理及文艺工作等，这样使矿区的青年男女生活大为活跃。后来都在油矿成家立业，对油矿发生了感情，就一直留在矿区工作。既有了事业，又有了家业。这批年轻人的爱国心和事业心迸发出一股炽热的干劲，聪明才智得到了充分的发挥，从而给油矿培养了一大批青年骨干人才。这就是玉门油矿成功的重要因素之一。时至今日，我国石油工业战线的许多专家、骨干、领导很多都是在玉门油矿成才、成家的。例如大庆油田初创时期的"铁人"王进喜就来自玉门油矿。现在台湾任经济部部长的李达海就是西南联大毕业后到玉门油矿工作，抗战胜利后去台湾接收高雄炼油厂，以后升任台湾中国石油公司总经理，进而出任经济部长。

五、响亮的口号

到了1942年，玉门油矿创建两年，总算初步站稳了脚跟。但国民党政府中某些人却闭眼不看事实，还是不相信中国能自己开矿炼油。企图停止给玉门油矿拨款。我决心以多出油的事实做出回答。

1942年初，我在万名职工中提出一个响亮的口号："今年一定要拿出一百八十万加仑的汽油。"这个口号作为我们当年的奋斗目标深得人心，上下皆知，既激励着人，也团结着人。全矿一心，昼夜奋战。我在矿上从油井到炼油厂，从职工宿舍到后勤仓库，逐一审查计划，落实措施，简直操碎了心，熬红了眼。

这一年和前一年，有几口油井一度发生井喷，还烧坏了一台钻机，损失不小。有人不免丧气，可我反而高兴地说："这是好事，井喷证明是好矿啊！"经立即采取各种措施，很快制止了井喷，同时吸取了教训，更加激发了全体职工为一百八十万加仑汽油而战的干劲。

到了1942年底，奋斗目标终于成了现实，一时全矿汽笛齐鸣，万众欢腾，人们情不自禁把我高举起来，在矿区内欢呼，游行。

玉门油矿刚炼出来的汽油，大力支援了西北的军事和民间运输。这一年，日军企图强攻风陵渡，入侵陕西省，由于我们有了汽油，能及时将苏联供应的大炮从新疆赶运到前线，阻挡了日军的进攻。以后两年，玉门炼出来的汽油年产都保持在二百万加仑左右，对维持战时后方交通运输做出了贡献。特别是一九四四年，美国空军的飞机由成都基地起飞，轰炸东京和已被日军占领的唐山开滦煤矿林西发电厂，也是玉门油矿供应的地勤用油，从而有力地支援了对日寇的最后一击。

1942年秋，我到兰州参加了中国工程师学会年会。中国工程师学会每届年会开会时，推荐工作有成绩的会员一人，给予金质奖章一枚。在这次年会上，我因开发玉门油矿而继侯德榜（1935年，因发明侯式制碱法）、凌鸿勋（1936年，因修筑粤汉铁路有功）和茅以升（1941年，因建成钱塘江大桥）之后，被授予了这枚奖章。

抗战期间两次去新疆纪略[1]

我在抗战期间的1942年和1944年曾两次去过新疆，那时正是盛世才统治新疆的期间。我第一次去新疆是随同朱绍良和翁文灏去的。第二次去新疆是去乌苏接办独山子油矿的。为了说明当时新疆的政治背景，我在叙述两次去新疆情况之前，先写一些我所知道的关于盛世才于1942年反共反苏投蒋的一些情况。那时我们称此为盛世才"内向祖国"。

一、盛世才在新疆和1942年反共反苏投蒋的概况

盛世才是一个阴谋家、两面派。他是辽宁省铁岭人。早年留学日本士官学校。北伐后他回国到南京，经朱绍良的介绍，在参谋本部工作。住在朱绍良家里，兼做朱的女儿的家庭教师。他在参谋本部很不得意，但有野心。因此他辞职跑到新疆去，后来任新疆边防督办金树仁的参谋长。

辛亥革命时，巡抚袁大化离开新疆，藩台杨增新被推为新疆都督，后来他的参谋长金树仁杀杨而继任之。1933年盛世才又将金树仁杀死，自己登上边防督办宝座。不久盛又以请客为名，诱骗帮他上台的陈中、郑润成等人先后到东花园枪杀了。新疆学院院长、全国著名教育学家杜重远，是盛世才的同乡好友，特地请来新疆任教，也被他杀害了。盛世才由于作恶太多，本人一向不敢出督办公署。这督办公署是二层楼的平顶洋房，屋顶四周都是城堞，昼夜有人站岗，保卫森严。他总是疑神疑鬼，晚上睡不着觉（他自己说的），脸上满面是油（我自己看到的），对谁也不敢相信，吃饭要别人先尝尝，恐怕里面下了毒药。

回族马仲英部队围攻迪化时，盛世才与马仲英展开了生死搏斗，最后，盛世才靠苏联出兵，派来了第八团才解了围。从此以后，整个新疆除了督办公署前面广场的旗杆上挂了一面国旗外，其他地方挂的是六星黄旗，到处挂盛世才的标准像，不少地方也挂斯大林像。新疆商场上无论日用百货、呢绒布匹，烟酒糖果都是苏联的商品。抗战开始后，苏联要我国的钨、锑、锡等特种矿产品和桐油、猪鬃、茶叶等农产品。叫盛世才修了一条公路，从迪化一直到邻近甘肃边界的星星峡，与甘新公路相衔接。苏联以旧军火换取我国的农矿产品。1942年我第一次去新疆时，盛世才对我们说，这条公路对中国的抗日战争立了大功。

盛世才投靠苏联以后，写了《六大政策教程》的巨著，是宣传他的一套独立为王的理论。这六大政策是亲苏、反帝、民平（民主、平等）、和平、建设、廉洁。到处树立标语牌，写这十二个字的六大政策。这部书的第一册首页写的是汉高祖刘邦的大风歌。我第一次

---

[1] 原文刊于《文史资料选辑》第84辑。

到新疆时，看了这个教程，觉得他有点像旧戏里的西凉王的神气。虽然如此，他与蒋介石是有单线联系的。他的二弟盛世骥是抗战期间在重庆的国民参政会参政员，他是代表盛世才和蒋介石作秘密联系的。

东北有一部分抗日义勇军约几千人最后撤退到苏联，被解除武装后，苏联把他们送到新疆交给盛世才。盛世才就靠这批东北同乡巩固他的地位。他的核心力量完全是家族统治。他的岳父邱××是他的军师。他的联襟王××是他的参谋长，他的弟弟盛世骥是与蒋介石的联系人，另一弟弟盛世骐留学苏联，是机械化旅旅长，盛世才后来疑心他是共产党员，要篡他的位，把他暗杀了。他的内弟邱毓熊也留学苏联，像个青年有为的样子，是他的死党。盛世才的妻子邱毓芳，在新疆称她为邱院长，系新疆女子师范学院院长，在新疆是最有权势的。盛世才靠这个家族为核心来统治新疆。

我第一次去迪化时，盛世才曾当我和其他几个人的面，大骂黄慕松。他说："黄做新疆宣抚使，进行挑拨，使我与中央发生了隔阂，加上马仲英围攻迪化，不得已误入歧途，投向了苏联。"他对斯大林总是不放心，怀疑斯大林总有一天不要他。当1942年德国法西斯军队打到斯大林格勒附近时，他认为斯大林格勒不久将陷落，苏联要失败，所以他反苏反共投蒋。后来德军失败了，1943年秋他又想投苏反蒋，没有成功。总之，他翻来覆去，都是为了保持自己"新疆王"的地位。结果搬了石头砸自己的脚，与历史上耍阴谋、搞两面派的人一样，以失败而告终。

二、我第一次随朱绍良翁文灏到新疆

1942年6月底，我在玉门油矿，接到国民党政府经济部长兼资源委员会主任委员翁文灏从重庆发来电报说：明天中午他经酒泉飞机场去迪化，与苏联商谈油矿事，邀我去酒泉机场相会，并同去迪化。我接电后与油矿几个负责人商量，可能由于我们的海口全部被日本帝国主义者封锁，玉门油矿器材困难，是不是向苏联商购油矿器材。因此我和油矿的几位负责人连夜准备了一份重要器材的清单，以备带去。7月1日午前，我到酒泉机场，见到从飞机里下来的人，有第八战区（西北区）司令长官朱绍良、空军司令毛邦初、交通部公路总局局长龚学遂、西北公路局局长何竞武、交通部技监韦以黻、司长潘光迥、航政司帮办吴元超与翁文灏和他的秘书周大训等。我们一起在机场吃过午饭后再起飞西行。我看这阵容，不像是为玉门油矿向苏联购买器材的问题。当时我很纳闷，因人多也不便问翁文灏。

到达迪化飞机场下机时，看到盛世才本人外，他的满朝文武，以盛世才的联襟王参谋长和他的二弟盛世骥为首，都到机场迎接，并以飞机为背景，把所有来人和迎接人员一起照了相。这张相次日在新疆日报上登载出来了。我们坐汽车到新疆督办公署内著名的东花园招待所。盛世才亲自在门口相迎，由他领了我们走过三重门到客厅，每一重门都有八名全副武装的士兵警卫。客厅内放一长桌，盛世才坐在一端，朱绍良和翁文灏分坐二边，我们大家依次坐下。盛世才身后站了四名带盒子炮的卫兵，他用手向后一挥，令他们退走，然后开始讲了欢迎的话。朱绍良答词时，手指着同来的他的女婿对盛世才说，他就是我的女儿某某的丈夫

（他的女儿就是盛世才以前在他家当家庭教师时教过的）。这次朱绍良和翁文灏到迪化来，是盛世才打电报给蒋介石指定要他们二人来的。朱绍良带了他的女婿同来，并一开始就先介绍他的女婿，我推想他是与盛世才表示亲近和拉老关系的。我们所有来人都住在东花园，东花园与督办公署在一个院内。我们吃饭的人共有二桌，第一天晚上由盛世才亲自作陪。饭间盛世才说话，除表示欢迎外，讲了他与回族将军马仲英战斗的情况，他在迪化曾被马仲英围困了几个月之久，最后得到胜利的经过。我听说马仲英十分骁勇善战，盛世才不是他的对手。但盛世才靠苏联派了第八团一个团的兵力开进新疆，才把马仲英压下去，马仲英的下落不明，当时据说为苏军所俘，还在苏联活着。苏军第八团从此留驻在新疆，另建营房，长期驻防在哈密。哈密是新疆东面的大城市，苏军驻守那里，就为盛世才看守东大门，以防中国军队开往新疆。在苏德战争那样紧张的时候，苏联也没有把这个团调回去。

我们到后第二天起，由盛世才的二弟盛世骥和他的内弟邱毓熊招待我们，每天在东花园陪我们一起谈话吃饭。直到我们离开迪化。我们困守在东花园内，不敢随便出门上街，形同监狱。

到后第二天，有人来向翁文灏说，新疆日报记者明天要来访问他。翁有为难之意。他以为像国民党统治区记者来访的情况一样，不知说什么才好，心中忐忑不安，请盛世骥去问盛世才，盛世才说，翁要怎么答问，就怎么答问好了。次日记者来访，又次日新疆日报登的翁文灏访问记的内容，与翁说的完全无关，实际上是盛世才自己写了交新疆日报发表的。这时我们才恍然大悟盛世才的那套做法。

我们初到时，盛世才请翁文灏到他的督办公署单独谈话，盛说：乌苏独山子油矿是新疆和苏联合办的。他近接苏联来电说要派一外交部副部长到迪化来交涉油矿事。苏联从未派过这样高级的官员来过新疆，这次忽然派这样一个副部长来，很惶恐，是不是真的来交涉乌苏油矿的？所以他邀翁文灏来，想请翁以中央政府的名义来对付他们。盛世才与翁文灏的正式谈话很少，但每天早上总请朱绍良去督办公署他家里同吃早点，大约连续谈了八九天。后来朱绍良带了一麻袋的文件坐我们来的专机飞返重庆。临走前朱绍良说，天气这么热，到重庆见蒋委员长，要正式穿上军服，不好过。过了几天，朱又回到迪化，向盛世才复命。

据我事后了解，盛世才请朱绍良去重庆，是要求蒋介石把原在河西走廊（即武威、张掖、酒泉、敦煌）驻防的青海马步芳的哥哥马步青的军队调走，由胡宗南派军队驻防在武威、张掖、酒泉各一个军。盛世才认为马步青的部队战斗力不强，抵不住陕北红军进攻河西走廊。他怕陕北红军通过河西走廊进攻新疆，又怕驻在哈密的苏军第八团与陕北红军东西夹攻马步青军，再回攻迪化，因而要请蒋军换防。蒋介石当然高兴，就改派马步青为柴达木屯垦督办，带领他的部队转移到柴达木盆地。调胡宗南的三个军驻防河西走廊。这时苏军第八团在哈密也怕中国军队进入新疆被吃掉，就绕道迪化撤回苏联去了。由于军事方面有了这样的布置，盛世才才放心大胆地投向蒋介石。

盛世才曾邀请中国共产党派人帮助他治理新疆，有以陈潭秋、毛泽民为首的中共代表团约百余人驻在新疆。这时盛世才态度改变，就把他们都逮捕起来，后来甚至杀害了不少人。

我们到迪化后，毛邦初和同来的空军人员坐我们来的专机，由迪化飞南疆，再由南疆飞越喀喇昆仑山脉到达巴基斯坦的白沙瓦，然后飞返迪化。首次试航成功后。他们先回重庆去了。

朱绍良去重庆后，翁文灏留在迪化，就与盛世才商量去乌苏独山子油矿参观。盛同意了。翁文灏就和我及其他一些人到独山子油矿。该矿在迪化以西200多公里。苏联矿长兼总工程师和一位苏联地质师招待我们到各处参观，并给我们看了各种图表，说明油矿探勘开采的经过情况。我看到该矿打井的钻机不用玉门油矿由美国进口的齿轮式钻头，而用鱼尾式的钻头，比较落后。油矿生产情况也不如玉门油矿。当时看到这油田不是很有希望的，前途不如玉门油矿好。所以他们设宴招待我们时，在席间，我说："我们二个矿来个竞赛吧。"内心中有些瞧不起苏联的情绪，更打消了来新疆时从苏联购买油矿器材的想法。但独山子矿的炼油设备和储油罐等都比玉门油矿的多而好。我们在那里参观了二天，就回到迪化。

这时苏联的外交部副部长狄卡诺索夫（Dekanozov）来迪化了，盛世才本人没有出面，由王参谋长为代表在督办公署大厅里设宴招待这位副部长，请翁文灏和我们所有的人（当时朱绍良在迪化，但不参加宴会）以及很多迪化高级官员作陪。翁文灏和这位副部长见了面。宴会开始和结束及在宴会中间，有乐队奏乐，很隆重。后来翁文灏以代表中国中央政府的身份与这位副部长谈判了油矿合办事宜，不得结果。至于狄卡诺索夫在迪化是否与盛世才另外谈过有关政治问题，我们不清楚。

7月30日盛世才由王参谋长代表请翁文灏到督办公署大厅去讲话，讲话的目的是什么，事前也没有同翁文灏商量。翁文灏只由我一人陪同前往，到会的听众很多。翁文灏从大厅的后边走进，就从讲台旁边上了讲台，我在台下坐定后，看见台上后壁交叉挂了中国国旗和国民党党旗，因在翁的背后，翁没有看到。翁的讲话是泛泛地讲些盛世才的好话。等翁讲完后，走出大门时，大门上也已交叉挂了国旗和国民党党旗。这时翁文灏才见到这新的变化。当天晚上满城鞭炮声，庆祝挂党旗和国旗。据说全市都连夜赶制国旗、党旗。我们第二天离开迪化时，已满城挂了国旗。

朱绍良在迪化，对外始终不露面，凡对公众出面的事情，都请翁文灏做，由此可见盛世才用心之深，有他的一套的。

我与翁文灏于8月1日离迪化飞抵兰州，参加了中国工程师学会年会。中国工程师学会每届年会开会时，公推工作有成绩的会员一人，给予奖章一枚。我继凌鸿勋、侯德榜、茅以升以后，在这届年会上，得了一枚奖章。

会后翁文灏飞返重庆。我陪同参加年会的一部分工程师、教授们共十余人坐车到玉门油矿参观。其中有武汉大学工学院院长邵逸周，后来我请他担任甘肃油矿局协理。

三、我第二次去新疆接办乌苏独山子油矿

我回玉门油矿后不久，8月间蒋介石与宋美龄同到嘉峪关，同行的有胡宗南和侍卫长王世和等。蒋派宋美龄去迪化，他自己在嘉峪关等她回来。在嘉峪关停留约一星期，我陪同他到玉门油矿视察。他派宋美龄去迪化是走内线，通过盛世才之妻邱毓芳与盛世才做秘密交易，去完成上次朱绍良到迪化所尚未完成的任务，如关于盛世才的地位问题，对付中共的问题，对付苏联的问题，以及国民党派党政人员去新疆的问题等，这是我的推想。

蒋介石在嘉峪关送宋美龄去迪化后，曾到玉门油矿视察。等宋美龄回来后，就飞返重庆。后来他派盛世才仍为新疆省政府主席，由国民党中央党部派以梁寒操为首到新疆成立国民党党部，监察院派我的中学和大学的同学罗家伦为新疆监察使（名义上与省政府主席为同等地位），另有我的老朋友林继庸为新疆省政府建设厅厅长。

盛世才反共反苏投蒋以后，苏联就把第八团军队撤回去了。乌苏独山子油矿的苏联人把除了炼油厂设备外，凡是可以拆迁的机器材料及埋在地下的水管油管等，全部拆走。盛世才要求经济部去接办该矿，由资源委员会出资100多万美金在纽约交款将苏联留下的财产买下来，并将该矿交玉门油矿接办，由我负责办理。我派玉门油矿的工程师李同照（已去世）为乌苏独山子油矿主任，同时派了一批工程和管理人员随同前往，并用好几辆大卡车运去一批钻井和输油的器材。

盛世才反苏以后，苏联虽把第八团军队自哈密撤苏联，但仍不甘心。曾唆使蒙古派骆驼队替代马队窜到甘肃河西走廊西段安西到星星峡之间的公路上，埋设地雷，破坏甘新交通。以致一段时间来往这段公路上的汽车触雷被炸，先后死伤不少乘客，并曾一度夜袭柳园汽车站，死伤驻军数十人，后经酒泉驻军派部队前往该地区清扫，才把骆驼队从基地上赶跑。我于1944年7月初偕同玉门油矿矿长严爽，炼油厂厂长金开英与李同照等由玉门油矿去新疆接办乌苏独山子油矿时，该段公路的保安情况虽较前好转，但仍时刻警惕，幸未出事。

我一向东奔西跑，总是一人独行，从未偕秘书或家眷同行。这次很特别，我妻和七岁小儿子坐汽车从重庆到玉门油矿。后来1944年7月初我偕同玉门油矿矿长严爽、炼油厂厂长金开英与我的妻子，由玉门油矿去新疆。我们于7月5日到达迪化住在盛世才指定的一个招待所，招待所主任姓宋。我先去看了罗家伦和林继庸，然后去看盛世才，在传达室送名片进去请见盛世才。盛世才打电话给我说："现在我有病，不能见你，很抱歉，待你从乌苏油矿回来，我请你吃饭，那时再见吧。有事请与王参谋长联系，我打电报给独山子油矿负责人，你到时叫他们移交给你。"我又去看罗家伦，罗很惊慌。他说："盛世才要出问题了，他每次搞事变以前总是不见客，我最近也没有看见他，今天你远道而来，他不见你，我怕又要搞什么名堂了。"我半信半疑，满不在乎，过了一二天，王参谋长邀我去省政府大礼堂（即去年请苏联副部长吃饭和后来请翁文灏讲话的地方）给省政府职员讲一次话。我讲了经济部资源委员会应盛世才的要求，派我接办乌苏油矿，请在座的人多予帮助的话。我曾听说盛世才手下的人以前怀疑乌苏油矿出油不多是苏联人故意少出的，因为这里出油多了，就会影响苏联的巴库油田出油少了。当然这是一种对开采油矿缺乏常识的一般看法。我是办玉门油矿的，将来如果乌苏油矿开不出多少油来，照此说法，也有可能怀疑我有意少出油，免得影响玉门油矿的出油。万一这种说法传到盛世才那里，对我们的工作，可以发生不应有的困难。为了消除他们这种怀疑，我接下去讲了开油矿的常识。我举了妇女身上二个奶，孩子吃奶时，一只奶吃空了，须换吃另一只奶，在人体上二个奶这样相近，但奶汁也并不相通。因此，不但距离很远的两个油田，不会互相连通，彼此影响产量，就在一个油田里，也要打很多油井来出油，同小孩子吃妈妈的奶汁一样。我举了这个比喻，他们听了都大笑起来。我虽然没有明说乌苏出油会影响巴库或玉门油矿出油的无稽说法，但他们听了这个比喻，也就心中了然，可免将来产生误会。

7月11日我离开迪化西行去乌苏油矿，相距200多公里。我在临走前与盛世才通了一次电话，说我明天就去乌苏油矿，我在接办乌苏油矿后，想到伊犁去参观一下。他说好，我打电报给伊犁专区欢迎你。

7月11日我在去乌苏途中遇到一辆吉普车，内有一个官员和二个荷枪的士兵，我们没有停车询问，但我很怀疑，新疆治安很好，为什么要有两个士兵带枪保护而行呢？

当天我们到了乌苏独山子油矿，与盛世才派在油矿的负责人商定17日办理交接。在17日前两天，当时的沪宁、沪杭两路局局长，我的老朋友陈伯庄的儿子，由铁道部派他察勘甘新铁路来到迪化，由迪化到独山子，受罗家伦的委托来秘密告诉我，除罗家伦本人外，盛世才把所有国民党派来新疆的党政人员全部逮捕起来了，生死不明。当时我听了很恐慌。我考虑到二件事：

（1）17日接受不接受油矿？（2）我还去不去伊犁？对第一个问题，我要看看盛世才派在乌苏油矿的负责人（东北人）的神态如何，如果与前几天一样，我就接受。对第二个问题，我既已由盛世才打电报给伊犁专区通知我去，我如不去伊犁，反而使他生疑，伊犁在新疆境内，他如要抓我，哪里都一样，所以我决定还是去。

后来我看乌苏油矿负责人态度照旧，他不会不知道这个消息的，因此仍在17日举行了交接仪式，他们还放了鞭炮庆祝。接管后一切矿上工作，由李同照主持进行。我与严爽、金开英仍去伊犁。到伊犁后，才知道11日我在途中遇见吉普车中的人就是伊犁专员。接待我们的是专员的代理人，专员是被盛世才逮捕去迪化了。

伊犁共有9个城，是清康熙时修建的。同时派有满洲兵2万人，驻在9个城，实际上是9个大碉堡，首府伊宁是伊犁将军的驻地，坐落在伊犁河上游的河边。伊犁河在中国境内可通小火轮。下游流入苏联境内的巴尔喀什湖，可行大轮船。伊犁全区以哈萨克族人为最多。我们在伊宁住了三四天，又到了我国和苏联交界的霍城县（霍尔库斯）住了一夜，离真正交界还有十几里。第二天到与苏联交界处的一条小河，平时河水不大，洪水时河身很宽。河上架一木桥，长约数十米，桥中间有一木栅栏的门，桥上可通二吨半的卡车。桥中间的木栅门作为两国分界的标志。两边设有瞭望台，高约三四层楼，但我们的瞭望台上并不派人瞭望。在苏联那边是一片森林，房屋相当多，红色的铁皮屋顶，隐约可见。但在我们一侧，几乎没有什么树木，也没有房屋。距桥相当远的地方，有一排营房，驻有一排部队。苏联沿着边界，筑有公路，每天派车巡逻，还有飞机沿边界飞行。而我们这一边没有沿边境的公路，更无人巡逻。两边一比较，可说我们完全没有边防。

从霍城开始的甘新公路是中苏贸易、交通的主要孔道。中苏物资的交接点，最初是在甘肃的兰州，后改在新疆的哈密。中国车队算是前进了一步。但在新疆境内的车队仍是苏联的，沿途设有招待所，主要是为接待苏联车队用的，我们住的也是这种招待所，吃的完全是苏联式的饭菜，每个招待所都有面包房，由此可见新疆的苏联化，已深入到生活的各个领域。新疆边界对苏联可以说完全开放。

我们看了边境后，就直返乌苏油矿，汽车走了三天。在乌苏又耽误了一二天，没有听到关于迪化的消息，也不便向盛世才的人询问，我与严爽、金开英就返回迪化。

我们到离迪化西郊几公里处的检查站，下车进了检查站房屋，看到新疆日报，知道美国军队在法国诺曼底半岛登陆的消息，一方面心中很高兴，一方面因快进迪化，心里很紧张。我们进城后，即到原来住的招待所，问原来的宋所长，答称宋所长看房子（新疆人指坐牢房）去了。因无宋所长，无熟人，在那里不能住。我们的汽车开到马路上，到一商店门口，我下车到商店借用电话，打到东花园，接电话的是盛世才的弟弟盛世骥，他说你回来了，很好，请你到某街某招待所去住，我通知他们接待你们。同时他又告诉我，朱绍良司令长官现在东花园。我听了很奇怪，怎么他又来了。但我不便再问他。待我出了商店门口，走向汽车停放处，严爽、金开英在马路上看到我，就招手叫我上前十多步看墙上新贴的国民党政府的布告，是调盛世才为中央农林部部长，任吴忠信为新疆省政府主席，这出乎意外的好消息，使我们高兴得不得了，一块沉重的石头落地了。同时我也告诉他们，朱绍良来了，也才明白朱绍良来的原因，他是护送吴忠信来的。这样我们就驱车去盛世骥所指定的招待所住下。

第二天我去东花园见了朱绍良，请他给我离新疆的出境证。他说："不行，盛世才还没有交代，我在这里，万一盛世才兵变，连我自己的生命都难保。你还是向他去要出境证。"我说："你同吴忠信来了，我放心了。"他说："不一定，现在盛世才本人可能无问题，但尚未办理移交，他的部下会不会发生兵变，我没有把握，我来时同我老婆说：'此行吉凶未卜，此生能否再见面，不敢逆料。'你最好快走。"我听了他的话大为丧气。我又到盛世才的传达室打电话，问他要出境证。他说："你回来很好，我本来想请你吃饭，因事情忙得很，对不起。我告诉王参谋长与你联系。"这样，我只好回到招待所听候消息。但王参谋长没有找我。我心里非常着急，就怕兵变。在这期间我去看了罗家伦和林继庸的夫人与吴忠信等人。林继庸夫人告诉我，她与吴忠信大吵了一场，因林继庸等人还关在监狱里，她要求立即释放，而吴忠信则不置可否。据罗家伦告诉我："朱绍良、吴忠信已派人去看过所有被捕的人，他们都平安无事。但何时放出来，没有把握。"他说："现在据人说，在北山上每夜都有枪毙人的枪声，所以我和林继庸他们究竟前途如何，心中无数。你们设法以早走为妙。"等了四五天，王参谋长送请帖来，当天晚上叫我和严爽、金开英三人去吃饭，吃饭中间，忽然电灯熄了，我们大吃一惊，王参谋长说怎么灯灭了。一会儿灯又亮了，才放心。饭后王参谋长把出境证交给了我。此出境证盖的是盛世才的私章。据我们了解，盛世才的私章比公章更有用。回招待所后，我们大家都很高兴，次日一早就上车离开迪化，也来不及通知朱绍良、吴忠信、罗家伦、林继庸夫人等。我们虽然拿到了盛世才的出境证，还有五六天的路程，才到星星峡（新疆和甘肃的交界站），如果在此期间出了什么事变，有了出境证也没用。所以次日一早我们就离开了迪化，经过天山缺口，下行到吐鲁番。吐鲁番很热，低于海拔40米。据说县长办公坐在水缸里，人们在地下挖洞而居，市场也在地下几十米的深处，夜间大家出来做买卖。这是吐鲁番中心地带的真实情况，我们经过的是它的边缘地区，但是我的七岁小儿子听了这些消息，还未到吐鲁番，便开始一件件地脱衣服，结果受了凉。

第二天，我们到离住处约20多公里的名闻中外的葡萄沟。远远望去，只见到一座座用砖搭起来用以风干葡萄的房子。这些房子四面通风，一串串的葡萄被热风烘干，成了青嫩的葡萄干。若把新鲜葡萄放在屋顶上晒，就成黑色的硬葡萄干了，既不好看，也不好吃。这里的葡萄园是维吾尔族的聚居地，没有汉人。

从吐鲁番经过仝津口就是火焰山，两边的山都是鲜红色。休息片刻后，汽车又向前行就到了鄯善县，我们以前只知道哈密瓜，没有听说过有鄯善瓜，实际上鄯善瓜比哈密瓜还好吃得多，形同内地的金瓜，而色、香、味都比金瓜和哈密瓜好。鄯善就是汉武帝派班超去切断匈奴右臂的地方，古称西域。乌苏独山子油矿，就是当年班超征服的乌苏国，汉代班超曾远征到那时苏联的土库曼共和国。

我们经过哈密，还参观了原来的苏联第八团新建的营房。到了星星峡，验过出境证，汽车开出了检查站。司机开足马力向东飞驶，嘴里说："总算回国了！"我说："新疆是外国吗？"他说："外国恐怕还不会这样可怕吧！"

我们走后不到一个月，伊犁就被苏联军队占领了。伊犁的对面就是苏联的哈萨克州，两边的亲戚朋友很多，双方互相往来。所以，苏联利用这一点，里应外合，一天之内就占领了伊犁。苏军危及到独山子油矿，李同照等人也都逃回了玉门油矿。伊犁直至解放后才回到了祖国。

盛世才于1942年投蒋将近一年之后，1944年7月忽又态度改变，把蒋介石派去新疆的党政人员，除罗家伦外，统统逮捕起来，这个转变的原因是那时斯大林格勒不但没有失陷，而且苏军在苏德战争中反攻胜利，同时盟军就快要在欧洲登陆，开辟第二战场，盛世才又再次通款投靠苏联。但这时斯大林对盛世才的反复无常，已深恶痛绝了。苏联驻华大使潘友新曾对蒋介石秘密表示，苏联不会再支持盛世才。因此蒋介石以胡宗南的军队仍驻在河西走廊，有实力为后盾，决心把盛世才调出新疆，派他为农林部部长，盛世才前有压力，后无退路，无可奈何，只好屈服，离开迪化，到重庆就任农林部长的闲职。这样所有在新疆被捕的国民党党政人员，最后都没有被杀害。而在他临走前，为讨好蒋介石起见，却把中共派在新疆的代表团陈潭秋、毛泽民等不少人残酷地杀害了。罗家伦说的北山上每晚都听到枪毙人的枪声，看来不是毫无根据的。

至于伊犁专员和招待所宋所长的下落如何，不清楚。他们二人都是东北人，在新疆盛世才统治时期，升官不是一家高兴，而是全家痛哭，因为升官到一个时候，盛世才就产生怀疑，把他们下监狱了。升官往往成了被捕下狱的先兆，真是白色恐怖世界，难怪司机同志也感到害怕。

盛世才不久到重庆就农林部长之职，蒋介石叫盛世才带他自己的卫队从新疆沿途保护他到重庆。这卫队后来就驻在重庆南岸盛世才的住宅。

资源委员会篇

关于资源委员会问题给中共中央总书记江泽民的信

抄件

中共中央统战部 统发文〔83〕695号文

主送机关：各省、市、自治区党委并统战部、组织部，省、市、自治区高级人民法院、公安局、司法局。

抄送机关：中办、中央书记处研究室、中组部、中央政法委员会、国家安全部、公安部、司法部、高法党组、高检党组、中央落实政策领导小组、对台领导小组、全国政协机关党组。

本部正副部长，顾问，秘书长，一、三、四局，研究室，办公厅，信访处存。（共印220份）

关于对原国民党资源委员会中护产有功人员落实政策的通知

一九八二年中共中央为潘汉年同志平反昭雪，恢复名誉的通知（即中发〔82〕37号文件）指出："原国民党资源委员会和上海海关的主要负责人，先后到香港与潘汉年同志联系，潘汉年同志通过审慎细致的工作，争取他们起义，使这两个系统的大批技术人员、美援资材、档案未向台湾转移，完整地转移交我方接受。"据我们了解，原国民党资源委员会（以下简称资委会）的前身为国防设计委员会，成立于一九三二年，隶属国民政府参谋总部，蒋介石自任委员长，翁文灏任秘书长，钱昌照任副秘书长。一九三八年改隶国民党经济部，抗战胜利后又改属国民党行政院。钱昌照、翁文灏、孙越崎先后任资委会委员长。资委会下辖有121个总公司，近千个生产单位，拥有职员三万两千余人，工人二十二万六千余人。

一九四八年淮海战役胜利后，资委会负责人孙越崎认清了当时的形势，决心设法寻找共产党。同年十月，他利用国民党社会部在南京召开全国工业总会成立会的机会，召集了由资委会本部及各地重要企业负责人三四十人参加的会议。孙越崎以资委会委员长的身份在会上表示："战火日渐南移，中国只有这一点工业家底和技术人才，经不起被内战破坏了。"号召大家"坚守岗位，保护财产，迎接解放，办理移交"。与会人员心领神会，发言支持。

这次会议为以后资委会将所属工矿、企业和财产完整地移交给人民奠定了基础。后来，孙越崎、吴兆洪（资委会副委员长）通过资委会财务处长树农的关系与我地下党情报组织季崇威（季树农的堂侄）取得了联系，并通过刘人寿同志向潘汉年同志作了汇报。以后，上海地下党的王寅生同志也曾参加这一工作。在我地下党的鼓励和推动下，孙越崎、吴兆洪等人抵制了蒋介石、汤恩伯要将南京有线电厂、马鞍山机器厂等五个工厂迁往台湾的命令，阻止了国民党搬移资委会财产的行动。

一九四九年春，前资委会负责人钱昌照由欧洲返回香港，同我党夏衍同志取得了联系，此事曾经潘汉年同志向周恩来同志汇报过。南京临解放前夕，钱昌照从香港飞到上海，同孙越崎、吴兆洪以及当时在沪的资委会各企业主要负责人就当时的形势进行商谈，并作了题为"风雨为下，鸡鸣不已"的讲话，支持孙越崎等资委会负责人实行的"人不走，机器不动"的做法，对鼓舞在座的资委会负责人留在上海迎接解放，起了很好的作用。

全国解放后，在大陆的资委会各下属单位均由我军爱会接受，全体员工全部包下来，分别任用。按留用人员对待。资委会驻香港贸易处和国外贸易事务所一九四九年底在香港通电起义，这早已为我们确认。

上述事实说明，解放前夕，在潘汉年同志领导下的上海、香港地下党情报组织，对原国民党资委会的主要负责人进行了大量的工作，资委会的绝大多数员工帮助我们顺利地、完整地接收资委会所属的各地厂矿、企业作出了成绩，在大陆的原国民党资委会的全体员工在护厂、护产、迎接解放是有功的，对于我解放后经济上较快的恢复起了一定作用。但是在历次政治运动特别是在"文革"中，原资委会的不少人受到冲击，有的人甚至被迫害致死。

今年四月，中央书记处会议讨论这部分人问题时，认为："原国民党资源委员会人员在解放时有组织、有领导地起来护产是有功劳的，对这些人应该妥善安排，但他们同前线起义人员有区别，不应列为起义人员。"

请各地按照中央书记处会议精神办理，对资委会护产有功人员应按照"既往不咎"的政策精神对待并妥善安排。请各地检查一下原资委会人员中的冤假错案是否都已平反？还未平反的应抓紧进行，特此通知。

中央统战部（印章）
一九八三年十一月二十八日

越崎同志：

我是早知道您的大名的，在华东工作时常听到兆洪同志、陈中熙同志谈起您。

我对资委会的情况也知道大概。"文化大革命"后外地有些机关把资委会列为反动团体，当年资委会的同人曾有好几位来信，要我说明实际情况。我曾去信说资委会是起义团体（这是陈毅同志讲过的），对保存人民财产，等待人民政府接管，有功劳。在这些证明信中我也提到过您和钱昌照先生。后来因索要此类证明信太多，我还把此信抄送给中组部和中统部。

《文史资料选辑》我有的，我将叫秘书到家里去取来。以便拜读大作。

我因病住在北京医院，谅再过半个月左右就可以出院的。

敬礼！

孙冶方
82.3.9 晚

江泽民总书记：

您好。我在解放前担任过原国民党政府资源委员会委员长、经济部长兼资源委员会主任委员等职。现在冒昧地给您写信，恳请党中央重新审议原资源委员会起义性质的问题。

中共中央统战部统发文（83）695号"关于对原国民党资源委员会中护产有功人员落实政策的通知"（附件一，下简称"通知"）根据一九八三年四月中央书记处会议精神，认为原资源委员会护产有功人员同"前线起义人员"有区别，不应列为"起义人员"，属"留用人员"，按"既往不咎"政策对待，这是不公平的。按中央原来的说法，应该是起义。根据如下：

一、"通知"第一段引用一九八二年中共中央为潘汉年同志平反昭雪恢复名誉的通知（即中发（82）37号文件），说"潘汉年同志通过审慎细致工作，争取他们起义，使资委会和上海海关系统的大部分技术人员、美援物资、档案不向台湾转移，完整地移交我方接管"。文件承认其性质属于起义。

二、一九八二年三月九日孙冶方同志（负责接管上海原资源委员会重工业的）给我的信中说："资委会是起义团体（这是陈毅同志讲过的），对保存人民财产等待人民政府接管有功劳"（附件二）。

三、南京解放前，潘汉年同志领导的上海地下党负责与原资源委员会联系的季崇威同志一九八六年十一月在《上海党史资料通讯》上发表题为《我地下党策动资源委员会负责人起义的经过》一文中说："这次起义行动中资委会人员是机智勇敢、为国尽力，付出血的代价"（附件三）。说明当时地下党的部署也是促成资委会起义的。

四、"通知"第四段说："资委会驻香港贸易处和国外贸易事务所一九四九年底在香港起义，这早已为我们确认"。国外贸易事务所仅是资委会中的一个单位，并非"通知"上所说的"前线起义"，均定性为起义。因此，只有"前线起义"才算"起义"的说法是不正确的。

历次政治运动中，不少资委会人员因护产被审查，冠以"反革命""潜伏特务"等罪名，有的被迫害致死，株连家属。落实党的实事求是政策，对留在大陆的原资委会护产有功人员和家属是安慰和鼓励，有利争取二三千在台湾的原资委会人员（他们中不少都是台湾政治、经济界的骨干），促进祖国统一，更具有积极意义。为此，我提出两点建议：

一、在核查事实的基础上，请中央发一内部文件，肯定原资委会有计划、有组织、有领导地护厂、护产、迎接解放的革命行动是起义，资委会是起义团体；对目前尚未落实政策或冤假错案尚未平反的人员，应抓紧进行、妥善落实政策。

二、如中央认可资委会为起义团体，是否按"两航""招商局"起义纪念会的形式开一个纪念会，肯定原资委会人员为解放事业和新中国经济建设所做的贡献，将对社会和台湾产生良好影响。

尽管我为领导原资委会全体员工，在党的支持和引导下选择了一条正确光明的道路而感到高兴。但看到有些人员至今尚未得政策落实，心有内疚，夜不成寐，觉得对不起他们，现在我已九十八岁，希望在有生之年见到资委会起义得到认可，则死也瞑目了。

此事涉及一九八三年四月书记处会议，但党历来提倡实事求是，故我不得不向您报告。希望得到您的支持与关怀。若能进行调查，我将提供更多的详细证明材料。

当否，恳请核示。

孙越崎谨上

一九九一年十月二十四日

我和国民党资源委员会

一、我参加刚成立的国民党国防设计委员会，担任陕北油矿探勘处处长

我在北大矿科毕业后，1924年1月到吉林省穆棱煤矿（现为黑龙江的鸡西矿务局的一个单位）工作，共五年八个月。通过这段实践，掌握了一个新开煤矿从探勘、建井、产煤的全部生产建设过程。1927年北京地质调查所所长翁文灏来矿调查，我开始认识他。他对我的工作干劲和成绩很赞赏。1929年夏，翁文灏来电推荐我任河北井陉煤矿总工程师，我因正拟出国去美深造，婉辞未应。

1929年秋我去美国史丹福大学矿科研究生院学习。1931年9月到纽约哥伦比亚大学研究生院学习半年，实际上全部时间花在参观东部煤矿。1932年3月去欧洲英、法、德三国煤矿参观实习半年，于1932年8月到苏联莫斯科参观了二星期，经西伯利亚铁路回国。当时我家在哈尔滨，出国三年，东北已被日军占领。我成了亡国奴，在家不到一个月，就经大连乘船转车到了北平。

这年11月底，我经翁文灏介绍参加了在南京刚成立的国防设计委员会（即资源委员会的前身）担任专员。1933年国防设计委员会派我到陕北地区调查油矿资源，准备进行钻探。邵力子先生当时任陕西省政府主席，他是我的绍兴同乡，也是我在上海复旦公学时的国文老师。我就致电邵先生，请予多方协助。那时陇海铁路已通车到潼关，再坐汽车去西安。与我同行的有国防设计委员会的张心田。我们到西安后，邵先生又派了陕西省建设厅技正——北京大学矿科毕业的赵国宾陪同前往陕北。那时西安到延安，原来的公路早已毁坏，不但不通汽车，大车也不能走。我们都是骑马去的。沿途经省政府通知有关各县县长协助照料一切。我们调查了陕北油矿资源分布情况后回到西安，向邵先生作了汇报，并请他将来在进行探勘时在器材运输方面给予协助，他深表欢迎和赞助。

1934年夏，国防设计委员会派我担任陕北油矿探勘处处长，这是国防设计委员会第一个也是唯一的企业单位。我率领二个油矿探勘队，第一队在延长县，第二队在延川县，探勘处本部设在延长县。在上海订购钻机二台连同相应器材经铁路转辗运到太原，从太原用汽车西运到黄河边的宋家川，用木船沿黄河下运到延川县的延水关起岸。而自延水关到延川县城的一百多里路都是羊肠小道。虽然事前我早已与邵先生联系好，由省政府令知延川县长将延水关到延川县城的小道加以修整扩展，以利运输器材，邵先生也函告我已通知县府照办。但等到我们的探勘器材运到延水关时，这条小路根本没有修整。经我派人到县接洽代雇驴马人力，延川县长亲自和公安局长骑马赶到延水关，对我说，现在驴马人力难雇，而延水关附近有匪患，要我个人先到县城去住，以保安全。我说，我不去县城，须待你们把人马等雇来，运走第一批机件时，我才同行。当时所谓人马难雇，因过去地方上的惯例，凡运公家东西，叫"抓官差"，不给或少给报酬，所以在陕北到榆林关的大路上，赶骡马的人听到我们的器材到延水关后，都躲避起来害怕抓官差。后来我在从延川到延长大路沿线电线杆上遍贴布告，说明从延水关运输机件到延川和延长县城，招雇人力驴马，先给运费，然后启运。一时风声所播，应雇者云集，这样才雇到了所需人力驴马等。据他们称，给公家运输，居然照给运费，而且先给后运，这是前所未有的。由于从延水关到延川县城的路根本没有修整，我们只好在延水关把钻机能拆卸的尽量拆成小件装运，其中最大的几件，实在不能再拆卸的，只好用十六人肩扛抬运，才运到延川和延长的目的地。

后来延长第一钻井队的第一口井出了油，但压力较小，油仅涌到井口而不喷，我们用抽油机抽出来，用蒸馏锅制成汽油、煤油、柴油和蜡烛等产品。从此我们抽油用的柴油机就用自产的柴油、不用再由外地运来了。延川的第二钻井队没有打出油来。由于陕北油田地层很平，虽出油而产量不丰，无工业开采价值，所以没有正式开采。

1935年5月延长被刘志丹、高岗率领的红军解放了。油矿人员都得到了解放。我因事前应翁文灏之邀已到河南焦作担任中福煤矿总工程师，但仍兼陕北油田探勘处处长原职，用无线电联系工作，直到延长解放为止。

1934年10月翁文灏由蒋介石派为河南焦作中福煤矿整理专员，我经翁文灏推荐，由蒋介石派为该矿总工程师。中福煤矿是由中国人办的中原煤矿公司与英国人办的福公司联合组成。当时因原负责人办理不善，连年亏损，濒临绝境。经过彻底整理，产运销情况迅速好转。整理二年期满后，我被聘为该矿总经理，盈利很多，打开了焦作无烟煤在华北、华中和华东一带的市场。抗战开始，我说服了中原公司的董事和福公司总代表，把中福煤矿的机器材料拆迁入川，大部分职员和技工也到四川，与民生实业公司卢作孚合办重庆天府煤矿。另外又在四川与有关方面合办了嘉阳、威远、石燕等煤矿，我兼任四矿总经理。对抗战后方煤炭的供应，做出一定贡献。

二、从国防设计委员会到资源委员会

国防设计委员会成立于1932年11月，隶属于参谋本部，由参谋总长蒋介石自任委员长，翁文灏为秘书长，钱昌照为副秘书长。该会以"长期准备抗日"为名，笼络一些非国民党的所谓"社会贤达"、名流、教授等为委员，其中网罗了军事、政治、外交、金融、经济、科技、实业、农业、文教等各方面的知名人士，通过这一机构扩大了蒋介石与这些社会贤达的联系，以此来维持国民党的一党专政。

钱昌照是黄郛的联襟，黄郛是蒋介石的义兄弟，钱昌照由黄郛推荐任蒋介石的秘书。蒋为了联络社会贤达为他所用，派钱昌照以蒋介石的名义去南北各地奔走，成立了国防设计委员会，除派翁文灏为秘书长外，派钱昌照为副秘书长。

在国防设计委员会成立初期，翁文灏名义上是秘书长，实际上不管事。他仍在北平做他的地质调查所长。会里事务由钱昌照办理。翁到南京来时，钱昌照邀他住在钱家，汇报国防设计委员会一些工作，翁见到蒋介石时，总为钱说好话，两人互相利用，相处很好。

后来由于上述这些贤达学者多已做了国民党政府的大官，蒋介石拉拢他们的目的已经达到。因而于1935年4月把参谋本部国防设计委员会改为军事委员会资源委员会，改变了发展方向，以办理国营重工业为中心任务，而把国防设计委员会的原军事、兵工、外交、法律、农业、教育等等与工矿企业无关之人都另予安排，蒋介石仍自兼委员长，翁、钱二人仍分任正副秘书长。

当时南京办国营企业的机构，还有一个以国民党元老张静江为首的建设委员会，办了淮南煤矿、南京首都电厂、汉口既济自来水厂、汉口电厂和江南铁路等，为宋子文所垂涎，借其权力，停发经费，取消机构，化公为私，转到宋子文的官僚资本扬子银公司去了。建设委员会的技术干部，如矿业界的秦瑜、陈大受、许本纯、毕文瀚等，电业界的恽震、鲍国宝、陈中熙、谢佩和等人都并到资源委员会，成为资源委员会的技术骨干。

1936年秋孔祥熙作为特使派往英国祝贺英皇加冕，翁文灏以行政院秘书长兼任特使的秘书长同行，并受蒋介石命去法国和苏联协商与它们易货贸易，以中国的特种矿产品钨、锑、锡等换取法国除军事工程和设备以外的重工业建设设备和技术等。蒋介石不完全了解翁文灏在资源委员会的秘书长只挂名而不管事，因此当翁文灏出国期间，秘书长职务本应由副秘书长钱昌照代理，但蒋介石这时已不信任钱昌照而派何廉去代理翁文灏在资源委员会秘书长之职，这使钱昌照很不高兴。何廉是了解情况的，去还是不去，很使他为难。如果不去，万一蒋介石问起来，一问三不知，不好。结果只得去。去了，也只是到一到，稍稍问一问而已。

当时蒋介石已看到日本帝国主义侵略中国的野心，因此资源委员会在比较内地的湖南省湘潭下摄司为基地，兴办钢铁厂、钨铁厂、中央机械厂和中央电工厂等，由德国供应技术设计和设备等。

资源委员会从事重工业建设，实际上是1936年开始的。1937年下半年抗日战争爆发，一些主要依靠德国供应的机器设备，由于海口沦陷，无法进口，完全陷于停顿。原来设在湖南湘潭的中央机器厂和中央电工器材厂不得不把已运到的少量设备，在广州沦陷前，赶快由广州经海防运到昆明拼凑建设。同时在西南西北各地举办新的工矿企业，包括钢铁、机械、电工、煤矿、金属矿、电厂、酒精厂、石油矿等，但因限于条件，规模都不大。其中以甘肃玉门油矿为最大。

1937年冬，上海、南京先后沦陷，国民党政府仓皇撤退武汉，成立大本营。蒋介石自任大元帅，以张群为秘书长，由翁文灏任第三部部长，主管重工业。不久，大本营撤销，蒋介石仍任军事委员会委员长，成立行政院，以翁文灏为经济部部长，资源委员会由军事委员会改属经济部管理，翁文灏部长兼资源委员会主任委员，钱昌照为副主任委员。钱昌照以资委会改隶经济部，大不高兴，到处奔走，想仍属军委会，但无人理睬，扬言要辞职。最后去香港与宋子文商量，宋劝他要忍耐，弄僵反而更坏，才勉强就职。

翁文灏任经济部长，一方面兼资委会主任委员，主管国营企业；另一方面成立工矿调整处，管理和协助从上海等地迁到后方的私营企业的重建，他自兼处长，以张兹闿为副处长（解放后去台湾，做过台湾银行行长和财政部长等职，前年去世）。

翁文灏一人身兼三职，资源委员会是原有的，经济部和工矿调整处是新设的。在汉口和到重庆初期，翁文灏先物色很多人员安排好经济部和工矿调整处两个单位。以后，他上午在经济部和工矿调整处办公（这两个部门在一起），下午到资源委员会办公，开始真正执行他为主任委员的职权。资委会副主任委员只有一人，按当时的习惯，副职批阅公文时，在写自己的意见之前，须先写个"拟"字，正职如同意，批"如拟"二字。钱昌照习惯于过去的做法，不写"拟"字，而写"如拟"，成为他批的就算数，使翁感到钱目中无他而不舒服，再加蒋介石同翁文灏讲过对钱的不信任，要翁管住他。这样翁与钱不免常发生矛盾。主任秘书沈怡是钱的妻舅，感到为难而辞职。后来翁文灏在资委会引用不少人员，如金开英、谢家荣、孙健初、翁文波、郭可诠、邹明、张心田和周大训等。此外还有张莘夫、汤子珍、胡祎同、王翼臣、朱玉仑、夏勤铎、肖之谦、孙增爵等很多人，都是翁文灏所任用的高级技术人员，充实了资委会的各项业务，把资委会的工作也抓起来了。我也被派为资源委员会委员兼任甘肃油矿局总经理。但实际上名为委员会，却没有开过会。

在重庆时期资源委员会内部设秘书处和工、矿、电三处，工业处处长包可永，后为杜殿英，矿业处处长杨公兆，后为许本纯，电业处处长恽震，后为陈中熙。

1938年我从河南焦作中福煤矿公司迁到汉口时，天津北洋大学同学、国民党中央委员曾养甫对我说，为了加强抗战，国民党的每个中央委员须介绍一个有些声望的人参加国民党，要我参加。我对国民党本无好感，尤其在焦作中福煤矿拆迁器材和人员南下时，河南省和焦作市的两个国民党部对我的诬告，更感痛恶。但因当时国民党已轰轰烈烈地起来抗战，我遂答应参加。但从汉口到重庆，我既不参加任何党的活动，也不缴党费，也不转关系。直到1945年国民党举行第六届全国代表大会，要我补缴全部党费，选我为工矿特别党部的代表，参加了这次国民党第六届代表大会。这次会上，在资源委员会系统中翁文灏被选为中央委员，钱昌照和我被选为候补中央委员。

三、抗战期间资源委员会开发甘肃玉门油矿

我国燃料用油，过去一向仰赖外国。抗战期间因海口被封锁，油源断绝。为了支持抗战，翁文灏在汉口任经济部长兼资源委员会主任委员和工矿调整处处长时，决定开发甘肃玉门油矿。当时缺少钻机，为此翁文灏在汉口撤退以前，由于国共两党第二次合作商得中共代表周恩来同志的同意，并由陕甘宁边区政府驻西安办事处长钱之光同志与翁文灏派去的张心田商谈，把原在陕北的二台钻机交由张心田从陕北调运到玉门油矿，并带去原陕北油田探勘处的工人等。在此之前翁文灏已派曾任陕北油矿探勘处第一队队长严爽和地质调查所的孙健初及焦作工学院毕业生靳锡庚三人先到玉门矿区勘察，待陕北钻机运到后，即进行钻探，开始出油。翁文灏又派原地质调查所化工室主任，当时任资委会重庆动力油料厂厂长金开英为玉门油矿炼油厂厂长，严爽为矿长，并派我为甘肃油矿局总经理，同时仍兼任四川四个煤矿公司总经理。

当时玉门油矿开办时的情况，简述如下：

（1）地理环境 玉门油矿在甘肃省祁连山北麓的戈壁滩上，西距玉门县约四十公里，东至长城西端嘉峪关八十多公里，至酒泉一百多公里，距重庆二千五百公里，海拔二千五百米。从嘉峪关到油矿一路全是戈壁滩，除矮小的骆驼草外，既无草木，也无人烟，是个不毛之地。有条石油河从祁连山里向北流，经过油田后不远，潜入戈壁滩不见了。幸有这条小河，油矿就地有水，否则人是无法生存的，油矿也无法开采。但从河床把水提升到戈壁滩上，约有一百米高，才能饮用。

戈壁滩上的土壤，沙子太多，不能烧砖瓦，盖房全用"干打垒"为墙，屋顶拱状形，上盖沙土，拌油渣，以避雨雪。后来从矿区三十里以外运土来，与当地沙土混合烧砖瓦，才能建造高大的房屋。木料须从酒泉以东、距矿约一百八十公里的祁连山上，自己砍伐，拖到公路旁，用汽车运来。

（2）器材物资的采购转运 玉门油矿是在抗战期间武汉失守以后开办的，那时我国所有港口已被封锁，油矿曾派员向美国购买一套裂化炼油设备和钻探一千米深的旋转钻机十套，原定先运至越南海防，因海防被日军占领，一部分钻机改运缅甸仰光，而不久仰光仓库又被轰炸，损失很大。万里迢迢抢运到玉门油矿后，只能拼凑成为三套钻机。至于炼油设备，虽已向美国订购，一点也没有到矿。不得已，当时的炼油厂是完全由自己设计制造安装的。但只是蒸馏式的，不是裂化式的，因此只能从原油中炼出汽油百分之十六，以及一部分煤油和柴油及蜡烛等产品。

我们向重庆一二百家从上海迁来的小工厂订购普通车床、水泵、油泵炼油室闸门等设备配件，并向各地搜购由沦陷区拆迁来的和由重庆自来水厂拆来的各种管子、马达等和采购其他各种物资等，都须经二千五百公里的长途汽车运到矿区进行建设。

为此将甘肃油矿局设在重庆，专办财务及搜购器材，并自设运输处于重庆歌乐山，有100多辆汽车，沿途设立十几个车站，把各种器材物资，源源不断地运输到玉门矿区。同时矿上生产的油品，除在矿区售给西北公路局和后勤司令部等用油单位以及各地用的煤油外，多余的产品也由自己车队运到兰州重庆，由油矿局销售。为了节约汽车用油，我们在从广元到重庆的嘉陵江上，由黄河运输移植来的用羊皮筏子运油，取得了成功。前方生产建设在玉门，后方采购转运在重庆。甘肃油矿局设在重庆，实际是玉门油矿的重庆办事处。我每年夏秋期间在玉门油矿督促生产建设，冬春在重庆办理运费预算和采购运输器材去玉门矿区。甚至水泥与重晶石（二者都是石头）也分别从重庆和重庆下游涪陵运去。中途的成都和兰州两大省会城市什么东西也没有能帮玉门油矿的忙，因此甘肃油矿局设在重庆是当时玉门油矿的生产建设能够很快成功的关键所在。

（3）油矿职员和工人的来源　玉门油矿是我国第一个油矿。我国还没有人有开采油矿的经验。虽然我和矿长严爽、地质师翁文波和炼厂厂长金开英四个人在美国、波兰留学看过油矿，但也没有实际经验。当时国内大学毕业生都没有人见过油矿。玉门油矿刚开办时，除少数人员由其他单位调来外，大部分青年技术人员，主要来自陕西汉中的西北工学院和昆明的西南联大的毕业生。也有其他大学如重庆大学等校的毕业生。他们都是重庆刚出校门二十多岁的青年人，更无经验，只有边干边学，从实践中锻炼成长起来。这些青年大学生在汪洋大海似的戈壁滩上，有一个婚姻问题，如果不予解决，日后是非走不可的。因此我在重庆傅学文办的女学校中物色一批刚毕业的女学生专车送油矿做财务会计、小学教师、医院护士和管理文体娱乐等工作。她们到矿后，矿区立即呈现出活跃热闹的气氛。不久都在油矿成家立业。这样矿上每年招一批大学生，也每年送一批女学生去，大家安心留在矿区不走，从而培养出我国第一批油矿工程技术和管理人员，为以后我国石油事业的发展，作出了一定贡献。现在台湾担任"经济部长"的李达海，就是当年玉门油矿从西南联大招来的毕业生，抗战胜利后派去台湾接收高雄炼油厂。

油矿开办时，工人来源由国民党政府批准把高台、酒泉、金塔三县每年征兵名额拨给油矿当工人。这些人在油矿做工，既不必远离家乡，也不用去打仗，比服兵役高兴多了，因此情绪安定。这些工人来自社会各阶层的各行各业，其中有学校教员、财会、文书、铁工、木工、泥瓦工、裁缝、理发师、酿造师等都有，正为油矿孤悬在戈壁滩上自成一个社会所需要。一方愿意，一方需要，各得其所，比较安心工作，后来不少人成为油矿职员和技工，为大庆油田会战作出了相当贡献。其中"王铁人"就是玉门的技工。

（4）油矿职工生活情况　玉门县西距油矿三十多公里，全县不过三万人，县城不过三千人，油矿职工和家属总数约万人，玉门县是帮不了油矿的忙的。油矿的粮食，一小部分从酒泉购运，大部分要到离矿区约四百至六百公里的张掖、武威等地买来。矿区自设粮仓、面粉厂，供应职工。蔬菜从玉门县附近赤金堡和嘉峪关两地自办农场，运来矿区，在戈壁滩峭壁里凿洞储藏，随时取用。还有一个规模很大的供销社供应一切副食品、干鲜菜品和日用百货等，也自办各种修理服务、酿制酱醋和各种生活设施以及各种文娱活动等。在四无人烟的戈壁滩上自成一个社会，所以外来的人，如不经油矿的照料，食宿都成问题，根本无容身之地。因而我们在矿区大门（所说大门，实际只立四根大柱，没有门）外，建了一座生活需要齐全的祁连别墅，专供外来宾客食宿之用。大门内设有一个检查站。

油矿地处祁连山北麓，不但纬度高，而且海拔高，一年中有半年冰冻。最初矿区取暖、做饭、烧水都从西北几十公里以外自开小煤窑，用骆驼、驴马、驮运到矿区。而炼油剩下来的重油和油渣，因我们当时没有裂化设备，无法再炼成轻质油成品，作为废物舍弃，从石油河里流走。我悬赏鼓励职工想办法把这些废品作为燃料代替煤炭，来取暖做饭烧水。不久机械修造厂厂长单喆颖（现在安徽淮南煤矿）与该厂员工研究制造出来一种烧这些废品油的炉子，既利用了本矿资源，又不必要远地去开小煤窑，特别省了一笔骆驼等运费，减轻了炼油的生产成本。为这事我曾事先呈请资源委员会给予一定的奖金，但资委会对此没有批复，使我失信于人。

以上是简略谈了玉门油矿开办时的情况。

下面谈一下1942年8月蒋介石到玉门油矿的视察。我陪同他巡视了油井、炼厂、电厂、机厂、医院、洗澡堂、粮库、面粉厂、小学和供应社等设施并汇报油矿的开办经过和当前生产运销等情况。他听了连说："不容易，不容易。"胡宗南陪蒋一同来矿。蒋当我的面对胡宗南说，孙某他们在这个地方办油矿，看来困难不少，你要支持他们。

蒋介石这次到玉门油矿来，我当时没有向他提出帮助解决油矿具体问题的要求。但事后有一件事是我电请他帮助解决的。这就是油矿的油井日夜不停地流到集油池，再输送到炼油厂，炼出汽油、煤油、柴油、油渣和蜡烛等产品，但来买油的不但数量时多时少，而且夜间不来，只在白天来装运，因此矿上必须有贮油的油罐（Tank），以资周转。我们以前只从长沙拆运过二个油罐到玉门，远远不能适应昼夜炼油周转的需要。这是生产上一个大问题，而我们自己又不会做贮油罐的薄钢板，我曾请求资源委员会在重庆收集五十三加仑的油桶以代替油罐为日夜炼油周转之用。但他们也无办法。这成为我们油矿能否昼夜连续生产的关键问题。因此我就打电报给蒋介石请求拨给油矿六万个空油桶，他即令饬后勤总司令部等用油单位拨给了约三万个。拨到的空油桶虽多破旧的，经过我们设专修厂检修后，绝大部分能用上，这就解决了大问题。而且来买油的单位都自带五十三加仑的空油桶，矿上就以装好油的油桶与空桶交换，这样装运大为加快，用户也都称便，真是一举两得。

1942年我们预订计划年产汽油一百八十万加仑，事前在重庆的油矿局和玉门矿区的职工中大举宣传教育，使人人皆知，以此为共同努力的目标。我每逢一个普通职员或工人，问他我们今年要生产多少汽油，回答都说一百八十万加仑。我听了很高兴。群众已发动起来了。这是我从欧洲回国路过莫斯科正是苏联五年计划四年完成时所受到的启发而运用于玉门油矿的。到当年十一月产汽油达到一百八十万加仑时，矿区各厂的汽笛齐鸣报喜，全体职工都不约而同地齐集广场欢天喜地，并把我抬起来高举送上露天戏台上举行全矿祝捷大会，鞭炮齐放，尽情庆祝。我在年初曾报请资源委员会为完成计划应予职工一定的奖励，如完不成计划，我愿受撤职或降级的处分。但资委会对此也未予批复。我只好规定每人发羊肉二斤、白酒四两，以资庆赏，职员工人都一样。大家皆大欢喜。饭后演戏，在祁连山坡上树了一个大牌坊，用电灯扎出"一百八十万"五个大字，真是大大热闹了一番。

玉门油矿所产油品，大都供应西北军用交通和重庆工业与民用等需要，对支持抗战和发展后方工业作出一定贡献。1942年日军企图强渡风陵渡入侵陕西，由于我国有了玉门油矿的汽油，把苏联供应的大炮从新疆赶运到前线，打破了敌军侵陕的企图。1944年美国空军由成都起飞轰炸日本东京和由日军占领的唐山开滦煤矿林西发电厂时，地勤用油也是由玉门油矿供应的。

1942年8月中国工程师学会于兰州举行年会，该会每届年会时，推举工作有突出成绩的会员一人，授予金质奖章一枚。我继凌鸿勋、侯德榜、茅以升之后，在这届年会上得了一枚金质奖章，以表彰和鼓励我在抗战后方开发煤矿和油矿所作出的贡献。

四、抗战胜利后资源委员会主持人的更动

1945年8月抗战胜利后，我辞去四川四个煤矿和甘肃油矿局总经理职务，由经济部派为东北区特派员，接收东北地区日本人建设的重工业，办公地点设在沈阳。同时宋子文又派我兼任行政院河北、平、津区敌伪产业处理局局长，局址设在北平。我先在重庆招聘了上千名各种技术和工矿管理人员，准备派往东北接收重工业。后因苏联军队尚未从东北撤退，一时不能前往接收，除将一部分人员派在河北、平、津处理局工作外，其余也就遣散另就了。我在1946年一年间先后出入山海关九次，多次乘军用飞机，奔走往返于北平和沈阳之间，并到东北各地工矿企业视察接收和恢复生产等工作。北到长春、吉林、小丰满水电站，南到鞍山、营口、瓦房店轴承厂，西到锦州、阜新、锦西、葫芦岛、北票和杨家杖子钼矿。东南到本溪、南芬和安东（今丹东）纸浆厂。东北至抚顺、梅河口和辽源煤矿。沈阳特派员办事处的工作请原武汉大学工学院院长、玉门油矿协理邵逸周代理。河北、平、津区敌伪产业处理局则请副局长顾毓瑔代理。至于资源委员会副委员长的兼职，只在1946年6月就职仪式上去南京一次，三天后即回北平，副委员长一职，虚位而已。

1946年初翁文灏结束战时生产局和工矿调整处，同时辞去经济部部长、资源委员会主任委员等职。钱昌照接任资委会主任委员，我兼任副主任委员。1946年5月资源委员会改由行政院直属，钱昌照任委员长，我兼任副委员长。

到1946年12月，我在河北、平、津处理局完成了处理敌伪产业物资收交国库法币一千亿元的任务后，1947年1月辞去局长职务，并将华北的重要工矿企业，如华北钢铁公司、冀北电力公司、华北水泥公司、大同煤矿局、井陉煤矿局、天津纸浆造纸公司、天津自行车厂（由我派赵耀东为该厂厂长，后在台湾任经济部长，现任台湾经建会主任委员）以及下花园电厂、宣化铁矿和包头石拐子煤矿等处理交由资源委员会接管经营。同时将东北接收的重要工矿企业，如鞍山钢铁公司、本溪煤铁公司、抚顺煤矿、阜新煤矿、东北电力局、本溪小屯水泥公司、锦西炼油厂、沈阳化工厂、沈阳机车车辆公司和铁西区、大东区很多机器厂等也交由资源委员会接管经营以后，我就结束了经济部东北特派员职务，到南京专职担任资源委员会副委员长。东北和华北的这些重工业交由资委会接管，等于自己交给自己。

1947年夏我曾陪着东北行政长官陈诚去视察鞍山钢铁厂等企业。1948年春我又陪着行政院长张群去东北视察，到过鞍山钢铁厂等地。回来到天津，在天津张贵庄机场降落，天津市长杜建时前来迎接，同乘汽车到天津。在路上，张群风趣地对我说："你到处跑来跑去，老不在家，我想您的夫人一定对您不满意要提出离婚吧。"我和杜建时都笑了。特别是司机既不敢大笑，又觉得怎么以行政院长之尊会讲这样的话，也不免相顾一笑。张群很诙谐，随便开玩笑，后来在台湾活到101岁，这可能也是长寿的一个原因吧。

1947年2月宋子文行政院长因与立法院吵了一场而下台。钱昌照也随之脱离资委会和国民政府。蒋介石又要翁文灏回资委会担任委员长，我仍任副委员长。

1948年5月翁文灏出任行政院院长，我继任资委会委员长，吴兆洪升任副委员长。

1949年1月21日，蒋介石被迫下野去奉化老家，李宗仁代理总统主和，行政院长孙科主战，行政院迁到广州，我也赞成李宗仁主和的主张。1949年3月何应钦任行政院长，紧缩行政机构，把工商部、水利部、农林部和资源委员会等合并为经济部。我任经济部部长兼资委会主任委员。吴兆洪为资委会副主任委员，直到解放。

五、我的思想开始转变

1947年7月初，资委会辽宁省北票煤矿第一次解放，我在南京接到该矿总经理雷宝华电称：煤矿被游击队围攻时，工程师俞再麟受员工推举出厂向游击队求和，被一营长击毙等语。俞再麟毕业于北洋大学矿冶系，我兼任资源委员会矿室主任时，邀他在矿室工作。抗战时，他在重庆天府煤矿主持洗煤炼焦工作，后派去美国学习，回国时他的妻子得了精神病了。我接收东北辽宁北票煤矿时有一座一百万吨的洗煤厂，我邀他去担任该洗煤厂厂长兼该矿的工程科长，他因家有病人，不愿远行。我请煤业总局副局长吴京劝驾，他才勉强去北票的。我闻知俞死的消息，极为痛惜。事为国民党中央宣传部部长兼中央日报社长彭学沛所知，要求我写一篇"悼俞再麟"的文章，登在中央日报，诬蔑共产党。几天后游击队主动撤离矿区。我去东北视察，到北票煤矿后，矿上的人指着俞再麟死的地方，我才知道俞再麟其实是在矿厂被游击队围攻的夜间，当矿厂围墙被攻破游击队纷拥进矿时，他离家逃避，想躲到什么地方去以保安全，不料在路上中流弹而死的，根本没有当代表出厂求和被击毙的事。并悉矿场墙外一个小山坡上是工人宿舍，驻矿保护的有国民党军一个营，其中有一个连驻矿场墙内，营部和其他二个连驻在这小山坡上，闻游击队攻打矿场围墙时，不但不去救援，营长反而率了两连军队逃跑了。我轻信了雷宝华的谎报，心里十分懊悔，便撤了雷宝华的总经理职务，另派东北籍人魏华昆接替。

在这里，我附带说一下关于张莘夫在辽宁省抚顺煤矿附近死难的情况。

张莘夫是吉林省人，北京大学毕业后去美国密西根大学矿科学习并毕业，回国后在吉林穆棱煤矿与我同事，曾在河南焦作中福煤矿与四川天府煤矿和我都是同事，后任资源委员会江西赣州钨矿管理处处长。1945年8月抗战胜利后，我任经济部东北区特派员，接收日本人在东北的重工业，张莘夫辞去钨矿管理处长职务，到重庆和其他很多人一起都参加我的东北接收队伍。

由于占领东北的苏联军队迟迟不撤退回国，并只许中国行政人员如省长、市长等去东北，而不许中国军队和工矿企业接收人员去关外。同年11月底，宋子文派我兼任行政院河北、平、津区敌伪产业处理局长，何时可以出关接收，不得而知。因而我把已组织起来的接收队伍遣散了，张莘夫也就脱离了我的接收队伍。

张莘夫的同乡好友董文琦奉命为沈阳市市长，张个人随同董文琦去长春（东北行辕主任熊式辉和东北经济委员会主任委员兼中长铁路中方理事长张嘉璈等东北政治总部在长春，各省长、市长都先到长春再分赴各省市就职）。董文琦由长春去沈阳就职，张莘夫留在长春。张嘉璈未与中长铁路俄方理事长说清楚，以中方理事长名义派张莘夫等七、八人（都是东北人）经沈阳去接收该路所属的抚顺煤矿。抚顺煤矿在日本占领南满时，本属南满铁路局管辖，日本投降后，改隶中苏合办的中长铁路局。张莘夫等到抚顺煤矿后，抚顺的苏联驻军不了解来历，怀疑他们是特务，勒令他们出境。张莘夫等上火车后，行至第一个车站李家寨，苏联护车军队令他们下车，被杀死在雪地里。

在这以前不久，我在平津敌伪产业处理局接重庆翁文灏来电，要我去重庆有要事相商。原来外交部部长王世杰和经济部长翁文灏接由蒋介石转交他们张嘉璈来电，内称苏联远东军总司令马林可夫斯基的经济顾问库次涅佐夫与张嘉璈交涉要把整个东北重工业与苏联合办。张嘉璈为推卸责任，电请蒋介石把此案移到中央政府与苏联驻华大使潘友新在重庆办理。王世杰与翁文灏也不愿负此责任，大概是翁文灏出的主意，叫我来重庆与他们一起去与蒋介石面商，派我为张嘉璈的经济顾问，帮同张嘉璈作为地方事件在长春办理交涉。此建议得到蒋的同意，临走前，我向蒋请示机宜，蒋说："我已答应外蒙独立，又允许中长铁路、由中苏合办，现在又要求整个东北重工业合办是不能再让步了，少数一二个企业合办，敷衍敷衍是可以的，由您与公权先生商办吧。"蒋即亲笔写了一信，不封口，交我转给张嘉璈。记得信内有一句"请兄勉为其难"。我立即飞到北平，当夜飞到长春，住在张嘉璈家里。张看信后，很不满意地说："中国多少年来同外国人办交涉，总是丧权辱国，最后落一个卖国贼的恶名，我算倒霉。"我说："不要紧，我们不答应就算了，蒋也不过要我们敷衍敷衍而已，怕什么呢。"第二天张约苏联经济顾问在中长铁路理事会客厅里见面。我方连翻译共三人，苏方连翻译共四人。张嘉璈一开始就给我介绍一下，以后就一言不发。苏方说："日本留下的重工业是苏联的战利品，拿出来与中国合办，已经是客气了，不但要整个合办，而且股份要两家各半。"他的这些话早与张嘉璈讲过，这次不过重复一下而已。我说："抚顺煤矿、昭和钢铁厂（后来我们改为鞍山钢铁公司）等这些大的厂矿，我们中国人自己想锻炼锻炼，但像本溪煤矿、本溪钢铁厂、南芬铁矿都近在咫尺，这是世界上少有的（我在办吉林穆棱煤矿前曾参观过抚顺与本溪，但那时尚无昭和钢铁厂，抗战时从资料里知道的），商业上是可以赚钱的，我们可与你们合办。至于股份各半问题，我国公司法有规定，外国人占49%，中国人占51%，因此各半有困难。"苏方说："我们不从商业上考虑，而是从政治上考虑，我们要整个合办，使美国不能以东北为基地威胁我们。至于股份各半问题，为了中苏友好起见，中国可以修改公司法，对苏联来个特殊规定。"说这话的时候，苏方态度非常傲慢。我注意了他们的话和面色，心里实在有些忍不住了，也就不客气地回答："你们是社会主义国家，这样的态度与说法，同日本帝国主义国家有什么区别。"他们勃然大怒说："你说我们与日本帝国主义一样是侮辱我们太甚了，我们要把你的话电告莫斯科。"我说："听便吧。"就这样不欢而散。过了一天张嘉璈请苏方吃茶点，双方到的人数与上次相同，只说了些寒暄话，未涉公事，很快散会，从此了事。以后也没有发生什么问题。

次日，我正想回重庆复命，张嘉璈以张莘夫去抚顺后久无消息，不放心。电话询问沈阳市长董文琦。回答也说，很惦念。张请他设法查问并报告。一天之内打了几次电话，无结果。我也因此留下。阴历除夕前一天，董文琦来电话，张等七八人尸首已从雪地里找到，张身上中了十几处枪刺，已运回沈阳入殓等语，我想让在重庆的张莘夫夫人李芍衡过个好年后再打电报。谁知道在长春的大连市长沈怡由于张嘉璈一再催他去大连就市长职，沈以苏军尚在大连，不敢去。听到张莘夫的消息，立即电告重庆，马上传遍全市。张莘夫夫人知道后，连夜到我家哭了一夜，我爱人也陪她哭了一个除夕之夜。这都是我在元旦之后从长春回到重庆时才知道的。我向蒋复命后，蒋说：很好，很好。我当即飞回北平，处理敌伪产业工作。后来国民党中央党部借此机会发动重庆群众游行示威，大闹特闹。据我所知，因为张莘夫与我的经济部特派员和资源委员会都毫无关系，翁文灏、钱昌照没有参加任何活动和讲话。各省市国民党部也发起为张莘夫开追悼会。北平市国民党部也一样举行追悼会，由于我是张莘夫的老友，又是平津敌伪产业处理局局长，身在北平，也邀我参加。好几个人上台讲话，我也讲了话，当然都骂共产党。北平市党部和市政府还为张莘夫将一辆有轨电车命名为"张莘夫号"。这是国民党由中央党部到各省市党部直接操纵发动的反共活动。是1946年二、三月份的事。

如上所述，张莘夫去接收抚顺煤矿，是早已脱离我的接收队伍的，他个人以董文琦东北同乡关系去长春，受张嘉璈之命去抚顺致死的，与我本无关系。但后来张莘夫夫人到北平哭哭啼啼地多次来找我援助，我说："你应去找张嘉璈。"她说："不认识，又远在东北，莘夫与你多年老朋友，除找你帮忙外，还有谁有力量帮我呀。"我不得已为她从处理局按规定的比较便宜价格卖给她一所住房，又为她向各处募集了一笔相当多的钱，足以维持她一家的生活。她是北京女师大毕业的，人很能干。后来她经东北同乡的帮助当了国大代表，选举蒋介石为总统，同去台湾，现已去世。她的五个儿女都在台湾大学毕业，大的两男两女都去美国得博士学位，最小一个儿子台大毕业得硕士学位，未去美国，前年她的大儿子曾回祖国一次，上述消息就是他告诉我的。

在张莘夫死去一年半之后，北票煤矿发生俞再麟中流弹死亡事件，这次我到北票和东北各厂矿视察达二个多月之久，看到国民党全军士气不振，节节败退，共产党必胜，国民党必败的趋势，已看得很清楚了。如果我老坐在南京办公室里，我自信不会有此感觉的。

我的思想从此就不平静起来了，在此形势下，我应怎么办？留下吧，已得罪了共产党；走吧，既不愿亡命海外去当"白华"，又不愿做蒋家王朝的殉葬品，何去何从，内心十分苦恼。

1947年8月国民党又想借俞再麟之死作反共文章。但与上次张莘夫之死由国民党中央党部直接发动上街游行，大闹特闹的做法，有所不同，规模较小。并由以陈立夫为会长的中国工程师学会的名义分电南京、上海、北平、天津、重庆、武汉、广州、沈阳等八大城市的工程师学会分会，要他们在同一天举行俞再麟追悼会，以扩大反共宣传。这次据我所知，南京分会为俞再麟开追悼会时，陈立夫以会长名义，还有南京市市长沈怡（工程师学会成员）、资委会委员长翁文灏（工程师学会成员，又是俞再麟的上级）都发了言，当然都骂了共产党。当时我在沈阳，沈阳的工程师学会，以资委会的人数为最多，北票煤矿是资委会的企业，我又是俞的老朋友和上级，为开追悼会，我是不能不上台讲话的。讲话就得骂共产党，而且沈阳各报一定要大登特登，广为宣传。这时，我的思想已经起了变化，实在不想骂共产党了。于是我想了个办法：把开追悼会改为公祭，在规定时间内来吊唁的，不论团体或个人，可以随到随祭随走，像现在向遗体告别的仪式似的。这样，我就避免了上台讲话，免去雷宝华职务和改俞再麟追悼会的形式，表现了我思想转变的开始。

是年9月末，我回南京以前，董文琦为张莘夫安葬于北陵附近去飞机场的路旁，请我写个墓碑"烈士张莘夫之墓"七个大字，我谢绝了。不久，我离东北经北平拟回南京，在北平遇到钱昌照，又偕他再到沈阳见陈诚后回南京。

六、资源委员会的10月南京会议

1948年2月鞍山解放，资委会所属鞍山钢铁公司的人员有些陆续回到北平。我也由南京到北平料理后事。从他们口中得知，鞍山被解放军包围期间，公司员工无人伤亡。该公司总经理邵逸周在沈阳，协理靳树梁、毛鹤年、杨树棠、王之玺、邵象华及轧钢厂长李松堂、炼焦厂长李恩业和雷天壮等高级技术人员都被留下并受到优待。其他人员愿留者欢迎，愿走的发路条，沿途放行。我得知这情况后，大为感动和欣慰，对共产党对待工矿企业人员的政策，已经很相信了。

当时在北平居住的毛鹤年、杨树棠、王之玺三位的夫人来看我，希望我设法救他们出来，我很有把握地对她们说："救出来是不可能的，但有两个办法请你们选择：一是你们如愿意去看他们，我负责派人护送你们进入鞍山保证一路平安；二是你们如不想去，可以安心住在北平，我负责按原薪每月改在北平发给你们，维持生活，等候北平解放，为日不会很久，就可团聚。鞍山出来的人中，有一位亲自看见他们在那里很好，我请他来看你们，当面说说，请你们完全放心。"我说这些话，确是由衷之言，绝不是空话安慰她们，因为这时我已相信共产党对工矿企业工作人员的政策了。她们看我说得很诚恳，由愁容变为轻松了，最后她们决定留在北平等候解放。

1948年4月间从鞍钢出来的一个工程师柯润华，原是玉门油矿机修厂的技术员，武汉大学工学院毕业，他在油矿时主动地为机厂的工人办夜校，义务教学，孜孜不倦。我当时是玉门油矿总经理，曾几次去该夜校听他教课，深为欣赏，因此我们是熟人。他这次由鞍山出来经天津乘轮船回上海，路过胶东半岛时，轮船触礁沉没。这个地区已是解放区，当地人民政府和解放军立即动员群众把船上人员抢救上岸，安置在农民家里。过几天，当上海轮船公司另派船来接时，又把他们安全送到船上，其中有一珠宝商人的全部珠宝都交还了他。开船时乘客们向岸上的解放军、干部、农民高喊："感谢你们的救命之恩。"一路上，全船乘客议论纷纷，赞不绝口，说像是做了一场奇迹般的美梦。特别是这位珠宝商人，更是感激不已，甚至晚上睡不着觉。柯润华到上海后来南京看我，把他的这段亲身经历十分生动地讲给我听，我为之出神，真是闻所未闻，大为感动。这使我对共产党和解放区的情况，更增加了认识，从此，我下定了投向共产党的决心。我决定要用实际行动做好主动弃暗投明的工作。

1948年10月国民党社会部在南京召开全国工业总会的成立大会，资委会各地重要工矿企业的负责人当选为该会代表来南京参加会议的约有三四十人❶。我看这是一个机会，临时起了个念头，召集他们在会本部开会，把我心里积压已久的弃暗投明的想法同大家说一说，看一看他们的思想倾向。在会上我以委员长的身份动员他们坚守岗位、保护财产、迎接解放、办理移交。我还让他们回去以后，向附近会属厂矿负责人秘密转告。在我讲话后，有金属矿管理处处长杨公兆（资委会的元老，他是杨度的第二个儿子）、河北井陉矿务局局长王翼臣、武昌电厂厂长兼资委会武汉办事处处长黄文治和重庆办事处处长曹丽顺等四五人，相继发言，统统支持我。在开会以前，虽然大家不知道开什么会，但听了我的讲话以后，由于大家有强烈的爱国心和事业心，思想上有共鸣，会场上顿时呈现了活跃的气氛，这给了我极大的鼓舞。这次会议是我的思想转变开始后见之于实际行动、迈上弃暗投明的第一步。同时通过这次思想交流，也为后来资委会全体同仁留在大陆、弃暗投明奠定了基础。

在上述南京会议后，我就令资委会煤业总局副局长吴京（现在北京）、管运输的该局业务处长钱雍（现在上海）和煤业总局上海营运处处长祝福康（已故）把存在上海仓库约值一千万元美金的煤矿方面的美援器材上运汉口、长沙、株洲等地，其中大部分存放在汉口淡水池煤场仓库里。在南京解放前，已全部运完。

资委会电业管理处处长陈中熙（已故）在南京会议后，就告诉副处长谢佩和（现在上海）把存在上海仓库的电力方面的约值八百万美元的美国贷款买的器材也立即运到各地电厂分存起来。这些器材于解放后在社会主义建设中都起了作用。

七、南京五厂拒迁台湾

1948年11月行政院长翁文灏下台，孙科继任行政院长，资委会委员长一职，派他亲信吴尚鹰担任，呈文送致总统府核批时，蒋介石把吴尚鹰划去，写上孙越崎。因此我连任资委会委员长。孙科上台不过几天，大约12月底，蒋介石电话要我去见他，到后他问："你们南京有几个工厂？"我说："生产的有五个：电照厂、有线电厂、高压电瓷厂、无线电厂和马鞍山机器厂。"他说："把这五厂迁到台湾去。"这真是晴天霹雳，出我意外。我想，这样一来，我不能留在祖国了，立刻就推辞说："现在外边谣言很盛，说江阴要封锁，轮船不好

---

❶参加这次会议的有：吴兆洪、杨公兆、许本纯、恽震、陈中熙、洪中、季树农、戴世英、谢子贞、王翼臣、顾敬曾、陈大受、黄文治、曹丽顺、汤铭琪、李彭龄、张承钴、郭克、曹立瀛、常荫集、张冲霄、杜殿英、郁国城、张峻、谢家荣、黄育贤、徐名材、顾敬心、陶勋、汤子珍、夏安世、夏宪讲等，其他记不起来了，记起来的可能也有个别的错误。

雇，运输有困难。"他没有驳我，只说："京沪铁路不是畅通无阻嘛，可把机器设备由铁路运至上海，转船运去台湾。"我又推辞说："五厂现在经济已很困难，拆、运、建需要很长时间，经费无着。"他说："这不要紧，你做预算来，我交财政部门照拨。"接着他又说："为了快和省钱起见，你们一面拆，一面派人去台湾勘察厂址，把设备直接运至新厂地址，免得将来倒运，费钱误时。"我离开时，他还说："预算早日送来，越快越好。"

回到资委会后，我心情颇丧，感到十分为难，南京在蒋介石的眼皮下，工厂不迁是不行的。在无可奈何的情况下，我召集五厂的总经理厂长沈良骅（现在上海）、王端骧（在上海）、任国常（在上海）、张心田（已故）、黄修青（已故）等开会商量。我把蒋介石拆迁的命令和我不愿拆迁的意图以及蒋介石说话的情况都告诉了他们。会商结果，只好照办，各自回去做预算。同时派无线电厂总经理马师亮、马鞍山机器厂厂长张心田去台湾勘察厂址。预算送上去后，很快就批回，如数照拨。机器设备拆迁工作也随即进行，陆续运至南京长江下关码头待运，决定仍用轮船直运台湾。为了协调各厂之间共同的具体问题，组织了一个五厂迁台委员会，因沈良骅年长，故担任主任委员。

资委会中央电工器材厂公司总经理恽震在十月南京会议后积极支持弃暗投明、留在大陆的方针。后来我被迫决定迁五厂去台湾时，他在上海，我请他租了一只新康轮，载重八千余吨，先到马鞍山装运机器厂设备后，下驶南京，再装其他四厂的机器设备。当时因为码头上有其它机关的轮船正在装货，我们的船暂停江心，等候靠岸装船。正在这个关键时刻，1949年1月21日蒋介石因内外交困，突然宣布"下野"，离开南京前往奉化，由副总统李宗仁代理总统。我得知这个消息，高兴万分，主观地以为蒋介石一定就去外国避难了，立即提笔写了一张条子，交秘书处发一个命令，通知各厂把码头上的待运设备全部搬回原厂，重新安装，不拆迁了。停在江心的轮船由沈良骅签证，带了马鞍山机器厂的设备，驶回上海去。我电话通知资委会上海办事处，把船上马鞍山机器厂的设备卸到资委会上海机器厂，由总经理夏安世接收，不再运回马鞍山。并电马师亮、张心田等即回南京。当时我想，天下真有这样凑巧的事情，如果蒋介石晚一星期或十天下台，新康轮可能已装上五厂全部设备开走了，心里真有说不出的快慰。不久码头上的设备陆续搬回原厂，只有无线电厂改在城内复工，不回郊外原址。我曾亲到各厂，催促快装，早日恢复生产。

在此期间，陈诚要我去台湾。我到台湾后，陈诚要我捐钱给台湾办地方教育，让台湾糖业公司出钱。我在台湾没有耽搁，一星期后就返回了南京。

过了大约二个星期，驻上海的京沪杭警备总司令汤恩伯给我来电，大意是：奉层峰电令，催我速把南京五厂迁往台湾，盼电复。"层峰"二字，指的是蒋介石，因为蒋介石已下台，不能再称总统，故以"层峰"代之。我接电后，即召集各厂负责人开会，这时我已完全了解，蒋介石并不准备去外国，而是躲在奉化操纵政局和指挥军队。参加会议的各厂负责人都很难表示态度，最后我决定："工厂不迁，电报不复。"为什么决定"电报不复"？因为当时不但沪宁铁路畅通，而且长江也畅通，迁厂的钱也给了，我复电没有运不了机器的理由。而且这时我已知蒋介石留在奉化操纵军政大权，工作一定繁忙，他可能忘记了五厂的事，复电反而引起他的记忆，想拖一拖可能混过去。

为什么决定"工厂不迁"？因为迁厂去台，一定带去一批员工，慢慢地有人会说出来：最初已经把设备拆运到码头，因蒋下台搬回去，后得汤恩伯电，又迁来了。这样，我有杀身之祸。既不能去台湾，也不能留大陆，而又不愿去外国，只有工厂不迁，才能解决上述这些矛盾，而且我可以留在大陆了。至于汤恩伯根本不知道此事的经过，他不过电报照转而已，不会注意这件事。

但是这个决定，要冒极大风险，当时电照厂（即电泡厂）厂长沈良骅起立发言，大意是：现在看来情况非常严重，不知道将会发生什么风险，但工厂不迁台湾，是我们员工大家一致的愿望，你是做了大家心里想做的事，如果将来追究什么责任，不能由你一人承担，我们愿意共同负责，分担风险。办法是由我们各厂给你上个报告，说明轮船开跑，机器暴露码头，风打雨蚀，容易损坏，请求搬回原厂。你批准我们的报告，倒填月日，另发指令，把你原来发的命令撤掉，这就有理由减少你的一些责任。沈良骅说完后，其他几个负责人黄修青、王端骧、任国常也都表示同意，坚决要求照办，最后就这样办了。但办理手续非常麻烦，要会内秘书处与各厂收发室共同研究把年、月、日改过来才行。

为了保护工厂，迎接解放，在情况十分危险的时候，沈良骅、王端骧、任国常、黄修青等竟敢挺身而出要求分担责任，这种共患难、同生死的崇高精神，当时使我心情激动，热泪盈眶，留下了永不忘记的印象。

大约又过了两星期，汤恩伯又来了一份电报催促，由南京卫戍司令部一位副司令送来。这时资委会副委员长吴兆洪和几位高级人员已去上海，南京新设一个办事处，由原电业管理处处长陈中熙自愿留京负责。这位副司令来时，我不在会内，电报由陈中熙代收，打发这位副司令回去。我没有见着他，否则我真不知道说什么话才好。我回到会内，看到汤恩伯第二个电报后，心里确实着了慌：蒋介石没有忘记这件事，怎么办？当时，我常去代理总统李宗仁家，就把汤恩伯的两次电报拿去见李宗仁，我说："你正在想派和谈代表去北平，却在首都南京拆工厂迁台湾，表明没有和谈诚意，对和谈不利。这虽然是蒋介石的主意，但外人不明真相，您和我都有责任嘛。"李宗仁说："对，我支持你，不要拆迁了。"

后来南京卫戍司令部的万建藩司令又邀沈良骅去孝陵卫戍司令部谈话，电照厂副厂长吴祖恺（现在陕西咸阳）不放心，主动要求陪同前去，坐在外边汽车上等候，如沈良骅出了问题，他可赶回资委会报告设法营救。沈良骅进去见万时，万要他速把工厂拆迁台湾，并说需要火车车皮，他负责如数调拨。沈良骅只好当场答应，回来告诉我。我说李宗仁支持我们不迁，现在南京形势很紧，稍拖一拖再说。幸而后来南京很快解放，解除了这一危险，这五厂终于没有迁往台湾，完整地移交到人民手中。

涉及五厂拒迁的还有二件事：

（1）1949年2月间蒋介石电邀翁文灏去奉化，他带了大儿子翁心源（上海资委会中国石油公司工程室主任，已去世）同去。我请翁文灏见到蒋介石有机会时说一下，南京五厂都是小厂，实无迁台必要，请其善言解释。几天后，他回到上海，我在南京，他电话告我说："严重！见面谈吧。"我立即去上海，他告诉我以下一段话："关于五厂迁台事，我还没说，而是蒋主动提起来的，蒋说：'我要孙越崎拆迁五厂去台湾，他没有迁，我看他受了资委会地下共产党的包围，糊涂了。这人对我们很有用，你回去劝劝他，叫他不要上当。'在蒋的话没讲完时，勤务员来请吃饭，我们就站起来向隔壁的饭厅里走去，边走边说，快到饭桌时，蒋的话刚说完，饭桌旁有何应钦、张道藩、谷正纲三人站着等待我们。蒋说完后，我接下去，并对着何等三人说：'我想现在南京各机关没有地下共产党人的，恐怕没有嘛，噢，你们看，是吗？'他们三人没听见蒋说的是什么话，听了我话，莫名其妙地应付一下，异口同声说：'是呀！'就这样大家坐下吃饭，谈别的话了。蒋介石既然主动提到这件事，因此我认为问题严重。"翁文灏这段话，我很注意听，记得很清楚。听完以后，我也觉得很严重，但仔细一想，蒋介石只说我糊涂了，上当了，也只不过认为我是他元旦文告中所说的失去信心一类国民党人之一。蒋最注意的是军队问题，像我们"秀才造不了反"的人，他不那么重视，因此我反而不那么害怕了。

蒋介石发给我们五厂的迁台费，原预算包括拆、运、建三项经费，后来只拆，不运、不建，余款很多。各厂得了这一大笔补助费，很宽裕地维持到解放还有余。蒋介石"偷鸡不着蚀把米"，恼羞成怒。1950年曾在《参考消息》上见载台湾宣布开除我的国民党籍，并下令通缉我。在我从香港北上返回大陆途中，蒋介石还派出四只小军舰在台湾海峡企图拦截我所乘的船，结果拦错了别的船，使我得免于难。这在我到天津后才知道的。

解放后李宗仁由美回国，我从唐山来北京看他，谈话时他主动地问我："南京几个工厂，后来究竟怎么样？"我很惊愕地说："你当时事情这么忙，而又时隔多年，怎么还记得这件事？五个工厂都没迁走。"他说："很好，我在南京解放前，打电话给上海汤恩伯说，'我要走了，这是内战，你可不要把南京毁掉。'汤恩伯说：'你放心走吧，我不破坏。'这样我才起飞走的。你不愿拆南京工厂和我不愿毁南京，事情虽不同，意思是一样的，所以我还记得。"当时程思远、刘仲容也在李宅，我是和他们先谈了一阵，然后再去见李宗仁的。

（2）还有一件事：1948年夏，蒋介石写了封亲笔信，介绍一个青年周天翔来看我。信内说："周天翔的父亲是我的老朋友，为革命而牺牲，周天翔自幼由我抚养成长，留学英国，学电子管工程，最近回国，请在资委会给他安排个工作。"我派他在沈良骅的电照厂里为技术员。过了不久，蒋介石的侍从室第一处长俞济时送来请柬，请我去他家吃饭。届时我去了，一进门看见宾客满堂，俞济时偕周天翔出来接我说："他是我的小婿，今天结婚。"我说："事前不知道，失礼了。"我原来知道俞是蒋的亲戚，这样，周也是蒋的亲戚了。

我接到汤恩伯第二次电催五厂迁台后，虽已得到李宗仁的支持，但心里仍在纳闷，蒋介石军政事情这样忙，何以总忘不了五厂迁台事？！有一天沈良骅来对我说："电照厂里的人事科长想起周天翔是蒋介石介绍来的,虽然周天翔现在城内电工楼里办公不在郊外的厂里工作。不知工厂里的详情,但不能不知道工厂还没有迁的情况,是不是周天翔在蒋的后边讲话呢?"我恍然大悟,即请沈良骅找周天翔来看我。我对他说:"你一定急于去台湾吧。"周说:"我内人家已去台湾。"他确是急想去台湾。我说:"电照厂迁台,因各种事务关系,不能马上就去,我先派你为台湾糖业公司工程师,即同你夫人去台湾报到。将来电照厂迁去后,你再回该厂工作。另外,我们在台湾还有电力、造船、水泥、石油、化肥、制碱、制铝、机械制造和金矿等很多厂矿,你到台湾后,可去各处参观,你认为哪里对你最合适,来信来电我即改派你愿意去的工厂。"他称谢,并说:"那么,我不来辞行了。"态度极好,我很高兴。沈良骅亲自送他们到上海,并为他们饯行。蒋对五厂事,以后不再经汤恩伯来电催了,究竟是不是与周天翔的去留有关系,我也不得而知,但回想起来是够冒险的。

八、拥护李宗仁主和,资委会不跟孙科行政院迁广州

1948年12月孙科继翁文灏之后任行政院长,他在1949年1月主和,2月变为主战,把行政院迁往广州,与李宗仁的总统府唱对台戏。资委会虽然是行政院所属部会之一,但我没有跟随孙科去广州。孙科的行政院迁广州后,曾在中央日报登通告:中央直属机关不迁广州报到的,一律停发经费。行政院所属各部长和一部分高级人员都随着去了广州,不顾一般职员的生活,大家抢钱抢东西,弄得南京一片混乱。这个风潮很快波及到资委会,员工们三三两两在楼下草坪上交头接耳,纷纷议论,有人甚至把铁栅大门也闭上了,大有上楼来包围我办公室的趋势。我立即让总务处长张冲霄摇铃请员工们去大礼堂,我要上讲台和他们讲话。吴兆洪和戴世英说:"上台容易下台难啊!"我说:"我不上台讲话,员工们就要上楼来包围我了。下台难,下楼更难啊!"我再请张冲霄立刻摇铃,他一边走,一边大声叫:"请员工们去大礼堂,委员长要同你们讲话。"平时我们在礼堂开会,高级人员一般坐在前一二排,这次我叫他们随便散坐。我上台后说:"关于资委会离不离开南京的问题,我知道大家都很关心。我早想和你们讲一讲,因事务太忙,一时拖延了,没有讲,是我的不是,很抱歉。今天趁这个机会我同你们讲一讲。第一,我决不离开南京、也决不裁员、决不减薪,请大家照常工作;第二,如不相信我的话,就把金库抬来,当场打开,大家把钱一分,散伙了事。两条路请大家现在就决定吧!"当时我在台上,看到坐在后排的经济研究室副主任曹立瀛站在座椅上,大声说:"相信委员长的话,照常工作,决不散伙。"随之,大家齐声高呼:"相信委员长,决不散伙。"我说:"谢谢大家!"随即散会,我也下了讲台。资委会没有迁去广州,我们自己有外汇,也不怕行政院停发经费。

后来由于多数立法委员赞成李宗仁的主和政策,立法院在南京复会,行政院不得不迁回南京,李宗仁胜利了。1949年3月初孙科辞职,何应钦继任行政院长。行政院迁回南京后,何应钦为紧缩机构,把原工商部、水利部、农林部和资委会合并为经济部,派我为经济部长并兼资委会主任委员,吴兆洪为副主任委员,这时资委会又成为经济部下属的一个机构了。经济部设政务次长和常务次长各一人,分别由简贯三和童季龄担任。

和谈代表团秘书长卢郁文（原资委会参事，已故）、和谈代表邵力子的秘书张丰胄（在北京）都是我的老朋友，当时张丰胄要我帮忙解决为邵力子用的小汽车和办公地点的问题。我说，你们应去找行政院。张说，行政院乱哄哄，你对和谈很热心，所以请你帮忙。卢郁文也要求我帮忙。当时邵力子是参政会的秘书长，有一辆小汽车，常为副秘书长雷震所占用。我就从资委会拨一辆小汽车给邵力子专用，同时请他们在我家办公。因为这时我的妻子和小儿子去上海，女儿孙叔涵在金陵大学读书住校，家里无人，有一女佣人和她的丈夫看家，可给他们烧水打杂，既清静又方便，我和秘书沈嘉元住在家里，早出晚归，不妨碍他们办公。他们人少事多，卢郁文又要求我派一位资委会秘书张月超帮他们的忙。后来代表团北上时，卢郁文和张丰胄把张月超作为和谈代表团的职员也带到北平去了。

九、成立南京办事处，组织员工励进会

孙科行政院迁广州时，各部会部长和少数高级人员都同去了，只有资委会不去，引人注目。因此我们疏散了一部分人员去上海、长沙、桂林、广州等地。派副主任委员吴兆洪率领一部分高级职员去上海，在资源大楼办公，派主任秘书李彭龄（已故）为广州办事处处长，并在长沙、桂林分别设立办事处，照顾一部分疏散到湘、桂二省的员工。同时派电业管理处处长陈中熙和副处长谢佩和兼任南京办事处正副处长，照料南京地区的业务。我本人和秘书沈嘉元留在南京，表示资委会本部仍在南京，我对外事务很忙，实际业务工作由陈中熙处理。

会本部的很多人和他们的眷属仍留在南京，我把他们组织起来，成立了资委会员工励进会，派财务处职员卢英立（现在上海）为主任，在南京办事处的领导下专管员工和眷属的生活问题和保护资委会的房屋、档案、资料等，不管业务工作。这样组织起来成为一个整体，不致星散，将来可以整体地移交共产党。我觉得这是我对员工应尽的责任，也是我的一个政治任务。不久，我又派煤业总局副局长吴京去浙江长兴、杭州进行安排，以便迎接解放，办理移交。大约二个月后南京解放，陈中熙、谢佩和领导的电业管理处和员工励进会的人员连同会本部在南京的工厂、企事业单位，全由万里同志接管。杭州地区的资委会所属各单位，解放时，由吴京交汪道涵同志接管。

十、南京解放，我经上海去广州

1949年4月南京解放以前，我曾去上海三次。

第一次是1949年2月初，我和董洵谋及沈嘉元坐汽车去湖州的长兴煤矿过一夜，第二天到上海。在此以前，吴兆洪从上海打电话给我说："我把上海的工作基本上安排了，由季树农负责办理。我拟去台湾探亲，约一个月后回来。"我说："好，你去吧。回来时请您去广州转一下，代我出席行政院例会，以敷衍一下行政院长孙科。"我因季树农资历太浅，对他负责上海工作有些不放心，所以专程去上海。不出所料，京沪杭警备总司令汤恩伯下令彻查"资委会疏运物资不力"事件。秘书黄汝鉴收到命令后转交季树农，季树农不知所措，慌慌张张地送给我看："大祸临头了！"我说："不要慌张，您去找季崇威，要求与上海地下党组织领导人见面，请教他如何对付这个命令。"在此之前，1948年10月南京秘密会议后，吴兆洪告诉我说，财务处长季树农与他的族侄季崇威有联系，季崇威是共产党员、大公报记者。我便告诉季树农多与季崇威联系，把我们的意图和情况都要随时随地地详细告诉他，必要时我要与季崇威见面。过了三天，上海地下党派复旦大学教授王寅生同志秘密到了虹口季崇威家里与季树农见面。季树农把汤恩伯的命令给他看了，王寅生说："共产党不做强人之难的事，今后以保全人员为主，物资为次。能留则留，不能留则运走一些。"共产党的这种通情达理的态度使我很受感动。实际上，后来物资并没有运走，因上海临近解放，汤恩伯忙于逃命，也顾不上这些事情了。

第二次去上海，是1949年4月21日，钱昌照从香港来上海，吴兆洪打电话要我去上海与钱昌照见面。午间到沪，同吃午饭后，我单独同钱昌照谈了一个下午，主要是向他建议快写信给已在北平的邵力子，请他向中共中央要求，允许钱去北平，投奔共产党。他完全同意。晚饭时，有吴京、翁心源、吴兆洪、季树农、夏选讲、夏安世、马雄冠、杨公兆、恽震等20多人作陪。饭后，我讲了几句欢迎词。钱昌照也讲了话，大意是：刚才越崎兄告诉我你们都打定主意，留在上海不走，我回香港后，也拟设法去北平，风雨如晦，鸡鸣不已，光明就在眼前了。钱第二天即飞香港，我也第二天即飞回南京。

第三次去上海。就是1949年4月22日会见钱昌照后从上海飞回南京的当天午饭后，何应钦、黄少谷来电话要我去何应钦家里，告诉我说和谈破裂了，今天下午大家都先飞上海，再去广州，要我立即去飞机场。机场拥挤不堪，我和沈嘉元先后分乘飞机到上海。当夜南京就解放了。

我以前曾和李宗仁及资委会同仁们都说过，和谈不成，我一定辞职，所以到上海后，决定辞职，迎接解放。当时我已在上海买了一幢一楼一底的小楼房，做好辞职的准备。后来吴兆洪、杨公兆、季树农等对我的辞职极不以为然。理由一是我辞职，未必获准，一定会来电催我去广州，我在上海是待不下来的；二若辞职获准，另派一人接替，谁敢保证他不会下命令，遣人员拆工厂去台湾呢？这不是违反你的初衷吗？他们要求我不要辞职，即去广州，以掩护大家的安全，直到上海解放。我认为这意见很有理，遂打消了辞职的想法。

我们在上海的物资，除价值近二千万美金的美援煤与电的器材早已上运汉口、长沙、株洲及在沪各厂外，尚有中国石油公司代理总经理郭可诠把从美国购买来的、本拟运往台湾高雄炼油厂的原油改运到上海高桥油库，以及台湾运来的白糖、鞍山运来的钢材等物资存在上海仓库里，准备解放后移交给共产党。

我在上海停留了四五天，1949年4月26日去广州，便把上海方面的事情交由吴兆洪负责办理。走时我把原买好的一幢楼房卖掉了。吴兆洪一个人一定要到机场送行。他说："上海解放前，你不能辞职，我们怕特务为难，你不辞职可以掩护我们。我所以一定要送行到机场，不是为送行而送行，而是为再一次请您不要辞职。"我说："已经说过好几次了，一定照办，请放心。"

这里我附带谈一下，我离沪前的一件关于中纺公司的事。中国纺织公司属经济部管辖，按章程由经济部部长兼任该公司董事长。当时该公司总经理顾毓瑔是我的老朋友，他曾任经济部中央工业试验所长多年，抗战胜利后，他是我在平津敌伪产业处理局任局长时的副局长。我每次去东北或外地，都由他代理局长职务，相知较深。当时他在中纺公司处境十分困难。一方面上海市国民党当局一再严令催他速把该公司大批花纱布运往台湾，而公司产品滞销，大量积压、经济周转困难，得用所产布疋代发工资，因此员工不许运走存布。同时该公司董事会常务董事孙九篆是孙科所派的人，他以常务董事代行董事长职权，处处与顾为难，也多次催促顾迅将大批花纱布运台。另一方面顾的夫人华珊非常胆小，不敢留在上海，天天吵着赶快去台湾。我到上海后，他向我汇报上述他的公私两方面的困难情况，我劝他留下不走，以维护公司大批财产。他说："我也与地下党有联系，但有上述公私两方面的困难，又不能不走。"我说："公的方面，我可为你解决，我派经济部政务次长简贯三（原立法委员，自愿决定留下不走）代替孙九篆代理我的中纺公司董事长的职务。但是你与简不熟，我的秘书沈嘉元，他知道我不久将来一定要回祖国，早已向我表示，不去广州，决定留沪不走。他是中央大学法律系毕业，曾任司法官，自1940年起任我的秘书、主任秘书，工作很得力。抗战胜利后，他随我在平津敌伪产业处理局任机要秘书，与你很熟。现在沈又是经济部的简任秘书，因此我就派沈嘉元兼任中纺公司董事会的主任秘书，以便作为你与简贯三之间的桥梁，便于联系商量。"顾说："好极了。"顾毓瑔要沈嘉元参加公司各部门负责人每天上午在总公司的碰头会，以示董事会对顾的全力支持。孙九篆就此离开了中纺董事会。顾毓瑔从此可以放心大胆地应付外边，而无内顾之忧了。

当时沈嘉元原在资委会煤业总局支领工资，他兼任中纺董事会主任秘书，中纺公司按其他职工一样当时是以布疋（龙头细布）代发工资。沈按资委会规定做到兼职不兼薪，就把所领中纺的布疋全部交资委会煤业总局收账，作为该局发给职工的福利品。解放后，他调到北京，在中财委计划局仍担任我的秘书，在三反运动中，他交代此事，许多人对此不相信，后来经组织在煤业总局档案或账册中查明确有此事，终于得到了证实。

上海解放前夕，顾毓瑔在中共地下党的支持和协助下，和全公司各厂员工团结合作进行护产，与上海国民党反动派经过斗争，终于保全了该公司大量花纱布等物资财产并移交给共产党，为人民立了功。

他现在担任了上海市纺织局顾问。经我推荐选任为民革中央委员和全国政协委员，仍为祖国四化尽其所长，努力作贡献。

十一、在广州给南方各厂分发美金维持费

我于1949年4月26日同妻子与小儿子孙大武从上海飞到广州，女儿孙叔涵仍留南京金陵大学读书。

当时各地资委会厂矿企业产品滞销，煤矿则多因军队强装火车运走而不付款，经济困难。我离上海时带了约208万美金的支票去广州，并在沪时分电中南、西北、西南各厂矿派人去广州向我领款。我到广州后停留了四天，于5月1日去香港安排好妻子与小儿子在香港的住处。我比钱昌照晚到了九天，当时钱昌照住在九龙国外贸易事务所所长郭子勋家里。我去郭子勋家看钱昌照时，见到香港中共组织的乔冠华同志。当时他化名乔木，我不认识他，还问他尊姓大名，我说："我早与中共地下党有联系，早已决定投向共产党，但今天是我第一次见到中共地下党的人士，真是巧遇，太高兴了。我即日回广州，去分发从上海带来的美金支票，给南方尚未解放地区的厂矿作员工的生活维持费。发完后，我不能再在国民党反动政府里做官了，我想辞职。"乔木说："发维持费很好。但您最好仍留在国民党政府内，这对共产党有利。我们早已知道您的心意，您不必急于辞职。"

乔木离开钱寓所后，我预感到广州即将解放，我有责任把广州办事处处长李彭龄的职位安排好。我就在郭子勋家里，写了一张条子，任命李彭龄为国外贸易事务所副所长，交给郭子勋登记存案，也算了一件心事。李彭龄是天津南开大学的研究生，专攻企业管理，资委会第一批派31人去美国实习，他是其中之一。我任资委会委员长时，把主任秘书吴兆洪升为副委员长，李彭龄继任吴兆洪为主任秘书，地位仅次于副委员长。

我于5月6日回广州。这时，资委会南方各厂矿派人来领款的三四十人也到达广州，我把带去的美金支票，按各厂矿员工人数多少和经济情况，经过广州办事处长李彭龄和财务科长林艾园（现在上海）分别签发支票，每个企业十万、五万、三万不等，分给了他们，并请他们吃了一顿饭，我讲了分发这笔美金的用意，可换成现大洋带回厂矿，作为必要时维持员工生活的补助费，以便迎接解放，完整移交。由于此款是从上海带来的，因而发款后即将全部发票存根寄上海财务处报销。

当时还有一件事。南京水晶台地质调查所总所（各省都有分所）所长李春显（字庚阳）拿了四架打字机来到资委会见我说："工商部部长陈启天要把总所的历年调查报告、地震资料、地图等和中央大厅上陈列的全国地图（地图上标明了全国平原、丘陵、高山，是很珍贵的资料）大件切成四块，统统运去台湾。我反对这样做。但陈启天已去台湾，既无人管，又没有经费。所以我把这四架打字机卖给资委会，以维持员工生活。"我说："算了吧！四架打字机能值多少钱？您把打字机拿回去，我给您金圆券，换成现大洋，以维持员工生活。"李庚阳雇了两辆黄包车，自己坐一辆再加上一大麻袋金圆券，另一辆装了两麻袋金圆券。南京解放时，他把所有历年的调查资料和北京猿人的人头复制品都交给了共产党。后来，我曾介绍他加入民革，曾任民革中央委员。世界地质学界"板块"学说就是他介绍到中国来的。

十二、逃离广州去香港

我在广州约半个月，五月十八、九日行政院的例行会议，我因另有要事未去，由次长童季龄代表出席。会后童向我汇报，今天的会议上，台湾省政府主席陈诚列席会议，因我未去，他说了孙某为什么不来开会，请大家注意他的动向等语。接着卢作孚也来告诉我：我今天为民生公司购置加拿大轮船，请行政院帮助解决外汇事，列席会议去作说明，听了陈诚说了怀疑你的话，要大家注意你，我还为你说了几句好话。他又说："陈诚说话是有分量的，你要注意。"我说："谢谢您，我就走。"卢走后，我立刻请李彭龄给我买去香港的飞机票，临走时写了两封很简单的亲笔信，请求辞职。一封给何应钦，交李彭龄次日送行政院收发室。另一封给李宗仁，由资委会广东南岭煤矿筹备处经理田策卫于次日送给李本人。当天下午，由李、田二人送我到飞机场，约半小时就到香港。从此不再回广州。后接何应钦复信，说他不久也拟辞职，大家一起走吧。我当然不回去。过了一个多月，何应钦果然辞职，我也正式脱离反动政府了。田策卫后来去香港告诉我，李宗仁看了我的信后说："人各有志，我知道他。"

我到香港后把陈诚怀疑我，才仓皇逃出广州的经过情况告知乔冠华，他安慰了我一番。

十三、在香港做的几件事

（1）1949年初资委会煤业总局汉口营运处处长盛希康（已故）来上海南京，我告诉他去年十月南京会议，要大家保护财产，迎接解放。他说已经由当时参加会议的武昌电力公司总经理兼资委会武汉办事处长黄文治秘密告知他了。他回去时我请他到长沙秘密告知该处长沙办事处主任蔡善需也照此办理。是年7月间，蔡善需来香港找我，面告白崇禧军队和地方部队到处扣用船只，并布告征用汽油柴油等物资前去登记，违者军法从事。同时运输停止，经济非常困难，既危险，又无钱，特来与我商量有什么办法能帮助他。这时我已脱离国民党政府，在经济上无法帮助。5月间我在广州发美金维持费时，漏了他的单位，很抱歉。我告诉他把轮船和拖驳避到耒阳的耒河里去，那里有我们的一个湘永煤矿。军队要船运输，你向他们要运费，万不得已，经费可向湖南资委会各煤矿借用。我问他油料打算怎么办？他说我与附近农民感情很好，可把油料疏散到农民家里，决不去登记。我写信请他转交资委会耒阳的湘永煤矿总经理娄良海借他些钱。并告诉他长沙可在极短时期内解放，坚持一下，困难就可解决，安慰和鼓励他一番回去了。不到一个月长沙解放，我为他松了一口气。

解放后，他因保全了大批船只和油料，护产有功，被任为湖南省煤建公司副经理。

（2）1949年8月中国石油公司协理兼甘青分公司（玉门油矿）经理邹明（现在北京海洋石油总公司），因为国民党西北长官公署代长官刘任及玉门油矿特别党部主任委员王思诚等力图破坏油矿，虽然邹明已进行了护矿工作并组织了护矿队，但处境十分困难，难于应付，所以在兰州解放前两星期，特从兰州飞香港来找我，希望解放军迅速进兵油矿，并派人到矿指导护矿工作，以保护西北唯一的重要企业。我通过中共香港组织联系人罗哲明同志电请在北京的邵力子、钱昌照转呈中共中央请求大军解放张掖后，马不停蹄地进军酒泉，解放玉门油矿，以免油矿被破坏。电报发出后，很快即得复电，邹明高兴地说，我心上一块石头落地了。他回去后，兰州很快解放。经过油矿工人十分艰苦的斗争，同时由于解放军神速进军，玉门解放时，油矿得以保全而未遭破坏。

邹明后来在石油工业部工作，现在海洋石油总公司，任全国政协委员。

（3）1949年江西赣州解放前夕，资委会钨矿管理处处长刘兴亚离职到香港，前来看我，拟去台湾。我劝他回去，他有些犹豫，怕回去途中遇到解放军阻拦。为此，我介绍他与中共罗哲明同志见面，商量结果，通过中共电台，由我致电在华东工业部的原资委会钨锑锡等金属矿管理处处长杨公兆，请其转请中共有关方面，通知江西前线，照顾刘兴亚回去。很快得到杨公兆复电："已由有关方面通知江西前线，请其速回。"以后他来信给我，在南雄遇到南下大军，全家很受照顾，安返赣州钨矿管理处办理移交，受到优待。

我在香港除为玉门油矿事，同邵力子、钱昌照通过一次电报外，后来只与邵力子时有信电往来。至于上海方面，除为刘兴亚事，与杨公兆通过一次电报外，与其他任何人都没有通过电信。

十四、鼓动和组织资委会香港国外贸易事务所员工起义并回到北京

1949年6月，我正式脱离国民党政府后，除与中共香港组织联系外，把情况函告北京邵力子，他复信说，已得周总理同意，随时可以来北京。我本可即去北京，但这时，一方面因广州李彭龄与上海吴兆洪一样，要求我在广州解放前，不要北上。另一方面因与接替我的刘航琛为接收香港国外贸易事务所的斗争刚刚开始。因此二事，所以我没有立即回北京。

我国江西的钨矿、湖南的锑矿和广西云南的锡矿，即钨、锑、锡三种特产矿产品，在国内由资委会统购，在国外由资委会统销。因此资委会设有国外贸易事务所，专办矿产品外销工作。该所在抗日战争胜利后设在上海，1948年迁往香港，所长郭子勋，副所长为周大训。

我辞去经济部长兼资委会主任委员后，刘航琛接任我的职务。他看到香港国外贸易事务所在香港仓库存有大批钨、锑、锡等外销矿产品，约值美金五六百万美元，是一笔现存的财富，他是四川有名的"财神爷"，一眼看中了这个贸易事务所的矿产品，想把所长郭子勋调开，另派自己的亲信做所长，以便把这笔矿产品掌握在自己手中，从中浑水摸鱼。为此，他在广州资委会本部设立贸易处，拟派郭子勋为处长，地位在贸易事务所之上，名义上可以管贸易事务所，实际上是空名，无实权。郭子勋告诉我这情况，我看透了刘航琛的阴谋诡计。

当时，看到广州解放不会很远，如能保全这批矿产品，将来移交共产党接收，这笔外汇对新中国是很有用的。我认为这是我北上以前，最近应做的事情。于是我劝郭子勋，不要上刘航琛的当，不要去广州当贸易处长，应仍留在香港做贸易事务所长，保护矿产品，将来广州解放，移交共产党，立一功劳，我们大家一起北上。郭子勋本来也怀疑刘航琛，经我劝说后就更明确了，故通知刘航琛不愿就贸易处长职。刘航琛用名位引诱之计失败了，便再施一计，先以预发三个月遣散费的办法，企图用金钱收买事务所全体职工；同时，刘航琛再以派郭去美国考察为名，另给郭子勋美金几万元，去不去考察随便。郭子勋被收买了，终于同意辞去事务所长的职务。

郭子勋改变态度后，刘航琛派他的四川同乡方崇森为贸易事务所长来香港就职。但我并未死心，试探贸易事务所的几个高级人员龚家麟、梁燊、孟颂南等，发觉他们对当前形势的认识和对国家前途的看法比郭子勋高明。他们对七月一日毛主席发表的《论人民民主专政》这篇文章，都认为言之有理，衷心拥护。他们鄙视郭子勋，对我的活动有好感。了解了这种情况以后，我就更有勇气和信心去进一步做他们的工作，鼓励他们拒绝刘航琛、方崇森的领

导，保护仓库里的矿产品。这时刘航琛与几个四川资本家合谋，想吞没这笔矿产品。他们组织了一个商号，把全部矿产品假卖给这个商号，想把贸易事务所存在仓库里的矿产品提出去，以这个商号的名义移存到另一个仓库去。这种弄虚作假、偷柱换梁的险恶勾当，激起该所员工的公愤。仓库钥匙在保管员冯日宾手里，他避而不见方崇森，以免矿产品被提走。

当时我感到事务所员工力量薄弱，因而把从广州来香港的资委会金属矿管理处副处长吴志翔以及林艾园、李新民、毕文翰等人都安排进去，参加事务所的员工队伍，加强领导力量。吴志翔是清华大学毕业的，后留学英国，专学外贸，和龚家麟、梁燊都是清华同学，容易合作。我除了同他们开会商量重要事务外，平日由我的侄子孙常龄和他们随时取得联系，代我向有关方面奔走。孙常龄是资委会金属矿管理处人员，上海解放前夕，杨公兆派他来广州，因龙华机场已被解放，故回不去了，就暂住在香港我的家里。他在业务系统上与他们本有联系，这样我与事务所员工的联系更密切了。在这以前，我已介绍吴志翔、龚家麟、梁燊、孟颂南、孙常龄等和中共香港组织的罗哲明见面。在他的指导下，组织了资委会香港国外贸易事务所员工保护矿产品委员会，以吴志翔为主任委员，龚家麟为副主任委员，李新民、梁燊、林艾园、孟颂南、冯日宾五人为常务委员。有了这个组织，力量集中，领导有人，敢于公开对刘航琛和方崇森斗争，冯日宾也不用躲躲闪闪了。更主要的是，有了组织便可随时向罗哲明汇报情况，直接接受中共香港组织的领导，我从旁协助就行了。当时香港中共组织负责人是张铁生，也和我见面商谈过一次，解放后在北京邵力子家里又和他见过一次。

护产的斗争继续发展，后来以护产委员会名义占领公事房，拒绝刘航琛、方崇森入内办公。1949年10月中华人民共和国成立，广州解放，这更给我们极大鼓舞。刘航琛聘请律师向香港法院控告护产委员会非法占领公事房和强占仓库矿产品等。香港法院判决暂时冻结这批矿产品。这个判决对我们是有利的。罗哲明给我们指出：矿产品的得失是小事，现在应由经济斗争转为政治斗争，这是大事。从而使我们明确了斗争的方向，随即由护产委员会出面和各方联系。特别与中国、中央两航空公司取得联系，胆子更大，勇气更足了。

1949年11月7日中国、中央两航空公司的员工在香港起义之后，紧接着于11月14日以吴志翔为首的资委会香港国外贸易事务所全体员工也联名宣告起义，脱离国民党反动政府，拥护中国共产党、拥护人民政府，并给北京发电向毛主席致敬，得到毛主席复电嘉勉。在《人民日报》和香港报纸报道了起义的经过情况和毛主席嘉勉复电的全文。这在新中国成立之后，继"两航"起义后，又一次对港澳同胞起了巨大的良好影响。我们的起义，在两航以后，这是罗哲明遵照张铁生的意旨，事前与我们安排好的。

关于这批矿产品，1951年由香港运到广州，由吴志翔移交当时在广州的外贸部副部长雷任民接收，钨、锑、锡共计四千余吨，时价约值美金五六百万元。吴志翔等也于1951年1月回到北京。我们这场与国民党反动派的斗争，在中共香港组织的直接领导下，终于在政治和经济两条战线上，取得全面胜利而告终。

在组织好护产委员会和做好起义的准备工作后，罗哲明同志同意我北上，由大公报费彝民代我联系轮船，并电告北京中共有关方面。我和妻子及小儿子离港北上，经过青岛、济南、天津到北京。经过天津时，我遇见一位姓谭的四川云阳人，他是乘另一条船北上的。他说他们的船经过台湾海峡时，被国民党四艘小军舰拦住了，查问船上有没有孙越崎。听到此，我真为自己顺利到达而庆幸。当时天津市长黄敬、副市长刘秀峰设宴招待，我还参观了天津工业展览会。在北京车站受到政务院财经委员会代表和邵力子、钱昌照等人的迎接。接着，周总理接见了我，并赐便宴。在我来到北京以前，政务院已任命党外人士孙晓村、钱昌照和我三人为财经委员会计划局副局长。共产党和人民政府给了我荣誉和妥善的安排，真是使我感奋万分。

资委会主任委员刘航琛在与香港国外贸易事务所的斗争中失败后，去了台湾，资委会副主任委员朱谦（伯涛）系朱家骅的侄子，也去了台湾。朱谦是法国留学生，大陆解放后，台湾的资源委员会撤销了，朱谦也下台了，后来给他补了一个国大代表的缺额，于前年在台去世。

我在南京说服吴兆洪不要去台湾时，曾说过："你想去台湾，但大陆解放后，台湾还会有资委会吗？你有什么事情可做？应当好好考虑考虑。"不出我所料，资委会在台湾真是撤销了。

1950年初夏，在《参考消息》上看到台湾国民党开除我和海关总署长丁贵堂二人的党籍，并通缉我们二人。我们二人见面时说："我们已在毛主席身边，让他们去通缉嘛。"

关于香港国外贸易事务所员工起义之事，1982年11月，对外经济贸易部郑拓彬副部长为表彰这些员工的功绩，特在上海与广州两地先后隆重开会，给资委会在香港的起义人员颁发了起义证。我感到非常快慰，并给他们发去了贺电。

十五、解放前夕我与翁文灏的联系

抗战胜利后，翁文灏在1946年初辞去经济部部长兼资委会主任委员，结束了战时生产局和工矿调整处后，在资委会的领导下组织成立了中国石油公司，他任该公司董事长兼总经理，张兹闿、严爽、金开英、邹明、郭可诠为协理。他之所以中国石油公司董事长而兼总经理，这里有一段缘由：

在抗战胜利后的重庆，1945年11月的一天，翁文灏找我个人谈话说："我做官做腻了，现在抗战胜利了，我想搞点实际事业，你看搞什么好？"我说："搞煤矿。在豫西有一块煤田，没有开发，把许昌到洛阳的铁路修起来，介于平汉与陇海铁路之间，大有开发前途。另外鲁中也有一块煤田，只要把兖州到淄博的铁路接通，介于津浦与胶济铁路之间，也大有开发的价值。"他说："搞煤矿，势必要与已有的大矿开滦、中兴、中福、六河沟和淮南等矿竞争，我不想去得罪他们的大老板。"我说："那末搞钢铁厂。"他说："搞钢铁要花大本钱，蒋介石是不愿多拿钱来办厂的。"我说："那末搞什么呢？"他说："我想到按照矿业法的规定，石油只许国营，不许私营，与人无争。由资源委员会设立一个中国石油公司，除甘肃玉门油矿、新疆独山子和东北抚顺油母页岩矿，以及台湾的苗栗油田和高雄炼油厂外，还有各地不少的油田地质构造，可以探勘开发。这事业很重要，也大有可为，而且比较起来，投资小，见效快。我任该公司董事长，将来请你帮忙，任公司总经理，我今天问你，目的就在此，你看怎样？"我说："你要我帮忙，我还有什么话可说呢，一定照办。"他说："你现在要去东北接收日本重工业，需要有个相当长的时间。到明年初我把几个职位交代清楚后，即组织这个公司。总公司设在上海，我任董事长，暂时兼任总经理，留待你日后来接任总经理之职。"因此1946年初中国石油公司一成立，就由翁任董事长兼总经理。

翁文灏任中国石油公司董事长兼总经理后，实际上就由第一协理张兹闿（原工矿调整处副处长，翁兼处长）代行总经理之职，而张代行了两年多，翁仍兼总经理之名，使张对翁大不高兴，直到1948年5月1日蒋介石要翁文灏出任行政院长，他仍兼中国石油公司董事长，但不便再兼总经理了。同时我接任了资源委员会委员长，他知道我也不可能再做该公司总经理了。这样，他才辞去总经理兼职，叫我以资委会委员长名义，下令任命张兹闿为该公司总经理。

翁文灏在行政院长任内时，关于我召开资委会的南京会议和上运美援器材到各地弃暗投明的行动，我未向他透露过。1948年11月，他因金圆券崩溃而下台后，送家眷去台湾，他一个人留在南京，心里很懊悔，我常去看他，为他解闷。渐渐地把我的上述行动和思想告诉了他，无形中也劝他不要走。那时新华社已于1948年12月25日在报纸上公布了国民党四十三个战犯的名单，其中有翁的名字。他指着放在桌上的战犯名单说：你们可以留，我只有去台湾。

1949年2月，李宗仁代总统府秘书长吴忠信辞职，李宗仁拟请翁文灏继任，先叫我向翁征求意见。我对翁说："上次我竭力劝你不做行政院长，这次我却劝你做代总统府的秘书长。因为蒋介石主战，利用你当炮灰，现在李宗仁主和，你去做了主和的代总统府的秘书长，表明了你赞成主和政策，是个认错改悔的表现，我希望你自己转个弯子吧，将来也可以留在大陆。"他默然无语。但我已窥知其内心思想了。回复李宗仁如能亲自去一趟，他会同意的。后来李去他家面谈，翁同意了。

1949年4月南京解放，翁和我都到上海，翁四五天后去台湾。他的老父、老妻、大儿媳妇（即翁心源妻子）和孙女，都是上年十一、二月去台湾的，只有他和大儿子翁心源、小儿子翁心钧在上海，这次他和翁心源二人准备同去台湾。行前两天，我去他家，我说："心源尚年轻，你何必害他呢？我看心源不要走了嘛。"翁心源听了我的话，立即表示他自己也不想走，最后翁文灏同意了。当时翁心钧也在场（现在上海），翁心源请父亲到台湾后，即把他妻子和女儿送回来。翁文灏说："那是当然的。"这样翁心源临时留下，仍在上海石油公司工作，妻子和女儿很快就回到了上海。

1949年5月21日，翁从台湾来香港，就是我逃到香港的第二三天，也正是钱昌照与周大训离港北上之日，我先送钱上船，再到机场接翁。次日，翁去广州向李宗仁辞去秘书长职务，回到香港住了一个多月。我又开始做他脱离台湾的工作。我说："资委会的人都在大陆，钱昌照已回去了，我不久也将回去。你的儿子儿媳和孙女都在大陆，你和老父、老妻三个老人流落在外，太凄凉了。最好把老父老妻从台湾接到香港来，慢慢和共产党联系，得到许可，也回国内，阖家团聚，老朋友也常可见面。生为中国人，死为中国鬼，请你好好考虑。"

翁自己不是不想回国，而是自认有罪，不可能得到共产党的谅解，回不了国，内心是痛苦的。他对我说："我的问题，非得到毛主席同意，不能解决，但这就太难了。"当时我同意他的话，但说："只要你有回国的决心，也不一定没有希望，邵力子在北平，可以请他帮助。我认为目前最主要的要做两件事：（1）必须从思想上对台湾的关系一刀两断。蒋介石是利用你，发戡乱令，发金圆券，是害你，你应该恨他。（2）快把老父老妻从台湾接来香港，行动可以自由，迟了怕出不来。万一回不了国，住香港也比住台湾好。"他对我的话认为有理。

大概七月间，他回台湾，住了不多时候，亲自把老父老妻接到香港，那时进出台湾还是自由的。我写信给邵力子，说翁文灏也有想回国的意思，请他帮忙。邵回信表示愿意大力帮助，他要先写一份悔过书来，以便进言。

翁文灏决定回国，写信给上海翁心源，叫他来香港接祖父和母亲回上海，他自己住香港。翁心源征得华东统战部同意，于九月间到香港，并帮助翁文灏写悔过书。这时吴兆洪派戴世英从上海来香港，也劝翁回国，那时翁已早作回国的决定了。

我于1949年11月离港到北京，带了翁的悔过书交邵力子。邵看了认为不够深刻，不便送上去，要我寄回，请他改写。我说："翁心源接家眷即来，等他到后再寄。"这时，我因糖尿病住医院，钱昌照来看我，说："《参考消息》上报道翁文灏去巴黎了。"不到一个月，怎么变化这么大，我很纳闷。不久翁心源接祖父和母亲先到北京，再去上海。我才知道我走后，台湾方面正式派人来港请他回去。他当然不肯回去，但怕同杨杰一样被暗杀，因此他临时决定飞巴黎，是避难性质，回国之心不变。不去美国而去法国，原因也就在此。

这样，邵力子和我与翁心源商量，把悔过书先送周总理，虽然内容不够好，但是足以表示他认识错误，有返回祖国的愿望。后得周总理的同意，但须在民主人士方面做些工作。关于战犯问题，总理说，这是新华社消息，不是党和政府正式宣布的，可放心。

1950年翁心源从上海调到北京燃料工业部石油总局工作。周总理指定一位秘书与翁心源联系。翁家和我同住锡拉胡同一个院内。我和翁心源常联名写信给翁文灏，告知周总理对他回国的关心。1951年1月，正是我抗美援朝大军跨过鸭绿江的时候，翁文灏终于回到了祖国怀抱。我们住在同院，朝夕相见，他祖孙四代，阖家团聚，十分感激共产党，感激毛主席。

后来，英国工党领袖艾德礼和比万等来我国访问，要去唐山开滦煤矿参观。周总理打电话要我来京，陪他们去唐山。我在京时，总理让我转告翁文灏，问他肯不肯向台湾作广播，翁高兴地遵照办理。记得翁在广播原稿中有"闭门思过"一语，总理派来的一位秘书对他说，这句话台湾方面一听，要误会你被软禁了，因此删去了。

后来他参加民革，张治中担任对台工作委员会主任委员，他任副主任委员。

十六、解放前夕我与钱昌照的联系

宋子文的行政院长是在1947年2月下台的，4月，钱昌照也辞去了资委会委员长的职务，脱离了资委会，也脱离国民党政府，这是南京解放以前两年之事。他闲住在家，实在无聊，向行政院长张群申请出国考察，张置之不理。1947年9月我从东北回南京路过北平，遇到钱昌照。他正在北平办《新路》杂志，中心内容是政治自由、经济平等，即当时所谓的中间路线。这时，我的思想已经开始转变，觉得他办这种刊物，没有什么道理。我对钱说：这次我在东北各地视察两个多月，深刻认识到国共两党的存亡决定于战场。像《新路》杂志，由几个文人写几篇文章，能起什么作用呢？劝他不要办了。并建议去东北看看陈诚，探探他的口气。钱同意了。于是我陪他，又回到沈阳。陈诚正患胃病，我们到他卧室，谈了一二个小时，陈诚当然不会说悲观的话，但也没有说乐观的话。第二天我与资委会东北办事处长谢树英（现在北京）送钱去飞机场回北平。我又在沈阳留了十来天后回到北平，再回南京。

钱回北平后，仍要把《新路》杂志办下去，但因经费困难，到处募捐，翁文灏从资源委员会破例捐给他一万元，这是资委会从来没有过的事。我没有办法，不得已由卢作孚的民生实业公司捐了一笔钱给他。卢作孚与他毫无关系，完全是因我的面子捐的。《新路》杂志直到钱昌照1948年8月出国后停刊的，大约办了一年。

我从沈阳回到南京，他比我先回南京。我感到他受到的冷淡遭遇，为之不平。因此我常到他家中闲谈。有一次我对他说："我在东北看到共产党必胜、国民党必败的形势。蒋介石不给你工作，张群也不批你出国，我看你不如到解放区去，是个出路，供你考虑。"并透露了我有投共的思想。他说："没有联系怎么去？"我建议去看邵力子。邵是我的同乡和复旦公学教师，我任国防设计委员会陕北油矿探勘处长时，他正任陕西省政府主席，得到他的很多帮助。在抗战开始时，他和傅学文二人在汉口，住在我家约十个月，直至退到重庆为止。他当时是中央宣传部部长，我知道他对蒋介石、陈立夫都不满，而和共产党有联系，是个进步人士。我们去和邵力子谈谈，绝不会泄密，绝没有危险。于是我们同到邵力子家，和他商量，并问他有没有可与中共联系的人。他说："过去有。现在蒋介石防范很严，已隔离了。我想上海孙夫人宋庆龄一定有联系，你们可以去问问她。"但因我们都与孙夫人不熟，不便去。

最后，钱昌照对邵说："我想以观察员名义去延安看看，你看如何。"邵尚未答，我就说："您到延安，还能回来吗，蒋介石还不把您抓起来吗！"邵也称是。后来，我又向钱建议："秦皇岛附近有个长城煤矿是我任平津敌伪产业处理局时处理给资委会的，矿长是我在穆棱煤矿时的老同事。该矿有一条二三十公里的小铁路通到秦皇岛。矿分南北两区，北区已成游击区，已停产。南区仍在生产，无护矿军队。我陪您去该矿，您乔装矿工，预先写好一信，放在怀里，进入北区，让游击队抓去，您拿出信来，说明来意，请他们护送去延安。

我就声明钱昌照不小心，为游击队带走了。"当然，这对他来说也是办不到的。这样说来说去，说了大约九个月之久，都是空话。

1948年5月翁文灏任行政院长，才把钱昌照向张群申请的文件找出来，批准了钱昌照出国考察。当时我觉得在国内既找不到线索，进不了解放区，到国外可能反而容易找到。尤其钱昌照的出国护照上注明要去考察的国家中有捷克斯洛伐克，这就更可能找到关系，可从捷克转苏联进东北解放区。并请他在离开捷克时，打电报给我说，即"回国"，我就明白了。

钱昌照去欧洲后，请资委会派在美国的夏勤铎去做他的秘书，夏不去。钱来信要我以委员长名义命令夏去帮他的忙。我接信后感到有些疑惑，为什么真地去考察了，我回信说，出国时我希望你以考察为名，设法"回国"是实。我不能派夏勤铎去帮你考察的忙，请原谅，信去后，一直没有得到回信。

1949年3月李宗仁要派和谈代表去北平。我看这是钱昌照去解放区的一个机会，向李宗仁推荐钱昌照为和谈代表之一。李说，他回到国内，就好办。我就致电伦敦大使馆转钱："有要事，速回南京。"电报是由当时和我同在南京住在我家的秘书沈嘉元经办译发的，原稿存资委会档内。由于钱已转往法国，中国驻伦敦大使馆把电报转到巴黎大使馆转钱。几天后，钱由巴黎来电："有何要事？盼复。"和谈代表需先征得中共同意，而我与钱无密电码，不便明说。我再三考虑了好几天，最后仍复电说明"为和谈代表事"。他接电后，由巴黎回伦敦，订购飞机票回国，因此耽误了时间。那时吴兆洪已与一部分高级职员去上海，后来我把这事告诉了吴。

4月2、3日钱昌照回国途中，经印度加尔各答，乃知和谈代表团已于4月1日抵达北平，就来电问我："飞机票买到上海的，在香港机场有一小时停留，要否去南京请电香港国外贸易事务所郭子勋到机场告我。"我复电："不用来了。"郭与副所长周大训同去机场转给他我的电报，他就在香港留下了。

关于和谈问题，在代表团北上以前的一个晚上，邵力子和夫人傅学文来我家。邵力子说："有一件事，我们考虑再三，解决不了，今晚特来请你代我们出个主意。"他继续说："现和谈问题，蒋介石在奉化背后操纵，李宗仁已失去自主权，看来和谈是无成功希望的。和谈不成，我不会再回南京，这点你是知道的，因此学文一定要同我一起走，但现在外边已有谣言，说我不是去和谈的，而是去出卖国民党的，如果学文一起走，谣言将更大，对和谈更不利。不走吧，到那时她一人在南京有危险，因此弄得进退两难，你看怎么办好？"傅学文接着说："我一人不敢留南京，我要一起走。"我说："邵夫人最好不要一起走，和谈不成，邵先生当然知道得最早，现在正是换季的时候，届时打个电报给我说'要衣服'，我就代买飞机票，第二天送邵夫人去香港转去北平，保证她无危险。"他们二人都同意了。

4月1日和谈代表团北上后，大约过了十天左右，李宗仁派在北平与中共接触的私人代表刘仲容乘专机从北平来南京，住李宗仁家里。他拿了一大布包的文件信件等对我说，这是邵先生托他交我转交上海各有关的人收。他还说："我要去武汉见白崇禧，回来接邵夫人去北平。"后来刘仲容离南京北返前一天，傅学文到我家辞行。我说您上飞机时设法不要给新闻记者看到。她说一定以最迅速的行动走，避免给记者们见到。但在第二天的南京报纸上还是登出了邵夫人傅学文已飞北平的消息。至于邵先生托刘仲容带来的文件信件等，我托资委会煤业总局上海营运处处长祝福康代为分送。事后，他来南京汇报说，送去的地方都是门禁森严，他怕国民党的密探跟踪他，很担心。过了几天没有事，才算放了心。

我虽然已感到和谈无成功的希望，而我仍向李宗仁推荐钱昌照为和谈代表，主要目的是想借代表之名，以便钱进入已经解放了的北平。这是一年半来为他出谋划策的一贯想法。

钱昌照得到我的电报留在香港后约半个月，4月20日他从香港飞上海，我接在沪的吴兆洪电话告知，次日即从南京飞上海，中午到达。吴兆洪已以我与他的名义写好请柬二十余份，请在上海的资委会的高级人员作陪，包括杨公兆、恽震、许本纯、夏宪讲、吴京、季树农、翁心源、马师亮、马雄冠、夏安世等，晚间在钱寓处吃饭。

午饭后，我一个人同钱谈了一个下午，将他出国八九个月来的国事大变和整个资委会各地人员决定弃暗投明、保护厂矿财产、拒迁南京五厂和上运美援物资器材等情况，详尽地告诉了他。同时又向他建议："您辞职一年多，蒋介石没有给您工作，出国后也没有叫您回来，若去台湾，蒋介石更不会叫您做什么事。目前唯一的出路是写信给已在北平的邵力子，请转报中共中央准您去北平，并把沈性元和一子一女（义女，回京后还宗）从台湾接回来。"他完全接受了。

晚间在他的寓所请他吃饭，收到请柬的在上海的资委会二十多人都已到齐作陪。饭后我讲了几句欢迎的话，钱昌照站起来说："刚才越崎兄告诉我，你们已决定留在上海，很好。我回香港后，也决计设法去北京。风雨如晦，鸡鸣不已，光明就在眼前了。"22日上午，他飞回香港，我也飞回南京。

我回到南京后，何应钦和行政院秘书长黄少谷来电话，要我下午就撤离南京，先到上海，再去广州。当天下午我与秘书沈嘉元一同飞上海。当夜南京即告解放。

4月26日，我从上海飞广州。5月1日到香港，比钱昌照晚到九天，并知道钱昌照已函告北京邵力子。第二天，我去看钱昌照，在钱昌照的住所见到了乔冠华同志。5月6日我回广州，给来广州的南方各厂矿负责人分发美金维持费。5月18日，因陈诚在行政院例会上说了怀疑我的话，我当天下午就离广去了香港。当时，北平到香港的张月超带来邵力子给钱昌照的信，说周总理同意钱昌照去北京。钱昌照已订好船票北行。我推荐原资委会机要秘书、当时任香港国外贸易事务所副所长的周大训为钱昌照的秘书，并同船北上。1949年5月21日，钱、周乘轮船北上，我到码头送行。在这之前，我又向钱建议："您既决定北上，应把钱夫人和子女从台湾接回来，晚则怕她们发生麻烦。"他说："慢慢再说嘛。"到7月间，沈性元从台湾来港，和我家同住在一楼。8月间，钱任全国政协委员已成定局，沈性元离港北上，钱去天津迎接。

我在香港时，在我家和乔木见了几次以后，乔木也被调回北京，换了张枫同志为我的联系人，不久又换了方方同志，后来广州将解放，方方进广州，换了罗哲明。罗介绍我见了香港中共负责人张铁生。罗哲明做我的联系人，为时最久，直至是年11月我北上为止。我回北京后，曾与罗哲明通过两次电信，至今不知他的下落。张铁生后来在北京邵力子家里又见过一次。

十七、解放前夕我与吴兆洪的联系

吴兆洪是钱昌照的亲戚，中央大学外语系毕业时与钱的另一亲戚江季平同时由钱派在刚成立的国防设计委员会任办事员。后来江季平由钱介绍为宋子文的秘书，吴则始终在资委会工作直到解放。1948年5月我任资委会委员长把吴兆洪由主任秘书兼财务处长升任为副委员长。当年10月我召开资委会的南京会议，除外来厂矿企业负责人外，会本部的各处正处长都参加，吴兆洪副委员长当然也参加。这次会议是奠定全国重工业弃暗投明的动员大会，关系重大，而吴兆洪没有发言，使我有些失望。

吴兆洪机智干练，办事认真，不过胆子太小，疑心很大。在会内人事方面有"中大"小圈子之说。在魏道明任台湾省主席时，翁文灏派他去过台湾几次。在大陆的东、南、西、北、中的各地企业，他均未去过。但在会内十六年，情况熟悉，是我的一个很好的副手。

在1948年12月初，有一天，他向我请假一天，送家眷转上海乘轮船，去台湾。我劝他不要去。他说，轮船票已托人买好了，一定要去。我只好准他请假。但当我听了他送家眷去台湾，说明他自己将来也必去台湾。这是在我十月南京会议动员广大地区企业负责人留在大陆，迎接解放以后发生的事。我既动员各地重要企业负责人坚守岗位迎接解放，而在我直接管理下的会本部副委员长反而把家眷送往台湾，不但他的家眷走了，连吴最亲信的中大同学财务处长季树农的家眷也去台湾，这必然会引起外地企业负责人怀疑我在十月南京会议上说的是假话，甚至会引起对我本人将来走哪条路的疑虑。他们二人的这一行动将会引起人心涣散，事关重大，不得不引起了我的严重关注。

他们的家眷走后，我又听到消息说，吴兆洪在家里开了一次小会，拟了一个去台湾的名单，都是会本部的中级骨干人员。他在会内有影响，但在外地的企业负责人中没有什么影响，这使我比较放心。我再三思考，采取什么办法对待他才好？最后决定，除了"耐心说服，诚意争取"以外，别无他法。操之过急有使他去告密的危险。

从此，只有我们二人在一起时，我多次抓住机会，坦率地和他个别谈话："大陆解放，国民党很多大官都去台湾，地小人多，僧多粥少，资源委员会势必不会存在。"劝他不要去台湾，更坚决地说明我虽没有与共产党取得联系，但投共的决心和勇气是坚定不移的。我说："我是委员长，你是副委员长，论罪恶，我比你大，算旧账，我被枪毙，你至多坐班房，我枪毙都不怕，你坐班房怕什么？"他说："你不怕枪毙，我可不愿坐班房。"说到这里，无法再说下去了，有些灰心了。但我过了一个时候，又同他个别谈话了。他了解我对他是百分之百的好意，我的耐心和诚意感动了他。他说："我平日写稿子，改文件，没有用过'共匪''匪军'等字样，但我最怕的有一件事：抗战刚胜利时，我跟宋子文、钱昌照去莫斯科，按蒋介石的指示，为使苏联不要帮助中国共产党，与斯大林签定了准许外蒙独立的条约。有一次苏联人邀我们去莫斯科大剧院观看节目，当我们入场时，观众全体起立欢呼，当时很感荣幸，现在想起来，这是联俄反共、卖国求荣的罪恶行为，万一将来算起这笔账来，不得了。"我说："这事虽不好，但你不过起个电稿，做了记录，不是出主意的人，没有过分顾虑的必要。"

1949年2月春节前，他请假去台湾探亲，我请他去台湾探亲回来时，转至广州，代表我出席一次行政院的例会，去敷衍一下行政院长孙科。他去了，回来已是3月，从上海到南京来，住在我家里，两人常谈到深夜。有一次他表示决定不去台湾，想把家眷接回来。我说："好极了，从此我们两人一致了，一切事情就好办了。不过此刻不宜就把家眷马上接回来。当初你把家眷送往台湾，使资委会的人心很受影响，现在无缘无故，又从台湾接回来，必然会对资委会派在台湾的人员产生大陆人员要投共产党的不良影响。立法院长童冠贤已秘密告诉我，立法院很快将在南京复会，并主张和谈，行政院长孙科势必辞职，政府必然要迁回南京。你是行政院所属单位的一位副委员长，到那时你把家眷接回是合情合理的，不会使在台湾的人怀疑。你现在可先去信要你夫人做好准备，将来去电就回上海。"他同意照这样办。不久立法院果然在南京复会，孙科下台，何应钦继任行政院长，政府从广州迁回南京。吴兆洪的家眷也从台湾回到了上海。

1949年4月22日，因何应钦、黄少谷要我于当天下午从南京到上海。我原拟辞职，在上海住下，迎接解放。但吴兆洪、杨公兆、季树农等不赞成我辞职。要我去广州，掩护他们直到上海解放。

4月26日我和妻子、小儿子共三人从上海飞广州，资委会广州办事处处长李彭龄和经济部植物油料厂广东省分公司副总经理胡安恺等到机场接我。胡邀我在他们的分公司下榻，我看了李彭龄一眼，目询他的意见，李就会意地说，他们分公司成立多年，地方宽敞，设备也好，往他们那里比较好。因此我就偕家眷去该分公司。次日，我去资委会办事处一看，一栋假三楼，地方很小。李彭龄建议："广东糖业公司经理冼子恩家较宽舒，是否暂住他家。"我家与冼子恩夫妇相熟，因此次日就搬到冼家暂住。五天后我就去香港，把家眷安顿在港住下。我一人回到广州，住资委会办事处的阁楼上。

那时，我看到广州的房子如此紧张，立刻想到在这里可以想点办法，掩护吴兆洪等留沪人员。第二天就去看何应钦说："我来了，特来报到。资委会在上海的人员都想来广州，我到这里一看，房子问题没办法，特来请你帮助解决。"他说："不行，我行政院人员的房子，还请广州市政府代为设法解决，怎能管你们的呢，我管不了。"我说："上次行政院改组时，资委会改隶经济部领导，已不是中央一级机关了，既然这里房子这样困难，是不是他们可以不来广州？"他说："对，可以不来。"我说："那末我就打电报给他们，说院长主张他们不要来广州。"他说："行。"据此，我立即发电给上海吴兆洪、杨公兆、恽震、季树农四人，转达了何应钦的指示。电报发出后，我心里非常高兴，这样，他们有了护身符，可以不怕汤恩伯（指特务人员），可以大胆放心地留在上海了。我觉得这是我对他们作的最好的掩护。

　　发电以后约十天，正是我住在广州办事处，分发各地厂矿美金维持费的时候，吴兆洪事前没有来电，忽然从上海飞来广州。他手里提了一只小皮箱走进办事处。我问他："您来干什么？"他说："我怕，暂时来广州避一避。"我说："您收到我的电报了吗？"他说："收到了。"我说："那还怕什么呢？"他说："我还是怕，暂时来广州避一下，等上海快解放时，再飞回去。"这样，我没有办法，只好请他和我同住在办事处的阁楼里。他天天买了许多报纸，注意上海的战局情况。大约住了七八天，1949年5月十六、七日，看来龙华机场快解放了，他才由广州糖业公司经理冼子恩为他化名代买了飞机票回上海，由季树农接他住在费福焘家里，一直未露面。直到解放大军进军上海，南京谢家荣和谢佩和等随军与孙冶方同志等到达上海市区，打电话给季树农，才通知吴兆洪从费福焘家里到资源大楼与孙冶方和谢佩和等见面，办理移交工作。

　　上海解放后，资委会在沪两个机器厂和五六个留沪机构以及中国石油公司总公司的石油和台糖公司的白糖，还有少数钨、锑、锡等物资，由上海市军管会重工业处处长孙冶方同志接管。至于煤、电等美援重要器材早已运往武汉等地，已如上述。

　　我在国民党资源委员会任职了十多年，想以自己所学的及办矿、办厂的经验为国家、为民族的强盛作些贡献。尤其在抗战期间，我是竭尽全心全力办工业，为抗战的胜利尽到自己的力量。然而，目睹了国民党反动派的腐败和没落，看清了国民党反动派必将失败的命运，在解放前夕我毅然决心投向人民，和资源委员会的广大员工，保护了大批财产和工厂、矿山，移交给新中国，这是自己感到十分欣慰的事情。我现在虽然已经是百岁之年了，但是，我为国为民的心仍不老，我要继续为祖国的四化贡献余热。

中国工业之前途[1]

东北现有工矿事业，我们从各方调查所得，大体上知道一个数字，但是现在的实况，究竟如何，还不得而知，要实地调查以后再向各位报告。根据实际需要，我们决定在渝邀请一千位接收的技术人员与管理人员随同前往协助接收事务，然后第二批再邀请愿赴东北的工作人员。接收人员已经足额，只待交通能解决即可前往。

据我们所知，目前工矿事业有两个危机：（一）东北本土各种工矿事业不能配合。（二）东北的工矿事业与全国的建设不能配合。先说东北工矿事业不配合情形。工业部门中最重者为钢铁，东北现在每年产生铁三百七十五万吨，据美国F.E.A调查数字为三百二十六万吨。钢块产量为一百八十万吨，两方所得数字相仿。钢品产量为六十一万三千吨。单就此三项数字而言，其本身已不配合。中国社会上普遍总称为钢铁，形成钢铁不分，其实即是说钢也应分为钢块与钢品。后方年末常有人说钢铁过剩，这句话实在有语病。说钢铁过剩是事实；实在是不够用，也是事实。何以这两种现象会同时存在？其原因就在钢与铁不配合。铁沙经过化炼成为铁，再炼成钢，但只是钢块，钢块用处很少。钢块经轧钢机造成钢品如钢轨、钢板、钢管、钢皮、钢丝才能实用。现在东北生铁、钢块、钢品三项产品之不配合，原因至为简单。日人经营东北虽有四十年之久，但初期仅以南满铁路两旁地区为限，最近十四年方以全力开发各地矿产，为期不长，建立几个化铁炉是易事，但是重工业之基础，还在轧钢机上，增加轧钢机是花时花钱的工作。敌人在十四年中，钢品产量达到六十一万三千吨，已是了不得的进步。再如木浆，东北年产十万吨，但是在东北本地造纸只消耗六千吨，制造人造丝用去两万吨，尚余七万余吨，亦未配合。过去敌人高唱日满一体，东北剩余的钢铁、木浆可与日本工业配合。今后如何使其配合，值得重视的问题。现在日本与东北分了家，中华民国大统一，东北不配合的生铁钢块，只有中国内部设法配合，但是后方仅产三十五万吨生铁，已经过剩了，又如何能销此一百八十万吨钢铁？我们看清楚这一个事实，所以在接收三百余万吨一年产量化铁炉以后，能够大事扩充，至少能维持原有产量。我可以告诉各位，各位这样想法是要失望的。因为有三个事实摆在这里：第一，东北生铁、钢块、钢品的产量本身不配合。第二，东北钢铁产量与中国内部需要不配合。第三，现在战事结束，钢铁需要减少。两个不配合一个不打仗，三个不字，使我们不能不采用应开者开、应停者停的方针。例如三百余万吨化铁炉要停若干，一百八十万吨炼钢厂也要停若干。

---

[1] 原文刊于1945年10月《西南实业通讯》十二卷三期、四期。

六十一万吨轧钢厂全部维持,如何办法,方能配合,此种应开者开、应停者停的方针,不易得到工业界及国人的谅解,我们去东北办理接收事务的人不能负责,这个责任应请中枢负责任者负起来。

东北年产六十一万吨钢品中,有二十四万吨八十五磅钢轨,刚适合现在中国铁路标准。按照现在中国铁路标准,每公里需钢轨八十五吨,加上义道、铁钉等零件,共约需钢品一百吨,所以中国要消纳二十万吨钢铁,必须在国内每年修筑二千公里铁路。东北现已有铁路一万三千公里,而关内全部仅有八千公里,还是自慈禧时代修起的,我们实在有赶紧加修铁路的必要。假如关内每年能修二千公里铁路,这二十万吨钢轨便有了出路。十年经济计划中原规定在十年之内要兴建二万公里铁路,平均每年是二千公里,与东北所产钢轨量正相配合,但是开始几年因为土方、桥梁、涵洞等修建一时不易达到每年千公里的目的,所以还要设法收购初几年东北所产剩余钢轨,一方面使后几年铁路建设所需钢轨够用,(另)一方面使东北工厂不因销路关系有所减产或停工。钢轨以外,还有五万吨钢管、五万吨钢板。钢板用以造船,东北有大连造船厂,上海有江南造船厂,可以造一万吨船只,但不知每年消耗多少钢板。钢管,最好用于各地装置自来水管。其他钢品,国内俱属需要。因为各种钢品有其用处,所以我们主张六十一万五千吨钢品工业不应当停办。现在的问题不是工厂停不停工,而是没有钱。只要有钱,产品也可以销售。工厂即有办法维持下去。单以钢轨说,叙昆铁路关系重大,实是后方工业的大动脉。东北、华北不是国防安全区,可是现在我们重工业都在那里,何等危险。贵州西部煤铁蕴藏丰富,具备安全条件应先开发。开发贵州西部,第一步工作是修铁路。运输通畅,大工业的设备可以源源运入。所以说,工业应以交通为第一,这是中国工业前途之一。

一个工厂全靠其产品经常有销路来维持,一旦销路停滞,工厂只有关门。现在后方小小工厂,因其产品缺乏销路而停工关门。诸位试想以东北如此大产量的工厂,假如其产品无出路,要关呢还是开,这事事很明显,不庸多说。所以今后东北工厂的停与开,以有无出路为重要关键之一,工厂产品的出路要靠有地方来消纳,东北产品最大的消耗地就在本部。中国是世界的最大市场,连自己东北的产品不能消耗,殊难想象。东北产品出路问题的能否解决,要看政府有无决心花一批本钱。我们以为万一政府以国库收入有限,难以拨款。尽可能大量增加发行。过去几年,大家受了一点通货膨胀的影响,一提到增加发行,便有些害怕。过去所发行通货大都用在消费方面,所以是消极的、被动的。今后我们要增发的通货是用在建设方面,所以是积极的、主动的、生产的。唯其是用在生产上,虽然通货增加了,货物也在同样增加,既然两个数字同样增加,物价便不会因通货增加而高涨。没有钱,工厂只有关门,工人失业,经济萎缩,社会恐慌,秩序混乱。所以我们大家要一致主张,向政府呼吁。对于财政政策不好再紧缩了,只有大量增加发行,才能使经济活动,金融周转,从而工厂可以开工,工人可有工作,生产可以增加,物价可以平稳,社会秩序可以维持,一举而利数得,何乐而不为?

战事结束了,胜利来临了,此后的唯一工作是建设中国,使中国迎头赶上成为一个富强康乐之工业国家。如何达成这一目的?我们就得看一看中国工业的前途。工业有前途,国家的建设可以有望。我以为中国的工业前途,就在如何利用东北工厂制造货物,运往内地,从事建设,反过来建设内地,即是救济东北工业。东北工业得救,中国工业的前途必然是灿烂的。然其重要关键是钱,有了钱东北工厂可以开动,内地建设的资料可以获得,国家的建设才可以按步完成。东北工厂之需要钱来动工,犹如老式汽车开动前需要手摇一样,更希望在开动以后汽车的发动机能够发生动力,永远开动。所以要维持东北必要开工的工厂,每厂必先发三个月的流动金,每月的产品,必须有受主,不论是政府或私人机构,然后工厂可以长期开工生产。近来后方工业界为救济后方工厂,要求生产局定货四十亿元,这一批定货要有出路,然后收回钱来再定贷,假使没有出路,一次头的交易,救济不了后方工业的不景气。东北工厂产品如果没有出路,其结果是会步后方工业的后尘的。因此,我以为要想利用东北工业基础,建设中国内部,第一是要大量的周转金,第二是要产品有出路。

此次奉命前往东北接收工业,自感责任重大,东北工厂接收了以后,如何办呢?按照政府规定的原则,东北工厂,将来分由国营民营,除重工业由国营外,其余概由民营。经营的方式分:(一)出售、(二)出租、(三)委托代办、(四)官商合办、(五)国营五种方式。至于详细办法,至今尚未规定,没有详细办法的原则方式,都是落空的。说出售,如何售法,如何定价,如何付款,一次缴清还是分期缴付,都是问题。说出租,租率如何规定,租费如何缴付,折旧如何计算,损坏如何赔偿,增添房屋机器,将来如何计算,又是问题。再说委托代办问题更是复杂,既称委托,资本似应由政府担任,还是要受委托者也担任一部分,盈亏如何计算?官商合办又是如何的合办?最简单的还是国营。上面这些问题不解决,没有一个详细的办法,敢问我接收下来,如何办呢?还不是一辆汽车,没有动力,只好停在那里。所以,我非常着急,盼望政府早日公布详细办法,同时也希望后方工业界朋友们愿意承购、承租或接受委托的有机会早一点到东北去参观一下,再为决定购租或代办,更希望各位如有好的意见合理的办法,尽量贡献。

国家必然要建设的,而今日中国建设的基础在东北,所以东北必然要维持的。要维持东北的工业第一是钱,第二是生产品的出路。今后全国一致如此主张,造成舆论,使政府政策早日决定,于是东北工业有出路,中国工业自然有灿烂的前途。

国民党政府资源委员会解放前夕弃暗投明迎接解放的有关材料[1]

正信同志并请转廖、汪两老：

自去年十一月对外经济贸易部在上海、广州两地，对资委会香港国外贸易事务所、材料事务所及中国石油公司驻港人员发了起义证后，在大陆各地的资委会解放前夕弃暗投明的企业负责人，陆续写信给我，希望明确他们弃暗投明的性质。我正难于处理。

二月二日在中南海武成殿开会时，方知中共中央有一落实台胞、台属起义投诚政策领导小组，专司其事。我听了非常高兴。因此我在会上扼要地讲了原资源委员会在解放前夕弃暗投明的概况。廖老说："这我还是第一次听到"。回来后，我写了简要回忆录，并整理打印了各地的来信和附件各三份，一并奉上，请予核阅。

由于企业单位很多，内容一再压缩，仍有相当多的篇幅。有请劳神，甚为不安。

资委会的弃暗投明，不是某一个别单位，而是全国一百多个工矿企业和几十万员工全体的一致行动。其中三万干部多数是大学毕业和国外留学的工程技术人员。他们亲尝帝国主义的侵略和蔑视，所以都有爱国心和事业心。工作中目睹蒋帮的贪污腐败。解放战争过程更使他们认清时势，共产党必胜。因而在我倡导后，一呼百应，全体人员弃暗投明。

这样全体一致弃暗投明，属于伪行政院的部会是唯一的。在"文革"以前我们认为这些工作是对人民应尽之责，也认为组织上已经调查清楚，所以未向中央写过报告。然而这种爱国行动，在"文革"时期竟被认为是一个潜伏的特务集体，从上到下绝大多数人，无不受到不同程度的冲击。例如副委员长吴兆洪被隔离审查四年半，中国石油公司代总经理郭可诠、协理兼甘青分公司（即玉门油矿）经理邹明及营业室主任张英均在秦城监狱关了七年。有的人，例如翁文灏的儿子翁心源是石油部输油管道专家，竟因受逼供而自杀。翁文灏因此哀痛病死。我本人也受到一年半的隔离审查，限制了四年的人身自由，老伴因受到"黑五类"的遭遇，两次自杀，被救未死，精神失常，至今仍有后遗症兆。还有许多中下级人员也蒙受冤屈，例如资委会中绝大多数的电台人员都被打成特务。

虽然许多人已经得到平反，但仍有很多冤屈未伸和遗留问题未得解决。例如资委会华北钢铁公司总经理陈大受、资委会主任秘书李彭龄、南京首都电厂厂长韩德举（解放时国民党联勤总司令韩德勤的胞弟，韩德勤现在台湾，曾来信给他弟妇询问其弟死因）及上海营运处

---

[1] 作于1983年2月。

处长祝福康等的问题，迄今仍未得到平反昭雪。

解放以来，这些工矿企业的人员，对祖国社会主义建设事业，特别是在建国初期的三年经济恢复和第一个五年计划时期都作出过一定贡献，至今还有不少人仍在继续起着积极作用。

当时这些人员为保护厂矿是冒着一定危险的，例如南京五厂拒迁台湾，汤恩伯在蒋介石的命令下两次电促迁台，五厂的几位总经理和厂长挺身而出，甘冒危险。如果不是南京迅速解放，五厂主管人将难免遭到毒手。

我们的护厂工作是手无寸铁，全凭机警应付，随时可能受到迫害，不像军队起义，可以用武力对抗，其困难程度是可以想象的。

当年负责接收上海资委会企事业的孙冶方同志曾于1982年3月9日写信给我说："当年资委会的同人曾有好几位来信要我说明实际情况，我曾去信说，资委会是起义团体（这是陈毅同志讲过的），对保存人民财产，等待人民政府接管有功劳"。但是组织上对于前资源委员会留在大陆的企事业单位人员在解放时的爱国行动，在政治上究竟是什么性质，迄未得到明确肯定。

目前在台技术人员"人心思汉"的和现在国外的技术人员心怀祖国的均不乏人。四化建设急需技术力量，对资委会全部企业弃暗投明的性质，如能公开明确，予以应有的鼓励，则对在台湾和国外的人会有极大的影响，对留在大陆的员工，也能进一步调动他们的积极性，为工农业产值翻两番作出更大的贡献。

我是当时资委会的委员长，他们是在我的倡导下弃暗投明的。现在他们找我，我有责任将其中主要的意见汇集向你们反映。兹将所有附件随函寄上，请予调查处理，不胜盼祷之至。致以敬礼。

孙越崎寄上
一九八三年二月

前资源委员会解放前夕弃暗投明的经过

资源委员会前身是国防设计委员会，其任务是调查研究外交、司法、农业、教育、经济、军工及工矿等工作。1935年国防设计委员会改组。原由张静江主持的建设委员会与国防设计委员会管工矿部分的人员合并改称资源委员会，主管全国国营煤、电、油、钢铁、有色金属、机电制造、水泥等重工业生产建设。基本队伍是建设委员会转过来的人员。1937年该会隶属经济部。部长翁文灏兼主任委员，钱昌照为副主任委员，我是委员兼甘肃油矿局（玉门油矿）总经理。1945年国民党第六届代表大会，翁文灏被选为中央委员，钱昌照和我为候补委员。抗战胜利后，1946年四月改隶行政院，钱昌照任委员长，我任副委员长。1947年四月钱昌照辞职。翁文灏任委员长，我仍任副委员长。1948年四月底翁文灏任行政院院长，我接任委员长，吴兆洪任副委员长，直到解放。在我任委员长时，我准备弃暗投明，叙述如下：

（一）我思想转变的过程

1947年7月1日资委会辽宁省北票煤矿第一次解放，我在南京，接到该矿总经理雷宝华电称："煤矿被解放军围攻时，员工推举俞再麟出矿厂求和，解放军一营长拔出手枪要枪杀他，他跪地哀求无效，终被击毙。"俞再麟为我国有数的洗煤专家，我接电后深为悼惜。事为国民党中宣部长兼中央日报社长彭学沛所知，要求我写一则哀悼俞再麟死讯的报道，我轻信了雷宝华的电报，据以写了悼俞的文章，诬蔑了共产党。

是年7月5日解放军主动撤离矿区，我到北票视察，才知道俞再麟在解放军攻入矿区时是中流弹而死的，根本没有当代表求和被枪毙的事。我轻信了雷宝华的谎报，心里非常懊悔。

这次我在东北视察各厂矿达二个月之久，看到国民党全军士气不振，节节败退，共产党必胜的趋势，已很清楚了。

我的思想从此就不平静起来了，国共两党的战争也与我个人的利害联系起来了。在此形势下，我个人怎么办？留下来吗？我已得罪了共产党。到国外去吗，我又不愿做"白华"，内心很苦恼。思想斗争的结果，由于事业心和爱国心的关系，留下来的想法占了上风。但仍是摇摆不定。这时我做了以下的两件事：

（1）撤雷宝华的职。1947年7月我免了雷宝华的总经理职务，派魏华崑接替了他。

（2）改俞再麟追悼会为公祭。1947年8月中国工程师学会总会会长陈立夫通电全国八大城市的工程师学会分会要他们同一天为俞再麟开追悼会，以扩大反动宣传。当时我在沈阳。沈阳的工程师以资委会的人数为最多，北票煤矿是资委会的企业，我是俞的老友和上级。开追悼会时，我避免不了上台讲话，讲话就得发表反共言论，而且一定在沈阳各报大登特登。这时我不再想这样办了。想了一个办法，把追悼会改为公祭形式。来吊唁的人不论团体或个人，随到随祭随走，这样我避免了上台讲话。

以上两点是我思想转变的开始。

10月间回到南京，我的思想仍在斗争中。1948年2月鞍山钢铁公司解放了，四、五月间，从鞍钢出来的一个工程师柯润华，从天津乘轮回上海，路过胶东半岛的时候，轮船触礁沉没，这个地方已是解放区，当地领导动员群众把乘客全都救上岸、安置在农民家里。过了几天，上海轮船公司另派一轮船来接时，又把他们送上船，其中有一珠宝商人的全部珠宝也交还了他。开船时，乘客们向岸上的解放军干部、农民高喊，感谢他们救命之恩。一路上全船乘客议论纷纷，赞不绝口，认为像是做了一场奇迹般的美梦。

柯润华原是过去玉门油矿得力的技术人员，我很器重他。他乘轮到上海后，来南京看我，他把这段亲身经历十分生动地讲给我听，我为之出神，真是闻所未闻，大为感动。对我决心，弃暗投明起了决定性的作用。我即派他为资委会汉口机械厂厂长。从此以后，我决定要用实际行动做弃暗投明的工作。这是我思想转变的全部过程。

（二）资委会南京会议

1948年10月，淮海战役开始以前，局势更加明显了。我既下了决心，总想与共产党取得联系。但不得其门，而时局又一天紧一天，我想只有双管齐下。一方面设法寻找联系人，另方面必须积极采取弃暗投明的实际行动。

1948年10月国民党社会部在南京召开全国工业总会的成立会，资委会各地重要工矿企业的负责人当选为该会代表来南京参加该会议的约三四十人。我看这是一个机会，临时起了一个念头，召集他们在会本部开会，把我心里积压已久弃暗投明的想法同大家说一说，看一看他们的思想倾向。在会上我以委员长的身份动员他们坚守岗位，保护财产，迎接解放，办理移交。在我讲话以后，第一个发言的人是金属矿管理处处长杨公兆大力支持我。杨是杨度的第二子，德国留学是资委会前身国防设计委员会三个业务处长之一，是资委会的元老，解放后任中财委计划局重工业处副处长（已故）。继他发言的有河北省井陉矿务局局长王翼臣、重庆办事处处长曹丽顺和武昌电厂厂长兼武汉办事处处长黄文治等四、五人，统统支持我。会场上呈现了活跃的气氛，思想上有共鸣，给了我极大的鼓舞，增强了我的勇气和信心。这次会议是我思想活动见之于行动的第一步，同时经过这次大家思想交流，也为以后资委会全国各地工矿企业、事业和会本部完整地移交人民奠定了基础。（详情见附件）

（三）平津解放

南京会议后，前来参加会议的王翼臣、陈大受（华北钢铁公司总经理，已故）、顾敬曾（天津电厂厂长）等回到北平，告诉了平津办事处处长谢树英，由谢转告了平津各企业负责人。十二月我又密电谢树英，弃暗投明，妥善移交。（附件）

1949年2月谢树英、鲍国宝（冀北电力公司总经理）、陆宗贤（华北水泥公司总经理）陈大受、王翼臣五人联名电告我"和平解放，大家平安"。这个电报在"文化大革命"中认为他们是通敌，因此他们都受到了很大的苦难。如陈大受同志至今未得平反昭雪。（详见附件）

（四）把美援器材上运武汉等地

1948年10月南京会议后，我令资委会煤业总局副局长吴京（现在北京）、管运输的该局业务处长钱雍（现在上海）和上海营运处处长祝福康（已故）把存在上海约值一千万元美金的美援器材上运汉口、长沙、株洲等地，其中大部分存在汉口淡水池煤场的仓库里。在南京解放前已全部运完。这批器材，解放后在社会主义建设中起了一定的作用。（详见附件）。

（五）违命冒险拒迁南京五厂去台湾

1948年十二月底蒋介石叫我把南京五个工厂（即南京电业厂、高压电瓷厂、有线电厂、无线电厂和马鞍山机器厂）迁往台湾，出我意外，我推托再三无效。回来与五厂经理、厂长商量后拆了，运到下关码头，在准备装船之前，一月二十一日蒋介石下野赴奉化，我以为他一定流亡去外国了，喜出望外，当即下令各厂把设备运回原地恢复。不料蒋介石在奉化，仍旧操纵军政大权，两次转由京沪杭警备总司令汤恩伯电促我从速迁台。几位经理、厂长同心一德，终于拒迁台湾。这是真正冒着生命危险的一场惊心动魄的斗争（详见附件）。

（六）拥护李宗仁主和，资委会不跟孙科行政院迁广州

1948年12月孙科继翁文灏之后任行政院长。他1949年1月主和，二月变为主战，把行政院迁往广州、与李宗仁的总统府唱对台戏。我反对孙科主战，资委会不迁广州。后因多数立法委员赞成李宗仁主和政策，在南京复会，李宗仁胜利了，孙科辞职，何应钦接任院长，行政院迁回南京，派我为经济部长仍兼资委会委员长。

和谈代表团秘书长卢郁文和邵力子的秘书张丰胄都是我的老朋友。当时阴历年后，我爱人和小儿子去上海，家里有一保姆看家，我和我的秘书沈嘉元住在家里，早出晚归，所以和谈代表团的秘书长卢郁文要求在我家里办公，他们人少事多，我派资委会秘书张月超去帮忙，后来张随同卢郁文到北平来了。（详见附件）

（七）成立南京办事处，组织员工励进会

孙科行政院迁广州时，各部会都同去了。只有资委会不去，引人注目，因此我们疏散了一部分人员去上海、长沙、桂林、广州等处。派副委员长吴兆洪率领一部分高级职员去上海，派主任秘书李彭龄为广州办事处处长，派电业管理处长陈中熙和副处长谢佩和兼任南京办事处正、副处长照料南京地区的业务。我本人留在南京，有时去上海，几天仍回南京。

会本部的很多人和他们的眷属仍留在南京。我把他们组织起来，成立了资委会员工励进会，派卢英立（现在上海）为主任，在南京办事处的领导下专管员工和眷属的生活问题。这样组织起来成为一个整体。大约二个月后南京解放，这些人连同会本部和南京的工厂、企事业单位全由万里同志接管。（详情见附件）

（八）南京解放，我到上海，安排后去广州

1949年4月21日和谈破裂，南京由于解放军迅速渡江而解放。我到了上海。

我们在上海的物资，除美援器材全部上运汉口等处，已详上述第四节外，还有大批油料及五万余桶的原油和一套炼油厂的全部设备，白糖一万六千吨、鞍钢运来的一些钢材以及少数钨、锑、锡矿产品等仍存上海。汤恩伯、陈良、雷震等要资委会把上列物资运到台湾去。

在此之前，一九四九年二月春节后，通过财务处长季树农与他的侄子共产党员季崇威取得联系。这时，我和吴兆洪请季树农告诉季崇威请示他的上级怎么办？由地下党派王寅生在季崇威家里与季树农见面。王寅生说：以保全人员为主，物资为次，你们酌情办理吧。得此答复，我们感到很满意。后来存在上海的这批石油、白糖等物资，由石油公司代总经理郭可诠和吴兆洪季树农黄汝鑑等在地下党员黄正岩、吴虞绥、季崇威、黄肇兴等分别领导下，用拖延搪塞的办法瞒过了反动派的追逼仍保存在上海。连同上海各工厂企业事业单位一起，解放时移交孙冶方同志接管。石油公司是由军代表徐今强同志接管。（详见附件）

另外，我又派资委会煤业总局副局长兼浙江长兴煤矿经理吴京去杭州、组织资委会各单位移交，汪道涵同志接管（详见附件）。

安排定后因何应钦的行政院已去广州，我为了掩护留在上海的人员也去广州。临行前我带了美金支票208万元去广州，并分电华中、华南、西南各地资委会厂矿企业派人去广州向

我领款，以便维持员工生活，等候解放。（详见附件）

（九）在广州分发南方各企业美金维持费

我于1949年4月26、27日同老伴和儿子孙大武从上海飞广州，女儿孙叔涵留在南京金陵大学读书。我到广州后，即与老伴儿子去香港安排好她们的居住。见到香港中共组织乔冠华同志，他赞成我回广州，留在国民政府内，对中共有利。我于5月6日一个人回广州。这时资委会南方各厂矿派人来领款的约三四十人也到达广州。我把带来的美金，按人数多少和经济情况，经过办事处长李彭龄和财务科长林艾园（现在上海）每个企业十万、五万、三万不等分给他们，并请他们吃了一顿饭。饭后，我讲了分发这笔美金的用意，可换成黄金现大洋带去厂矿，维持员工生活，以便等候解放，完整移交。

（十）逃离广州去香港

我在广州约半个月，5月18、19日行政院例行会议，我因事未去，由次长童季龄代表出席。会后童向我汇报，台湾省政府主席陈诚列席会议，因我未去，他说了些怀疑我的话。接着卢作孚也来告我"今天为民生轮船公司买了加拿大的轮船，列席行政院会议，请求帮助外汇还款事，听到陈诚说了怀疑你的话，他的话是有分量的，你要十分注意。"我立刻请李彭龄买去香港的飞机票，并由李送我到机场，逃离广州。行前写信给何应钦向他辞职，由李彭龄于次日送行政院收发室。后来接何复信说，他不久也拟辞职，请我回去，将来大家一起走吧。我当然不回去。6月间，何应钦果然辞职，我也正式脱离反动政府了。

（十一）在香港做了几件事

（1）煤业总局汉口营运处长沙办事处主任蔡善需先由曾参加南京会议的武昌电力公司总经理兼武汉办事处处长黄文治秘密告诉他南京会议的情况。1949年7月间他专门来香港看我，面告白崇禧出布告：凡有汽油柴油等物资者前去登记，违者军法从事。同时运输停止，经济困难，既危险，又无钱，特来面商如何应付。这时我已辞职，经济上无法帮助。五月间在广州发维持费时，漏了他的单位，很抱歉。我问他油料怎么办？他说我与附近农民感情很好，把油料疏散到农民家里，决不去登记。我写信请他代交湘永煤矿总经理娄良海借他些钱，并告他长沙不久可解放。坚持一下，即可渡过困难。不到一个月长沙和平解放，我为他松了一口气。

解放后他被任为湖南省煤建公司副经理，与经理不和，在三反五反时，经理私设法庭，污判他为贪污犯，予以撤职劳动，穷困多年，至今尚未完全平反。（详见附件）

（2）1948年8月中国石油公司协理兼甘青分公司经理邹明因为国民党西北长官公署代长官刘任及玉门油矿特别党部主任委员王思诚等力图破坏油矿。邹明已进行了护矿工作并组织了护矿队，但处境仍十分困难，难于应付。特飞香港前来找我，希望解放军能迅速进兵油矿，并派人到矿指导护矿工作，以保西北唯一重要企业，我通过中共香港组织电请在北京的邵力子、钱昌照，转陈中共中央。电报发出后，邹明高兴地说，我心上一块石头落地了。他回去不久，经过十分艰苦的斗争，同时解放军进军神速，玉门解放，油矿未遭破坏。

邹明的护矿工作，在文化大革命中反而被认为是潜伏特务，在秦城监禁审查达七年之久（详见附件）

（3）1949年江西赣州解放前夕，资委会钨矿管理处处长刘兴亚离职去香港，来家看我，拟去台湾。我劝他回去，他有些犹豫，怕回去途中遇到解放军阻拦。为此，我介绍他与我的中共联系人罗哲明同志见面，商量结果，通过中共电台，由我致电在华东工业部的原资委会钨、锑、锡等金属矿管理处处长杨公兆，请其转请中共有关方面，通知江西前线，照顾刘兴亚回去。很快得到杨公兆复电，已由有关方面通知江西前线请其速回。以后他来信给我，在南雄遇到南下大军，全家很受照顾。

（4）组织资委会香港国外贸易事务所员工进行斗争，保护资产，实行宣布起义。

我辞职后，刘航琛接任我的职务。刘看到香港国外贸易事务所在仓库中存有大批钨、锑、锡等矿产品，约值美金五六百万元，是一笔巨大的财富，想把所长郭子勋调开，改派亲信方崇森为所长，掌握这批矿产，以便浑水摸鱼。郭子勋被他收买辞职了。当时我认为这笔财产、对新中国很有需要，我试探该所的几个高级职员龚家麟、孟颂南、梁燊、冯日宾等，发现他们对形势及前途有比较正确的认识，倾向中共。因而我鼓励他们拒绝方崇森接管，保护矿品。刘航琛将矿品假卖给虚设的商号要前往仓库提货。掌握仓库钥匙的冯日宾避而不见，提货不成。但这非长久之计，正在这时，原金属矿管理处副处长吴志翔、秘书毕文瀚及广州办事处财务科长林艾园等从广州来香港，我介绍他们七八个与罗哲明见面。在他的指导下，组织了护产委员会，以吴志翔为主任委员，龚家麟为副主任委员，李新民、梁燊、林艾园、孟颂南、冯日宾五人为常务委员，有了这个组织，有力的破灭了刘航琛、方崇森的阴谋。是年11月在香港中共组织领导下，于11月14日，宣告起义，向毛主席致敬，得到复电嘉勉，在人民日报及香港有关报纸报道了起义的经过情况，在新中国成立后，继"两航"之后，又一次对港澳同胞起了巨大的影响。

1982年11月国务院对外经济贸易部在上海与广州两地给全体起义人员颁发了起义证。我非常快慰，给他们发去了贺电（详见附件）。

（十二）解放前夕我与翁文灏的密商

翁文灏在行政院长任内时，关于召开南京会议和上运美援器材到汉口等准备弃暗投明的行动，我从未向他透露过。1948年12月他因金圆券崩溃而下台后，家眷送去台湾，一个人在南京，心里很懊悔。我常去看他解闷，渐渐把我的上述行动和思想告诉了他。他说，你们可以留，我只有去台湾。

1949年1月，我违蒋令拒迁南京五厂去台湾，汤恩伯两次转电我催促，翁是知道的。2月初蒋邀翁去奉化，我托他有机会代我圆说。回来告我，蒋主动提到此事，说我是个有用之人，不要丧失信心，叫翁转劝我不要受资委会内地下党的包围等语。

1949年2月李宗仁代总统府秘书长吴忠信辞职，李拟请翁继任，先叫我向翁征求意见。我对翁说，以前我竭力劝你不要做行政院长，这次我却劝你做秘书长。因为蒋介石主战，利用你当炮灰，现在李宗仁主和，你去做个主和的代总统的秘书长，表明了你赞成主和政策，是个认错改悔的表现，我希望你自己转个湾子吧，他没有明确表示，但我已窥知其内心思想了。回复李宗仁如能亲自去一趟，他会同意的。后来李去他家面谈，翁同意了。

1949年4月南京解放，翁和我都到上海。翁本定他的大儿子翁心源同去台湾，我劝心源不要去，心源本人也不愿去，因而留下了。翁一人去台，把大媳妇和孙女从台湾送回上海。

1949年5月21日，翁从台湾来香港，正是钱昌照北上之日，我先送钱上船，再到机场接翁。次日翁去广州向李宗仁辞去秘书长职务，回到香港，住了一个多月。我又开始做他脱离台湾的工作。

翁自己不是不想回国，而是自认有罪，不可能得共产党的谅解，我说，只要你自己有回国之决心，邵力子在北平，可以找他帮助，不一定没有希望。目前最主要的要做两件事：（1）是从思想上对台湾的关系一刀两断；（2）是速把老父老妻从台湾接来香港，行动可以自由，迟怕出不来。万一回不了国，住香港也比台湾好。他对我的话认真考虑后，认为有理。

六七月间，他回台湾住了些时候，亲自把老父和老伴接来香港，那时进出台湾还是自由的。我写信给邵力子说翁也有回国意图，请他帮助。邵回信愿意大力帮忙，但要先写一悔过书来，以便进言。

翁文灏这时写信给上海翁心源来港接祖父，母亲回沪。翁心源征得华东统战部同意，9月间到香港，并帮助翁文灏写悔过书。我11月离港回北平，带了他的悔过书交邵力子。邵认为不够深刻，要我寄回他重写，我说，翁心源接家眷即来，等他到后再寄。这时，我因糖尿病住医院，钱昌照来看我说《参考消息》上报道翁文灏去巴黎了。不到一个月变化这么大，我很纳闷。不久翁心源来了，才知道我走后，台湾当局正式派人劝翁文灏回台、他当然不回，但怕同杨杰一样被暗杀，临时决定飞巴黎，是避难性质，回国之心不变。

这样，邵力子和我与翁心源商量，把悔过书先送周总理，表示他认识错误，有回国愿望。后得周总理的同意，但须先在民主人士方面做些工作。关于战犯问题，总理说，这是新华社消息，不是党和政府正式宣布的，可放心。

1950年翁心源从上海调到北京石油总局工作，与我同住锡拉胡同一个院内。我和翁心源常联名写信告知周总理对他回国的关心。1951年1月正是抗美援朝大军跨过鸭绿江的时候，翁文灏终于回到祖国怀抱。我们住在同院，朝夕相见，祖孙四代，阖家团圆，他十分感激共产党，感激毛主席。

后来英国工党领袖艾德礼和比万等来我国访问，要去唐山开滦煤矿参观。周总理打电话要我来京，陪他们去唐山。我在京时，总理让我转告翁文灏向台湾作广播，翁高兴地遵照办理，记得翁在原稿上有"闭门思过"一语。总理派一位秘书帮助他说，这句话台湾方面一听，要误会你被软禁了，因此删去了。

后来，他参加民革，张治中担任对台工作委员会主任委员，他为副主任委员。文化大革命开始，他被红卫兵揪去游街。翁心源被下放湖北干校劳动，受军代表组织群众围攻而投水塘自杀，有的说被人推下水池而死，详情不得而知。爱人在京，几乎成疯。翁文灏闻讯，卧病不起，不久病死。打倒四人帮后，翁文灏得到昭雪。毛主席选集五卷发表后，得知毛主席曾称道翁文灏是爱国者。

（十三）解放前夕与钱昌照的密商

1947年4月钱昌照辞去资委会委员长后，蒋介石没有给他任何工作。他向行政院长张群申请出国考察，置之不理。是年9月底，我由东北视察回到南京后，已开始有了弃暗投明的思想，看到他闲居无聊，而他在北平办的《新路》杂志，中心内容是政治自由，经济平等，即当时所谓的中间路线，没有什么道理。我对他受到的冷淡，感到不平。因此常到他家中闲谈。有一次我对他说，我在东北看到共产党必胜，国民党必败的形势，蒋介石不给你工作，张群又不批你出国，我看你不如到解放区去，是个出路，也可以为我做个先导工作。他说，没有联系怎么去？我建议去看邵力子，邵是我的同乡和中学老师，在抗战开始时，他们夫妇二人在汉口，住在我家约十个月，直至退到重庆为止。我知道他与共产党有联系。我们二人去找了邵力子，邵说，现在蒋介石防范很严，已与中共失去联系。

1948年5月翁文灏任行政院长，批准了钱昌照出国考察。八月间他出国前一天晚上，我去上海为他送行。他考察的国家中有捷克斯洛伐克，因此我说，在国内找不到线索，在国外反倒容易，你到欧洲即设法与捷克共产党取得联系，转苏联到东北解放区去，在离开捷克时，打个电报给我说，即"回国"，我就明白了。

钱昌照去欧洲后，请资委会在美国的夏勤铎去做他的秘书，夏不去，钱来信要我以委员长名义命令夏去帮他的忙。我接信后感到有些疑惑。我回信说，出国时我希望你以考察为名，设法"回国"是实，我不能派夏勤铎去，请原谅。信去后，未得回信。直到1949年3月，未得回信。

1949年3月李宗仁要派和谈代表去北平，我看这是钱昌照去解放区的一个机会，所以向李宗仁推荐钱昌照为和谈代表之一。李说，他回到国内，就好办。我通过驻伦敦大使馆电他"有要事速回南京"。此时他已由英国转去法国，过了几天，才由巴黎来电，"有何要事，盼复"。由于明说和谈代表有不便，我再三考虑，最后仍复电说明"为和谈代表事"。他接电后由巴黎回伦敦乘飞机回来，因此耽误了时间。

4月2、3日他在印度加尔各答知道和谈代表团已于四月一日到了北平，来电问我，飞机买票到上海，在香港有一小时停留，要不要去南京，请电香港国外贸易事务所郭子勋到机场转告。我复电"不用来了"，他就在香港留下了。

半个月后，4月20日他从香港飞上海。我接吴兆洪电话，次日从南京飞上海，同他个人谈了一个下午，将他出国八九个月国事的变化和整个资委会人员决定弃暗投明、保护厂矿财产拒迁南京五厂和上运美援物资器材等情况，详尽地告诉了他。同时向他建议：他眼前唯一的出路是写信给在北平的邵力子转请中共准他去北平，他完全同意。晚间我和吴兆洪出名请他吃饭，在上海的资委会人员有二十多人作陪。饭后我讲了话，他也说了话。你们已决定留在大陆，很好。风雨如晦，鸡鸣不已，光明就在眼前了。次日他飞回香港，南京就于当天夜间解放。

5月1日我从广州送老伴到香港，与钱昌照见面，知道他早已写信邵力子，并与香港中共组织取得联系，决定去北平。他告我先联系的是夏衍同志，现在是乔冠华同志。并介绍我和乔冠华见面。我建议速接钱夫人沈性元从台湾来港，迟恐出不来。7月间沈性元到香港，与我家住在同楼。9月初回北平。

5月5日我回广州，给南方各厂矿发了美金维持费。十九日逃往香港时，他已订好船票北行。也见到从北平来香港的张月超，带来邵力子给钱的信，说周总理同意钱去北平。当时香港资委会国外贸易事务所副所长周大训在我的建议下，与钱昌照同轮北上，弃暗投明，现任钱的秘书。

回国后，我与孙晓村、钱昌照三人均被任为政务院中财委计划局党外人士的副局长。感到非常感激和荣幸。

（十四）解放前夕与吴兆洪的密商

1948年12月，一天下午吴兆洪向我请假一天说是要把家眷送到上海去台湾，我听了很吃惊。送家眷去台湾，说明他本人将来也去台湾。这是在十月南京会议以后，即我动员广大外地企业的负责人维护厂矿，弃暗投明，而在我直接管理下的会本部的副委员长反去台湾，这怎么行呢！他的这一行动，引起了我的极大重视。

吴兆洪机智干练，办事认真，我对他有好感。因此我要耐心说服他，诚意争取他，多次抓住机会，坦率地和他个别谈话，劝他不要去台湾。我说："我是委员长，你是副委员长，论罪恶我比你大，算旧账，我被枪毙，你至多坐班房。我枪毙都不怕，你坐班房怕什么？"他说："你不怕枪毙，我可不愿坐班房。"说到这里，无法再说下去了，有些灰心了。但很奇怪，我对他的耐心特别大，过了一个时候，我又同他个别谈话了。我的耐心和诚意感动了他。他说："我平日写稿子，改文件，没有用过'共匪'、'匪军'等字样，但我最怕的是一件事：抗日战争刚胜利时，我跟着宋子文、钱昌照去莫斯科，按蒋介石的指示，为使苏联不要帮助中国共产党，与斯大林签定了准许外蒙独立的条约。有一天苏联人邀我们去莫斯科大剧院观看节目，当我们入场时，观众全体起立欢呼、当时很感荣幸，现在想起来，这是联俄反共，卖国求荣的罪恶行为，万一将来算起这笔账来不得了。我说："这事虽不好，但你不过起个电稿，做个记录，不是出主意的人，没有过分顾虑的必要。"后来他逐渐地对这件事的恐惧心理慢慢地消除了。1949年2月春节，他从台湾探亲回到南京，住我家里，两人常谈到深夜。有一次他表示决定不去台湾了，想把家眷接回来。我说："好极了，从此我们两人一致了，一切事情就好办了。"不久孙科下台，何应钦继任行政院长，政府从广州回南京，吴兆洪的家眷也从台湾回上海了。

1949年4月22日我从南京到上海。我到上海后，原先的想法是和谈不成，决定辞职。这话早已与吴兆洪等说过，也曾向李宗仁表示过。现在和谈破裂，南京解放，我拟辞职隐居上海，以待解放。我是经济部长兼资委会主任，要隐居必先辞职，否则李宗仁、何应钦要找我，我把此意与吴兆洪、杨公兆、季树农等商量，他们极不赞成。理由一是我辞职，未必获准，一定会来电催我去广州，我在上海是隐居不下来的。二是倘若辞职获准，另派一人接替，谁敢保证他不会下命令，拆工厂、运物资、遣人员去台湾呢？这不是违反了原来要求大家留下来的意愿吗？因此，他们要求我，不辞职，去广州，以掩护他们的安全，直到上海解放。我认为这意见很有道理。从此，我打消了辞职的想法。26日我飞广州，资委会在沪人员到现在长乐路住处送我。吴兆洪坚持要送到机场，他说："上海解放前，你不能辞职，可以掩护我们。"我说："已说过几次了，一定照办，请放心。"

到广州后，我了解广州房子很紧张，我立即想到，在这里可以想点办法掩护吴兆洪等留沪人员。第二天就去看何应钦，说："我来了，特来报到。资委会在上海的人员都想来广州，我到这里一看，房子没办法，特来请你帮助解决。"他说："不行，我管不了。"我说："上次行政院改组时，资委会改隶经济部领导，已不是中央一级机关了，既然这里房子这样困难，是不是他们可以不来广州？"他说："对，可以不来。"据此我立即发电给上海吴兆洪、杨公兆、恽震、季树农四人，转达了何应钦的话。电报发出以后，我心里非常高兴，觉得这是我对他们作的最好的掩护。

发电以后约十天，正是我从香港回到广州，住在资委会广州办事处，分发给各地厂矿美金的时候，吴兆洪从上海飞来广州，他说："我暂时来广州避一避，等上海快解放时，再飞回去。"这样，我请他和我同住办事处的一个小房间里，大约住了七八天。1949年5月16、17日，看来龙华机场快解放了，他由广州糖业公司经理冼子恩代买了飞机票，飞回上海，由季树农接他住费福焘家，在地下党的领导下，在谢佩和随军到上海的通知下，他从费福焘家里到资源大楼办理移交工作。

解放后，吴被任命为华东工业部副部长，在"文化大革命"中，隔离审查四年半之久，身心受到摧残，不久病死。

附件（略）。

关于原资源委员会驻香港国外贸易事务所、材料所、贸易处等职工们于一九四九年在香港护产、起义的一些情况[1]

资源委员会，在抗日战争以前隶属国民党军事委员会，抗战时期属国民党政府经济部，抗战胜利后，属国民党政府行政院，到解放前夕，又隶属经济部。它经管全国煤炭、钢铁、石油、有色金属、电工、机械、化工、电力、水泥、制糖、造纸等所谓"国营企业"，所属各厂矿的职员约三万人，其中外国留学和本国大学毕业的各项技术管理人员约占百分之六十。各种技工和工人约六七十万人。

抗战时期，资委会主任委员由经济部长翁文灏兼，钱昌照任副主任委员，我是委员兼甘肃油矿局总经理。抗战胜利后，我被国民党派往东北参加接收工作，称为"接收大员"，老百姓叫我们"劫收大员"。同时，我在关内兼任了行政院河北平津区敌伪产业处理局局长，所以经常往来于东北各地和平津之间，对东北形势比较了解。

一九四六年初，国民党政府从重庆迁回南京，经过改组，资委会从经济部分离出来，成为一个部级机构。这时翁文灏辞去本兼各职，由钱昌照任资委会委员长，我为副委员长。当时全国形势发展很快，解放战争节节胜利，国民党的地盘越来越少，特别是东北的形势就更是如此，农村已基本上被共产党解放，国民党仅占领几个大城市。东北是全国粮仓之一，主要工业也大都在东北。我当时想，谁能占领东北，谁就能占领全中国。国民党必败，共产党必胜，已成定局。在这严峻的形势下，不得不迫使我考虑：资委会向何处去？我个人向何处去？是继续站在国民党反动派一边，还是弃暗投明，投向共产党一边？我当时想，跟着蒋家王朝混下去，眼看已无前途，只要它一旦离开大陆，就不可能有我的地位。流亡海外去当"白华"，我不愿忍受那种侮辱。想来想去，只有一条路可走：弃暗投明，投向共产党。

一九四七年四月，钱昌照辞去资委会委员长职务，由翁文灏重回资委会任委员长。钱辞职后，在北平办了一个刊物，鼓吹中间道路。我对他说："你弄这个有什么用，现在国共两党是要在战场上解决问题。其结果只能是共产党胜利，国民党失败，你现在没事，最好设法到那边（解放区）去，找点关系，我们好有条退路。"他表示同意我的看法，但提出没有线索。于是我建议我们一起，去邵力子家商量，邵说："过去有，现蒋介石防范很严，已隔离了。"

---

[1] 作于1985年12月20日。

一九四八年五月，国民党行政院改组，翁文灏任行政院长，我任资委会委员长，吴兆洪任副委员长。钱昌照由翁文灏批准去欧洲考察工业，考察中的国家有捷克斯洛伐克。在他出国的前一天，我专程从南京去上海为他送行。晚上，我们把汽车停在上海蒲石路的马路旁，让司机离开，在车里密谈。我建议他到国外后，尽快与共产党取得联系，如果从捷克进解放区能够办成，让他在捷克来一电报，说不久即回国，我心里就明白了。但钱后来没有去捷克，其在英法两国考察，还来电要我给他调派一秘书去帮忙，我复电没有同意。

自我下决心留下后，我就一心想着，一定得把这些机构和所属厂矿企业留下，我们国家穷，家底薄，职员中，那么多有知识、有能力的人才，都是不容易培养出来的，绝不能让蒋介石弄走。一九四八年十月国民党社会部在南京召开全国工业总会成立大会，资委会各地重要工矿企业的负责人当选为该会的代表，来南京参加会议的有三四十人。我利用这个机会，在他们散会后，我就把这些人留下，在资委会礼堂开了一个会。参加者除资委会外地来南京的各厂矿企业的负责人外，还有本部各业务部门的负责人，共约四五十人。开会时，由资委会主任秘书李彭龄在外巡逻。我首先讲话，讲话时我没有上讲台而是站在下边讲，造成轻松的气氛，便于大家畅所欲言。我讲了当时战争形势，详细介绍了东北各厂矿撤退时，不少厂矿都死了人，好多是具有专业知识的人才。只有鞍山市被包围时，鞍钢职工都躲在屋内，没有外出乱窜，结果没有一人死亡。我说，以后大家不要再逃了，坚守岗位，保护财产，我保证你们有事做，有饭吃。这些心照不宣的话，大家都是心领神会的。我说完后，有四五个人发言，他们都支持我的意见。我这个人胆子大，有时还有些冒失。当时，重庆办事处长曹丽顺在这次会上提出：厂矿负责人有财产可以保护，对共产党有贡献，共产党来了，他们可以得到工作，我们办事处无产可护，共产党来了，怎么办呢？我当场答复：你可以把重庆地区各厂矿的名称、地址、产品、负责人姓名、员工人数制个花名册，共产党一进城，你就送了去，照样会有事做，有饭吃。会开了一上午，在会本部吃了午饭，我还对各地负责人要他们回去向附近会属单位负责人秘密传达做好保护财产档案迎接解放的准备工作。

随着人民解放战争的节节胜利，南京形势日趋紧张、混乱，我迫切需要和共产党取得联系。就在这次会议后，吴兆洪对我说："我有件事，一直未敢向你说，财务处长季树农的侄子季崇威是共产党，他们从八月开始就有了联系。"当时，我得此消息，真是喜出望外，高兴极了。今后在共产党里有了了解我的人，我的事就好办了。我当即向吴兆洪表示，希望季树农通过季崇威继续与共产党取得密切联系（后来才知道他的领导人是潘汉年）。把我们的情况和意图，都告诉给党组织，必要时，我还要和地下党的负责人见面。

从一九四八年十二月底至一九四九年四月，这期间主要是围绕着南京五个厂的拒迁台湾一事，同国民党进行斗争。一九四八年十二月底蒋介石亲自命令我，把南京五个厂子迁往台湾。我的决心是要千方百计保住这五个厂子，斗争可复杂了。直至一九四九年一月下旬蒋介石下台，我得到代总统李宗仁的支持，虽在汤恩伯的逼迫下，终于没有拆运到台湾去。

南京解放以后，在上海的雷震、陈良又逼令资委会存放在上海的石油和白糖运往台湾。在这危急关头，我通过季树农请示上海地下党，在季崇威同志家里，找到了地下党人王寅生同志（是一位教授），他说："共产党人不强人所难，今后以保全人员为主、物资为次，他们既着重物资，能留则留，不能留可以运走一些。"这位同志真有水平，使我感到共产党的见识就是高，看得远，我从内心里更加佩服党。后来经过巧妙的斗争，这些物资也就保留下来了。

一九四九年三月代总统李宗仁正拟派和谈代表团北上与中共和谈，我向李宗仁推荐钱昌照为和谈代表之一。李说如果他回国来，可以考虑。我立即致电伦敦大使馆转钱昌照请他即速回国。这时钱去法国了，电报转由巴黎大使馆转他，他回电询问何事，这样电报往返，耽误了时间，待他回到伦敦订购机票返国，于四月二、三日途经印度加尔各答时，见报载和谈代表已于四月一日抵达北平。他就来电询问是否仍回南京，我复他不必来了，该电由香港国外贸易事务所所长郭子勋转告他，他就在香港留下了。

一九四九年四月二十日钱昌照从香港飞往上海，我由南京到沪与他见面。我将他出国八九个月来国内急剧变化形势和资委会人员决定全部留下护产、弃暗投明的各种部署情况详细告诉他，并劝他写信给留在北平的邵力子为他向中共联系去北平，他同意了。次日他即飞返香港，我即返南京。

一九四九年四月二十日国共两党和谈破裂，解放军大举渡江。二十二日午前何应钦、黄少谷当面通知我离南京去广州。当日下午我乘飞机到上海，二十六日到达广州，五月一日到香港，我比钱昌照晚到九天。钱昌照返港后先与中共夏衍同志取得联系，并将我在上海告他资委会人员全部留下护产情况转告了夏衍。不几天夏衍北上，钱就改与乔冠华联系。我到港后，在钱昌照寓处见到乔冠华（当时他化名乔木），从此我与乔冠华取得联系，后来才知道他当时的领导人也是潘汉年。

五月五日我回到了广州，把从上海带来的二百零八万美金分发给尚未解放的各地厂矿，以备青黄不接时应急之用。五月十八日上午，行政院例行会议，我因事未去，派次长去的。会后，得到消息，台湾省主席陈诚列席会议，在会上说了些怀疑我的话。这个人说话，在国民党里是很有分量的。我得到消息后，于当天下午乘飞机逃往香港。

一九四九年六月何应钦行政院全体辞职，我正式脱离国民党政府后，把情况函告北平邵力子。他复信说，随时可以来北平，我非常高兴。这时我心里想的唯一的事情，就是要保留住资源委员会在香港的机构，特别是这些机构所拥有的财产，绝不能让国民党弄到台湾去或纳入私人腰包，争取这些机构起义，回国来参加建设。重点是资委会在香港的机构为国外贸易事务所、材料所供应事务所。我想我得把这件事办妥后，才能北上。

国外贸易事务所在抗战胜利后设在上海，一九四八年底迁往香港，专门办理金属矿产品的外销工作，所长是郭子勋；材料供应事务所总所设在上海，一九四八年底在香港成立办事处，专门办理资委会所属厂矿需要的进口器材工作，负责人是李新民。当时，这两个机构在香港存有一批矿产品、工矿器材和美金。

我到香港后，乔冠华不久离香港回北平。他走时，介绍张枫与我见面。这次见面中心是谈香港机构的护产和起义，主要由我介绍这些机构的情况。张枫不久进广州，介绍方方与我联系，不久方方又离开，介绍罗哲明帮助我工作，时间大约是七八月间的样子，所以我与罗哲明联系最多，特别是斗争最艰苦的最后两个月，即九十月间，我们几乎天天见面。后来又通过罗哲明与香港负责人张铁生见了面。解放后，我还与张铁生在邵力子家见过面，时间就记不清了。

我脱离经济部兼资委会主任后，刘航琛接任我的职务。他上任后，一眼就看中了国外贸易事务所财产，当时总值约为五六百万美元之多。为此，他想把所长郭子勋调开，另派他自己的亲信方崇森当所长，企图把这笔财产掌握在自己的手中，以便浑水摸鱼。他假惺惺地在广州成立了所谓"贸易处"，让郭子勋任处长，名义上在贸易事务所之上，实际上是一个空名衔，有职无权。郭跟我谈了以后，我一眼就看透了刘航琛的阴谋诡计。于是，我劝郭子勋不要去广州做贸易处长，留在香港继续做所长，保护矿产品，将来广州解放后，移交共产党，我们大家一同北上。当时郭接受了我的意见。

后来郭子勋受了刘航琛的利诱，辞去国外贸易事务所所长职务，刘航琛派方崇森为所长。不过那时贸易所里有几个高级职员为龚家麟、梁燊、孟颂南、林艾园等也经常来我家。七月一日毛主席发表《论人民民主专政》，我发现他们理解得比较正确，向我表示衷心拥护。这些人就成了我能够依靠的积极分子。

方崇森到任后，这些积极分子表现得真好，他们团结全体员工，想尽一切办法与方周旋，就是不交工作。方每天都来贸易事务所，但大家都不理他，八月中旬方崇森就将他的后台刘航琛找来开会，大家还是不买账。八月十五日，刘又派资委会副主任朱伯涛与员工谈话，员工们当场与朱辩论。这些人仍继续监视方的行动，并与我和罗哲明保持联系，及时商讨对策。这时罗哲明同志总结前面斗争情况，建议我把他们组织起来，我接受了他的建议。

这时资委会金属矿管理处副处长吴志翔来到香港，国外贸易事务所原是金属矿管理处的一个单位，同时龚家麟、梁燊等又都是吴的清华大学同学，容易合作，护产坚决，在广州时就经常把刘航琛的阴谋活动及时通报给我，在员工中比较有威望，行政上是原副处长，便于领导，所以让他做护产委员会的主任委员，原贸易事务所的龚家麟为副主任委员是比较合适的。又根据罗哲明的建议，把孟颂南、李新民、林艾园、梁燊、冯日宾等为常务委员。有了这个护产委员会力量集中，便于进行斗争。实际上那时参加护产斗争的积极分子很多，如毕文翰、郑玲、简根贤等表现都很好。组成护产斗争的核心时，罗哲明也在场，我即当场宣布，以后贸易处一切都听罗哲明的，并另向罗表示，我可以北上回北京了。罗表示同意，并通过他给我买到了北上的船票。在我临走的时候，罗对我说："你在员工中威望较高，大家很信任你，现在员工中还有不少顾虑，希望你再留些时候再走。"我当即表示："反正我现在听你的，你叫什么时候走，我就什么时候走，只要工作需要，我什么时候走都行。"于是，我又留了一些时候，并经罗哲明的介绍，与两航公司取得联系。国外贸易事务所的同志们知道还有两航起义的消息，胆子更大了。罗哲明认为我可以北上了。十一月四日我由大公报社费彝民联系轮船才离开香港北上。两航于十一月七日起义，国外贸易事务所于十一月十四日宣告起义。

资委会香港各单位所有财产都交新政府接收，在香港那样复杂的环境里，每个人随时都要冒着生命的危险进行护产工作，但是员工们表现得很积极，很英勇地斗争，取得了经济上、政治上的胜利。最根本的一条就是有香港地下党自始至终的领导，否则要取得这样的胜利是不可想象的。

记中纺公司迎接解放的经过

抗日战争期间，顾毓瑔同志在重庆任经济部中央工业试验所所长时，我与他就相识，时有往来。抗战胜利后，我任经济部东北特派员，又兼任行政院河北平津区敌伪产业处理局局长。一九四五年十一月底，我和他与处理局人员同乘专机由重庆飞北平。他出任该局副局长，对我帮助很大。在我去东北时，由他代理局长职务。我和他在平津处理局共事一年多，关系很好，相知较深。

一九四七年春，我和他一同辞去处理局职务到了南京。他担任行政院经济委员会秘书长，后调任设在上海的中国纺织公司总经理。我任资源委员会副委员长，后来接替翁文灏任委员长。一九四九年春，何应钦继孙科任行政院长时，我任经济部部长兼资源委员会主任委员。中纺公司直隶经济部管辖，按组织规程，公司董事长应由经济部部长兼任。但中纺公司在上海，而经济部长兼董事长在南京。因此，公司董事长职权就由常务董事代理。我任经济部长后，去上海接替原经济部长陈启天所任的中纺公司董事长之职，即与总经理顾毓瑔密谈。我说："南京局势很紧张，国民政府人员纷纷去广州和台湾。资源委员会全体人员决定留下，不去台湾，迎接解放。你打算怎样？"他说："我本人愿意留下，与中共地下党也已取得了联系，但事实上有公与私两方面的困难，恐怕留不下。"我问他有什么困难。他说："上海市国民党当局严令中纺公司将大批花纱布运往台湾，同时中纺公司董事会的常务董事代理董事长的孙九策是孙科交陈启天所派的人，主管董事会的日常业务。他处处与我为难，催促我迅将大批花纱布运台，否则他会去告密，我就不得了。如大批运台，将来共产党来了，我也不得了，多运与少运都不得了，因此我不能留下。这是公的一方面的困难。另外，我的妻子华珊胆子特小，不敢留在上海，使我十分为难。这是私的方面的困难。"

我听了之后，就对他说："公的方面，我可以为你解决。我是经济部长兼中纺公司董事长，我可以派决定留下不走的经济部常务次长简贯三为中纺公司常务董事，代替孙九策并代理我的董事长职务。但你与简贯三不熟，我可派我的秘书，前在平津敌伪产业处理局任机要秘书沈嘉元为中纺董事会主任秘书。他与你在处理局相熟，又与简贯三也很熟，可以作为你与简贯三之间的桥梁，便于联系商量。"简贯三与顾毓瑔经沈嘉元从中密切联系，通力合作，尽量设法减少运台花纱布，藉口船只紧张，无法多运，以资应付。这样在公的方面可消除了后顾之忧。

至于私的方面，顾毓瑔说："我可以告诉华珊，把家里的东西由她和儿子带走，乘轮先去台湾，到紧急的时候，我一人买飞机票很容易，在台湾再见面。我们夫妇感情很好，她能相信我的话，这样私的方面也解决了。将来上海一解放，我留上海，去电请华珊即到香港，你们夫妇那时也到香港，可帮助照料她。"我听了他的这种策划布置，非常赞赏，促他迅速进行。果然不久，他的夫人去台湾了。顾毓瑔信心大增，与地下党取得更密切的联系，决定留下不走。

上海解放前夕，在沪中纺公司所属数十家工厂，困难重重，每天都有大大小小的问题需要随时解决。顾毓瑔每天上午在总公司召开汇报会，听取各部门、各厂负责人的汇报，商量应付办法。沈嘉元代表董事会也每天上午参加汇报会，会后再向简贯三汇报。由于当时得到中共地下党的正确领导和帮助，以及各所属厂广大职工的共同努力，团结护厂，坚持斗争，到五月下旬上海解放时，各厂没有损失，都完好地移交给共产党军管会接管。

顾毓瑔的去台妻儿在上海解放后，接到顾留上海的电报，就到了香港。我夫妇到机场迎接她们，并由顾电请中纺公司驻港办事处安排她们的住处和照料生活。到一九四九年十一月，我在香港中共党组织的安排下北上赴京。顾夫人和她的儿子同我们夫妇和小儿子同船到青岛转胶济路到济南，她们南下到沪回到了顾的身边；我们则经过天津，由市长黄敬、副市长刘秀峰接待，住了三天，转赴北京。

南京地质调查所留在大陆的经过

南京地质调查所原隶属于国民党政府经济部，它的前身是北平地质调查所。早在民国初年由我国地质界前辈丁文江、章鸿钊和翁文灏所创办。在北洋政府时期属于工商部，翁文灏任该所所长多年。这是一个有名的穷机关。翁文灏惨淡经营，艰苦创业，虽然在经费十分困难的情况下，仍每年派出许多地质人员分赴全国各省从事地质调查和勘探工作，积累了大批第一手的地质资料，从而也培养了一批地质专业人才。所出调查研究成果和发表的学术论文报告，深为国际地质学界所重视。

国民党在南京成立中央政府后，该所隶属于南京政府实业部，改名为北平地质调查所，所址仍设北平，现在地质矿产部的地址，就是该所原来的地址。

抗战期间，该所由北平先行南迁至湖南长沙，后再迁至四川北碚。抗战胜利后随同政府复员至南京，才将所址迁至南京，隶属于经济部。

1949年初，南京解放前，部长陈启天（追随国民党的青年党领导人之一）命令地质调查所所长李春昱将该所迁往台湾。但因该所所有档案资料图籍和全国各地的矿石标本为数浩繁，搬迁困难。同时李春昱本人也不愿去台湾。而陈启天不久自己逃往台湾，就什么也不问了。以致该所经费无着，员工工资也发不出了。

有一天，大约在一九四九年二、三月间，该所所长李春昱携带英文打字机四台到资源委员会来找我。他说：陈启天要他把地质调查所搬到台湾去，他不愿意去，但又没有钱发员工工资，想把这些打字机转让给资委会，以便赖以发放员工工资。

我了解了他的困难情况后，决定由资委会暂行拨借该所一笔金圆券（具体数字不记得了）要他发给员工后，立即去市场换成银圆，以利保值。他就带回打字机雇了两辆人力车（黄包车）把几麻袋的金圆券返所去了。

不久，行政院改组，孙科在广州辞职，何应钦在南京接任行政院长，我担任了经济部长兼资源委员会主任委员，又给了地质调查所一卡车大米。这样李春昱他们既有钱，又有米，员工生活无问题，就全部留在大陆了。南京解放时，移交人民接管，这是一批很珍贵的文物和学术资料，特别是经丁文江、翁文灏等多年培养出来的二三百位地质学人才更是国家无比的财富。

李春昱后来经我介绍参加了民革，并当选为民革中央委员。后来民革中央推荐他担任了全国政协第六届委员。1988年他在京病故，终年84岁。他是最早将板块学说引入我国并大力进行研究的地质学家之一，促进了我国板块学说的应用与发展。

奔向光明纪实[1]

一个人一生中，往往有一个或两个转折点。这种转折点，决定着他今后生活的方向和道路。我今年90岁了，回顾往事，觉得对祖国和人民没有做出什么贡献，甚至还有不少错误，常感自疚。但有一件事聊堪自慰，就是在40年代末期光明与黑暗交替之际，我毅然作出了奔向光明的抉择。

国民政府资源委员会（简称资委会），是一个管理全国"国营"重工业企业的政府部门，是国民党官僚资本的一个经济机构。解放时，资委会所属各厂矿的职员三万余人，其中留学或大学毕业的各项技术管理人员约占百分之六十，此外还有各种技工和工人约六七十万人。我任资委会委员长时，正值中国共产党领导全国人民同国民党反动派进行最后决战。摆在我面前最严峻的一个大问题，是资委会向何处去？我个人向何处去？

何去何从

1947年7月，资委会辽宁省北票煤矿第一次解放，工程师俞再麟被打死。该矿总经理（我的大学同学）雷宝华告诉我：煤矿被游击队围攻时，俞再麟受员工推举出厂，向游击队求和，被一个营长击毙。得知俞的死状，我极为悲痛，便在《中央日报》发了一篇《悼俞再麟》的文章，诬蔑了共产党。不久，我去东北视察，才弄清楚俞再麟其实是矿厂被围攻的夜间离家躲避，在路上中流弹而死的。真相大白，我十分懊悔，便撤了雷宝华的总经理职务，另派人接替。

东北之行，所见所闻，使我相信：国民党的败亡，共产党的胜利，基本已成定局，思想上惶惶不安。留下吧，已得罪了共产党；走吧，既不愿亡命海外去当"白华"，又不愿做蒋家王朝的殉葬品。何去何从，内心十分苦恼。当时国民党借俞再麟之死大做文章。1947年8月间，中国工程师学会总会会长陈立夫从南京通电上海、北平、天津、重庆、武汉、广州、沈阳等八大城市工程师学会的分会，要他们同一天为俞再麟开追悼会，以扩大反共宣传。当时我正在沈阳，沈阳的工程师多数属于资委会，我又是俞再麟的老朋友和上级，如开追悼会我是不能不上台讲话的，讲话就得骂共产党，而且沈阳各报一定要大登特登，广为宣传。但在这时，我的思想已经起了变化，实在不想骂共产党了。于是我想了

---
[1] 作于1983年9月。

个办法：把追悼会改为公祭，在规定时间内来吊唁的，不论团体或个人，可以随到随祭随走，像现在向遗体告别的仪式似的，这样，我就避免了上台讲话。

从以上免去雷宝华的职务和改变俞再麟追悼会的形式，说明了我的思想斗争中，"留"的念头已占上风了。

拿定主意

1948年2月，鞍山解放。资委会所属鞍山钢铁公司的人员，有些陆续回到北平。我也到了北平，从他们口中得知，鞍山被解放军包围期内，公司的员工无人伤亡。该公司总经理邵逸周因公在沈阳，协理靳树梁、毛鹤年、杨树棠、王之玺、邵象华及轧钢厂长李松堂、炼焦厂长李恩业等高级技术人员被留下并受到优待，其他人员愿留者欢迎，愿走的发路条，沿途放行。我得知这个情况后，大为感动和欣慰，对共产党对工矿企业工作人员的政策已经很相信了。

这年4月间，鞍钢机械技术员柯润华从天津乘轮船来上海，路过胶东半岛时轮船触礁沉没。这个地区已是解放区，当地人民政府把船上人员抢救上岸，妥善安置在农民家里。当轮船公司派船来接时，又把他们安全送到船上，其中一个珠宝商人的全部珠宝都完璧归赵。柯润华到上海后，来南京看我，他把这段亲身经历十分生动地讲给我听，我听了为之出神，十分感动。这使我对共产党和解放军的情况更增加了认识，从此我下定了投向共产党的决心。

1948年10月，我在资委会本部礼堂召集了所属厂矿负责人会议，会上我把积压已久的想法讲了出来，大意是：目前大局形势，大家都已看得明白，不必多说。以前东北战事吃紧时，我帮助大家逃进关来，现在华北平津形势又吃紧了，怎么办？可能大家都在考虑这个问题，我看逃到哪里去都是一样。鞍钢是个很好的例子，从现在起，大家不要再逃了，应坚守岗位，保护财产，办理移交，我想将来共产党仍会用我们的……我还让他们回去以后，向附近厂矿负责人秘密转告。由于大家有强烈的爱国心和事业心，思想有共鸣，会场气氛轻松活泼。这给了我极大的鼓舞。这次会议是我的思想转变开始见之于实际行动，迈上弃暗投明的第一步。同时经过这次思想交流，也为后来资委会全体同仁留在大陆弃暗投明奠定了基础。

拒迁台湾

1948年12月下旬，蒋介石召见我，一见面他便问："你们南京有几个工厂？"我说："生产的有五个：电照厂、有线电厂、高压电瓷厂、无线电厂和马鞍山机器厂。"他说："把这五厂迁到台湾去。"我深感意外，可又不能拒绝，只得推辞说："现在外边有谣言，说江阴要封锁，轮船不好雇，运输有困难。"蒋又说："可以把机器设备由铁路运至上海，转轮船运去台湾。"我又推辞说："五厂经济困难，拆、运、建，需要很长时间，经费无着。"他说:"这不要紧,你做预算来,我交财政部照拨。越快越好!"

回到资委会,我心情颓丧,南京在蒋介石的眼皮底下,工厂不迁是不行的。无可奈何,只好照办。预算送上去,很快财政部以"紧急命令"如数照拨。机器设备拆迁工作也随即进行,陆续运至长江的下关码头,轮船也已租来,准备装船。正在这个关键时刻,1949年1月21日蒋介石宣布"下野",离开南京前往奉化,由李宗仁代理"总统"。我得知这个消息,以为蒋一定流亡海外,立即通知各厂把码头上的设备全部搬回原厂,重新安装,不迁了。过了大约三个星期,忽然接到上海京沪杭警备总司令汤恩伯的电报,说奉蒋介石之命,催我速把南京五厂迁往台湾。我接电后,即召集各厂负责人开会,研究来研究去没有良策,我想蒋介石事多,也许拖一拖可以混过去,决定:工厂不迁,电报不复。这个决定要冒极大风险,当时电照厂厂长沈良骅挺身而出,表示拒迁工厂是大家的愿望,但风险太大,要求分担我的责任,并提出具体办法。其他总经理、厂长坚决支持。这时,我的心情激动万分,忍不住流下了眼泪。

不久,汤恩伯第二次来电催促,我十分着急,看来蒋介石并没有忘记这件事,怎么办?踌躇再三,我把电报拿去见"代总统"李宗仁。我说:"你正在想派和谈代表去北平,又在南京拆工厂迁台湾,显得没有诚意,对和谈不利,这虽然是蒋介石的主意,但外人不明真相,你和我都有责任。"李宗仁听后说:"对,我支持你,不要拆了。"

蒋介石发给五厂迁台费,原预算包括拆卸、迁运和在台湾重建三项经费,后来只拆不运、不建,还有78亿台币在台湾。为了免被扣发,急须将这笔巨款及时调回大陆。为此,资委会副委员长吴兆洪出主意,与台糖公司进行对划:即由台糖公司将在沪售糖的金圆券拨与五厂,当日向台湾银行提出台币交与台糖公司。不出半月,全部兑完。这样,各厂又得了一大笔费用。蒋介石"偷鸡不着蚀把米",恼羞成怒,1950年在台湾宣布开除我国民党党籍,并下令通缉我。在我从香港北上返回大陆途中,蒋介石还派出军舰,企图拦截我所乘的船,结果错拦了别的船。

拒迁广州

1949年2月,孙科把他的行政院迁往广州,同李宗仁的"总统府"唱对台戏。资委会虽然是行政院所属的部会之一,但我没有跟随孙科去广州。当时南京情况混乱,人心浮动。我便召集所属员工开会,要他们坚守岗位,保护资财。不久,吴兆洪率领一部分高级职员去上海办公,我仍留南京,与李宗仁保持密切联系。同时,派自愿留在南京的电业管理处正副处长陈中熙、谢佩和兼任南京办事处正副处长,办理南京地区的业务。为解决资委会本部留南京人员及其眷属的生活问题,我又成立了一个"员工励进会"。这样组织起来,成为一个整体,将来可以完整地移交给共产党。我觉得这是我对员工应尽的责任,也是我们一个政治任务。不久,我又派煤业总局副局长吴京去长兴、杭州进行安排,以便迎接解放,办理移交。

1949年3月初，孙科辞职，行政院迁回南京，何应钦接任行政院长。撤销了农林部、水利部、资委会，成立经济部，派我为部长，仍兼资委会主任，不过这时资委会已是经济部下属的一个机构了。4月20日和谈破裂，何应钦等通知我立即去广州。22日下午我坐飞机去上海，当夜南京解放。我以前曾和李宗仁及资委会同仁说过，和谈不成我一定辞职，所以到上海后，决定辞职隐居，迎接解放。后来资委会一些同僚极不赞成。他们认为，我辞职未必获准，一定会来电催我去广州，倘若辞职获准，别人接替，谁敢保证他不会下令拆工厂、运器材、派人员去台湾呢？这不是违反你的初衷吗？他们要求我不辞职，去广州，以掩护大家的安全，直到上海解放。我认为这意见很有道理，遂打消了辞职的想法。

我们在上海的物资，除价值千余万美元的器材已上运汉口等处外，尚有石油、白糖、钨及钢材等存在仓库里，准备解放时移交给共产党。后来汤恩伯下令彻查"资委会疏运物资不力"事件，留沪人员大为恐慌。我们设法找到上海地下党的季崇威同志，与他共商对策。地下党表示：共产党不强人之所难。今后以保全人员为主，物资为次，能留则留，不能留可以运走一些，实际上，后来物资并没有被运走，但党的这种通情达理的态度，使我很满意。

资委会副委员长吴兆洪曾于1948年12月把眷属送去台湾，对此我十分着急，因为这会影响人心。我便多次同吴推心置腹地交谈，劝他下决心留在大陆。我说："我是委员长，你是副委员长，论罪恶我比你大。算旧账，我被枪毙，你至多坐班房。我被枪毙都不怕，你怕什么呢？"他终于决定不走了，1949年3月间把家眷从台湾接回了上海。4月底我去广州时，全把上海方面的事情交付与他，他到机场送我时说："上海解放前，你不能辞职去香港，我们怕特务为难。你不辞职，可以掩护我们。"我说："一定照办，请放心。"

我到广州后，找到何应钦，请他解决资委会人员去广州的住房问题，何表示为难，我便乘机说既然如此，他们是不是可以不来何表示可以，据此，我立即发电给吴兆洪等，转达了何应钦的话。这样，资委会在沪人员有了一张护身符，来应付汤恩伯和一些特务，放心地留下，由于我为他们做了很好的掩护，心里很高兴。

弃暗投明

我在广州前后约半个月。5月中旬行政院开例会，我因事派次长出席。会上陈诚以台湾省主席身份列席，说了些怀疑我的话。我得知后，立刻逃离广州，到了香港。

1949年6月，我正式脱离国民政府后，除与中共在香港的有关同志联系外，还把有关情况函告已在北平的邵力子。邵很快回信，说周恩来同志欢迎我随时去北平，我很高兴。但这时香港资委会国外贸易所还存有钨、锑、锡等外销矿产品，约值美金五六百万元。我决定使这批物资转到人民手里以后，再去北平。

我离开经济部长兼资委会主任职务后，接替者是刘航琛。他派亲信方崇森做国外贸易所的所长，以便控制这批物资。我便对所里几个高级人员进行工作，鼓励他们拒绝刘航琛、方崇森的领导，保护仓库的物资。我又组织吴志翔等人参加贸易所的斗争，介绍他们与中共在香港的同志联系，并成立了护矿产品委员会。经过一些曲折复杂的过程，1949年11月14日，以吴志翔为首的资委会国外贸易所全体员工通电宣告起义，毛主席曾复电嘉勉。

在这一起义的准备工作就绪以后，中共香港有关同志同意我北上，我便携妻子和小儿子一起经青岛、天津，到达北京。从此，我的历史翻到了新的一页。

在南京华东电子管厂建厂50周年纪念会上贺词[1]

各位领导、各位同志：

今天是庆祝华东电子管厂的前身资源委员会中央电工二厂建厂五十周年的纪念大会。你们厂党委宣传处给我来信说："我们对创业人员深怀敬意，尤其是孙先生保护资产，拒迁台湾之举，当受殊荣"。"殊荣"二字，实不敢当。我在当时只是在地下党的指导下，走了一次群众路线而已。1948年12月蒋介石要我把南京五厂（包括你们厂在内）迁到台湾去。当蒋介石于1949年1月21日宣布下野时，我立即下令五厂把已拆的机器设备重新装上，不迁了。谁知蒋介石在奉化仍操纵军政大权，而且没有忘记南京五厂，先后两次电转京沪杭警备总司令汤恩伯催我拆迁南京五厂去台湾，并要电复。形势十分紧张。我召集各厂厂长开会，大家不敢出主意。最后我说："电报不复，工厂不迁。蒋介石事情太忙，拖一拖，可能忘记了。"思想上存有侥幸之心。

这时，沈良骅厂长发言："停迁是你下的命令，将来查起来，由你一人负责。其实你做的事正合我们大家的心愿，我们愿意共同负责。办法呢，我想把你的命令改为我们上签呈，说明理由，请求把机器搬回去，由你批准，改为指令，这样可由我们和你共同负责，人多了，处理可能轻一点。"沈良骅话刚讲完，各位厂长一齐起立，表示赞同。同志们，当在生死关头的时刻，有些人连逃避也来不及，岂肯挺身而出共赴患难呢！这真大出我的意外，一时感情激动，不觉使我热泪夺眶而出，说不出话来。此情此景，我是一生也忘不了的。

过了一会儿，我说："谢谢各位，一人做事一人当，决不能连累你们，况且换文手续太麻烦，会本部秘书处与各厂都有收发文簿，倒填年月，做起来谈何容易，算了嘛，也许没有事。"几位厂长说，"请委员长放心，我们一定与会本部秘书处共同密商，做到'天衣无缝'，查不出痕迹来"。由于各位厂长的一致坚决要求，最后就这样办了。后来他们告诉我："已经办好了，命令与指令两者并存，分放两处。如来查，把命令毁掉，出示指令。临近南京解放，把指令作废，保存命令。"

同志们，我浪费您们大家一些时间，说了一段过去这件事，为的是说明我上面讲过的"我不过走了一次群众路线"的话，不是客气，而是事实。主要是当时资源委员会各地主要厂矿负责人绝大多数都是热爱祖国和热爱事业的人，所以从1948年10月我召集南京会议，动员大家不要走，直至1949年10月广州解放，足足一年之久，始终没有败露之原因，就在于此。

---

[1] 作于1987年9月26日。

我今年九十四岁了，本来身体很好，但遗憾的是因患心脏病，出院不久，不能亲来南京参加你厂的庆祝盛会，心里非常抱歉。特请我的秘书沈嘉元同志代表我向厂领导同志和全体职工及家属同志们致以衷心的热烈的祝贺！

沈嘉元同志在抗日战争时，即任我的秘书，除"文化大革命"一段时期以外，至今还是我的秘书。关于南京五厂拒迁台湾的经过，他完全了解，因此，今天请他来代表我致贺，如同我亲自来一样。

我是1949年4月22日南京解放前一天经李宗仁、何应钦黄少谷等催促，于下午和沈秘书一起飞离南京去上海，随即转赴广州，不久辞去了经济部长兼资委会主任委员职务去香港，于同年11月到北京，光荣地被任命为政务院财经委员会计划局副局长。

"文革"期间，我也受到冲击，说我"为什么不去台湾当大官，留下来是别有企图的"。即当时所谓党外特务，党内走资派。因而受到一年半的隔离审查和四年重体力劳动。到1979年才正式作出结论。此外，留在大陆的资委会高级人员几乎都受到迫害，其中有的自杀，有的死在监牢里，有的夫妇二人当场被打死，有的跪玻璃渣子二三次等等，使我心里万分难过。至今还有人没有落实政策。不过坏事会变成好事，由于"文化大革命"，才会有党的十一届三中全会，否则贵厂也不可能邀我参加这次盛会的。对此我表示万分的感谢和高兴。

电工二厂虽然没有迁往台湾而留下来了，但当时规模很小，仅是一点基础而已。解放后，在各级党和政府领导下，你们厂适应社会主义建设的需要，不断扩建，生产出许多电子新产品，培养了大批人才，今天已发展成为一个规模很大的电子城，为我国社会主义四化建设做出了很大贡献。这是使我十分敬佩而又十分兴奋的。

最后，我很荣幸地在你们今天的庆祝大会上再一次向你们厂领导和全体职工及家属同志们致以衷心的祝贺！并祝大家身体健康！

谢谢各位。

共产党领导我们越崎岖而达康庄[1]

伟大的中国共产党诞生整整70周年了。70年来,共产党领导人民为民族的解放和国家的富强,前仆后继、英勇斗争,取得了举世瞩目的辉煌成就。我是一名年近百岁、饱经沧桑的老知识分子,每当回顾自己一生所走过的道路,心中充满了对共产党无限敬仰和爱戴之情。

我出生于1893年,当时的中国已沦为半封建半殖民地社会。后来爆发了中日甲午战争,以后又有八国联军入侵,每次都以中国惨败、割地赔款而告终。辛亥革命推翻了腐败无能的清王朝,结束了我国长达两千余年的封建帝制。当时我刚19岁,还很幼稚,以为中国从此就会好起来了。谁知随之而来的是袁世凯窃国,军阀混战,依然是国无宁日,民不聊生。我在失望中,愤而将自己的原名"毓麒"改为"越崎",表达对国家、民族前途的忧虑,希望能够早日越崎岖而达康庄。我在天津北洋大学读书时,曾参加五四运动,以后又远涉重洋,留学美国,专攻矿业,立志以实业报国。北伐战争以后,我觉得国家总该进行和平建设了,但是,事与愿违,国民党政府的腐败、专制并不逊于北洋政府,自己的一番抱负仍难实现。

1937年,抗日战争爆发,中华民族到了最危急的关头。那时我刚从欧洲考察归来,出任河南焦作的中福煤矿总经理。日寇侵入河南后,我努力说服中原煤矿公司董事和英国福公司代表,全力组织全矿员工,冒着敌机轰炸的危险,将全部机器设备拆迁并抢运入川。在此基础上,办起了天府、嘉阳、威远、石燕等四个煤矿,我任总经理,为抗日后方工业及民用燃料供应和航运作出了贡献。1941年,为了打破日寇对我抗战后方的封锁,解决油源断绝的严重困难,我受命出任甘肃玉门油矿总经理。在技术落后,物资缺乏,所有港口均被封锁的困难情况下,只用两年时间,就在荒漠的戈壁滩上建成了一座新型的玉门油矿,支援了抗战。当时我和千千万万爱国知识分子一样,心中只有一个愿望:早日打败日本侵略者,重建祖国,振兴中华。

抗战胜利后,严酷的现实再次使我失望了,蒋介石政权在美帝国主义支持下,悍然发动全面内战,把亟待休养生息的几亿同胞重新拖入战火之中。铁的事实使我认识到,国民党已失尽人心,它的反动统治是造成国家灾难的根源。同时,在共产党那里,我看到了国家的前途和希望,共产党人清正廉明、大公无私、全心全意地为人民办事。尤其令我感佩的是,即使在战争的情况下,共产党也没有忘记今后国家的建设问题,千方百计地保护经济设施,延

---

[1] 原文刊于1991年6月23日《光明日报》。

揽各方面的建设人才。通过这样鲜明的对比，再联系自己几十年所走过的崎岖道路，我体会到，继续追随国民党，是没有出路的。只有在共产党的领导下，国家才能强盛，个人才有前途。因此，在历史转折的关键时刻，我甘愿抛弃国民党政府给予的高官，毅然决定脱离国民党阵营，投向人民。国民党政府从大陆败退台湾前夕，我拒绝了蒋介石的多次命令。冒着生命危险，动员和率领三万多名技术人员（包括60%的高级知识分子和留学生），约70万员工集体投向共产党，使近一千个重工业企业、矿山完整地回到人民手中，大批科技人才留在大陆成为建设的骨干。

新中国成立后，承党和人民的信任，我受命担任政务院财经委员会计划局副局长，并经周总理亲自提议，推荐为第二届全国政协委员。参与国家大政方针的协商和蓬勃兴起的社会主义事业的实践，使我经过半生的追求，终于得到光荣的归宿，内心感到十分欣慰。

建国40多年来，尽管我们在前进的道路上也经历了不少曲折，甚至走了一些弯路，但是，中国共产党领导全国人民在社会主义建设各条战线上所取得的辉煌成就，是举世公认的。特别是实行改革开放政策的10多年来，各项建设事业更是迅猛发展。我是搞了一辈子能源和重工业建设的，深深了解取得这样的成就是多么伟大，多么来之不易。

我在人生的历程中已经度过了98个春秋。从青少年时代起就立志报国，经历过多次的失望，只有在中国共产党的领导下，我国才真正摆脱了帝国主义的奴役，独立自主地进行和平建设。我庆幸自己一生的夙愿在晚年终于得到实现，亲眼看到中国共产党领导我们越崎岖而达康庄。

在中共中央领导同志会见原资源委员会在京部分人士时的讲话[1]

各位领导，同志们、朋友们：

今天中共中央领导同志在这里会见原资源委员会在京部分人士，缅怀44年前原资委会留在大陆的正义行为，心情特别高兴和激动。

首先让我代表原资委会的同事们，感谢以江泽民同志为核心的党中央对我们的亲切关怀，感谢丁关根、温家宝同志亲自到我家看望，也感谢统战部，组织部的其他领导和同志，为安排这件事所做的努力。我还要特别感谢宋平同志在百忙中与大家见面。

一九四八年十月，在南京，我与原资委会的一些老同事共商资委会脱离国民党，投奔共产党的大计。大家决定动员全体员工留在大陆，保护资产、坚守岗位、迎接解放，把原资源委员会所辖的工矿企业全部留给新中国。由于这符合大家的爱国意愿和对时势的共识，会后，与会者很快把这项决议秘密传达到各直属机关、公司和厂矿。广大员工积极响应，密切配合，团结奋斗、冒着生命危险向国民党进行了巧妙的周旋和斗争。在共产党的领导和支持下，随着解放军的节节推进，把资委会分布在全国的一百多个总公司、上千个生产单位几十万员工及大批资财、机器设备逐一完整地移交给共产党。那时候，我们还是青壮年，而现在都已两鬓霜白，有的已经故去，回首往事，历历在目。

今天在这里，我还十分高兴地见到了当年代表党联系和接收资委会的一些同志，他们是那段历史的见证人。几十年来真诚合作，肝胆相照，我们都成为了老朋友。

人逢喜事精神爽，现在，尽管我们已经老了，但为了改革开放和祖国统一大业，愿尽绵薄之力。

祝大家身体健康、万事如意！谢谢大家。

---

[1] 作于1992年10月7日。

我们的去向

——在南京秘密会议上的讲话

1948年10月，当时国内政治经济社会局势混乱、紧张，蒋介石政权摇摇欲坠。我决定，利用国民党社会部在南京召开全国工业总会成立大会的机会，把与会的各厂矿的负责人接到资源委员会礼堂，并请本机关的主要负责人参加，共40余人，由主任秘书李彭龄一直在门外巡逻，开了一个秘密会议。把攒心里积压已久的想法同大家讲明。大意如下：

不久前，我在东北视察了几个月，所见所闻，感触颇深。共产党必胜的大趋势，已是有目共睹。鞍山被解放军占领以后，我们资源委员会的技术人员一律被留用，受到优待。要说对共产党的认识，我还得从十多年前说起。当年我赴美留学，回国时路过苏联，在那里亲眼见到"十月革命"胜利以后，共产党执政，举国若狂地全力兴办重工业。那种场面真符合我们实业救国的心愿。目前国内的形势，大家已经看得很明白，不必多说了。以前东北战场吃紧时，我帮大家逃进关来，现在平津形势又吃紧了，怎么办？大家都在考虑这个命运攸关的大问题。我看逃到哪里都一样。战争虽然会死人，但只要主管人镇静，战争波及厂矿时大家不要乱窜乱跑，死亡是可以避免的。鞍山就是一个很好的例子。鞍山被围时，员工都躲在屋里，没有外出乱躲，结果没有一个人伤亡。今后不要踏俞再麟的覆辙了。从华北平津起，大家都不要再逃了。要坚守岗位，保护财产，迎接解放，办理移交。还希望各位回去以后，将这番意思秘密传达附近的厂矿。

我们这些人，都是学工程技术的，都是怀着工业救国的理想，在抗日战争开始前就参加了中国的工业建设。资源委员会现有的工矿企业，是中国仅有的一点工业基础，我们有责任把它们保存下来。我想，共产党在中国执政以后，可能会效法苏联，大家都会有用武之地。现在各单位的人员如果擅自撤离岗位，资源委员会就不再为其安排工作。我相信，共产党将来也是一样要建设中国的。资源委员会的产业办理移交以后，共产党在大陆建国搞工业，一定会用我们的，今后我们一定可以继续为国家建设效力。

三峡工程篇

在水利电力部三峡工程论证领导小组第三次会议上的发言[1]

水电部为重编三峡工程可行性报告召开论证领导小组会议，要我为特邀顾问参加，感到非常荣幸，现在就讲讲我的意见。

今年六月看到中央和国务院发出的两个文件，一是撤销三峡省筹备组的通知，一是重编和重审三峡工程可行性报告的通知，充分体现了中央和国务院对三峡工程决策既积极而又十分慎重的决心，以及发扬民主化和科学化的精神，领导英明，我们衷心拥戴。

为响应中央号召，积极参加三峡工程的重新论证，我认为三峡工程近期不宜上，现在提出应当先抓哪些工程的具体意见。我是活到老，学到老，近两年多来看了很多有关长江流域和三峡工程的材料，请教了很多专家，并和政协经济建设组长江流域综合治理和三峡工程调查组的同志们对长江上中游进行了38天的调查，我们到处看、问、听、记，本着实事求是的精神，进行慎重研究。最近看到长办总工程师洪庆余在全国人大财经委员会汇报的记录，对他的汇报我有些意见。

今天我的发言分三部分：一是"在防洪问题上，要防止等待三峡工程和有了三峡工程就万事大吉的思想"；二是发展电力要先支流，后干流，要水火结合，因地制宜；三是川江"航运第一"，不是"防洪第一"，在泥沙问题未解决前应先整治航道。因为洪庆余总工程师汇报的一半内容讲了防洪问题，我也对防洪多讲一些。

第一部分
"在防洪问题上，要防止等待三峡工程和有了三峡工程就万事大吉的思想"

这个题目是引用1958年中央成都会议通过的《关于三峡水利枢纽和长江流域规划的意义》中的重要语句。我认为这个"意见"非常中肯，切中要害，至今仍有现实意义。

（一）长江特别是武汉地区的洪水成因

长江流域广大，横跨西南、华中和华东三个大区，洪水来自各地区许多支流，在气象和水文上有一定的规律。

长江流域各地区一般出现暴雨和洪水的时间不同。赣抚饶信修水和湘江是四至六月最

---

[1] 作于1986年12月18日。

大；资水沅水澧水五至七月；清江乌江六至八月；金沙江和四川诸水七至九月；汉江七至十月。一般年份暴雨不太大时，不致发生大水灾。但有的年份某些地区暴雨特别大或降雨面积很广，就会形成特大洪灾。根据长江流域发生的各次特大洪水实际情况，大致可分为两种类型：

（1）一种类型是1931年和1954年洪水。

1931年长江中下游洪灾非常严重，汉口和南京都被淹。武汉三镇平地水深丈余，陆地行舟，瘟疫流行，淹没时间长达133天。中下游受淹农田5090万亩，受灾人口2855万人，淹死14.5万人。

但是这一年上游四川没有水灾，宜昌下泄最大流量64600秒立米，与荆江河段目前可能通过的泄量60000秒至68000秒立米差不多。

1954年洪水比1931年还大。由于解放后加固了堤防，修建了荆江分洪区，当年在党的坚强领导下，组织了防汛抢险和临时分洪措施，保住了武汉市和南京市没有被淹，受灾损失比1931年少。但是这年所受损失还是很严重的，被淹农田4755万亩，受灾人口1888万人，死亡三万多人。特别是武汉市长期处于洪水包围之中，防汛非常紧张，京广铁路中断100天，影响了全国的经济生活。

这年同1931年一样，四川也没有大水，宜昌下泄的最大流量66800秒立米，也不太大。

1931年和1954年都是上游洪水不太大，而中下游特别是武汉地区洪灾很严重，因为在宜昌与武汉之间有48万多平方公里流域面积，包括清江、湘资沅澧水和汉江等大支流，暴雨洪水特别大。

（2）另一种类型是1981年和1870年洪水。

1981年（5年前）四川水灾很严重，受灾的达136个县（市、区），约二千万人，被淹农田1756万亩，成昆、成渝、宝成三条铁路被冲毁中断。去年我们调查时，在重庆朝天门码头看到洪水标志，高程为193.38米，比平常江水位高出30多米，那一年重庆市沿江街道和许多房屋都被淹了。

但该年宜昌的流量为七万一千秒立米，沙市洪水位比1954年低，荆江大堤没有出事。汉口的洪水位也较低，中下游没有水灾。

据历史调查大约千年一遇的1870年洪水，重庆的洪水位比1981年还高出4.8米，四川的灾情比1981年还要严重得多。宜昌的洪峰流量达十万另五千秒立米，冲开了松滋口，对洞庭湖区也造成了巨大的灾害。

但是，这一年汉口的最高洪水位比1954年还低2米多，汉口的洪水总量也比1954年小得多。可见这年中下游的洪水来量不太大，对武汉的威胁也不大。

（3）从以上长江洪水两种类型可以看出。

1931年和1954年四川洪水不很大，而武汉地区发生特大的洪灾；反之，1981年和1870年四川洪灾特别大而武汉洪水并不太大。由于三峡大坝仅能控制上游的洪水，所以对武汉防洪起不了多大作用。而且三峡工程由于移民的限制，不可能采用蓄水位很高的方案，目前考虑的150至180米方案防洪库容都较小，因此对武汉的防洪更不能起作用了。

我上边举的两种洪水类型，有年份，有数字，都是实际情况，这个分析总是科学嘛，是历史的实践嘛，实践是检验真理的唯一标准。

（二）武汉防洪问题

武汉市人口三百多万，是长江中游的政治经济文化中心，是东西水运和南北陆运的交通枢纽，地位非常重要。1931年和1954年武汉市所受洪水灾害和威胁都非常严重，是长江防洪中极为重要的问题。

（1）长办汇报三峡工程不讲武汉的防洪。

洪庆余总工程师今年5月16日向全国人大财经委员会汇报三峡工程，重点谈了防洪问题。在他汇报完后，主持会议的王任重同志说："他今天没有讲武汉防洪这个大问题。"

1954年大洪水时，王任重同志亲自坐镇武汉指挥防汛，他有深刻体会，他说当时"如有七级大风，武汉市也难保"。他对武汉防洪非常关心，我完全理解他的心情，总想兴建三峡工程能减轻武汉的防洪负担，难怪他听了汇报后提出这个大问题。

长办不仅在这次汇报中不讲武汉防洪问题，查1983年所编三峡工程可行性报告和1985年所编初步设计，也都避而不谈三峡工程对武汉防洪能起什么作用。

（2）实际上三峡工程对武汉防洪不起作用。

查长办1980年所编《长江中下游平原区防洪规划资料》中有一张表，说明如遇1954年洪水，不论有没有三峡工程，汉口的最高洪水位都是29.73米，与1954年一样高，兴建三峡工程（1980年编此资料时考虑的是200米高坝方案）拦洪后并不能降低汉口的最高洪水位。对于武汉附近所需分洪量则有所不同：目前情况如遇1954年洪水要分洪106亿立米，在平原防洪方案（对此方案后面再说明）实现后尚需分洪68亿立米；再考虑三峡水库具有防洪库容376亿立米时，还要分洪54亿立米。就是说三峡工程高坝方案对武汉的防洪作用，只能减少附近的分洪量14亿立米。现在三峡不再提200米高坝方案了，只考虑150至180米方案，连这14亿立米的防洪作用也没有了。

（3）建议把三峡工程究竟能不能解决武汉防洪问题向领导讲清楚。

上述情况不知道各位领导清楚不清楚。因为长办的汇报和文件中一直强调"三峡工程的首要任务是防洪"，"三峡工程对长江中下游防洪将起关键作用"，这句话既然说的是长江中下游，当然包括武汉在内，很容易被误解为武汉的防洪问题靠兴建三峡工程就可以解决了。

从王任重同志听了洪庆余总工程师的汇报后，所说的"他今天没有讲武汉防洪这个大问题"这句话看来，他心目中对三峡工程能不能解决武汉防洪问题可能不太清楚。恐怕其他领导同志更不清楚。因此，建议水电部门向中央领导、国务院领导和人大常委会汇报时，要把这个问题讲清楚，也要向参加三峡论证和将来审查的同志们讲清楚，不能再含糊了，不能再耽误国家大事了。

（4）武汉的防洪还得靠堤防和分洪。

真正关心武汉的防洪问题，还是要老老实实地做好武汉市本身的堤防和附近的分洪区建设。但是这些工程迄今没有做好，不能不使人担心。

武汉市的堤防，在1972年长江防洪会议后就提出加固加高的计划，1980年又进一步明确任务，但至今尚未完成。附近的分洪区也没有落实，分洪区内没有安全设施，临时要分洪时还有问题。像武汉市内人口这样密集，万一出问题要死多少万人，不知道长办考虑了没有？

（三）要抓紧荆江大堤的加固加高工程

荆江北岸原来是云梦七泽，过去像洞庭湖一样是调蓄长江洪水的地方。自明朝张居正联成荆江大堤以来，堤内现有800多万亩农田和500多万居民。由于南岸洞庭湖区经常分洪淤积而逐渐抬高地面；北岸不进洪不淤积，因而形成南北高低悬殊，更显得荆江大堤的重要性，需要确保，不得溃决。

（1）1870年洪水荆江大堤没有溃决。

洪庆余总工程师汇报中，多次强调荆江大堤"万一遇到特大洪水溃口，要死几十万人，上百万人"。他在介绍1870年大水时说："南岸松滋口决口，同时北岸荆江大堤溃决"。我查长办绘制的"长江流域1870年（同治九年）洪水雨情水情灾情概况图"，荆江南岸有许多箭头表示溃口，而北岸从江陵枣林岗至监利城182公里的荆江大堤却没有箭头表示溃口，只是在监利县下游有一个箭头表示溃口，洪水可泄入洪湖，这与荆江上段溃口情况完全不同。他汇报中说该年荆江大堤溃决，与事实不符，有图为证，可以查阅。

（2）堤防的溃决，最主要的是决定于它是否坚固。

历史上最大的1870年洪水向南冲开了松滋口，另一次大洪水1860年在南岸冲开了藕池口，两次特大洪水都没有使荆江大堤的上段江陵县有"堤决水入城"的记载，可见荆江大堤的溃决与否，虽与洪水的大小有影响，但与堤防的坚固与否关系十分巨大。

最近的1980年、1981年和1983年，洪水位都没有达到规定的防洪保证水位，而分别出现了74～143处险情，说明荆江大堤的质量存在的问题很大，迫切需要加固。

（3）目前荆江大堤加固工程进展缓慢。

荆江大堤加固工程于1974年列入国家基建计划，到现在已12年，还有几千万立米工程量没有完成。我们去调查时，据荆州地区反映照此进行还要16年才能完成。水电部专用吹填堤背而报请国务院批准从荷兰进口了四条挖泥船，只给荆江修防处两条，还因为缺乏经费和油料只能断续施工，进展很慢。

对这样重要的荆江大堤，"万一溃口，要死几十万人，上百万人"，而已列入国家计划的加固工程，为什么长期拖延不完成呢？据告加固工程尚需投资2.7亿元，比三峡工程所需几百亿投资少得多，为什么不抓紧加快完成呢？很难理解。

（4）长办的"舍上保下"规划思想要不得。

为了拦蓄1870年洪水，三峡水库不仅在正常蓄水位以下大量移民，还要在正常蓄水位以上没有移民的地区超蓄，迫使二三十万人临时逃洪，而在设计文件中也未提及这些居民将逃到哪里去避难。我们在万县看到在150米至170米之间，是人口密集的商业区和居民区，还有不少工厂、仓库等等。水库蓄洪与天然洪水不同，时间比较长，淹一次将造成多大损失也没有提。

而且三峡水库因泥沙淤积和回水影响，将对重庆1870年本来已经非常高的洪水位进一步拥高，更增加四川的水灾损失。长办虽强调1870年洪水对荆江的威胁，而不考虑该年洪水对四川的严重灾害，是不公平的。

长办拟在三峡库区超蓄，来代替下游原有分洪区，这种"舍上保下"的规划思想是要不得的。我在移民专家组论证会上听到四川的同志发言，是坚决反对的。

（5）对非常洪水应考虑非工程措施。

像1870年这种千年一遇的非常洪水，若要全部靠工程措施，将花极大的投资，洪庆余总工程师的汇报中也承认这是不经济的。应当把工程措施和非工程措施结合起来，除加固加高堤防和做好分洪区的安全设施外，应设置先进的预报和警报系统，来保证人民的生命安全，并尽可能减少淹没损失。

（四）当前最主要的是抓平原防洪工程

1972年水电部召开的长江中下游五省一市防洪座谈会，拟定了平原防洪规划方案，主要内容是加固加高堤防和利用蓄洪垦殖区进行蓄洪。1980年水利部又召开了长江中下游防洪座谈会，再次肯定了1972年所拟定的平原防洪方案，并作出了近十年的防洪部署，向国务院写了报告。

（1）平原防洪工程比三峡工程的防洪作用大。

1954年长江中下游发生大洪水时，超过堤防宣泄能力的超额洪水约1000亿立米，造成巨大的灾害。1954年后，沿江人民对加固加高堤防做了大量工作。现在如再遇1954年洪水，可以多泄入海300亿立米，使超额洪水减少至700亿立米。

1972年和1980年两次防洪会议所确定的加固加高堤防的标准，要求各地的防洪水位比1954年实际情况分别作适当提高，可进一步增加长江的泄洪能力，使超额洪水由700亿立米再减少至500亿立米，其防洪作用为减少成灾水量200亿立米。

三峡水库的防洪作用，根据长办最近的资料，蓄水位150至180米各方案，对1954年洪水只能拦蓄95至175亿立米，都不如加固加高堤防的作用200亿立米大。

（2）平原防洪工程比三峡工程见效快

平原防洪工程分布的面比较广，可以铺开来由各地区同时进行；技术上没有三峡工程那样复杂；所需三材没有三峡工程多。我们去调查时据反映，每年要动员几十万人冬春修堤，汛期上堤抢险，所给工资又较低，耽误正常生产。应当提高机械化施工的程度，以便节省劳动力，提高工程质量和加快建设速度。只要真正认识到长江防洪的重要性和迫切性，领导下决心，平原防洪工程是可以加快建设的。

至于三峡工程，现在不知重新论证的结果如何，什么时候可以批准开工，开工后至少要15至16年才能把大坝建到一定高程起拦洪作用。为保证本世纪末达到工农业总产值翻两番的宏伟目标，要求在此十余年内逐步提高长江的防洪能力，不可能指望三峡工程，而只有加快建成平原防洪工程，才比较现实。

（3）分洪区内没有安全设施要死人。

长江的防洪，除加固加高堤防外，还要利用蓄洪垦殖区进行分洪。这是适合长江中下游具体情况的一种现实措施，牺牲一小片，保护一大片和重点地区的安全。

对于蓄洪垦殖区的利用，洪水淹一下农田当年有损失，但以后像林一山同志插话所说："分洪以后，土地都肥了，更高产。"最重要的是要保证蓄洪区内居民临时撤退的安全，必需建设安全设施。

洪庆余总工程师在汇报中谈到有过"能不能设想建几层的高楼，准备临时躲难"的建议。林一山同志插话说："洪水冲击波也会把高楼推倒。"我看是言过其实，楼下在没有墙的框架内过水，是不会被推倒的。我有亲身体会，抗战时期在重庆牛角坨住过靠嘉陵江边的房子，下层靠几根木柱子支撑，洪水通过时也没有被推倒。现在用钢筋水泥框架建躲水楼，不仅可以保护人身安全，还可把贵重物资放在楼上，减少分洪损失，应当是一种很好的安全设施。此外，还可因地制宜地建设安全台、安全区，以及结合发展渔业和航运增加船只，采取各种措施解决群众的安全转移和减少分洪损失。

目前除荆江分洪区有些安全设施外，其他许多分洪区都还根本没有安全设施，问题很大。其中如洪湖分洪区的主隔堤没有完成，坍方没有修复，围堤也不够高，分洪区内91万人的分洪转移没有任何设施。计划上安排它分洪160亿立米，但湖北省水利部门汇报时说："洪湖分洪区不具备分洪条件。"

即使将来建成三峡工程后，也只能代替一部分蓄洪区，而大部分蓄洪区还得利用。

综上所述，万一溃口要死上百万人的武汉市大堤和荆江大堤的加固加高工程，以及蓄洪区内的安全设施，都长期拖延，进度缓慢。是否存在着"等待三峡工程和有了三峡工程就万事大吉的思想"！

（4）建议国务院组织检查督促期限完成。

1980年水利部向国务院上报的长江中下游近十年防洪部署，应至1990年完成，现已过去六年。建议国务院组织进行一次检查，已经完成了多少，还差多少，限期完成。

因为三峡不可能在本世纪内发生防洪作用，如果在这期间发生一次大洪水，不能责怪三峡工程没有建成。但如若等待三峡工程而没有抓紧完成平原防洪工程，因而造成不应有的损失，则应当负起这个责任。

（五）支流水库和水土保持

关于支流水库，对防洪和综合利用作用很大，我下边另有论述。

长江流域各支流上游森林破坏很严重。西南地区的森林覆被率已由过去28%降至13%，而川中丘陵地区仅为3.5%。因而各支流和长江干流的泥沙量都在增长，对河道淤积、水库淤积以致洞庭湖的淤积所引起的问题愈来愈严重。建议在长江流域规划中对生态环境和水土保持要有紧迫感，切实加强领导，抓紧实施，这是治理长江的根本大计。

总之，长江的防洪不能等待三峡工程，而应首先抓紧平原防洪工程，陆续兴建支流水库，并积极开展水土保持工作。

第二部分
发展电力要先支流后干流，要水火结合，因地制宜

长江流域的水利资源非常丰富，据长办统计全流域可能开发水力资源近2亿千瓦，其中干流可建水电站29座，共9066万千瓦，支流可建水电站4440座，共10659万千瓦。

（一）长江流域水力资源的开发，应采取先支流后干流的顺序

（1）长江有几条支流，都是大河流。

上游：雅砻江、岷江、大渡河、嘉陵江（都在四川省）、乌江、赤水河（贵州省）。

中游：湘江、资水、沅水、澧水（湖南省）、汉江、清江（湖北省）。

下游：赣江、抚水、饶水、信水、修水（江西省）。

华东地区：瓯江、飞云江（浙江省）、闽江、汀江（福建省）。

以上各支流都可以建许多水电站。不少同志提出过各种支流水电站的开发方案，不但可以达到1300万千瓦，而且可以超过。因此，长江流域发电是有条件先支后干，而不应当先建三峡，后搞支流。

（2）先开发支流有很多好处。

规模较小、工期短、产出快、陆续就近先供应2000年前的用电需要。三峡大坝比葛洲坝高得多，三峡工程比葛洲坝复杂得多。葛洲坝要18年，而三峡只是17年，不现实。三峡即使很快上马，也要到下世纪初才能发电，远水救不了近渴，而且积压投资，影响2000年工农业总产值翻两番的宏图。

（3）支流开发。

渠化通航要尽可能地同梯级发电相结合。航运、发电、灌溉、蓄洪、拦沙，发展乡镇企业，增加货运。而且枯水期间，各个支流的电站都要发点电，下点水，汇集到干流，航道加深，有利于枯水期间的航运。可以受到各省的欢迎，发挥他们的积极性，好处很多。例如湖南省为沅江五强溪水电站自愿负责移民问题；湖北省自愿集资六亿元支持清江隔河岩工程；四川省集资三亿元支持雅砻江二滩工程，还想开发渠江綦江的通航和发电。我们在重庆调查时，特为我们放录像。此外还想改造涪江流域的死坝，使之通航。在目前条条块块的改革还没有完成以前，调动各省这样的积极性，很有必要。

（4）开发小水电和微型水电站。

这些支流的上游，大多数是高山地区，应当由地方、集体、个体开发小水电和微型水

电站。最近已在全国100个县做了试点，应当迅速全面推广，大力支持和指导，短期培训，供给小型、微型机组，凡有小支流和溪沟的地区，从几个、几十个、几百个或几千个千瓦的电站，谁建谁有，遍地开花。在目前大电网还无力送电到这些僻远山区的时候，使广阔山区先电气化，烧水做饭，可以少砍森林，发展农副业加工，是减少水土流失和扶贫致富的一条出路。而且长江流域这些山区，很多当年红军长征走过的少数民族地区，得到他们的帮助很多。今天他们连温饱还有问题，不能忘记他们。从民族观点出发，对中华民族大团结，有重要的意义。

煤炭部近年来大力发展小煤矿，1985年八亿七千万吨产量中，地方矿和小煤窑生产占了一半还多，是缓解煤炭紧张的有力措施。当然有浪费资源的弊病，只能作为过渡，今后要靠机械化增产。而水电是再生能源，开发支游上游的小型、微型水力资源，先小后大，有小煤窑之势而少小煤窑的弊病。在目前大电网无力送到之前，希望水电部门予以重视，提到议事日程上来。

（二）发展电力，要水火结合，因地制宜

根据中国能源的分布情况，华东地区应当火主水辅；华中地区应当水火并举；西南地区应当水主火辅。

（1）西南地区——应当多建水电，也需火电配合。贵州的煤很多；云南昭通距四川很近，褐煤很多；四川也有些煤。贵州的煤运出来，铁路已经饱和，要靠乌江和赤水河的梯级开发，渠化通航，既有水电，又可把煤运到华中。云南昭通褐煤应就地发电，送到四川、云南。这样，云、贵、川三省可建成一个西南大电网。

（2）华中地区——华中许多大支流，还可建不少水电站。华中的煤，除贵州外、要靠河南、陕西、山西运来，铁路运输能力不足，可以建管道输煤。最近美国、西德、日本和中国在美国丹佛开会，讨论水煤浆和精煤浆的科研工作，以替代石油发电。科委也批了四百万元研究攻关经费。管道输煤，煤炭部唐山研究所已有很好的设备，惟脱水问题，尚须进行研究，因经费不落实，现在停顿中。应当迅速进行脱水的技术攻关。

中国的能源，煤最多，已探明储量有7000多亿吨。水能资源次之。石油现产一亿二千多万吨，后备力量不足，海洋勘探结果不理想，新疆有希望，正在勘探中，目前说不清。天然气和石油伴生气很少，核能资源更少。我个人看法，不管将来各种能源都开发起来，煤的比重不会少于60%。因此，管道输煤和水煤浆的技术攻关要迅速进行。铁路也要建设，但太贵也太慢。除非发明新能源，那又作别论了。

（3）华东地区——主要靠火电。秦皇岛煤码头去年外运1800万吨，今年可到2000多万吨，由于1988年大秦铁路通车，1990年可跃进运出7000万吨，2000年可运出9500万吨。加上天津新港、石臼所、连云港等共运1亿5000万吨以上，除部分去东北、广东和外销外，大部分供应华东，建设几个大火电站。

华东电力系统的调峰，可以建瓯江、飞云江、闽江、汀江的水电站，扩建新安江，新建天荒坪抽水蓄能电站。

两淮和苏北等煤矿目前年产2,500万吨，也属华东区。因此华东电力部门可以与煤炭、交通、铁道部等联系，迅速筹建几个大火电站，1990年起上述各港口的煤炭大量下来时，几个大火电站有可能同时发电，缓解华东电力的紧张状况。华东地区因富矿石须从澳洲运来，除钢铁厂外，应当发展耗电少、产值高的工业。

（4）2000年全国工农业产值翻两番，不是各行各业和各地方也都要翻两番，这要因地制宜和看国家财力能承受多少了。

（三）投资规模必须同国力相适应

（1）今年三月的全国人大会议上《关系第七个五年计划的报告》中说：

"投资规模必须同国力相适应，是保证经济稳定的一个决定性因素，也是社会主义经济建设的一条客观规律。无视这个规律，把投资规模搞得过大，必然造成重大比例严重失调，使经济发展走弯路，延缓现代化建设的进程。"

当前，我们的基本建设投资规模过大，还需要大力控制压缩的情况下，如果一下子增加举世瞩目的三峡工程这样的大量投资，而又长期不能投产，不但会挤掉其他电力系统的建设项目，也可能挤掉其他部门翻两番的基建项目。

（2）葛洲坝就是挤掉了清江隔河岩等水电站。葛洲坝没有防洪任务，只有航运和发电。葛洲坝库区淹没了三峡峡谷内一系列险滩，改善了160公里的航道，是其好处。但川江在南津关出口，一下子放宽至1000余米，本来可以百舸争流，却建了拦江第一坝，设置三个人为的咽喉（船闸），即使等待过闸的时间不算，只是过闸时间我看表，就花45分钟。

我们去年六月底到沙市调查，荆江大堤盐卡老险段无人做工。据荆州副专员和修防处反映，以前护岸石方，每年约四十万吨，在160公里以上的南津关打石块，运输由船队承包。现在有了葛洲坝，船队因等待过闸时间不一定，不肯再承包了，所以护岸工程停了。

葛洲坝电站的发电质量特别差。二三月间水枯，发电不足，这是水电站的常规。而葛洲坝是个低坝，夏季涨水时，来水很大，坝下水位抬高，落差减少，电又发不足。这是葛洲坝发电质量特别差的原因所在。修建葛洲坝，长办林一山同志原来是不赞成的，他的意见是先修三峡大坝，后修葛洲坝，作反调节之用。后来由长办设计施工。工程做得很不错，但是改变不了葛洲坝是一个战略上的失误工程。

近几年来，内参、报纸、电视、广播、刊物多次宣传葛洲坝这么好，那么好，什么都是好的，主要也出自长办。目的何在，大概要使有些不了解的人，认为三峡也可以上马了。

如果1970年起陆续建清江隔河岩、沅水五强溪、澧水江垭、资水敷溪口四个支流水电站，而不上葛洲坝，共可发电297万千瓦，比葛洲坝271.5万千瓦多出25.5万千瓦，所需投资还比葛洲坝少些，可以提前发电，而且发电质量好得多，还有防洪航运和灌溉等效益。而葛洲坝开工后11年才发电，18年才能完成。时间长、发电质量差、效益低。长江电力系统的开发，究竟先支后干、水火结合、因地制宜好呢，还是先建一个三峡大坝好呢？建议在这次论证会上，作为比较方案，认真地论证一番，上报审查委员会审查和选择。

（四）洪庆余总工程师汇报中关于长江流域的发电问题

（1）洪庆余同志说："有些同志拿三峡与雅砻江上的一些电站作比较，那些电站是往华东华中送不了电的。"真奇怪，"攀钢"要扩建，凉山彝族自治州的有色金属矿十分丰富，都应开发。四川云南都缺电。漫湾水电站比雅砻江二滩更在西边，水电部已建漫湾水电站，它也为送往华东华中吗！水电部总工程师潘家铮答科学报记者问，虽然也为三峡鼓吹，但他说，"即将向更远的雅砻江进军"。一位是水电部总工，一位是水电部所属长办的总工。两位总工，口径不同，到底谁对？总之，我认为，我们不能忘记西南也缺电。长江发源于西南，长江流域规划办公室负工程总责的，怎么竟把西南忘记了呢！

（2）洪庆余同志说："三峡的单位千瓦投资是低的。""有些同志把利息加上，把物价也加上，所以提出要600亿或1000亿元，那就不好算了，物价上涨怎么算呢？同时跟别的电站相比，别的电站不加，只给三峡加上，这样比就不好比了。"我们经济建设组的调查组确是提过600亿元，而专管基建工程的建设银行投资调查部算的比我们还要多。

去年美国三峡工作组估计三峡工程费用需85亿美元，移民费不在内。最近英文《中国日报》报道加拿大估计三峡费用需106亿美元，没有说明是否包括移民费用。总之，都比长办估计多。

此外，"别的电站不加，只给三峡加上"。我们没有说过这样的话。我们认为都应当加上。当时国务院的领导曾经讲过："我们中国搞建设没有资金周转观念，没有利息的观念，就只有投资多少。光讲投资多少是不正确的。你说投资多少啊，比如60亿元投资，建设周期10年，算上利息就是120亿元，要是5年就是90亿元。资金要从动态上看，它不是静止的东西，光投入不产出，十年不产出，和十年中间有很多产出就大不一样。"我们是根据当时国务院的领导的指示算的，对三峡这样巨大的工程，怎么可以不算呢！

（五）对电力系统专题论证的意见

我在本月上旬参加了水电部三峡工程电力系统专题论证会，当时我对发电问题发了言。会后我又对"汇报提纲"学习研究，还有几点意见：

（1）在电力系统论证分析中，考虑了利息和贴现，这是很对的。但是对于三峡工程的基本投资数不落实，特别是移民费用相差很大。用这些不落实的投资数进行分析，很难得出正确的结论。建议首先要对基本数据特别是三峡的移民费用进行落实。

（2）各个方案的投资数相对比较也不合理，如150与160方案只相差12亿元，而160与170方案却相差29亿元，为什么有这么大的差别。由于各方案投资数不正确，因而很难说160米就是最优的方案。

（3）论证中只算30年远景的经济总账是不够的。还应该算近期的财务账，就是在同样满足电力系统需要的情况下，各种方案包括上与不上三峡工程，早上或缓上三峡工程，在"七五""八五""九五"所需投资和息金的差别，才能衡量国家近期的财力和物力能否担当得起的大问题。

第三部分
川江"航运第一"在泥沙问题未解决前应先整治航道

我认为川江的规划和整治应以航运为主，而不是"防洪第一"。因为长江是我国最大、最重要的通航河道，是沟通西南、华中、华东经济的大动脉，是川、云、贵对外交通的主要出口，如果出了问题，不仅要影响经济发展的全局，还将贻害于子孙万代。川江的航运，是没有任何其他途径可以替代的。很明显，三峡大坝在川江上，客观上根本没有第二条可以替代的川江。

"航运第一"是周恩来总理1971年6月和1972年11月在两次会议上提出来的。这句话符合川江客观的自然条件，也是符合长江流域开发全面技术经济效益的。

长江的特别是泥沙多，人口稠密，支流多而长，又是通航的黄金水道。在这样的大江上，没有做好整个流域综合规划和先后次序安排的情况下，就来个拦腰建高坝，世界上还没有过。

兹将国内国外十条大河输沙量和通航情况列表如下：

	国家	河流	年输沙量（亿吨）	大坝	通航情况	备注
1	中国	黄河	16.0	三门峡	不能航	淤积严重，改为低水头泄水排沙
2	印度、孟加拉国	布拉马普特拉河	7.35	没有		
3	巴基斯坦	印度河	6.8	塔贝拉	不通航	淤积严重，拟在下游再建水库
4	中国	长江	5.23	拟建三峡	主要通航河道	近年来输入沙量达6.8亿吨
5	印度、孟加拉国	恒河	4.8	低水头水闸		
6	巴西	亚马孙河	3.62	没有		
7	美国	密西西比河	3.12	没有	重要通航河道	
8	美国	科罗拉多河	1.81	胡佛	不通航	淤积严重，已在上游新建水库
9	埃及	尼罗河	1.11	阿斯旺	不通航	淤积严重
10	巴西	巴拉那河	0.45	伊泰普	本不通航，以后拟通航	上游干支流已建大量水库

长江在长度上，仅次于尼罗河和亚马孙河，而居世界第三位。平均年径流量，仅次于亚马孙河和刚果河，也居世界第三位。多年平均输沙量本居第四位，由于上游森林砍伐过度，泥沙在增加，近六年平均输沙量已达6.8亿吨，也将居第三位之势，巴西与巴拉圭在巴拉那河所建世界最大伊泰普水电站，年输沙量为0.45亿吨，还不到长江的十分之一，而且上游干支流已建大量水库。

（一）三峡工程泥沙淤积难以解决

长江是一条多沙河流。在川江上筑高坝必然有大量泥沙进入三峡库区，泥沙的淤积将严重影响航运的畅通，或降低发电的效益。

修建三峡大坝，如采用正常蓄水位150米或160米方案，从坝址到万县的300多公里，航道确实可以得到改善；但万县至长寿或重庆的240～300公里，则是水库的回水变动区，在水位下降时，就要露出天然河道，而这个区段正是泥沙大量淤积的场所，航运条件只能比现在变得更坏。

当采用170米或180米方案时，回水虽可直达重庆以上，但库尾回水变动区的淤积，将处于重庆港附近和嘉陵江口，还要冒重庆港和嘉陵江出口航道被淤塞的风险；而且河床淤积还将导致洪水位上涨抬高，加重上游四川省的洪灾，泥沙问题仍然难以解决。

世界银行三峡工程专家组今年六月的报告中提到："泥沙问题是三峡工程最重要的问题之一。虽然已做了大量研究工作，但对于水库累积淤积量，将来保留的可用库容和变动回水区淤积后航道水深的预测，都需作进一步研究论证。变动回水区泥沙淤积对航运的影响，是三峡工程最严重的泥沙问题。对于所用一元数学模拟模型不太相信，需作严格审查，由此求得预测和结论要进行全面的评价。"

各科研单位和大学所作泥沙模型试验尚在进行中，南科院所做的能够比较完整地反映整个回水变动区的长模型，要到明年三季度才可有一个方案的试验成果。目前还难以"做出负责的结论和明确的回答"。

（二）发展川江航运首先要整治航道

在泥沙淤积影响长江航运问题还没有研究清楚前，难以下决心就上三峡工程。为解决川江运量随着国民经济的发展而逐年增加的需要，也不能等待三峡工程，它在本世纪内不可能建成，所以首先应当抓整治航道。

（1）解放后三十余年来，川江航道经过疏浚治理，650公里的航道线，花了约一亿元投资，航道最小水深由2.1米增加至2.9米。年运量现在约500万吨。预测2000年约达2000万吨，2030年后可能达到5000万吨。

（2）交通部内河航运局局长张奇同志在水电部三峡工程论证领导小组第二次会议的发言中说："川江航运略加整治，通过能力可达1000万～1500万吨。为了适应西南地区出川运量发展的需要，要继续对川江航道进行较大规模的整治，以增大航道尺度，减少滩险和控制河段，同时进行港口建设和改造，并在干线上增大船队载量，改进航运技术，增加发船密度，加强运行管理。经过测算，采取以上措施后，川江航道下水的通过能力可达到3000万吨左右。"

（3）据了解，第一期整治达到通航能力1000万～1500万吨，所需投资二亿至三亿元。第二期较大规模的整治达到通航能力3000万吨左右，所需投资约六亿至七亿元（1985年价格），所需投资较少，最符合我国国情和当前投资力量，可以及时满足近一二十年内川江航运发展要求的现实措施，应当抓紧进行。

（三）支流航道整治要与干流相配合

长江干流航运量的增长，除沿江城市和水陆联运外，要靠支流四通八达，形成巨大的航运网。长江各支流通航的里程不少，但大都标准很低，周转慢，成本高，运量少，需要大大改善。

交通部在2000年内规划了33条支流的建设，并着手对其中15条做开发整治的前期工作。"七五"期间一部分要开始动工建设，如宜宾到重庆的航道整治，达到通行千吨级驳船的标准，以便与重庆至宜昌的航道相衔接。支流上有大渡河沙湾以下和岷江航道的整治，赤水河、金沙江部分航道的整治和渠江等支流的梯级渠化等。对碍航闸坝的复航工作也需抓紧进行。这些都是迫切需要在三峡工程以前完成的，也是长江流域综合治理的组成部分。交通部这种联系实际，实事求是的作法，我认为是很正确的。

结　　论

三峡工程规模最大，工期最长，花钱最多，是长江开发中的主体工程，但什么时候决心上，那要看条件成熟了没有。这里最主要的是个先后次序的指导思想问题。

主体不等于就是先上，比如打仗，统帅应当是主体，但统帅不等于就是上阵打先锋。因此我建议在座同志们重温一下1958年中央成都会议通过的决议。其中第五点意见："长江流域规划工作的基本原则，应当是统一规划，全面发展，适当分工，分期进行。同时，需要正确地解决以下七种关系：远景与近景，干流与支流，上、中、下游，大、中、小型，防洪、发电、灌溉与航运，水电与火电，发电与用电，这七种关系必须互相结合，根据实际情况，分别轻重缓急和先后的次序，进行具体安排。三峡工程是长江规划的主体，但是要防止在规划中集中一点，不及其他和以主体代替一切的思想。"

这个意见，我认为是完全符合十二届六中全会的决议关于精神文明建设的指导方针，是辩证唯物主义的典型体现，要学习它，吃透它，才能在物质文明建设的具体工作中，不致犯急躁冒进的错误。水电部特别是长办要回顾一下从1956年到今年整整三十年中，为什么三峡工程多次提出，多次上不了马？其中必有值得深思的道理。

长办对毛主席《水调歌头·游泳》文艺的夸张词句"更立西江石壁，截断巫山云雨，高峡出平湖"，不知提过多少次。但对1969年9月毛主席指出"现在不考虑修三峡，要准备打仗，要考虑脑壳上顶二百亿立米水的问题，要研究四川境内长江支流的开发利用"的话，却从来没提过，这是为什么？1958年中央成都会议正是"大跃进"就要开始的时候，还能通过周总理的报告，没有毛主席点头能通过吗？

十一届三中全会解放思想，实事求是的决定，是对极"左"思潮的拨乱反正，国家才有今天的繁荣昌盛，我们一刻也不要忘记"实事求是"四个字。

根据联系实际，实事求是，结合国情，先易后难的精神，我在上面防洪、发电、航运三个方面都提出了近期应当先抓的工程，是达到本世纪末工农业总产值翻两番的宏伟目标所必需进行的。

长办确实做了大量工作，进行了很多调查研究，取得了大量基本资料，可惜指导思想方面有问题。希望通过这次论证会，能发扬"解放思想，实事求是"的精神，做好长江流域综合治理和开发规划，把当前迫切需要做的工作抓起来，一定能作出巨大的贡献。

我本着"长期共存，互相监督，肝胆相照，荣辱与共"的方针，并响应"知情出力"争取做党的诤友的号召，以九十三岁老人，一颗赤子之心，率直发言，如有不妥之处，恳切地欢迎批评。说得太多了，浪费了大家的时间，对不起，谢谢。

长江流域规划工作的基本原则应当是统一规划，全面发展，适当分工，分期进行[1]

这个题目是引用了1958年3月周恩来总理提出的意见经中央成都会议通过的文件中说的话。我认为这个《关于三峡水利枢纽和长江流域规划的意见》的决议至今仍有现实意义。我们在重新论证三峡工程时，必须很好地把这个决议的精神作为治理长江的基本路线来考虑。

长江的特点是河流长，水量大，泥沙多，大部分位于亚热带，终年不冻，又是通航的黄金水道，中下游湖泊成群，大小支流遍布全流域，这样的大河流在世界上是少有的。对于长江的防洪，很多同志认为应当综合考虑河道整治、加固加高堤防、利用湖泊洼地蓄洪、陆续兴建干支流水库和加强水土保持工作等各种措施，进行"统一规划，全面发展，适当分工，分期进行"。但是过去长办却强调三峡工程对长江防洪有不可替代的作用，因而要求立即兴建三峡工程。现在水电部三峡工程论证领导小组要求"提出不上或晚上三峡工程的替代方案"，可见对民主化和科学化有进展，值得钦佩。但是首先定了三峡工程，再去找与此相当的替代方案，还是主观片面的，难怪长办在所作研究报告和补充研究报告中，找不到与三峡工程防洪作用等效或接近等效而同时又现实可行的替代方案。正确的做法，应当按照中央成都会议中所说的进行统一规划后，"根据实际情况，分别轻重缓急和先后的次序，进行具体安排"。

最近学习党的十三大报告，体会到"我国正处在社会主义初级阶段，必须从这个实际出发，而不能超越这个阶段"。"清醒地认识基本国情，认识我国社会主义所处的历史阶段，是极端重要的问题"。"我国经济建设的战略部署大体分三步走。现在最重要的是走好第二步，到本世纪末使国民生产总值再增长一倍，人民生活达到小康水平"。"实现第二步奋斗目标，我们有很多有利条件，也存在不少困难和矛盾。矛盾的焦点是经济活动的效益太低。只有在提高经济效益上扎扎实实地做好工作，争取年年有所进步，才能逐步缓解我国人口多、资源相对不足、资金严重短缺等矛盾，保证国民经济以较高的速度持续发展"。

长江的治理也必须坚决贯彻十三大报告的精神，首先要抓紧完成21世纪内可以提高长江防洪、发电、航运能力的各项规模较小而见效较快的工程，为走好我国经济建设战略部署第二步作出贡献。对于问题非常复杂而尚未妥善解决的三峡工程，所需投入很多，而工期很长，在20世纪内不能发挥效益；而且由于国家财力物力的限制，如果求大舍小，反而会把近

---

[1] 作于1987年11月21日。

期应当抓紧建设的工程放松了，这对走好当前最重要的第二步很不利。所以三峡工程不宜"急于求成"，以便"控制全社会固定资产总规模，使之与国力相适应"。

长办在今年6月水电部三峡工程防洪替代方案讨论会和这次第二次讨论会上推荐的"不建或缓建三峡工程的长江中下游防洪方案"，是在完成1980年确定的长江中下游平原防洪方案的基础上，进一步加固中游堤防，扩大并完善分蓄洪区，与上游水库联合运用的方案。据长办分析，在完成1980年所定平原防洪方案后，如再遇1954年同样严重的洪水，可确保重点堤防安全，努力减少淹没损失。进一步加固中游堤防和扩大并完善分蓄洪区后，对荆江河段防百年一遇洪水比较可靠，对超过百年一遇的洪水行洪分洪条件也有所改善。这些工程如果抓紧建设，都可以在20世纪内陆续建成，陆续见效。因此，这个方案是比较切实可行的，所需投资不太多，见效较快，特别是对20世纪末走好第二步战略部署，可及时提高长江防洪能力达到百年一遇的标准，应当说是比较合理的。以后随着上游和中下游支流水库的陆续兴建，还可继续提高长江的防洪标准。对此方案存在的一些问题，我在第二部分中将提出一些建议。

对于长江的防洪问题，我在去年12月28日的发言中曾谈过不少。现在再补充谈些意见，分两部分讲：第一部分的题目是违反自然规律必将受到大自然的惩罚，长江防洪工作中历史上存在着错误的指导思想；第二部分的题目是长江治理必须综合规划，逐步治理，对长江防洪的各项措施提出具体建议。

第一部分
违反自然规律必将受到大自然的惩罚，
长江防洪工作中历史上存在着错误的指导思想

（一）"舍南救北"方针是历史上第一次违反自然规律

自古以来，洞庭湖和云梦泽是荆江两岸的自然滞洪场所。据历史记载，"荆江穴口众多，江湖相通之道密布"；"古有九穴十三口，沿江之南北，以导荆水之流，夏秋泛滥分杀水怒，民赖以安"；"北岸凡五穴六口，南岸凡四穴七口"；"诸穴畅通，故江患差少"；"唐宋以前无大水患"。由此可见，早期利用洞庭湖和云梦泽自然滞洪，长江的洪水灾害较少。

但后来九穴十三口被逐步堵塞，至明朝万历年间宰相张居正的时候，北岸仅存的郝穴口又被堵塞，荆江大堤连成整体，诚如洪庆余总工程师所说，"长江北岸从此割据"，实现了"舍南救北"的方针。

林一山同志在《人民长江》1978年1月号上发表的《荆江河道的演变规律》一文中说，荆江"右岸为广大洞庭湖区，左岸为云梦泽，大量洪水向两边分泄，是荆江的特点之一，而在人的作用下则发生了新的变化。但是，人的作用必须适应它的规律，否则将会造成灾害，特别是近数百年来，由于历代治水方针的错误，'舍南救北'和治水不治沙，用水不用沙，结果未能'舍南救北'，而走向反面，使荆江处于南高北低的境地，造成荆江大堤处于洪水威胁的严重局面"。我同意林一山同志这个十分正确的论断。

"舍南救北"的实质，是把原来由荆江两岸的洞庭湖和云梦泽共同担负的滞洪任务，推给洞庭湖一方去承担，是"以邻为壑"，荆北地区不再承担滞洪任务，可以大片开垦耕地，进行农业生产。

但是"舍南救北"方针却带来一系列问题：

一方面，洞庭湖区受淹的机会加多加重了，1860年洪水冲开藕池口，1870年洪水冲开松滋口，都给洞庭湖区造成巨大的灾害；同时，由长江进湖的泥沙也多了，使得洞庭湖区的治理愈来愈困难。

另一方面，荆北地区（又名四湖地区或江汉平原）既不分洪，也不淤积，地形比南岸低了。荆江大堤不得不随着泥沙淤积而不断加高。如洪庆余总工程师所说："沙市大堤上有个镇河宝塔，塔基现已在堤顶下3米。"林一山同志插话："这是奉乾隆皇帝御旨修的。"就是说从乾隆以后沙市大堤已加高3米。另据水电部水管司张英同志所写《荆江大堤简介》中说："乾隆五十三年（公元1788年）大修后的荆江大堤，堤身高4.8米到7.36米，至1949年一般高约12米，最高16米"。照此算来，在160年内堤身加高了5~8米，平均每年要加高3~5厘米，是相当可观的。由此可见，泥沙问题没有根治以前，长江的防洪难以根本解决。荆江大堤不断加高，对它所保护的江汉平原所受威胁也愈来愈大。而且荆北地区不淤积，土地也就不肥了，再加上地势较低，排涝困难，地下水位较高，有些还是沼泽荒地，农业生产比较差。

据上所述，南北两面都受到危害，而且这种形势将愈变愈坏，这是"舍南救北"错误方针带来的恶果。

（二）"蓄洪垦殖"方针是历史上第二次违反自然规律对"舍南救北"错误方针是"助纣为虐"

解放后，长办提出"蓄洪垦殖"方针，并在"以粮为纲"的思想指导下，长江两岸湖泊、洼地、河滩的围垦迅速发展。

洞庭湖在1825年有面积6000平方公里，至1949年还剩4350平方公里，在124年内减少了1650平方公里。解放后提出"蓄洪垦殖"方针后，围垦面积增长更快，至1984年洞庭湖只剩下2691平方公里，就是在解放后35年内减少了1659平方公里，相当于过去124年减少的面积。平均每年缩减的速度加快了好几倍。西洞庭湖已经变成西洞庭平原了。

除洞庭湖以外，长江沿岸的城陵矶至九江间，1949年原有一系列通江湖泊，共有湖面5000多平方公里，现在已全部筑堤与长江隔开了。比洞庭湖区围垦的面积还大。

大量围垦的后果，原来用以滞洪的湖泊洼地容量减少了。江湖洪水位势必被迫抬高，增加广大地区的防汛负担，使防洪形势愈来愈严重。最近几年洪水流量不太大，而洞庭湖口的城陵矶、鄱阳湖的湖口、以至南京的洪水位，都发现比过去抬高了。今后如再遇1954年那样的全江大洪水，防汛紧张状况将更为严峻。

最严重的是所谓"蓄洪垦殖区","垦殖"是的确发展了,而真遇大洪水却难以"蓄洪"。例如1952年专为减轻荆江大堤威胁而建设的"荆江分洪区",原有人口17万。洪庆余总工程师在人大财委会汇报时曾说,"本来分洪区里不应进人,最好还能疏散出来"。但实际上没有把它们作为分洪区看待,而只作垦殖区使用了,人口不加控制地增长至42万人,超过了自然增长率。林一山同志说:"分洪以后,土地都肥了,越高产,越往里跑。"原来建设的安全台当然不够用了。林一山同志又说,他向中央写报告"应慎重考虑荆江分洪开闸的方案"。那么,请问花国家的钱修这个"荆江分洪区"干什么呢?从这个荆江分洪区的情况,可见长办所提倡的"蓄洪垦殖"方针的明显错误了。

再如平原防洪方案中安排的最大的洪湖蓄洪区,计划蓄纳160亿立方米洪水,关系重大,但偏偏对蓄洪措施最不落实。主隔堤拖了十余年尚未完成,沿江围堤也不够高,区内90多万人没有安全设施,进洪闸也未建。如真遇大洪水而蓄不了洪,势必威胁武汉市的防洪安全,真叫人担心。

长江两岸原有洞庭湖和其他一系列通江湖泊被大量围垦后,在一般洪水年因减少滞洪容积而壅高江湖洪水位,增加防汛威胁;在大洪水年则因垦殖区内居民众多缺乏安全设施而难以利用它们蓄洪,洪水来临时财产损失不算,还将造成大量人身死亡的灾害。这就是"蓄洪垦殖区"错误的指导方针所导致的恶果。

"舍南救北"方针把南北两岸的滞洪场所减少了一半,造成了错误。在"蓄洪垦殖"方针指引下,对剩下的滞洪场所又大量围起来,加重了"舍南救北"的错误。这就是我上面说的"助纣为虐"的意思。

(三)三峡工程将把洪水转移到上游的四川,"舍上保下"思想又是违反自然规律的第三次错误

我在去年12月28日发言中曾说过:"长办的'舍上保下'规划思想要不得。"但没有详细说明,现在想加以补充。

长办对三峡工程的指导思想,想把原来由中游洞庭湖和云梦泽以及荆江分洪区等所担负的滞洪任务,转移给上游三峡库区来承担,还是"以邻为壑"的思想。结果下面既保不了中下游的防洪,上面却给四川已经够大的洪灾造成更加严重的危害,这个片面性的指导思想可能比"舍南救北""围湖造田"两次错误铸成更大的错误。

(1)三峡工程保不了长江中下游的防洪

三峡工程受地理条件的限制,仅能控制上游川江的洪水,不能控制中下游清江、湘资沅澧四水、汉江、赣江的洪水。而且三峡水库位于峡谷内,所以库容较小;还受水库淹没损失和人口迁移的限制,不可能把三峡大坝建得很高。过去长办设想的正常蓄水位235米以至200米的高方案都被否定了。后来考虑的150米低方案,以及现在决定的"一级开发,一次建成,分期蓄水,连续移民,坝顶高程185米,正常蓄水位175米"的中坝低用方案,防洪库容都很有限,并不能满足中下游的防洪要求。例如1954年洪水需要解决的超额洪水达700亿立方米，1870年洪水需要解决500亿立方米，而据长办计算三峡水库只能拦蓄100亿至200亿立方米（待水库淤积若干年后，库容还将缩小），仅能代替荆江分洪区和城陵矶以上的部分蓄洪量，对武汉附近地区既不能降低洪水位，也不能减少蓄洪量，对下游江西和安徽更不用说了。

（2）三峡水库的淹没损失是严重的生态环境问题

三峡水库的淹没损失在中外水利水电建设史上是大大地超世界纪录的。正常蓄水位175米以下要淹没耕地34.83万亩，尚未包括城镇迁移和建设工厂所需占据的耕地和泥沙淤积后增加淹没的耕地在内。三峡库区本来是人多地少的贫困地区，现在人口对耕地的压力已经超荷，如果再淹没大量耕地，而且受淹的大都属于一、二级耕地，对粮食产量影响很大。库区原有好地被淹后，再要在库边山地新建城市很困难，开垦新地还将增加水土流失。因此，库区大量移民后必将受到环境容量的制约，说说容易，做起来是很难的。

对于正常蓄水位175米的移民人数，据长办1985年调查水库淹没线以下的直接淹没人口为71.45万人。但移民专家组认为，还要考虑1985年至1994年（实际还要推迟）的人口自然增长率，以及因城镇搬迁占地的二次移民、道路等功能调整、土地被淹而人口需跟着搬迁和泥沙淤积后抬高移民水位等因素，实际需要动迁的人口将达130万人，与过去150米方案所称迁移33万或50万人已大不相同。三峡水库两岸山区要动迁一百几十万人，需要多大投资，将对生态环境造成什么后果，都应当慎重考虑。

美国密西西比河的洪水灾害很大，其主要洪水来源俄亥俄河上，有建设高坝大库的条件，尽管美国地多人少经济基础雄厚，但也因淹没损失太大而未建高坝。我国由于人口太多，对百余万人觉得算不了什么，但不要忘记我国山多地少而人口太多太密的特点。

（3）长江上游也有严重洪水灾害

长江中下游的洪水固然很严重，而长江上游四川境内的洪灾也十分严重。作为长江流域规划办公室统管全流域，应对上中下游的防洪都加以考虑，只顾中游而无视上游防洪的片面观点是十分错误的。把周总理的"防止集中一点不及其他"的警告也忘得一干二净了。

全国政协经济建设组曾多次调查三峡库区、荆州地区、上游生态环境、攀枝花钢铁基地和贵州乌江等，最近由林华等同志与四川省政协张广钦等同志联合组织的调查组，又于今年10月对长江上游的岷江、大渡河、金沙江、嘉陵江等干支流和历史大洪水情况做了一次调查。四川省水利电力厅曾花了很大力量汇编了一套《四川省洪水调查资料》，从这些资料可见长江上游干支流各地所受洪灾情况是很严重的，而且近年来有发生大洪水更为频繁的趋势。

最近发生的1981年洪水，全省有138个县（市、区）约2000万人受灾，其中100万人无家可归，被淹农田1756万亩，被淹企业3000多个，成昆、成渝、宝成三条铁路多段被冲毁，迫使运输中断，直接经济损失达25亿元以上。今年川西和川东洪水，损失也达13亿元。

历史调查最大的1870年洪水，是长办非常强调的威胁荆江大堤安全的特大洪水。张维同志在长办陪同团陪同下调查三峡和荆江大堤后,在去年水电部三峡工程第三次论证会上,我亲自听了他于12月27日的报告中说,1870年洪水是四千年一遇的特大洪水。也就是说从大禹治水以来长江发生的一次非常稀有的洪水。而这次洪水是从四川来的,在四川省是比1981年更为严重得多的特大洪水。

1870年洪水四川省各地有许多洪痕石刻,据此与1981年最高洪水位相比,重庆寸滩要高出4.84米,嘉陵江北碚高出5.88米,合川高出5.4米。北碚1981年洪水时有照片,在全区8个街道中有6个街道被淹,虽仅淹及一层楼房,灾情已很严重。现在如再遇1870年那样大的洪水,被淹水深还要增加5～6米,北碚区大部分的二层楼房屋,将全部灭顶,还将淹及小部分三层楼房,灾情更要严重得多。1870年合川受灾情况,据记载"大水入城深四丈余,城不没者仅城北一隅,登高四望竟成泽国。历两月之久稍可居人,满城精华一洗成空,十余年未复元气"。说明水淹既深,历时又长。重庆磁器口一位老人口述:"老庚午年,江中大水漂流人、物七日之久。"可见死人不少。

如上所述,长江上游所发生的1981年和1870年洪水,所受灾害都非常严重。但是长办对上游的防洪问题一向不管。1981年四川发生巨大的洪灾后,未见长办研究过上游防洪治理方案。此次研究长江上游干支流建库方案,仍主要针对中游的防洪作用,而对上游本身的防洪能起多少作用也没有提到,是有意不提,还是没有想到呢?

(4)三峡建库还将进一步壅高水位加重四川的洪灾

川江在重庆以下17公里受铜罗峡的阻碍,就壅高重庆水位。夔门两侧高山陡峭如壁,河宽只百米,把滔滔大江束住,形成《中国水利》杂志登载过的"夔门水囊重剪裁",其意义也是说夔门要壅高洪水位。三峡建高坝,影响将更大。打个比方,我们看电影或开大会散场时,到门口一堵,后边就拥挤不堪。洪水与会场的人还有些不同,川江洪水是狂澜大浪汹涌东下,持续数十天,三峡大坝一挡,它就往后壅,再加上泥沙淤积,势必越壅越高,四川不得了。这个比方大家一听都可以明白了嘛。

三峡大坝如按坝顶高程185米建成后,遇到1870年那样的大洪水时,为了保证荆江大堤的防洪安全和减少中游的分洪任务,将尽量利用三峡水库拦洪,势必超蓄至180米或更高,而且大洪水年就是大沙年,在蓄洪过程中,将把大量泥沙特别是推移质卵石、砾石、粗砂淤积在库尾,既要严重影响航运,水库回水曲线还将进一步壅高重庆洪水位,将达到200米以上!将增加四川盆地多大的洪水损失!将造成多少人身伤亡!而且嘉陵江带来的大量泥沙,将淤在嘉陵江口形成拦门沙,又进一步壅高嘉陵江的洪水位,还将增加多大的危害!

我们1985年5月在四川调查时,前任四川省委第一书记谭启龙同志告诉我们:"三峡大坝修不得,1981年洪水时我去嘉陵江视察,北碚洪水刚退,北碚高楼的第一层房内,泥沙还在往外清理;到合川视察,街道上要铲沙机在前清理泥沙,汽车才能开行。"如果建三峡水库后,四川的洪水和泥沙淤积将更严重得多。

遗憾的是在所有论证三峡工程的会议上,长办一味强调1870年洪水对荆江大堤的威胁,非修三峡不可；而建三峡水库后对四川将造成更大的灾难，却从来没有提到过，试问对这样重大的问题没有弄明白以前，能说三峡工程问题已根本搞清楚了吗？

我认为对此重大问题没有搞清楚和设法解决以前，三峡工程不宜上马。建议在上游主要产生洪水和泥沙的支流得到基本控制后，使四川大洪水不致引起泥沙淤积和水库回水太高的影响时，再考虑兴建三峡工程，比较稳妥。

（5）三峡库区人民的致富，不能等待移民费，而需在改革开放的大好时机抓紧发展

库区人民生活较贫困，几十年来因等待三峡工程而使当地经济建设受到影响。目前是否可以依靠三峡工程的开发性移民而致富呢？我认为一则三峡工程不知何时能开工建设，二则能否给予很富裕的移民费，目前都还很难说。不宜于再等待三峡工程而贻误本地区的经济发展了。

在当前全国经济改革开放的大好形势下，建议好好利用扶贫资金，抓紧发展容易见效的中小型企业，充分发挥当地的优势，发展多种多样的乡镇企业。例如据科学家考察，本地区是我国理想的柑橘产区，水运也很方便，但目前单产远低于美国日本，需要在培养新品种、施肥、管理、加工、保鲜、包装等各方面采用先进技术，是经济效益显著的产业。其他如涪陵地区的榨菜，万县地区的油粒作物，以及药材、生漆、竹器、皮革、蚕桑等都有广阔的发展前途。

三峡地区的自然风景和历史悠久的文化古迹，是世界十大奇观之一，乃良好的旅游资源。我有一个在美国的亲戚，听说三峡要建坝，怕看不到三峡风光，赶快回来游览了一次，感到非常满意。中国科协主席钱学森同志去年曾对我说过，三峡如在外国早已作为瑞士式的自然公园了。库区人民发展旅游工业，也能赚取外汇，作为引进技术的资本。

地质学界权威黄汲清同志说，三峡具有世界上典型的地层学代表剖面，从'前震旦系变质岩'，经寒武、奥陶、志留，直到二迭、三迭、侏罗系地层，是世界地质历史的博物馆。这与雄奇秀丽的三峡风光一样，不仅是我国的宝贵财富，也是世界的财富，我们要很好保护它，利用它。可在三峡召开国际地质学会，结合旅游，也是争取外汇的一个机会。

周恩来总理曾亲笔手书唐代大诗人李白的诗："朝辞白帝彩云间，千里江陵一日还。两岸猿声啼不住，轻舟已过万重山。"从此诗句可见当时三峡地区森林茂密，猿猴成群。现在森林没有了，猿声也听不到了。希望加强植树造林，恢复三峡的美好风光。同时养殖牛羊兔等动物和飞禽等，既能增加蛋白质食品，又可发展皮革毛纺织和木材加工业，尽可能做到靠山吃山，靠水吃水的特殊地理环境的优势。

第二部分
长江的治理必须综合规划，逐步治理对长江防洪的各项措施提出具体建议

（一）认真加快完成平原防洪工程

1958年中央成都会议通过的决议中，就曾指出："长江较大洪水一般可能五年发生一

次，要抓紧时机分期完成各项防洪工程，其中堤防特别是荆江大堤加固，中下游湖泊洼地蓄洪排渍工程等，决不可放松。在防洪问题上，要防止等待三峡工程和有了三峡工程就万事大吉的思想。"并具体指出："洞庭湖水系的规划问题和两湖间的防洪问题，应当于最近期间由王任重同志负责召集有关省份有关部门的负责同志开会商议，定出方案。"这个决议通过至今已29年了。

1972年长江中下游防洪规划座谈会提出平原防洪方案以来，迄今已15年。1980年又召开长江中下游防洪座谈会，再次肯定了1972年平原防洪方案，并在会后向国务院写了"关于长江中下游十年防洪部署的报告"，至今也已过去7年了，只剩下3年了。

据水电部今年8月对近十年防洪部署执行情况的报告，对于水电部安排的工程，七年来共完成投资近4亿元，占原计划10亿元的40%，进度是比较慢的。对于各省执行情况，不知完成了多少？在水电部三峡工程论证会上，多次听到长江防洪形势的严重性，据此对于早已确定的防洪部署，应当有紧迫感，以防近期来一次大洪水，尽可能地减少人民生命财产的损失，不能再拖延了。

（二）清除河道障碍，要严格立法坚决执法

长江的防洪如此重要，还在江湖上设置障碍物，减少泄洪和蓄洪能力，加剧洪水威胁，是很不应该的。

据《中国水利》杂志今年6月所载《关于湖北省河道清障几个问题的探讨》一文中说："截至1985年底不完全统计，湖北省主要河流河道内存在严重阻水围垸109处，占去滩地面积约300平方公里，大大缩小了河道有效行洪范围。"湖北省包括武汉市和荆江大堤的防洪都非常重要，遇大洪水时对洪水水位涨高一寸一分都会引起严重威胁，怎么能容许行洪河道内存在这么多严重阻水的围垸呢？长办对此怎么不管和不说呢？

建议对江河内设障要严格立法，对于行洪道内一切阻水的围垸、芦苇和其他建筑物，必须限期清除。立法后还必须坚决执法，这是保障工农业生产和广大人民生命安全的必要条件，否则一方面设置阻碍加重洪水威胁，另一方面又要求国家投入大量财力、人力、物力建设防洪工程，这样，防洪问题如何解决得了！

（三）荆江大堤是否会溃决，取决于隐患是否消除

洪庆余总工程师在《世界经济导报——地区发展战略研究——三峡问题专辑》的一篇文章中，有12处提到荆江大堤防洪的重要性，他承认1870年特大洪水时荆江大堤上段未溃，但他担心现在再遇1870年洪水时"荆江大堤上段（可能）由于自身的隐患而先溃"。可见堤防是否溃决，在同样的洪水情况下，主要决定于隐患是否消除。

同一资料中，长办规划处处长方正的文章中也说："根据实际资料，一般溃堤大都由于险情处理不及时或处理方法不当所致，真正溃决的还是少数。目前沙市每年汛期水位达43米以上时，荆江大堤即陆续出现险情。"

查荆江大堤于1954年曾出现堤身隐患、堤基漏水和迎溜顶冲等各类险情达2367处。经

过30余年来的加固，大有改善。但（20世纪）80年代初期几次较高洪水位时，还出现险情74～143处。

根据长办计算，不论建与不建三峡工程，为防御特大洪水，沙市水位都要达到45米，比出现险情的水位43米还要高出2米。如果堤防险情不予消灭，荆江大堤始终处于溃决的危险之中，即使兴建三峡工程也不能解决这个问题。所以认真消除险情，加固荆江大堤乃是当务之急。

水利老专家孙辅世同志在《中国水利》1983年6月发表的《关于择优进行水利重点建设问题》一文中说："长江的吹填渊塘是加固堤防的有效措施，且已取得成功的经验。长江荆江大堤据估计吹填30公里，筑平台145公里，宽30～50米，约计土方5000万立米，另加堤身加高培厚约3000万立米，可以达到沙市水位45米的标准。"我认为这是切实可行的方案。

据张英同志说：用挖泥船吹填堤背的工程，曾从荷兰进口四艘大挖泥船，其中两艘在荆江大堤上，当地还有三条国产的小挖泥船，"目前荆江大堤上不是挖泥船少了，而是投资太少了，挖泥船窝工。荆江大堤尚需吹填土方5256万立米，需投资1亿元。如果仍按近几年每年投资平均400多万元，则需16年才能吹完"。

对吹填堤背加固荆江大堤这样重要的工程，挖泥船设备和技工都是现成的，还在窝工，所需投资1亿元比三峡工程投资要少得多，为什么不给足经费加快吹填呢？正如两千年前孟子所说："非不能也，是不为也。"

（四）"蓄洪垦殖"的错误方针必须改革，建议退田扩大内湖，恢复鱼米之乡

（1）利用湖泊洼地蓄洪，是符合长江自然条件的一种防洪措施

长江的防洪，除充分利用加固加高堤防宣泄外，多余的洪水首先应当利用由自然湖泊洼地围成分蓄洪区进行蓄洪，这是牺牲局部保护整体和重点的有效措施。目前如遇1954年洪水，长江中下游需分洪700亿立方米。在1980年确定的平原防洪方案完成后，还需分洪500亿立方米。即使兴建三峡工程，把长江中下游的滞洪任务转向上游，也仅能代替100～200亿立方米，还有300～400亿立方米仍需中下游蓄洪区来承担。因此，平原分蓄洪区存在淹没损失大和缺乏安全设施等各种问题，并非建了三峡工程就不存在了，必须积极抓紧设法解决。

（2）蓄洪区必须做好安全设施

利用分蓄洪区进行蓄洪，必须做好居民临时撤退的安全设施，以保障人身安全和尽量减少财产损失，一定要因地制宜地做好安全区、安全台、楼房、转移道路、船只和通讯设备等各种设施。

洪庆余总工程师向全国人大财委会汇报时，曾提到"能不能设想建高楼，建几层的高楼，准备临时躲难，每人给一平方米"的建议。林一山同志插话说："洪水冲击波也会把高楼推倒。"而洪庆余在答复我的书面意见中说："对武汉市区1954年防汛时，事先划定各片居民躲洪的高楼，以备万一堤防溃决可以安全转移。"对于高楼躲洪问题，林、洪两位同志的说法，不是互相矛盾吗？我认为在蓄洪区内建高楼，不会被洪水冲击波所推倒，是为居民

安全转移的一种好办法，林一山同志为什么说不行呢？

另外，不理解洪庆余总工程师在上述汇报中，为什么考虑"最原始的办法建烽火台通风报信"呢？为什么不考虑现在差不多家家都有半导体收音机呢？

全国人大常委会副委员长兼财经委员会主任王任重同志说："原来这一带沿江沿湖家家户户有一条小船，日常用品往船上一放就走了，多年不闹水灾，小船也没有了。"这是当地群众这些年来对防洪观念的麻痹，应当"居安思危"嘛！也是只考虑"以粮为纲"，放弃"鱼米之乡"的渔业所导的结果。

洪庆余总工程师的汇报中，对于蓄洪区内各种安全设施，认为"看来都不现实"或则"看来花的钱也很多"，这样考虑在中下游就做不了什么文章，必须釜底抽薪，在上游把洪水拦住，最好的办法还是修三峡。这不是中央成都会议中所批评的"等待三峡工程和有了三峡工程就万事大吉的思想"吗？对于不论建与不建三峡工程所必须运用的蓄洪区，为人民生命安全所必要的设施为什么不认真考虑呢？

（3）建议对"蓄洪垦殖区"作重大改革，逐步改为"蓄洪养殖区"

现在蓄洪垦殖区内耕地、人口、房屋和其他建设很多，遇大洪水时要利用它蓄洪，淹没损失很大是一个矛盾。而且人口将不断增加，经济还要发展，如果与一般地区一样发展农业和乡镇工业，蓄洪时的损失将愈益增大，矛盾将更为尖锐。对此矛盾如何考虑？不能听之任之而徒唤困难，我认为必须从蓄洪的需要出发，尽量减少淹没损失，进行重大的改革。

1985年国务院批转《关于黄河、长江、淮河、永定河防御特大洪水方案报告》的通知中指出："要严格制止盲目围垦湖泊洼地，对于应该退田还湖的，要抓紧落实。"据此，希望长办全面检查一下，对一些妨碍行洪或严重壅高江湖水位的围垸立即予以废除，退田还湖。

对于需要利用的分洪蓄洪区，建议退还部分耕地，扩大内湖面积，发展渔业生产，改"蓄洪垦殖区"为"蓄洪养殖区"，恢复湖区的鱼米之乡。这样做，虽然粮食生产会受些影响，一方面剩下的耕地要靠科学种田提高单产来弥补；另一方面发展渔业生产，改变食品结构，其营养价值和经济价值可能超过粮食；同时在洪道内影响行洪的芦苇，也可移到内湖来，算算总的经济账和食物营养账，会是很有利的。当然，最重要的好处，是可以减少蓄洪时的淹没损失。结合发展渔业，家家户户有船，蓄洪时可用来安全转移，平时还可为渔业作业和发展水运。

据《长江开发报》今年10月8日的报道《长江中下游渔业资源严重衰退——我们的后代还有鱼吃吗？》一文中说："长江流域鱼产量五十年代曾经达到45万吨，80年代初期下降到20多万吨。"两湖地区本是鱼米之乡，需要大力发展渔业才行。

我在1951年冬天去四川省南川县参加土改，三个村相毗连，我们共有八个人同桌吃饭，三碗饭还不饱，大家都觉得奇怪。其中有三位女同志忽然想到说："我们在家里不管多少总有点鱼腥油水，我们在此每餐吃的都是青菜淡饭，所以吃不饱。"大家才恍然大悟，原来鱼与肉比粮食还耐饱。西方人吃肉多，日本人吃鱼多，所以面包和大米吃得不多，原因就在此。

（五）洞庭湖应当积极治理

洞庭湖受到"舍南救北"和"蓄洪垦殖"历史上两项错误方针的危害很大，现在应当花力量积极进行治理。

洞庭湖由于泥沙不断淤积和人为的大量围垦，滞洪容积随之缩小，以及水系紊乱，洪道淤塞，湖水位被迫抬高，洪涝威胁日益加剧。防洪围堤要逐年加高，堤防线又很长，群众修堤任务没完没了。围垸内排涝愈来愈困难，电费负担很重，每亩电费少则2元，多至5元。渔业大量减产，由历史上最高年产量60多万担，减少至现在的30多万担。湖区航运也被围堤隔断而不通。据报载洞庭湖区有3万农民感到洪水来时的危险已自动撤离，到别处另谋生计去了。

湖南省曾研究过各种治理洞庭湖的方案，但一直没有得到长办的支持。现在问题日趋严重，是积极进行治理的时候了。

湖南省对洞庭湖区防洪的蓄洪规划中，分别安排了11个加强保护的重点堤垸和30个准备蓄洪的堤垸，是很好的。如将重点堤垸以发展粮食为主，并发展乡镇企业；而把准备蓄洪的堤垸逐步改为发展渔业为主，以便尽量减少蓄洪时的淹没损失。在这些准备蓄洪的堤垸内，退田还内湖，缩小耕地，扩大水面，部分农民改为渔民，大力发展渔业及养鸭养鹅和种藕养菱发展芦苇等水生动植物。扩大内湖后对排涝还有好处。建议先选择一些蓄洪堤垸作为改革的试点。湖南省科技咨询中心对洞庭湖开发研究中，曾提出从蓄洪堤垸内迁出30%居民至湖边丘陵地区发展乡镇工业，也是减少分洪困难的战略措施。

为了控制长江分流入洞庭湖的流量和泥沙，需在松滋口和藕池口建闸。一方面使一般洪水不超过荆江安全泄量时不要分流入洞庭湖，就可以大大减少洞庭湖的泥沙淤积，只在大洪水时才开闸分流入湖，和枯水期提供必需的灌溉和城市用水。另一方面可增大荆江河段的造床流量，逐步提高荆江泄洪能力，尽量把泥沙带下去。同时相应增加荆江河段的水深，有利于航运。这样做法，既有利于洞庭湖，又有利于荆江，是符合周总理五十年代所指示的"江湖两利"原则的。

洞庭湖区水系紊乱，分汊河道淤积严重。进行有计划的"堵支并流"，结合适当的疏浚，将有利于扩大泄洪能力和缩短防洪堤线，也是应当考虑的。

（六）结合综合利用抓紧兴建支流水库

长江许多支流，本身就是大河流。上游的主要支流有雅砻江、大渡河、岷江、嘉陵江、乌江和长江干流上游的金沙江，中下游的主要支流有清江、湘资沅澧四水、汉江、赣抚饶信修五水等。各支流经过多年的勘测研究，可建水库和水电站的地方不少。

长办最近提出的上游干支流水库14座和20座两个方案，共有总库容507亿～903亿立方米，其中有效库容285亿～465亿立方米，装机容量2500万～4400万千瓦，无论库容和发电容量都比三峡工程还大得多。而这些水库位于上游峡谷山区，淹没损失较小，共需迁移39万～

49万人，较三峡水库少，而且比较分散，易于处理。这些水库控制的流域面积共计74万平方公里，占三峡以上总流域面积的74%。

长江中下游支流在建大水库5座，可能兴建的8座，共计总库容498亿立方米，其中有效库容315亿立方米，装机容量977万千瓦。

当然，这许多支流的大水库和大水电站，不可能同时兴建，将随国民经济发展而陆续建设。如长办所提20座水库中，包括金沙江的溪落渡和白鹤滩两座大水库，库容分别为120亿和194亿立方米，既可供防洪和调节枯水流量之用，还可拦蓄长江上游最主要的泥沙来源，两者都是1000万千瓦的大水电站。再加上两个较小梯级向家坝和乌东德，可使金沙江下段从攀枝花至宜宾间实现渠化，解决钢铁基地外运问题。当然这是远景建设目标。

此外，许多中小支流还建设大量中小型水库和中小型水电站，还可进行梯级开发，渠化通航。

兴建支流水库有很多好处：

（1）可满足各地区经济发展中对发电、灌溉、航运、给水、旅游的需要。使各地区（包括少数民族地区），都能充分发挥当地的矿产和其他资源优势，振兴经济，脱贫致富。

（2）支流水库不仅可以减轻本河流的洪灾，还可减少长江干流的洪水。支流水库群对干流的防洪作用，应当采用先进的科学技术，考虑水文气象预报，统一调度，补偿调节，尽量提高其效益。

（3）支流水库调节径流，增加下泄枯水流量和水深，既增加本流域的货运，也有利于改善长江干流的航运。

（4）支流水库规模较小，工期较短，见效较快。地方上有积极性，可以加速开发。

（5）大小支流从上到下建库，可步步为营，处处设防，逐级拦泥，减少下泄沙量，减轻河道淤积。

（6）各地的中小支流开发后，既有电，又有水，乡镇企业可大发展，减少剩余劳动力，改善人民生活。

总之，大小支流的开发，对长江流域和全国的经济发展可起到不可估量的作用。

现在水电部已经感到三峡工程一时上不去，已在很多支流上建大小水电站，这是一种可喜的转变，也是逐步减少干流洪灾和泥沙淤积的积极措施。

（七）切实加强水土保持工作

我在去年12月28日发言中，曾提出"加强水土保持工作是治理长江的根本大计"。三峡工程论证会上很多同志也提出这个问题。现在领导小组接受大家的意见，向全国水土保持协调小组建议，将长江上游列为全国水土保持的重点区域，由长办组建长江水土保持局，这是很必要的。希望切实加强实施，安排必要的人力、财力、物力，控制住长江流域的水土流失，使长江的泥沙不再加多，并得以逐步减少。

做好水土保持工作，大力植树种草，既可改善生态环境，又是水源涵养之本，还可减少泥沙对河道、水库和湖泊的淤积，是解决洪旱灾害的治本之道。

每年植树节，邓小平同志不但本人而且连家属一起出来参加种树造林，不顾高龄，不顾工作繁重，以身作则，可谓竭尽提倡之能事也。各级党政机关和全国人民都应响应，共同做出全面规划，千方百计（包括飞播）地在若干年内要把电视上看到的光秃秃的山丘都变成森林郁茂，实现绿化，使中国的森林覆盖率达到世界先进水平。那时风景优美，人身健乐，天地人之间互相依存之形态也将明显地体现出来，生态环境将大大改善。

（八）努力提高科学技术和管理水平

党的十三大报告中，对提高经济效益问题，把发展科学技术和教育事业放在首要位置，指出"现代化科学技术和现代管理是提高经济效益的决定性因素，是使我国经济走向新的成长阶段的主要支柱"。

在长江防洪的各项措施中，都需要提高科学技术水平和管理水平。例如荆江大堤尚存在各种隐患险情，万一溃堤，关系到江汉平原数百万人民的生产和生活，必须采用先进技术消灭隐患。再如河道防淤防冲，水库泥沙淤积问题，蓄洪区减少淹没损失的改革措施，水库群的联合调度，对非常洪水如何考虑非工程措施等，都是重大的研究课题。

对于已建防洪工程如何加强管理，清理河障，维护工程质量，以及大洪水来临时，如何对各种防洪措施合理调度，如何提高管理水平，以便更好地发挥已有工程的效益。

为了远景更有效的防洪抗旱，乔培新委员从1978年以来多次提出要研究空中调水问题，武汉大学正在研究此问题。人工降雨已有相当经验，如能将暴雨云层在空间和时间上作适当转移，将对防洪工作有很大好处。随着科学的不断进步，不是没有希望的。

小　　结

对于长江的治理，在历史的实践中，张居正时代连接荆江大堤，贯彻"舍南救北"方针，是犯了第一次片面性的错误。新中国成立后，长办提出"蓄洪垦殖"方针，"围垦"得到了很大的发展，但"蓄洪"却存在很大困难，使"蓄洪"与"垦殖"的矛盾激化了，结果加剧了江湖防洪的威胁，犯了第二次片面性的错误。今年决定的坝顶高程185米，正常蓄水位175米，一级开发，一次建成，分期蓄水，连续移民的三峡大坝方案，企图"舍上保下"，结果害了四川，保不了武汉，我认为可能又要犯第三次更大的片面性的错误，将造成不可挽救的大问题。这是我这次发言的重点。

诚如周总理1964年论黄河三门峡改建问题时说的："不能只顾下游，不看中游，更不能说为了救下游，宁肯淹关中，这不是辩证的说法。做不好，上下游都受害怎么办？"他又说："当时决定三门峡工程就急了点，头脑热的时候，总容易看到一面，忽略或不太重视另一面，不能辩证地看问题。原因就是认识不够。认识不够，自然就重视不够，放的位置不恰当，关系摆不好。"

长江虽然与黄河有所不同，但是泥沙也是很多的，建水库防洪都会使上下游发生严重矛盾。周总理对黄河三门峡工程的重要教导，对我们现在论证长江三峡来讲也是适用的。长江的治理，也不能只顾中游，不看上游，更不能说为了救中游，宁肯淹四川。做不好，也存在上下游都受灾怎么办？同样，对三峡工程的决策不要太急了，目前对长江上下左右许多重大问题有没有足够的认识？有没有足够的重视？放的位置恰当不恰当？关系摆得好不好？都还值得很好的考虑。

历史上治理长江的片面性，主要就是调查不够，认识不够，因而自食恶果。如果现在急于做出三峡工程决策，不但可能要贻祸子孙后代，而且当前对经济发展战略部署走好第二步就会闯下大祸。这就是我不同意这次论证会上做出坝顶185米三峡决策的理由。总之，三峡工程在走好第二步的战略部署中不可能发挥作用，何必"急于求成"呢？世界科学技术不断地突飞猛进，我们的后代必然比我们要聪明得多，我看让他们去做决策嘛，一定比我们现在的决策好得多。

现在三峡工程论证中研究替代方案，比之过去长办认为三峡工程不可替代的主张，是大大地前进了一步。但是在已定三峡工程方案的基础上来找相应的替代方案，我认为是不妥当的。因为替代方案有"非此即彼"的含义。在第二部分我建议的各种措施，不论以后三峡工程建与不建，都是必须要做的，而且都是可以做到的，并不是替代方案。

不论从长江的自然条件，或者从社会主义初级阶段首先要走好第二步经济建设战略部署来看，当前都不是上三峡工程的时候，这是很明显的。因此，我认为论证三峡问题在告一段落后可以暂停一下，在这个时候还是多做些调查研究和抓紧我上述八项建议中某些迫切需要做的工作，先做起来为好。这是我的结论，也是我在水电部三峡工程论证会上最后的一次发言。

我的一些意见，可能也存在片面性，请大家批评指正，我是十分欢迎的。这不是客套话，而是心里话。我希望党好，国家好，希望十三大文件的精神能真正贯彻到每一项经济建设的具体工作中去。完了，谢谢大家。

学习周总理关于治理长江黄河的教导[1]

今年是周恩来同志诞辰90周年，我们纪念他对革命和国家建设永垂不朽功勋的时候，而又正值长江三峡工程重新论证的关键时刻，大家都来学习周总理当年关于长江黄河水利工程的英明教导，具有非常重要和现实的意义。

1958年对长江流域规划和三峡工程的指导方针

20世纪50年代水利部长江水利委员会呼吁要建三峡工程，当时就有不同意见。1958年1月中央南宁会议，毛主席曾约林一山和李锐同志面谈。同年2~3月，周总理和两位李副总理率领有关部委和有关省的负责人，以及各方面专家和苏联专家共一百多人，从武汉乘船溯江而上，沿途查看荆江大堤、三峡坝址和库区，每天在船上开会，也有各种不同意见，周总理都认真倾听和记录，至重庆做出总结。接着，周总理在中央成都会议上做了《关于三峡水利枢纽和长江流域规划的意见》的报告，经该会议通过和中央政治局会议批准（见长办重印《长江三峡水利枢纽论证会资料第一集历次会议文件选编》）。这个文件有下列几点需要我们认真学习和领会：

①文件中认为，"从国家长远的经济发展和技术条件两个方面考虑，三峡水利枢纽是需要修建而且可能修建的"。紧接着指出："但是最后下决心确定修建及何时开始修建，要待各个重要方面的准备工作基本完成之后，才能做出决定。"说明三峡工程是一项长远的开发目标，对此下决心兴建需持十分慎重的态度。

②文件中不是就三峡论三峡，而是对整个长江流域规划指出了基本原则："应是统一规划，全面发展，适当分工，分期进行。"同时提出："需要正确地解决以下七种关系：远景与近景；干流与支流；上中下游与大中小型；防洪与发电；灌溉与航运；水电与火电；发电与用电。这七种关系必须互相结合，根据实际情况，分别轻重缓急和先后的次序，进行具体安排。"这种指导思想，正如现在常说的"系统工程"或者是"宏观规划"一样，既考虑全面的综合规划，又根据实际可能条件逐步发展，是非常完善和踏实的基本原则。

③文件中特别指出了两个"防止"：一是虽然"三峡工程是长江规划的主体，但是要防止在规划中集中一点不及其余和以主体代替一切的思想"；二是"在防洪问题上，要防止等

---

[1] 作于1988年。

待三峡工程和有了三峡工程就万事大吉的思想"。

④文件中非常重视近期的平原防洪工程，指出"长江较大洪水一般可能五年发生一次，要抓紧时机分期完成各项防洪工程，其中堤防特别是荆江大堤的加固，中下游湖泊洼地蓄洪排渍工程等，决不可放松"。如果因等待或依赖三峡工程而放松了近期应当抓紧的防洪工程，将会造成不应有的危害。

⑤文件中对长江流域的支流治理很重视，同意首先兴建汉江丹江口工程，并提到四片地区：一是洞庭湖水系和两湖地区；二是四川和贵州水系；三是鄱阳湖水系；四是安徽和江苏；要求"分别由地方负责同志召集各有关方面开会研究，定出方案"。对长江上中下游各支流和地区都全面顾及了。

⑥文件中明确指出："对一切主要的技术问题和经济问题的探讨，都应当采用展开争论、全面比较论证的方法，以求作出充分可靠的结论。"这些充分体现了决策民主化和科学化的精神。

上述文件，虽然总共只有1200字，却包含着长江流域规划和三峡工程非常辩证和提纲挈领的指导方针，是治理长江的重要历史性文献，至今仍具有很现实的指导意义。

在当前重新论证三峡工程的工作中，是否贯彻了长江流域规划的基本原则，解决好七种关系，和根据实际情况安排好干支流开发的先后次序？是否存在周总理指出的两个应当"防止"的思想？对近期平原防洪工程有没有放松？对支流开发有没有给予应有的重视？对一切主要技术问题和经济问题有没有充分展开争论和全面比较论证？都值得很好考虑。

70年代对三峡工程的看法

①1961年7月4日，周总理接见越南水电代表团时谈到："我们设想在长江修个大坝（指三峡），发电在世界第一。但是不能急，不能随便搞。这是一个理想，一定会实现。毛泽东同志有首诗，其中有一句：高峡出平湖。有些专家说，要变成地中海。理想总是要实现的，但是要经过一个历史时期。"（见《三峡问题资料汇编》）

②60年代长办多次向中央提出要建三峡工程，一直没有得到批准。后来湖北省不得已而求其次，要求在三峡下游建葛洲坝工程，周总理为此给毛主席写报告，说明拟建葛洲坝的情况，同时指出："至于三峡大坝，需视国际形势和国内防空炸技术力量的增大，修建高坝经验的积累，再在'四五'期间考虑何时兴建。"

从这两次谈话和报告，都说明周总理对三峡工程的看法，当作经过一个历史时期才能实现的理想，要考虑国内防空炸技术力量和修建高坝经验足够强大时才能下决心兴建，采取十分稳妥可靠的态度。

黄河规划和三门峡工程的教训

周总理1958年2—3月领导考察长江三峡后，4月又与彭德怀、习仲勋同志率领有关部和省的负责人和专家们到黄河三门峡工地查看，在现场听取各方面意见，进行讨论研究。为避免过大的水库淹没损失，对1956年已经我国审查通过的苏联所作的三门峡设计方案，及时作出了降低大坝高度和蓄水位的决定。

1960年三门峡水库开始关闸蓄水，发现泥沙淤积情况比原设计要坏得多，库尾淤积迅速向上游延伸，威胁到西安市的安全。经过1962—1964年专家们的研究讨论，没有取得一致意见。1964年12月周总理亲自主持召开治黄会议，倾听持有各种不同意见的专家们发言和辩论，然后作出改建三门峡工程，增设底孔排沙的决定。

在会议中周总理曾说："底孔排沙过去有人曾经提出过，他是刚从学校毕业不久的学生，当时在会议上曾批评他，叫什么名字呀？"有人回答叫温善章。周总理接着说："要登报声明，他对了，我们错了，给他恢复名誉。"可见周总理是如何坚持真理，尊重科学，谦虚待人啊！

周总理在治黄河会议上所作总结讲话（见《周恩来选集》下卷433～438页）中指出："当时决定三门峡工程就急了点。头脑热的时候，总容易看到一面，忽略或不太重视另一面，不能辩证地看问题。原因就是认识不够。认识不够，自然就重视不够，放的位置不恰当，关系摆不好。"为什么会"急了点"呢？就是由于"圣人出、黄河清"的神话传播而造成的。

周总理指出当时决定三门峡工程太急，头脑发热。在长江三峡工程是否现在上马的问题上，是应该作为借鉴的。

对长江葛洲坝工程的批评

葛洲坝工程在勘测设计和试验研究工作没有做够，在通航、泥沙淤积、地质等主要技术问题尚未解决好时，要求立即开工兴建。1970年12月毛主席指示："赞成兴建此坝。现在文件设想是一回事。兴建过程中将要遇到一些现在想不到的困难问题，那又是一回事。那时，要准备修改设计。"随即仓促上马。在施工过程中发现一系列严重问题，被迫停工，重做设计。周总理于1970年12月、1971年6月和1972年11月多次听取汇报和作了许多重要指示（见长办殷瑞兰等同志整理的谈话记录及《三峡问题资料汇编》），摘录如下：

"长江是一条大河流，葛洲坝是一个大工程，不能出乱子。如果航运断了，那就是大罪，那和黄河不一样，黄河不通航。认识一定要转变过来，重点要保证航运。第一是航运，航运断了要出大乱子的。

"搞水利总是急，考虑不完全，太急不行，太急容易出乱子。

"我们当时不想马上上（指葛洲坝），就是你们急得不得了。"长江总是顾此失彼，总是不完全。

"凡是有公共利益的事，要把各部门都找来讨论，要打破迷信，不要什么都保密。要发动群众来讨论。

"对少数人的意见，应采取什么态度？不要排除不同的意见。"

我学习周总理教导的感受

我曾不知多少次学习了周总理关于长江流域规划以及三峡和葛洲坝的光辉教导，从中体会到周总理的指导思想，对三峡工程作为"长远"的开发目标，"要经过一个历史时期"才能实现的"理想"，"是我们子孙的事，二十一世纪的事"，而对于上中下游各支流都作出安排，并在七个关系中指出远景与近景，干流与支流，上中下游，大中小型，要求根据实际情况安排先后次序，其中就含有"先支后干"的想法。我们1985年夏由全国政协经济建设组组织十来个人的长江流域综合治理和三峡问题调查小组，是带着这个问题去的，拿着答案回来的，并写了《三峡工程近期不能上》的调查报告。后来我又在水电部三峡工程论证领导小组扩大会议上作了两次长篇发言，不论是防洪、发电、航运都着眼于"先支后干"为主题的。因为"先支后干"是符合长江流域的具体情况的，长江许多大小支流都等待着开发，都可以蓄洪、拦沙、并就近发电、用电、灌溉和航运，投资少、见效好，逐步满足各地区经济发展的要求，还有在冬天枯水期间，各支流都要发点电，放点水下来，汇集到干流，加深干流水深，对航运大为有利。所以先支后干，好处很多，何乐而不为呢。

经深入学习周总理的多次教导，逐步认识到三峡问题不只是个工程问题，也不只是泥沙和移民问题，或是单纯的技术和经济问题，而是个深刻的思想认识问题，或者说是个思维方式问题。需从认识实际提高到指导思想，再以此来指导实际行动，即精神文明与物质文明相结合，才能作出正确的决策。

在纪念周总理诞辰90周年的时候，我把学习周总理对水利工程指示的感受写出来，希望大家指正。

关于长江流域综合治理和三峡工程问题[1]

我去年在政协七届二次会议上，曾提交一篇"谈三峡"的书面发言。由于当时写得比较匆促，到了限期交稿的时间，没有来得及再详细看一遍，进行斟酌修改，有许多地方写得不够清楚，还有遗漏或重复之处。因此今年重新修正，并补充了一些内容，题目也改了一下，再提交本次会议作为书面发言，供研究长江流域综合治理和三峡工程的一个历史文件。

本文分四部分：第一部分为前言、调查经过和认证情况；第二部分对长江流域综合治理和三峡工程有关的防洪、发电、航运、南水北调和生态环境五个问题分别予以论述；第三部分重温周总理对治理长江黄河的教导；第四部分为结论。

第一部分

一、前言

姚依林副总理1989年1月向全国政协七届第四次常委会通报中国经济形势和1989年计划时，讲到能源问题处，脱离文稿提到长江三峡工程问题。他说："现在我是三峡工程审查委员会主任，对三峡工程主张上马的有道理，反对的也有道理。但我没有好好地研究过三峡工程认证资料，反正三峡工程在五年内上不去，现在不必花很大的精力去争论，五年以后再考虑嘛"。同年4月国务院召开记者招待会时，有记者问及三峡工程时，李鹏总理让姚副总理答复，重申了上述意见。对此我十分拥护。那么为什么我还是谈三峡呢？岂不是违背姚副总理五年内不考虑三峡问题了吗？

原因是：

（1）我现年已是九十六岁又过五个多月的老人了，按自然规律了，我等不到五年以后再谈啦。趁现在勉强地还能写的时候，请允许我抢时间先讲一讲长江流域综合治理和三峡工程问题嘛。

（2）三峡工程讨论三十多年了，总由于很多方面的反对而上不去。1986年国务院发布15号文件，要求水电部主持重新认证，并说明要注意吸收有不同观点的专家参加，发扬技术民主。当时我是全国政协经济建设组组长，荣幸地承水电部邀我为三峡工程论证小组特邀顾问之一。我在该领导小组会上发过三次言。本届政协我是在谷牧副主席兼主任的经济委员会

---

[1] 作于1990年3月。

任第一副主任。原兼三峡工程专题组组长，现已辞职。因种种原因，我在历次政协大会上和小组会上从未对三峡工程发过言。现在水电部三峡工程认证已经告一段落。如在政协会上再不发言，将有负于我任政协经济建设组长和三峡专题组组长的职守和责任。

（3）我曾任民革中央副主席，现任民革中央监察委员会主席，当年政协第二组（民革）凡到会的人除湖北省陶述曾一人外，全都签名向大会提案，对三峡这样关系国计民生和中外瞩目的特大工程，要慎重研究。并指定我主持其事。

（4）去年报上曾报道科委主任宋健说：关于水资源问题如听不到知识分子或科技人员讲话的声音是危险的。他又说，希望大家学学马寅初先生。

本着以上四种原因，鼓励我谈三峡问题。但此时此刻我国情势大变，党号召民主党派在有关国计民生的重大问题中参政议政，敢当诤友的时候，同时我讲的内容都是根据上述国务院15号文件主要是有关三峡的科学技术和经济问题，因此，我敢肯定我不会步马寅初先生之后尘。

二、调查经过

（1）1985年春为了了解三峡工程情况，我们经济建设组请水电部的领导同志给我们做报告。水电部是水利和电力的简称。所以报告分两部分，先讲电力，没有提三峡工程，后讲水利，顺便讲了三峡工程，主要是为长江中下游的防洪而提出来的。第二天开座谈会，议论纷纷，最后决定组织一精干的调查组实地调查，由我领队，包括政协委员及专家九人，干部一人，共计十人。

（2）座谈会上决定调查题目是"长江流域综合治理规划及三峡工程问题"。调查方法是看、听、问、记（录音）四个字。我们是带着这个问题去的，调查后拿得答案回来的。

（3）调查组于1985年5月30日从北京飞成都，调查都江堰及岷江上游，经重庆乘轮沿三峡库区到万县市和秭归县，了解水库淹没和移民情况，再乘轮看三斗坪三峡大坝坝址，通过葛洲坝船闸至宜昌。改乘汽车经荆州、沙市，专为上荆江大堤，观看迎流顶冲的"盐卡"险段。然后再坐汽车直达武昌，住东湖宾馆。沿途各地都请当地政协代为邀请安排当地党政和各界人士及专家们座谈，并由四川省全国人大代表杨超和四川省政协副主席张广钦两位一路陪同到武昌。于7月7日飞回北京，共计历时38天。

在成都调查时，座谈会上除个别人外，很多人发言都不同意建三峡工程。四川省委原第一书记谭启龙说："三峡大坝修不得。1981年我还担任第一书记，我到重庆，淹得一塌糊涂，到北碚，房主正在清理楼房下层经洪水淤积的泥沙；到合川，街道上的泥沙正在用推土机推开，汽车才能进城。我这次去南方，经北京回成都，曾写信给国务院，若修三峡大坝，四川不得了。"

当时第一书记杨汝岱说："现在我身上背了十五万伐木工人的包袱，光是岷江阿坝自治州就有五万人，木材全部砍光，人无事可做。本地人少，多数是从外地到这里来而无法回家的人。大渡河流域的凉山自治州，情况差不多。西昌甘孜自治州，情况比较好些。"林业部根据国家木材指标的完成，就算尽责尽职，林业部成了森林工业部。流域上游开荒很严重，水土流失愈来愈厉害。

到了重庆，我们在朝天门码头见到有一块1981年洪水水位标志，写着193.38米几个字，比一般水位高出30多米。在座谈会上，我们问他们："你们为什么反对三峡大坝150米水位方案，而主张180米方案的问题呢？"他们的答复是："因为中央已决定修建150米大坝，说万吨船队可以到重庆。其实万吨船队丰水时只能到长寿，枯水时到忠县的石宝寨，根本到不了重庆。而180米方案有半年万吨船队可到重庆九龙坡。两个方案都恼火（恼火是四川方言，意即不好），不过两害相权取其轻而已，当然最好是不建。"

到万县市，市政协的同志陪我们看了繁荣的工商业区直到防洪的女墙。在座谈会上他们说：1.我们反对三峡省省会设在宜昌，应设在万县，因为万县位在三峡省的中间。2.万吨船队终年到不了重庆，却可以到万县，因此要从渠江的达县修一条约150公里的铁路到万县市，使万县市代替重庆市货运集散的地位。3.三峡大坝将万县市工商业繁荣地区全部淹没，上面房屋已建筑到壁立的石山脚下。只有修一座跨长江的大桥，移到大江对面的山坡上，而北坡的太阳日照时间太短，对居民健康不利，这也是三峡工程对生态环境不利的一个例子。原万县市沿江公路被淹，还需向上重建，所有上述一切费用，很难算得清楚。

离万县市十公里有一旧万县，四川省不想建三峡工程，而三峡省又没有正式成立，成了一个三不管的县城，还是一个独立县，不归万县市管辖。由此可见，川江沿岸各市县对三峡大坝建或不建，早建或晚建，及水位的高或低的问题迟迟解决不了，弄得人心惶惶，极不利于社会的安定。

到了秭归，情况就不同了，秭归下距三峡坝址只2.7公里，距宜昌67公里，该县城将全部淹没。由于新滩滑坡断航七天，我们趁此机会到秭归城东门外参观了屈原墓和屈原庙。他们指给我们看，三峡蓄水位150米到达庙门口，蓄水位更高时将淹及该庙。现定蓄水位175米，屈原庙将全部淹掉了。我们在秭归也听到他们介绍县志记载，新滩和链子岩隔江相对，是历史上发生事故最多的地方，例如"公元377年山崩塞流，江水倒流百里；1030年山崩塞江20年；明嘉靖年山崩塞流82年"等，如再发生这种大山崩，断航问题将更严重。

新滩滑坡段开航后，我们再乘轮经过三斗坪的三峡大坝坝址，南岸的山坡较陡，见到黄陵庙金碧辉煌焕然一新。北坡比较平缓，为建三峡工程作准备，盖有白色平房约四五十幢，载重汽车路已修好，过江码头已在建设。1988年9月周培源副主席率领政协代表团视察湖北、四川，经过三峡坝址时，看到三斗坪两岸已高楼林立，比1985年建设得更多了。在三峡工程尚未确定立项以前，先已花去数亿元进行建设，是不符合基建程序的。

到了葛洲坝，正在繁忙建设中，我们的船从进闸到出闸，我看表共45分钟。但我们的船一到就过闸。据说其他船队须等到船闸满了，才开闸，等的时间比进出船闸的时间多得多。加以不正之风，有的船队要等一二天，甚至还要多。

出闸以后就是宜昌，市面一片繁荣，同我在抗日战争时两次到宜昌的情况，成了两个天地。三峡省筹备组组长李伯宁同志殷勤招待我们，除了与葛洲坝工程局、电厂管理处等单位和各界人士座谈外，又由三峡筹备组组长李伯宁给我们做报告整一个下午。会后李组长说，"请各位来宾到里屋看中华鲟"。我听错了，以为吃中华鲟，心里想这真难得，从来没有吃过中华鲟，今年九十二岁了居然能够吃到，太不容易了。后来进入里屋一看，原来是装在玻璃水柜里一条约一尺长的小中华鲟给我们看，表示中华鲟没有绝种。葛洲坝没有留鱼道，长江内的名贵鱼种中华鲟，被葛洲坝截断了向上游洄游繁殖的通道，只能靠人工繁殖来补救，正在试验中。据说近几年来在葛洲坝下游已死了多条中华鲟。

从宜昌起，我们改坐面包车去沙市调查荆江大堤迎流顶冲的盐卡险段。到了盐卡一看，没有一个人，陪同去的荆州市徐副专员和堤防修防处长说："以前每到这个丰水期，我们派人到南津关外一条小河上采大块石头用船运到这里，抛石护堤。自从葛洲坝船闸通航以后，包运的船队因过闸没有一定的时间，怕亏损而不愿包运。同时经费减少，无力护堤，因而停工。"有巨款建设拦腰切断长江、专为发电而起不了防洪作用的葛洲坝，却不给足盐卡险段荆江大堤的护堤费用。我们大家听了，我看你，你看我地默默无语久之。

在武汉到长办听介绍三峡工程情况，在市里开座谈会时，发言的人大多数赞成修三峡大坝，但也有少数人反对。

在重庆时，我们已电请湖南省政协派人到武汉座谈，因新滩滑坡而误了时间，他们不知何日通航，不能久等，已回长沙。我们也因天气已热，大家觉得有些疲劳，所以也就未去长沙而回北京，这是这次调查中的一件憾事。

这次调查沿途每日白天参加座谈会，晚间调查组交流当天座谈的情况，商谈第二天的工作安排。

在武昌时，正值黄鹤楼重建竣工开放第三天，我们前去参观了半天，我在那里题词"黄鹤归来兮"，是针对毛主席1927年"黄鹤何处去"而言的。连汉口商业闹市区也未去一看，而回北京。可以说是真正的专题调查，没有一个人因没有游山玩水而出怨言。

回到北京后，向全国政协并转党中央和国务院做了调查报告，提出了我们对长江三峡工程近期不宜上的意见，主张先支后干及平原防洪的建议。

三、论证情况

水电部三峡工程论证领导小组1989年3月召开第十次扩大会议，也是两年半重新论证以来最后一次会议。兹摘录主要决议如下：

（1）确定三峡大坝坝顶高程185米，最终正常蓄水位175米，初期蓄水位156米的"一级开发，一次建成，分期蓄水，连续移民"的方案。水库总库容393亿立米，其中防洪库容220亿立方米。水库淹没耕地35.7万亩和柑橘林7.4万亩，淹及11个县城和2个市，需移民113万人。未考虑资金利息和物价上涨，按1986年物价估算的静态投资为361亿元。工程自开工后12年开始发电，18年完工，20年移民完毕，达到设计效益。

（2）从防洪、能源、航运等方面论证，认为三峡工程是难得的具有巨大综合效益的水利枢纽。认为"建三峡工程的方案，比不建三峡的方案好，早建比晚建有利，建议及早决策"。论证报告原要求1989年开工，后改为1992年开工。

（3）双线五级船闸，闸室有效尺寸为280×34×5米，每级提升高度20余米；另设升船机，提升高度113米，承船厢有效尺寸为120×18×3.5米，总重量为11150吨。通航设施的远景目标，2030年下水通过能力为5000万吨。

（4）水轮发电机组共26台，单机容量为68万千瓦，水电站总装机容量1768万千瓦，保证出力499万千瓦，平均年发电量840亿度（千瓦时）。

本文开头已讲了姚依林副总理1月23日在全国政协第四次常委会上说：三峡工程在五年内上不去。但在2月27日至3月7日水电部三峡工程论证领导小组第十次扩大会议上，没有介绍姚副总理的讲话，而以多数同意通过三峡工程可行性报告，决定正常蓄水位175米方案，仍然认为"早建比晚建有利"，"应予尽早开工兴建"，"可以在近期修建的"等。

我在领导小组会上发言，最后我说：我对这个方案有不同意见，也就是我是三峡工程早上快上的反对派。

参加会议的几位老水电专家主张蓄水位较低的160米或150米方案，或进行两级开发，除三峡一级外，在涪陵附近再建一级，可减少移民数量和重庆港区泥沙淤积，并且万一被空炸，溃坝威胁可小些。我和其他参加会议的十余位政协委员，都主张先支流后干流和平原防洪。航运方面的专家主张整治航道。生态环境专家认为三峡工程的生态环境影响深远，应予重视。各种不同意见虽多，但均未被采纳。

第二部分

关于长江流域综合治理和三峡工程有关的防洪、发电、航运、南水北调和生态环境等五个问题，分别加以论述，并提出我的建议。

一、防洪

"在防洪问题上要防止等待三峡工程和有了三峡工程就万事大吉的思想"

这个题目是引用1958年周恩来总理讲的在中央成都会议通过的《关于三峡水利枢纽和长江规划的意见》中的一句警语。我认为这个"意见"切合长江特点，至今仍有现实意义。

（一）长江，特别是荆江、武汉地区的洪灾成因

长江横跨西南、华中、华东三大地区，流域范围甚广，洪水来自各地区许多支流。涓涓细流，汇成大江，何况长江的很多支流，本身就是大江大河。大洪水或特大洪水，多由于气象特殊而又有一定规律产生的。

长江流域南北两岸各地区一般正常规律出现暴雨的时间不同：赣江等江西五水和湘江是四至五月；资水、沅水、澧水五至七月；清江、乌江六至八月；金沙江、岷江、大渡河、沱江、嘉陵江、涪江、渠江、綦江和赤水河等七至九月；汉江、淮河（实际绝大部分之水已入

长江）七至十月。但有些年份有些地区，因气候反常，暴雨特大，而且地区又广，就会形成特大洪灾。根据长江流域发生过的四次特大洪水情况，大致可分为两种类型：

1. 一种类型是1931和1954年大洪水

1931年长江中下游洪灾非常严重，武汉和南京两大城市都被淹没，大街行舟。那时我正在美国，看美国报纸描绘长江中下游完全陆沉似的情况很惨。我们学生向旧金山华侨募捐，自己也戒烟，以一年的烟款捐献祖国灾民。但是那年上游四川没有水灾。1954年长江中下游洪水比1931年还大。由于解放后加固了堤防和刚刚修建的荆江分洪区，在王任重同志为防洪总指挥的坚强领导下，组织防洪抢险和分洪措施，保住了武汉市没有被淹，受灾损失还是很严重，死亡三万多人，京汉铁路100天不通车。王任重同志说，幸而没有七级大风，否则武汉也保不住。这年同1931年一样上游四川也没有水灾。

以上1931年和1954年都是上游来水不大，而大致以武汉为中心的长江中下游80万平方公里流域面积，包括清江、湘资沅澧四水和汉江、赣江等大支流暴雨特大，本地先涝后洪，损失严重。

2. 另一种类型是1981年和1870年（清同治九年）洪水

1981年四川大洪水，重庆、北碚、合川都被淹，已见上面谭启龙讲话。成渝、宝成、川黔等几条铁路都被冲断。四川全省受灾的达138个县市区，约二千万人。沿江街道许多房屋都被淹了，二十多万人无家可归。

但该年沙市水位比1954年低，汉口水位也较低。下游没有水灾。当时湖北省副省长田英说，"四川大洪水，武汉大晴天。"

长办总工程师洪庆余1986年5月16日在全国人大财经委员会汇报时，林一山同志第九次插言说："有些事就是侥幸，1981年太平洋副热带高压较强，把雨逼到二狼山以西，逼到青藏高原，雨下不成了，因此，雨大部分往西去了，如果太平洋副热带高压稍微弱一点，那1981年洪水（孙注：重庆以下至宜昌）不一定比1870年少。"

1870年四川特大洪水，据中国科协副主席、清华大学副校长张维同志于1987年第三次三峡工程论证领导小组会上说："1870年是四千年一遇的特大洪水。"就是大禹治水以来四川第一次大洪水。张老又说："荆江大堤有蚁穴，大到四个人坐下来可以宽宽畅畅地打桥牌。"这是我在会场亲自听到的。蚁穴溃堤，我早已知道，但没有听到过这么大的蚁穴。这样大的蚁穴，荆江大堤即使没有大洪水，也是可以溃堤的。

1870年（清同治九年）四川特大洪水，合川县城除东北露出一角外，全城被淹。抗日战争时期我家在北碚附近，看到北碚一个山头上，在石壁里挖掘一个长方形的佛龛，里面刻一小佛，这个佛龛下沿，称为"罗汉洗脚"，是1870年洪水位标志。据当地老人说："当年房屋木架、牲畜和人民被水冲了七天七夜，不知死去多少人？"1980年上游洪水虽然很大，但洪峰首先冲开荆江南堤松滋口，进入洞庭湖。荆江北大堤监利以上没有溃决。该年重庆洪水位比1981年高出4.8米，四川灾情比1981年严重得多，但是这一年汉口最高洪水位比1954年还低2米。今后如再遇1870年上游大洪水，仍将首先向南泄入洞庭湖，而荆江大堤已比过去加高加厚，不至于象长办所宣称的荆江大堤将溃决而造成大量人口死亡。

3. 从以上长江洪水两种类型，可以看出1931和1954两年上游四川没有大洪水，而中下游南北支流发生特大洪水，使武汉不得了。反之，1870年和1981年两年四川洪水特别大，而武汉洪水不大。

三峡大坝仅能控制上游的部分洪水，而且三峡工程由于移民的限制，现在决定的175米水位，防洪库容仅220亿立米，拦洪能力有限，因此对长江中下游防洪起不了多大作用。但是长办的同志说，建设三峡工程主要为长江中下游防洪避免大量死人之说，是站不住脚的。

我上面举的两种类型，有年份，有地区，有数字，都是实际情况，而且为林一山和洪庆余同志所承认。这个分析，总是科学的嘛。"实践是检验真理的唯一标准"。

(二) 长江治理方针中的错误指导思想

除上述长江、特别是荆江、武汉地区的洪灾成因外，还有一个违反自然规律必将受到大自然的惩罚、有关长江治理方针中历史上存在着错误的指导思想的问题。

1. "舍南救北"方针是历史上第一次违反自然规律

自古以来，洞庭湖和云梦泽是荆江两岸的自然滞洪场所。据历史记载，"荆江穴口众多，江湖相通之道密布"；"古有九穴十三口，沿江南北，以导荆水之流，夏秋泛滥分杀水怒，民赖以安"；"北岸凡五穴六口，南岸凡四穴七口"；"诸穴畅通，故江患差少"；"唐宋以前无大水患"。由此可见，早期利用洞庭湖和云梦泽自然滞洪是符合自然规律的，长江的洪水灾害较少。

但后来九穴十三口被逐步堵塞，至明朝万历年间，把北岸仅存的郝穴口堵塞，荆江大堤连成整体，诚如洪庆余总工程师汇报时所说，"长江北岸从此割据"，实现了"舍南救北"的方针。

林一山同志在《人民长江》1978年1月号上发表的《荆江河道的演变规律》一文中说："(荆江)右岸为广大洞庭湖区，左岸为云梦泽，大量洪水向两边分泄，是荆江的特点之一，而在人的作用下则发生了新的变化。但是，人的作用必须适应它的规律，否则将造成灾害。特别是近数百年来，由于历代治水方针的错误，'舍南救北'和治水不治沙，用水不用沙，结果未能'舍南救北'，而走向反面，使荆江处于南高北低的境地，造成荆江大堤处于洪水威胁的严重局面"。我完全同意林一山同志这个十分正确的论断。

"舍南救北"的实质是把原来由荆江两岸的洞庭湖和云梦泽共同担负的滞洪任务，推给洞庭湖一方去承担，是"以邻为壑"，荆北地区不再承担滞洪任务，可以大片开垦耕地，进行农业生产。

但是"舍南救北"方针却带来一系列的危害：

一方面，洞庭湖区受淹的机会加多和加重了，1860年洪水冲开藕池口，1870年洪水冲开松滋口，都给洞庭湖区造成巨大灾害；同时，由长江进湖的泥沙每年约一亿吨之多，使得洞庭湖区的治理愈来愈困难。另一方面，荆北地区（又名四湖地区或江汉平原）既不分洪，也不淤积，地形比南岸低了。荆江大堤不得不随着泥沙淤积而不断加高。如洪庆余总工程师说："沙市大堤上有个镇河宝塔，塔基现已在堤顶下3米。"林一山同志插话说："这是奉乾隆皇帝御旨修的。"就是说从乾隆以后沙市大堤已加高了3米。另据水电部水管司张英同志所写"荆江大堤简介"中说："乾隆五十三年（公元1788年）大修后的荆江大堤，堤身高4.8米到7.36米，至1949年一般高约12米，最高16米"。照此算来，在160年内堤身加高了5—8米，平均每年要加高3~5厘米，是相当可观的。荆江大堤不断加高，对它所保护的江汉平原所受威胁也愈来愈大。而且荆北地区不淤积泥沙，土地也就不肥了。再加上地势较低，排涝困难，地下水位较高，有些还是沼泽荒地，农业生产比较差。

据上所述，南北两面都受到危害，而且这种形势将愈变愈坏，这是"舍南救北"错误方针造成的恶果。

2. "蓄洪垦殖"方针是历史上第二次违反自然规律，对"舍南救北"错误方针是"助纣为虐"

解放后，长办提出"蓄洪垦殖"方针，使长江两岸湖泊、洼地、河滩的围垦迅速发展。

洞庭湖一向号称八百里洞庭，南宋的杨幺用水轮同岳飞战争了多年。1825年洞庭湖有面积6000平方公里，至1949年解放时还剩水面4350平方公里，在124年内减少了1650平方公里。解放后提出"蓄洪垦殖"方针后，与水争地，围垦面积增长更快，至1984年洞庭湖水面只剩2691平方公里，就是在解放后35年内减少了1659平方公里，相当于过去124年减少的面积，平均每年缩减的速度加快了好几倍。加以泥沙落淤，湖底壅高，西洞庭湖现已变成蜂窝形的西洞庭平原了。

除洞庭湖以外，长江沿岸在城陵矶至九江间，1949年原有一系列通江湖泊，共有湖泊面积5000多平方公里。现在已全部筑堤与长江隔开了，比洞庭湖围垦的面积还要大。

大量围垦的后果，使原来用来滞洪的湖泊洼地容量减少了，江湖洪水位势必被迫抬高，增加广大地区的防汛负担，使防洪形势愈来愈严重。最近几年洪水不太大，而洞庭湖口的城陵矶，鄱阳湖的湖口，以至南京的洪水位，都发现比过去抬高了。今后如再遇1954年那样的中下游大洪水，防汛紧张状况将更为严峻。

最严重的是所谓"蓄洪垦殖区"，"垦殖"确是发展了，而真遇大洪水却难以"蓄洪"。例如1950年国庆节经毛主席批准而于1952年专为减轻荆江大堤的威胁而建设的"荆江分洪区"，原有人口17万。洪庆余总工程师在人大汇报时曾说："本来分洪区不应进人，最好还能疏散出来。"实际上没有把它作为"分洪区"看待而只作为"垦殖区"使用了，现在人口不加控制地增长至43万人，超过了自然增长率。林一山同志插言："分洪以后，可以高产，土地都肥了，越高产，越往里跑。"原来建设的安全区、安全台等当然不够用了。林一山同志又插言："他向小平同志写报告，应慎重考虑荆江分洪开闸的方案。"那么，请问花国家的钱修这个"荆江分洪区"干什么呢？从这个"荆江分洪区"的情况，可见长办所提倡的"蓄洪垦殖"方针明显错误了。因为"蓄洪"和"垦殖"是矛盾的。前年公布的"水法"就明确规定大江两岸湖泊滩涂禁止垦殖。可惜"水法"少说一句：已垦殖的围堤，有条件的必须限期拆除，还田为湖，变农民为渔民。

再如1972年和1980年先后两次确定的平原防洪方案中安排的最大的洪湖蓄洪区，计划蓄纳160亿立米洪水，关系重大，但偏偏对蓄洪的安全措施最不落实。主隔堤功亏一篑又拖了十余年尚未完成，沿江围堤也不够高，区内90多万人没有安全设施，进洪闸也未建。如真遇大洪水而蓄不了洪，势必威胁武汉市防洪安全，真叫人担心。

长江两岸原有洞庭湖和其他一系列通江的湖泊大量围垦后，在一般洪水年减少洪水容积而壅高江湖洪水位，增加防汛威胁；在大洪水年则因垦殖区内居民众多，缺乏安全区、安全台、船只等安全设施而难以利用它们蓄洪。洪水来时，财产损失不算，还将造成大量人身死亡的灾害。这就是"蓄洪垦殖"错误的指导方针所导致的恶果。

"舍南救北"方针把南北两岸的滞洪处所减少了一半，造成了错误。在"蓄洪垦殖"方针指引下，对剩下的滞洪场所，又大量围起来，加重了"舍南救北"的错误。这就是我上面说的"助纣为虐"的意思。

关于原长办主任林一山同志诬告我们十名政协委员和我个人的问题

在三峡工程论证小组第十次扩大会议上，把林一山同志向党中央、国务院、全国人大、全国政协并李先念、王任重、谷牧、钱正英诸同志诬告以孙越崎为首的十名政协委员的一封信，分发给参加会议的175位代表和38位新闻记者。

林一山同志指责的共三点，前两点是对我们十个人所写《关于三峡工程论证的意见和建议》中的两句引周总理的话。第三点是对我个人1987年11月21日在三峡工程防洪替代方案第二次讨论会上的发言。他说，在我的发言里，有林一山写信给邓小平同志说"应慎重考虑荆江分洪开闸的方案"中的"慎重"二字是我强加在他头上的。这是诬告。请看水电部印发的1986年5月16日长办洪庆余总工程师在全国人大财经委员会汇报文件第12页倒数第三行"林一山同志：我刚才说，去年给小平同志写了一个报告应慎重考虑荆江分洪开闸的方案，小平同志在下面划了一杠"。因此，"慎重"二字，不是我说的，而是林一山自己说的。我从水电部印发的洪庆余汇报文件中第十二页里引用的。如果错了，与我不相干，林一山同志自己不查一查文件，就随便诬告我，应当恢复我的名誉。林一山同志在一封信中，还有其他指责和横加给我们一大堆罪名，我们十名政协委员也写给中央领导同志一封信，逐条进行说明。要求水电部三峡论证小组把我们十名政协委员根据事实说明林一山同志诬告我们的声明同样分发给党中央、国务院、全国人大、全国政协并李先念、王任重、谷牧、钱正英诸同志以及三峡工程论证领导小组第十次扩大会议的175位代表和38位报社记者，以恢复我们的名誉。

3. 三峡工程将洪水转移到上游四川，"舍上保下"思想又是将违反自然规律的第三次错误

我在1986年12月28日三峡工程论证领导小组第三次会议上发言中曾说过："长办的舍上

保下的规划思想要不得。"但没有详细说明，现在想加以补充。

长办对三峡工程的指导思想，想把现在由中游洞庭湖和"荆江分洪区"等蓄洪区所担负的滞洪任务，转移给上游三峡库区来承担，还是"以邻为壑"和"舍上保下"的思想。结果下面既保不了中下游的防洪，上面却给四川造成比1870年和1981年更大的洪灾。这个片面性的指导思想，可能比"舍南救北""蓄洪垦殖"两次错误铸成不可挽救的更大的错误。

（1）三峡工程保不了长江中下游的防洪

三峡工程正常蓄水位175米方案，防洪库容只220亿立方米，并不能满足中下游的防洪要求。例如目前如再遇1954年洪水需要解决的超额洪水达700亿立米，如遇1870年上游特大洪水需要解决500亿立米，三峡水库仅能拦蓄其中一部分，它仅能代替荆江分洪区和城陵矶以上的部分蓄洪量，仍然还要利用其他蓄洪区。对于武汉附近地区既不能降低洪水位，也不能减少蓄洪量，对下游江西及安徽更不用说了。

（2）三峡水库采取"蓄清排浑"方针，难以解决洪水和泥沙的矛盾

为了尽量减少水库内的泥沙，三峡采用"蓄清排浑"的运行方式。在冬季泥沙少的时候水库拦蓄清水，至夏秋季洪水泥沙多的时候放低水库水位，下排浑水。所以设置了23个7米宽9米高的深孔，以便在低水位时可以把洪水和泥沙放下去。

但是当大洪水来时，为了下游的防洪要求，水库更需要拦洪。这时正是泥沙特别多的时候，所以变成"蓄浑"而不是"排浑"了，就将有大量泥沙淤积在水库内，将发生严重的库尾碍航问题。这种情况在泥沙试验中还研究得不够。

另一方面，据计算三峡工程建成初期大部分泥沙将淤积在库内，下排泥沙较少，但在葛洲坝以下将逐步沿程冲刷，又加大水流含沙量，把泥沙带下去。三峡水库运行后期，下排泥沙将逐渐增多，达到80%～90%泥沙下泄，与未建库前差不多。因此，对长江中游荆江和洞庭湖的泥沙淤积问题，仍然难以根本解决。

（3）长江上游也有严重洪水灾害，三峡建库将增加四川洪灾

长江中下游的洪灾固然很严重，而长江上游四川境内的洪灾也十分严重，已如上述。作为长江流域规划办公室应统管全流域，应对上中下游的防洪都加以考虑，只顾中游而无视上游防洪，"舍上保下"的片面观点是十分错误的，把1958年成都会议上周总理说的"防止集中一点不及其他"的教导忘得一干二净了。

最近发生的1981年洪水和历史调查最大的1870年洪水，都是长江上游的大洪水，所受灾情都非常严重。但对上游的防洪问题长办一向不管，1981年四川发生特大洪水后，未见长办研究过上游防洪治理方案。此次长办提出长江上游干支流建库方案，仍主要针对中游的防洪作用，而对上游的洪灾能起多少作用，也没有提到，是否有意避而不提？

三峡建库还将进一步壅高库尾重庆洪水位，加重四川洪灾。川江在重庆以下17公里受铜锣峡的阻障，就壅高重庆水位。夔门两侧高山陡峭如壁，河宽只几百米，把滔滔大江束住，形成《中国水利》杂志登载过的"夔门水囊重剪裁"，其意义也是说夔门要壅高四川洪

水位。三峡建高坝，影响将更大。打个比方，我们看电影或开大会散场时，到门口一堵，后边就拥挤不堪。洪水与会场的人还有所不同，因为会场散会后没有川流不断的人从后门再进来，而川江的大洪水是狂澜大浪，持续数十天汹涌而下，三峡大坝一挡，它就往后壅，再加上泥沙淤积，势必越壅越高，四川不得了。这个比方大家一听可以明白了。

三峡大坝如按坝顶高程185米建成后，遇到1870年那样的特大洪水时，为了保证荆江大坝的防洪安全和减少中游的分洪任务，将尽量利用三峡水库拦洪，势必超蓄到180米或更高些。而且大洪水年就是大沙年，在蓄洪过程中，将把大量泥沙特别是推移质卵石、砾石、粗砂淤积在库尾，既要严重影响航运，水库回水曲线还将进一步壅高重庆洪水位，将达到200米以上！将增加四川盆地多大的洪灾损失！将造成多少人身伤亡！而且嘉陵江带来的大量泥沙，将淤积在嘉陵江口形成拦门沙，又进一步壅高嘉陵江的洪水位，还将增加多大的危害！

总之，三峡大坝方案，企图"舍上保下"，结果害了四川，保不了武汉，我认为可能又要出第三次更大的片面性的错误，将造成不可挽救的大问题。

诚如周总理1964年论黄河三门峡改造问题时说的："不能只顾下游，不看中游，更不能说为了救下游，宁肯淹关中，这不是辩证的说法。做不好，上下游都受害怎么办？"

长江虽然与黄河有所不同，但是泥沙也是很多的，建水库防洪都会使上下游发生严重矛盾。周总理对黄河三门峡工程的重要教导，对我们现在论证长江三峡来讲也是适用的。长江的治理，也不能只顾中游，不看上游，更不能说为了救中游，宁肯淹四川。做不好，也存在上下游都受灾怎么办？

（三）对长江防洪提出以下具体建议

1. 认真加快完成平原防洪工程

1958年中央成都会议通过的决议中，曾指出"在防洪问题上，要防止等待三峡工程和有了三峡工程就万事大吉的思想"，并具体指出"洞庭湖水系的规划问题和两湖间的防洪问题，应当于最近期间召集有关省份有关部门的负责同志开会商议，定出方案"。

1972年长江中下游防洪规划座谈会提出平原防洪方案以来，迄今已18年。1980年又召开长江中下游防洪座谈会，再次肯定了1972年平原防洪方案，并在会后向国务院写了"关于长江中下游近十年防洪部署的报告"，至今快十年了，据去年检查，仅完成计划投资的40%。为了减少人民生命财产的损失，希望有关部门不要再拖延了。

2. 清除江湖障碍，要严格立法坚决执法

长江的防洪如此重要，却还在江湖上设置障碍物，减少泄洪能力，加剧洪水威胁，是很不应该的。

建议对江湖内设障要严格立法，对于行洪道内一切阻水的围垸、芦苇和其他建筑物，必须限期清除，立法后还必须坚决执法。

3. 荆江大堤是否会溃决，取决于隐患是否消除

洪庆余总工程师在《世界经济导报——地区发展战略研究——三峡问题专辑》的一篇文

章中，有12处提到荆江大堤的重要性。他担心现在再遇1870年洪水时"荆江大堤由于自身的隐患而先溃"。可见堤防是否溃决，在同样的洪水情况下，主要决定于隐患是否清除。

同一资料中，长办规划处处长方正的文章也说："根据实际资料，一般溃决大都由于险情处理不及时或处理方法不当所致，真正溃决的还是少数。目前沙市每年汛期水位达43米以上时，荆江大堤即陆续出现险情。"

查荆江大堤于1954年曾出现堤身隐患、堤基漏水和迎溜顶冲等各类险情达2367处。经过30余年来的加固，大有改善。但八十年代初期几次较大洪水时，还出现险情74-143处。如果堤防险情不予消灭，荆江大堤始终处于溃决的危险之中，即使兴建三峡工程也不能解决这个问题。所以认真消除险情，加固荆江大堤乃是当务之急。

水利老专家孙辅世同志在《中国水利》1983年6月发表的《关于择优进行水利重点建设问题》一文中说："长江的吹填渊塘是加固堤防的有效措施，且已取得成功的经验。长江荆江大堤据估计吹填30公里和筑平台145公里，宽30～50米，约计土方5000万立米，另外堤身加高培厚约3000万立米，可以达到沙市水位45米的标准。"我认为这是切实可行的方案。

据水利部的张英同志说，用挖泥船吹填堤背的工程，曾从荷兰进口四艘大挖泥船，"目前荆江大堤上不是挖泥船少了，而是投资太少，挖泥船窝工。荆江大堤尚需吹填土方5256万立米，需投资1亿元。如果仍按近几年每年投资平均400多万元，则需16年才能吹完。"

对吹填堤背加固大堤这样重要的工程，挖泥船还在窝工，所需投资1亿元比三峡工程投资要少得多，为什么不给足经费加快吹填呢？正如两千年前孟子所说："非不能也，是不为也。"

4."蓄洪垦殖"的错误方针必须改革，建议部分退田还湖，恢复鱼米之乡

（1）利用湖泊洼地蓄洪，是符合长江自然条件的一种非工程防洪措施。世界上各国对于防止特大洪水，都感到建巨大的防洪工程，所需投资很大，经济上不合理，所以都强调非工程防洪措施。

（2）蓄洪区必须做好安全设施。利用分蓄洪区进行蓄洪，必须因地制宜地做好安全区、安全台、楼房、转移道路，船只和通讯设备等各种设施，以尽量减少生命财产的损失。

洪庆余总工程师向人大财委会汇报时，曾提到建几层的高楼，准备临时躲难，每人给一平方米。林一山同志插话说："洪水冲击波也会把高楼推倒。"而洪庆余在答复我的书面意见中说："对武汉市区1954年防汛时，事先划定各片居民躲洪高楼，以备万一堤防溃决可以安全转移。"对于高楼躲洪问题，林、洪两同志的说法，不是互相矛盾吗？我认为汉口实际也是四面都是堤防的孤岛，许多高楼在1931年大洪水中没有被冲倒，这是事实。因为林一山同志主要想建三峡工程，所以对平原防洪中蓄洪垦殖区设安全区、安全台，包括建高楼临时避洪等措施很不重视，而且还要否定它的作用，以达到其修建三峡的

目的。

王任重同志在洪庆余同志汇报时插言说:"原来这一带沿江沿湖家家户户有一条小船,日常用品往船上一放就走了,多年不闹水灾,小船也没有了。"我认为要有居安思危的意识,小船确是湖区居民逃洪保命的一个好办法。

(3) 建议对"蓄洪垦殖区"作重大改革,逐步改为"蓄洪养殖区"。

现在蓄洪垦殖区内耕地、人口、房屋和其他设施很多,遇大洪水时要利用它蓄洪,淹没损失很大是一个矛盾。而且人口将不断增加,经济还要发展,如果与一般地区一样发展农业和乡镇工业,蓄洪时的损失将愈益增大,矛盾将更为尖锐。对此矛盾如何考虑?不能听之任之而徒唤困难。我认为必须从蓄洪的需要出发,尽量减少淹没损失和保全人民生命财产的安全,进行重大的改革。

1985年国务院批转《关于黄河、长江、淮河、永定河防御特大洪水方案报告》的通知中指出:

"要严格制止盲目围垦湖泊洼地,对于应该退田还湖的,要抓紧落实。"据此希望长办全面检查一下,对一些妨碍行洪或严重壅高江湖洪水位的围垸立即予以废除,退田还湖,发展渔业生产。这样虽然减少些粮食,但鱼类高蛋白,营养价值比粮食还高。改"蓄洪垦殖区"为"蓄洪养殖区",结合发展渔业,家家户户有船,蓄洪时可用来安全转移,平时还可为渔业作业和发展湖内外的水运。

根据《长江开发报》1987年10月8日报道《长江中下游渔业资源严重衰退——我们的后代还有鱼吃吗?》一文中说:"长江流域鱼产量五十年代曾达到45万吨,80年代初期下降20多万吨。"两湖地区本是鱼米之乡,需要大力发展渔业和利用水面优势提倡养鱼、虾、蟹、鸭、鹅、青蛙、甲鱼、蚌珠及莲、藕、菱角等。

5. 洞庭湖应当积极治理

洞庭湖受到"舍南救北"和"蓄洪垦殖区"历史上两项错误方针的危害很大,现在应当花力量积极进行治理。

洞庭湖由于泥沙不断淤积和人为大量围垦,滞洪容积随之大为缩小,湖水位被迫抬高,洪涝威胁日益加剧,以及水系紊乱,洪道淤塞。围垸内排涝愈来愈困难,电费负担很重,每亩电费少则二元,多至五元,仅为湖区排涝就要50万千瓦的一个大电站。湖区航运也被围堤隔断而不通。据报载洞庭湖区有三万农民感到洪水来时的危险已自动撤离,到别处另谋生计去了。

湖南省对洞庭湖区防洪蓄洪规划中,分别安排了11个加强保护的重点堤垸和30个准备蓄洪的堤垸,是很好的。如将重点堤垸以发展粮食为主并发展乡镇企业,而把准备蓄洪的堤垸逐步改为发展渔业为主;以便尽量减少蓄洪时的淹没损失和人身死亡。在这些准备蓄洪的堤垸内,退田扩大内湖,缩小耕地,扩大水面。部分农民改为渔民,大力发展渔业及养殖水生动植物。扩大内湖后对排涝还有好处。建议先选择一些蓄洪堤垸作为改革的试点。湖南省科技咨询中心对洞庭湖开发研究中，曾提出从蓄洪堤垸内迁出30%居民至湖边丘陵地区发展乡镇工业，这也是减少分洪困难的战略措施。

为了控制长江分流入洞庭湖的流量和泥沙，需在松滋口和藕池口建闸。只在大洪水时才开闸分流入湖，一方面可增大荆江河段的造床流量，逐步提高荆江泄洪泄沙能力，尽量把泥沙泄下去到海口造地，要千方百计尽可能地不要使泥沙留在中游的荆江和洞庭湖等地区。同时可相应增加荆江河段的水深，有利于航运。这样做法，既有利于洞庭湖，又有利于荆江，是符合周总理五十年代所指示的"江湖两利"原则的。

6. 结合综合利用抓紧建支流水库

长江流域有众多大小支流遍布各省区，有许多支流经过多年勘测研究，可建水库和水电站的地方很多。

长办最近提出的上游干支流水库14座和20座两个方案，共有总库容507亿~903亿立方米，其中有效库容285亿~465亿立方米，装机容量2500万~4400万千瓦，无论库容和发电容量都比三峡工程还大得多。而这些水库位于峡谷山区，淹没损失较少，共需迁移39万~49万人，较三峡水库移民少得多，而且比较分散，易于处理。这些水库控制的流域面积共74万平方公里，占三峡以上总流域面积的74%。长办所强调的宜昌以上川东还有30万平方公里的暴雨区没有控制，我看也是夸大其词。事实上其中仅有几万平方公里是暴雨区，其余大部分并非暴雨区。

长江中下游支流在建的大水库5座、可能兴建的有8座，共计总库容498亿立方米，其中有效库容315亿立方米，装机容量977万千瓦。

当然，这许多支流的大水库和大水电站，不可能同时兴建，将随同国民经济发展而陆续建设。此外，许多中小支流，还可建设大量中小型水库和中小型水电站，可进行梯级开发，有条件的可以渠化通航。

兴建支流水库有很多好处：

（1）可满足各地区经济发展中对发电、灌溉、航运、给水、旅游的需要，使各地区（包括各少数民族地区）都能充分发挥当地的矿产和其他资源优势，振兴经济，脱贫致富。

（2）支流水库开发后，不仅可以减轻本河流的洪灾，还可以减少长江干流的洪水。

（3）支流水库调节径流，增加本支流和干流枯水流量和水深，既增加本流域的货运，也有利于改善长江干流的航运。

（4）支流水库规模较小，工期较短，见效较快。地方上有积极性，可以加速开发。

（5）大小支流从上到下建库，可步步为营，处处设防，逐级拦泥，减少下泄沙量，减轻干流淤积。

（6）各地的中小支流开发后，既有电，又有水，乡镇企业可大发展，减少剩余劳动力，改善人民生活。

总之，大小支流的开发，对长江流域和全国的经济发展可起到不可估量的作用。现在水电部已经感到三峡工程一时上不去，已在很多支流上建大小水电站，这是一种可喜的转变。

7. 切实加强水土保持工作

我在1986年12月28日三峡工程第三次论证会上的发言中，曾提出"加强水土保持工作是治理长江的根本大计"。三峡工程论证会上很多同志也提出这个问题。现在领导小组接受大家的意见，向全国水土保持协调小组建议，将长江上游列为全国水土保持的重点区域，由长办组建长江水土保持局，这是很必要的。

大力植树种草，做好水土保持工作，既可改善生态环境，又是水源涵养之本，还可减少泥沙对河道、水库和湖泊淤积，是解决洪旱灾害的根本之道。

每年植树节邓小平同志不但本人而且连家属一起出来参加植树造林，不顾高龄、不顾工作繁重，以身作则，可谓竭尽提倡之能事也。各级党政机关和全国人民都应响应，共同做出全面规划，千方百计（包括飞播）地在若干年内要把在电视上看到的远远的光秃秃的山丘都变成森林郁茂，实现绿化，使中国的森林覆盖率达到世界先进水平。那时风景优美、人身健乐，天地人之间互相依存之形态也将明显地体现出来，生态环境将大大改善。

8. 努力提高科学技术和管理水平

党的十三大报告中，对提高经济效益问题，把发展科学技术和教育事业放在首要位置，指出"现代科学技术和现代化管理是提高经济效益的决定性因素，是使我国经济走向新的成长阶段的主要支柱"。

对于已建防洪工程如何加强管理，清理河障，维护工程质量，改善预警通讯设施，以及大洪水来临时如何对各种防洪措施合理调度，如何提高管理水平，以便更好地发挥已有工程的效益。

二、电力

发展电力要先支流后干流，要水火结合，因地制宜。

长江流域的水力资源非常丰富，据长办统计全流域可能开发水力资源近2亿千瓦。其中各支流可建水电站4440座共10659万千瓦；干流上游5级（包括葛洲坝和三峡在内）共2543万千瓦；金沙江下段9级可开发5033万千瓦。

（一）长江流域水力资源的开发应采先支流后干流的顺序

1. 长江有几条支流，都是大河流。

上游：雅砻江、岷江、大渡河、嘉陵江（都在四川省），乌江、赤水河（贵州省）。

中游：湘江、资水、沅水、澧水（湖南省），汉江、清江（湖北省），赣江、抚水、饶水、信水、修水（江西省）。

下游：淮河（安徽省），瓯江、飞云江（浙江省），闽江（福建省）。

以上上、中、下游各支流都可以建许多高、低水坝和大、小水电站。不少同志提出过各种支流水电站的开发方案，都可发电一千几百万千瓦，因此，长江流域发电是有条件先支后干，而不应当先建三峡，后搞支流。但好大喜功急于求成的思想，总留恋在脑海中，不容易放弃。

2. 先开发支流，建设规模较小，工期短，产出快，可陆续就近先供应2000年前的用电需要。三峡大坝即使很快上马，也要到下世纪初才能开始发电，二十年以后，才能发挥全部效益。远水救不了近渴，而且积压投资、影响2000年工农业总产值翻两番的宏图。

3. 支流开发，渠化通航，要尽可能地同梯级发电相结合。航运、发电、灌溉、蓄洪、拦沙、发展乡镇企业，增加货运。而且枯水期间，有些支流电站都要发点电，下点水，汇集到干流，航道加深，有利于枯水期间干流的航运。

4. 支流开发，可以受到各省的欢迎，发挥他们的积极性，好处很多。例如湖南省为沅江五强溪水电站自愿负责移民问题；湖北省自愿集资六亿元支持清江隔河岩工程；四川省要集资一半支持雅砻江二滩工程，还想开发渠江、綦江的通航和发电，我们在重庆调查时将为我们放映录像。此外还想改造涪江的死坝，使之通航。在目前条条块块的改革还没完成以前，调动各省这样的积极性，很有必要。

5. 各支流的上游，大多数是高山地区，应当由地方、集体、个体开发中小水电和微型水电站。最近已在全国100个县做了试点，应当迅速全面推广，大力支持和指导短期培训，供给中小型、微型水电机组，凡有中小支流和溪沟的地区，从几个、几十个、几百个到几千个千瓦的电站，谁建谁有，遍地开花。在目前大网还无力送电到这些偏远山区的时候，使广阔山区先电气化，烧水做饭，可以少砍森林，发展农副业加工，是减少水土流失和扶贫致富的一条出路。而且长江流域这些山区，多系当年红军长征走过的少数民族地区，得到他们的帮助很多。今天他们连温饱还有问题，不能忘记他们。从民族观点出发，对中华民族大团结，有重要的政治意义。

参政议政篇

没有工程设计就不可能施工[1]

无论进行任何基本建设的工程，一定先要考虑好怎么做法。"怎么做？"就是一个设计问题。我们过去有些基本建设的投资，没有经过设计，只凭热情和愿望，就动了工。这是还不知道怎么做，或者没有考虑好怎么做，就已经动手去做，结果不是做不好，就是做不成；或者中途改变，翻工重建。这样，不但耽误了时间，还使国家建设资金蒙受了重大的损失。今天本报所发表的像东北国营第三造纸厂的例子，以及其他同类的例子，就是值得各级人民政府全体工作人员共同警惕的教训。为了避免这种损失，政务院在1950年12月14日曾发布决定，规定："中央人民政府或地方人民政府批准的一切企业投资或文化事业的投资，在请领款项以前，必须审慎设计，做出施工计划、施工图案和财务支拨计划，并须经过各该级人民政府或其财经、文教机关的批准。未经设计，未做出施工计划、施工图案和财务支拨计划，或已作而未经批准者，财政部门应拒绝拨款。"此项规定之所以必要，不仅为了使国家在现金运用的迟早上，为求合理，更主要的是为了减少国家在建设中的浪费，也就是加强国家投资的计划性。

因此，"施工必先有设计"是今后基本建设工作中的一个基本原则。基本建设是我们国家工业化的具体路程，是百年大计的工作。基本建设工程都属现代的很繁复的工作。这种建设，往往牵连很广，影响重大。其质量的高低和价值的大小，都是由设计的好坏来决定的。所以设计工作是基本建设施工以前的重要关键。

有些人说："有了计划，就可以施工了。"这是不对的。一般的计划只是说明"做什么？"并不能说明"怎么做？"必须有了设计，才能解决"怎么做"的问题。因为，计划是偏重于方针性的；设计是在建设方针指导下，偏重于技术规划的，是经过详细计算的。也可以说：计划是设计的指导，设计是计划的进一步的依据。

设计是一件综合性的非常细致复杂的组织工作和技术工作。进行设计或审核设计往往需要一个相当长的时间。在设计以前，必须收集一切有关资料，如厂址、工程地质、气候、风向、水源、动力、交通运输、原材料供应、资源情况等，作为设计的依据，经过详细研究、调查和比较，结合理论、经验和实际情况，才能作出整个设计，决不能草率从事的。

为什么我们有些同志对于基本建设实际上是采取草率从事的态度呢？这是有历史的和社会根源的。

---

[1] 原文刊于1951年6月6日《人民日报》第一版。

有些同志习惯于农村生活那种比较散漫的工作方式，以为工业也和小生产的农业差不多，只要大致有一个计算就行，所谓"八、九不离十"，他们不深切了解工业的复杂性和严密性，以为建设工程开工之后，可以在中途随意改变计划，好像禾苗可以搬来搬去一样，这种思想作风为害是很大的。

另外有些同志对于工业有很高的兴趣，对于基本建设尤富热情，但却不知基本建设的规律，而抱着好大喜功的心理，但求速成，不问实效，这种只凭热情而缺乏科学精神的急性病，对于基本建设是十分不利的。

当然，以我们国家现有的条件，进行周密的工程设计，不是没有困难的。我们应该承认：我们在基本建设方面还缺乏经验，设计工作人员还非常缺乏。但是，要走路总是要学步的，不能因困难而老不学步。对于我们进行基本建设的一个有利条件，是可以尽量吸取和学习苏联先进的经验，并可在重大而繁复的设计工作上取得苏联专家的帮助。因此，只要我们自己肯努力、肯学习，就能积累经验，为新中国的建设创造更大的成绩。

我国第一部基本建设工作条例的诞生

1949年10月1日新中国诞生，成立了中央人民政府，设立了政务院，下设财经、政法、文教3个委员会和各部、署。中央财经委员会主管全国财政金融和经济建设与管理事宜，主任为陈云，副主任薄一波（主管财政金融）、李富春（主管经济建设和管理）。下设计划局，为实行计划经济，统筹规划全国财经事业的经营管理和建设工作，局长宋劭文。

我自1949年6月辞去国民党政府经济部长兼资源委员会主任委员职务后，在香港先后与中共在港负责人乔冠华、张铁生、罗哲明等同志取得联系，并由邵力子先生在北平与周恩来总理联系来北平。

旋因我发动和组织资委会在香港的国外贸易事务所员工起义，经过激烈斗争，到1949年11月初，起义工作成熟，即将正式通电宣布，我得罗哲明同志同意才携眷乘轮北上，到青岛经济南、天津抵达北京，受到周恩来总理的接见和宴请。在我北上途中已任命我为中财委计划局副局长，与钱昌照、孙晓村同为该局党外人士副局长。按局长分工原则，我主管计划局的基本建设、轻工业和天然财富（即煤矿、石油、天然气和水电等资源的登记）3个处。计划局还设有各专业处，如重工业、煤业、电力、铁道、农业等处，各有副局长分管。

什么叫基本建设

新中国建国初期，各项建设千头万绪，很多尚无先例可援。当时计划局的各专业处原应主管各该专业的生产经营和管理等工作，但他们却要管基本建设工程。例如长春第一汽车制造厂的建设与重工业处有关，由主管重工业处的副局长主持办理。又如官厅水库的建设，由于事关农田灌溉，与农业处有关，由主管农业处的副局长主持其事。我是主管基本建设处的副局长，因而无事可做，基本建设处也没有什么具体工作。

我们新中国成立之初是学习苏联实行已久的社会主义计划经济。那么社会主义计划经济的基本建设工作究竟应当怎么做呢？当时中财委聘请苏联专家三四人，其中巴士宁同志是主管基本建设的专家。我为了开展基本建设处的工作，经常去请教他，向他虚心学习。他详细介绍了苏联实行计划经济的经验和推行计划经济所规定的各种表格以及基本建设的具体工作程序等，以资借鉴。由于谈话是通过非专业翻译人员翻译的，因而往往词不达意，一时不易听懂。但我为了弄清基本建设工作的要点很有耐心，继续不断地向巴士宁同志请教，终于懂得了凡是由国家投资建设的工程，包括农、轻、重各项新建和扩大再生产的工程项目都是基本建设工程，都应由基本建设处主管。待建设完成以后，移交生产单位管理，才由各专业处主管生产经营管理的工作。这在原则上同解放以前我国的办法差不多一样。例如修建一条铁路，在建设时期属某某铁路工程局。又如一个有钱的人有一块房基地，想盖一所住宅，请一位建筑公司的工程师设计，要求有几间卧房、客厅、卫生间、厨房等，这就叫设计任务书。这位建筑工程师按照业主的意见设计，画出草图，然后招标，由得标的营造厂修建。这里所说的建筑公司，解放后叫设计院，所说的营造厂，就是解放后的建筑公司。后来经过资本主义工商业的改造，财东没有了，都是国家或集体投资了。所以我说这与解放前的办法原则上差不多一样，就是指此而言。

基本建设工作程序暂行办法的拟订

陈云主任在建国初全面主持全国财经工作时期，对于我国的基本建设工作十分重视。他责成计划局基本建设处具体研究并制定相应的规定，颁布全国遵照执行。

由于宋局长的领导，苏联专家的帮助并在基本建设处副处长郭可诠和吕克白以及有关同志的通力合作下，在学习和吸取苏联先进经验的基础上，结合我国的具体情况，并与各有关农、轻、重的专业处共同研讨，多次会商，根据政务院1950年12月14日发布的《关于决算制度、预算审核、投资的施工计划和货币管理的决定》所规定先设计后施工的程序办法，拟订了一份《一九五一年基本建设工作程序暂行办法》草案，由计划局呈报中财委陈云主任和李、薄两位副主任核定，奉批即规定为《基本建设工作程序暂行办法》。这一条例内分六节，共计28条。

第一节是计划之拟订与核准问题。条例规定，中财委根据中央人民政府通过的国家年度财政总概算，提出年度基本建设控制数字，分发各部各大区及有关省市区财委。各部根据控制数字迅即通知所属建设单位，并领导由下而上地编制年度基本建设工作计划。各单位编制年度计划时，要以政务院颁布之基本建设计划表格为主体，将本年度所进行之设计工作及施工工作等列入计划表内。对设计工作和施工工作的要求，条例作了详细的规定。各类建设单位年度计划按核准程序核准后，如需变更计划，非经原核准计划之机关批准，不得自行变更。

第二节是关于设计工作的规定，要求设计工作分为初步设计、技术设计及施工详图3个步骤，依次进行。条例还明确规定了各个步骤的详细内容，设计文件的核准程序。

第三节规定了施工的条件和拨款的办法，强调建设单位应依据批准的设计拟订施工计划，经有关部门核准后方得开工；基本建设经费拨款，一般以核准的年度计划为依据，财政部将款项由国库划拨给银行，特殊情况需预拨款项的由主管部审核呈请中财委核准。

条例其他几节规定了基本建设工作的报告与检查、工程决算与验收等制度，明确了各级领导人的责任及地方基本建设项目的报批办法。

《基本建设工作程序暂行办法》基本上确定了基本建设工作过程的各个环节及其先后次序，虽然不尽完善，但使当时刚刚起步的基本建设工作有所遵循，为以后有计划地进行基本建设工作打下了基础。

《人民日报》社论宣传施工必先设计的原则

上述基本建设工作程序暂行办法系于1951年3月29日由中财委以计（建）字第984号文颁发各大行政区、华北五省二市及内蒙古自治区财委及中财委所属各部署和地质工作计划指导委员会等遵照执行。

由于此办法关系国家建设大计之执行，陈云主任对此十分重视，他说："搞基本建设，事前一定要设计。一般的工厂设计工作要一年以上，要看这个地方的地层怎么样，水够不够，水的化学成分对锅炉有什么损害，等等。我们是从乡村出来的，往往不大懂这一套。我们现在还不会，要从头学起。"为此，他指示我们应加强对各方面进行宣传教育，并特地介绍我与《人民日报》社长范长江和副社长邓拓见面。

后来范、邓二位正副社长请我吃饭，并要我写一篇有关此事的文章。他们也对此特别重视，即作为该报的社论，题为《没有工程设计就不可能施工》，刊载在1951年6月16日《人民日报》的头版上。

我在社论中指出，基本建设是我们国家工业化的具体路程，是百年大计的工作。基本建设工程都属现代的很繁复的工作。这种建设，往往涉及面很广，影响重大。而工程的质量高低和价值大小，都由设计的好坏来决定，设计是基本建设工作的重要关键。过去在此项工作中，经常不经过设计，只凭热情和愿望，还没有考虑该怎么做，就动了工，结果不是做不成，就是做不好，或者中途改变，返工重建，使国家蒙受重大损失。因此，"施工必先有设计"是今后基本建设工作中的一个基本原则。设计和计划也不同。一般的计划只是说明"做什么"，并不能说明"怎样做"；计划是偏重于方针性的，设计是在建设方针指导下，偏重于技术规划和经过详细计算的。设计工作是一件综合性的非常细致复杂的组织工作和技术工作。在设计以前，必须收集一切有关资料，如厂址、工程地质、气候、风向、水源、动力、交通运输、原材料供应、资源情况，等等，作为依据，经过详细研究、调查和比较，结合理论、经验和实际情况慎重设计，决不能草率从事。

明确了设计的重要性后，我在社论中也分析了当时作为设计工作的困难条件。我国设计工作人员缺乏，基本建设工作还缺乏经验，一些领导同志习惯了农村比较散漫的工作方式，不了解工业的复杂性和严密性，有的人热情很高但缺乏科学精神，这都是对基本建设工作十分不利的。最后，我写道，要走路总是要学步的，不能因为困难而拒绝学步。只要我们肯努力，肯向苏联等先进经验学习，不断积累自己的经验，就能为新中国的建设作出更大的成绩。

我根据陈云同志指示精神写的这篇社论，对基本建设工作产生了较大的影响。

基本建设工作必须有"铁的纪律"

我记得曾有一次和陈云同志一同在计划局的小灶食堂吃饭，坐在一桌，我说："共产党真好！"他问我，共产党好在哪里？我一时答不上来。他说："共产党好就好在有铁的纪律。"也正如毛主席所说的，共产党人最讲究"认真"二字。上述基本建设暂行办法的颁布以及《人民日报》的社论发表以后，无论中央各部门和各省市都注意认真学习并严格按照规定办法执行。很多部、署、局纷纷要我去讲解说明。每次我去讲解的单位，听者很多，他们一面听，一面问，十分认真。我也尽我所知，一一予以回答。经过讲解说明以后，一般都有这样一句话："现在懂啦，我们一定按照规定办法，严格遵照办理。"从此基本建设处的工作也就打开了局面，而且工作忙了起来。

大众传播媒介确有不可低估的作用。陈云同志不但在经济工作方面有天才，而且也很重视宣传教育工作，因而取得很好的效果，实在使人五体投地地佩服。我记得张治中同志对陈云同志的政府经济工作报告曾说过："我在国民党政府时，从来没有听到过像陈云同志这样精辟的经济工作报告。"张治中同志这句话，真是一语中的。新中国成立后，正是由于陈云同志出色的领导艺术，使得三年经济恢复和第一个五年计划期间，各项基本建设工作都能取得巨大的成绩，为我国的工业化打下了初步的基础。

后来由于1958年的"大跃进"运动，所谓"一马当先，万马奔腾"和"一天等于二十年"浮夸风的盛行，因而基本建设工作程序暂行办法不但得不到完善充实修订，还把它丢掉了，而实行所谓"三边"政策，即边设计，边施工，边修改，或者边勘测，边设计，边施工。由于急于求成，仓促上马，造成许多返工浪费和半途停工等现象。同时陈云同志所说的"铁的纪律"，也就无影无踪地消失了。这是一个十分深刻的教训，我们应当很好的吸取，为我国的四个现代化建设作出贡献。

参加政协第二届全国委员会会议的收获❶

我这次参加中国人民政治协商会议第二届全国委员会第一次全体会议，觉得非常光荣。在开会之前，我原以为我们已经有了普选产生的全国人民代表大会，已经有了宪法，因而对政治协商会议的组织究竟是什么性质和应做什么事，在思想上是很模糊的。等到听了周恩来副主席的政治报告、陈叔通副主席的第一届全国委员会工作报告和章伯钧委员的关于政治协商会议章程草案的说明以后，我才认识了自己原来不正确的看法。

第一，政治协商会议是一个统一战线的组织，现在虽然它的第一次全体会议所代行的全国人民代表大会职权的任务，已因普选的全国人民代表大会的召开而结束，它的共同纲领也已为宪法所代替，但它的人民民主统一战线的职能，仍将继续发挥作用而没有改变。

第二，摆在我们面前的两大任务，一、解放台湾，反对侵略，保卫亚洲和世界和平；二、完成社会主义建设和社会主义改造事业，都是艰巨、复杂而长期的斗争，必须在共产党和毛主席的领导下，动员全国人民，万众一心，全力以赴，才能胜利完成。因此，作为团结全国各民族、各民主阶级、各民主党派、各人民团结、国外华侨和其他爱国民主人士的人民民主统一战线的组织，不但有必要，而且更应当加强和扩大。所以第二届全国委员会的名额比第一届有了增加。这是很正确的。

我参加这次会议，正确地认识了中国人民政治协商会议的性质和它的必要性及其重大作用，也知道了参加它的成员应做的工作和应尽的责任。这次会议对我来说，等于上了一堂政治课，使我的认识提高了一步，我感到十分愉快。我保证遵守章程总纲的七项准则，特别要注重第七项的学习马克思列宁主义的理论，展开批评和自我批评，不断地进行思想改造。在提高自己政治水平的基础上，进一步尽到我的作为政治协商会议成员之一的责任，做好团结工作，为我们共同的目标而奋斗到底。

---

❶原文刊于1954年12月《光明时报》。

在全国政协六届一次会议上的发言[1]

主席，各位委员：

我们的大会，是空前的盛会。群贤毕至，少长咸集，生动地反映中华民族的大团结大统一，爱国统一战线的生气勃勃，前程无量。大会开得非常成功，是民主的大会，团结的大会，开创人民政协工作新局面的大会。

这次全国人大和全国政协两个大会，都很好地体现了胡耀邦同志在民主协商会上的讲话精神。大会民主选举产生的国家领导人和全国政协领导人，是深孚众望的。各个领导机构的组成，进一步实现了新老合作的交替。特别是一些年轻的同志被选进了领导岗位，表明我们的第三梯队正在顺利地建设起来。这是十分可喜可贺的现象。党和国家的方针政策的继承性和稳定性，我们国家的长治久安，是完全可以保证的。

赵紫阳总理的政府工作报告，实事求是，使人心悦诚服。我们的国家这么大，十亿人口，这个家本来就不好当，何况经过十年内乱，问题成堆，可以说是千头万绪，百废待举。短短五年，能够出现今天这样的大好局面，真不容易。如果不是共产党的领导英明，政策正确，把广大群众过去受"四人帮"压抑的积极性充分调动起来，要扭转乾坤，是不可想象的。尽管在我们前进道路上还有不少困难和障碍，只要我们在党的领导下，毋忘团结奋斗，致力振兴中华，同心同德，群策群力，我们的国家一定能够一天比一天兴旺发达，一个高度民主、高度文明的，具有中国特色的社会主义现代化国家一定能够胜利建成。

团结奋斗，振兴中华，这是孙中山先生未竟的遗志。现在胡耀邦同志重新把它提了出来，并且加上"毋忘"和"致力"，给这两句话赋予重大的现实意义。我们民革是继承孙中山先生的爱国主义和不断进步精神的民主党派，又是共产党领导的爱国统一战线的一个组成部分，更应该毋忘团结奋斗，致力振兴中华，自觉地担负起历史的责任。我自己是学采矿的，过去开了几十年的矿，开过煤矿、油矿。唐山地震时，我在开滦煤矿，被压在房子底下四个钟头，受了重伤。感谢党的关怀，把我从死亡边缘救活过来。我今年九十岁了，暮年逢盛世，"满目青山夕照明"，心情格外高兴。党和人民要我留在现在的岗位上，我就要贡献一分力量。现在，能源开发是重点，内蒙古正在建设新的煤炭基地，我想把自己关于煤矿的一点知识和经验贡献出来，或许多少有些用处。这样，我的晚年也就不是虚度的了。

---

[1] 1983年6月22日全国政协六届一次会议大会发言材料。

最后，我愿意向台湾当局再进一言。邓颖超同志在大会开幕词中，再一次向台湾当局发出和平统一祖国的号召，辞意恳切，真挚感人，完全符合国家民族的根本利益，反映海峡两岸同胞的共同愿望。台湾当局应当认真考虑，积极响应。爱国一家，一切事情都好商量，都好解决。在台湾，有我的不少老朋友、老同事，希望他们本着爱国大义，同我们一道，共同努力，促进祖国统一大业的早日完成。到那时候，大家就能携手合作，致力于振兴中华的宏图。

我的发言完了，谢谢各位。

在全国政协六届二次会议上的发言[1]

我衷心拥护邓颖超主席的讲话和赵紫阳总理的报也完全同意其他各项报告。

赵总理在报告中指出，今后在经济工作中，要着重抓好体制改革和对外开放这两件大事。我认为，真正抓到了当前经济工作的要害。这两件大事抓好了，一经济关系就可以完全理顺，九十年代的起飞也就有了扎实的基础。

从上次大会以来，我到过山东、河北、内蒙古包头等地看了一些工矿企业；今年三、四月，我和全国政协经济建设组的七位同志又对重庆调查了经济体制综合改革试点的情况。就我所接触到的事实来看，我国现行的经济管理体制确有许多不合理的地方，它越来越严重地妨碍着生产力的发展和经济效益的提高，迫切需要进行改革。不改革是没有出路的。

目前，关于经济体制改革的情况，我看颇有点像当年农村包围城市的局面。广大农村，经过这几年的改革，面貌焕然一新，到处充满活力，给城市带来了很大的冲击，促使城市必须跟上形势的发展，迈开改革的步伐。可以预见，随着城市经济体制改革的展开，城乡互相促进，整个国民经济必将出现前所未有的高涨。我们在重庆见到的改革试点的成效，就很能说明问题。

重庆在一九八三年经国务院指定为西南经济体制综合改革的试点。一年来的实践证明，试点是成功的，经济效益是好的，改与不改大不一样。改革前的一九八二年，全市工业产值七十七亿元，一九八三年增加到九十九亿元，利润总额增长百分之二十六点九，上缴利润增长百分之十九点五，财政收入提前一个月完成任务，第一次出现了经济效益超过经济增长的可喜现象。这一切，进一步解放了人们的思想，开阔了眼界，增强了信心，鼓舞了积极改革、勇于创新的热情。

我很赞成最近报上提出的两句话：时间就是金钱，效率就是生命。既然城市经济体制改革势在必行，而且试点也有了成功的经验，尝到了改革的甜头，那么，改革的展开，还是早一点、快一点为好，抓住当前有利时机，加快改革的步伐。这里，我提几点不成熟的建议，供参考。

第一，要为改革造舆论，造声势，满腔热情地支持一切改革者。经济体制的改革，是一场革命，它不可避免地要遇到种种阻力。报纸上发表的不少事例，都说明改革的道路不是平坦的，改革者的遭遇也不是一帆风顺的。改革的阻力，主要来自经济工作中"左"的思想影响和旧的习惯势力。多年的大锅饭、老框框，许多人已经习惯成自然，有些人就是靠这一套

---

[1] 1984年5月18日全国政协六届二次会议大会发言材料。

过日子，一旦要打破它，谈何容易，不花大力气是不行的。现在就是要动员全社会的力量，造舆论，造声势，克服阻力，替改革开路。改革又是试验，有成功也会有失败，改革者也会有这样那样的失误，这是不奇怪的。问题是要满腔热情地给予支持、帮助和爱护，而不能评头品足，求全责备，给改革和改革者泼冷水。我今年九十一岁了，已经不可能再做实际工作，但我还是愿意追随大家，充当一名为改革摇旗呐喊的老兵。

第二，重视流通领域的改革。经济体制改革的目的，用一句老话来说，就是"人尽其才，地尽其利，物尽其用，货畅其流"。这里，货畅其流对于搞活经济十分重要。我在重庆了解到，许多农副产品运不出去，以致不少霉坏变质，而长江水运潜力却远远没有充分发挥。目前长江全年运量只有五千万吨，而欧洲的莱茵河比长江小得多，每年却有两亿吨的运量。这主要是由于体制上的问题，独家经营，官商作风。最近，民办的民生轮船公司恢复营业，开始打破了这种局面，在长江航运上有了竞争，这是很好的开端。我希望，在不久的将来，有更多的轮船公司出现，使长江的航运能力大大提高，并且打破地区、部门的界限，把水陆联运发展起来，扩大物资交流的辐射范围，这对货畅其流将会起到有力的促进作用。

第三，把原来国营的小型企业以及一部分中型企业交给集体或个人承包。现在全国大中小型企业约有四十万个，国家不管不行，要管又管不过来。与其如此，不如把为数众多的小型企业以及一部分中型企业放开，改由集体承包经营，或者租赁给个人经营。所有权归国家，使用权归承包的集体或个人，独立经营，照章纳税，自负盈亏。固定资产中应当上交的折旧费继续上交国家，生产上也受国家计划的指导。我个人认为，这样做既有利于解决两个大锅饭的问题，能够提高经济效益，增加财政收入，也有利于国家集中力量管好大型企业和重要的中型企业。

第四，加强科研体制的改革，使科学技术更好地为工农业生产和人民生活服务。重庆有个民办的歌乐山保健食品饮料研究所，是由五位退休工程师办起来的。它设在社办的饮料厂内，研究的成果直接转让给工厂，工厂以所得收入的百分之三返还研究所。生产和科研这样结合的体制，收到良好的效果。而我们参观的另一个国营的橘柑研究所，每年有上百万元经费，有很好的人才和设备，如果也能采取那个民办研究所的办法，一定可以发挥更大的效益。

我常常想，我们的党中央太好了，太英明了，方针政策都对头了。正是这种心情使我敢于把自己的一孔之见提出来，请大家批评指正。

最后，我还说一点，我是民革成员。我们民革在新时期的任务，就是以服务四化为中心，以促进祖国统一为重点。这两方面是相辅相成的。实现祖国统一，最根本的是要把祖国大陆的事情办好，也就是大力改革，把四化建设搞上去，同时，把党的政策全部落实下来。一个"上去"，一个"下来"，搞得越好，祖国统一也越快。我们愿意为此而贡献自己的一切力量。

我的发言完了，谢谢各位！

选拔培养人才之我见[1]

中国有句老话："事在人为。"要办好任何事务，关键在于有知识、有能力、有理想、有作为的人，人是最根本的条件。科学技术上的创造发明，有成就的大、中、小型企业的经营管理，都要依靠品质优秀的人才。目前世界上正在开展第四次产业，快速多功能的，向微型发展的电子计算机，多种多样的先进工具，都是依靠有才能的人创造出来和使用控制的。所以我说人是事业的基础。

这里我想根据自己六十多年中开办工矿事业和经营管理企业的点滴体会，谈谈如何适当地选拔和培养人才的问题，大致可分为三个阶段。

培养人才三个阶段

一、初选人才。这是指从大专院校新毕业的青年中挑选，在企事业中进一步培养，有可能成为品质优秀的人才。挑选标准：首先是检验被选青年在学校的成绩是否优秀，要求总分平均在八十分以上，并且各课成绩，特别是主修课成绩必须令人满意。各课全面成绩是进一步培养的基础。其次是体格检查，必须身心健康，能受得了严格的培训和繁忙的工作压力。第三条标准也是最后一道初选关，经过当面口试，测验被选青年的主课学习心得、社会知识、生活爱好、个人理想等是非常重要的，也是个人事业成败的重大因素之一。

抗战期间，我创办甘肃玉门油矿时，这是我国第一个油矿，必须从头培养油矿人才。我就派人去当时后方的几所著名大学，如西北工学院、西南联大和重庆大学等校联系，从学校所推荐的毕业生中，了解他们的学习成绩、平时品德表现、思想和身体情况等，择优录用，作为培养技术和管理人员的基本队伍。

二、业务培训。一个刚从学校毕业的青年，仅有一些专业知识，缺乏实际业务经验，必须在企事业中按照预定的计划，进行严格的培训。安排培训计划，一定要从基层工种工作做起，使他们熟悉全生产工艺过程和互相关联的生产环节，然后到各个技术、经济管理部门实习，让他们对整个企事业的生产、经营管理有一个较为全面的概念。这个培训阶段，大约要一年。在这一年中可以了解到每位受训青年的求知愿望和业务兴趣。便于安排他们适当的工作。

---

[1] 原文刊于1984年2月9日《大公报》。

试用阶段的训练

三、试用阶段。经过大致一年的业务培训，就可以根据他们表现的才能、兴趣和态度，尽可能照顾个人的愿望，安排到较为合适的岗位试用，着重训练和观察他们的工作能力和组成能力。要以言传身教的方式，引导他们学会善于处理问题的方法和步骤。例如，在企业中发生一件急待处理的难题，首先应该抓的是了解真实情况，其次是根据已经掌握的情况，凭着规章制度和个人的经验阅历，拟定几个处理方案，经过反复、慎重衡量，确定一个执行方案；第三步，方案定后，考虑选择执行方案的合适人选，并告知执行人员在工作过程中可能遇到的一些问题和应对措施，使执行人心中有数，便于顺利完成任务；第四步是要求执行人随时报告工作进展情况和发生的新问题，有的问题可能牵涉要变更已定的处理方案，就要立即与执行人研究决定改变方案；第五步是在完成任务后，一定要认真总结经验教训，以期不断提高业务水平。这也是我一生中处理重大问题的经验。

试用阶段一般是四至五年。这是对青年人的考验阶段，考验他们有多大的能量，能够负起多大的责任。当然也是他们走向成熟的阶段。在这个阶段完成时，他们的年龄大致在三十岁上下，正是精力旺盛之时，可以派上大用场。我是最喜欢与这样的年轻人共事的，艰苦的创业，才有可能得以成功。我在创办玉门油矿时，就大批地选用了新从大学毕业的青年，在寸草不长的戈壁滩上创建一座石油城。事实说明只有青年人才能吃得起那样的苦。

关心青年生活问题

在他们为事业艰苦奋斗的时候，最需要关心的是为他们创造一个较为安定的生活环境，特别是如何为这些在不毛之地工作的青年们解决婚姻问题。我的办法是当时在重庆等大城市招收一批从学校毕业而未婚的女青年送到玉门油矿工作，这样矿上的业余活动很快就活跃起来，在不长的时间内就解决了这个老大难问题。大家欢天喜地在戈壁滩上成家立业、安心共同为祖国石油事业而忘我劳动。有不少人今天都是我国石油战线的专家。

经过试用阶段，可以选拔出一批业务能力强的尖子，作为发展事业的骨干力量，交给更重的担子和给予深造的机会。这样就能很自然地解决事业的接班人问题。

总之，善于选择人才，培养人才，使用人才和关心生活，事业的发展定能蒸蒸日上。现在中国共产党提出的干部队伍要实现革命化、知识化、年轻化和专业化，我完全拥护，也正是我所想的。

关于加速首都煤气化的建议[1]

随着现代化城市高层建筑的发展，煤气化是必然的趋势。现在，国务院在抓全国城市的煤气化问题。北京市也把首都气化问题摆到重要议程，并采取积极措施。这是首都建设的大事，也是大家所关心的重要问题。为此，本会经济建设组由孙越崎组长领导的能源专题小组于今年11月间对首都气化问题进行了调查研究，提出一些意见，仅供参考。

一

北京目前气源有三：1.东郊焦化厂，用焦煤为原料，四座焦炉，日供煤气80万立米；2.七五一厂用重油制气，日供气10多万立米；3.燕山石化总厂，每年提供石油液化气14万吨。总计，管道煤气90多万立米，供应13万8千户（包括大建筑群和公共场所，如人民大会堂也作为一户计算），占北京市居民的10%；使用液化气罐的有73万户，仅限于市区居民做饭、烧水；而且不论是管道煤气，还是液化气，供需都很紧张。

据估算要使目前北京居民和中小工厂燃料完全煤气化每日约需供气五六百万立米。

二

现在，北京市已经采取积极措施，加快首都煤气化建设。1.计划1985年从首钢用高炉气顶出30万立米焦化气供北京市民用；2.1988年前完成焦化厂旧炉改造，日产煤气由80万立米增至140万立米；3.1985年从华北油田每天提供10万立米以上的天然气。上述措施完成后，累计可新增燃气100万立米。加上现有的管道煤气，到1988年将有200万立米。4.北京市还准备在大兴县新建日供100万立米的高压制气厂，用鲁奇型煤气发生炉。这一方案尚在酝酿之中。即使完成上述建设计划，日供300万立米煤气，距实际需要也相差甚远。

三

煤炭部最近提出，在河北蔚县煤田开矿建立坑口气化厂向首都用管道输气的方案。蔚县在北京市正西，距北京160公里（直线），煤田储量13亿吨，80%为长焰煤、褐煤，埋藏在地表下270米，上面90米是黄土层，打井容易，产煤很快。蔚县煤矿的开发和建设已列为国家279项重点项目之一，煤炭部表示，如果确定搞坑口气化，煤矿建设可于1988年建成500万

---

[1] 1983年11月25日由孙越崎主持起草的向全国政协递交的建议。

吨的规模。蔚县煤质适于气化，气化率可达百分之六十、七十。如果选用鲁奇型煤气发生炉可用余压把煤气直接输送到北京。煤矿附近有壶流河，流量约三个秒立方，已在蔚县建成水库，每年可供1000万立米水给煤矿的制气使用；另外，还有地下水可用。煤炭部估计，如果初期日供气量定为200万立米，包括气厂、电站、管线、矿区地面建筑在内，全部投资约6亿元以上。开发煤矿和建气化厂对繁荣张家口地区的经济建设有促进作用，因而得到省、地、县三级干部的积极支持。

四

能源小组实地考察了东郊焦化厂、华北油田和蔚县煤田，建议：

（一）根据我国资源情况，到20世纪末，煤炭仍将占我国能源结构中的70%以上，而且我国的长焰煤、褐煤多，适于气化。要提高煤的利用，气化是重要的方法。我们分析，蔚县煤矿建坑口气化厂有六大优点：1.按日供500万立米煤气估算，蔚县煤田现有储量可满足首都煤气化百余年的需要；2.北京市目前每年煤炭需用量为1400万吨，而北京电厂还常因缺煤拉闸分区停电。蔚县煤气化可减少铁路运输的压力；3.用3.8米直径鲁奇炉发生煤气，国外已很普遍，购买这套设备，可以有把握顺利建成；4.造气厂远离北京，没有污染，有利于改善首都环境，当然对当地的污染也应认真处理；5.蔚县煤矿距下花园火车站100公里，公路路面平坦结实，只要加固一些桥梁，开发煤矿及造气用的器材，都可由公路运到矿区。6.下花园至山西高压电线通过蔚县县城，建设初期电源不成问题。因此，实现首都煤气化的较好途径是及早开发蔚县煤田，搞坑口煤气化。

在北京市区附近的大兴县新建煤气厂，厂子排出废水、污气和几十万吨的灰渣，将进一步加剧本来已经达到严重污染级的北京市的环境污染，从外地运进煤炭，也将进一步加重铁道运输压力。因此，是否要在大兴县新建高压煤气厂，建议有关方面慎重考虑。

（二）加速蔚县坑口气化厂的建设。力争1988年建成气化厂第一期工程日供气200万立米，并不是远水不解近渴。为了保证建设速度，最好的办法是：由煤炭部负责建成煤、气、管道及化工联合企业，而不要多头分条管理；同时，要把煤矿的开发建设、坑口煤气厂的建设和管道铺设同步进行。在西郊由北京市煤气公司接收。北京市在市内铺设管道及在高层建筑安装管道，也同步进行。这样，就可以作到煤气厂出气，管子铺好送气，齐头并进。至1988年或1989年北京市煤气化基本可以得到解决。

（三）随着蔚县煤气产量的继续增长，石油液化气罐可以逐渐减少，改作化工原料或出口换取外汇，增加国家经济效益。

我所做的四件事[1]

去年，《人民政协报》开辟了《我这一年》专栏。我看过一二十位政协委员写他们在一年里的成就、心得、学习体会等，使我很受教益。最近，政协报编者仍以《我这一年》命题，约我写点什么。我开始有点踌躇，因为我已九十二岁，虽然残烛尚燃，但是光热甚微。不过，继而又想，这一年来，我担任全国政协经济建设组组长，和大家在一起，无论党内党外，无论七老八十都有专业知识和经验，个个都想为振兴中华多作点贡献，让余热多发点光亮。全组同志这种精神鼓舞着我，大家做了不少事，其中也有我的一份。大事做不了，搞点力所能及的调查，提点建议还可以。在这里讲讲我印象较深的几件事：

（一）近几年来，我一直在考虑，怎样加快我国煤气化建设。它既可以节能，又减少城市污染，还便利人民生活。北京是首都，应当做个榜样。为了探讨北京市煤气的来源，一九八四年初我同经济组的十多位委员冒着寒冷，到华北油田、河北蔚县煤田进行调查。我们了解到蔚县煤田储量丰富、煤质对路、水源够用，距北京二百三十公里，具备建坑口煤气厂的良好条件。如果加快建设，第一期工程可在一九九二年建成日产二百万立方米的煤气厂，用管道送到北京。加上市里原有的气源和华北油田的天然气，就可达到日供五百万立米的气量，基本上可满足目前需要。将来蔚县第二期扩充，使北京市的工厂也用上煤气，并取消罐装石油液化气，出口创汇或做化工原料经济价值高得多。调查回来之后，写了一个建议，受到国务院的重视。后来又与国务院科技领导小组周宣城同志和北京市韩伯平副市长及不少专家们开了几次会，我们的建议被采纳了，现已列入今年计划，第一期工程一九九〇年可以送气到北京市。

今年初，我又与山东省计委主任、煤管局长和周宣城同志及国家计委投资局、煤炭部、化工部、机械部等各部委专家讨论山东龙口煤田坑口气化问题，用管道分送烟台和青岛两市，得到一致赞同，列入今年计划。现在煤气化已成了大中城市普遍的要求了。

（二）去年初，国务院以重庆市作为城市综合体制改革的第一个试点。三月里，我和戎子和等八位同志到重庆市调查。重庆是西南经济中心，但是由于过去经济管理体制上的弊端，没有发挥出中心城市的作用。我们在调查时感到农村改革的形势大好，农村商品生产发达了，直接冲击城市。城市工业生产的发展和小城镇的兴起，商品流通成了大问题。因此感到改革要以搞好流通为中心。除了改革过去分级批发产品的弊病，疏通流通渠道以外，还必

---

[1] 作于1985年3月26日。

须大力发展交通运输。重庆有长江之利,但没有很好地利用。这一点,我印象很深。所以,就在去年七月里,经济建设组又组织了几次关于交通运输问题的专题座谈会,提出了《调整运输结构,缓和目前交通运输紧张状况》的建议。主要内容是:(1)铁路客运用双层客车,货车用多机牵引;(2)公路由国家办高速公路,省、县、群众也办各级公路;(3)沿海和内河航运,只要修建港口和码头,水就是路,运费便宜;(4)航空只要修机场,占地少,见效快,空气就是路,可以缓和铁路长途客运;(5)发展管道运输。原油已用管道,而成品油仍用铁路运输,增加铁路压力。煤占全国铁路运量的百分之四十,不用管道运输,而用几万辆汽车长途运煤,不但太不经济,而且运量有限,港口又无汽车卸煤设备,不能随到随卸,浪费往返时间,以致晋、陕、内蒙古等地煤炭不能全部东运,影响生产。这个建议受到中央和有关部门的重视。但对管道运煤,还有不同意见。

(三)去年下半年,中美国际工程公司在深圳召开成立会的预备会。我是该公司咨询委员会的名誉主任,趁此机会调查了深圳和珠海特区的情况。那里建设速度大大超过内地,但投资者以港澳同胞为主,真正外资不多。以旅游事业为主,真正投资办工业的不多。原材料和日用品进口者多,用内地者少。合作企业多,合资企业少。总之这不是设立特区的本意,有改进的必要。

(四)今年我在北京参加美国旧金山市柏克德公司(现任美国国务卿舒尔茨在任职前曾是该公司最高负责人,有职员四万人,是一个跨国公司。)为煤炭部长江输煤管道可行性研究举行讨论会七天。我上下午都参加,提了一些意见,被煤炭部和柏克德公司所采纳。这条管道把山西长治、潞安的烟煤送至江苏仪征,长一千公里,埋在一米深的地下,买地很少,投资需人民币十亿元,美金三亿元,年运煤一千五百万吨,在仪征集中脱水至百分之十,可发电六百万千瓦,增加现有华东电网一千二百万千瓦的百分之五十的装机容量,对华东工业生产关系重大。设计和建设投产至多六年。中外合资,六年可全部回收投资,外资十一年退出。

另外又讨论了把陕西黄陵县烟煤用管道运至湖北襄樊,长六百五十公里,年运量一千万吨,电厂装机容量约四百万千瓦,可以大大发展华中的工矿企业。

我这一年在党的政策指引下,主要做了这四件事。我虽然老了,但还想在党的领导下多做些事。活一天就要为国家做一天工作,才不虚度此生。

关于在我国发展管道运输的建议[1]

党中央关于制定国民经济和社会发展第七个五年计划的建议中指出:"当前我国能源、原材料的供需矛盾仍然很突出,特别是交通和通信严重落后,只有逐步改变这种状况,才能保证经济的协调发展和必需的后续能力。"目前,我国交通运输已达到异常紧张的状态,这样持续下去,必将影响四化建设。缓解运输紧张局面,我认为必须发挥铁路、公路、水运、航空、邮电和管道等各种运输手段的优势,科学地协调发展,经过长期努力才能解决。在"七五"计划中忽略了管道运输的发展,在这里我建议在"七五"期间发展各种运输方式的同时,要特别重视发展管道运输,作为缓解能源运输的重要手段。

管道运输在国外已有一百多年的历史,全世界已建管道约180万公里,都是为能源运输服务的,其中一半是天然气管道,四分之一是成品油管道,其余为原油管道。五十年代开始发展输煤管道,美国俄亥俄输煤管道于1957年投产,美国黑迈萨输煤管道于1970年投产,年输煤能力500万吨,运距440公里,全线4个泵站,管径18英寸,煤浆浓度50%,脱水煤由莫哈夫电厂燃用发电,装机容量2台79万千瓦。七十年代高浓度水煤浆在国外得到迅速发展,它是一种以煤代油低污染的液体煤燃料,已进入工业应用阶段。由约70%的煤、29%的水、1%的添加剂混合而成的水煤浆,具有类似油的流动性,储运不沉淀,雾化燃烧性能好。水煤浆可长距离铁路罐车运输,也可长距离泵送管输。到终端用户,2吨水煤浆可代替1吨燃料油,原燃油系统稍加改造既可燃烧。到八十年代,管道输煤技术向大运量、长距离、高浓度、直接燃烧方向发展。美国、苏联、印度等国计划的输煤管道年运量都在上千万吨,运距都在上千公里。苏联对东部西伯利亚和远东地区的煤炭用管道运至乌拉尔工业区和欧洲工业区已作出规划,第一期工程,即由别洛沃到新西伯利亚的输煤管道正在加快建设,年输送能力为450万吨水煤浆,运距为256公里,全线3个泵站,管径20英寸,煤、水、添加剂之比为70∶29∶1,该系统的特点是高浓度水煤浆制备、管输、直接燃烧,供6台22万千瓦机组发电。

在我国七十年代初,石油工业发展迅速,原油产量增长很快,当时铁路承担原油运量的65.9%,给铁路造成很大的压力。从1970年起仅用八年时间建成了6500公里原油管道,到1980年铁路承担原油的运量减少到11%。目前管道承担原油的运量达63.4%,我国输油输气管道现已达11000多公里,为减轻铁路的负担起了积极的作用。

---

[1] 作于1986年3月。

煤浆管道在我国还是空白，为了开拓这一技术，国家科委在"六五"期间把管道输煤和水煤浆制备及燃烧列为国家重点科技攻关项目，并组织科研、设计、高校、制造等部门协同攻关，取得了可喜的成果。煤炭部规划设计总院等单位对几条大型的输煤管道项目进行了可行性研究；在煤炭部科学研究院唐山分院建成了管道输煤试验中心，在清华大学也建成了管道输煤试验系统，并对开展的输煤管道工程项目的可行性研究提供了试验数据；在抚顺胜利矿和枣庄八一矿建成了高浓度水煤浆制备厂；在北京造纸一厂工业锅炉上进行了水煤浆应用燃烧；制造部门对管道输煤系统所需的制浆、泵送、终端处理设备也在攻关研制。通过"六五"期间的工作，对管道输煤及水煤浆做了大量的基础工作，也摸索了一些经验，水煤浆也由小型工业应用逐步向大规模工业应用过渡，在实际工作中也培养锻炼了一批科研设计队伍，可以说我国已初步具备发展管道输煤技术的基本条件。

从国外管道运输的运行经验和国内几年的工作来看，可使人们认识到，管道运输具有投资省、建设快、占地少、运输成本低、运营人员少、管路敷设可取捷径、下坡自然高差可以利用节省输送电耗、运输途中无损耗无污染、运行安全可靠、受气候影响小。管道运输的运量越大，运距越远，经济效益越好。实践证明，用管道输送能源是一种有竞争能力、有发展前途的运输方式。每种运输方式都有独自的优点和缺点，管道运输是属单向、单一品种的运输，当然不如铁路灵活多样，也起不到铁路那样的综合效益。

只要一头有煤有水，另一头缺煤缺电，即可用管道沟通两头，构成管道输煤项目的基本条件。电厂是管道输煤最好、最大的用户。若新建火力发电厂燃用脱水煤粉或水煤浆直接燃烧，电厂可取消铁路专用线和铁路卸煤、储煤及磨煤系统，降低电厂造价。这项技术对煤炭和火电的发展都有利，煤矿和电厂的建设可不依赖铁路的外部条件按需要进行建设。

煤炭是我国的主要能源，且煤炭资源非常丰富，煤炭产量逐年上升，去年我国原煤产量已达8.5亿吨，居世界第二位。煤炭生产主要集中在我国的北部和西部，主要靠铁路把煤炭运至南方和东部沿海。去年原油产量达1.25亿吨，居世界第六位，原油运输主要靠管道，成品油的运输主要靠铁路。我国的铁路仅有5.5万公里，相当于美国的六分之一，全国煤炭、原油、成品油上铁路的外运量约有5亿多吨，约占铁路运量的40%，能源运输给铁路造成很大负担。我国地大物博，货运量和客运量逐年上升，只靠铁路是不能缓解我国运输的紧张状况。从运输的技术政策上应把管道作为国家的运输手段之一加以重视和扶植，成为一个工业运输的行业。

在资本主义国家兴建管道往往由于迟迟得不到过路权而受阻，而社会主义制度的优越性将会给这一技术的发展创造很好的条件。

在"七五"期间铁路等各种运输方式都有规划，唯独没有一条输煤管道和成品油管道列入计划。管道运输从技术经济上都已进入实用阶段，我建议：

1.在"七五"期间兴建一条系统完整、运量不大、运距不远的工业性试验管道，取得经验。待国家财力、物力条件具备再兴建大型的输煤管道。

2.选择一个各方面条件比较好、装机容量不大已停运的烧油电厂或已列入"七五"计划新建电厂燃用水煤浆，以煤代油，取得经验，逐步推广。

3.在东北或西南兴建一条成品油管道。

在发展管道运输方面希望得到国家重视和各方面的关怀，建议国家计委、国家科委把上述三个项目列入"七五"计划，统一组织科研、设计、高校、制造部门协同攻关，使其成功，推动我国运输业的发展。

在中央统战部座谈会上的发言[1]

我今天谈以下五个问题：

（一）我过去已经在报刊和有些文件上看到精神文明建设和物质文明建设两个一起抓的提法或口号。但对精神文明建设的内容不甚清楚。这次学习了"中共中央关于精神文明建设的指导方针的决议（征求意见稿）"，我读了四遍，对精神文明建设的意义及其重要性，比过去明白多了。这文稿第二页最后一段："社会主义精神文明是社会主义的重要特征。在社会主义时期，物质文明的建设为精神文明的发展创造物质条件，精神文明的建设又为物质文明的建设提供精神动力和智力支持，为它的正确发展方向提供有力的思想保证。不去努力把物质文明的建设搞好，精神文明建设从根本上说也不可能搞好；不去努力把精神文明建设搞好，物质文明建设就会迷失方向。两个文明的建设，互为条件，互为目的。社会主义精神文明建设，是关系社会主义兴衰成败的一件大事。"

从这一段来看，不但精神文明建设是关系社会主义兴衰成败的一件大事，也是当前一个十分迫切的重要问题。必须有一个指导性文件来指导大家遵守执行。

由于这个文稿是指导方针的征求意见的文稿，不可能说得太多。正为这文稿的21页最后一段："作为国家权力机关的各级人民代表大会，以及各级人民政协，各民主党派，都将在社会主义精神文明建设中充分发挥各自的作用。"

我们不仅坐而谈，而应起而行，在实际行动中体现出来。

我拥护这个文稿的内容，没有什么具体的建设，只有一点：将来这文件提交党代表大会通过后，由全国人民代表大会将主要内容于修改宪法时，规定进去，使全国人民一致遵守。

（二）从这个文稿的学习中，我联想到1986年7月31日国务院副总理（当时代总理）万里同志在关于"决策民主化和科学化是政治体制改革的一个重要课题"的讲话中，有以下一段话："软科学研究在国外，特别是在发达国家，已经达到相当高的水平。最近几年，在我国也有了一定的发展。目前，我国一些重大工程项目，已经开始采用可行性研究的科学方法；对一些重大的社会经济决策，开始进行定量分析和测算，选择优化方案；现代化建设中一些重大战略方针和政策的制订，也经过了较周密的系统分析和研究论证，具有较大的科学性。例为，国家科委、计委、经委共同组织了十几项重大技术政策的研究，已经国务院审议，正式发布。还有我国2000年发展前景的研究，新技术革命及我国对策的研究，农村发展

---

[1] 作于1986年。

战略的研究,三峡工程的综合评价和研究,以及关于一些区域和行业的发展战略研究等,都是明显的事例。在我国现代化建设中,软科学研究已经成为一支重要的生力军。"

万里同志讲话中提到我们在实现真正民主和科学的决策方面,做了大量工作以后,他又说:"但是由于几千年封建社会和小生产经济的影响,由于科学文化教育的落后,由于法制不健全,以及干部素质,民主作风方面存在的问题,我们至今仍然没有建立起一整套严格的决策制度和决策程序,没有完善的决策支持系统、咨询系统、评价系统、监督系统和反馈系统,决策的科学性无从检验,决策的失误难以受到及时有效的监督。直到今天,领导人凭经验拍脑袋决策的做法,仍然司空见惯,畅通无阻。决策出了问题难以及时纠正,只有等到出现了大问题,才来事后堵漏洞,或者拨乱反正,而这时已经悔之晚矣。这种盲目拍板,轻率决策的情况,现在到了非改不可的时候了。"

他又说:"有的领导人往往喜欢把他们主管的研究部门,当作为他们的任何决策拼凑各种'理论根据'的工具。这种所谓'科学'的决策论证,具有更大的欺骗性和危害性,比没有论证更坏。"

他又说:"为了创造民主、平等、协商的政治环境,必须坚定不移地执行'百花齐放、百家争鸣'的方针,不但对科学技术、文化艺术实行这样的方针,对政策研究、决策研究也要实行这个方针……双百方针提出来已经三十年了,可是在过去很多时间内,这个方针,基本上还没有得到真正的贯彻实施,一度甚至把它当作"引蛇出洞"的所谓斗争策略,这是十分可悲的……对决策研究本身,也应实行双百方针。……不要对不同意见、不同观点,再像过去那样'上纲上线','围攻批判'。"

以上虽是万里同志讲的话,我认为也就是党中央和国务院的原则方针,对过去没有做到或做得不够的,能自己明确提出来,要今后贯彻执行,这也是精神文明建设方面的重要一环,充分说明了党实现民主化和科学化决策的决心和信心。我完全同意和拥护党中央提出的关于精神文明建设的指导方针的决议这一文件。

(三)基本建设规模失控问题。

新中国成立以来,我国基本建设投资规模有过三次失控。第一次在1958年,第二次在1978年,第三次在1984年。前两次大失控,都导致了轻重工业比例严重失调,被迫进行了两次大调整。第三次失控,由于轻重工业比例关系没有发生严重失调,基本上保持了国民经济协调发展的局面,因而问题很快得到缓解。但基本建设投资失控问题还没有解决。基本建设投资过大,计划外项目太多,投资必须坚决予以压缩。但现在基本建设规模还是过于膨胀:第一,不按经济规律办事。投资规模必须与国力相适应,这是一个规律。但现在这个规律管不住了。第二,1985年党代会"七五"计划决议固定资产投资5000亿元。但此决议不遵循,贯彻不了。第三,全国人民代表大会决定"七五"期间基本建设投资5000亿元。但国家计委一位副主任在全国政协组织的大会上作报告时说,"七五"期间基建投资5000亿元挡不住,要6000亿元。从国家计委起到地方搞基建的到了一种发热的程度、迷信的程度。

"七五"计划规定前二年的固定资产投资规模大体维持在1985年的水平。但1986年8月2日人民日报报道：今年上半年固定资产投资规模大突破计划，比去年同期增长17%以上。

这样下去会出现几个严重后果：

（1）我们是中国共产党领导的社会主义国家，党代表大会的决议和全国人民代表大会的决议对此都不管用了，政治上的影响太大了。

（2）我们当前首先的任务是改革，改革需要宽松的环境，现在是社会总需求超过总供给，只好发钞票，使物价上涨造成一种紧张的环境，对改革不利。

（3）现代化的关键是科学现代化，现在搞成关键是基本建设。如不改变，可能要再走一次弯路。

（4）新中国成立以来，所有各种各样的浪费，以基本建设的浪费为最大，不是以十亿、百亿计，而是以千亿计。现在搞改革，到了彻底清算这个浪费的时候了。

改革这个重大问题，主要应该采取三条措施：

（1）进行扩大基本建设规模与科学技术进步利害对比的教育，使那些有权拍板定案的同志头脑清醒起来，把全局利益、长远利益同局部利益、暂时利益统一起来。

（2）实行法制。基本建设必须按规定程序办理，以法律给以明确规定，严格执行，不能像现在那样特批上马。

（3）银行是我国经济建设投资中的最后防线，急需加强这条防线。不然不但大量增发纸币，100多亿美元的储备也流失了。

在中央今年初召开的实现党风和社会风气根本好转的大会上，1月6日田纪云副总理说："从1984年第四季度，我国经济中出现了一些新的不稳定因素。主要表现是：工业生产发展速度过快，固定资产投资过大，消费基金增长过猛，货币投放过多，国家积存外汇下降。这几个问题的核心是基本建设投资规模过大。由于大家都争着搞基本建设，需要大量的设备和建筑材料，这样就刺激工业，特别是加工工业超高速发展，而且带来了信贷资金膨胀和消费基金的大幅度增加，造成能源、交通、原材料全面紧张。为了维持超高速，不仅不大量进口原材料和组装件，为了回笼货币，又多进口了一批高档消费品，这样就导致外贸逆差增大，结存外汇下降。这个问题的实质是国民收入出现超额分配，社会总需求超过社会总供给。如果任其发展下去，国民经济开始出现的良性循环前景就会遭到破坏，重就造成经济比例关系失调，给整个社会生活带来极为不利的影响，改革也就难进行下去。"

1984年第四季度失控，全年基本建设比1983年增长25%，1985年银行进行了严格控制，唯独基本建设投资，全民所有制单位的，由1984年的143.15亿元猛增到1985年的1074.37亿元，增长44.57%[1]，1986年上半年人民日报报道：地方基建仍为"热症"。

银行管理着国家的外汇，如何使用外汇，银行却没有发言权，编制国民经济计划当下缺口，银行也没有什么发言权，相反却有"奉命"贷款的义务，最后防线被冲破了。

---

[1] 此数据可能有误。

基本建设是物质文明建设中的一件大事，如何加强精神文明建设来控制和指导基本建设的进行是成为当前我国社会主义建设中一个刻不容缓的最重要的课题了。

（四）关于长江三峡工程的问题。

长江三峡工程问题，自1956年起争论到现在已整整三十年了，各方面意见很多。1956年起长江流域规划办公室（简称长办）就提出过三个方案：①1956年提出高程为235米的高坝方案；②1979年提出正常蓄水位200米，坝高205米的方案；③1983年提出正常蓄水位150米坝高175米的方案。

第一方案1958年在中央成都会议上予以否决了。第二、第三两个方案都经过专家论证又予否决了。

最近中央和国务院发出两个文件：一是关于将三峡省筹备组改建为国务院三峡地区经济开发办公室的通知，一是关于长江三峡工程过去已批准的可行性研究报告予以撤销，作了关于三峡工程的论证工作有关问题的通知。这充分体现了中央和国务院对三峡工程的决策既积极又十分慎重的决心，领导英明，使我们深受鼓舞，除表示衷心拥戴外，一定响应号召，积极参与三峡工程的调查、研究和论证工作。

为此，我们向中央和国务院及水电部提出了"三峡工程的论证应做出快上与缓上两种方案的比较"的建议。主要内容是本着中央成都会议七个关系的精神，即："长江流域规划工作的基本原则应当是统一规划，全面发展，适当分工，分期进行。同时需要正确解决以下七种关系：远景与近景，干流与支流，上、中、下游，大、中、小型，防洪、发电、灌溉与航行，水电与火电，发电与用电。这七种关系必须互相结合，根据实际情况，分别轻重缓急和先后的次序进行具体安排，三峡工程是长江规划的主体，但是要防止在规划中集中一点，不及其他和以主体代替一切的思想。"

"洞庭湖水系的规划问题和两湖间的防洪问题，应当于最近期间由王任重同志负责召集有关省份有关部门的负责同志开会商议，定出方案。四川和贵州水系的规划，鄱阳湖水系的规划，以及安徽和江苏有关长江的防洪灌溉等问题，都应当分别由地方负责同志召集各有关方面开会研究，定出方案。"

据此，我们认为长江三峡的论证，应当在长江流域干支流综合治理和开发中，考虑先上三峡和缓上三峡两种方案。要从防洪、发电、泥沙碍航、生态环境和淹没及移民等方面分别比较论证。有比较，才有鉴别，有比较，才能选择投入少，见效快的最优方案。中央成都会议指出："分别轻重缓急和先后的次序，进行具体安排。"应该是指导论证的一个原则。

如果先上三峡工程的话，即使撇开泥沙碍航、淹没、移民、防洪、技术生态环境等问题外，"七五"期内正式开工，因工期太长，花钱太多，不但无助于2000年翻两番，而是直接破坏2000年翻两番的宏伟战略目标。

关于经费问题，据建设银行的估计，包括工程、移民、输电及利息等需要人民币770亿元。

另外，水电必须要有火电来配合，否则冬春两季枯水期间，水电不足，工厂停工，须由火电调剂。当然这笔钱不能算在三峡工程内，但仍需由国家花钱。

这样，目前我们国家财力是承受不了的，也不符合"七五"计划要求投入少、产出快的规定。

现在长江上游和沿地各支流森林砍伐过度，水土流失严重，增加长江泥沙数量，宜昌水文站最近四年沙量由5.23亿吨增加到6.8亿吨。这样泥沙多而通航的大江，拦腰建筑高坝，世界上尚无先例。所以我们主张要有三峡工程和整个长江流域治理的比较方案的论证。

根据中共中央国务院1986年15号文要求对原三峡的一些问题和新的建议要求全面论证。

现水电部已在进行论证中。十四个专题中，六个要在今年底交出，后四个在明年三月交出。但未见对新的建议进行论证的安排。

中共中央办公厅和国务院办公厅于1984年4月29日以厅发字（1984）43号转发"关于开展三峡工程筹备工作的报告"通知中规定："在人大对三峡工程作出决定前，暂不对外宣传。"但近两年来国内电视、广播、报刊及内参颇多宣传三峡工程应速上马，殊不合上述规定。

水电部于最近1986年8月25日（86）水电三峡字第6号通知中第五点"关于宣传工作"中，提到"为了使各界人士和广大人民群众对三峡工程有更多的了解，应当采取多种形式，适当加强对三峡工程的宣传工作。会议决定应由领导小组办公室进行研究安排"。看来他们又要单方面进行宣传，大造舆论了。我们认为这是不合上列中央和国务院办公厅（1984）43号通知的精神的。

关于三峡工程，国际国内很多人有不同意见。集体方面，除政协经济建设组外，有九三学社中央执行局和中国科学院关于生态环境方面的不同意见。

三峡素称为世界十大奇观之一，有一位我国派往美国的学者写了一篇文章说："三峡在美国看来应成为国家公园"。另外一位我国著名科学家对我说："三峡应作瑞士那样的世界风景区。"

全国人大财经委员会于今年五月十六日邀请"长办"总工程师洪庆余同志作了关于主张上三峡工程的汇报。我们也愿意向人大财经委员会作一关于三峡和长江流域综合治理的调查研究的汇报，不知该委员会能不能邀请我们去汇报。

（五）由述（三）、（四）两项关于基本建设规模的失控和庞大的三峡工程问题，都是当前我国物质文明建设方面的两件大事。正为"征求意见稿"中所说："不去努力把精神文明的建设搞好，物质文明的建设就会迷失方向。"如万里同志在上面所说，有些"所谓'科学'的决策论证，具有更大的欺骗性和危险性，比没有论证更坏"。由此可见，的确当前精神文明的建设，具有十分重要性和迫切性。我希望这个决议早日通过执行。

在全国政协组长联席会议上的发言[1]

今天想讲四个问题

第一个问题：

经济建设组今年的工作计划。

今年的工作计划分两大类。一类是专题调查。另一类是听取报告和座谈。

专题调查要遵照这次政协大会对常委工作报告的决议：选题要准确，要写出有质量的报告的精神，写了四个专题调查的课题，其中最主要的是与三峡有关的长江综合治理和湖北湖南两省的堤防和湖泊洼地退田还湖、泄洪、蓄洪以及改革食品结构等问题。

专题调查的人不能多，但经济建设组有委员208人。为了满足大多数委员们的愿望和发挥他们对国家大事的积极性，所以有听取有关部门的主管人来做报告和开座谈会这一类的计划。

我们已开过一次组员会议，拟了一个工作计划草案。在这次组长联席会后，拟再召开组员会议讨论确定今年工作计划。坚决要走群众路线。同时请主管我们的副秘书长能够到会指导，如时间不许可，当向他们汇报和接受指导，经批准后，开始行动。

关于"立足国内，面向国外"的新问题，和怎样"请进来，走出去"，我们过去没有想到，这个问题很重要，另行讨论研究和请示办理。

我们和农业组一向有很多联合调查。科技组和文化组在这次会上表示愿意参加长江问题的调查，这对我们起了很大鼓励作用，我们十分欢迎，以后一定随时联系，共同进行。

我在大会期间请示周秘书长，提了一个提案，政协另加一个三峡问题咨询组，请一位副主席兼组长，以加强将来三峡论证会的力量。希望能得到核准。

此外，业务干部太少，对政协在新形势下，开展工作不利，希望杨静仁副主席予以考虑。

第二个问题：

汇报一下我学习三峡问题的由来和现状的文件。分三个阶段来说。

第一阶段

1956年长江流域规划办公室（以下简称"长办"）提出235米高程大坝的方案。

第二阶段

1979年"长办"提出正常蓄水位200米，坝高205米，发电2500万千瓦，单机容量100

---

[1] 作于1986年。

万千瓦，升船机水箱重量12000吨的方案。

第三阶段

1983—1985年"长办"提出正常蓄水位150米，坝高175米，发电1300万千瓦，单机容量50万千瓦，升船机水箱12000吨的方案。兹将三个阶段的经过分述如下：

第一阶段：参考1979年电力部办公厅研究室编的《三峡问题资料汇编》（以下简称"汇编"）第131页。

1956年"长办"提出三峡235米正常蓄水位（吴淞基点以上）的方案，回水至泸州，重庆大部分被淹没。

1958年中央成都会议通过的周恩来总理关于三峡水利枢纽和长江流域规划的报告，有下列七点意见，摘录如下：

"（1）三峡工程是需要修建和可能修建的，但最后下决心确定修建和何时修建，要待各个重要方面的准备工作基本完后之后，才能作出决定。

（2）三峡大坝正常水位的高程，应当控制在200米，不能再高于这个高程。

（3）三峡工程的坝址要继续勘测和研究，应当采取展开争论，全面比较论证的方法，以求作出充分可靠的结论。

（4）长江较大洪水一般五年发生一次，要抓紧时机分期完成各项防洪工程，特别是荆江大坝的加固，中下游湖泊洼地蓄洪排渍工程等，决不可放松。在防洪问题上，要防止等待三峡工程和有了三峡工程就万事大吉的思想。

（5）长江流域规划工作的基本原则，应当是统一规划，全面发展，适当分工，分期进行。同时要正确解决议下七种关系：远景与近景，干流与支流，上、中、下游，大、中、小型，防洪、发电、灌溉与航运，水电与火电，发电与用电；这七种关系必须互相结合，根据实际情况，分别轻重缓急和先后次序，进行安排。三峡工程是长江规划的主体，但要防止在规划中集中一点，不及其他和以主体代替一切的思想。

（6）洞庭湖水系的规划问题和两湖间的防洪问题，应当于最近期内由王任重同志负责召集有关省份和有关部门的负责同志开会商量，定出方案。四川和贵州水系的规划，鄱阳水系的规划，以及安徽和江苏有关长江的防洪灌溉等问题，都应当分别由地方负责同志召集有关方面开会研究，定出方案。

（7）为了加强对三峡工程和长江规划的领导，应当成立长江流域规划委员会，委员名单由周恩来同志提出，报告中央通过（孙注：委员会没有成立）。三峡工程和长江规划中设计文件，均应经过国家计划委员会会同有关方面审查，报告中央批准。"

这样"长办"第一次提出的三峡大坝235米的大案，被中央成都会议否决了。

第二阶段：参考"汇编"第177—250页。

1979年4月长办"关于长江流域规划和三峡工程汇报提纲"中提出三斗坪坝址建设200米正常蓄水位，坝高205米，发电2500万千瓦。单机容量100万千瓦，升船机水箱重12000吨，工期约为十年多一点的方案("汇编"177—195页)。

1. 国务院讨论三峡问题的部分记录(1979年4月26日)("汇编"196—203页)

林一山说:荆江大堤万城决口那年,乾隆手批把在那四十年内在荆州做过官的全抄家……长江洪水有大小周期,最近几年干旱厉害,以后有可能出现洪水周期。荆江大坝出了问题,湖北省委负不起这个责任。

钱正英:长江是我们搞水利的人的心病。每次中央开会,我总说一句,不事先备个案,我们的责任担当不起。现在提出三峡,首先是长江洪水。不搞三峡,解决长江防洪、谁有办法、我给他下跪。

赵紫阳:我先声明,我不是三峡的反对派。这是资源,总是要开发的。但什么时机搞,要考虑国家财力。三峡是可不可以推迟,先搞金沙江、大渡河、雅砻江容易搞的地方。我们十年以内有多少财力?农业问题还很严重,大家知道就这么多钱,这里一集中,其他就不能搞了。川东靠开荒造田,根本不可能,有些山,连土都没有,近期搞恐怕不太必要。要慎重。近期搞还是推迟搞?就这两点意见。

王任重:我考虑三峡是1954年洪水开始的,遇1954年洪水,不是加高堤防所能解决的,非修三峡不可。1954年防汛,我经历整整一百天睡不着。

李先念:三峡工程建设要慎重。这个工程是世界水平的。今天会上不可能做结论。成都会议上,我也要搞三峡。但81年是否开工,要看那时有没有钱。宝山钢厂这么大的工程就仓促作了决定,三峡要辩论透,要经中央决定。张平化同志说的森林问题,自然总有一天会惩罚我们的。(孙注:"自然"二字之前,可能有个"大"字)。

2. 三峡选坝会议十篇简报(在东方红36号轮上)(参考"汇编"208页)(1979年5月12日)。

这次会议的十篇"简报"("汇编"208—235页)有(1)林一山(2)水利部工管局处长柯礼丹(3)成都勘测设计院总工程师王钟岳、电力工业部规划设计管理局工程师朱铁铮(4)南京大学林承坤(5)湖南水利局副局长郑维亮(6)水利部工程师方宗岱(7)交通部水运规划设计院闵朝斌(8)航运组讨论意见(9)清华大学教授、泥沙研究室主任钱宁、长江水利水电科学研究院河流研究室主任唐日长(10)水利水电科学研究院范家骅

十篇简报中除林一山外,其他专家主要认为:(一)以宜昌站汛期水量在四千亿立方米左右,1954年为五千亿立方米。三峡水库376亿立方米的防洪库容相对来说是很小的,再加上宜昌以下各支流雨季叠合,三峡是控制不了。因此专靠三峡不能解决中下游洪灾问题。(二)须加固加高荆江大堤。(三)中游湖泊洼地要妥善处理。(四)泥沙淤积碍航问题。(五)单机容量100万千瓦的水轮机是不现实的,国际上七十年代末才制造七十万千瓦水轮机。100万千瓦的水轮机现在还没有设计方案。我国现有水平只能制造30万千瓦水轮机。十年二十年自制100万千瓦水轮机太不现实了。(六)升船机最大的苏联有六千七百吨的,而我们只能生产总质量四百吨的。因此12000吨的升船机,差距太远了。(七)移民问题,蓄

水至200米高程时，成渝铁路淹57公里，万县、重庆都受不了，不用说川东其他城市了。

这次会上，计委燃动局也提出几个问题。总的建议是缓建，虽然三峡有很大的防洪作用，但解决长江洪水起不了决定性的作用。工期估计偏短，投资估计偏小。在重大问题未弄清以前，不能仓促上马。

综上所述，"长办"第二次提出的200米蓄水位方案，又被否定定了。

第三阶段：参考1985年五月"国务院三峡工程筹备领导小组第三次（扩大）会议文件、发言汇编"（第7—12页）。

国务院副总理，国务院三峡工程筹备领导小组组长李鹏在闭幕会上的讲话（摘要）我再摘要汇报一下。

（一）泥沙问题

大家在泥沙问题方面做了大量工作，四个模型试验我也看了，又听了汇报和专家发言，有三点印象：

（1）三峡建坝后确实存在泥沙淤积问题，局部地段的航道条件，在特别情况下，可能比过去更差，值得重视。党中央和国务院要求我们作出认真负责的回答，而且经得起历史的考验。三峡能不能上马和开工，取决于这个问题能否得到妥善的解决。

（2）航道变坏或叫碍航，是在一种比较特别条件下，即前一年泥沙来量大，后一年又遇枯水，走沙条件坏的情况下发生的。百分之百的保证率当然是不科学的，要进一步深入研究，找出合理的解决办法。

（3）交通部门应考虑使用吃水浅的驳子和拖轮走万吨船队。苏联三米深的航道可走六千吨船，美国五米深的航道可走万吨船，船型都是肥胖的。所以航道问题，不仅是自然航道的自然条件，也包括航行技术的改进，这也是解决三峡航运问题的重要环节。

（二）水位问题。

水位问题是三峡论证工作的核心，水位定不下来，工作不好往下进行。原定150米水位进行设计是经过中央同意的。后来重庆提出180米水位，中央同意再论证一下。水位归根到底是国家经济问题。高一些合理是合理，但国家财力物力有限，牵涉到移民问题。

（三）移民问题。

这又是决定三峡工程的一个关键。开发型移民大家都赞成，但又是一个设想，移民究竟有多少？投资要多少？搞清这个问题，需要一定时间。

（四）如何对待三峡工程建设的不同意见。

这次政协会上对三峡建设有些不同意见，核心不是怎么干的问题，而是该不该干，如果该干是不是现在干的问题。对这些不同意见，应持欢迎态度。在今后的论证中，建议请不同意见的专家参加。真理是不怕辩的，兼听则明，问题越辩越清楚，只有好处没有坏处。

根据钱正英副组长的要求，留下十几位泥沙专家继续讨论泥沙淤积的问题。结果由国家科委报送"十几位泥沙专家对三峡工程下一步泥沙方面科研工作的意见"的报告（参考《文件发言汇编》第186—196页。在188页倒数第十行："三峡建坝后，在正常蓄水位150米时，常年回水区的航道条件将得到改善，但确实存在一个泥沙淤积问题，可能发生碍航的情况，对于长江这条大动脉，大干线来说，确是一个值得充分重视的问题。"）

又在《文件、发言汇编》第190页第六行：

"大多数专家认为，根据两年来的研究工作提供的数据，为了使重庆附近河段的航道条件得到改善；也为了合理地发挥防洪、发电和航运等几个方面的综合效益，而又不过多地增加淹没、移民和投资，正常蓄水位150米方案不是最理想或最优的方案。"

在1985年11月12日由宋健签发的国家科委报告三峡工程筹备领导小组文件上有（正常蓄水位150米方案不宜采用）的结论。

以上是科委正式报告中把"长办"1983—1985年第三次提出的150米方案予以否定了。

为什么我把三峡问题分为三个阶段来说，因为"长办"从1956年至1985年的三十年中先后提过三次方案，第一次235米高，为中央成都会议所否定。第二次200米也太高，为专家们所否定。第三次150米太低，为主持论证会的科委所否定。这是什么原因呢？因此，我想再讲一个问题。就是第三个问题：

周总理和中央其他领导同志对葛洲坝工程的指示（"汇编"第133页）1971年6月至1972年11月。

葛洲坝是横断长江第一坝，1970年由于仓促上马，出了毛病，停了工。先建葛洲坝，"长办"是反对的。但现在宣传葛洲坝什么都是好的也是"长办"。

从1971年6月起至1972年11月，周总理关于葛洲坝问题亲自主持多次会议。

总理：长江修个坝，重点要保航运，第一是航运（《汇编》134页）。水电部过去为什么不和交通部合作？水电部是水上一霸。交通部也要争取主动，两个部要合作，发电、航运、灌溉要有个计划。你们水电部没有把航运当件事。自从我们成立政府以来，水电部就是大国主义。任何一行，不与人合作总是不利的（《汇编》135页）。搞水利总是急，考虑不完全，太急不行，太急容易出乱子（《汇编》136页）。

总理：当时我们不想马上上，就是你们急得不得了，以为机不可失。最积极的就是张体学同志，还有一个曾思玉同志。当时我们也有弱点。曾思玉同志从朝鲜回来，等着不走，我们想，人家不走，总是有些道理。听了汇报、我们也同意了。如果我们硬是不同意，也搞不起来的（《汇编》144页）。

（当沈鸿汇报说许多设计图纸没有技术人员签字时）。

李先念：有人说签了字是名利思想，有的不敢负责。

沈鸿：技术人员向他反映，因为图纸是按领导干部意图画的，所以不愿签字。

李先念：领导设计，就是糊里糊涂设计（《汇编》150页）。

总理：二十年来，水电工程多次犯急躁情绪，屡犯屡改，屡改屡犯。我对你们这句话（"力求避免二十年来修水坝的错误"）非常欣赏。

林一山：这是总理给主席报告上写的。

总理：报告上是讲了，但我当时没有顶住，被你们一哄，我就顶不住。每次都是这样。二十年来我关心两件事，一个上天，一个水利。这是关系人民生命的大事，我虽是外行，也要抓。（孙注：听当时水利科院长谢家泽说，总理当时说，"现在看来，水利比上天还要难"）。水利抓了二十年，而水利至少有三千年的经验，这是科学的事。都江堰总算个科学，有水平，有创造嘛！两千年前有水平，两千年后应更高嘛！现在这么多科学试验，总是出乱子，长江总是顾此失彼，总是不完全。防洪、发电、航运、灌溉，还有水产，这五种效益都有的现有水利工程有没有？林一山，你能不能举个例子谈谈？

林一山：黄河三门峡、长江三峡、汉水丹江口在客观条件上可以作到五利具备。

总理：你是海阔天空谈的。丹江口将来有可能，现在还是开始。要从现有大坝找五利俱全的。

林一山：不好找。

总理：到现在还找不到一个像样的，就是说水利三千年经验，还没有（《汇编》156页）。

从葛洲坝工程来看，就是一个犯急躁情绪仓促上马的例子。现在应该从中吸收教训，引以为戒。

第四个问题：

经济建设组对三峡工程的问题。

（一）长江长度居世界第三位，水量也居世界第三位。三峡从宜昌至重庆650公里，这样长的一条狭谷和一条通航的大江，世界没有。所以有世界十大奇观之一和黄金水道之赞誉。

三峡这样得天独厚的水资源，我们应当利用它。但它既通航，而又在绝对数量上是一个多泥沙的大江。现在世界上还没有一条泥沙多而通航的大江上建设高坝的例子。欧洲的多瑙河，既通航，又建坝，因为它泥沙少，"蓝色多瑙河"的名字在电视上常能看到。委内瑞拉的1000万千瓦的古里大水电站，泥沙很少，而且不通航。巴西伊泰普1260万千瓦目前世界第一大水电站，原来不通航，它是泥沙少、瀑布多的大河，上游支流已建了好几个坝，才开始兴建伊泰普，今后可以通航了。如果我们能把三峡工程本身和与三峡有关的各方面工作都扎扎实实地搞好了，三峡可以超过伊泰普而成为世界第一大水电站。

（二）去年我们调查长江回来以后，曾写过"三峡工程近期不能上"的报告和建议，也就是认为对待这样巨大而问题复杂的工程，必须特别慎重。我不是三峡的反对派，而是慎重分子。我想，我们经济建设绝大多数的组员也是一样。我们认为搞三峡必须很好地学习一九五八年周总理在中央成都会议上的报告精神，真正做到流域综合规划，进行系统工程先后次序的安排。上自四川西部三个自治州的森林从用材林转向为水源涵养林。并要照顾灌县灌区的扩大和岷江水运的矛盾。

发展微型和小型水电站，使山区先电气化，减少因做饭、烧水、取暖而砍伐木材。

三峡上游各条支流也都要流域综合治理，渠化通航和梯级发电。既防止水土流失，以减少沙来源，又步步为营，处处设防，拦沙、拦洪，使重庆港区泥沙淤积减少到极少极少的程度，以免碍航。

同时，中下游的堤防特别是荆江大堤的加固加高必须抓紧进行，万万不能疏忽。

湖泊洼地应按一九八五年六月国务院批复水电部防洪报告的指示：有条件的要尽可能地退田还湖，退耕为渔，不仅改革我国人民的食品结构，还使湖泊洼地既能蓄洪，又成为鱼米之乡。

森林问题是我国的大问题。邓小平同志每年带头植树，也就在这点上。不仅四川西部山区和四川盆地，还要使长江全流域宜林宜草之地都成为畜牧基地。长江流域与黄土高原不同，植树种草比较容易。要把森林法落到实处。一片森林等于一个小水库，不独对防洪、防沙有利，对人民的生态环境也极有利。

这样，泄蓄兼施，沙、洪减少，到那时，三峡大坝经专家论证后，正常水位可提高到万吨船队直达重庆港区，发电和防洪效益也可以提高了。

即使如此，来个百年或千年一遇的洪水，武汉地区仍受到洪水泛滥的威胁。长江水看起来很驯顺，但来起来真是洪水猛兽。我们想永远利用长江，就必须永远治理长江。

（三）三峡前期工程应当停止，三峡前期工作如李鹏副总理说的那样，应继续进行，把所有疑难问题都搞清楚，并有切实办法解决它。到那个时候，我们自己制造的60万千瓦或更大一些的水轮机可以安装在我们自己设计的大坝上。同时大量的移民费用，我们的国力也能承受得起。这是我个人的初步想法。我们还要继续对长江进行调查。将来经调查人员反复商讨后，同去年一样，写出报告和建议，并有若干专题作为附件，经政协领导同意后，送请中央和国务院参考。

（四）"长办"的工作与中央各部门和沿长江各省市的关系很多，隶属水电部是否相宜，似应考虑。

三峡省筹备处在移民方面实际帮不了三峡工程的忙。以湖南省沅水五强溪水电站为例，湖南省希望国家兴建该水电站，移民问题，不管花多少钱，由湖南省包办。

"长办"不重视荆江大堤和荆江分洪区及湖群的治理，没有落实一九七二年——一九八〇年会议标准。而三峡省筹备处却把宜昌、宜都拿走了。万吨船队到不了重庆，而把万县、涪陵两地拿走了。在这种情况下，川鄂两省能帮三峡这个贫穷小省的忙吗？是否可以考虑停止三峡省的建制，这样在兴建三峡工程时，反而有可能会使川鄂两省对移民负起责任和义务。也可节省小而穷的三峡省的一套人马和经费。

政协是个统战组织形式，没有"部门所有制"的思想干扰，地位比较超然，只做咨询工作，知无不言，言无不尽。采纳不采纳，由中央和国务院决定，服从民主集中制。

此外，顺便提一下，经济建设组的工作也要有些改革。要发动群众，依靠群众。出去调查，事先要开会讨论目的和可能遇到的问题。回来要讨论调查报告。无论专题调查或报告会、座谈会都要密切与有关的各组横向联系。要有一位干部专职搜集和整理与经济建设有关资料，送给组长们参阅，阅后送还存档。这是"知情"的一种方式。

最近，我参加政协组织的顺义县白各庄和顺义县城的参观考察团，虽然时间很短，走马观花。但因我读过费孝通副主席的"小集镇、大问题"和他的"温州行"以及罗涵先副秘书长的"山雨欲来"等几篇文章，我是带着问题去的。

参观以后，思绪万千。感到我们经济建设组可做的工作太多了。首先是经济体制的改革。对赵总理在人大工作报告中所提的商品经济是人类经济发展过程中不可逾越的阶段，理解得更深刻了些。我感到过去经济建设组的工作有些偏重于自然科学方面。今后自然科学方面工作还要做，但同时必须更多地发挥经济建设组很多社会学家、经济学家及其他各行各业专家的积极性和创造性，以适应改革的洪流。经过全组组员商量，把有关发展社会主义商品经济方面，如价格、工资、流通、交通、财政、税收、金融、外贸、市场、讯息等问题，在工作计划中反映出来，用报告会、座谈会等方式，既量力而行又能发挥组员们的聪明才智，为国家作出一些力所能及的贡献。

积极开发矿产　　加强资源回收[1]

矿产资源是天赐之物，没有再生能力。因此，如何有效地开采矿产资源，提高资源回收率，充分利用资源，就成为人类争取生存的重大课题。党和政府对这项课题非常重视，组织专业人员，经过数年的调查研究，结合我国国情，经反复讨论、修改，六届全国人大常委会第十五次会议通过、颁布了《中华人民共和国矿产资源法》。这是值得庆祝的大喜事。这样，我们就可依据法律，开发矿产，加强管理，提高矿产资源的利用率，为四化建设做出应有的贡献。

煤炭是我国的主要能源，无论在全国能源产量结构或消费结构比例中都占75%以上，是工农业生产赖以发展和提高的支柱。下面就发展我国煤炭工业，保护煤炭资源和有效利用煤炭等问题谈几点看法：

一、提高煤炭资源的回收率具有重大经济意义

中国煤炭资源非常丰富，品种齐全，质量好的煤种占很大比例。1985年生产煤炭8.5亿吨是1949年的26倍。1984年我国原煤产量超过了苏联，居世界第二。1985年又赶上了美国。最近三年，煤炭总产量增加1亿多吨，其中乡镇煤矿产量增长幅度最大。这是贯彻中央、地方和乡镇煤矿同时并举方针所结的硕果。在煤炭工业大发展的同时，如何提高煤炭资源的回收率，是亟待研究的。据统计：乡镇煤矿回收率只有20%左右，地方煤矿回收率一般在30%～40%；中央统配煤矿的回收率为52%。有人估算，"六五"计划头两年全国产煤12亿吨，却消耗了30亿吨储量。在过去的36年中，平均回收率为40%，如全国煤矿在管理上和技术上采取一些措施，提高10%的资源回收率是可能的，也就可多采出煤18亿吨，按目前的低煤价计算，产值达500亿元人民币。损失了多么大的一笔财富啊！

二、发展乡镇集体、个体煤矿，应贯彻"积极扶持、合理规划、正确引导、加强管理"的方针

1985年全国有乡镇小煤矿六万一千多处，产煤2.46亿吨，为全国煤炭总产量的29%，是发展煤炭工业不可缺少的力量。但是这些小矿往往侵占大矿资掘，威胁大矿安全生产；小矿缺乏装备和技术知识，自身抗灾能力差，伤亡事故多；个体户办矿以及群众集资办矿者有3万多处，有煤就挖，缺乏管理。所以对乡镇煤矿应该加强管理，统一划分采矿界线，实行采矿申请、审批制度，做好技术指导、安全监督和主要设备材料的分配等，是

---

[1] 原文刊于1986年《中国地质》第5期，其他作者还有全国政协委员吴京。

非常必要的。矿产资源法第五章对小矿做了明确规定：实行积极扶持、合理规划、正确引导、加强管理的方针。这是促使乡镇煤矿健康发展的重要政策，必须认真贯彻执行。

三、国营煤矿在资源回收方面是大有潜力可挖的

我国煤矿矿井占用的工业广场面积很大，积压了大量煤炭资源，只有矿井将闭坑时，才回采遭到破坏的煤柱，降低了回收率。根据设计要求，大矿井的水平服务年限一般在二十年以上，但往往由于巷道布置欠合理，或生产事故封闭采区，或人为地吃肥丢瘦等原因，使矿井的水平服务年限大为缩短，这不仅给生产造成被动，更重要的是抛弃了大量资源，使国家投资遭受损失。一个年产煤一百万吨的矿井，如果由于管理上和技术上的原因，缩短十年寿命，就意味着减产一千多万吨煤。所以要高度重视这方面的问题，挖掘潜力，提高经济效益。

四、发展新的采煤机组，是提高煤炭回采率的重要途径之一

全国中央统配煤矿2000多个采煤工作面，只有近十分之一的工作面装备了生产效率高、作业比较安全的综合机械化成套设备，采煤机械化水平为42.6%，全员效率每人0.9吨，地方国营煤矿的机械化水平还很低。美国矿井的机械化水平达到99%，全员效率10.2吨，每百万吨死亡率0.15人。苏联煤矿机械化水平达到97%，全员效率2.22吨，每百万吨死亡率0.96%。这些数字足以说明我国煤矿与采煤先进国家比较，差距是很大的。目前亟待发展的是薄煤层和厚煤层的采煤机组。发展采掘机械化是需要巨额资金的，如何开辟资金渠道，是迫切需要解决的问题。

五、优先发展露天煤矿，充分利用资源

露天采矿有建设速度快、生产效率高、安全条件好、回收率高（90%~95%）等优点。因此，只要有条件，就应积极发展露天矿。美国的60%、苏联的41%、印度的52%煤炭产自露天矿。而我国1984年露天矿的产量还不到全国煤炭总产量的3%。我国有适合露天开采的煤炭储量近千亿吨，为了发挥煤炭资源优势，要把发展露天矿放在优先地位。

六、加强经济管理

建议国家把回收率作为考核煤矿企业的重要经济技术指标之一，并使其与企业的经济利益挂钩。加强矿山地质工作使煤矿企业，减少开采过程中由于地质或水文地质情况不清而造成的损失；改革矿井开拓部署和巷道布置，减少煤层丢顶拉底损失；推行先进的开采工艺和护巷方式，取消或缩小各类煤柱；严格开采程序，薄厚煤层、易难煤层合理搭配，搞好管理；搞好储量管理，大力回采边角煤、残煤，回收工作面遗煤，千方百计提高回采率，充分利用资源。

七、组织跨行业的联合企业，扩大洗煤能力，减轻运输压力

我国西煤东运、北煤南运已成定局。如煤的运输问题解决不了，就会限制煤炭工业的发展。现在铁路设施仍难满足煤炭的输运要求。全国煤矿区地面存煤达5千万吨，每年自燃、风灾等损失惊人。要解决这个问题，可以选择适当矿区（如贵州六盘水、河北蔚县等），发

展煤、电、化工、建材联营企业，就地综合利用煤炭，以缓解运输困难；我国煤炭仍以原煤计量，由于洗选加工能力低，每年约有2千多万吨废石，占用40万个车皮在铁路上无效运输，损失巨大。所以煤矿要发展洗选加工能力，这不仅能缓解运输，也可提高煤炭燃烧效率和改善环境条件，是一件投资少、见效快的好事。

发展管道运输是一项可以尝试的工作。

开采矿产资源，要注意环境保护，造地复田，以利于农、副、牧、渔业，这也有利于矿业的自身发展。

解放三十多年来，作为采矿界的老兵，朝夕盼望有一个适合国体、顺乎民情、有利于发展矿业和保护资源的法律。矿产资源法的颁布，满足了我们的要求。深切希望：广为宣传，认真贯彻执行。

关于积极开发煤炭资源，缓解能源危机的意见[1]

一、煤炭供需难以平衡，存在很大缺口

新中国成立四十年来，特别是改革十年来，我国煤炭工业有了飞速发展，1989年产量达10.4亿吨，提前一年完成了"七五"计划，比解放前增长三十倍，居于世界产煤国之首。煤在我国能源消费结构中占76%，有80%的电力以煤为燃料。由于我国资源条件所致，这种比例关系在相当长的时期不可能改变。1989年10.4亿吨煤炭产量的构成为：国营统配矿产4.55亿吨，占43.5%；县以上地方国营矿产2.024亿吨，占19.7%；乡镇小矿产3.826亿吨，占36.8%。从国营统配矿、县以上国营矿和乡镇小矿目前生产及将来发展情况分析，尚存在不少问题：

国营统配矿在1985年以前产量占全国50%以上，生产稳步发展，资源回收率达55%，采掘机构化程度不断提高，事故逐渐减少，是煤炭企业的骨干。1985年以来，由于物价上涨，增支因素过大，全行业陷入严重亏损境地，国家贴补金额不足，只能动用维持再生产费用来弥补亏损，同时被迫努力增产超产，用政策许可的超产煤在市场出售的收入，购置生产必需的原材料，勉强维持再生产，并适当调剂煤矿职工的生活福利；煤矿工人的待遇，处于全国各行业的第6位，矿山生活艰苦，井下作业又有一定的危险性，职工队伍很难稳定。华东和东北地区的老矿，由于一再挖掘生产潜力，缩短了服务年限；全国统配矿在2000年前将报废的矿井能力超过4000万吨。衰老矿井减产达3000万吨，两者共将减产7000万吨以上。在新矿建设方面，根据"七五"计划，统配矿应开工1.8亿吨，由于投资不足，1986年至1989年实际开工仅3742万吨，这使今后十年统配煤矿继续增产失了最应有的新生能力，后劲不足。

地方国营矿自地方财政分灶以后，由于煤矿建设周期长，又是亏本行业，不如加工工业资金周转快、利润大，各省、市、区的投资必然产生倾斜，以致十年来煤炭产量徘徊在2亿吨上下。

乡镇、个体矿，自从国家采取群众办矿、国家修路、有水快流的方针后，发展很快，由1980年的1.6万个小矿产煤1.14亿吨，增加到1988年8.3万个，出煤3.5亿吨，平均每年递增2800多万吨，对缓解多年来煤炭供应紧张的局面，起到一定的作用。但近三年来，小矿增产幅度明显下降，出现滑坡迹象。这些小矿大都开采煤层浅部，东部地区受资源限制，难以扩展；西部地区人烟稀少，交通运输条件亦差，影响小矿发展。要想继续保持小矿产量，势必

---

[1] 本文是朱学范委托孙越崎组织煤矿专家吴京、胡敏进行现场调查后写出，并于1989年12月呈江泽民、李鹏的报告。

根据资源条件，向深部开拓，进行技术改造，增添通风、排水、提升设备，走正规化的煤矿生产道路，否则难以为继。在8.3万个小矿中，有4.3万个是无证开采，绝大部分分布在各大国营矿区之内，乱采滥挖，抢占资源，严重威胁大矿安全生产，已经造成多起小矿挖通大矿、透水淹井、瓦斯爆炸等恶性事故。国家有必要抓紧制订正确的发展和管理乡镇、个体小煤矿法规，严肃执行《矿产资源法》，按可采储量征收资源税，保障煤炭资源得到合理利用。特别是有些稀缺煤种，如山西吕梁地区的乡宁、离石、柳林一带的主焦煤和肥煤等，为冶金所不可缺，理应受到国家保护，但浅部已被地方小矿占采，资源受到严重破坏，应从速采取有力措施，挽救资源损失。

据预测，到2000年的全国煤炭需要量为15亿～16亿吨，尚未包括临近我国的日本和东南亚一些国家和地区所需1亿多吨易于出口创汇的煤炭。国家计委和能源部规划在20世纪末生产原煤14亿吨，比预计需要量尚有不小的缺口。但在今后的十年中，每年要增加4000多万吨的产量，确是十分艰巨的任务。

1988年初，煤炭供应出现紧张势头。1989年初，缺煤形势更为严峻，特别是华东和沿海各省市的电厂部分停机，钢铁厂缺煤减产，很多工厂停四开三或停三开四。各地的"煤倒"分子乘机兴风作浪，市场煤价暴涨，每吨有超过300元者。最近，煤炭供求形势有所缓和，主要是有的工业产品滞销，工厂停工停产，乡镇企业部分倒闭，减少了煤炭需要量。这是暂时的现象，缺煤将是长期的趋势。按照能源部的《中国能源工业中期发展计划纲要》，1989～2000年需新装发电机组容量为1.6亿千瓦，其中火力发电为1.05亿千瓦，今后每年煤炭增加的4000万吨产量，仅能满足火电新机组的需要，至于冶金、铁路、化工和其他行业以及城市民用煤炭需要量的增长就无法满足了。我们认为：出路只有两条，一是迅速调整国民经济发展的合理结构比例，防止在煤炭供应上顾此失彼；二是积极发展煤炭工业，在确保达到14亿吨目标的前提下，办争增加产量，适应工农业发展的需要，以缓解潜在的能源危机。

二、对大力发展煤炭工业的意见和建议

从上述情况分析，可以看出我国煤炭工业缺乏生产后劲，潜在十分严重的滑坡趋势，为了扭转煤炭行业的被动局面，力争在20世纪末达到生产原煤14亿吨的目标，建议采取五项措施：

第一，理顺煤炭工业管理体系，推动全行业发展

新中国成立四十年来，煤炭工业已经形成为一个完整的行业体系，有地质勘探、规划设计、基本建设、煤机制造、文教科研和煤炭生产的庞大队伍。1988年末，全国县营以上煤矿职工共525万人，其中统配矿为350万人，有14个局的年产量超过1000万吨。去年成立能源部后，将原煤炭部所属东北内蒙古煤炭工业联合公司和地方煤矿联合经营开发公司改为独立机构，另成立中国统配煤矿总公司主管关内统配矿和原属煤炭部的地勘、设计、基建、机制、文教、科研等为全行业服务的各部门；还有内蒙古、陕西的东胜神府煤田由华能精煤公司管，山西离柳、乡宁煤田由华晋焦煤企业集团管，各地的劳改矿由司法部管，军办矿由总参

管。这种多头分散的煤炭工业管理体制，对统一步调进行全面规划、地质勘探、资源划分、产品加工分配、运销安排、国内的煤炭市场研究、对外出口、文教管理、科技发展、安全立法与监察，以及统配矿与地方、乡镇矿的协调等重大问题的处理，都产生了不应有的困难。现在仅统配矿区要立新项目，至少须经国家计委、能源部、能源投资公司的统配煤矿总公司四道关口，管理的层次和部门增加了，必然导致效率低、拖延时间的后果。

我国的能源工业管理体制，自新中国成立以来有过三次分而又合的变动。但前两次的变动，从未打乱煤炭、石油、化工和电力的原有完整系统。我们必须认识，煤炭工业是一项需要多科技配合的综合性行业。美国1988年煤炭产量大致与我国相当，煤炭工业职工只有16.2万人，我国是725.6万人，在技术上和管理上的差距也都很大。今后十年，我国要达到每年增产4000万吨，20世纪末产煤14亿吨的目标，如果不走高度机械化、科学化、高效率生产的道路，没有一个统一的、强有力的煤炭工业管理机构是难以完成如此艰巨任务的。我们建议，全面研究过去能源领导体制的演变历史，理顺煤炭行业管理体系，加速我国主要能源煤炭工业的发展。

第二，增加煤矿投入，加速新矿建设

中共十三届五中全会《决策》中指出"煤炭工业首先要抓要统配煤矿，稳定东部地区和发展中西部地区的煤炭生产，同时积极发展地方煤矿的生产和建设"。这个发展煤炭工业的战略方针是完全正确的。我们提出下列具体意见：

（一）加速开发皖、鲁两省煤炭资源，就近供给严重缺煤的华东地区

据调查，华东地区的上海、江苏、浙江、安徽、山东五省市，从区外的煤炭调入量，1989年需1.15亿吨、1995年预计为1.85亿吨、2000年将达到2.5亿吨。上海市需煤量每年以10%的速度递增，即使中西部地区有煤可供，铁路、水路的运输也是大问题。五十和六十年代，在安徽的淮南和淮北大力建设统配新矿，就近供给上海需要。但近年来，由于大搞矿井挖潜，产量超过设计能力2～3倍，淮北9个矿共年产1000万吨，将在2017年全部报废；淮南为了延长矿井寿命，不惜工本，在淮河下采煤；年产煤1100多万吨的徐州矿务局19个矿，大部分将在20世纪末报废。皖、鲁两省，在七十年代还都是余煤省，是上海市的主要煤源之一，现在都成为缺煤省，要依靠山西、河南接济了。皖、鲁两省各有已经探明的煤炭储量200多亿吨，由于缺乏投资，已有五六年未建新井。对两淮矿区，原煤炭部1982年邀请华罗庚教授率一批专家到现场考察，通过论证，提出一个建设22处新井、能力4810万吨的开发规划，曾经中央领导肯定，国家计委批准，至今未能兑现；山东省有4000万吨的新井建设规模可以开发。皖、鲁两省新增能力可达8000万吨以上，需投资300亿元，且都是不缺水的矿区，电厂应同步建设，就地发电，输入华东电网。

（二）抓紧扩大东北、内蒙古褐煤露天矿规模，就地发电，供给东北电网

1988年，东北、内蒙古煤炭工业联合公司产煤1.0293亿吨，另由关内经铁路供给所缺的煤种2500万吨，出关的运煤能力已达饱和。根据东北经济办的规划，2000年需煤量为3.4亿吨，缺额8000万吨，需从关内调入，我们认为，东北地区用煤，除关内煤以运定供外，应抓紧在本地区开发资源，自行解决。东北、内蒙褐煤资源丰富，应以露天矿为重点，积极扩大平庄、扎赉诺尔、大雁、伊敏河和霍林河等已有露天矿，就地发电，供给东北电网。露天矿所需的无轨开采设备，应安排国内机械部门加快制造，并提高质量。这个地区今后十年的煤矿建设投资，预计也需300亿元。

（三）大力巩固和扩大山西煤炭基地，支援全国

山西省1988年产煤2.4647亿吨（其中统配矿产1亿吨），约占全国总量的1/4。该省煤炭资源储量大、煤种全，目前大规模开采的条件已经具备，到本世纪末，山西的任务是出煤4亿吨（国营和地方各产2亿吨），今后十年需投资500亿元。山西省1988年外调煤炭1.75亿吨（占全国产煤省煤炭外调量的78%），其中由铁路外调1.52亿吨，但煤炭外运仍是严重问题，目前由北京、郑州两个铁路局和五个铁路分局分别管理，调度难以统一，国营矿和地方矿存煤近5000万吨。煤矿和铁路都是分散的管理体制，如不进行调整，必将成为发展山西煤炭工业的绊脚石。

（四）开拓贵州煤炭生产新局面，为川、湘、两广缺煤省、区提供稳定煤源

贵州是西南地区煤炭资源较为丰富的省，有探明储量488亿吨，1988年出煤3210万吨，是余煤省。按"八五"电力发展规划，贵州需新增发电用煤2000万吨，煤炭工业如不能相应发展，电力规划必将落空。川、湘、两广都缺煤炭，贵州应即扩大已建成的六盘水矿区并开发毕节的无烟煤新区，储量224亿吨，为改造后的川黔、贵昆、湘黔和黔桂铁路提供出省煤炭。今后十年也需要上百亿元的投资，才能打开贵州煤炭工业的新局面。

（五）重点开发内蒙西部、陕北和宁夏煤炭资源，为煤炭工业向西战略转移奠定基础

东部沿海各省，除皖、鲁两省尚有可以开发的煤炭资源外，其他各省资源有限，经过四十年的开发，产量日渐衰减，而需要量又不断增加，开发的重点非向内蒙、陕西、宁夏等煤炭储量巨大、煤层赋存条件好的西部煤田转移不可。新区大规模开发，必须同时解决铁路、公路、电力和出海港口，以便向华东、华北、东北和南方各省区供应煤炭。对这些人口稀少、粮食、副食来源困难的新矿区，还必须全面安排新区建设规划。

目前，西部最大的煤田，是位于内蒙和陕北相连处的东胜、神府煤田，面积25573平方公里，储量2310亿吨，煤质含灰4%~6%，硫、磷都特别低，煤层近水平，瓦斯含量很低，地质构造简单，埋藏浅，是一个适合于特大型露天和矿井开采的优质动力用煤，世界少有的好矿区。这个矿区由华能精煤公司主管，贯彻群众办矿、国家修路的方针，至今还是以每吨15元收购小窑煤，公司新建的年产30万~60万吨的中小型煤矿尚未投产。

精煤公司原计划用"滚雪球"的办法，分三步由小到大的开发矿区。第一期（1992年）拟经神包（长172公里，已建成）、大包和大秦线外运煤炭1000万吨，但是内蒙的乌达、海勃湾两矿区和宁夏的石炭井、石嘴山两矿区，多年来都是以运定产，其铁路外运线路是与精煤公司相同的，若为精煤公司运输1000万吨，则上述四处统配煤炭将更难外运；第二期是修建神朔铁路（长270公里）、新增矿井能力2400万吨，除神包线上运1000万吨外，由神朔、北同蒲、大秦线外运2000万吨，目前山西的铁路外运能力已不足，经常存煤4500万～5000万吨，且山西的煤矿还要大幅度增产，何能再增加这2000万吨的外运量。我们建议对这些问题宜进行全面统筹安排。

精煤公司规划在第三期年产煤6000万吨，并修建由矿区直达海港的万吨列车铁路，但是修建长1000公里的铁路需要十年左右的时间。根据美、苏经验，输煤浆管道投资仅为铁路同等运量的1/3至1/4，建设周期约为铁路的1/4，占用土地仅为铁路的1/7，运行管理人员仅为铁路的1/10，运费低廉，装卸方便。在我国铁路运输紧张的情况下，采用水煤浆管道作为辅助运输手段很有必要。为了早日输出煤炭供华北一带电厂急需，应先建一条从矿区直达天津大港的水煤浆运输管道（全长730公里），年运水煤浆1000万吨，并在河北易县接出支管供给张坊待建的电厂。

为了给这条长距离、大动量水煤浆管道提供设计、施工、运行经验，北京煤炭设计研究院正在对我国第一条陕西彬县至渭河电厂高浓度水煤浆管道示范工程进行设计，年制浆能力为250万吨、管输距离为135公里，供渭河电厂2台30万千瓦机组锅炉直接燃烧发电。

对于神府、东胜这样条件优越的煤田，建议国家大刀阔斧大规模地进行开发，小打小闹亦为土地荒芜、人烟稀少的自然环境所难容。根据煤田有利的开发条件，宜尽快选择适合于特大型煤矿和露开矿的地段先行开发作为核心，并带动地方煤矿建设，这个矿区的最终规模可达到年产5亿吨。这个特大型矿区的建设投资是很大的，但它能以世界上少有的优质动力煤大量出口换汇，当能吸引巨额外资。

内蒙古准格尔煤田适于露天开采的储量有100亿吨，露天矿年产规模可达6000万吨以上，现部分工程已开工，若投资有保证，在20世纪内可以发挥作用，值得作为重点开发的矿区。

以上五个方面的矿区开发投资，估计今后十年需要1500亿～2000亿元。国家正在治理整顿、深化改革时期，资金十分困难，我们建议采取"谁用煤，谁投资"的政策，对用户每吨煤收取20元的煤矿建设专用基金。过去，各行业多年购买国家的便宜煤，现在国家有困难，扭转长期"利润转嫁"的不合理现象，收取煤矿建设基金，应是公平合理的。

第三，尽快合理调整煤价，恢复煤矿活力

国家规定的统配煤价过低，全国平均每吨不到40元，买不了半条高级香烟，只够买两只烧鸡。国营矿普遍严重亏损，除年年向国家要求贴补数十亿元外，只能拼命生产，争取超计划出煤到市场换取国家平价拨给而不足的物资，来维持再生产，并将部门维持再生产的费用也贴入成本，举步艰难，根本缺乏自我改造、自我发展的能力。中共十三届五中全会《决定》指出，将先对统配煤炭调价，这是每个煤矿职工早就企求的事。1988年，国家平价调拨给统配矿的物资中，钢材到货为84%、坑木到货为77%，超计划产煤所需物资不包括在国家物资调拨量之内，不足之数只能到市场高价采购，每吨钢材为平价的207%、每平方坑木为平价的220%；煤矿所需各种油类则全部从市场以高价买入。

我国的价格政策，是计划价格与市场价格协调共存。调整煤价可否考虑采用计划价格为主、市场价格为辅的原则，核定各地区的煤矿坑口售价。即以统配矿计划内产煤的70%按调拨价计、其他的30%按不同矿区核定市场浮动价计，以华东为例，若调拨价每吨40元、市场浮动价每吨200元计，矿上能实收每吨80多元，运到上海每吨约合140元，与今年上半年上海从各种渠道到货的平均价相等，用户是愿付这样的煤价给煤矿，以得到稳定可靠的煤源，而摈弃"煤倒"的掺假高价煤。这种以30%产量进行价格浮动的做法，使统配煤价与市场挂了钩，对煤矿正常生产有利，也能适当提高职工生活福利，稳定煤矿队伍；国家财政也不用再给统配矿数十亿元的补贴了。这对外也无须宣布煤炭涨价，因为这样的煤价早已是事实存在。至于城市民用煤，仍应按原来煤价，由国家贴补，维持不变的价格。

第四，在矿区建立煤炭产、运、销联营公司，实行重点企业对口供应

在各矿区建立煤炭产、运、销联营公司，严格控制车皮、船只，对重点企业实行对口供应，严格执行供销合同制，减少流通环节，铲除"煤倒"赖以滋生的土壤，斩断伸向煤矿索煤进行高价倒卖的黑手。联营公司实质上是国家煤炭专营公司，直接掌握产、运、销，核定各地煤炭市场浮动价，按质、按量供给煤炭，对煤矿、铁路、船运和用户都有好处。

第五，节约能源，应加强立法和执法

能源的生产和节约并重是我国一贯的方针。能源供应紧张，主要是增长速度赶不上国民经济发展的需要。但是，能源价格过低，也是严重浪费能源的原因之一，上海市有10处电厂，每度电平均耗煤量高达515克，而新机组耗煤不到350克，节约的潜能很大；全国有39万台工业锅炉，年耗煤炭3亿多吨，其中有18万台"煤老虎"急需更新改造。根据资料，我国1美元的国民生产总值所需能耗为法国的5倍、日本的4.4倍、美国的2倍。我国有关的节能领导机关，应从速制定限制能源消费的政策，对若干重要工业的耗煤、耗电、耗油规定相应的指标，超标受罚；对于耗能高的企业，责令限期改善管理，提高节能技术，甚至关停转业，绝不能让依靠低价能源谋利的企业继续存在。用法律对节能工作进行严格管理，对于缓和能源紧张状况肯定是有益的。

建设输精煤浆管道　　缓解铁路煤运[1]

一

煤炭是我国的主要能源，在能源生产结构或消费结构中所占比重都在75%以上。已探明的储量有7000多亿吨，以山西、内蒙、陕西、贵州、新疆等地最为丰富。1985年全国原煤产量已达8.5亿吨，早已超过苏联，居世界第二位，并已接近美国产量。2000年的产量肯定可以超过原计划12亿吨，可能达到13亿或14亿吨。几十年后，即使油、气、水电、核电大力开发，煤炭在我国能源的比重，仍然不会少于70%。

1985年全国各矿地面存煤多达8000万吨，内蒙西部，宁夏和陕西的矿区，早已以运定产。山西省虽经铁路和长途汽车大力外运，存煤仍有4000万吨之多，雨淋日晒，自燃变质，损失严重。而在华东、华中、华南各地电厂则因缺煤，电力不足，工厂停工。而且因为缺煤，也很难建设新电厂。坑口电厂远距送电，本是一个好办法。但华北缺水，电厂用1吨煤，直接间接需要6吨水，因而也难建设坑口电厂。而输煤管道运1吨煤只需1吨水。

综上所述，目前和以后煤炭工业的发展，关键问题在于运输。而运输只靠铁路、汽车和港口，还是不能解决问题。必须迅速发展一种新的运煤方式——输煤管道。

二

1975年，美国俄亥俄输煤管道开始投产。1970年，美国黑迈萨输煤管道投产，年输煤能力为500万吨，运距440公里，全线4个泵站，钢管直径18英寸，送给装机容量158万千瓦的莫哈夫电厂，不脱水，在锅炉内燃烧，效益较低。但现在已由美国柏克德和东德克萨斯两家公司用筛网沉降离心脱水机、浓缩机、压滤机和干燥机等脱水干燥装置，把煤浆水分降到10%左右，然后喷入锅炉燃烧，于1981年至1982年用于小石城白布拉夫150万千瓦的电厂，效果很好。

美国输煤管道没有继续发展，不是由于技术问题，而是由于政治问题，即由于铁路财团的反对，虽然经过国会通过法案，但仍因铁路财团的多方阻挠，得不到过路权而停滞不前。

管道输煤在我国是个空白。为了开拓这一新技术，国家科委在"六五"期间把它列为国

---

[1] 孙越崎、吴京在全国政协会议上的联合发言。

家重点科技攻关项目，并且组织科研、设计、高校制造等部门协同攻关。煤炭部科学研究院唐山分院建成了管道输煤试验中心，在清华大学也建成了管道输煤研究系统。

我们在全国政协常委会闭幕后和开此次大会之前的四天时机，于3月20日与政协经济建设组组员、石油部管道专家梁翕章和煤炭部规划设计总院负责管道输煤的副总工程师汪景武同志去唐山，听取了唐山分院院长李海洲和管道所所长潘运南（二人都是留苏高级工程师）介绍了管道试验情况，并看了录像，最后实地调查了1.6公里长的1.5英寸、3英寸、6英寸（150毫米）和12英寸（300毫米）四条输煤管道，可以看到，我国的管道输煤试验已取得了可喜的成就。这样，电厂用管道脱水煤粉，可以取消铁路专用线和卸煤及磨煤系统，降低电厂的造价。

为今之计，我们认为除了继续建设铁路和港口以外，只有组织各有关部门大力开展管道输煤这个新技术的集体攻关。在现有工作的基础上，一两年内从实验室里走到"中间工业试验"，来检验它的长距离、大运量的技术可靠性和经济合理性。这个"中间工业试验场"最好用晋东南的无烟煤建设一条110公里的我国自制的螺旋焊管道至焦作电厂（焦作原有40万千瓦烧无烟煤的电厂，据说最近拟再扩建40万千瓦，年输120万吨无烟煤脱水煤粉燃烧）。如结果良好，就可大量远距离供应长江中下游建设大电厂之用。

输煤管道埋在1米深的地下，除约100公里设一个泵站用地外，此外只要付点青苗费就行。用挖土机挖沟，建设比铁路快，占地比铁路少，投资省、产出快，管道铺设可取捷径，下坡地段可用自然高差，节省输送电耗，运输途中无损耗，无污染，气候影响小，运管人员少，运输成本低，是多、快、好、省，有竞争能力的一个运煤方式。"七五"期间，国家应继续把管道输煤列为重点科技攻关和"中间工业试验"项目，加以重视和大力扶植。

水电部和煤炭部对管道从晋东南和陕西黄陵县输煤至华东、华中早已洽商多次，双方积极性均很高，并得到计委的批复，大有成功的希望。

三

近几年，另外一个新技术——高浓度水煤浆的制备，在国内国外都得到迅速发展。西德叫"密煤"，我们叫"水煤浆"，叫法不同，实质完全一样。我国抚顺和枣庄已生产含煤70%、水29%、添加剂1%的水煤浆，并由铁路罐车运至北京造纸一厂，在小时蒸发量20吨和60吨工业锅炉里燃烧，累计烧了826小时，烧水煤浆2820吨，已由国家组织鉴定。我也和煤炭部副总工程师郝凤印同志去造纸一厂看了一下，并研究了改进喷嘴的质量问题。这种水煤浆可直接喷入锅炉燃烧，不必脱水，能历经4个月不沉淀，也可用长距离、大运量管道输送，以代替燃料油，腾出石油出口创汇。

"六五"计划已减少燃料油1000万吨。"七五"计划建议里又拟减少1000万吨。凡是烧燃料油的锅炉稍加改造，都可用水煤浆来代替，这对火力发电厂可起很大的作用。津浦铁路线上，河北省沧州市一个5万千瓦的电厂因停发燃料油而停止运行。煤炭部不久将把枣庄煤矿生产的水煤浆用运燃料油的铁路罐车运去沧州电厂，代替燃料油，使沧州市电厂恢复发电。水煤浆将来也可用管道长距离、大运量地输送给大电厂之用。

四

由于输煤管道是个新技术，既能消除矿山存煤自燃变质，又能远距离大运量输送到紧缺电力的地区，建设大电站，意义十分重大。

国务院的领导在"七五"计划报告中提到的"努力掌握当代的新技术和高技术，对我国今后的经济和社会发展具有重大的长远意义。"

我们建议三个方案如下：

（1）煤炭部专产煤，水电部专发电。但对管道输煤的研究，"中间工业试验"和将来通向华东、华中管道的基本建设工程等，由水电、煤炭两部合作、合资兴建和经营管理，作为一个独立公司，这样有可能迅速推进管道运煤的实现。

（2）管道由水电部办理营运。煤炭部在管道进口处卖煤给水电部。

（3）管道由煤炭部建设和营运，在管道终点站把脱水的粉煤卖给水电部发电。

我们的意见是以第一个方案比较最好，这对煤炭部有利，对水电部也有利。

如果上述三个方案都难以实现，那么煤炭部应当以运定产，免得存煤自燃变质，浪费资源，而且也浪费了采煤费用。

急需采取有力措施克服煤炭工业潜在危机[1]

煤炭是我国工农业生产和人民生活必不可少的主要能源，每年消耗量占能源总需求量75％，在今后比较长的时期内是无法用其他能源代替的，这是资源条件注定的。

现代化生产和人民生活必需的电力，是属于二次能源。我国以火力发电为主，1985年发电用煤1.76亿吨，按规划1990年需煤2.8亿吨，2000年需煤将超过5.2亿吨。全国普遍缺电，大力发展电力是理所当然的。但是煤炭既要满足电力、冶金和其他工业生产的需要，又需供给民用，任务十分艰巨。根据煤、电长远发展规划：1985—2000年火力发电装机容量将增长2.34倍，需煤量增长1.97倍。1985年产煤8.7亿吨，2000年计划产煤14亿吨，仅增长0.6倍，看来煤、电长远发展规划是不协调的，煤炭只能保证火电和冶金两大用户需要，其他用煤就顾不上了。能源短缺将成为发展国民经济的严重问题。

根据国家统计局《关于1987年国民经济和社会发展统计公报》，全年国民生产总值超过1万亿元，比上年增长9.4%，这是十分鼓舞人心的。但在主要工业产品产量数字中，煤、油产量增长率是很低的，原煤仅增加2.9%，原油仅增加2.6%。就煤炭产销情况看，最近两年鼓励乡镇小煤矿的发展，缺煤现象虽得到了暂时缓解，但作为产煤骨干的统配煤矿，由于国家投资和政策性补贴都不足，长期处于亏损状态，缺乏维持再生产和自我改造的能力，存在严重的隐患。主要有下列七个方面：（一）煤矿是开采自然资源，新陈代谢是必然规律，有不少老矿逐渐减产，趋向报废；生产矿井维持再生产所必需的开拓延伸工程，资金来源短缺，很难保持现状。（二）很多使用机械化采煤设备进行安全高效生产的工作面，由于设备老化，无力更新，产量日减。（三）过去两年由于基建投资不足，新井开工少，投产少，新生力量接替不上，失去增产可能。（四）全国各大矿区，小煤矿星罗棋布，无一例外，有不少小矿钻进了大矿心脏，抢占资源，国家《矿产资源法》如同废纸，起不了保护资源、保护大矿正常生产的作用，例如山西大同煤矿是世界知名的优质动力煤供应基地，是我国最大的矿区，矿区之内有200多处小煤矿，不仅影响大矿安全生产，而且由于资源受到侵占，被迫减产或缩短寿命。（五）国内百业俱兴，劳动力日见短缺，煤矿有不安全因素，新职工更加难找。为了解决安全生产、提高效率和单位面积产量，必须大力发展采掘机械化。缺钱难办事。煤价得不到合理调整，不但无力改变煤矿落后面貌，眼前的局面也难长久维持。（六）火电厂建设30万千瓦以上新机组，要求提供灰分较低、发热量较高的煤炭，原煤须经

---

[1] 孙越崎、吴京在全国政协七届一次会议大会上的联合发言。

洗选才能达到要求。统配煤矿目前洗选能力，尚不足原煤产量的四分之一，地方煤矿和乡镇小煤矿几乎没有洗选设施，今后新火电厂用煤只好仰赖统配煤矿；且出口煤炭更须保证质量。因此，煤炭工业的洗选能力如何尽快搞上去，也成了当前的难题。（七）山西、内蒙古、陕西、宁夏铁路运输能力不足，不少矿区以运定产。国家已经投资建成的煤矿，长期发挥不了作用，实在可惜。仅山西省各矿区地面存煤多达四五千万吨，铁路无能为力，应该寻找其他运输途径。

根据煤炭生产结构分析，在1987年原煤总产量9.2亿吨中，统配煤矿出煤4.2亿吨，比1986年只增产628万吨。在1990年计划产煤10亿吨的目标中，统配煤矿应产5亿吨，从1988-1990年，每年须增产2000多万吨，才能达到5亿吨的要求，事实上难以完成这个"七五"计划总承包任务了。

在1987年非统配煤矿出煤5亿吨中，省、区、县办煤矿出煤1.8亿吨，比1986年减产了；乡镇煤矿出煤约3亿吨，比1986年增产1885万吨；个体煤矿出煤2800万吨，比1986年增产约800万吨。这可能是号召"群众办矿"的收获。小煤矿的发展和增产数字确实很迷惑人，不需要国家投入多少钱，就能得到煤炭。前面已经提到，大部分小煤矿都分布在大矿周围或矿区之内，国家为大矿修建的铁路、公路和输电线路，确实得到了充分利用，大、小矿在煤炭运输和用电两个方面的矛盾也确实日渐严重。小煤矿能否长时期稳定增产，能否提高回采率，避免资源浪费，向深部发展带来的开拓、提升、运输、通风、排水等问题有无应变能力，地面运输如何集中装车以缩短列车停留时间，煤质、煤量能否满足大火力发电厂和冶炼厂的要求等，都是值得深思和探讨的问题。大、中、小煤矿同时并举的方针，已经三十多年的实践验证，是正确的，但不能忽视各有不同的建设和生产特点。

为了促进我国煤炭工业的发展，满足国内四化建设和出口换汇的要求，我们提出以下四点建议，供有关部门参考：

（一）在这次体制改革上，应有一个全面主管全国煤炭工业（包括大、中、小煤矿）的总公司，统一安排全国煤炭的合理布局，统一考虑全国煤炭的新矿建设、老矿改扩建、安全生产计划，制订全面发展煤炭工业的方针、政策并监督实现。

（二）合理调整煤价。现在每吨煤的售价不如一吨黄砂，买不了一条甲级香烟。建议1985年以前的老用户，规定适当优惠的价格，1985年以后的新用户须按市场价格购买。这种规定可以促进新用户产品成本的合理化，为煤炭工业正常生产找到资金来源。

（三）严格执行《矿产资源法》；明确执法部门，并在产煤省、区成立经济法庭，负责处理矿区纠纷，维护安全生产。

（四）尽快制订对煤矿职工给予奖励、荣誉的条例，设立矿工节，以巩固煤矿职工队伍。

综上所述，煤炭是我国的主要能源，关系四化建设的进程，当前供求情况虽暂时得到缓解，但潜伏着严重危机，必须在思想上有清醒的认识，采取大力扶持的政策，制订有力措施，使煤炭工业持续前进，以确保本世纪末战略目标的实现。

煤炭法应当尽快制定出台[1]

从1985年原煤炭部提出制定《中华人民共和国煤炭法》，至今已有9个年头了。其间经多方呼吁，《煤炭法》先后被列入七届全国人大常委会立法规划和国务院1991、1992年度立法计划，但由于煤炭管理体制变动等原因，这件法律始终未能出台。八届人大后新组建的煤炭工业部，为适应社会主义市场经济的需要。总结煤炭行业法制建设经验教训，决心以起草制定煤炭法为契机，尽早形成完善的社会主义煤炭法规体系。为此，煤炭部长王森浩致信乔石同志，建议国家尽快制定煤炭法。乔石同志在信上作了批示，认为"煤炭立法看来是需要的"。可是，八届全国人大常委会立法规划只把煤炭法列为争取审议的法律草案。为引起全国政协委员及有关方面的重视和关注，支持煤炭法尽快制定出台，我感到有必要对制定煤炭法的重要性和紧迫性作一阐述。

一、我国作为世界上煤炭生产消费大国，理应有煤炭法。

我国的煤炭产量已居世界第一位。在我国一次性能源构成中，煤炭占76%，这个比例在今后几十年里不会有大的改变。新中国成立以来，党和政府曾制定了一系列支持和发展煤炭工业的方针原则和产业政策，但并没有上升为专门法律，成为由国家强制力保证实施的行为规则。十一届三中全会以来，由全国人大常委会通过实施的法律共146件，国务院颁布的行政法规700件，但没有一件是专门调整煤炭资源开发利用和保护，保障煤炭工业健康发展，维护煤炭企业合法权益等方面社会关系的法律、法规。这与中央关于加强基础产业立法的精神和煤炭工业在国民经济中的重要地位很不适应。与此相反，自七十年代以来，各国纷纷加强了能源立法。世界先进产煤国家，都有煤炭立法。英国不仅有煤炭法，还有煤矿法。德国专门设有煤炭经济法，就连煤炭资源相当贫乏的日本，也先后定了"矿业六法"。一些产煤大国，甚至每出台一项大政策，都要制定相应的法律或法规。而我们这个产量居世界首位的煤炭大国，至今却没有一部专门调整煤炭行业内外关系的主体法律。相比之下，我们煤炭立法严重滞后。

二、目前煤炭开发利用的无序状态，急需制定《煤炭法》。

长期以来，由于煤炭工业法制不健全，致使煤炭的开发利用处于严重无序状态，无法可依：一是煤炭资源开发宏观管理失控。煤炭资源作为国有财产，应该统一规划合理开发。而事实却是谁愿采就采，想在哪里采就在哪里采。在103处国有重点煤矿井田范围内，目前存

---

[1] 作于1992年。

在着11000多个小煤矿,其中半数以上为无证开采。即使那些持有采矿许可证的小矿,相当多的也并不具备开采生产能力,违章生产和越界开采现象十分普遍,直接对大矿构成威胁,而煤炭主管部门却无法采取有力措施予以制止。二是乱采滥掘,吃肥丢瘦,使资源遭到严重破坏。据统计,我国煤炭资源总体利用率仅有30%。统配矿、地方矿、乡镇矿的资源回收率分别只有50%~60%、30%~40%、10%~20%。煤炭储量的严重损失,使不少矿井缩短了服务年限,以致我国本可以开采六七百年的储量寿命锐减。到1991年底,探明的可资开采的储量只有928亿吨,除去暂不能开发的和已遭破坏的部分,可供大规模开采的储量就更少了。按1992年采掘量计算,20年后我国可供建井开采的煤炭资源将会呈现耗竭状态。三是对煤矿的管理政出多门,缺乏规范化、法律化。现在有权支配煤炭资源开发利用的就有各级人民政府及其地矿部门、煤炭部门、农业部门、司法部门、军队和其他部门。由于政出多门,形成各采矿主体之间的夺资源、抢市场、争运力,纠纷迭起,矛盾缠绵,严重影响了煤炭生产和安全,人身伤亡和财产损失不断发生。由此可见在原煤产量世界第一的背后,我国煤炭开发利用存在着混乱状况。这种状况与国民经济发展和市场经济需求越来越不相适应,急需制定煤炭法加以规范,依法实现煤炭资源的合理配置。

三、煤炭开发利用的特殊性,迫切要求制定煤炭法。

其一,煤炭行业是死人最多的行业。煤炭资源是层状赋存的,有露头煤及埋藏较浅的煤层,开采容易,工艺简便,这就给小煤窑采煤提供了可能。而埋藏较深的煤层,受地质构造和水、火、瓦斯等自然灾害的影响,在勘探、开采上不仅有较大的难度,而且有很大的风险。目前,全国生产11亿吨煤炭,就要死亡数千人。在我国,规定有死亡人数控制指标,付出如此惨重代价的产业,唯有煤炭行业一家。因此,有必要通过法律手段。依法管理,保证各类煤矿的安全生产,使煤矿工人少流血,也使矿工们的家属子女少流一些泪!

其二,煤炭资源开发利用不仅受制于资源储量,还受各种内外部条件的制约,进而形成了开发利用的多重限制。比如,煤矿在建设中所发生的征地纠纷,就始终是影响矿地关系、工农关系、困扰煤矿正常生产的一大难题。又如,我国煤炭赋存地域的不平衡,客观上形成北煤南运、西煤东调的格局。1992年铁路运输中的煤炭运量占42%,到1995年将达44%,约8亿吨,由此形成了铁路运输对煤炭生产的"瓶颈"制约。

其三,煤炭资源的开发利用是伴随着环境的污染进行。据有关方面测算,1992年我国烟尘排放量为1414万吨,二氧化硫排放量为1685万吨,其中由燃煤排放的分别占70%和90%。仅国有重点煤矿每年排放矸石就达9429万吨、矿井水16.7亿立米、煤层甲烷5.3亿立米。显然,要使我国环境状况得到根本好转,必须建立煤炭开发利用环境法律制度,依法实现煤炭开发利用与环境保护的有机统一。

其四,煤炭行业具有广泛的社会性。700万产业大军遍布所有省区。煤炭城市35座,总人口2500万,约占全国城市数量以及城市总人口的十分之一。煤炭行业的稳定对整个社会的稳定有着重要的作用。现在,煤矿工人物质文化生活水平较低。1992年全行业人均收入在全国居第14位，年增长幅度居第53位。由于矿井老化、产品积压、外运困难、货款拖欠严重等条件的制约，一些困难的煤矿竟无力支付工人的工资，有的拖欠工资达半年之久。个别地区曾出现集体罢工、上访和自杀的事件。因此，在市场经济条件下，认真调整好煤炭行业内外经济关系，依法维护煤炭职工的合法权益，不仅是个法律问题，更是一个事关社会稳定的政治问题。

综上所述，在我国，煤炭的开发利用，客观上要求建立一个良好的法律环境，要求将党和国家关于煤炭发展的方针、政策和实行行业管理的职能法律化，要求从煤炭开发利用的特殊性出发，建立起煤炭开发利用的统一规划制度、开发利用管理制度、煤矿安全管理制度以及矿区保护制度，用法律调整各方面的经济关系。

现行的有关法律，如《矿产资源法》等，只是在有限的范围内，对资源管理方面或者带有共性的问题，作了原则性的规定，并不能全面调整煤炭资源开发利用发展煤炭工业和煤炭行业管理等方面的社会关系。实际上，由于煤炭开发利用的特殊性，现行的能够规范煤炭企业行为、调整煤炭经济关系的，主要还是国务院煤炭主管部门历年来颁布的1000多份行政文件。但这些文件层次太低，实施过程中缺乏法律约束力。如果说，在计划经济体制下，主要靠这些行政命令还管用的话，那么在市场经济条件下就不适应了。因此，我国迫切需要一部从整体上全面调整煤炭经济关系的主体法律，这就是煤炭法。

此外，煤炭不仅具有一般矿产资源的属性，也具有能源的属性。煤炭工业属于能源工业，其法律调整不是资源立法所能解决的。而《矿产资源法》，侧重解决的是资源的权属管理，主要调整资源关系。即使是资源关系，也只是所有矿种带有共性的一般问题，而对煤炭特殊的资源关系却缺乏具体规范。另外，《矿产资源法》受其调整范围的限制，也不可能解决煤炭作为能源在开发利用中的统一规划、统一开发、综合利用问题。因此，国家应当充分考虑煤炭工业这一特点，依法促进煤炭工业这一基础产业的健康发展。

为了国家利益，为了使煤炭工业和煤炭企业走向市场经济具有法律保障，为了煤炭企业和七百万煤矿职工的合法权益，我郑重建议：八届全国人大常委会应当把煤炭法纳入本届内审议的法律草案，争取早日制定，早日通过并实施。

关于煤炭立法问题给中共中央总书记江泽民的信[1]

江总书记：

您好！

许多日来，总在想着煤炭立法问题，今去信略陈陋见。

煤炭乃国计民生之基础。我国70%燃料及工业动力，60%化工原料，80%民用能源，皆取之于煤炭。为保证煤炭工业健康发展，不致出事、误事，虽措施良多，但根本之计在于加强法制，抓好立法，尽快制定《煤炭法》，使其有法可依，依法发展。此不惟当前之急需，亦为长远发展之保证。

煤炭立法实为当前之要务。其一，煤炭行业步入市场经济，需要有专门法律来调整关系、规范行为，把有关方针原则及产业政策，上升为法律。其二，煤炭行业特殊性较大，每年要牺牲数千矿工。较之其他行业，外部关系更复杂，更难把握。如矿地关系、工农纠纷，就始终困扰着煤矿企业。若不建立专门法律制度，则纠纷正没有穷期。再如铁路42%运的是煤，对煤炭生产"瓶颈"制约，需有法律来调整。其三目前煤炭开采利用严重混乱，缺乏统一有效的规划法律制度，煤炭开发及矿业管理政出多门。五花八门的采矿主体之间，争抢资源和运力，纠纷迭起。非法开采的小煤窑越来越多恶性事故频仍，煤炭资源破坏触目惊心。煤炭主管部门苦于无专门法律为依据，行业管理名存实亡。此等局面不扭转，20年后我国将出现煤炭资源枯竭。其四，煤炭立法亦是政治问题。由于煤炭职工的一些合法权益得不到应有的法律保护，职工队伍近来已出现不稳定苗头。接连发生集体上访、罢工、较大规模游行示威等事件，其情形令人担忧。其五，现行的有关法律并不能代替煤炭立法。如《矿产资源法》等，只是在有限范围内，就某一方面或某些共性的问题，作了一般性规定，并不能用以全面调整煤炭业纷繁的内外部关系。煤炭既是资源，又是能源，作为资源法律制度的《矿产资源法》即使怎样补充修改，也难以代替煤炭法。

纵观当今世界，凡先进产煤国家，大都重视煤炭立法。英国不唯有煤炭法，且有煤矿法。连煤炭资源极贫乏的日本，五十年代以来亦先后制定出"矿业六法"。我们煤炭产量居世界首位，至今却无一部《煤炭法》。追溯起来，我国在清朝时代已有以煤炭为主的立法活动。民国时期，众多有识之士也曾进行煤炭立法。新中国成立以来，国家在煤炭方面，法律

---

[1] 作于1993年11月6日。

上几乎一片空白，没有一件法律是专为煤炭而制定的。煤炭立法与煤炭产业发展相脱离，确已到十分严重程度！

1991年七届全国人大常委会曾把《煤炭法》列入立法规划，但终未能如愿。希望在总书记支持过问下，人大常委会能将该法再度列入近期立法规划，并及时审议，尽早实施。如是，则煤炭事业幸甚，国家幸甚！

总书记日理万机，身心劳顿。今去信叨扰，甚感不安。区区此愿，惟盼鉴谅。

顺祝

瑞祥安康！

煤炭部顾问孙越崎谨上
1993年11月6日

社会活动（活动与纪念）篇

天津五四运动的回忆[1]

我原名孙毓麒，是1916年在上海复旦公学毕业后考入北洋大学采矿系的。1919年五四运动发生时，我是天津北洋大学学生会会长，参加了这个伟大的革命运动。

北洋大学的校址在西沽，距市中心较远，大门上刻有"国立北洋大学堂"七个大字。实际上，校长的任免和经费的拨付均由直隶省管。教授全是美国人，只有物理、化学实验室和野外测量的助教是中国人，校长、总务长也是中国人，但他们只管行政，不管教务。功课很多，考试频繁，学生只知读书，不问政治，是一个守旧的学校。

1918年，第一次世界大战结束，在巴黎召开和平大会。日本帝国主义在大会上提出要由日本继承德国在我国胶东半岛的全部权利，北洋军阀政府有意签订这项条约。1919年5月4日，北京大学学生激于爱国义愤，发动北京全市大中学校的学生三千余人在天安门前集会，高呼"外争国权，内惩国贼""取消二十一条""拒绝和约签字"等口号，会后游行示威，火烧了亲日汉奸曹汝霖的住宅，殴打了驻日公使章宗祥。北洋军阀政府派军警镇压，逮捕学生三十多人。北京学生当即实行总罢课，并通电全国，表示抗议。这就是五四运动。

当时，这个消息很快传到天津，天津的学生群情激愤，立即起来响应。天津市大、中学校的学生代表九人秘密集会，讨论声援的办法。记得到会的有：河北高等工业学校的谌志笃（贵州人）、南开中学的马骏（吉林人）、天津美术专科学校的沙主培（天津人），北洋大学由我代表出席。大约集会讨论了两三次，最后一次会上决定全市大中学校第二天一律罢课，表示声援北京学生的革命行动。当时会场上气氛非常严肃紧张，在表决时，要一个一个站起来表态，大学代表在前，中学代表在后。那时我想，虽然北洋大学存在着保守势力，罢课可能有一定困难，但广大同学是爱国的，为争取释放北京被捕学生、拒签辱国条约，他们一定会冲破一切阻力支持罢课的，因此我第一个站起来表示："我代表我校全体同学，从明天起，一定罢课。"接着，高等工业学校的谌志笃第二个站起来表示同意，第三个轮到高等法政学校的代表时，他说："问题太大，不能负责，不敢表态。"一时很煞风景。当时天津只有这三所高等学校。然后，南开中学的代表马骏马上站起来表示坚决罢课，会上气氛为之一变，其他几个中学、中专的代表也都表示同意罢课，终于作出了罢课的决议。全市罢课是从未有过的事情，表决后大家立即散会，赶回学校去召开学生大会进行布置动员。我回到北洋大学时，已经过了下午六时吃晚饭的时间，我也顾不上吃饭了，立即找了几位同学商量，

---

[1] 原文刊于1979年1月《天津文史资料选辑》第三辑。

大家都很兴奋，马上分头向各个宿舍同学进行宣传。当时我考虑，能否实行罢课，关键在于即将进行毕业考试的三年级同学，因为如果罢课不考试，他们就拿不到毕业文凭，在那时没有文凭是谋不到职业的。因此，我就先找毕业班几位平时考试成绩名列前茅、在班里有影响的同学谈心，向他们介绍了情况，请他们支持，他们也都表示支持。我又向校长赵天麟作了汇报，他不置可否。在作了这些准备工作之后，就摇铃召开全校学生大会。会上，我详细报告了各校代表开会的经过情况，说明了第二天起天津市大、中学校一律罢课的决定，并说我已代表全校同学表示同意，请大家审议。这时同学们情绪激昂，一致拥护次日罢课。

第二天，消息传来，各校都罢课了。从此之后，我们几个代表就公开开会，不再秘密开会了。

几天后，代表们又决定全市学生游行示威，先在南开中学操场集合，然后出发游行，预定路线是经过南马路、东马路、大胡同等闹市区至河北大经路省长衙门请愿，要求北洋军阀政府释放被捕的北京学生和拒签丧权辱国条约。但游行那天，南开中学操场被天津警察厅厅长杨以德率领的北洋保安队包围，特别是出口处有几十层保安队员堵住我们，不让我们冲出去。我们以大旗为先导，大喊大叫，多次突围，保安队也徒手多次阻拦；双方相持很久。后来杨以德亲自到现场，声称奉直隶省长曹锐之命，不许游行，并要我们推举出四个代表去见曹锐。学生代表商量结果，推选马骏、谌志笃、沙主培和我四人，由杨以德前导，一行五人分乘五辆人力车，直去省长衙门。沿途看到街道两边都站着许多肘绑白带布的北洋保安队，荷枪警戒。车到海河的金刚桥时，我们发现桥已吊起，由杨以德命令放下，五辆人力车通过，后又把桥吊起。过桥后，就是河北大经路省长衙门的大门。往前不远我们看到了在大街上站着上百位女同学，我们估计到他们是女师的学生，是来参加游行而被阻拦在这里的。因此，我们一见，马上下车，先去慰问她们，请她们暂时等候。然后我们走进省长衙门。

衙门很深，走道两旁，也站了很多持枪的保安队员，如临大敌。这时，杨以德不见了，由另一人引我们，走过弯弯曲曲的路，来到一间破旧的席棚间里。等了很久，省教育厅长王章祜来了，他说："曹省长在会见日本驻天津总领事和海军舰长，等一等才能见你们。"过了些时候，一个警官又把我们引到一间警官训练班的课堂内，又坐等了很长时间，由王章祜把我们引到一间富丽堂皇的会客厅。客厅中间有一张铺着丝绒面的长桌，桌上摆着好几个高脚玻璃盘，装着点心和水果。杨以德和王章祜分坐长桌两边，我们四个人也分坐两边。曹锐穿了长衫马褂，头戴瓜皮帽，出来坐在长桌的一端，他装着伪善的样子，叫杨、王二人端着玻璃盘请我们吃点心和水果。我们说："大队同学没有吃饭，我们不吃。"他说："他们已经离开南开中学操场，在大街游行中，我叫警察发给每人两个馒头，他们都已吃饱了，你们也吃吧！"我们不信他的话，坚决不吃。他又伪善地说："你们不吃，饿坏了身体怎么行，将来国家靠你们复兴，如果身体不好，怎能担负重任？前清曾国藩、李鸿章、左宗棠等中兴名臣，在青年时哪里知道后来做这样的大事？你们任重道远，现在年轻，要保重身体，因此一定要吃，不要饿坏了身体。"我们仍没吃，并且要求他打电报给北洋政府，释放北京被捕学生。他说："我打一个电报，无非北京政府里多一张纸，有什么用处？刚才日本海军司令和总领事来看我，对天津学生游行示威提出警告，如果学生游行，扰乱秩序，他们就要开炮轰击。因此，我要求你们回去劝告同学，从明天起一律复课。"我们不理睬他的恫吓，坚持要求他打电报给北京政府，要求释放被捕的学生。他不肯，并再次要求我们回校负责劝告同学复课，我们也不肯。双方针锋相对，僵持不下。这时，他听我们四人说话的口音，知道马骏、谌志笃和我都是外省人，只有沙主培是本地人，又最年轻。他突然用手在桌上猛拍一下，把茶杯都震碎了，茶水四溢。王章祐慌忙站起来，连声说："请省长息怒，请省长息怒。"曹锐指着沙说："他们三个都是外省人，你是本地人，是我的同乡，咱们的祖宗坟墓和财产庐舍都在这里，万一闹出事来，日本海军一开炮，他们三个一走了事，我们本地人都完了，你不应跟着他们一起闹。"他指桑骂槐威胁我们。我们毅然起立，以蔑视的态度对他说："你这套戏法对你的奴才用得着，对我们可用不上。你不拍电报，我们决不复课。北京学生一天不释放，我们一天不复课。天津地区闹出事来，由你省长负责。"正在这时，有人进来，在曹锐身边说了几句话。曹对我们说："学生游行大队已在门外，要代表们出去。"王章祐立即站起来说："我陪你们出去，免得外边同学们惦记。"我们半信半疑地走到大门口，果然见到大队同学已冲破重重拦阻，来到省长衙门外的大街上。他们见到我们，也高声欢呼。我们四人各自奔回本校的队伍。同学们告诉我，上海不但学生罢课，而且工人罢工、商界也罢市了。上海是我国最大的城市，必将影响全国，我们胜利了，高兴万分。

我们四人又凑在一起商量了一下，决定大队就近去高等工业学校的操场集合，并推举马骏向大家报告与曹锐交涉的经过情况。马骏站在滑梯顶上，我们三人坐在滑梯中间。马骏的报告声音响亮，口齿清楚，简明扼要，情义动人，非常成功。报告后决定继续罢课。大家情绪高涨，高呼口号。记得散会时，已是暮色苍茫，电灯放光了。这天，我虽然没吃饭，但丝毫不感觉饥饿。

那时全国各大城市相继罢课、罢工、罢市，迫使北洋军阀政府不敢强令参加和平会议的中国代表在巴黎和约上签字，这表明了中国人民反帝斗争的坚强意志，开创了反帝、反封建的人民革命史的新纪元。

我们的罢课斗争持续了三个多月，直到暑假后才复课。斗争的胜利，使我们认识到了人民力量的巨大和团结就是力量的真理。

我们知道曹锐是直、鲁、豫三省巡阅使曹锟的弟弟。曹锟是袁世凯小站练兵时行伍出身的大老粗，因此我们原来以为曹锐也是个大老粗。在这次接触中，才知道他是个读过书的、老奸巨猾的官僚。事后，我们分析，他所以要我们派四个代表去会谈，实际上是在汹涌澎湃、势不可挡的群众运动面前感到非常虚弱，想以我们为"人质"，在省长衙门里先后换了三个地方，拖延四五个小时，妄使游行学生出于对我们四人安全有所顾虑，不致发生"越轨"行动。同我们接谈中，时而拉拢收买，时而威胁欺诈，又用要求复课来抵制我们要求他打电报，要尽了花招。最后下不了台时，又以大队同学游行到门口来做藉口，为自己解脱。

这都说明他的诡计多端。

在这次反帝、反封建的爱国运动中，我们敬爱的周恩来总理是当时南开中学的毕业生，邓颖超同志是女师的学生，都是这个运动的活动家、领导者，到处演讲宣传，常见天津报端。此外，如女师的李毅韬、北洋大学我的同班同学谌伊勋（小岑）也都是积极分子，后来他俩结婚，李早去世，谌现是国务院参事。

经过五四运动的锻炼，北洋大学的政治空气空前浓厚了。他们对于平时压制学生的外国教授也敢于斗争了。记得暑假，土木系一个外籍教授在和学生去北戴河实习时，无理加重学生负担，引起学生不满，起来造他的反，没有实习完毕就返回学校，不上他的课，并要求校长辞退他。全校各班学生支持土木系学生的抗议行动，实行了罢课，迫使校长赵天麟辞职。曹锐派冯熙运来当新校长。此人十分固执，到职后便停止了电和伙食，要学生写悔过书才再开学，否则不开学。但是绝大多数学生坚持斗争，不写悔过书。这样，我和其他不少同学都被开除，便离开了北洋大学，转到北京大学，继续学习至毕业。

以上是我亲自参加和知道的关于天津五四运动的片段回忆。时隔六十年了，记忆不清，可能有错误之处，希知者指正。

"五四"今犹记　九一故地游[1]

六十五年前,我在天津北洋大学采矿系二年级读书时,亲自参加了五四运动。在我跨入生命的第九十一个春天的时候,又故地重游,于三月三日至六日来到天津,参加了天津民革第五次代表大会,参观了两个与外国合资的企业,特别是观看引滦入津工程展览,使我深受感动!几十万军民齐心奋战,工程质量高、速度快,前所未有,显示了人民的智慧和时代的光彩。我这九十老人能喝到引滦入津之水,觉得特别甜。喜逢盛世心头暖,吃水常思掘井人。天津市政协副主席周茹同志、黄逖非同志和市委统战部部长黎钦同志都和我谈到了五四运动,嘱我为文,以资纪念。

考进"北洋"

我从上海复旦公学毕业后考上了北洋大学法律系预科,读了半年,父亲从哈尔滨来信反对我学法律,嘱咐"学采矿技术很好"于是,我向赵天麟校长申请。他说:"每年都有招生考试嘛,你考上就可以学,不考可不能转。"我就下功夫复习理化,假日也不休息。我们的宿舍是五、六间房大的兵器库改的,界了些矮墙,只容一个铺位,一张小桌和将能走人的小过道,间壁两人共一盏灯。我苦读了好一阵子,居然考入了采矿系预科。我在复旦公学就被选为学生会会长,到了北洋大学又被选为学生会长。当时的教授全是美国人,只有校长、总务长和两名助教是中国人。当时北洋大学所在的西沽与市内隔着很大一片旷野,周围是一片桃林。

"五四"号角

一九一八年第一次世界大战结束,巴黎和会召开,日本要继承德国在我国胶东半岛的全部特权,北洋政府打算屈辱签约。北京大学和北京市大中学生三千多人于一九一九年五月四日在天安门前集会,高呼"外争国权,内惩国贼""取消二十一条""拒绝和约签字"等口号,举行示威游行,火烧卖国贼曹汝霖住宅,痛打驻日公使章宗祥。军阀政府逮捕学生三十多人,北京学生总罢课,通电全国。五四运动的号角在神州大地上回响。

---

[1] 作于1982年。

号音飞进了北洋大学那郊外桃园，点燃了我们爱国青年胸中的怒火。五月六日至十三日酝酿联络，五月十四日成立了天津市学生联合会，五月中下旬组织了示威游行。《北洋大学日刊》发社论，宣传"国家兴亡，匹夫有责""外抗强权，内除国贼"……起到了动员和组织群众的作用。

去见曹锐

六月初，九名学联代表秘密集会，到会的有市学联会长谌志笃（河北高等工业学校）、马骏（副会长、南开中学）、沙主培（天津美专）、北洋大学由我代表出席。会上决定联合罢课。我回校后重点争取了毕业班的支持，又通知了赵天麟校长，但他不不置可否。

六月五日，我们十五个大中学校学生近万人，齐集南开中学操场，准备游行。预计经南马路、东马路等市区至河北六经路省长衙门，向省长曹锐（军阀曹锟之弟）请愿。不料，被警察厅长杨以德率北洋保安队所阻。双方相持很久，杨以德宣称可以推选学生代表四人去见曹锐。于是谌志笃、马骏、沙主培和我作为代表，前去谈判。走过海河金钢桥后，桥已吊起。我们进入省长衙门，只见保安队的三支枪、三支枪地架着排过去，真有点土匪窝里那种过"刀门"的味道。转眼间，杨以德不见了，由另一人引路，转来弯去迷宫一般，来到个破席棚里，叫我们坐下。等了好一会儿，教育厅长王章祐假殷勤地跑来说："省长在会见日本总领事和海军舰长。"又过了一阵子，又由一警官来引我们到一个警察训练课堂，警官满脸堆笑，满口同情，只是拖延接见。眼看快到下午六点了，估计可能要扣留我们，我们已准备在这里过夜，这时王章祐出来了，引我们到一个富丽的大客厅里，桌上摆着点心、水果。王章祐、杨以德坐在两边，我们四人也分坐两边，曹锐最后出来，长衫马褂、瓜皮帽，坐在长桌一端。他们想利用饥饿美餐来软化我们，三个人轮番劝吃。我们确实饿了，但是，在这些丑恶而狡猾的官僚面前，我们感到自己人格的力量。我们互相看看，谁也不吃。

面对面斗争

我们要求曹锐打电报到北京要求释放学生，他耍赖地说："我打一个电报，无非北京政府里多一张纸，没什么用。"他听出谌志笃、马骏和我都是外省口音，听出沙主培是本地人，又见他年轻，就突然把桌子一拍，茶杯破、茶水溢。王、杨奴才般地"省长息怒"连声不迭。曹指沙说："日本海军一开炮，他们三个一走了事，我们本地人都完了。"我们霍地站起来说："你这套戏法对你的奴才用得着，对我们可用不上……"正在僵持不下时，有人进来向曹咬耳朵，曹说："学生游行大队已在门外，要代表出去。"趁势放我们出来了。

我们走出衙门见到大队，大家欢呼并告诉我们："上海学生罢课！商人罢市了！"于是齐到高等工业学校操场，马骏站在滑梯上汇报。大家高呼口号！……

六十五年前那激动人心的情景，至今犹在目前，"五四"精神砥砺我们和后辈在中国共产党的领导下，去迎接四化建设的更加美好的春天！

回忆在北洋大学的读书生活[1]

1917年冬,我从上海复旦公学考入北洋文科预科,为期半年。后来我决定转本科插班,北洋规定转科要和新生一样考试,于是我1918年夏升入本科,学矿冶。

1918年第一次世界大战结束,巴黎和会召开。日本帝国主义在会上提出要由日本继承德国人在我国胶东半岛的全部权利。北洋军阀政府有意签订这项条约。

1919年5月4日,北京大学学生激于爱国义愤,发动北京全市大中学校三千余学生在天安门集会并游行示威,火烧了亲日汉奸曹汝霖的住宅——赵家楼,殴打驻日公使章宗祥。北洋军阀政府派军警镇压,逮捕学生三十多人。北京学生实行总罢课,并通电全国,表示抗议,这就是五四运动。

消息传到天津,天津学生群情激愤,立即起来响应。当时我是北洋大学学生会会长,代表北洋出席天津市大中学校九名代表的秘密集会,讨论声援办法。到会的有河北高等工业学校的谌志笃、南开中学的马骏、天津美专的沙主培,大约秘密集会了三四次。最后在会上做出罢课的决议。我赶回学校,立即找演说会的几位同学商量,大家都很兴奋,马上分头向各个宿舍进行宣传,就连即将毕业的三年级同学也都表示支持。

演说辩论会是北洋大学同学中的群众组织,同学自愿参加。第一位会长是徐谟(后来当了外交部次长),我是副会长。徐谟毕业后,我继任会长,这个组织对于发动北洋同学参加五四运动是起了作用的。学生会是北洋大学的正式组织,我认为应该告诉校长赵天麟。我和他日常就学生会的工作联系较多,关系很好。这次我告诉他,明天全体同学罢课,声援"五四",他没做任何表示。据同学告诉我,当同学们集会对罢课与否进行表决时,赵曾在后面听,照当时的政治情况和北洋现状,校长不管教务,对全体罢课不予阻挡,就算难得。

1919的下半年,学校又开始上课,因为参加五四运动没有考试,学校通知全体补考。当时土木系同学有的到北戴河进行测量实习,外籍教授要在晚上考试,学生不肯考,老师说不考不行,于是闹僵。学生不上他的课,并要求校长辞退他,全校同学支持土木系同学的抗议行动,实行罢课,迫使赵天麟校长辞职。实际这不过是个导火线,因为同学去包围警察厅,往来奔跑,一夜未睡,社会上"五四"潮还在继续,没有平静。同学复课后忙于实习,没时间准备考试,北洋大学规定补考不及格是要降班的,因此激起了这次风潮。

北洋大学名为国立大学,实际上是直隶省管,因为当时是河北省出钱,北洋政府根本不

---

[1] 作于1984年。

管。当时直隶省长曹锐同时兼直鲁豫巡阅使，所以赵天麟辞职后，直隶省派冯熙运任校长。冯熙运是北洋法科毕业，这个人非常顽固。他上任后令全体同学不许罢课，立即复课，而且每人必须写悔过书，否则通通开除。我们矿冶一年级班不到三十人，写悔过书的只有两个，一个因爱人受公婆气，他要被开除，不但回不了家，他爱人将为此更加受气，另一个同学是直隶省财政厅长的侄子。百分之九十以上的同学都不写悔过书，冯熙运就命令校内对同学停水、停电、停伙食。见此情景，无法再忍。我于是和一个姓李的湖北同学去到北大，那时北大校长蔡元培已走，教务长蒋梦麟接见了我俩，同意北洋同学到北大去，而且去多少，要多少。于是北洋本科同学大都转到北大，我也同时转去，并在北大矿科毕业。

蔡元培当校长时，北大理工科在马神庙，法科在北河沿，文科在沙滩红楼。蔡元培建议将北大工科并入北洋，北洋法科并入北大，做到北大以文、法为主，北洋以工科为主。办法是北大预科毕业后，上工科的转到北洋，上文法科的继续留在北大。1919年是最后一班并入。北大工科停办后，因为接受我们这些被开除的学生，北大又恢复工科，等我们转过去的同学完全毕业后，北大的工科又行停办，没再招收新生。

被学校开除，对家中父兄当然不好交代，但我的父母都在黑龙江，我自幼在叔叔家长大。北洋将我开除后，叔叔并没骂我，他是一个较开明的人。我的家乡是绍兴会稽，那里虽是个闭塞的地方，但叔叔曾在绍兴秋瑾所办大同师范学校念书，在那里天天操练，接受秋瑾思想的影响。秋瑾被杀后，怕清政府抓人才离开，所以我还是比较幸运的一个。

北洋大学的校务和教务完全分开，校长和总务长工作以校务为主，教务方面完全是外国人负责。本科教授全是外国人，只有讲授物理、化学和测量实习的助教是中国人。他们为教授做辅导工作，学生有听不懂的课程时，问助教。预科的老师中有中国人。

北洋大学名义上是国立大学，实际上和教会学校一样，各科老师都是美国人，课本全是英文本子，考起试来没完没了，是个顽固的念书派。星期日是同学们最重要的一天，一周中的课程哪里没搞清听懂，都利用星期日补上，很少有人外出行走。一到星期一，老师进到教室第一句话是：合上你的书（You to close your books）开始考试。一天当中上三门课，考三门课。每次课前都有5~10分钟的考试。有时也用口试方法，指定学生口头答复。这些外籍教授的讲授方法是启发式，不是逐页宣讲教科书，他们只讲从哪页到哪页的大意是什么，再指定参考书。说明需要参考的页数，要同学自己去看。每一本教科书都指定若干参考书，要到图书馆去借，真够呛！因为全是外文书刊，要翻字典，边查边看，很慢。课堂上讲的只是大意，又加文字生疏，感到很吃力，完全要靠你自己独立念书，再加上学期考试，学年考试，不下真功夫，题目是做不出来的，弄不好就降班。尤其是期末考试，要考全学期的课程，所以完全靠星期天补上。

北洋大学在西沽武库，教室、实验室全是新建楼房。武库是宿舍，是个很大的平方，下半截用木板隔开（上面相通）。每间小屋只放一床、一桌、一椅，小的像鸽子笼，门口挂蓝布门帘，二屋合用一盏灯。期末考试两门功课不及格者留级，留级两次就开除。等到毕业时，一班剩不下十几个人。说来也奇怪，凡是这学期不及格留级的同学下学期重新再念一遍，还是考不好。若论读书，北洋确实是个好学校，真是两耳不闻天下事，一心只读"教科"书。"五四"以前，政治风潮从未吹进过北洋的校门。

北洋大学距市区很远，从西沽到市里，乘人力车要两角钱，那时两角钱很值钱哩！所以我在北洋两年，顶多到大胡同、估衣街一带转过，南开中学是去过的，其他像什么"英租界"则根本没去过。由于只专心念书，所以北洋的毕业生，功课确实好，这是它的特点。北大预科并过来的同学功课吃不消，留级的较多。

学生会和校友会

北洋大学的校友会和学生会是有联系的，学生一离开学校就等于参加了校友会，我虽然被北祥开除，却对北洋有好感，抱有钦佩之情，因此和北洋毕业生一样，对母校有同样的眷恋。

从前各个大学对校友会都很重视，特别是私立学校的校友会，经常利用社会上有地位校友的名气在社会上募款。北洋是国立大学，不用校友捐助经费，但校友们有时会应学校要求，协助解决一些校务问题。如在西北工学院时，李书田为院长，西北工学院是几个学校合并而成。以前我是焦作煤矿总经理，焦作工学院是矿上花钱，总经理为学院董事长。我对焦作工学院的事很热心，抗战伊始，我命学校将一切设备都运走，先到南阳，后到城固。有一次在城固几个学校商议校名，李书田主张叫"北洋工学院"，他这个人功课是不错，但傲慢自大。当时任教育部长的陈立夫也是北洋毕业，他担心定名为"北洋工学院"其他学校的学生和教授反对，于是李书田和陈立夫为此闹翻了。那时我担任玉门油矿、天府煤矿等几个矿的总经理和矿冶学会会长。陈立夫叫我到城固去劝说李书田，叫他万万不能改称"北洋工学院"，劝说没有成功，后来又派曾养甫去，才算说通。

北洋的校友中，有四对兄弟都很有名气：王宠惠和王宠佑，王正廷和王正黼，金问洙和金问泗，陈立夫和陈果夫。

王宠惠是东莞人，北洋法科毕业，美国耶鲁大学法学博士，并考取英国律师资格。他曾做过司法部长、海牙国际法庭法官。王宠惠当年和孙中山先生有过一场辩论，孙中山主张五权宪法，王宠惠主张三权宪法。经过辩论，王宠惠认为孙中山的五权宪法有道理。王宠佑毕业于北洋矿科，是哥伦比亚大学硕士，他对炼锑法有所发明，曾任湖南长沙炼锑厂总工程师。他在抗战前很有名，国外有关矿业方面的书籍曾记载过他的名字。他的存书很多，大部分卖给国家。

王正廷从天津新学书院进入北洋大学法科，曾赴美、日留学，民国元年为工商次长，后为中俄交涉督办、外交部长。他的弟弟王正黼是北洋矿冶系毕业，是美国哥伦比亚大学采矿冶金硕士，曾任东北矿务局局长兼总工程师、实业部矿业司长。

金问洙做过驻外大使和北洋大学校长。他的兄弟金问泗是1915年的毕业生，曾任复旦大学校长。

至于二陈，那是谁都知道的。

还有一件有趣的事。1919年的同学谌小岑（原名谌伊勋），五四运动时代表北洋参加学联编辑《天津学生联合会报》，后来参加了"觉悟社"。他当时生活极为困难，因我是学生会长，便去找校长赵天麟请求给予他帮助。后来学校每月给他八元饭钱，才解决了他的生活问题。在五四运动六十周年时，天津政协文史资料委员会约他写稿，回忆五四运动和"觉悟社"，文章刊载在《天津文史选辑》第三辑上。他见到书后写给我一封信，大意是说，当年若没有你帮助我解决了吃饭问题，我也就没有后来参加"觉悟社"的事了。现在真是还要谢谢你。谌小岑曾在国务院任参事，他现在已是八旬以上的老人了。

百岁老人忆北洋[1]

我已是百岁老人，回忆起七十多年前青年时代在北洋大学求学情景，仍历历在目，因为这是一段难忘的历史。

1916年，我考入北洋大学预科，1918年升入本科采矿十班学习。北洋大学坐落在天津西沽，当时离市区较远，环境幽静，风景宜人，确实是专心读书的好地方。北洋一向以严格要求著称，两门功课不及格就要留级，一个班三四十学生，到毕业时往往只剩下十余人。这样优中选优，培养出来的学生，功课确实好。

1919年，伟大的五四运动爆发了，天津学生也群情激愤，出于爱国热情，积极行动起来。我当时是北洋学生会会长，立刻和河北高工谌志笃、南开中学马骏、美专沙主培等联系，几经密商，决定组织天津学生联合会，并举行罢课、游行、请愿。我回校后立即找学生会、演讲会的一些同学研究，分头到各宿舍活动，连毕业班的大部分同学都积极响应。我们组织了四十四个演讲团，分赴市区，郊区向各界宣传爱国行动的道理，深受群众欢迎。当时张曾让（即张太雷）、徐谟等都参加了这一活动。

六月五日，组织了十五所大中学校学生近万人，齐集南开中学操场开大会，会后组织游行，并到省政府请愿，北洋大学的学生队伍一直站在前列，一路高喊"外争国权，内除国贼""取消二十一条"等口号。五四运动教育了广大青年学生。我原名孙毓麒，因深感亡国之忧，前途崎岖，遂改名为越崎，取意心存救国，不畏艰难，越过崎岖而达康庄大道。五四运动过后，学校当局在北洋军阀政府的压力下，要参加罢课游行的学生写悔过书，否则开除。大部分同学认为爱国有功，根本无过，拒绝写悔过书。幸好当时北大校长蔡元培、教务长蒋梦麟支持学生的爱国行动，同意北洋学生转到北大去，去多少，要多少。于是一些同学只好被迫离开北洋转到北大继续求学了。我虽然被北洋开除了，但那是北洋军阀迫害爱国学生的结果，我始终对北洋大学抱有好感，对母校怀有深厚的感情，因为我毕竟在这里度过了三年多的学习生活，为以后学习打好了基础。

1982年，我趁参加天津民革第五次代表大会之机，故地重游，回母校参观。得知北洋大学已更名天津大学。北洋大学是我国第一所大学。我一直以能受教于北洋大学并为其校友而感到自豪与光荣。综观世界各国，无不视本国第一所大学为国之瑰宝，倍加珍视与爱护，并

---

[1] 原文刊于1993年11月12日《今晚报》第六版。

扶持其发扬光大。此后我在全国政协曾联合其他委员多次提出要求恢复北洋校名的提案。改革开放以来，已有不少高校复名，作为我国第一所新型大学的北洋大学，当然更有理由恢复其光荣校名。1995年是北洋大学的百岁大庆，我已102岁，我祝新北洋大学优良学风和革命传统永放光芒。

唐山大地震的经历[1]

埋压在一片废墟中

经"文化大革命",接受审查,刚获解放。1975年冬,我和老伴到北京女儿家暂住了一段时间,1976年春,暖气停了之后,我们回了唐山,尽管那里的房子较小,但是可以睡热炕,邻居们相处很好,感情融洽,精神上有所安慰,生活过得也很安静,就没有再去北京。

1976年7月27日这一天,天气很闷热,晚上我和老伴去唐山西山路一带逛街散步,回来后按时睡觉,天热炕大,我和老伴睡的位置相隔一段距离。正在熟睡中,突然听到异常的呼隆、呼隆声,似刮大风般,紧接着就觉察地面摇动起来,我面对着老伴,惊喊了一声,"啊,地震了。"急忙用手去拉她,但她动不了,我就迅猛地翻身转向老伴身边,这时房顶整个塌了下来,顿时就是一片漆黑和肃静,不好了,我们已被埋压在房顶和岩土之中,再也动不了了。隔了一阵,我隐约地听到外边有些嘈杂的声音,似乎在稍远的地方有人说话并在行动。这时我老伴就想呼叫救命,我劝她要沉着一点,不要随便喊叫,等有人走近时再大声呼喊,否则把力气消耗掉了,到关键需要的时刻,反而叫不动了。

我们在废墟中埋压了两个来小时,天开始亮了,看到手指粗的一条光线,听到外边有脚步声,确实有人来了,我们就大声呼叫"救命"。原来是邻居郑恩玉同志,走来看望并抢救我们。由于我们被整个房顶架压着,他一个人搬不动,又去找了几个人来,帮忙一起把房顶揭开。当时,我老伴有点清楚又不清楚地按习惯告诉他们说,"外边的门没锁,请直接进门来吧。"其实房子已倒塌了,哪里还有门呢!邻居们费了很大的劲,终于把我们救出来了。刚出来,我浑身是灰土,两眼睁开,不时地往下掉灰。那时我已83岁了,尽管胸部受了一点伤,由于精神紧张,忘掉了痛的感觉,四周一看,全是大片废墟,完全是另一个世界,犹如战争破坏后的一片混乱和惨痛的景象。见到幸存活着的人们都忙于去救人和挖找自己的东西。我们感觉精疲力竭,便躺在马路上休息,余震不断,有些恐慌不安,早上9,10点钟一直下雨,我们的衣服全被淋湿,不得不从挖出来的箱子中取衣服来更换。

---

[1] 作于1994年11月30日。

大难中的幸运

我们之所以能幸存下来，还不得不归功于我们的住房条件。"文化大革命"，我们从洋房中被撵出，住进了筒子楼，后来落实政策，搬回西山路，原来英国人住的花园房的下房，即服务人员住的平房，盖了已有60年左右，一共两小间，一间只六七个平方，是厨房，原来的锅炉房，上两个石阶才是另一间，有9、10平方米，睡炕占了大半间房子，只留下南边和东边一小条地方，墙壁都是用大石块砌的，东边的过道里贴墙壁叠放了一摞箱子。墙的那边是邻居堆煤的房间，箱子和煤把墙夹在中间，在地震中房顶塌下来，起了支架作用，在炕上我们还铺放着搬家时带来的弹簧软垫，在上边塌压下来时，也起了缓冲作用。我老伴紧挨着箱子那边睡，我睡在靠厨房一边，在临震前，幸好翻身移向老伴的一边。奇怪的是，地震时，厨房的墙往里倒塌，睡房的墙都是往外倒塌，房顶塌下，斜搭在箱子和另一侧的炕沿上，给我们留了一个小小的空间，我的老伴没有受伤，我因离箱子远一些，被房顶木架压伤了胸部。非常危险的是有两根檩子插在我的颈旁，未压到颈脖的部位，如果我不翻身转向老伴一边的话，肯定性命危险。想来后怕，我和老伴终于在这场大灾中有幸死里逃生，获得了第二次生命。

灾后受到的照顾

28日早上我们从废墟中出来后，早上和中午都未吃东西，但并不觉得饿。傍晚邻居们联合搭了一个简易小棚，我们完全没有动，却优待我给了一个躺着的位子，其他的人们却只有一个坐着的地方。第二天大家找来很多木料，在马路中间搭起了一个坚固的，上有棚下有离地面的通铺，又分给我们两个床位，可以休息、大家来来往往，忙忙碌碌，去救人，挖找东西，寻找饮水和食物，我们却无能为力。下午，在唐山住的小孙子元辉，来看望我们，并送来了仅剩的一个馒头，虽然是一个馒头，却很宝贵。从他那里得知，我的大儿子孙竹生，唐山交通大学教授，包括儿媳吴翠微，大孙子元怡等全家在地震中都还安全，房屋没有完全倒塌，我们也就放心了。到傍晚时，邻居们得到了空投下来的食品，优待地分给了我们一份。

29日，我和老伴继续得到邻居的照顾，提供了饮水和食品。这一天的小屋，我的小儿媳妇的弟弟陈明德，近二十岁的壮小伙子，专门来看望我们并送来了饮水。他是一个工厂的电工，地震时正在值班，被压在四层楼的厂房下，真不简单，他自我奋斗，经过30个小时的艰苦努力，清除障碍，从废墟中爬出来的。他传来了可悲的消息，他父亲陈敏和母亲均遇难去世，陈敏是唐山市有名的骨科大夫。

7月31日的傍晚，在北京的女儿孙叔涵，几经周折，从北京赶来看望我们，还带来了炒面、一个西瓜、一瓶饮水和一块塑料布。我和老伴在抗震棚的床上见到了她，感到特别高兴，从她那里得到了一系列的讯息。当她得知唐山大地震的消息后，第二天就去煤炭部联系，打听消息，并想搭车来唐山探望，但当时未获结果。在昆明地震局工作的小儿子孙大武和儿媳陈懿德，得悉唐山大地震后，30日上午搭乘飞机到了北京。由于北京与唐山之间交通和通信都已中断，他们通过陈敏的同学，著名医生协和医院曾宪九、王文彬教授，友谊医院吴阶平教授的帮助，找到了送伤员去协和医院返回唐山的汽车。曾宪九教授很热心，他亲自骑自行车来相告。31日早上，我的女儿、小儿子、儿媳妇三人搭乘伤员救护车前来唐山，中午到了蓟县的一个地方（邦均），司机要到岳母家去吃饭，停车休息了。说来真巧，这个司机的岳母刚好也是我们邻居郑恩玉的岳母，地震后她派小女儿去唐山看望大女儿（郑的爱人）得知郑一家都好，我和老伴地震后仍活着，把这个消息告诉了我的女儿、儿子和儿媳，这样他们心中有数，也就放心了些。午饭后乘车继续出发，到了玉田县，车不走了，他们幸好遇到了在唐山救灾的40军出来买菜的卡车，便请他们帮忙搭车进了唐山。直到傍晚，他们在唐山飞机场附近下车，完全不认得唐山的原样了。在那里，他们首先碰到了小儿媳弟弟陈明德的一个同学，告诉说，见到了陈明德他仍活着，但他的父母亲就不太清楚了。大家怀着紧张的心情，先到陈敏住家地方，见到了陈明德，得知父母已经双亡，孙大武和陈懿德就留在那里，协助料理善后事宜。叔涵来找我们，还经过我的侄女孙凤龄的住家地方，得悉她们全家三人都遇难了，到晚上，小儿子大武也来看望我们，详细说了他岳父母遇难的情况，当晚女儿就铺上塑料布住在我们小棚边的马路上。

31日早晨，我女儿去开滦煤矿找当时的煤炭部长肖寒同志（也是原来的开滦煤矿的主任），请求他设法派车，把我和我的老伴送往北京。肖部长让负责统战工作的陈宝珠同志给予安排。8月1日的早上有车把我和我的老伴由叔涵陪同送往北京。返京的同车还有煤炭部来唐山救灾的两位同志。下午1点多钟，到了北京，先把我老伴留给女儿家邻居们，当时大家都住在路边的棚子里，她受到了大家的热情照顾。我则由女儿陪同送进北京医院，先是住在院子里接受医疗。北京医院韩宗琦副院长和内科主任钱贻简大夫闻讯都来看望我，还不时给我送来饭菜。后经诊断，我胸部有三根肋骨受了伤，不久就搬进了地下室住院治疗。邓颖超大姐从韩宗琦副院长那里知道了我的情况，她特地派秘书来医院探望慰问并送来了营养补品。大约半个月后出院，到了冬季，考虑到我在唐山已无家可归，邓大姐又在困难的条件下帮助我解决在北京的户口和住房，终于在次年的四月份我迁移了户口，并搬进了分配的住房。从此在北京安度晚年。

过好第二次生命

回忆唐山大地震，我和老伴能够幸存，确实很不容易。今年我已一百零一岁，来北京后又不断得到党中央和社会各界人士和亲友们的慰问和关照，先后担任了煤炭部和国家进出口委员会的顾问，全国政协常委、政协经济建设组组长、民革中央监察委员会主席、民革中央副主席、民革中央名誉主席等职，我深受感动，十分珍惜第二次生命。积极发挥余热，为国家社会主义建设事业作微薄的贡献。我经常向老朋友们提及，我可谓"出土文物"，地震中被埋压在废墟之中，如果没有邻居的相救，我早已不在人世了，能有今天，我要衷心感谢党和政府以及社会各界的关心和帮助。

纪念翁文灏先生[1]

——写在翁文灏先生一百周岁诞辰之际

我和翁文灏先生初次认识于黑龙江省穆棱煤矿

翁文灏先生与章鸿钊、丁文江二人是中国地质学界的奠基人。我在北京大学矿冶系肄业时，他在地质调查所工作兼任北京大学地质系教授。由于矿冶系与地质学有关的地质通史、岩石学、矿床学等课，我已在天津北洋大学学过，因而闻其名而没有受过他的课。

1924年1月我到吉林省（现属黑龙江省）新发现的穆棱煤矿，因父亲全家在哈尔滨，我被聘为穆棱煤矿探矿队队长，一面探矿，一面开矿。后任该矿矿务、土木建筑和机械修理三个部门的工程师，经历了一个新矿开发生产的全过程。

1927年秋，翁文灏从北平到黑龙江调查地质矿产，在哈尔滨见到了我的父亲，知道有个穆棱煤矿，特来穆棱调查，由我接待他。他是矿新建招待所的第一个客人。我陪他到矿区周围调查地质并下矿井参观，住了约一星期。我们畅谈了中国地质情况和矿产前景十分融洽，使我深受教益而留下了深刻的印象。他也对我称赞备至。

他到穆棱是一个人独自来的，没有随从，调查地质时自己背了一篓子，拿了手锤，随地敲打岩石作为标本带回去。我又告诉他，翻过一个平岗，那边叫密山县，也有煤矿，即现在的鸡西矿务局。我给他雇了一头毛驴，他带了简单的换洗衣服包放在驴背上，就一人去密山调查。几天后回来，仍在我矿招待所住了二天才回北平。

他对我说，你们在这样荒无人家的地区的艰苦环境，能在很短期间作出这样的成绩是十分难能可贵的。并说这样一个现代煤矿，我在北平还没有听说过，这可以是北满第一个现代煤矿。

他回去以后，就来信介绍给我参加关内的中国地质学会和矿冶工程学会，并介绍北大矿冶系两位毕业生来矿工作。

1929年夏，他来电介绍我当河北井陉矿务局总工程师，那时我已准备出国赴美进修，因而婉谢了他的盛意。

我是1929年8月去美国的。先后在三藩市以南的史坦福和纽约哥伦比亚大学研究生院进

---

[1] 原文刊于《翁文灏论经济建设》。

修和参观很多美国的金矿、煤矿和油矿。于1932年春到英、法、德三国煤矿参观实习。半年后经苏联莫斯科、西伯利亚于1932年8月回到哈尔滨家中，留学外国整三年。那时日本已占领东北，我在家停留不到一个月，就从大连经塘沽到北平，才真正回到了祖国。

翁文灏推荐我到国防设计委员会从事陕北油矿勘探工作

我回到北平后，见到翁文灏先生，他就介绍我去在南京刚成立的国防设计委员会（即资源委员会前身）工作。我说南京是做官的地方，我不想去。他说，我不是请你去做官，你知道我国的主要资源，有煤也有铁，而唯独缺油，全赖外国供应，一个国家如果没有石油是难以立国的！陕北的油矿曾经全国油矿督办熊希龄与美国美孚洋行合作勘探石油，后由于洪宪称帝，陕北大乱，美孚洋行全面撤退，所有勘探设备和资料都没有留下，地质调查所只有很少一些残缺不全的资料。我是国防设计委员会秘书长，这个机关有钱，可以买钻机，与地质调查所合作，我派地质人员去陕北，你在穆棱当过探矿队队长，我也看到过你们的新式钻机，你对勘探有经验，所以想派你去陕北勘探油矿，并不是要你去南京做官。我经他这样一说，也就同意了。

那时国防设计委员会隶属于参谋本部，蒋介石兼该会委员长，翁文灏虽被任为秘书长，实际仍留在北平主持地质调查所工作。

我到南京国防设计委员会后，初任矿室主任，旋即奉派为陕北油矿探勘处处长，这是该会成立后第一个企业单位。我购买顿钻式钻机二台，辗转运往陕北延长西门外和延川永坪两处勘探油矿，虽出油而产量不丰，无工业开采价值，没有正式开发。

蒋介石邀翁文灏到庐山讲学

1931年"九·一八"事变，日本侵占东北以后，1932年10月蒋介石在参谋本部下筹建国防设计委员会，邀请包括军事外交、法律、教育文化、财政金融、经济、农业、矿产资源、交通运输等方面的学者专家和社会贤达等参加。1932年夏，蒋介石邀请这些人在庐山讲学，其中有翁文灏。他与蒋介石同为宁波人，虽是初次见面，却相谈甚洽。翁对蒋谈到日本帝国主义由东北进侵华北，也必由华北进取长江。政府应顺应人心负起全面责任，不能苟安一隅。我历年调查矿产，对国家主要资源，尚知梗概。接着他就向蒋介石滔滔不绝地讲起全国自然资源的分布概况。

蒋介石听了连声称好，并对翁说："我要以巩固国防为己任，因此，设立一个国防设计委员会延揽贤才，共策进行。希望你以秘书长地位能多出主意，给以帮助。"翁回复说："地质调查所是一个穷机关，我不能离开那里。因此我不能在南京长期工作，帮不了什么忙。"在此之前，宋子文为行政院长曾发表翁文灏为教育部长，适值其母去世，翁借口丁忧，坚辞未就。

后来日本侵略军步步进逼关内，冀东独立，华北局势紧张，翁文灏从北平给蒋介石发了一封电报，以忧虑的心情告诫蒋介石说："华北将失，勿忘国计。"蒋接电后，不日动身北行，在保定停车，在车上约见北平的知名人士，见到翁文灏，蒋一再表示政府决不放弃北平。但"七·七"卢沟桥事变一起，平津终于沦陷敌手。

翁文灏去浙江调查石油因车祸受重伤

1934年2月间，翁文灏又是一个人亲去浙江长兴煤矿调查该矿有油气苗现象，不意汽车中途行至武康桥上出了车祸，他头部受重伤，一块骨头撞伤凹入而不省人事。当时任浙江省教育厅长的陈布雷得讯，接他到杭州医院抢救。事为蒋介石所知，即请上海、北平两地脑科名医到杭，竭尽全力医治，并接其家属到杭照料，全部医疗费用由国家负担。他不省人事约达二三个月之久，口出呓语。最后居然苏醒过来，逐渐恢复记忆力，继而完全恢复健康真是奇迹。从而挽救了他的生命，使翁对蒋介石感激不已，这是后来翁对蒋感恩图报的一个原因。

蒋介石派翁文灏整理河南中福煤矿

河南省焦作中福煤矿原为中英合办，由河南省政府派财政厅长兼总经理，由于办理不善，工潮迭起，连年亏损，濒临破产的局面。1934年7月英方股东中福公司董事长吴德罗夫从伦敦来华，由英驻华大使陪同到庐山向蒋介石表示不满意河南省政府对中福煤矿的领导，要求国民党中央派员彻底整理。蒋当时正想联络英美抵制日本，接受了英方的要求，答应派一知名人士前去中福整理。即于同年9月蒋特请翁文灏去庐山牯岭，当面请他为中福煤矿整理专员，规定整理期间为二年，在整理期间中福煤矿由河南省政府改归军事委员会领导，并规定了整理办法十条，令河南省政府遵办。

这是翁文灏因车祸重伤完全治愈后蒋介石请他做的第一项具体职务。由于翁对中福煤矿的生产和经营管理情况不了解，是否前往就职，犹豫不决。因而他特电陕北油矿勘探处邀我到北平面谈此事，并要我去焦作该矿进行实地调查后，再作是否就职的决定。

1934年10月初我去焦作该矿对井下井上工程和运销情况调查一周后，回北平向翁报告，题为两个黄金时期。我指出：一是矿上有大量存煤，现在正值冬季来临，是无烟煤销售旺季，只要把存煤运出去，大力打开销路，全矿经济就活了；二是井下开拓工程进行过度，足够三年的回采，在两年整理期间，只要花很少的钱，很少地做些井下开拓工程，只要回采就行。开拓是花钱的时期，回采是赚钱的时期。这是近期和远期两个黄金时期，机不可失，应立即前往赴任。只要做好管理与经营，保证整理成功。翁听了以后，就电告蒋介石即去焦作就职，并请派我为总工程师，他不在矿时，由我代理专员。蒋复电同意。

翁和我于1934年10月底先到南京见了蒋介石，同时向金城银行总经理周作民商借现大洋三十万元，以备到矿后周转之用，约定一年内还清。11月翁文灏和我从南京到焦作接办"中福公司"，并调去国防设计委员会和地质调查所人员八人还有一位是翁向中英庚款委员会借调的张兹闿，同时到矿就职。经过大力整顿，改善经营管理，并订了1935年全年产运销各100万吨和盈利100万现大洋的计划。由翁文灏亲自督导下进行得很顺利。在各地打开销路，矿上情况迅速好转。到1935年10月就把金城银行借款30万元一次还清，周作民见到翁时，夸说"真守信用"。中福公司董事长吴德罗夫也在伦敦泰晤士报上发表感谢蒋介石和赞扬翁文灏的文章，也提到我的名字。

1936年中福产、运、销，各为130万吨。1937年预计产运销为150万吨。但刚过半年，"七·七"事变，"八·一三"日本帝国主义在上海发动全面侵华战争，我把井上井下机器材料拆运到四川而停工。

翁文灏出任行政院秘书长是实际参加蒋政权的开始

1935年10月蒋介石任行政院长，约请翁文灏去南京任行政院秘书长，同时任命为行政院政务处长的有清华大学教授蒋廷黻和南开大学经济研究所所长何廉等人。当时这批人被称为"学者从政派"。蒋的目的是利用翁等人名声给国民党政府装点门面。蒋当时对翁说："日本内侵愈急，你在南京政府受一官位，以便随时面商。"这是翁实际加入蒋政权的开始。

翁文灏到南京后，把地质调查所也迁到南京，盖了房子，扩大工作范围，他仍住在地质调查所内，以所为家，照常照料该所工作。

翁到南京，离开了中福公司，我被蒋派为中福整理专员。两年整理期满，1936年10月恢复中福董事会、还政于中福公司股东。董事们一定要聘我为中福公司总经理，推翁为董事长，其实我们都没有一文钱的股票。

1937年4月蒋介石派翁文灏以孔祥熙为特使的秘书长同赴英国祝贺英皇加冕之机，实际派到欧洲历访英、德及苏联各国政府人士，探询对中日危机的态度并商量易货的问题。正当翁在苏联访问时，爆发了"七·七"卢沟桥事变。9月翁由欧洲飞返南京时，日本侵略军已在上海挑起淞沪之战，11月初日军在金山卫和宝山登陆，进逼沪宁线，12月中南京即告沦陷。

当国民党政府仓皇移至武汉，翁文灏把抗战胜利的希望寄托在蒋介石身上。他接受了蒋的任命，担任经济部长兼资源委员会主任委员和工矿调整处处长。

当时我将焦作中福煤矿的器材和技术人员先拆迁到汉口，经与四川民生实业公司总经理卢作孚合作开发四川天府等煤矿，卢作孚大力协助把中福器材陆续运进四川，先后开发了天府、嘉阳、威远、石燕等四个煤矿。

当经济部在汉口正式成立时，将原行政院工矿调整委员会改称工矿调整处隶属于经济部，翁兼任处长，以张兹闿为副处长，对当时协助工厂的内迁与复工，各民营工矿企业的协调，贷款与扩展，以及向国外代购工业器材与分配等，作了很多有利于民族工业对抗战的贡献。

抗战期间资源委员会创办甘肃玉门油矿

抗战期间翁文灏的工作重点是发展资源委员会的国营工矿企业，特别重视能源工业。为解决后方燃料短缺的燃眉之急，他一手抓煤，另一手伸向石油。甘肃玉门油矿在抗战前翁和他的高足弟子谢家荣曾亲往玉门调查，认为有开发价值。但因那时不但没有铁路，连公路也没有，缺少开发条件。

1935年5月间，陕北解放，延长油矿勘探处代主任严爽等人都被留在延长。1936年他们逃离延长到南京，翁文灏派严爽一人去美国专门考察学习油矿，以备将来开发中国油矿之用。这是资源委员会第一次派到美国专去学习的人。

1938年国民政府由南京迁到武汉，翁文灏任经济部长兼资源委员会主任委员时，西（安）兰（州）公路和甘（肃）新（疆）公路已修好通车。甘肃玉门油矿具备了开发的条件，翁文灏决定由资委会前去勘探玉门油矿，即电美国要严爽立即回国，派为玉门油矿勘探处主任，在他未到之前派张心田（也是原穆棱煤矿之人）为代主任。同时因勘探需要钻机，由翁亲自去见周恩来同志（当时任国共合作后的政治部副部长）商请拟将原存陕北油矿勘探处的二台钻机调运玉门油矿应急，得到周恩来同志的同意，并交由钱之光同志与张心田商办具体调运工作，积极支持玉门油矿的开发。

1939年底严爽和地质调查所的孙健初及另一位工程师靳锡庚三人到玉门老君庙油矿区。不久，张心田也从陕北把两台钻机运到油矿，很快钻到第一层油层，自喷高达三十米上下，但压力不大，能控制住。这时翁文灏又派地质调查所化工研究室主任金开英为玉门油矿炼油厂厂长，与严爽矿长地位相等，上边缺少一个头头。

1940年夏，翁文灏对我说，资委会在西北大后方除玉门油矿外，没有什么工矿企业，我想请副主委钱昌照去西北考察一下，你能不能同去一趟，特别要到玉门看看。我说，我正忙于在四川办煤矿，恐难离开。他说我和钱昌照商量一下再定。后来钱昌照也找我说：我想到西北去，你一向好跑东跑西，这次请你到西北同我去游玩一下，不要你花钱。我同意了。后来去的人有电工器材公司总经理恽震、电业处长陈中熙、矿业处长许本纯，还有中国银行总稽核霍宝树。霍到兰州后，先回重庆。中国银行在兰州设立一个雍兴毛纺织厂，是霍此行的结果。我们都到了玉门矿。钱昌照要我主持同已在油矿的几位同志共同做个开发计划。需美金500万元，法币已在贬值，要多少，忘记了。钱昌照回到兰州，一人独自回重庆，我们都去了青海，再回重庆。

资委会经过经济部把预算送到行政院，再转到国防最高委员会审议，开会时，行政院部长们也出席，翁文灏也在场，由钱昌照报告玉门油矿开发计划经过和预算款项。首先反对者是教育部长朱家骅。朱因兼管文化，曾去敦煌考察莫高窟文化古迹，在嘉峪关外路过玉门油矿，顺便看了勘探油矿情况。他是留学德国学地质的，但没有实际做过地质工作。他说：我去过玉门油矿，地方僻远，戈壁滩上不毛之地，四周一望无际，没有人烟，开发很难，抗战期内用不上。现在外汇主要用在抗战购兵工设备上，不要用在远水救不了近火的玉门油矿上去嘛。大家听了认为他是内行人，说话有理。行政院长兼财政部长孔祥熙没有出席，次长徐堪起来附和，陈果夫也反对，钱昌照再说也无用，翁文灏见此形势，一言不发。无结果散会。

翁把这情况告诉我，要我由他陪同去见孔祥熙，向他说点好话，只要孔同意，其他的人就好办了。到后，翁把会议情况和我是做这个计划的人，向孔作了介绍。我坐在孔旁边。我就把油矿情况和做计划经过，要美金500万元，迅速派人去美国购买钻机和炼油设备，保证三年以内汽油可供西北公路局和后勤司令部之用，院长如能同意，将对抗战胜利立下不朽之功，说了许多好听的话。他问我几个问题，我都应答如流。他听了非常高兴，就拉着我的手说：我相信你的话，同意你的意见，500万美元，可予照准，但要知道国家的困难，千万不要浪费。我说，那太好了，将来油矿一定照院长的吩咐，转告承办的人，连一分钱都不能浪费，上有翁部长监督，可以放心吧。这里为什么我说转告承办的人呢？因为我当时还不是油矿的主管人啦！后来我一个人去找朱家骅。问他你说油矿在抗战期内用不上，请问抗战要多少年结束？他当然说不出来。我又说现在孔院长已经同意，你有什么意见。他当然没有意见。我又去见陈果夫，也说孔院长已同意，朱部长也同意了。他说，我听了朱家骅的话，觉得很有道理，现在孔院长既同意，朱部长无意见，我更无意见。蒋廷黻由翁文灏去说，也无意见。这样总算全通过了，不再开会讨论了。后来每年底在行政院讨论各部委预算时，蒋廷黻主动提出甘肃油矿的预算脱离资委会成为单位，有如后来的"计划单列"，这是后来的事。

由于油矿预算得到了落实，接着资源委员会就正式设立了甘肃油矿局，翁文灏派我任该局总经理，设局地于重庆。我仍兼任四川四个煤矿的总经理，但大部精力放在筹划办理油矿的财务、购料和运输等业务，我每年冬春在重庆，夏秋在玉门老君庙矿场督率工程和生产事宜。翁文灏也亲去油矿视察。1942年9月蒋介石也曾去玉门油矿视察，次年春末并派蒋经国、蒋纬国兄弟二人由当时中共在胡宗南部做地下工作的熊向辉陪同去玉门油矿参观。

到1942年年底玉门油矿已年产汽油180万加仑及其他煤油、柴油等油料，供应一部分抗战后方军用交通及民用等需要，同时也培养了我国第一代油矿技术和管理员工，成为我国开发石油工业的摇篮。后来大庆油矿王铁人（进喜）就是玉门油矿的技工。

翁文灏在抗战期间为我国西南和西北地区的每种经济建设竭尽全力，除开发玉门油矿外，在钢铁、煤矿、电力、电工、机械、有色金属等方面，由资源委员会创办或与地方合营办了不少工矿企业，他为抗战作出了一定的贡献。同时他的二儿子翁心瀚参加空军，在对日空战中不幸牺牲，为国捐躯，他的家庭也作出了贡献。

到抗战后期，1944年11月蒋介石利用翁文灏在美国人心目中的学者身份和清廉名声，派翁兼任直接与美国人打交道的战时生产局局长，这既可堵住了美国朝野对国民党政府贪污腐败成风的指责，又为自己捞到了一批批美援。抗战胜利前夕，蒋介石又封翁为挂名的行政院副院长的头衔，又拉他为国民党党员和中央委员会委员。在资委会系统中，翁是唯一的国民党中央委员，钱昌照和我是候补中央委员。

翁文灏战后辞官，改任中国石油公司之职

战后辞官是翁文灏久存的心愿。抗战胜利后不久，他曾接连五次向蒋介石辞职，申明"原为对日抗战而参加政府工作，自当为抗战胜利而告退"。坚请辞去政府本兼各职。到1946年初，他才获准辞去经济部长兼资委会主任委员，并结束了战时生产局和工矿调整处后，由于他一向重视石油工业的开发，在资委会领导下组建了"中国石油公司"，他任该公司董事长兼总经理。他为什么要搞石油公司而且亲任董事长兼总经理呢？这里有一段缘由：

在抗战胜利后的重庆，1945年11月的一天，翁文灏在战时生产局办公处找我谈话说："我做官做腻了，现在抗战胜利了，我想搞一点实际事业，你看搞什么好？"我说，"搞煤矿。在豫西有一块煤田没有开发，把许昌到洛阳的铁路修起来，介于平汉与陇海铁路之间，大有开发前途。另外鲁中也有一块煤田，只要把兖州到淄博的铁道修通，介于津浦与胶济铁路之间，也大有开发的价值。"他说："搞煤矿，势必要与已有的大矿开滦、中兴、中福、六河沟和淮南等矿竞争，我不想去得罪他们这些大股东。"我说："那末搞钢铁厂。"他说："搞钢铁厂要花大本钱，蒋介石是不愿多拿钱来办真正重工业的大厂的。"我说那么办什么呢？他说："我想到按矿业法规定，石油只许国营，不许私营，与人无争。由资源委员会办一个中国石油公司，除甘肃玉门油矿、新疆独山子油矿，东北抚顺油母页岩矿和葫芦岛锦西炼油厂以及台湾的苗栗油田和高雄炼油厂外，还有四川和各地不少油田的地质构造，可以探勘开发。这事业对中国很重要，也大有可为。而且比较起来，投资少，见效快。公司成立后我任董事长，将来请你帮忙任公司总经理。我今天问你，谈的目的就在此，你看怎样？"我说："你要我帮忙，我还有什么说的，一定照办。"他又说："你现在要去东北接收日本重工业，需要有个相当长的时间，到明年初，我把所有职务交代清楚后，就组织这个公司，总公司设在上海，我任董事长，暂时兼任总经理。"因此1946年初资委会中国石油公司组建成立，就由翁任董事长兼总经理，张兹闿、严爽、金开英、邹明、郭可诠为协理，实际上就由第一协理张兹闿（原工矿调整处副处长）代行总经理之职。而张代行了两年多，翁仍兼总经理之名，使张对翁很不高兴，直到1948年5月间蒋介石要翁文灏出任行政院长，他仍兼中国石油公司董事长，不便再兼总经理了。同时我接任了资源委员会委员长，他也知道

我不可能再去做该公司总经理了。就这样他才向资委会辞去总经理兼职，我以资委会委员长名义，任命张兹闿为中国石油公司总经理，并派金开英去台湾主持台湾石油分公司。

张兹闿后也去台湾，做过台湾"经济部长""财政部长"。儿女都去美国。其子张彦曾回来过大陆，由当时对台办汪锋同志请他吃过饭，邀我作陪。张兹闿的妹夫钱思亮做过台湾中央研究院长，是钱纯、钱复的父亲。张钱二人都于前几年先后在台去世。

蒋介石为什么要翁文灏任行政院长

蒋介石于1948年4月召开伪国民大会，自选为总统，并依照伪宪法规定，行政院长人选应由总统提名，经立法院表决通过。由于国民党统治集团内部的派系斗争激烈，蒋介石原意提名张群继续为行政院长。而C.C.系立法委员则主张在中央党部用试行投票的方式，抬出何应钦相对抗、蒋介石十分恼火，不得已决定另推一人出来充任行政院长，以翁文灏向少派系关系，就像"拉郎配"式的提名翁文灏任行政院长。这大出翁的意外，他向蒋力辞，自称素性与才干决难当此政务重任。但蒋主意已定，即于次日向立法院提任通过。翁虽极不愿意担任此职，又不敢坚持不就，恐得罪于蒋，只得勉强同意"暂行试任"。他就任六个月的行政院长，为蒋所利用成为"戡乱"反共的工具，因而铸成大错！以致后来成为1948年12月25日中共发表被列名为国民党战犯之一。

翁文灏出任李宗仁代总统秘书长

翁文灏在行政院长任内时，关于我在1948年10月在南京秘密召开南京会议动员资委会所属各地主要企业负责人"坚守岗位，保护财产，迎接解放、准备移交"和从上海把美援器材上运到武汉、株洲等地所作的弃暗投明行动，我未向他透露过。1948年11月由孙科接任他为行政院长后，他送家眷去台湾，独自一人留在南京心里很懊悔。我常去看他解闷。渐渐地把我的上述行动和思想告诉了他，无形中也劝他不要走。他指着放在桌上报载战犯名单说："你们可以留，我只有去台湾。"

1949年2月李宗仁代总统府秘书长吴忠信辞职，李宗仁拟请翁文灏继任，先叫我向翁征求意见。我对翁说："现在李宗仁主和，你去做个主和的总统府秘书长，表明你赞成主和政策，是个认错改悔的表现，将来也可以留在大陆。"他默然无语。我回复了李宗仁：如能亲自去一趟，我想他会同意的。后来李亲去他家面谈，翁同意了。

1949年4月南京解放前一天，翁和我都到了上海，他去台湾，我到了广州，带去200万美元支票，电请尚未解放的西南、华中、华南各资委会企业单位，派人到广州领取，有的10万、5万、有的1万、几千，换成黄金或银圆作为必要时维持员工生活，以待迎接解放之用。

由于我们原派去台湾接收工矿企业的人很多，资委会在大陆的投共行动，他们不可能没有察觉和议论，因而也可能吹到台湾省主席陈诚的耳朵。5月中旬陈诚到广州列席行政会议，我因另有急事未出席，他说了对我怀疑的话。散会后有人来告诉我，我就当天乘飞机逃到了香港。5月21日翁由台湾来香港，次日就去广州向李宗仁辞去秘书长职务，回到香港住了一个多月，我又做他脱离台湾的工作。

翁自己不是不想回国，内心是非常痛苦的。他对我说："我回国的问题，非得到毛主席同意，不能解决，但这就太难了。"当时我同意他的话，但说："只要你有回国的决心，也不一定没有希望，邵力子在北平，可以请他帮助。"

后来我知道，在上海解放后的第三天，陈毅同志就到资源大楼接见资源委员会留在上海的主要负责人时，他问起翁文灏先生现在哪里？有人告诉他现在香港。陈毅同志就说："他是书生，他留在国内，我们也不会难为他，请他就回来嘛。"（见载吴兆洪、谢佩和所写的文史资料）

翁文灏有四男四女，除次子心翰在对日空战中殉国外，三个儿子都在大陆，一个女儿在美国，三个在台湾，老父老妻当时也在台湾。我劝他快把老父老妻从台湾接来香港，迟则怕出不来，即使将来回不了国，住香港也比住台湾好。他认为我的话有理，接着他去台湾亲自把老父老妻接到了香港，并写信让在上海中国石油公司的大儿子翁心源到香港接祖父和母亲回上海，他自己住在香港。

我一心劝翁文灏设法回国，这和我多次劝钱昌照，于1949年3月电请他从欧洲回国并劝他把家眷从台湾接回来是一样的。而且三人都是通过邵力子先生得到周总理的同意回来的。

翁文灏实现了回归祖国大陆的愿望

我给在北京的邵力子写信说，翁文灏也想回国，请他帮忙。邵回信：愿意大力帮助，但要翁先写一份后悔而想回国的信，以便进言。

我于1949年11月4日离港转青岛到北京，带了翁的信交邵力子，邵看了认为后悔不够深刻，不便送上去，要我寄回改写。我说翁心源接家眷即来，等他到京后再寄。这时我因病住医院，钱昌照来看我说《参考消息》报道翁文灏去巴黎了。不到一个月，怎么突然发生变化，我很纳闷。不久翁心源接祖父和母亲先到北京再去上海，才知道我走后，台湾方面陈诚、王世杰二人（当时蒋介石还在重庆）派人到港请翁回去，他当然不回去。但怕同杨杰一样被暗杀，因此他临时决定飞巴黎，是避难性质，回国之心不变。他拒绝了美国方面的邀请，所以不去美国而去法国，原因也就在此。

这样，邵力子和我与翁心源商量，把原信先送周总理，虽然内容不够好，但足以表示他认识错误，有返回祖国的愿望。得到周总理同意，但须在民主人士方面先做些工作。关于战犯问题，总理说，这是新华社发的消息，不是党和政府正式宣布的，可请其放心。

1950年翁心源由上海调到北京燃料工业部石油总局工作，与我住在锡拉胡同同院。心源与我常联名写信给翁文灏报告国内形势和周总理派一秘书专门同心源联系的情况。

1951年1月正是我抗美援朝大军跨过鸭绿江的时候，翁文灏终于由法国回到了祖国怀抱。我们住在同院，朝夕相见。他祖孙四代合家团聚，全家十分感激共产党和毛主席、周总理。后来毛主席选集第五卷发表，得知毛主席曾称道翁文灏是"有爱国心的国民党军政人员"。他是第一个回到新中国的列名"战犯"的原国民党政府行政院长。后来曾任代总统的李宗仁第二"战犯"也回到大陆，都受到党和人民的欢迎。也引起了当时国外朝野和台湾的震动和注意。

我对翁文灏一生功过的评述

翁文灏以一著名的地质学家，在国内外学术界享有盛誉，后因出于抗战爱国之心而半途从政，为国民党蒋政权效劳共十三年。他在抗战期间做了不少有利于抗战的经济建设方面的贡献。特别一向重视我国油矿的开发。但后来又受蒋介石的利用做了大错事，这是不能为贤者讳的。正如他本人写的《回忆往事》一文中所说的："我先治自然科学，后来参加蒋政权，我自心的志愿却是想超然于政党之外而始终没有争取正确的政治观点以致受环境之支配误入歧途，不能自拔。"我认为他最后终于回归祖国怀抱，爱国不分先后，也可以说是"自拔"了嘛。诚如他在担任全国政协委员在大会发言时说的："我是冒着危险又相信共产党而回到祖国的。"

他回国以后，悉心钻研马列主义、毛泽东思想，到全国各地参观学习，也到过大庆油矿，并翻译不少外国书籍。担任过全国政协委员和民革中央常委及以张治中先生为对台工作委员会主委时的副主委等职务，为台湾回归祖国的统一大业做了不少工作。

1971年1月27日，"文化大革命"期间翁文灏在北京病逝，终年八十二岁。在遗嘱中将积蓄的存款，虽然不多，却全部捐献给国家。他再一次追述了自己一生所走过的曲折历程，对祖国早日完成统一大业寄予无限期望。当时我在唐山开滦煤矿工作，曾电其家属慰唁。

值此纪念翁文灏先生诞辰一百周年之际，我们忆念翁文灏以书生从政的过去经历，他为地质调查研究所作的卓越贡献，并培养了我国一批第一代地质学人才和他的爱国主义的精神以及他的为人正直，生活俭朴，廉洁奉公和办事严谨的工作作风，这些都是值得我们学习的。我认为国民党资源委员会的职员贪污腐化者比较说来是少的，这不能不归功于翁文灏的表率作用起到了很大的影响。

但翁文灏由于缺乏正确的政治观点和坚定的毅力，以致在政治生活中迫于环境，误入歧途，这是一个深刻的历史教训。所幸后来迷途知返，认识错误，回归祖国，投向人民的怀抱。晚年在党的领导和关怀下，为祖国作出了一定贡献，还是受到人们的称道。我认为这就是今天值得我们纪念他的意义所在。

回忆邵力子先生和我的关系

（一）

邵力子先生，浙江绍兴人，是我的同乡，也是我1913年在上海复旦公学上学时的国文（语文）老师。他是同盟会会员，与于右任先生交谊很深。二人都是复旦公学的董事。当时袁世凯窃取了辛亥革命的果实，不但想终身做总统，而且要当皇帝，所以大肆镇压革命人士，邵先生因此不得不长期住在租界。他在复旦公学教书时，宣传革命思想，对学生出国文课的作文题时，常常寓意反对袁世凯，给学生灌输革命的道理。

我在复旦公学毕业后，考取天津北洋大学矿冶系。五四运动时，我任北洋大学学生会会长，积极参加了天津学生爱国运动，这是受到邵先生的教育和感召所致。我大学毕业后去"北满"创办穆棱煤矿（现在黑龙江省鸡西矿务局的一个单位）。1929年我出国留学，到上海上船去美国，路过南京。那时邵先生任蒋介石总司令部的秘书长，总部设在三元巷。我去拜访阔别多年的邵先生，他勉励我学成之后要为苦难的中国多作贡献，为人民造福。1932年我回国以后，因九一八事变，东北全部沦陷，我家就从哈尔滨迁到南京。我参加了当时参谋本部所属以蒋介石为委员长的国防设计委员会（即资源委员会的前身）工作，这个委员会碰巧就设在三元巷原来蒋介石总司令部的房子。那时邵先生已去西安做了陕西省政府主席，他有时到南京来，我也常去看他。

（二）

1933年国防设计委员会派我到陕北的延长、延川、延安一带调查油矿资源，准备进行钻探，我就致电邵先生请予多方协助。那时陇海铁路只通车到潼关，邵先生就由西安派人派车到潼关来接我。潼关县县长兼陕西省政府驻潼关办事处处长张丰胄招待我在潼关耽了几天后，再去西安，与我同行的有国防设计委员会的张心田。我们到西安后，邵先生又派了陕西省建设厅技正、北京大学矿科毕业的赵国宾陪同前往陕北。我们调查了陕北油矿资源分布情况后回到西安，向邵先生作了汇报，并请他将来在进行探勘时在器材运输方面给予协助，他深表欢迎和赞助。

1935年5月刘志丹、高岗率领的红军解放了延长，油矿人员都得到了解放。那时我因应翁文灏之邀事前到了河南焦作担任中福煤矿总工程师，但仍兼油矿探勘处处长原职，用无线电联系工作，直到延长解放为止。延长解放后，我曾从河南焦作到西安向邵先生报告经过情况。1936年12月西安事变后，邵先生辞去陕西省主席，回到南京。

（三）

1937年7月全面抗战开始，日军沿平汉铁路南侵，国民党军队节节败退。我当时担任焦作中福煤矿总经理。1937年10月我把矿上职员、家属及部分技工和拆迁的机器设备撤退到汉口。资源委员会在湖南湘潭谭家山有一煤矿矿区，正缺少人员和器材。我因此到南京与资委会商议合作，利用中福的机器与资委会合办湘潭煤矿。那时南京已遭日军的空袭，形势很紧张。我立即返回汉口，与邵夫人傅学文同船抵汉，请她住在我家里。不久邵先生也由南京撤退到汉口，就住在我家。当时他担任国民党中央宣传部部长，陈立夫、张道藩等人常来我家找邵先生商谈，在客厅里往往大声吵闹，不欢而散。有一次蒋介石打电话给邵先生，我在旁听到蒋问邵："你知道现在的刊物有多少是共产党的？"邵回答："我查查嘛。"蒋大声说："我知道百分之九十是共产党的，你做宣传部长怎么不知道？"邵仍说："我查一查嘛。"在这以后大约一个月，邵先生回来对我说，"你得给我道喜"，我问什么喜啊？他说他的辞职批准了。

1938年8月间武汉战局紧张。事前我已与民生轮船公司总经理卢作孚谈妥，中福煤矿与四川天府煤矿合办。我们中福煤矿雇一专轮把职员家属送往重庆。我与邵先生夫妇和他的勤务员仍留在汉口，直到10月底我们才一同飞抵重庆。邵先生就住在领事巷康心之家里。后来他和夫人同去苏联担任中国驻苏大使，直到第二次世界大战开始。他回国以后，大为宣传苏联十月革命后的种种大好形势。我曾请邵先生到北碚给我主办的四川四个煤矿联合总处职员讲话，介绍苏联的情况。

（四）

邵先生从苏联回来后，担任国民参政会秘书长。国民参政会是蒋介石设置的空洞的、形式上的所谓民意机关。抗战胜利后，参政会更没有什么事可做了。邵夫人傅学文热爱儿童教育，在南京自买地建筑校园，办了一所"力学小学"。他家就住在小学里，生活十分简朴。

1947年7月至9月，我去东北视察资源委员会所属工矿企业。在东北看到的一切，使我感到共产党一定会胜利，国民党一定要覆没。有一天我和钱昌照谈心，我说："你已辞去资委会委员长职务，现在没有事做，是否可以想法到解放区去？"他说："我有时也曾这样想过，你的意见值得好好研究。"我于是向他透露了我想投共的心事，并建议同去找邵力子谈谈心。因为我和邵力子相知较深，据我过去了解，他和陈立夫是对立的，对蒋介石也很不满，和共产党人有联系。我想，我们去和邵力子谈谈，不会泄密，绝没有危险。于是我们同到邵力子家，和他商量，并问他有没有可与中共联系的人。他说："过去有，现在蒋介石防范很严，已隔断了。"

1948年8月间，钱昌照出国去欧洲。蒋介石于淮海战役失败后，在1949年1月21日宣布下台，李宗仁以"副总统"代理"总统"，发布文告，以停战谋和为号召，并推动组织了一个"上海人民和平代表团"，团员为颜惠庆、章士钊、江庸等，邵力子以私人资格前往与中共当局交换意见。他们于1949年2月13日由上海飞往北平，先与中共当局叶剑英、董必武、罗荣桓、林彪、聂荣臻等商谈，22日又飞往石家庄，承毛主席接见，并与周恩来会谈。并对通邮、通航问题广泛地交换了意见。代表团于2月27日飞返南京。邵先生原拟与颜、章、江三老同去上海，向上海各界汇报。但他到南京后得悉陈仪已被免去浙江省主席职务，在上海遭汤恩伯的扣留，卫立煌也被蒋介石软禁了，邵先生因此决定留在南京，但也不敢住在自己家里，他就住在于右任家里。因于老是国民党元老，想蒋介石还不致到于老家里来抓他。当时屈武也住在于老家里。我常去看他们。

1949年3月国民党与共产党进行和谈，李宗仁原拟请邵力子担任和谈代表团的首席代表，但当时邵先生曾表示推让说，由张治中当首席代表为好。因此改派张治中为首席代表，代表有邵力子、黄绍竑、章士钊、刘斐、李蒸，秘书长为卢郁文。

卢郁文原是资源委员会的参事，他和邵先生的秘书张丰胄都是我的老朋友。张丰胄要我帮忙解决汽车和办公地点的问题。我说你们应去找行政院。张说，行政院乱哄哄的，你对和谈很热心，所以请你帮忙。卢郁文也要我帮助。我就从资委会拨一辆小汽车给邵力子专用，同时请卢郁文、张丰胄等在我家里办公。他们人少事多，卢郁文又要求我派资委会秘书张月超帮他们的忙。后来代表团北上时，卢郁文和张丰胄把张月超也作为和谈代表团秘书处成员，带到北平去了。

在和谈代表团北上以前的一个晚上，邵先生和夫人傅学文来我家，邵先生说："有一件事，我们二人考虑再三，解决不了，特来请你给我们出个主意。"他继续说，"现在和谈问题，蒋介石在奉化背后操纵，李宗仁失去自主权，看来和谈是不一定有成功希望的；和谈不成，我不会再回南京，这点你是知道的。因此学文一定要同我一起走，但现在外边已有谣言，说我不是去和谈的，而是去出卖国民党的。如果学文同我一起走，谣言将更大，对和谈更不利。不走吧，她一人在南京有危险，弄得进退两难，你看怎么办好？"傅学文接着说："我一人不敢留在南京，我要一起走。"我说："邵夫人如果一起，我想诚如邵先生说的，谣言将更大，对和谈更不利。和谈不成，邵先生当然知道得最早，现在正是换季的时候，届时打个电报给我说'要衣服'。我负责代买飞机票，第二天一定送邵夫人去香港转去北平，保证她无危险。"他们二人都同意了。

4月1日和谈代表团北上后，大约过了10天左右，李宗仁派在北平与中共接触的私人代表刘仲华乘专机从北平来南京，住李宗仁家里。他拿了一大布包的文件信件等对我说，这是邵先生托他交我转交上海各有关的人收。他还说："我要去武汉见白崇禧，回来接邵夫人去北平。"后来刘仲华离南京北返前一天，邵夫人到我处辞行。我说您上飞机时设法不要给新闻记者看到。她说一定以最迅速的行动走，避免给记者们见到。但在第二天的南京报纸上还是登出了邵夫人傅学文已飞北平的消息。至于邵先生托刘仲华带来的文件信件等，我托资委会煤业总局上海办事处处长祝福康代为分送。事后，他来汇报说，送去的地方都是门禁森严，他怕国民党的密探跟踪他，很担心。过了几天没有事，才算放了心。

不久和谈破裂，解放大军迅速过江。4月22日国民政府行政院长何应钦、秘书长黄少谷先后打电话要我到何应钦家里，对我说解放军已过江，我们所有的人今天下午一定要坐飞机离南京。因此我于当天下午飞到上海，几天后转广州，5月1日到香港。我在香港写信给在北平的邵先生，邵转告了周总理。周总理说，叫我随时可到北平来。我在香港与乔冠华取得联系，到1949年6月我辞去了国民政府的经济部长兼资源委员会主任委员的职务，本来可即来北平，但因与香港中共地下党联系过，为了鼓动和组织资委会设在香港的国外贸易事务所员工起义，将在港所存钨、锑、锡等外销矿产品移交人民，直到1949年11月该所起义时，我才带了家眷乘轮北上，经青岛转天津到北京。邵先生特到车站来接我，几天后周总理接见了我。

（五）

我在香港时，劝翁文灏也回来，他认为自己有罪，不可能得到共产党的谅解，他说："我的问题，非得到毛主席同意，不能解决。但这就太难了。"当时我同意他的话，但说，"只要你有回国的决心，我认为有邵力子在北平，可请他帮忙，也不一定没有希望。"并说："目前你主要做两件事：一、在你思想上必须与台湾的关系一刀两断。二、快把老父老妻从台湾接出来，先住香港，可以自由行动。"他认真考虑我的话后，表示接受。1949年7月间他去台湾住了些时候，亲自把老父老妻接到香港，那时进出台湾还是自由的，我就写信给邵力子说明翁文灏也有想回国的意思，请他帮忙。邵回信表示愿意大力帮助，但要翁先写一份悔过书来，以便进言。

翁文灏决定回国，写信要在上海的儿子翁心源来香港接祖父和母亲回上海，翁心源于9月间到香港。我于1949年11月离香港来北京，带了翁文灏的悔过书交邵力子。他看了，认为不够深刻，不便送上去，要我寄回，请其改写。我说："翁心源接家眷回国，很快就到北京转去上海，等他来后再寄回去吧。"正在这时，忽见到《参考消息》载称，翁文灏从香港飞往巴黎去了。不到一个月，何以忽然变化，我很纳闷。不久翁心源来了，才知道，我走后，台湾方面派人到港请翁回去，他当然不回去。但怕像杨杰一样在港被台湾派人暗杀，因此他临时决定飞巴黎，是避难性质，回国之心不变。不去美国而去法国，原因也在此。

这样邵力子和我与翁心源商量，改变原意，决定把翁的悔过书先送呈周总理，虽然内容不够好，但足以表示他有返回祖国的爱国愿望。悔过书送上后，周总理同意他回来，但须稍等些时候，要向在京的民主人士方面作些工作。关于战犯问题，周总理说，这是新华社的消息，不是党和政府正式宣布的，可放心。

1950年12月翁文灏从法国到伦敦，乘飞机到香港，当天转广州，由广州中共组织派人送到北京。我、翁心源夫妇和孩子及党派的代表到北京车站接他，并于当天陪翁去看邵先生。

当时翁心源已从上海调到北京工作，一家祖孙四代，得以团聚一堂，喜出望外。后来翁由邵先生介绍参加了民革，又担任了全国政协委员。他回顾以往，展望前途，深深感激共产党和毛主席对他的宽宏大量。并深感邵先生对他的大力帮助，使他全家毕生难忘。我参加民革也是经邵先生介绍的。

（六）

邵先生德高望重，素性刚毅正直，一生生活朴素，平易待人，交游很广。他具有高度的爱国心和民族革命精神。早年他追随中山先生参加同盟会，从事民族民主革命运动。在上海复旦公学任教时，对学生灌输革命思想，播下了革命种子，桃李满天下。他主持上海《民国日报》时，更是大声疾呼，抨击封建军阀，宣传革命思想，鼓舞国民斗志。他对蒋介石在政治上独裁，在军事上"攘外必先安内"，发动内战，始终坚决反对并作种种抵制。解放前夕，他两次亲率代表团北上商谈和平，人民称他为"和平老人"，为国民党民主和进步人士的表率。1949年国共和谈破裂以后，他就留在北平与中国共产党忠诚合作，参加新中国的社会主义建设事业，在民革中央也起到模范积极的作用。他的一生事迹值得我们永远怀念和很好地学习。

祝贺民生实业公司成立六十周年[1]

——忆念卢作孚先生

抗日战争前我在河南焦作担任中福煤矿总经理,该矿正式名称为"中福两公司联合办事处",系由中国人办的中原煤矿公司与美国人办的福公司联合组成的。1937年七七卢沟桥事变,日本帝国主义大举入侵我国,接着八一三上海战事爆发,全国进入战争状态。当时我鉴于抗日战争的长期性和艰苦性,苦心说服了中原和福公司的董事们,把在焦作中福煤矿的绝大部分地面和井下机器设备和材料拆迁到抗战后方的四川,组织全矿员工冒着敌机轰炸的危险,拆卸装车先行抢运到汉口。

1938年3月所有中福拆迁的机器设备陆续集中存放在汉口丹水池煤场,约计由四五千吨。这时四川重庆民生轮船公司总经理兼四川天府煤矿公司董事长卢作孚先生来汉口,我和他在翁文灏寓所相遇,谈起上海一带工厂和兵工厂等正拆迁上运重庆建厂和川江轮船运输缺乏煤炭是个大问题。我即告以中福煤矿机器材料及技术管理人员和技工都在汉口,如与天府合作可加快重庆和民生公司需煤的供应问题。卢作孚闻之大喜,立即同意双方合作改建、扩建天府煤矿的生产,以应当时后方急需,并允负责把中福器材设备优先运输入川。我们二人性格相近,都以事业为重,一言为定,不订协议,也未与双方董事商谈,我即一人赴川,亲自到重庆北碚附近后峰岩天府煤矿,由原天府煤矿公司协理黄云龙陪同调查了全矿所有三个大平峒的采煤情况。看到上山煤已采完,全靠采山下煤,采掘全用手工,煤从下山用人工背上来,用竹篓绳子背在肩上,两足和两手都抓住铺在底板成其字形的木梯上,一步一步地背上来。抽水也用人工,每人用一长约一丈的竹筒,打通竹节,一丈一个水池,一丈一个人,接续往上抽水,看了使人心酸。加之通风不良,坑内闷热,工人全是裸体,背煤工人背到平峒,再拖到峒口,一经风吹,易受感冒,死亡率很高。大平峒又弯弯曲曲,不是一条直道。我看了这种落后的生产情况,很伤脑筋,感到改造这样一个老矿,殊非易事。但它有三个优势,也可以说是三个有利条件,即:(一)有一条十七公里长的二十磅钢轨可运五吨重煤车的轻便铁路,从矿区直达嘉陵江边;(二)是煤层较厚,可采煤层有二:一层厚二至三米,一层厚1.5米,储量丰富;(三)是由嘉陵江下运重庆不过三十多公里,船运便利。优缺点相比,还是优点较多。当即初步做了规划,把总处和电厂、机修厂等设在后峰岩,比较适中。

---

[1] 作于1985年9月。

我回到汉口派原中福李河矿长张莘夫为天府煤矿矿长，即日率部西上，接办天府矿厂。一面组织合办的天府矿业公司，卢作孚为董事长，我任总经理，商定公司资本总额为一百五十万元，老天府煤矿公司以矿权及铁路为股本，中福以器材现物为股本，双方各占资本的半数，原川方股东一律封为新公司股东。

上海至宜昌可用大轮运输，宜昌以上只能小轮运输，运量较少，而当时积压在宜昌的兵工厂和上海迁川工厂的器材货物太多，卢作孚亲自坐镇宜昌调度督运，各方压力很大，他也不能给中福先运，我为此很着急，亲自去宜昌两次，每次住四五天，向卢作孚催运。那时敌机每天必来数架，盘旋宜昌上空，人心慌慌，工作效率很低。我和卢作孚说，日军一旦占领宜昌，所存物资有全部资敌的危险，而要快运限于船只，又无办法。卢作孚也为此而忧心忡忡，焦急万分。最后他想出一个办法，由宜昌不直接运到重庆，由直运改为区间运输，即先运进三峡以上各地，有险可守。日军即使占领宜昌，也不敢再向前进，然后再倒运到重庆。这样一改，宜昌物资输运加快，争取了时间，待日军进占宜昌，全部物资已运到巴东以上一带，可说没有什么损失。卢作孚和民生公司对抗战立了大功是不可磨灭的，我永远记得他，这是1938年的事。

天府煤矿名为改造扩建，实则比新建更为困难。后峰岩等三个大平峒都要截弯取直，又要扩大开高，成为双轨煤车运行大巷，长约四百公尺，有的峒帮要充填，有的要开凿，还要为采煤运出峒外让路，同时要开挖下山运煤斜井，每一大巷的间距为五十公尺，一面开挖风井、安装风扇，从平峒进风，风井出风，工程相当艰巨。合办一年左右，在这些改造扩建工程进行期间，产煤没有增加，出的多是石头，矿区附近的股东说："天府在开石头矿，不是开煤矿。"对民生轮船公司方面天府不能多供应该公司用煤，也向卢作孚说闲话。卢作孚也有些怀疑了，他独自一人来矿视察。他虽非矿业内行，但他一看就知道这是从头开始，不是一时权宜之计。而出石头不出煤，花的现物都是中福公司的，不用川方一个钱。因而他向川方股东说："这不是开石头矿，而是准备开大煤矿，不久就可大量出煤了，请大家不要听信谣言蜚语，妨碍工作。"这又使我非常钦佩他的识见。所以我们两人始终合作得十分融洽。这是天府煤矿终于成功的原因之一。后来天府年产量达到五十万吨，当时重庆附近几百个小煤矿总共年产量与天府一矿差不多，天府产煤占了重庆全年用煤量的一半左右。

自从中福与卢作孚合办天府煤矿作出成绩以后，中福又把其余的器材和技术力量先后与民生公司、资源委员会、盐务总局和四川银行界宁芷村等合办了嘉阳、威远、石燕等几个煤矿公司，都由我兼任总经理，设四矿联合总公司于重庆。抗战前四川原有煤矿均属规模小的土法生产，自中福机器设备及技术员工迁川，投入天府等四个煤矿后，开始了四个当时所设的现代化机器开采，产量大增。这对抗战后方工业和上海的迁川工厂及民用煤的供应，作出了一定贡献，并为四川近代化煤矿的发展起了带头示范作用。这与卢作孚的大力协助把中福大批煤矿器材和人员内迁入川并真诚合作开发天府等煤矿是分不开的。天府煤矿在抗战胜利前在后峰岩矿厂建造一幢办公大楼，由我题名为"作孚楼"，就是对卢作孚在天府的一个纪念。

抗战胜利后，我辞去四川各煤矿和甘肃油矿局总经理职务后，担任经济部东北特派员和行政院河北平津区敌伪产业处理局局长之职。1947年初我交卸了东北特派员和平津敌产处理局长后，到南京先后担任资源委员会副委员长和委员长，1949年3月任经济部长兼资源委员会主任委员。其时民生轮船公司已发展海运事业开航台湾、天津、青岛、广州等线，以后在加拿大购买了六艘海轮，航线延伸到国外海防、曼谷、菲律宾、新加坡、日本等地。卢作孚在解放前夕常驻在香港，以利海运业务的扩展。

东北解放后，资源委员会人员都留在大陆迎接解放。我在南京解放后到上海，又到广州携带资源委员会的二百零八万元的美金支票，通知尚未解放的中南、西北、西南地区资委会所属各厂矿负责人到广州向我领物兑成银圆携回各厂矿供解放前维持员工生活之用，以便迎接解放，办理移交。

1949年5月中旬国民党政府在广州举行行政院例会，我因另有要事没有前去出席，派经济部政务次长代表参加。卢作孚因民生公司向加拿大贷款订造船舶，请国民党政府供给外汇，因此列席了这次行政院会议去说明情况。台湾省政府主席陈诚因事来广州，也列席了会议。他看我没有出席，就在会上说要注意我的动向，对我有怀疑之意。会后童次长立即将陈诚的言论向我报告，同时卢作孚也来告我。他说陈诚说话是有分量的，你要注意。我说，谢谢您，我就走。当天下午我就乘飞机到香港，逃离广州。6月间准予辞职，脱离了国民党政府。

在香港我因鼓动资委会国外贸易事务所员工起义保护存港的钨、锑、锡特种矿产品移交人民，滞留了五个月之久，我和卢作孚又常相见面。他知道我已成为赋闲，没有钱，在我离港来北京前两个月，由他向太平洋保险公司每月送我一千元港币，以维持家用。他的这种友情，使我至今难忘。

1949年11月我到北京参加革命，被派为政务院财经委员会计划局副局长。1950年周恩来总理派人邀卢作孚来北京商谈解放民生公司问题的具体方案。卢作孚率领在港的全部船舶，于当年6月抵京，出任全国政协委员和西南军政委员会委员。卢作孚在京期间，我常去王府井金城银行楼上他的住处交谈。有一次朱德同志宴请卢作孚，我也被邀参加作陪、畅谈四川解放后经济发展情况。卢作孚后来回到重庆，重振艰难困苦中的民生公司，可惜他于1952年初即过早地去世了，终年六十岁。如果他能活到现在，必定会在我国社会主义交通建设事业作出一番更大的贡献。

毛主席曾在五十年代中期谈到中国工业发展时说过，有四个人不能忘记：讲重工业，不能忘记张之洞，讲轻工业，不能忘记张謇，讲化学工业，不能忘记范旭东，讲交通运输，不能忘记卢作孚。足见卢作孚在我国近代交通运输方面的事业成就和巨大贡献是载入史册，受到毛主席的高度评价。

现在我国正在进行经济体制各方面的改革，在交通运输方面要打破国营长江航运局一家独办的局面，开展集体、个人一起上。民生公司受到中央和地方领导的支持批准正式恢复民生轮船公司成为一个集体运输企业，卢作孚的儿子卢国纪和卢国纶分任该公司的正副总经理。我被推选为公司董事长。现已建立了几支船队并新造拖轮二艘，开始了长江货运，以后将逐步扩展为客货兼运和海外航运，继承和发扬过去卢作孚先生主持的老民生公司的优良传统，将为国家四化事业作出应有的贡献。

值此民生实业公司成立六十周年之际，特写此文以示怀念卢作孚先生，并祝民生公司的新生和发扬光大卢作孚先生的光辉业绩。

我与卢作孚民生轮船公司的关系[1]

一、抗战初为抢运中福煤矿机器入川，我和卢作孚相识，我们两人只用了五分钟，就谈好在四川合作建煤矿，他说："我从未见到过你这样痛快的人。"

后来他在宜昌冒着日机轰炸抢运设备入川，我也两次去宜昌，对他的勇敢精神深为钦佩。以后我们情谊日深。

二、民生公司的精神实质就是卢作孚的精神。他们具有艰苦奋斗的传统，打破当时习惯，上下都穿一身布衣，人称"民生皮"。他们眼光远大，脚踏实地，敢作敢为，不但在航运方面声名远扬，雄踞川江，而且把一个四县交界、土匪汇聚的北碚，建成有现代实业的小城镇。

当时张群称赞他为"没有资本的大资本家"。晏阳初称他是"没上过大学的最大的学生"。

三、大约1983年，当时的总书记胡耀邦视察重庆，一路上见长江船只很少，"黄金水道"没有利用，要求放宽政策。正好此后我率政协考察组到重庆调研如何搞活商业。当时卢作孚的儿子卢国纪找到我，请我做民生公司的董事长，我出于对发展黄金水道航运的强烈愿望，出于对卢作孚先生和民生公司的钦佩和怀念，欣然同意出任民生公司董事长。

---

[1] 作于1985年。

富国利民　勋业照人[1]

——纪念卢作孚先生诞辰100周年

在50年代中期，毛泽东主席谈到中国工业的发展时说，有四个人不能忘记：讲重工业不能忘记张之洞，讲化学工业不能忘记范旭东，讲交通运输不能忘记卢作孚，讲轻工业不能忘记张謇。这不但讲出了近百年来我国工业发展的史实，也表达了中国共产党对于富国利民的民族工商业家的追思。我所知道的民生公司创办人卢作孚先生克己奉公，不断开拓前进的一生，在文化教育、科学技术、工业企业、特别是交通运输方面都做出了卓越贡献，实无愧于毛主席给他的高度评价！3月25日是作孚先生诞生100周年，我作为作孚先生的同龄挚友和重建的民生公司董事长，更加怀念作孚先生，特追忆我同他亲身交往的几件事，以见其远见卓识，才气过人，为祖国为人民鞠躬尽瘁。

崛起于长江　争雄于列强

早在20年代，贫困落后的旧中国，交通运输之困难，可谓难于上青天。祖国的浩荡长江，形同帝国主义列强的内河，游弋着外国的商船，践踏我国的主权，吸吮同胞的膏血。作孚先生凭着满腔爱国热情于1925年创办民生公司，仅以一只70吨的小轮船，航行于嘉陵江上的合川与重庆之间。到抗战开始时，经过十多年奋发图强、惨淡经营，船舶大有发展，航线大有延伸，使民生公司崛起于长江，争雄于列强，打破了日、英、美、法等国垄断长江航运的局面，终于将帝国主义势力排除出长江的航运界。抗战前夕的卢作孚，已是功在祖国，口碑在道，令我景慕其名了。

劈波三千里　疏运十万吨

抗战以前，我在河南焦作担任中福煤矿总经理。1937年七七事变后，鉴于抗日战争的长期性和艰巨性，我决计将中福煤矿的机器设备，从焦作拆迁至大后方四川，再展宏图，以支援抗战大业。于是，冒着敌机轰炸的危险，组织全矿员工拆卸机器设备，先行抢运到汉

---

[1] 原文刊于1985年12月22日《人民时报》海外版。卢作孚先生诞辰95周年时孙越崎先生也曾撰文纪念。

口。战时的汉口，军运倥偬，难于兼运这四五千吨的煤矿生产资料，只得存放在汉口丹水池煤场。正在无计可施之时，适逢作孚先生来到汉口，我们相识于翁文灏先生的寓所。国难当头，我们的话题不期然谈起了战区各类工厂的内迁问题，由此而谈到内迁工厂和川江轮船运输缺乏煤炭这个突出的问题。我即告以中福煤矿的机器设备和技术人员当时正在汉口等待迁川，若能同作孚先生兼任董事长的天府煤矿实行合作，可解决内迁工厂和民生公司的燃料问题。勤劳国事的作孚先生闻之大喜，当即同意双方合作，改建、扩建天府煤矿，提高产量以满足战时后方的急需。他并应允将中福公司的机器设备尽快运输入川。由于我们二人性格相近，都以事业为重，一言为定，不定协议，亦未同双方董事商谈，就这样竭诚合作，共赴国难。

战时的运输任务，都带有"急如星火"的特点，否则将有资敌的危险。汉口沦陷后，宜昌两岸拥挤着从下游撤退来的三万以上的待运人员和九万吨以上的待运物资，而宜昌以上只能行驶小轮船，运输量较小，加以枯水季节即将来临，大家都争相抢运，情况十分混乱。勇于任事的作孚先生知难犹进，坐镇宜昌，亲自调度督运，审时度势，克己从公，作孚先生便先运中福公司的器材，我为此心急如焚，两次前往宜昌，面向作孚先生催运。那时，敌机每天飞临宜昌上空骚扰，影响运输效率。我正坐困危城束手无策之际，幸亏作孚先生想出了一个高明的办法。从宜昌起运物资不直接运到重庆，由直运改为分段区间运输，先将物资运进三峡以上各地，借地利以为屏障，即使日寇侵占宜昌，我军有险可守，再将物资倒运至重庆。由此而争取了时间，加快了宜昌积压物资的疏运，在宜昌陷敌时，已是空城一座。能够及时而又圆满地疏运如此多的人员、物资，这在中外战争史上，都是极为罕见的，被誉为中国的敦刻尔克。

慧眼识顽石　天府灿乌金

中福公司的机器设备运抵重庆后，我们立即着手改建、扩建天府煤矿。由于该矿的基础较差，技术落后，实际上比新建还困难。为从根本上改变这种状况，许多基建工程需要从头做起。这样一来，合办一年，产煤量并未增加，开采的多是石头，连民生轮船公司用煤，天府煤矿也不能按需供应。许多股东也就啧有烦言，什么"天府在开石头矿，不是开煤矿"。作孚先生面对这一难堪的局面，遂独自一人来矿上考察。他虽非矿业内行，但他一看便知这是工程上的"披荆斩棘"，而不是盲目施工。作孚先生力排众议，向心存疑虑的股东们说："这不是开石头矿，而是准备开大煤矿，不久就要大量出煤了，请大家不要听信流言蜚语，妨碍工作。"作孚先生以亲自考察的结果，统一了股东们的认识，推动了工程的顺利进行。我钦佩他的胆识，以致我们二人始终合作得十分融洽，这是天府煤矿取得成功的原因之一。后来中福公司扩大合作范围，又与民生公司等有关方面合办了嘉阳、威远、石燕等煤矿公司，都由我兼任总经理。这些煤矿运用当时的现代机器开采，产量大增。天府一矿的年产量多达50万吨，占了重庆地区全年煤产量的一半左右，满足了工业、交通和市民的用煤，有力地支援了抗战大业。这与作孚先生的大力协助把中福煤矿大批器材和人员内迁入川并真诚合作开发天府等煤矿是分不开的。当天府煤矿后峰岩矿厂建造的办公大楼落成时，我亲笔题名为"作孚楼"，以表彰作孚先生对抗战劳苦功高。

"民生"通四海　勋业启后人

作孚先生的另一成就是北碚的建设，除当时最大的天府煤矿和四川的第一条铁路——北川铁路外，还有大明染织厂、中国西部科学院、博物馆、图书馆、兼善中学、温泉公园等。抗战时期，北碚接受了许多迁川的学校、研究机构和学术团体，中国西部科学院为他们提供房屋及设备，并与之密切合作，使教学和科学研究工作得以继续。许多社会名流如梁漱溟、晏阳初、老舍、梁实秋、竺可桢、顾毓琇等均曾在北碚工作过。

抗战胜利后，我复员去平、津和东北，闻知作孚先生主持的各种事业蒸蒸日上，令我深引为庆。民生公司为发展海运事业，除开辟天津、青岛、广州、台湾等新航线外，还将航线延伸至海外的越南、泰国、菲律宾、新加坡、日本各国，增进了我国人民同上述各国人民的交往和友谊。与此同时，作孚先生还向加拿大贷款订造了九只新型客货轮。在贷款担保问题上，曾遇到许多困难，作孚先生坚忍不拔，多方奔走，使贷款造船一事得以实现。但因此而拖延了时日，致使轮船出厂时间推迟。只有"荆门""夔门"二轮于1948年底驶回长江参加营运，其余七只轮船出厂回国时，因上海已解放，长江口被封锁，无法驶入长江而不得不滞留香港。

作孚先生应周总理的邀请，于1950年6月回到北京作为政协代表参加第一届全国政协第二次会议，并被补选为第一届政协委员。在作孚先生的领导下，民生公司员工发扬机智勇敢的精神，终于使18只滞港轮船先后安全返回祖国，连同原在长江与近海的100余只民生公司轮船，加入了人民交通运输的行列，奠定了新中国江、海航运的基础。

作孚先生在京期间，我常去他的住处交谈，共同为新中国的建设事业谟献策划。有一次，朱德总司令在中南海宴请作孚先生，我也被邀作陪。席间，作孚先生畅谈了西南地区经济发展的意见，高瞻远瞩，长策在胸，谈得朱总司令、吴玉璋同志、贺龙同志等满座欣然。

正当党和国家将畀以重任的前夕，作孚先生不幸于1952年初过早地去世了。同年3月，我返京途经重庆时，曾去重庆民生公司吊唁。待我回到北京，方知毛主席、周总理等党和国家领导人以及各界人士都为作孚先生的去世深感悼惜。

作孚先生于1893年4月14日出生于四川省合川县一个贫苦家庭，刻苦自学，博览群书，堪称自学成才的典范。少时即立志救国，加入同盟会，投身辛亥革命运动，随后又投身五四运动，为唤醒民众，长期从事民众教育工作，曾与恽代英、王德熙等在川南进行新教育试验蜚声全川。"九·一八"事变发生后，作孚先生一直站在抗日救亡运动的前列，号召"一致团结""赶赴前敌，共救国难"。1937年7月卢沟桥事变发生后，他电告民生公司全体职工："民生公司应该首先动员起来参加战争。"在八年抗日战争中，作孚先生曾担任交通部次长，全国粮食管理局局长，亲自组织指挥了撤退工厂、机关、学校、科研机构到四川，运送军队、军火、粮食到抗日前线，日夜操劳，呕心沥血，为抗日战争做出了巨大贡献。

　　作孚先生艰苦朴素，公而忘私。无论是办教育，或者是办实业，他的目的都只有一个：为了祖国的繁荣富强和人民的生活幸福。他的一生是爱国的一生。

　　哲人虽亡，精神不死，作孚先生的事业载在史册，昭兹来者，启迪后人。值得欣慰的是：在党和国家的关怀下，民生公司于1984年重建，成为繁荣航运事业的一员。作孚先生毕生事业中蕴蓄的"民生精神"必将成为我国四化建设中的一种精神财富，成为改革大业中的一种鼓舞力量。我们不能忘记作孚先生，就要群策群力，克勤克俭，乘风破浪，开拓前进，以建设伟大的社会主义祖国！

回忆陈公洽先生两件事[1]

陈公洽先生和我是浙江绍兴县同乡。在1932年我从美英法德和苏联回国后,在南京国防设计委员会工作时,由俞大维的介绍认识了他。以后与公洽先生在南京见过多次面,在杭州见过两次面,但谈了什么,现在忘了。只记得两件事。

(一)在南京时,有一次他说:"最麻烦的是朋友送我礼物。不收恐得罪人,不好不收,怎么还礼?真伤脑筋。总得要同人家送我的差不多的钱数和他们比较得用的东西才好,对这件事费了我不少心思。我想这类情况,不止我一个人为此,感到头痛者一定大有人在,这样的社会陋习应当废除,但谁也没有敢于公开提倡,即使提倡,恐怕也打不开局面、真叫作无可奈何。"此事虽小,但却是他的心里话,对我印象很深。

(二)1948年十一月底,我已在南京资委会召开各地主要厂矿负责人动员大家留在大陆迎接解放的秘密会议以后,我去杭州看看资委会新安江水力发电厂等在杭州的各单位,暗示他们正常工作坚守岗位迎接解放。当时公洽先生是浙江省政府主席,我去拜访他,他也来看我。谈了什么忘了,但记得一些话,他说:"我已把西兴开辟为工业区,你们资源委员会来投资设厂,我非常欢迎。"西兴属于萧山县,与杭州只隔一条钱塘江,遥遥相对。我们绍兴人出门到杭州、上海和再远一些地方去,一定要走过西兴,我个人不知走过西兴多少次,对该地情况很熟悉,确实可以作为一个很好的工业区。不过那个时候,长江北岸已解放,南京情况很混乱,他要资委会去投资设厂,我感到有些惊异。我说,在目前的局势下,我看解放军在不很久的时间里,可能就会到杭州,您怎么还叫我到西兴来办工厂?他说:"这有什么关系,他们来他们的,我们办我们的工厂。"我听了他这句话,心里暗想,他原来同我有些同样的看法。我没有再问下去,就说:好,我回去考虑一下,有什么厂可办,再请您帮忙罢。我回南京确实考虑资委会可以去办一个电厂,办一个机械厂,设备有,钱也有。但就在尚未写信给他时,蒋介石要我拆迁南京五厂去台湾,我忙于应付拒迁这件事。不久,1949年1月,陈诚从台湾来电,要资委会台湾糖业公司捐钱为台湾发展教育经费,要我亲自去台湾面商。我不能不去,但当时我心里已打定主意,资委会既已决定不去台湾,他要捐多少,我就答应多少。我到台湾,心悬两地,不知拒迁南京五厂出什么事。陈诚因我全部满足他的要求,对我非常殷勤招待,坚决留我多住几天。同时资委会在台湾十大公司的负责人都来看

---

[1] 作于1983年。陈公洽即陈仪,字公洽。

我，要我向陈诚命令台湾银行行长严家淦借用周转金。陈诚也满口答应，并写了一份备忘录（捐款和周转金的协议书），由陈诚和我签字，并由严家淦和沈镇南（台糖总经理）副署，各执一份存档。我急急忙忙地赶回南京，在台共计一星期。西兴设厂事，忘得一干二净了。二月间即知道公洽先生已被蒋介石逮捕了。同时卫立煌也被软禁，邵力子从石家庄见到毛主席回南京不敢往自己家而住在于右任家里。我虽然接汤恩伯两次电报催促迁厂，但我仍一面坚决拒迁南京五厂，一面心里惶恐万分，常半夜惊醒，不敢告诉我内人，这个日子真的不好过呀。

忆陈中熙同志[1]

陈中熙同志1900生于江苏昆山县，1924年毕业于上海交通大学电力系。1926年赴美留学。1930年回国后，曾先后在建设委员会和资源委员会从事电力事业的领导工作。

我们与中熙同志曾长期共事。抗战初期，他担任资源委员会电业管理处处长，大胆提拔了一年青工程师去青海省西宁市负责建设电厂。不久，中熙同志和越崎同去甘肃、青海两省视察资委会所属工矿企业。到西宁时，当局知道他是电业处长，就对他说："西宁市已大放光明，第一次用上了电，您真有眼力，派来的电厂厂长很能干，在短时间内就把电厂建成发电了。"

这次视察行程六千公里，历时两个月，我们同吃同住，无话不谈，深深感到他是一个学问渊博、廉洁奉公、平易近人、知人善任的难得的人才。

1948年10月，越崎以资委会委员长的名义，召集所属各地重要工矿企业和会本部主要负责人约五六十人在南京开会，鼓动大家弃暗投明、保护财产、迎接解放，准备移交，回去后把会议内容秘密转告附近企事业负责人。得到了与会人员的支持。佩和虽未参加这次会议，但中熙同志把开会情况详尽地告诉了他。这是一次动员大会，奠定了后来资委会整个系统投向人民的基础。中熙同志当即亲笔函告各地电厂负责人。所有这些函件都由佩和亲去邮局投邮，现在记得的有平津、青岛、济南、西安、天水、汉中、兰州、西宁等电厂。同时还把存在上海的有关电业的美援器材物资运往各地电厂储存，防止国民党顽固派强迫运往台湾。

1949年1月，孙科主战，把行政院迁往广州。行政院所属各部会唯独资委会本部没有随迁广州。当时正值越崎违抗蒋介石命令，拒迁南京五厂去台湾斗争，最激烈最危险的时候，为了避免特务注目，决定将资委会本部人员疏散到各地去。但中熙、佩和两同志表示愿留南京，即使南京发生战事，也坚守岗位，迎接解放。他们强烈的爱国心和事业心，使越崎深为赞赏，当即派他们任资委会南京办事处正副处长。越崎本人也留在南京，与代总统李宗仁取得密切联系，并将留在南京的会本部人员组成员工励进会，归南京办事处中熙同志领导。

解放前夕，南京"首都电厂"因缺少煤炭，发电不足，每天轮流分区停电。后来停电

---

[1] 其他作者还有谢佩和。

地区越来越大，几乎全城漆黑，情况凄凉。当时首都电厂的董事长和总经理都已逃到国外去了。越崎担任经济部长兼资委会主任委员，在行政院的一次会议上，责成越崎设法解决停电问题。回到资委会后，越崎问计于中熙同志，他说："不是煤没有，而是运不进来，现在水陆运输工具都掌握在后勤司令部手中。资委会贵阳电厂厂长韩德举是后勤司令的胞弟，把他调来南京任首都电厂厂长，问题即可解决。"越崎深以为然，即对中熙同志说："我有权把官僚资本的首都电厂没收，拨交资委会接管，由你去办理吧"。中熙同志立即电告韩德举来南京，接任首都电厂厂长，并告以迅速设法发电，保护好电厂、迎接解放。韩表示坚决照办，不辱使命。佩和在首都电厂由建设委员会管理时，曾在该厂工作八年之久，直至官僚资本扬子电气公司以化公为私的手法取消建设委员会，接管首都电厂时才离开该厂，在电厂内熟人很多，帮助韩德举顺利地接收了首都电厂。

果然，韩德举到厂后，煤运畅通，供电情况好转。南京解放时，保卫电厂的军队跑了，韩德举打电话给当时南京卫戍副司令覃异之（现任全国政协常委），请他另行派兵保护电厂。在解放前后，该厂没有一刻停止发电，为安定人民生活，恢复工厂生产做出了贡献。当解放军渡江时，韩德举接受解放军先遣人员的要求，派该厂的"京电"小火轮连续接解放军过江，受到解放军司令员的表扬。

1950年韩德举调到北京燃料工业部电力总局工作。后因受"左倾"思潮的影响，被北京市错判他反革命，于1962年病故。在中国共产党十一届三中全会以后，通令各地平反昭雪冤假错案，韩德举案已由北京市中级人民法院落实政策，撤销原判，恢复名誉，以起义人员对待。知过能改，拨乱反正，这是中国共产党永远能够统治中国的伟大力量之所在。

1949年4月23日南京解放，4月26日佩和与中熙同志主动上街找解放军接收人员。在中山路原财政部旧址遇见了一位解放军的军官，原来就是现已去世的著名经济学家孙冶方同志。经中熙同志说明来意后，他告诉我们负责接收资委会的是万里同志（现任国务院副总理），现在外出，回来后当为转达。果然，次日万里同志到资委会，由中熙同志召集在南京的资委会各企事业单位负责人与他见了面，并随即办了一应移交手续。

1949年5月初，孙冶方同志由当时三野司令部所在地丹阳回到南京，向中熙同志和佩和等人传达了陈毅司令员受毛主席嘱咐，保护在南京的资委会人员的指示，使我们万分感动。随即由中熙同志宣布孙冶方同志的意旨，组成了由资委会矿产探勘总处长谢家荣同志（已故）和佩和分任正副团长的"资委会随军服务团"，在孙冶方同志率领下去丹阳，见到陈毅、曾山等同志，以后随解放大军进入上海市，协助孙冶方同志接管资委会在上海的各企事业单位。

1949年6月万里同志随二野去西南接管工业，他向中熙同志询问了资委会在西南地区的各企事业的情况。中熙同志除详细说明外，并写了一封介绍信，给资委会重庆办事处处长曹丽顺。万里同志到重庆后交给了曹丽顺，由曹把该区资委会所属工矿企业交由万里和段君毅同志接收。

中熙同志虽然是个学者，是电力技术专家，但在中国社会这一大变革时期，忠于祖国和人民，毅然决然站到人民这一边，做出了自己的贡献。

解放后，1950年春，中熙同志调到北京，任中财委计划局电业处处长。越崎又和他在同一机构，老友重逢，倍感亲切，又同住在东城北小街，往来频繁。后来计划局撤销，他又调电力部历任中心试验所所长，技术改进局副局长及电力科学院学术委员会副主任等职。1981年越崎介绍中熙同志参加了中国国民党革命委员会。他也希望在有生之年，能为社会主义现代化建设和祖国统一再尽一份力。

在此之前，他因胃肠粘连，动手术后，从此身体衰弱。1983年5月9日他旧病复发，住院再动手术。曾任电力部部长、现任国务院副总理李鹏同志对他深为关切，守候在医院，直到手术完毕。苏醒过来以后，给他以亲切的慰问，才离医院。由此可见党对有功人员之关怀备至。越崎也曾三次到医院看望他，还不忘告诉老友，希望康复之后，能为四化和统一祖国继续做些贡献。可是无情的病魔却在5月24日夺去了他的生命。国家失去了一位爱国志士，我们失去了一位挚友。但是中熙同志的一颗赤诚之心，他那火热的爱国热情和为中国电力事业奋斗一生的精神，永远鼓励着我们，虽是垂暮之年还要为四化、为祖国统一继续贡献余热，直到生命的最后一刻。

忆曹立瀛先生[1]

  1948年12月孙科继翁文灏之后任行政院长，他在1949年1月主和，2月变为主战，把行政院迁往广州，与李宗仁的总统府唱对台戏。资委会虽然是行政院所属部会之一，但我没有跟随孙科去广州。行政院所属各部长和一部分高级人员都随着去了广州，不顾一般职员的生活，大家抢钱抢东西，弄得南京一片混乱。这个风潮很快波及到资委会，员工们三三两两在楼下草坪上交头接耳，纷纷议论，有人甚至把铁栅大门也闭上了，大有上楼来包围我办公室的趋势。我立即让总务处长张冲霄摇铃请员工们去大礼堂，我要上讲台和他们讲话。吴兆洪和戴世英说："上台容易下台难啊！"我说："我不上台讲话，员工们就要上楼来包围我了。下台难，下楼更难啊！"我再请张冲霄立刻摇铃，他一边走，一边大声叫："请员工们去大礼堂，委员长要同你们讲话。"平时我们在礼堂开会，高级人员一般坐在前一二排，这次我叫他们随便散坐。我上台后说："关于资委会离不离开南京的问题，我知道大家都很关心。我早想和你们讲一讲，因事务太忙，一时拖延了，没有讲，是我的不是，很抱歉。今天趁这个机会我同你们讲一讲。第一，我决不离开南京、也决不裁员、决不减薪，请大家照常工作；第二，如不相信我的话，就把金库抬来，当场打开，大家把钱一分，散伙了事。两条路请大家现在就决定吧！"当时我在台上，看到坐在后排的经济研究室副主任曹立瀛站在座椅上，大声说："相信委员长的话，照常工作，决不散伙。"随之，大家齐声高呼："相信委员长，决不散伙。"我说："谢谢大家！"随即散会，我也下了讲台。散会后，我对曹立瀛说："您登高一呼，万众响应，功不可灭，谢谢您！"

  现在说说曹立瀛的经历。他参加北伐，做过前国民党中央党部调查科科长。后派赴美国在哥伦比亚大学获得硕士、博士学位，在美国工作。

  抗日战争开始后，他毅然放弃在美国的优裕生活，回归祖国，从汉口至重庆，参加前国民党经济部资源委员会任经济研究所副主任。主任是孙振（公度）。

  抗战胜利后，资委会复原回南京。派十人考察队去台湾考察日本人留在台湾的重工业，作为前往接管的参考。曹立瀛为队长，其他的人从台北至高雄港而回台北。曹是翻山越岭，环岛一周，了解全部情况后回到台北，由他主持写了报告，回南京交资委会。之后资委会派经济管理科很多人前往台湾接管。

---

[1] 作于1993年6月25日。

后来，我去接收东北重工业，资委会派谢树英为东北办事处处长兼抚顺煤矿总经理。曹立瀛为东北办事处副处长。鞍山钢铁厂解放后，谢树英和东北很多关内籍人由我租陈纳德航空公司的飞机接他们到北平，我也同时到北平办理善后事宜。曹立瀛也来北平，转去东北，我劝他不要去了。他说："鞍山钢铁厂虽已解放，但东北还有不少厂矿没有解放，我想再去安排一下，说完就走。"后来我只知道他把我原来安排在北票煤矿的东北籍人魏华昆调到抚顺煤矿任总经理，其他情况我不了解。他从东北回南京，资委会经济研究所主任孙振（公度）去联合国工作，曹从副主任升任主任，参加了1948年10月我在南京召开的秘密会议。第二年吴兆洪去上海，会本部不少人去上海，曹也去了。但曹到上海后，脱离资委会，在上海两个大学里任教授，工资比较多。

全国解放后，新中国成立后，政治运动很多，曹在肃反时，由于他做过前国民党部调查科长是"中统"前身的原因，最高法院华东分院把他判刑五年。他申诉过，但也无效。

刑满后，他在中学教书，聊以糊口。后来"文化大革命"运动开始，旧事重提，而且比上次更严重，有口难说。过了相当长的时间，曹来北京向最高人民法院申诉，要我证明。我很愿意地把他在前资委会反蒋投共的事实详细地说明。想不到最高人民法院经过详细调查，判决华东分院原判无效，以起义人员待遇。曹立瀛高兴地说，得到最高法院这样主持正义，我是第一人。

我所了解关于张莘夫的一些情况[1]

张莘夫是吉林永吉人，一八九九年生。一九一六年入北京大学文科，一九二〇年由吉林省选送去美国留学，先入芝加哥大学学习经济，后改入密西根大学矿科毕业。一九二七年回国后，在吉林穆棱煤矿任技师，与我同事。抗战前，我任河南焦作中福煤矿公司总经理时，他任中福李河矿矿长。抗战后，我把中福煤矿器材和技术人员迁调入川，派张莘夫任四川天府煤矿矿长。后来他辞职，先后担任了资源委员会湖南汞业管理处处长及江西钨矿管理处处长。

一九四五年八月抗战胜利后，我奉派为经济部东北区特派员，接收日本人在东北的重工业，先在重庆设立特派员办公处招聘各种工矿技术和管理人员，准备前去东北接收。张莘夫既是东北人，有矿业专长，又和我是多年同事。他离开钨矿管理处到重庆愿随我去接收东北工矿企业，我深表欢迎。当时我担任甘肃油矿局总经理兼任四川天府、嘉阳、威远、石燕等煤矿公司总经理，事务较忙，就请张莘夫暂行代理我的经济部东北特派员职务，主持招聘组织人员及准备去东北进行接收工作。

当时由于占领东北全境的苏联军队迟迟不撤退，并只许中国行政人员（为各省政府主席和市长等）去东北，而不许中国军队和工矿企业接收人员去关东外。因此我在重庆筹备组织的一批工矿接收人员，只得遣散，由各人自找工作。张莘夫也就脱离了我的接收队伍。这时行政院院长宋子文因我一时不能去东北接收，就派我兼任行政院河北平津区敌伪产业处理局局长，局址设在北平。我于一九四五年十一月率同部分拟去东北人员乘专机由重庆到北平，成立处理局，开始工作。

张莘夫的同乡好友董文琦奉命为沈阳市市长，张个人随同董文琦由重庆去长春。当时东北行营主任熊式辉和中长铁路理事会中方理事长张嘉璈等东北政治总部在长春。东北九省主席和哈尔滨、长春、大连、沈阳等市市长都先到长春，再分赴各省市就职。董文琦由长春去沈阳就职。张莘夫留在长春。

一九四六年一月下旬，张嘉璈未与中长铁路俄方理事长说清楚，以中方理事长名义派张莘夫等七八人（都是东北人）经沈阳去接收该路所属的抚顺煤矿。抚顺煤矿在日本占领南满时，本属于南满铁路管辖，日本投降后，改隶中苏合办的中长铁路局。张莘夫等到抚顺煤矿后，抚顺的苏联驻军未接到上级通知，不了解他们的来历，怀疑他们是特务，勒令他们出

---

[1] 作于1987年8月。

境。当晚即押送他们上火车。不料火车开出抚顺市,到第一个车站李家寨,张莘夫等七八人被苏联护车军队拉下火车,击毙在雪地里。

张嘉璈以张莘夫等去抚顺后久未得信息,不放心,多次打电话给沈阳市长董文琦,也不明情况。张嘉璈十分着急。数天后,董文琦电话报告张嘉璈说:已得悉张莘夫等在李家寨车站遇难,经派人在雪地中找到他们的遗体,见到张身中十几处枪刺。把尸体运回沈阳入殓暂息在沈阳某地。

事后国民党中央党部假此事件,在重庆鼓动群众上街游行示威,掀起了一次反共反苏浪潮,那是一九四六年二三月份的事了,我在北平处理局,从报上看到的。

我当时适因另有公务去长春,住在张嘉璈寓所。上述张嘉璈与董文琦互通电话的情况,我都在旁。记得董文琦报告找到张莘夫尸身等的日期是旧历除夕的前一天,第二天我即离开长春回北平,在张嘉璈寓所共住了约一星期的样子。

过了不到两年,一九四七年秋,我在东北各厂矿视察工作约有三个月之久,与董文琦见面几次。这时董文琦已为张莘夫灵柩葬于市区去飞机场的公路旁不远处,好像是在北陵附近。张莘夫之死究竟是谁主使和执行的?大家都不清楚,直到解放以后相当长的时间,才知是驻抚顺苏军独断独行搞出来的,连接收抚顺市的党委和抚顺煤矿党委也是事后才知道的。

董文琦为张莘夫葬后,立了一块墓碑,要求我在墓碑上写"张莘夫烈士之墓"七个大字。我那时已感到国民党必亡、共产党必胜之形势,心想投奔共产党,因而对董文琦的要求,婉辞谢绝。

为上所述,张莘夫去接收抚顺煤矿,是已脱离我的接收队伍。他个人与董文琦因东北同乡关系去长春,受张嘉璈冒冒失失的命令去接收抚顺煤矿而死的。这事本来也与我已无关系。但后来张莘夫夫人李芹衡多次来找我帮助。我说:"你应去找张嘉璈。"她说:"不认识,又远在东北,莘夫与你多年老朋友,除找你帮忙外,还有谁有力量帮我呀。"我不得已,从处理局规定得比较便宜价格为她在北平买了一所住房,她从重庆到北平,就住在这所房子里。另外我又为她向各处捐了一笔相当多的钱,足以维持他一家的生活。

她也是吉林人,北京女师大毕业,人很能干。后来她经东北同乡的帮助,当了国大代表,来南京定居,选举蒋介石为总统,同去台湾,现已去世。她的五个儿女都在台湾大学毕业,大的两男两女都去美国留学得博士学位,现在美国工作定居。最小一个儿子台大毕业得硕士学位,未去美国,仍在台湾。前年她的大儿子从美国回祖国来看我,曾谈到这件事。

在欧美同学会成立70周年大会上的讲话[1]

同学们：

今天我们在这里庆祝欧美同学会成立七十周年，使我感到十分欢欣鼓舞。

今年元宵节，我们在欧美同学会欢聚，会场上有这样一副对联：上联是"新旧会员会聚，畅谈四化前景"，下联是"老少同学同心，促进统一大业"。这"四化建设"和"促进统一"八个字，很好地说明了我们欧美同学会的光荣任务。

在统一祖国的问题上，邓小平主任提出了"一切可以商量"的重要建议。这个建议可以说是仁至义尽了。

在台湾省有不少我们的老朋友和老同学，他们也做出了很好的成绩。但是他们所从事的事业的基础很薄弱，例如台湾的能源和市场全靠外国，世界风云一旦发生变化，就要受到极大的影响。大陆上的能源却十分丰富，台湾所需要的煤和石油都可以很容易地给予解决。大陆上的十亿人口，则是世界上独一无二的大市场，可以很容易地消纳台湾的产品。因此，响应邓小平主任的诚恳而又合理的建议，把祖国统一起来，对海峡两岸的同胞有百利而无一弊。今天在座的不少同学，在国外和台湾都有同学和亲友，相信通过彼此的努力，一定会对统一祖国的大业做出贡献。

在四化建设方面，我们相信，经过全国人民的共同奋斗，到20世纪末我国工农业生产总值翻两番的宏伟战略目标一定能够实现。凡是热爱祖国的人对此一定会感到振奋。

政府最近号召我们智力支边，我虽年已九十，但却坐不住了，因此到内蒙古去考察了一下。短短一个月的内蒙古之行，我看到我们有许多事可做。事例太多了，这里我只向同学们汇报两点：

第一，内蒙古西部的煤是国内少有的炼焦煤，但是包头钢铁厂每年要千里迢迢地从开滦和峰峰等煤矿运送一百多万吨精煤去炼焦。这是一种十分不合理的现象。

我们去了以后，邀请包头钢铁厂和内蒙古自治区煤炭厅共同调查，一个矿一个矿地进行研究，最后取得了一致的意见。在第七个五年计划期间，包头钢铁厂就可以利用内蒙古西部的煤，可以不用开滦和峰峰的煤，而把这部分精煤支援东北和华东等缺煤地区，从而能增产价值五十亿元的产品。

第二，内蒙古东部大兴安岭的森林，每年用作柴薪烧掉的木材约二百万立方米。如果把

---

[1] 作于1983年10月16日。

林区内的大杨树和五九这两个小矿加以扩建,每年就可增产煤一百万吨,从而可节省二百万立方米的木材以代替进口木材,这样,可以节省三亿美元的外汇。

仅拿以上两项来说,就能大大提高内蒙古自治区的经济效益。

这种情况不仅在内蒙古地区有,在西北、西南等地区也有。

我们祖国幅员广大,物产丰富,有许多宝藏有待我们去开发,有许多事情有待我们去做。我们在座的同学都学有专长,在祖国的四化建设中是大有用武之地的。

今天还有几位同学不远万里从海外回到祖国参加我们庆祝同学会成立七十周年的盛会,他们的爱国热忱使我十分钦佩。我在这里预祝诸位为统一祖国和建设祖国做出贡献,我相信诸位也会有这个愿望。

祝大家身体健康!祝海峡两岸的两个欧美同学会一起来举行庆祝成立八十周年的大会。

学习孙中山先生不断进步的精神[1]

孙中山首先是一位伟大的爱国主义者。他早年曾上书李鸿章，不为李所采纳。进而倡导革命，并于1894年11月24日在檀香山创立第一个资产阶级革命团体——兴中会，提出推翻封建王朝的理想。这是一大进步。

1905年，孙中山把兴中会等反清团体联合为统一的政党，定名"中国同盟会"，以"驱除鞑虏，恢复中华，创立民国，平均地权"十六字为政治纲领。同年11月，同盟会的机关报《民报》在日本东京创刊，孙中山在《发刊词》中进一步阐述十六字纲领，首次公开提出了"民族""民权""民生"的三民主义。

1911年，孙中山领导辛亥革命，推翻了两千多年的封建专制制度，建立了中华民国，开创中国历史的新纪元。

不久，袁世凯窃据了辛亥革命的成果，残害革命党人。随后是二次革命的失败，但孙中山没有放弃自己的主张，于1914年7月在日本东京组织了中华革命党，继续革命，反对袁世凯帝制，领导护法运动。

在俄国十月革命和中国五四运动的影响下，1924年1月，孙中山在广州召开了中国国民党第一次全国代表大会。他力排国民党右派的阻挠，确立了"联俄、联共、扶助农工"的三大政策，改组了国民党，实现了第一次国共合作。随后孙中山创办黄埔军校，壮大了革命武装力量。这是在中国革命的关键时刻，孙中山的不断进步思想和实践的又一次成功。

1925年3月孙中山不幸病逝北京。弥留之际，写下了"革命尚未成功，同志仍须努力"的遗嘱，以激励后人继续前进。

孙中山之所以伟大，不仅在于他真诚地为国为民，把毕生精力献给了中国革命事业，最重要的在于他在革命实践中不断追求进步，不断补充完善自己的思想和主张，使之适应世界潮流和革命的需要。

在纪念孙中山诞辰一百二十周年的时候，我们要学习他的不断进步的精神，在中国共产党领导下，建设具有中国特色的社会主义现代化，并为祖国的和平统一大业做出自己的贡献。

---

[1] 原文刊于1986年11月15日《团结报》。

庆祝中国共产党诞生六十周年[1]

今年七月一日是中国共产党诞生六十周年。中国共产党的六十年是领导全国人民艰苦奋斗取得伟大胜利的六十年。在庆祝这个光荣的日子里，我想起了我改名的这件事。我原名孙毓麒。1914年我在上海复旦公学念书，看到孙中山先生领导的辛亥革命所取得的推翻二千多年的封建王朝，建立了共和国的胜利果实为袁世凯所窃取，企图复辟帝制，并勾结日本帝国主义接受了丧权辱国的二十一条。我想国家要亡了，我们要做亡国奴了，而又不甘心做亡国奴。因此我改名"越崎"，意义是想怎么能够越过崎岖而达康庄，使国家怎么免于亡国而达富强？用崎字为名，日本人很多，中国人在现代史上我没有见过。这个改名是一种爱国思想的反映。

嗣后我国经过北洋军阀的混战和国民党军阀的内战，直到七七事变，日本帝国主义先后侵占东北和华北。蒋介石先以"攘外必先安内"，继则"假抗日，真反共"，以致贵阳几乎失守，重庆再要迁都的危险。最后还假美帝装备的新军，妄想消灭共产党，掀起内战，结果一败涂地，逃往台湾。

1949年10月1日毛主席在北京天安门城楼上向全世界人民庄严宣告"中华人民共和国成立，中国人民站起来了"。我中华民族从此自立于世界之林。所谓"东亚病夫"之称，从此一去不复返了。"没有共产党，就没有新中国"，这是几十年来的历史事实所证实了的一条真理。

我的改名原想越过崎岖而达康庄。但由于正统观念和受国民党对共产党的恶毒宣传所迷惑，误入歧途，当了国民党政府资源委员会委员长、经济部长，给反动的蒋家王朝效劳。不但不为越崎岖而达康庄披荆斩棘，铺平道路，反而自己为越过崎岖设置了障碍。到1947年秋我觉悟到国民党的虚伪宣传和内部腐败，思想转变，在中共地下党人的帮助下，做了一些弃暗投明、迎接解放的工作，终于投向了革命队伍，做一个扬眉吐气泱泱大国的公民。国家也走上了社会主义的金光大道。这个崎岖全靠共产党的领导越过来的。在庆祝中国共产党诞生六十周年的时候，不能不使我衷心地感激共产党。

---

[1] 作于1981年6月26日。

读《蔡元培论科学与技术》书后[1]

蔡元培先生是吾乡浙绍的革命家、教育家、科学家、美学家，对发动我国新文化运动的贡献和影响，至为巨大。

五四运动时，我在天津北洋大学矿冶系学习，担任该校学生会会长，因发动该校学生罢课，同天津各大中学校游行示威，以声援北京学生运动，而被校方把全校工科本科学生开除学籍。我又被推为代表去北京见蔡元培校长，得到特殊帮助，恢复北京大学工科，俾北洋大学工科本科学生得以完成学业。我于一九二一年在北京大学采冶系毕业。一九二三年，我从绍兴去黑龙江省，勘探和创办"北满"第一个煤矿——穆棱煤矿。途中晋谒蔡先生。他说："开矿是开发地下资源的工程，必须采用先进技术和设备。"后来我就是这样做的。身受蔡先生的帮助和教诲，毕生受益无穷。

顷读高平叔同志编录的《蔡元培论科学与技术》一书。蔡先生早在一九三一年所写《三十五年来中国新文化》一文，在结论中指出："盖欧化优点，即在事事以科学为基础。生活的改良，社会的改革，甚而至于艺术的创作，无不随科学的进步而进步。果要发展新文化，尤不可不于科学的发展，特别注意啊！"

现在我国要实现四个现代化，教育是基础，科学是关键。蔡先生五十多年前的教导，至今仍有重要的现实意义。尽管新中国成立以来，我国科技已有极大发展，突飞猛进，一日千里，我国比诸欧、美、日本发达国家，差距还是很大。怎样尊重科技，急起直追，早日实现四化，这是我们义不容辞的责任。我们纪念蔡先生一百二十周年之际，尤应三思也。

---

[1] 原文刊于1988年5月6日《人民政协报》。

水色云南[1]

——《澜沧江——小太阳》评价

《澜沧江——小太阳》一书已同广大读者见面了。这是以民间传说、新闻报道和专家论证相结合的形式，描绘、论述云南省采取以开发澜沧江水电为突破口，综合开发澜沧江流域的富饶资源以"兴滇富民"这一重大决策为内容的正确性。全书汇集了80多篇文章，分为以下四个部分：（一）记者话说澜沧江；（二）综合考察、宏观论述；（三）电力先行、矿电结合、对外开放、综合开发；（四）航运、铁路建设与澜沧江的综合开发；（五）展望未来前景喜人。并附有资料、图表和附录。内容丰富，论证充分，资料翔实，符合实际，可以使读者受到多方面的启迪。该书由国家计划委员会经济研究所田方、林发棠和云南省人民政府办公厅毕道霖三同志主编，国家计划委员会咨询小组副组长林华同志为顾问，云南人民出版社出版。

云南是祖国西南边陲的一块宝地。它的特殊的自然地理条件赋予了丰富的水能、矿产、生物和旅游等资源。澜沧江流域所具有的这几方面的资源优势尤其令人瞩目。

澜沧江是我国西南部的一条重要河流，发源于青海，经西藏进入云南，出境后为湄公河河流经缅甸、老挝、泰国、柬埔寨、越南、在西贡注入南海，全河总长4500公里，是一条重要的国际河流。在云南省境内约1300公里，流经七个地、州的40多个县，流域面积达9万多平方公里，人口近1000万，面积和人口分别占云南总面积和总人口的1/4上下。

澜沧江的水能资源具有突出的优势。在云南少数民族中，流传着这样一个古老的民间传说。说澜沧江是太阳的第十个儿子。事实也确实如此。如仅在云南境内的中下游河段，可以开发的8个梯级电站，其总装机容量就达1370多万千瓦，年发电量708亿度（千瓦时）。加之，流域植被良好，水量充沛稳定，集中落差大，便于梯级开发。这些水能资源"富矿"的光热储量堪称为一个"小太阳"。

澜沧江流域的矿产资源可谓得天独厚。云南素有"有色金属王国"的美称，澜沧江流域又是其"姣姣者"。它是我国重要的成矿带，拥有蕴藏量丰富的有色金属、黑色金属、贵金属、稀有金属、以及磷、盐等非金属矿。铅锌矿保有储量居全国之首。

澜沧江流域的生物资源更无与伦比。流域内明显的立体气候，其中很大一部分又属湿热

---

[1] 原文刊于1989年5月14日《科技日报》。

地带，孕育了极为富饶的生物资源，被国家确定为橡胶基地、茶叶基地、紫胶基地、南药基地、香料基地。流域内的莽莽原始密林是目前我国唯一有野象出没的地方，汇聚着众多种类的珍禽异兽、稀有林木，属国家级自然资源保护区，在科研、生产和四化建设中，具有不可估量的经济价值。

澜沧江流域的旅游源更独具风貌，澜沧江从滇西北的德钦到滇南的勐腊，沿岸除山川旖旎别开生面外，更有独特而浓郁的少数民族风情。如欢乐的傣族泼水节、傣族姻缘、爱尼族耶若扎里秋千、克木人酒趣、阿佤山新歌、布朗春色、路南石林彝族火把节、大理白族的三月街览胜、洱海边的白族婚礼、德钦族七月望果节、兰坪傈僳族刀秆节等。还有古老而悠久的众多人类文化遗存和名胜古遗迹，如元谋古人类遗址、大理古城、洱海三塔等。特别是西双版纳雨林和傣族风情尤为国内外旅游者所向往。

由于澜沧江具有如上所述的丰富资源，所以它既是国家保护的重点地区，又是具有现实可能性的开发地区，已列为全国国土开发的19个重点地区之一。

为全面开发澜沧江流域，充分发挥这一地区的资源优势，云南省一直不遗余力地进行布局开发，并作了全面综合开发地准备，进而提出了"电力先行、矿电结合、对外开放、综合开发"的方针，以水电开发为突破口，规划了进行8个梯级电站连续开发的方案，以水电开发带来的廉价电能，可以同火电互济、互补，并根据矿产资源和高耗能产品的特点，调整全省生产布局，安排黄磷、电石、铁合金、硅铁、肥料、盐化工以及季节性加工的其他工业和农副产品的加工。同时，将所发出的电力向滇西、滇南有关专、州电，扩大电网覆盖率，以大大促进少数民族地区商品经济的发展，从而大有利于扩大边境贸易，增强民族团结，巩固祖国西南边防。澜沧江水电的开发，不仅能满足云南对电能的需要，还可实现"云电东送"，支援国家四化建设。同时，澜沧江水电的开发还有利于改善景洪以下航道，为发展下游航道创造良好条件，使之成为通往国际河流——湄公河的我国的西南的国际航道，对发展西南国际贸易有重要意义。

澜沧江中下游的8个梯级电站的开发条件十分优越，如淹地移民少、能量效益高、经济指标优越，交通较为方便。其开发规划报告已经水电部和云南省审查批准。在国家的支持和有关部门的配合下，由原水电部同云南省合资建设的漫湾电站，已顺利揭开了澜沧江水能梯级开发的序幕。

漫湾电站的建设，不仅创造了部、省合资，充分调动地方积极兴建大型水电站的经验，而且在工程建设管理上引进了竞争机制，打破了"大锅饭"，实行了分项目的招标承包，使建设速度和工程质量相互促进与提高；从而为水电建设创造了良好经验。总之，建设澜沧江经济开发区的条件已基本具备。只要得到国家的支持，搞好以电力为核心的发展规划，改革管理体制，利用20年左右的时间完成澜沧江中下游水能资源的开发，是完全可能的，也一定能够开创一条符合我国国情的、开发西部地区资源，实行生产力的地区合理布局的新路子的。

新年献词[1]

当我执笔祝贺1990年元旦，恭迎90年代驾临时，正值今冬初飘瑞雪。"瑞雪兆丰年"，是个好兆头，展示了在新的一年里和90年代，我国四化建设将是一派欣欣向荣的景象。

人在新年时，总免不了思前想后一番。我感触最深的是：新中国成立以来，在中国共产党的领导下，40年来，特别是十一届三中全会以来，我国经济和社会发展取得了巨大成就，其中科技方面的进步与发展尤为突出。从上天到钻地，有些领域我们已接近或达到了世界先进水平，基本上具备了依靠自己力量解决经济建设、国防建设中科技问题的能力，为今后的发展奠定了坚实基础。这是有目共睹，谁也否定不了的。我晚年逢此盛世，由衷地拥护中国共产党的领导，并对四化建设和祖国美好的前景充满了信心。

我还在想，90年代是实现祖国四化建设的关键年代，可是我这96岁的老人，能为它做些什么贡献呢？作为一个老工程技术工作者，又曾参加过政府机关中的基本建设计划工作，现正在全国政协经济建设组从事调查研究，我应尽我所知，对设计中的一些重大工程建设项目，发表自己的想法和建议，哪怕是与业务主管部门持相反的意见，也要勇于直言，让中央领导听到不同的意见，作为决策时的参考。我自己也算起到了一个诤友的作用。比如说，经过实地考察和调查研究后，我认为三峡大坝工程不能早上快上，因为在防洪、发电、航运、生态、泥沙、移民、投资等问题上，那些主张早上快上的同志并没有提出妥善解决的方案。所以我建议，对三峡大坝这个关系到国计民生和子孙后代的大工程，除专业部门外，更应请国家计委、科委等有关综合性机关主持，广泛邀请专家学者讨论可行性研究报告，集思广益，提出多个方案，以有利于中央决策时作出最佳选择。为此，在90年代，在我有生之年，我将对这个问题继续进行调查研究，继续阐述我的意见和建议，为伟大的时代，为伟大祖国贡献自己的力量。

---

[1] 原文刊于1989年12月30日《团结报》。

从纪念辛亥革命八十周年所想到的[1]

今天纪念辛亥革命八十周年,不禁引起我对往事的回忆:

一、首先不能不想到孙中山先生。他是伟大的爱国主义者,也是中国革命的先行者。他早年曾上书李鸿章议论国事,不为李所采纳,进而倡导革命,宣传反对清朝政府。他于1894年11月在檀香山创立了第一个资产阶级革命团体——兴中会,提出推翻封建王朝的主张,得到国内外爱国革命志士的响应。1905年,他把兴中会等反清团体联合为统一的革命政党,定名为中国同盟会,以"驱除鞑虏,恢复中华,创立民国,平均地权"十六字为政治纲领。同年11月,同盟会的机关报《民报》在日本东京创刊。孙中山先生在《发刊词》中进一步阐述了十六字纲领,首次公开提出了"民族、民权、民生"的三民主义革命理论,受到了越来越多的广大革命人士的拥护和支持。

1911年10月10日,孙中山先生所组织领导的革命武装力量,在湖北武昌起义成功,史称"辛亥革命"。辛亥革命推翻了清政府的腐朽反动统治,结束了中国两千多年的封建专制制度,创建了中华民国,开创了中国历史的新纪元。孙中山先生在南京就任了新政府的临时大总统。

但人民革命的事业是艰巨的,也是复杂的,道路往往是曲折的,也是漫长的。辛亥革命不过是一个序幕,远远没有取得成功。不久清朝的封建遗臣、政治野心家袁世凯投机窃取了辛亥革命的成果,残害革命党人。他先是当上了民国总统,随后倒行逆施,竟复辟帝制,自封为所谓的"洪宪皇帝"。但是,历史的主流奔腾前进,决不会倒退。袁世凯仅仅做了八十三天的皇帝梦,终于破灭而成为历史的罪人!此后,由于封建军阀的互相割据混战,使中国全国一片混乱,人民又处于水深火热之中。

二、其次我想到的是:由于俄国十月革命和中国五四运动的影响,1921年7月1日中国共产党的诞生,在马克思列宁主义革命思想的指引下,结合中国的实际情况,才使我国的人民革命开始走了正确的道路。

孙中山先生由于不断进步和继续革命的实践,他在1924年1月在广州召开了中国国民党第一次全国代表大会,力排国民党内右派的阻挠,确立了"联俄、联共、扶助农工"的三大政策,改组了国民党,容纳共产党人参加,实现了第一次国共合作。随后,孙中山先生创办了黄埔军校,壮大了革命武装力量。从而使后来1926年的国民革命军的北伐取得胜利,打败

---

[1] 原文刊于1991年10月《欧美同学会会刊》第七期。

了北洋军阀吴佩孚、孙传芳等反动势力，促成了全国统一的新局面。这是孙中山先生所创建的第一次国共合作所取得的伟大的历史性胜利！

孙中山先生一生奔走革命，积劳成疾，不幸于1925年3月12日在北京病故。在弥留之际他留下了"革命尚未成功，同志仍须努力"的遗嘱，以激励后人继续前进。

孙中山先生逝世后，蒋介石以北伐军总司令的地位窃取了北伐胜利的成果和国民党的领导权，竟于1927年春背叛革命，排斥和残害共产党人，实现他个人独裁的黑暗统治，进而挑起了五次反共"围剿"的十年内乱，使日本帝国主义得以乘机于1931年9月18日入侵东北各省，并蓄意侵入我华北各地。蒋介石坚持不抵抗主义，并提出"攘外必先安内"的反动政策，加紧实行假抗日真反共。但中国共产党及其领导的红军始终没有被消灭，并在长征北上途中的遵义会议上确立了毛泽东在党内的领导地位，胜利地完成了史无前例的二万五千里长征，到达陕北建立了革命根据地。延安便成了中国革命的旗帜，也是中国前途希望之所在。

三、接着使我想到的是1936年12月12日的"西安事变"。这是以张学良和杨虎城为代表的东北和西北的革命队伍向蒋介石的一次兵谏，要求停止内战，一致对外抗日。由于得到了当时中共的同情和赞助，他们采取了正确的立场和妥善的排解，释放了蒋介石，迫使他同意停止反共，一致抗日，从而促成了第二次国共合作和1937年"七七"事变后的全面抗战。全国人民同心同德经过八年浴血奋战，终于在1945年8月取得了抗日战争的全面胜利。所以"西安事变"是促成第二次国共合作取得抗战胜利的一次伟大的历史事件。而蒋介石事后却背信弃义，拘禁了张学良达数十年之久，并残杀了杨虎城将军。为此，蒋介石深为全国人民所不齿而大失民心。张杨的功绩将永垂青史。

四、我们还记得抗日战争胜利后，中共毛泽东主席应邀到重庆与国民党蒋介石共商国是，达成了两党的政治协议。但蒋介石背信弃义成性，不久又撕毁协议，发动了全面的反共战争。中国人民在中国共产党的领导下经过三年的武装斗争，终于在1949年解放了中国大陆，蒋介石一伙逃往台湾孤岛维持他的小朝廷的反动统治。1949年10月1日，中共和各民主党派商订共同纲领，成立了中华人民共和国，使中国历史开始了新的篇章，进入了新的时期。到今天又已经四十多年了，中国发生了翻天覆地的变化。尽管其中也曾有所失误，如"文革"的十年内乱，但1978年中共十一届三中全会以来，拨乱反正，实行了改革开放，坚持四项基本原则，十多年来出现了政治稳定、经济发展、社会安定、国际地位提高的大好局面，是中国历史上前所未有的最佳时期。这是为全世界人民所有目共睹而公认的事实。

中国共产党对于和平统一祖国的方针是明确的，曾向台湾国民党当局一再提出两党和谈，协商海峡两岸的和平统一，并提出台湾可成为统一后的中国的特别行政区，享有高度的自治权，即实行"一国两制"，台湾仍可保持现有的政治、经济和社会制度以及一定的军事力量，不受干预。这可谓是十分宽大而仁至义尽的方案。只要台湾当局确有和平统一的诚意，一切问题都可商谈，是不难解决的。

自新中国成立至今已有四十多年，但海峡两岸人民仍受人为的阻隔。虽然近年来台湾当局已容许台湾同胞有条件地来大陆探亲、旅游，但不是双向平等的交流，而是继续限制大陆人民去台湾自由访问。这是很不合理的，应该实现直接"三通"，以便利两岸人民的交流往来，减少种种损失，这对双方都是有利的，也是和平统一首先应该做到的事情。

目前，台湾的"台独"势力十分猖獗，这是与和平统一祖国的两岸人民的愿望背道而驰的，值得两岸人民的高度警惕。当此纪念辛亥革命八十周年之际，我们深切怀念在台湾的二千万同胞，并希望共同努力促使台湾当局以大局为重，顺应民心，下定决心，实现第三次国共合作，开始两党商谈，共谋和平统一祖国大业的早日实现。这是我所最后想到的，也是最重要的一点。这也是全国人民所最关心的问题。

我今年九十八岁了，身经清朝、民国和新中国三个时代，许多往事都亲身经历，难以忘怀。我希望在有生之年能看到和平统一祖国大业的实现，还希望能再到台湾去看望许多老朋友和同事们。这就是我的最大的心愿了。

支持同学会工作的社会各界和各级领导，表示深深的敬意和感谢，也请允许我借此机会向国外的导师、同学表示敬意和感谢。

复旦大学校友首届世界联谊会上的讲话[1]

复旦大学校友会世界联谊会今天在香港举行，越崎感到格外高兴和欣慰。全靠香港校友会孙会长和校友们的积极奔走，各地校友的热情响应，才能开成今天的大会。越崎不顾年迈之躯，躬与盛会，看到从中国大陆到宝岛台湾，从美国东西两岸到欧洲大陆，从亚洲的日本到新加坡……济济多士，欢聚一堂，真是复旦校史上的一次空前盛会，我对从世界各地来港的复旦校友表示热烈欢迎。衷心祝愿复旦校友会世界联谊会圆满成功！

复旦是一所有悠久历史和光荣传统的大学，早在一九〇五年的晚清，上海震旦学院一部分学生，对于校方强迫学生接受宗教课程深感不满，震旦创办人兼校长马相伯先生同情学生，率学生脱离震旦，另创复旦公学。马先生出任第一任校长，并接受于右任先生的建议，将学校命名为"复旦"，一则表示不忘"震旦"之旧，同时更含有"振兴中华"的深意。

今年是复旦建校八十五周年，也是母校创始人马相伯先生诞生一百五十周年。八十五年来，春风化雨，桃李芬芳，从复旦的校门里，造就了不少有志之士、有用之才。现代史上复旦的师生中，有的为国捐躯，有的为民造福，在各自的岗位上，都作出了应有的贡献，这是复旦的光荣。今天，"复旦大学"的校牌，仍然屹立在浦江之滨，薪火相传，自强不息。一部分从大陆去台湾的校友，还在桃园县中址创办了复旦中学，也在台湾当地崭露头角。回想当年筚路蓝缕，创业维艰，我们对母校创办人马相伯先生、于右任先生、叶楚伧先生、邵力子先生以及孙中山先生的英文秘书兼复旦公学的校长李登辉先生等到处募捐，扩充学校，最后才成立江湾的复旦大学，表示深远的怀念和崇高的敬意。

现在，祖国大陆已经建成比较完整的工业体系，初步进入繁荣昌盛的境地，并确立了改革、开放的方针，向富强、民主、文明的社会主义现代化强国的目标迈进。祖国的宝岛台湾在经济上也取得了显著的成就。

我们复旦校友们不管在哪个国家和哪个地区，都是中华民族的子孙。我觉得中华民族在今年下半年就发生了历史性的三个可喜事件。

第一，今年九月在北京举行的亚运会上，台湾、香港同大陆一起所独得的金牌、银牌、铜牌的奖牌数超过整个亚运会奖牌总数的一半。从此，东亚病夫的帽子丢到九霄云外去了。这是中华民族最大的光荣，也是一件最大的喜事。

第二，新中国成立以后，把陇海铁路从宝鸡延长到新疆。今年十月又延长二百多公里，

---

[1] 原文刊于1990年12月17日《大公报》。复旦大学校友首届世界联谊会于1990年12月14—16日在香港举行。

从我国中亚细亚至苏联的中亚细亚接轨了。这样，从太平洋（连云港）至北大西洋（荷兰的鹿特丹）缩短了三千公里的路程，时间当然也可减少很多，现在中国西部的物资往东、西双方都可以走了，这对国外或台湾到大陆投资和贸易就方便多了，这也是今年下半年出现的大喜事。

第三，我们复旦大学校友会世界联谊会的召开，恐怕也是一个历史性事件嘛，也是表现民族凝聚力。

在复旦大学校友第三届世界联谊会开幕式的致辞[1]

各位校友，各位来宾：

复旦大学校友会第三届世界联谊会今天在北京开幕啦!我们怀着万分喜悦的心情，欢迎来参加会议的各地校友，欢聚一堂、共叙友谊。值得我们高兴的是，我们的校友国务院李岚清副总理十分重视这个会议，他在万忙中来参加我们今天的盛会!复旦大学是世界公认的中国四大名校之一，自1905年创建到现在已经88年了，在这漫长的岁月中培养了众多的优秀学生，各种专业的学生遍布世界各地，我们的母校随着祖国的繁荣昌盛而兴旺发展起来。目前，母校的校友、校园已为过去的十几倍了，专业设置也更加现代化，这也是我们的教育所希望的，因此感到十分兴奋。这次复旦大学校友会第三届世界联谊会在北京举行，除了促进联系外，还将就科技、经贸、文教三方面的问题进行交流和协商，并请几位同志介绍情况及有关政策，以供引进外资、合资合作、兴办实业、吸收项目。下面各位校友们感兴趣吗?你们踊跃参加，在这次联谊会的活动中，有的专门参加我100岁的庆寿项目，各位远道而来，真情可感，使我老朽之躯，愧不敢当。也只有在祖国改革开放、两岸关系改善的年代才有今天的盛会，我在这里向大家致以衷心的谢意!特别是从海外各地远道而来的校友，你们长途跋涉，备亟辛苦，谨向你们致以最崇高的感谢!希望这次会议大家能畅叙友谊，以达到预计的效果!预祝会议圆满成功!谢谢大家!

---

[1] 作于1993年10月15日。

中央电视台记者的访谈[1]

1. 抗战前夕，中国能源情况？

抗战前夕，我国能源、燃料紧缺。特别是后方煤矿不多，只十来个；油矿更少，只有延长、玉门、独山子等三四个，基本上未生产石油。

后方军工生产和汽车运输都需要燃料。如果这个困难不解决，抗日战争是难以持久。形势迫着我仍去开发煤矿和油矿。

2. 焦作煤矿为什么内迁？怎样与卢作孚合作改建天府煤矿，建立抗战能源基地？

1935—1936年我接管焦作中福煤矿，担任整理专员和总经理，使煤矿的生产、运输、销售、盈利四个方面大改观。1937年7月7日卢沟桥事变爆发，日军占领华北后，继续南侵，焦作煤矿面临日本飞机轰炸和沦陷的危险，当时我决心把焦作煤矿的设备拆迁到大后方去，支持长期抗战。1938年春节后将拆迁的设备设法运到汉口，由于内迁工厂、机关都集中在汉口，运输十分紧张。我在翁文灏家遇见了民生公司总经理卢作孚，同他商定由他负责把煤矿设备运到重庆，改建与扩建原有的天府煤矿，以便提高产量，满足战时后方对燃料的急需。后来，还合作开办了嘉阳、威远和石燕等共四个煤矿，总计产煤量达90万吨，对解决抗战后方煤炭供应出了大力。

3. 玉门油矿创建过程中，得到共产党的哪些帮助？

1933—1934年我在延长担任陕北油矿勘探处处长，1935年4月延长油矿为陕北油矿勘探处经营，1935年4月延长油矿为陕北红军占领。

1938年6月国民党政府决定勘探开发玉门油矿，在武汉成立甘肃油矿筹备处。当时没有资金和设备，就想起到利用陕北延长油矿的钻机，由翁文灏找共产党驻汉口代表周恩来同志商量，说明开发玉门油矿对抗日的重要意义，希望把延长的两部钻机调到玉门。很快得到周恩来的全力支持，并主动提出还可派油矿所需的工程技术人员。即派钱之光同志负责协助办理此事，还给西安和延安发了电报。1938年8月下旬翁文灏派张心田等人去延长调运钻机和接受工程技术人员，在共产党派人、派汽车帮助下顺利完成了任务。延长的两台钻机运到玉门后一连试打了6口油井，都出了油，验证了玉门油田有工业开采价值，为以后发展打下了基础。

---

[1] 受访于1993年7月。

4. 玉门油矿筹办遇到哪些大的困难？如何克服？为什么强调"一滴油就是一滴血"？

筹办开发玉门油矿中遇到资金设备、运输和人才、安定生产等四大困难。

①资金设备，向国民党政府财政部要了500万美元（合1.2亿元法币），进口美国设备，后因太平洋战争爆发，已运来的设备中途遭变破坏损失，不得不又在国内组织厂矿和收集器材自行设计制造解决。

②玉门地处荒僻戈壁，生产设备、生活供给，石油产品的储运，运输任务十分艰巨，从重庆到玉门2500公里，成立了专门运输队伍和线路体系，并解决空油桶储运。

③办油矿，管理、技术人员和工人都很缺乏，当时主要靠招聘和招收大学毕业生，聘请外国专家培训和派出国培养技术人才。工人主要靠就近征送壮丁。

④为使职工安居乐业，着重解决宿舍、生活设施、青年婚姻、文化娱乐等问题。

1938年沿海沦陷，依靠"洋油"的来源断了，抗日后方油荒严重，运输大动脉全靠汽车，因此强调"一滴油就是一滴血"。后来玉门每年能生产出100多万到200万加仑汽油，能够把苏联支援的大炮运往前线阻挡日本军队的西侵，1944年供应援华的美军飞机轰炸日敌基地，促使日本投降。

5. 百岁老人如何看这场战争，有什么感受？

抗日战争是反对侵略捍卫祖国的正义战争。在爱国主义旗帜下，全国各界人民团结一致，艰苦奋斗，坚持抵抗反击，终于取得了最后胜利，确实来之不易。

回顾起来，有三点感受：

1.应当谴责和反对日本帝国主义的侵略行为。

2.继续发扬艰苦奋斗的精神，加强国防和经济建设，振兴中华。

3.抗日战争胜利，台湾回归祖国，实现祖国统一。现在两岸人民应当团结起来，为维护祖国的统一，反对分裂而奋斗。

抗战胜利五十周年感怀[1]

今年是中国抗日战争胜利五十周年，也是世界反法西斯战争胜利五十周年。五十年，在人类历史的长河上，不过是短暂的一瞬；但是，在中国，在世界，都发生了天翻地覆的变化。半殖民地半封建中国，已变成社会主义的中国。和平与发展，成为我们这个时代的主流。我生于19世纪的1893年，作为一个跨越世纪的期颐老人，经历过的内忧外患真不少，欣逢中国和世界人民欢庆胜利的盛大节日，抚今追昔，展望未来，正是"万里江山来眼底，百年忧乐注心头。"

（一）落后了，就要挨打

早在19世纪，产业革命使西方国家的社会生产力突飞猛进，殖民主义者以空前的贪婪和疯狂，积极向外侵略扩张，寻求原料基地和销售市场。1840年，"日不落帝国"为了倾销鸦片，用坚船利炮打开了封建锁国的大门，使古老的中国相形见绌，黯然失色。

在我出生的第二年，爆发了中日甲午战争，这一战的结果，招致北洋水师的全军覆没，腐败无能的清朝政府，被迫在日本马关签订了丧权辱国的《马关条约》，承认日本奴役长期与中国有藩属关系的朝鲜，割让台湾和澎湖列岛以及辽东半岛，赔偿战争军费两亿五千万两白银，开放沙市、重庆、苏州、杭州为通商口岸，并在该地设立领事馆……正如时人所咏："春帆楼头折冲日，四万万人下泪时"。从此，天朝上国貌似庞大、实质虚弱的真相暴露无遗。歌舞升平的封建盛世终被风吹雨打飘零去。

落后了，就要挨打；落后了，就要受欺；落后了，整个民族就站不起来。记得在1931年，我和两位留美中国同学去看史坦福和加州两个大学的足球赛，记不清是那个学校的啦啦队，齐声用英语高声喊叫："不要像中国人，勇于内战，怯于外战！"为本校球队助威。我们实在看不下去了，便悄悄地离开了赛场。还有一次我们三人一道到公园里游玩，走过来一位美国老头，毕恭毕敬地询问我们："请问，您是日本人吗？"我回答："不！我们是中国人！""噢，原来是中国人！"就掉头不顾而去，连起码的礼貌都不讲。在国外留学三年，受到这一类的窝囊气真不少，我的民族自尊心受到很大的刺激，下决心学成归国为中华民族争口气。

（二）国难当头，民族利益第一

鸦片战争之后，帝国主义列强纷纷把侵略魔爪伸进中华大地上来。人为刀俎，我为鱼

---

[1] 作于1995年5月在北京医院，由王奇笔录。

肉。瓜分豆剖，危在眼前。以甲午战争中国战败为标志，日本军国主义势力节节膨胀，成为中国最危险的民族敌人。1931年9月18日，日本关东军炮击北大营侵占沈阳，东北军奉蒋介石"绝对不抵抗"命令，撤至山海关以南，日军迅即占领辽宁、吉林、黑龙江三省，并开始向热河进攻。"二战"和抗战，上溯到此时就已开始。1932年秋天，我从纽约哥伦比亚大学研究生院学成结业，经苏联西伯利亚返国。我的家当时在日寇铁蹄蹂躏下的哈尔滨，出国三年，回来却人是物非，江山易主。我悲愤难抑，在家中待了不到二十天，就匆匆离开哈尔滨到北平，应翁文灏先生之邀，投身于中国的资源开发和经济建设，决心以自己之所学，报效生我育我的祖国。

"九·一八"事变后，民族危机空前严重，全国人民的抗日怒潮空前高涨，各地人民纷纷要求抗日，反对蒋介石的"攘外必先安内"的错误政策。民族矛盾上升为主要矛盾，凡是反对内战、主张抗日的，就受到全国人民的拥护。马占山在江桥举起抗日的旗帜，蔡廷锴率领十九路军坚持淞沪抗战，成为举国敬仰的民族英雄；而那些认贼作父的汉奸卖国贼，就成为万人唾骂的民族败类。在这种"人心所向"的形势下，蒋介石继续推行其"剿共"政策，越来越被动，越来越不得人心了。

（三）中国共产党是抗日战争的中流砥柱

以全心全意服务于中国人民为宗旨的中国共产党，在大敌当前之际，一贯主张停止内战，团结御侮。1935年8月1日，中国工农红军还在长征途中，发表《为抗日救国告全体同胞书》号召全国人民团结起来，停止内战，一致抗日，组织国防政府和抗日联军，得到了各界爱国力量的广泛响应。

1936年12月12日，张学良、杨虎城两将军，发动了著名的"西安事变"。中共中央正确地分析了当时错综复杂的政治形势，确定了和平解决的方针，蒋介石被迫接受联共抗日的条件。"西安事变"的和平解决，对推动国共两党再次合作，起了重大的历史作用，成为由国内革命战争走向抗日民族战争的转折点。

卢沟桥畔的炮声，揭开了全面抗战的序幕。

共产党领导的八路军、新四军开赴前线，深入敌后，打击敌伪，收复失地，建设抗日民主根据地。共产党影响和领导下的东北抗日联军和各地抗日游击队，转战于白山黑水、长城内外、大江南北。

在八年抗战过程中，中国共产党坚持抗战、团结、进步，反对投降、分裂、倒退，成为抗日阵营的中流砥柱。可以说，如果没有中国共产党，就不可能有抗日民族统一战线的形成和抗日战争的发动，抗战也不可能坚持到最后胜利。

与此同时，国民党的爱国官兵，各界爱国人士，一切不愿做奴隶的人们，也都坚守在各自的岗位上，贡献了自己的力量，发挥了应有的作用。1937年"七七"事变时，我正在河南焦作中福煤矿任总经理，眼看日军占领北平并大举入侵我华北，焦作中福煤矿面临着日机轰炸和沦陷的危险，我把煤矿的绝大部分设备拆迁到抗战后方的四川，后来就以这批运川的器材为基础，先后开办了天府、嘉阳、威运、石燕等四个煤矿公司，开始了川煤近代化机器开采，使产量大增，供应了抗战后方工业和上海内迁工厂的急需和民用。

我国燃料用油，一向依赖外国进口，沿海沦陷，海运不通，油源断绝，当时提出一个口号："一滴石油一滴血。"国民党政府有鉴及此，决定开发甘肃省玉门县老君庙油矿，任命我为甘肃油矿局总经理。当时赤手空拳，连一台钻机也没有。经与中共方面商洽，周恩来副主席慨然同意，将原存陕北延长的两台钻机调到玉门进行钻探，开始出油。同时又向美国订购旋式钻机和裂化炼油厂的全套设备。经过千辛万苦，终于在戈壁滩上建起中国第一座石油城，年产汽油180万加仑，加之其他柴油、煤油等油料，解决了好大问题。有了玉门油矿的汽油，苏联援助的大炮得以从新疆运到前线，打破日军侵陕的企图。1944年美国空军由成都起飞轰炸日军占领的唐山开滦煤矿电厂和日本东京时，地勤用油也是由甘肃油矿供应的。

抗战八年，我未能亲赴前线，执干戈以卫社稷；但在几千个日日夜夜中，为了支持前线，开发大后方，也是废寝忘食，席不暇暖，聊尽国民一分子的责任，这是堪以自慰的。

（四）得民心者昌，失民心者亡

历史无情，历史也有情。一次世界大战之前，德国在非洲甚至在我国山东都曾拥有领地。战败后，这些殖民地全没了。纳粹党乘机崛起，要求重新分割殖民地，拓展"生存空间"，狂呼"要大炮不要牛油"，把整个德意志民族绑在疯狂行驶的战车上，吞并奥地利，占领捷克，入侵波兰……意大利吃掉阿比西尼亚（即埃塞俄比亚）；日本把眼光盯着"一衣带水"的近邻，恨不得把整个中国一口吞下去。一时间，似乎时针可以倒转，世界将陷于无边的黑暗之中。曾几何时，法西斯幽灵灰飞烟灭，希特勒、墨索里尼、东条英机……这些战争狂人，"固一世之雄也，而今安在哉"！

二次世界大战的结果，不但打败了德、意、日三个轴心国，就是英、法、比等国的殖民地人民也都站了起来。非洲、中东、东南亚以至拉美人民相继挣脱了殖民主义枷锁，导致整个帝国主义殖民体系的瓦解。民族要独立，人民要民主，世界要和平，已经成为不可阻挡的洪流。

中国的情况也是一样。渴望已久的全民抗战终于发动了，人民希望执政的国民党，借此机运，力图振作，去腐生新，不料事与愿违，国民党腐败如故，而且变本加厉。在抗日战争的后期，人民把希望转向共产党，国民党统治区的民主运动蓬勃发展起来。苦战八年，牺牲了数以千万计的生命，多少建筑物变成废墟，多少物质财富化灰烬，取得来之不易的胜利。国家要建设，人民要生息，本是和平建国、民族复兴的大好时机，但是，蒋介石国民党又不顾人心民意，悍然发动反共内战，陷人民于腥风血雨之中，最后以在大陆彻底溃败、退踞台湾一隅而告终。"得民心者昌，失民心者亡"——这是一条不可违逆的历史规律。

1945年8月抗战胜利后，我辞去四川四个煤矿和甘肃油矿局总经理职务，受命以特派员身份，由经济部派往东北，接收东北地区的重工业，同时又兼任行政院河北平津区敌伪产业处理局局长，往返于北平、沈阳及东北各地，希望能为祖国的战后重建工作，贡献一份力量。应该说，国民党政府内，并非全然都是贪墨无能之辈，但是，"四海尽秋气，一室难为春"（龚自珍诗），个别人的洁身自好，改变不了这个政权反动腐败的本质。我亲眼看到，国民党接收大员"五子登科"，党政机关抢夺房产物资，国民党统治区物价飞涨，特务横行，民不聊生，我的中国工业化的梦想化为泡影。在解放战争节节胜利、中国共产党统一战线政策感召之下，我开始了一生中最重要的抉择——投向共产党，参加新中国的建设。

1948年5月，我出任行政院政务委员兼资源委员会委员长，这时，国内的军事政治形势，谁胜谁负，已经越来越清楚了。同年10月，我利用国民党社会部在南京成立全国工业总会的机会，召开了一次资委会部分厂矿负责人的秘密会议，确定了"坚守岗位，保护财产，迎接解放，办理移交"的方针，统一了大家的认识。我和资委会各厂矿企业和3.2万余职员数十万工人一道，保存了旧中国仅有的一点工业基础，迎来了新中国的诞生。

（五）两岸合作，共兴中华

从1895年4月17日签订《马关条约》割让台湾，到1945年10月25日台湾与澎湖列岛重归中国版图，中间整整隔了50年。在整个日据时期，台湾各族人民从来没有停止过反抗日本侵略者、争取回归祖国怀抱的斗争，这是有史可证的。

从1949年祖国大陆全部解放以后，台湾与大陆又形成相互隔绝的局面，至今已有四十余年。台湾与大陆隔岸相望，一苇可航，不意咫尺之隔，竟成海天之遥。岁悠悠，人悠悠，相思不胜愁。天苍苍，海茫茫，何时重携手？

中国的政治哲学，历来是尊统一而反分裂的。两千多年前的思想家孟轲说："定于一。"西汉政治家董仲舒说："《春秋》大一统者，天地之常经，古今通谊（义）也。"近代戊戌变法的领导人康有为说："中国只可一统，万无分立之理，更无分为联邦之理也"。中国革命伟大的先行者孙中山说："统一而后一切兴革乃有可言。"在绵长的中国历史上，也是统一时期多于分裂时期，尽管一时分裂，最终还是归于统一。

我认为，由于台湾海峡两岸的社会制度、价值观念、生活方式的不同，政治上的统一还有一段路程要走，也许还不能一蹴而就，但两岸领导人又何妨进行高层接触，从密切文化交流和扩大经济合作入手，共图中华振兴之大业呢！

我们高兴地看到，这些年来，台湾的经济实现了起飞，成为亚洲的"四小龙"之一。祖国大陆的改革开放，也取得了长足的进展，引起世界各国的瞩目，评价为"中国的奇迹"。1997年、1999年我国将分别恢复对香港和澳门的主权，"一国两制"的构想初结硕果，如果再实现与台湾的和平统一，三方面的优势集中起来，全世界任何人也不敢小视，振兴中华的宏图大愿将计日程功。一切中华民族的优秀儿女，谁能为此做出自己贡献，谁就被后人弦歌丝绣，书之竹帛，成为我们伟大民族的千秋功臣。

（六）悠悠万事，稳定为大

要建设，要发展，必须要有一个和平的国际环境和安定的国内环境。近代中国，内忧外患不断，辛亥革命之后，北洋军阀起来，军阀混战，民不聊生。在北伐战争胜利进行的中途,蒋介石背叛了革命,打了十年内战。经过八年抗战,赢得了最后的胜利,又因蒋介石发动反共反人民内战,坐失了和平建设的良机。

1949年经过三年解放战争,成立了人民当家做主的新中国,实现了除台湾港澳外的全国统一,仅仅用了三年时间,就完成了国民经济的恢复,并开始了有计划的大规模的经济建设,取得了史无前例的光辉成就。不幸,这个进程又为十年"文革"所打断,以致国民经济一度濒临崩溃的边缘。

中共十一届三中全会的召开,开始了中国历史的新时期,确立了以经济建设为中心的基本路线,实现了全国工作着重点的转移。改革开放十余年来,我国的经济有了健康持续高速的发展,这是在一个安定团结的环境中取得的。国家的安定,人民的团结,国内各民族的团结,来之不易。悠悠万事,稳定为大,稳定是压倒一切的。没有稳定,就不可能一心一意地搞建设,就没有国家的富强和人民的福祉。

在经济体制转轨过程中,也出现了通货膨胀和物价上扬,部分国营大中型企业工人下岗待业,治安状况恶化,腐败现象蔓延等消极现象,这是影响稳定的隐患,也是广大群众关注的热点,中央已经并且着手积极治理之中;最近揭露出来的北京市副市长"王宝森事件",是我国反腐败斗争深化的标志,也是中央一定要把反腐肃贪进行到底的表现。正确处理改革、发展、稳定三者的关系,改革不忘稳定,在稳定中求发展,这是我们面临着的课题。

(七)毋忘历史,面向未来

近百年来的中国史,是一部外国帝国主义的侵略史,也是一部中国人民反侵略反奴役的斗争史。无数仁人志士,为了挽救中华民族的危亡,前仆后继,流血牺牲,真是惊天地而泣鬼神。

中国抗日战争,是世界反法西斯战争的一个重要组成部分,历时之久,牺牲之大,载入人类的进步史册,为世界人民所铭记。抗日战争的胜利,是鸦片战争以来中国所取得的第一次反侵略战争的胜利。这是人民的胜利!正义的胜利!

现在我们正面临着百年难遇的发展机遇。必须牢牢地抓住这个机遇,千方百计地发展自己的经济,增强自己的综合国力,建成富强、民主、文明的社会主义现代化国家,才能自立于世界民族之林,为人类做出较大的贡献。

在中国共产党的领导下,在邓小平同志建设有中国特色社会主义理论指引下,我们的事业正在前进,960万平方公里的土地上到处热气腾腾,它显示了社会主义制度在中国不仅依然健在,而且充满活力地向前发展。陆游一首诗中说:"已卜余年见太平。"我的大半生可说是饱经忧患,空怀强国富民的壮志,总是不能实现。我很幸运,在晚年终于看到国泰民安的这一天,并且满怀信心地迎接新世纪的到来!

回忆我与蒋介石接触二三事[1]

我从三十年代起至解放前夕和蒋介石有些接触，回忆在我的工作上与他接触比较关系重要的有下列几件事：

（一）1942年9月蒋介石到嘉峪关视察玉门油矿；

（二）1945年12月蒋介石到北平，有关河北平津敌伪产业处理的问题；

（三）1946年1月蒋介石派我去东北与苏联谈判关于合办东北重工业问题；

（四）从1947年至1949年我反蒋的经过。

上列第四件在1947年秋天起，我对蒋介石已失信心，对国民党已认识到它的必将覆灭，因此决定反蒋。此事详细经过，我已写了"国民党资源委员会留在大陆的经过"一文，见载全国政协《文史资料选辑》第六十九辑，请参阅该文中主要的第四节"资委会的南京会议"，第五节"1949年初南京五厂拒迁台湾"和第十六节"组织资委会香港国外贸易事务所员工起义后返回祖国"等。这里就不再重复。

关于上述（一）、（二）、（三）三件事，我回忆当时与蒋介石接触的情况和对他的思想认识，为了忠实于历史，据实叙写，希读者给予批评指正。

（一）蒋介石到嘉峪关视察玉门油矿

蒋介石于1942年9月间到甘肃油矿局玉门县老君庙矿场（以下简称玉门油矿）视察。他不是专为视察玉门油矿来的，而主要是为了新疆问题陪宋美龄飞到嘉峪关，从嘉峪关机场送她去迪化（乌鲁木齐）。蒋、宋的目的是走盛世才之妻邱毓芳的内线，企图勾结盛世才进一步反共、反苏和投蒋。

这里所谓新疆问题，即新疆边防督办盛世才原来靠苏联的军事援助，打败了回族骁将马仲英，统治了新疆，并邀请中国共产党派人去帮助他治理新疆。但他对斯大林不放心，怀疑斯大林总有一天不要他，同时对中共也耍两面派的手法，当1942年夏天德国法西斯军队打到斯大林格勒附近时，他认为斯大林格勒不久将陷落，苏联要失败，所以就转而反共反蒋，投向蒋介石。他先电蒋介石邀朱绍良、翁文灏等去迪化，与朱绍良商谈军事上的具体布置后，实行易帜投蒋。但还有不少重要问题，尚待解决。宋美龄这次去迪化的使命，据后来推想，她要去完成一个多月以前朱绍良在新疆所没有完成的任务。蒋介石派宋美龄去迪化，就是通过盛世才之妻新疆女子师范学院院长邱毓芳与盛世才做秘密勾结的工作，如盛世才的地位和

---

[1] 原文刊于《文史资料选辑》第84辑。

名称问题、对付中共的问题、对付苏联的问题，以及国民党派遣党政人员去新疆的问题等。

嘉峪关在酒泉以西二十八公里，是我国万里长城的西端终点，也是古时通向西方的丝绸之路的主要站点之一。嘉峪关有泉水从地下涌出，但一出嘉峪关至玉门油矿约八十多公里，中间没有水，也无树木人烟，是一片戈壁滩。敌人如果当天攻不破嘉峪关，由于无水，只有立即撤退的一途。万里长城以嘉峪关为终点，大概这是一个重要原因。嘉峪关本有很多人家，但蒋介石来嘉峪关时，那里已荒凉多年，只有十多户人家。他不住酒泉，而住嘉峪关，因那里人家少，容易保卫。他住的房是临时新盖的平房，与民房有一段距离。他到的时候，屋子还相当潮湿。

我当时是玉门油矿总经理，接到蒋介石到嘉峪关的通知后，我即去嘉峪关与他见面。他在嘉峪关停留约一星期，专等宋美龄回来，在此期间，蒋介石就近来玉门油矿视察。

蒋介石从嘉峪关来油矿视察时，油矿开办已二年多，矿区一切设备，还很简陋。他和宁夏主席马鸿逵的兄弟马鸿宾坐在第一辆汽车，由我陪同前行，后边有胡宗南等六七辆小汽车同去。在油矿看了几个油井。胡宗南紧跟着他，不离身边，好像是在保护他。

我们当时开采的油层，取名K层和L层，K层很浅，L层比较深些，但一般油井也不过450公尺至700公尺左右，都是浅井。我们从美国买的钻机只能打1000公尺的浅井，幸而油层浅，否则也打不出油来。

我还陪蒋介石看了矿区的炼油厂和电厂、机厂等其他设施。他一边看，一边说：不容易，不容易。他们在油矿吃了中饭，按照侍从长王世和的关照，给蒋一人在另屋独桌，四菜一汤，无人作陪。我和矿长严爽、炼油厂厂长金开英、总务处长靳范隅等分别陪同胡宗南等吃饭。蒋午睡一小时后，我向他介绍了严爽（已故）、金开英（在台湾）、地质师孙健初（已故）、物探地质师翁文波（现在石油部）、靳范隅（已故）及重庆油矿局炼厂工料课长邹明（现在石油部）等六七人与他见面，汇报油矿的一些情况。

当天下午我陪他同返嘉峪关，仍是他与马鸿宾和我三人同车。蒋离矿时，当我的面，对胡宗南说，孙某他们在这个地方办矿，看来困难不少，你要支持他。

来矿时，我在车上除给蒋介石介绍一路情况外，主要介绍油矿开办的经过。回去时，他说了些视察油矿的感想。大意是在这样荒凉偏僻地方建设确是很困难的，以后有什么问题，随时告知我，一定支持你。当时他对盛世才"内向祖国"（当时的话）很得意。他又知道我是学矿的，并在一个月前同朱绍良、翁文灏去过新疆。所以他说，在此抗战期间，新疆回归是很重要的一件大事。他大谈新疆有金矿，对国家建设很有利。当时我想起我在1923—1929年曾在东北吉林的穆棱煤矿（现属黑龙江省的鸡西矿务局）工作过五年八个月，又曾参观过抚顺、本溪的煤矿和沈阳、长春、哈尔滨、大连等城市，对东北农工矿企业、经济建设情况知道得比较多，这时东北已沦陷12年之久，因此我有意识地对他大谈我所知道的东北情况，目的为促起他对东北的更多认识和对收复东北的重要性。我特别谈了东北地上和地下的资源，东北的地下矿产资源有煤和铁，地上农业资源有大豆、高粱和小麦，因有这几种农产品而兴办的工厂有火磨（面粉厂）、油坊（榨大豆油厂）及酒精厂（高粱为原料）等。煤矿如抚顺、本溪、穆棱、鹤岗等，钢铁如鞍山、本溪，交通如南满、中东等铁路和大连、营口等港口，说明东北是中国经济建设的重要基地，当时称为中国的"后院"。新疆固然重要，但与东北在经济上的重要性来比，有天渊之别。而且东北也有很多金矿，并不比新疆差。我又说，中国的地下资源，总的讲，铁在东北，煤在华北，油在西北（当时只知延长、玉门、独山子三个油矿），所以北方很重要。蒋又问我是哪里人，我回答说是浙江绍兴人，他又问我父亲是干什么的，我说："是前清秀才，曾在东北黑龙江省做过县长，又在哈尔滨做过中东铁路特区行政长官朱庆澜的秘书长。因此，我曾在吉林省穆棱煤矿当过矿长，所以我比较了解东北地上、地下的丰富资源。"我虽然没有明说收复东北、华北的话，但已"尽在不言中"了。他在汽车上一路听了我的谈话，引起了他的极大兴趣。当时他邀马鸿宾同坐一车，表示他对宁夏回族的尊重。而马鸿宾以客卿的身分得此同车优遇，也很感奋，就迎合地说："今天听了孙先生的一席话，胜读十年书。"蒋点头称是。

嘉峪关因无人管理，年久失修，城砖脱落，城楼倾斜，破旧得相当严重。蒋看了玉门油矿以后，对我说，你除了办油矿以外，给你另外一个工作，这嘉峪关城楼由你负责修复。我想修复城楼工程不小，最难的是没有木料，我就竭力推辞说："集中精力办油矿，能否办好，尚有问题。实在无力再修城楼，这是地方政府的事情，应由地方来管这件事，我无论如何不能担任。"他也以为然，就不再提了。

宋美龄由迪化回到嘉峪关，和我们大家照了相。第二天蒋和宋美龄就飞返重庆。胡宗南等回西安，我也回到油矿。

三天后，蒋介石从重庆打一电报给我，由邹明翻译，我回忆内容有四点：（1）感谢我在油矿对他的招待。（2）要我草拟战后经济建设计划。（3）要我保举人才。（4）寄给我一本专用密电码，以便我与他通讯联系。此电是交重庆经济部，用资源委员会与我所用的密电发来的。过了几天，他的专用密电本寄到了。我用这密电本给他复电说："关于战后经济建设计划，我一个人是做不了的，且在油矿也没有资料可供参考，等我十一月间回重庆后再考虑。关于保举人才的问题，也等我返重庆后再说。"后来我回到重庆的第三天，蒋介石侍从室打电话叫我去看他。见面后他先问我战后经济建设计划的问题，我说回来向翁文灏讲了，翁说你已叫他和陈立夫共同拟订战后经济建设计划，他们已开过会，找了经济部、交通部（铁道部）、兵工署一批人组成了一个定名为"国父实业计划研究会"。翁叫我参加这个组织，我以后就在这个组织里提供我的意见就行了，蒋同意了。他又问我保举人才呢，我说，还来不及很好考虑。他说好，你考虑后写信给我。过了一个时候，我写一信保举了十个人，列了一个表，内有姓名、籍贯、年龄、学历、经历、现在工作职务等。主要是两种人，一种是学经济的，一种是学工程技术的。寄去后，他又找我说，你保举人才的信收到了，这些人现在都有重要工作岗位，我请你保举的，是现在没有重要工作，但在经济建设方面有真才实学，可到我侍从室里，在我身边，帮助做工作的人。我说以前不了解你的这个意图，这种人很难得，待我再考虑考虑。他说好。后来我想这有点像过去所谓"举逸才"或"孝廉方正"一类性质，我没有这样的人。从此我没有再去信，他也没有来催我，此事就不了了之。

蒋介石这次到玉门油矿来，我当时没有向他提出帮助解决油矿具体问题的要求。但事后有一件事是我电请他帮助解决的。这就是油矿的油井昼夜不停地流到集油池，再输送到炼油厂，炼出汽油、煤油、柴油、油渣和蜡烛等产品。但来买油的不但数量时多时少，而且夜间不来，只白天装运，因此矿上必须有贮油的油罐（Tank）以资周转。我们以前只从长沙拆过二个油罐到玉门，远远不能适应昼夜炼油周转的需要。这是生产上的一个大问题。而我们自己又不会做贮油罐的薄钢板，我曾请求经济部资源委员会在重庆收集五十三加仑的油桶，代替油罐以为贮油周转之用。但他们都无办法，这成为我们油矿能否昼夜连续生产的问题。因此我就打电报给蒋介石，请求拨给油矿六万个五十三加仑的空油桶，以资周转之用。他即令饬后勤总司令部拨运了约三万个。拨到的空油桶，虽多破旧的，经过我们检修后，大部分能用上，解决了大问题。而且来买油的单位都自带五十三加仑的空油桶，我们就以装好油的油桶与空油桶交换，这样装运大为加快，用户也都称便，真是一举两得。

蒋介石来矿以后第二年春末，他叫蒋经国、蒋纬国兄弟二人一路坐汽车北来，经过西安、兰州来玉门油矿参观。我现在只记得蒋经国一句话："我们从南到北，一路看桃花。"当时熊向晖同志在胡宗南那里做地下工作，并陪同蒋经国、蒋纬国一路来到玉门油矿，这是我近来才知道的。

（二）我任河北、平、津敌伪产业处理局长时与蒋介石的接触

1945年8月，日本投降后，国民党政府军政机关纷纷抢先派员在各地收复区接收敌伪产业。当时国民党政府行政院长宋子文鉴于收复地区的敌伪产业是一大财源，而那时各地接收情形非常紊乱，为了不失时机地把这批财富抓到手，于11月决定全国所有接收的敌伪工矿企业、房地产及仓库物资统一由其处理。在行政院直接领导下设立了四个地区的敌伪产业处理局：即设在上海的苏、浙、皖敌伪产业处理局；设在北平的河北、平、津敌伪产业处理局；设在青岛的鲁、豫敌伪产业处理局和设在广州的两广敌伪产业处理局。它们代表行政院处理各该地区接收的一切敌伪产业。

我于1945年10月间由国民党政府经济部派为东北区特派员，负责接收东北地区的工矿企业。正在重庆招聘和组织各项技术和管理人员准备前往东北。但因当时东北地区由苏联军队占领，尚难前去接收。宋子文以我一时不能前往东北，即于1945年11月下旬派我为行政院河北、平、津敌伪产业处理局局长。我即率同部分原拟前往东北接收人员五十余人于11月30日乘专机飞抵北平，即于12月1日成立了河北、平、津敌伪产业处理局。立即在平、津等地登报公告：河北、平、津区所有中央和地方各接收机构应遵照行政院规定，凡接收的一切敌伪工矿企业、房地产和物资等，均应速将接收清册报送处理局统一处理，一律不得各自处理。各接收机构对处理局的这个公告，均抱观望态度，根本没有一个单位遵照公告将接收清册报来。因此，处理局的工作无法开展。那时国民党政府的政令，不但对地方机关无法贯彻，就

是对直属行政院的各部会派去的接收单位，也很难贯彻执行。而新设立的处理局想把当时的军事委员会委员长北平行辕、第十一战区司令部、河北省政府、平、津两市政府以及中央各部会在东北的各特派员办公处所接收的敌伪产业完全拿过来统一处理，就如同要把他们刚到嘴的肥肉又吐出来一样，谈何容易，焉能实现？处理局的工作不能顺利开展，自属意料中事。

在处理局成立之前，华北最高军政机关的北平行辕早已成立一个河北、平、津敌伪产业清查委员会，由行辕主任李宗仁任该会主任委员，华北地方各军政首脑均被派为该委员会的委员。以后又在天津成立了河北、平、津敌伪产业清查委员会天津分会，由张子奇任主任委员。该清查委员会成立后，接收了不少敌伪物资，由北平行辕通过该会自行处理。我到北平成立敌伪产业处理局后，其职权与该清查委员会互相矛盾。李宗仁于是以北平行辕名义加派我为该清查委员会委员，企图把处理局置于清查委员会领导之下，仍可由清查委员会自行处理敌伪产业。这样更增加了我对于执行处理局职权的困难。

正当处理局虽已成立而无法推进工作之际，1945年12月中旬，蒋介石于日本投降后第一次来北平视察。当时北平行辕主任李宗仁、第十一战区司令长官兼河北省政府主席孙连仲、北平市长熊斌、天津市长张廷谔等华北地方军政首脑趁此机会，纷纷以华北人民受尽日伪压迫，所有敌伪产业都是被剥削的华北人民的民脂民膏，人民生活困苦不堪等情为借口，条呈蒋介石准将所接收的敌伪产业交华北各地方机关处理，作为救济之用。蒋介石为了笼络地方军政人员，并未与行政院电商，一一予以批准，并将其批示抄交处理局照办。我接到此批示的副本后，感到这与宋子文设置敌伪产业处理局的原意不符，两头为难。于是我也针锋相对地将行政院规定敌伪产业应由处理局统一处理的办法，向蒋介石当面作了说明，并代蒋拟好一个批示："华北敌伪产业应照行政院规定，由处理局统一处理。"对此，蒋也当面批示照办。

同时还有河北地方元老鹿钟麟与张继的爱人崔振华等，在"大河北主义"的精神支配下，与华北各军政首脑相配合，向蒋介石说：他们到北平城墙上向四方瞭望，见所有工厂的烟囱都未冒烟，工厂停闭，人民生计困难，孙越崎一向办理工矿企业，应请他负责恢复这些工厂，迅速生产。于是蒋介石就面嘱我拟定一个"平津工厂复工计划"，于三天内（即在他离平前）面交给他。

当时处理局成立不过半月，各接收机关尚未将接收清册及接收后情况报来。因而对当地各企业情况完全没有掌握，底数不明。这个复工计划根本无法草拟，但又不得不按期交卷。我不得已商得当时随蒋同来北平的国民政府参军长商震同意（抗战前我在河南中福煤矿任整理专员和总经理时，商震任河南省政府主席，接触多次，早已熟识），由商震以参军长名义召集中央各部会特派员及有关单位的负责人到蒋介石的住处（圆恩寺）开会，嘱令即日将所接收敌伪产业清册报送处理局。但会后报来的，仍寥若晨星。在此情况下，我只好由处理局同事顾毓琼从经济部冀、察、晋、热特派员办公处弄到一些日本华北重工业株式会社的残缺不全的资料，由顾毓琼会同沈嘉元、董询谋和我四个人，连夜闭门造车，边起草、边打印，搞了一个通宵，拟出一个所谓《河北、平、津工矿复工初步计划》第二天早上在蒋介石离平前，我遵限当面交卷，应付了事。他看也不看，就交秘书收下，即离北平飞返南京了。其实蒋介石要我做这个复工计划，并不是真正关心华北工业生产，只是应各地方当局和地方元老的请求而提出来的。这些地方当局和元老们的目的是一方面要求把处理敌伪产业的权力交给他们，另一方面把复工的责任加在处理局身上，以分散处理局的精力。用心很深，其谋甚毒。蒋介石不加考虑就把复工任务交给了我。蒋介石这种乱批条子的做法，造成了处理局工作更加混乱的局面。

　　蒋介石走后，地方当局就以新闻报道的方式，把蒋给他们处理敌伪产业的批示，在平津报纸上发表了。处理局本来已经无法开展工作，这样一来，就更没有人理睬了。处理局虽然也有蒋介石的批示，但地方政府当局是实力派，即使把蒋给我的批示也予以发表，并无助于当时僵局的打开。

　　因此，蒋介石离平后，我立即将以上情况详细电报南京宋子文请示如何办理。宋接电后即于1945年12月下旬飞到北平，住东交民巷旧海关署。我当即详细向宋子文汇报情况，并告以我也得到蒋介石给我的按照行政院规定所有敌伪产业交由处理局处理的批示。宋看了以后非常高兴，当即电告蒋介石："到平后，看到您给处理局孙越崎局长的批示，当遵照与有关方面洽商，将敌伪产业一律移交处理局处理。"电报内不提蒋批给地方当局的批示。电报发出后，宋子文由我陪同去中南海，单独与李宗仁商量。李为人比较开明，同意取消他主持的敌伪产业清查委员会，把该会接收的敌伪产业移交处理局处理。他们二人并商定次日上午在中南海李宗仁办公的勤政殿召集各地方当局及中央各部会特派员和其他有关单位负责人开会。

　　宋子文邀我次日晨到他住处，与他同进早餐。早餐时，他对我说："今天开会时，我要责备你几句，说你工作不力，必须抓紧时间，遵照行政院规定和蒋给你的批示办理，这样，今天的会可以开得有力量，而对你以后也容易推动工作。"

　　是日上午开会时，北平行辕主任李宗仁、十一战区司令长官兼河北省政府主席孙连仲、北平市长熊斌、天津市长张廷谔和副市长杜建时、热河省政府主席刘多荃（河北平津敌伪产业处理局也管山西、察哈尔、绥远、热河等省，当时热河省政府主席刘多荃正在北平，故也参加），及中央各部会特派员石志仁、王翼臣等三四十人都参加了会议。宋子文先讲了行政院设立敌伪产业处理局原委的一套冠冕堂皇的话，处理局将处理敌伪产业所得价款一律解交中央国库，以便回笼货币，平抑物价，是国家财政方面的一项重要措施；地方需款另由中央核拨，不得自行处理敌伪产业，将款挪用等等。宋子文在会上并宣布了蒋介石给孙越崎的批示，指责孙越崎开展工作不力，有负中央委托。最后宣布宋本人暂留北平，在中南海居仁堂设行政院长临时办公处，限令各接收单位必须于五天内将接收原始清册交到院长临时办公处点收，以便交处理局登记处理。会后，宋子文每天亲自到居仁堂坐镇办公，并接见华北党、政、军各方面的负责人谈话，各接收单位也就开始将接收清册送来。处理局人员除少数留守外，都到居仁堂作为院长办公处的工作人员，办理点收清册等事务工作。

宋子文在北平留了六七天，将处理局工作亲自布置就绪后，我就随他于1946年元旦同机飞往天津，又停留了几天，也同样作了安排。李宗仁设在天津的敌伪产业清查委员会天津分会撤销，并入处理局天津办事处。至此，处理局的工作，由于宋子文的亲自到平、津两地督促布置，并得到李宗仁的合作，才打开了局面，得以逐步顺利进行。

处理局工作一旦展开，原假北平中国银行的办公地点，不敷应用，同时工作人员也亟待充实加强。当宋子文离平之前，我请他批准将东交民巷御河桥二号原日本大使馆和总领事馆拨作处理局的办公处。那时正有一批原定随我去东北接收的工矿技术和管理人员乘"美江"轮出川抵汉，我请宋子文批准包了一架专机将其中五十余人由汉口直飞北平，充实了处理局的工作班子。这为处理工作的顺利开展创造了条件。以后又在天津、唐山、太原、石家庄四地分设了处理局办事处，分管各该地区的敌伪产业处理工作。

到1946年底，完成了宋子文当初交给我的处理敌伪产业价款1000亿元法币的任务后，我于1947年1月份就辞去处理局局长职务，于1947年2月转东北，3月到南京就任资源委员会副委员长之职。经行政院令派原任处理局副局长张子奇继任河北、平、津敌伪产业处理局局长。

综上所述，从我在处理局任局长时与蒋介石的接触中，可以看到蒋介石的办事独断专行，杂乱无章，不和下边甚至不和行政院通气，乱批条子。本来在处理敌伪产业问题上，中央与地方有争夺，有矛盾，由于蒋到北平的随意乱批，就更增加了矛盾的复杂性。在国民党统治时期的官场中，曾流传过一句话："委员长大家可以用。"这里说的有关处理敌伪产业，他既批给地方当局，又批示给我，这就是一个具体的例证。

（三）谈判中苏合办东北重工业的经过

1945年8月，日本投降后，苏联远东军很快占领了我国东北全境。苏联远东军总司令马利诺夫斯基元帅通知国民党政府，允许中国政府派往东北的行政人员（省政府主席和市长等）去东北接收各级地方政府，而工矿企业、铁路交通、兵工厂等接收人员和国民党政府军队一律不许进入东北。在这种情况下，国民党政府委派的军事委员会委员长东北行辕主任熊式辉、东北经济委员会主任委员张嘉璈、东北九省省政府主席和哈尔滨、长春、大连、沈阳等市市长，分批由重庆乘飞机先后抵达长春。熊式辉在行辕门口挂出了军事委员会委员长东北行辕的牌子，挂出后，苏联远东军总司令部很快提出了抗议照会，照会声称：我们只同意你们的行政人员来接管，不许军事人员出关，现在军事委员会人员也来了，这是不允许的。结果，熊式辉只好摘去了这块牌子。其实，国民党政府的军事人员根本没有出关，东北保安司令长官杜聿明及其所属的新一军、新六军等部队，全部集结在秦皇岛、唐山一带待命。我当时的职务是经济部资源委员会副主任兼经济部东北特派员，负责接收东北的煤矿、铁矿、钼矿、钢铁厂、电工制造厂、机器制造厂、发电厂、炼油厂、水泥厂等重工业企业。由于苏方的阻挠也不能出关，而我组织的大批去东北接收人员除留一部分骨干外，其余只好改派到其他地区去。当时国民党政府行政院院长宋子文因我不能去东北，就临时委任我为河北、平、津、山西、绥远、察哈尔、热河敌伪产业处理局局长（机构设在北平）。处理从日伪接收下来的厂矿、房地产和仓库物资。1946年1月，正值蒋介石、宋子文先后离北平回重庆，河北、平、津敌伪产业处理局工作正在开展之际，国民党政府外交部部长王世杰、经济部部长翁文灏奉蒋介石的命令，打电报要我立刻回到重庆，说有要事相商。我即飞到重庆后，见到王世杰、翁文灏，他们告诉我说，张嘉璈到东北后就和苏联远东军总司令的经济顾问库兹涅佐去谈判。苏联提出的除已合办的中长铁路（从满洲里到绥芬河、哈尔滨到大连、沈阳到安东）外，还提出他们认为是战利品的全部东北重工业企业都要中苏合办。张嘉璈已与库兹涅佐夫谈判了几次，不得结果。张请求将谈判升级，改由国民党中央政府与苏联驻华大使在重庆直接谈判。这次要我来，就是让我协助张嘉璈继续与苏方在东北谈判。第二天，我和王世杰、翁文灏一起到蒋介石的官邸曾家岩去见蒋介石。蒋介石拿出张嘉璈给蒋的信让我看。信的内容与王世杰、翁文灏同我谈的情况大体相同。不过信中特别强调了苏方的态度，既蛮横又强硬，如不答允，决不会罢休。最后强烈请求把谈判地点移至重庆，由外交部经济部直接同苏联大使办交涉。我看完信后，蒋介石同我说："这件事我已同王世杰、翁文灏谈过了，还是由地方政府同苏方办交涉为宜，中央政府就不要出面了。"临走，蒋介石又说："你回去同王世杰、翁文灏一起去商量商量吧。"在重庆期间，我回去同王世杰、翁文灏讨论了好几次。总的精神是坚持由地方政府出面与苏方谈判。顶住苏方提出的无理要求。离开重庆之前，我又去见蒋介石，蒋介石说："这次就派你作张嘉璈的经济顾问，协助张嘉璈同苏联办交涉。"蒋还亲笔写了一封信给张嘉璈，让我带给他。信上说：此事还是以地方政府出面办理较为适宜，今派孙越崎作你的经济顾问，协助你办理此事。最后说，事关重大，望兄勉为其难吧。临别前，我又问蒋介石，对这件事我方究竟应持什么态度，遵循什么样的方针？蒋介石说："全面合办不行，少数合办可以，敷衍敷衍吧。"这样，我就从重庆飞回北平，当即转机飞往长春。到长春后，我把蒋介石的亲笔信交给张嘉璈，张看完以后，面有愠色，很不高兴地说："这么大的事，本应该中央出面谈判。中国历来同外国人办交涉总是丧权辱国，而办交涉的人最后总要落一个卖国贼的恶名，王世杰、翁文灏不愿意在中央同苏联人办交涉，将来把罪名推在我身上，他们真会打算。好吧，只好我同你一起去和他们交涉了。"从他这段话里，我进一步了解到，不管是中央政府还是地方政府谁都不愿意同苏联人谈判，谁都不愿意负这个责任。见此情景，我决定在谈判时持坚定态度，决不干对不起祖宗的事。我到长春后的第三四天，张嘉璈邀请库兹涅佐夫到中长铁路中方理事长办公地点来谈判。我方参加谈判的人员共三人，张嘉璈、我和一名译员，苏方参加谈判的有四人，除库兹涅佐夫外，还有两名代表和一名译员。谈判一开始，张嘉璈就把我介绍给苏方，要我陈述中国方面的原则立场，而他自己则坐在首席位置上一言不发。我首先说了几句客套话，然后提出我方的建议。我说："苏联方面想和我方合办东北重要厂矿企业的事，我们慎重地考虑了，我们的意见是：本溪湖（即现在的本溪市）的煤矿和钢铁厂等几个厂矿企业可以合办。至于抚顺煤矿、鞍山钢铁厂、阜新煤矿等厂矿企业应由中国人自己来办。"接着我又补充说："本溪湖的钢铁厂所用的铁矿石来自南芬富铁矿，这里距工厂只有二十多公里，而炼焦用的煤和石灰石就在工厂附近，具有这样优越条件的钢铁厂是世界少有。我们提出这些工厂与你们合办是大大有利可图的企业。"我为什么能提出这样的建议呢？1923年至1929年，我在北满穆棱煤矿工作了将近六年，在这期间，我先后到过南满和北满的不少厂矿，对东北的工矿企业比较熟悉。虽然事隔多年，但东北的大致情况还是比较了解的。在抗战期间，在外国刊物上，也辗转知道一些日本在东北的经济建设概况，所以我能提一些比较具体的建议。

我的话音刚落，库兹涅佐夫立即反驳道："中方代表的发言与我方提出的建议差距很大，看来中方没有诚意，对此深表遗憾。"接着他傲慢地说："中国东北的所有厂矿企业都是我们远东军的战利品，我方提出与你们合办这些厂矿企业，已经很照顾你们了。而我们要求同你们合办这些企业不是有利可图和无利可图的问题。老实说，我们怕你们将来同美国人合办，如果你们同美国人合办这些企业，美国就会以满洲为基地进攻我们。我们认为苏中合办这些企业不是什么经济问题，主要是政治问题，原则问题。"当我要反驳时，他当即指着我说："要合办就全部合办，没有其他商谈的余地。"同时谈到合办的股份时，我国公司法规定，我占百分之五十一，外国占百分之四十九。他说，"这是战利品，必须各占一半。"我说碍于法律规定，无法通融。他说："法律是人订的，为了苏中的友好关系，你们可以修改法律。"我听了库兹涅佐夫的这些无理的话，立即反驳道："你们是社会主义国家，但照你这样说话，同以前日本帝国主义对我们有什么区别？"库兹涅佐夫立刻火冒三丈地叫嚷道："你说我们同日本帝国主义一样吗？那末我就马上打电报给莫斯科，说是你说的。"他的态度十分傲慢。我也不客气地回敬道："那就随你的便吧！"会谈就这样陷入僵局，不欢而散。临走时，彼此连招呼都没打。过了三四天，张嘉璈为了缓和一下气氛，给苏方参加谈判的人员发了请帖，请他们到上次谈判地点吃茶点。这次苏方来的人员和上次一样。会上，双方代表都讲了一些礼节性的应酬话。自始至终没谈合办厂矿企业的事。从此不了了之。会谈结束以后，我就乘飞机由长春转北平直飞重庆，向蒋介石、王世杰、翁文灏报告整个谈判经过，他们听了我的报告，蒋介石说："很好很好，就这样吧。"

这次中苏谈判以苏方失败而告终，但苏联方面决不善罢甘休，竭力进行报复。1946年2月底，苏联远东军从我国东北开始撤军，在撤军过程中，把东北的重要工厂设备能拆走的全部拆走，不能全部拆走的，就拆走一些重要的机器和部件，一些铁路的钢轨也被苏军拆走了，还运走不少火车头，车辆和大量军火物资。有些机器的部件上，已用红油漆写上运往苏联某某地方的某某厂矿，但实际未及运走。东北的工业和交通运输经苏联远东军大肆拆运破坏之后，不少工厂长期不能恢复。

苏联远东军从我国东北陆续撤走后，杜聿明的部队就陆续出关，我也率领一批人员到东北，开始接收东北的重工业。1946年10月我将接收的全部厂矿企业移交给行政院资源委员会管理。1947年1月底，我辞去行政院河北平津敌伪产业处理局局长职务，回到南京就任行政院资源委员会副委员长。

对台工作篇

给在台湾的原资源委员会的工矿技术人员朋友们的一封公开信[1]

朋友们：

你们和我一样，过去都受了蒋介石反动政府的所谓"国营事业""国家工业化"等伪名词的诱骗，投身到以建设"国营工业"相标榜的伪资源委员会的工矿企业中。很多工矿技术人员，特别是工科大学新毕业的青年，不愿到待遇比较高的私营工厂去工作，而愿献身于所谓"国营工业"。大家憧憬于国家工业化的前途，本是一种爱国主义精神的表现，但是由于不懂得国家两字的真正意义和不认识蒋介石政权的反动本质，因而不知道服务于所谓"国营工业"实质上是为官僚资产阶级的四大家族服务，不是为真正的人民的国家服务。由官僚资产阶级掌握政权的国家，决不会也不可能实现国家工业化。事实证明：蒋介石反动政府在大陆解放以前，曾经办过十三多年的所谓"国营工业"无非是个幌子，结果，一事无成。在这十三多年中，对"国营工业"的投资，从来没有一年到过反动政府预算支出的百分之二。这能说有建设"国营工业"的诚意吗，能有"国家"工业化的希望吗，只能说，官僚资产阶级为笼络一批对工业化抱有痴心妄想的人罢了。钱少固然办不了事，但尤其苦恼的，在蒋政府统治下，所谓"中央"、"地方"特务、党部军队以及官僚豪绅等互相勾结倾轧，明争暗斗，倒行逆施，暗无天日。而他们又都视"国营工业"为有钱的机构，都想沾一手，压榨胁诱，无所不用其极。因此，伪资源委员会及所属厂矿的经营管理人员，虽然大多数是工程师出身，也不能置身于这个漩涡之外。天天穷于应付环境，不能专心于本身的工程事务，终于徒劳无功，一无所成。不但做了一场工业化的大梦，实际上且做了反动统治阶级的工具。这真使我们深恶痛绝。我在五年前，决心弃暗投明，这也是一个主要原因。因而我很欣幸的得在今天有献身于新中国国家工业化的机会。

今天我们在大陆上的工程技术人员，在中国共产党和毛主席的领导下，正在举国一致地，有计划地在三年经济恢复的基础上，进行第一个五年计划的第二年度的生产建设工作，逐步实现国家的社会主义工业化。工业化为全国人民的最高利益。党政工团互相配合，在全国人民一致支援。这与反动国民党政府时期各部门互相矛盾与倾轧，成了一个强烈的对照。中国历史上从未生产过的汽车、拖拉机等制造工厂正以飞快的速度进行建设。鞍山、大冶等

---

[1] 作于1954年9月。

钢铁厂正在大规模地改建、扩建及生产。全国煤矿完全消灭了落后的采煤方法，大部分已用割煤机等机械化开采了。中华人民共和国成立短短五年，主要生产品的产量都超过历史上最高纪录。各项建设，规模宏大，厂矿面貌，日新月异。到处蓬蓬勃勃，突飞猛进。这种气象，实为你们所梦想不到。人民的文化和物质生活水平随着生产的发展而不断地提高。事实证明：真正的国家工业化只有在共产党和毛主席的领导下，才能够实现。现在工程技术人员可以专心一意做好本门工作。每人都有发挥个人的智慧和贡献自己技术的机会。做一件事有一件事的成果。我回顾过去的黑暗而苦恼，瞻望前途的光明，内心愉快，非言语所能形容。但同时我知道蒋介石卖国集团最近订定"外国人投资条例"进一步把台湾的经济主权出卖给美国垄断资本。又知道台湾电力公司和糖业公司等正在大批裁员。因而想到你们在台湾蒋贼的法西斯和美帝统治下，一定过着比过去更黑暗更苦恼的生活，我为你们难过。八月二十二日中华人民共和国各民主党派各人民团体发表了为解放台湾联合宣告，我相信你们不久一定可以出黑暗而见光明，我又为你们高兴。

　　朋友们：你们一定已经听到了解放台湾的联合宣言。这个宣言表达了六万万中国人民的共同愿望、决心和力量。台湾的解放，蒋介石卖国贼的消灭，是注定了的。台湾海军空军，绝挡不住解放大军的前进，宣言中明白宣告：除蒋贼一人以外，容许所有在台湾的人弃暗投明、主动自赎。人民政府说到那里，是做到那里的，句句是实话，所以有至高无上的威信。你们不应有任何顾虑，更不应再受蒋介石卖国贼的诱骗，不要在过在美国侵略集团庇护下的殖民地生活了，更不要糊里糊涂地做蒋介石卖国贼的殉葬。

　　朋友们：你们是爱国者，是希望国家工业化的建设事业的。现在时机已经到来了。应当立即下定决心，响应联合宣言的号召，弃暗投明，从各方面，用各种方法，争取立功的机会。

　　朋友们：回头是岸，回到祖国的怀抱来吧！祖国需要你们的技术，来共同参加祖国的伟大建设吧。光明等待着你们！再会吧。

1982年国庆前夕在国际广播台对台广播的文章[1]

我是一个学矿业的技术人员，今年九十岁了。自从我识事到全国人民胜利，经历了三个朝代，封建清王朝，军阀混战的北洋政府，国民党统治的国民政府，亲身尝到帝国主义侵略和国家积弱的痛苦，觉得只有建设起来，国家才能转弱为强，因此有一个工业救国的思想。

但自我父亲去东北工作，我家就在哈尔滨。到了"九一八事变"日本占领了东三省，我成为国破家亡的人。当时翁文灏先生领导资源委员会，主管重工业建设。他是一位国际上有声望的学者，也许在他的领导下，可以用我所学，为国家做些有用的事，所以参加到资委会工作。我在资源委员会十七年，办过煤矿，开发过油矿，到解放前夕时我是经济部长兼资源委员会委员长，但是我们的努力并没有改变国家的穷困面貌，到了一九四九年经过三年大规模的内战，竟打到山穷水尽，一切都靠美国援助，连吃饭都要靠美援的面粉。俗话说"吃人家的口拙，拿人家的手短"，中国是一个有古老文明历史的大国，怎么能够靠讨饭过日子呢？

"穷则思变"这是我国的一句古谚。当时只有国共两条路线可走，过去我受到长期的反动宣传，对共产党存在着一定程度的害怕心理，可是在三年内战期间的实践中，东北解放后，我们资委会人员回来对我说了解放军合情合理以及东北解放后的情况，并不像旧社会中的军队胡作非为，"秀才遇到兵，有理也讲不清"，而且对技术人员十分优待，加上九一八后我由美国回国时路经苏联，亲眼看到苏联十月革命后上下一心建设国家的盛况，使我看清出路，决心投向光明，领导资委会所属有关人员集体保护好厂矿设备资料，留在大陆，等候共产党来，可能还有机会继续为祖国的建设事业贡献力量。我的意见得到大家的支持，话说到了他们的心里去了。

解放后，我得到党的信任和重用，曾任全国基本建设计划，以及我的本行煤矿企业的领导工作。现任煤炭部顾问，第六届全国政协常务委员兼经济建设组组长，民革中央副主席。资源委员会留下的人也都能有机会在不同的岗位上发展他们的才能，做出成绩。

今天在国庆节前夕，我回顾往事，深有感受。一九四九年中华人民共和国成立时，毛主席在天安门上宣布"中华人民站起来了"，我是在国外亲身受过外国人轻视的人，听到此话感到扬眉吐气。旧中国是靠借外债过日子的，新中国成立仅一年多的时间，外汇盈利就达成亿美元，国民党政府多年无法解决的通货膨胀物价飞涨一下子就稳定下来。祖国的建设在党

---

[1] 作于1982年9月26日。

的领导下更是飞跃猛进。过去我办过一个小小的玉门油矿，曾以这点滴的成就而自喜，然而现在我国石油产量要叫当时的玉门油矿生产需要一千多年才能生产出来。今天的煤矿产量占世界第三位。能源是工业的基础，过去点洋油穿洋布的日子一去不复返了。世界上技术最复杂的人造卫星、原子弹，我们靠自己的力量都生产出来了，我又怎么能够不为新中国的建设成就而高兴呢？

刚一解放，我对于我国必须走社会主义道路没有明确的认识，解放后党派我参加土改工作，我看到了土改前农村种田的人辛劳一年自己却吃不饱穿不暖，甚至在青黄不接时有人饿死，基层政权掌握在少数不劳而获的人们手里。土改后劳动人民当家做主，生活有了显著的改善，他们说只要有共产党，我们不怕没饭吃，永远跟着共产党走的心怀是十分坚定的。人民政府建立于这样的基础上是牢不可破的，因此我深信实行多种所有制的社会主义，是社会发展的必然规律，谁也逆转不了。

十年动乱给国家造成了苦难，很多海外朋友对此关心。我的看法是社会主义是没有先例可循的，都在摸索前进，我们是搞科技工作的，常常要调试仪器，在调试零件的过程中总会偏高偏少逐渐接近。"文化大革命"中调试的偏差太大了，但是吸取这次痛苦的教训，使我们在今后建设一个具有中国特色的社会主义的道路上，不至于发生过大的偏差。少走许多弯路，也是有好处的。

现在党的十二大确定到本世纪末，工农总产值翻两番的战略目标，这是我国有史以来空前未有的宏图，也是我毕生向往的企望。我十分振奋，对"政局必稳，四化必胜，统一必成"充满了信心。我要以我的老年余晖为实现四化建设中华贡献力量。最近我响应党的"智力支边"的号召，去了北陲内蒙古自治区，走了近两千公里，对地方小煤窑的生产建设进行了调查研究，提出几项建议，得到自治区领导们的鼓励和支持。这也算是我对今年国庆节的献礼吧。

邓小平同志最近对祖国统一问题提出了虚怀若谷，一切可以商量，合情合理的建议，我想就此对在台湾的老朋友们说几句话。

台湾的老朋友们，近些年来在经济建设方面是取得些成就，但是基础是薄弱的，不要自满，台湾一无原料二无市场，一切依靠外国过日子，世界经济有些风吹草动，你们就要受影响，土耳其就是你们的前鉴。能源是工业的根本，你们所需的数量不大的原料，祖国大陆有丰富的资源，不用费力就能满足你们。大陆十亿人民正在富裕起来，是一个举世无双的大市场，你们的产品，祖国大陆很容易就消纳下去。从前英国有人说："中国每人少用一尺布，英国兰克沙城的纺织厂就要有若干家关门。"工业发达国家的起家是靠第三世界人民的消费市场起来的，现在还是如此。老朋友们不乏明智之士，应当还记得这句话，也会看到这一点。在邓小平同志的建议下，祖国的统一对你们有百利而无一害。大陆是许多台湾同胞的家乡，"每逢佳节倍思亲"，家乡的亲友在思念着你们。朋友们回到祖国的怀抱中来吧！欢迎你们明年国庆和我们一起共庆佳节。

再谈大陆同台湾的通商问题[1]

在台湾的老朋友、老同事们：

今年四月间，我应《中国新闻社》记者问，曾就大陆同台湾的通商问题谈过几点意见。之后，我收到一些海外亲朋故旧来信表示关怀与支持，还转告了在台湾的老朋友、老同事们也都殷切期望通商早日实现，并为此所做努力的情形，至为慰佩！

最近，我在参加五届全国政协三次会议期间，听了华主席《在第五届全国人民代表大会第三次会议上的讲话》，姚依林副总理和王丙乾部长分别作的关于国民经济计划和国家预决算的报告，更进一步地明确了伟大祖国在"调整、改革、整顿、提高"的方针指引下，国民经济稳步向前，朝好的方面转化，向正常情况发展。我国当前的国民经济计划是坦率、现实的，令人感到放心和满意的。十年动乱，我国经济到了崩溃的边缘，短短的三、四年间，就出现了恢复和稳定，随着经济日趋好转，前途光辉灿烂。当前推行扩大企业自主权和在农业上采取"定、包、奖"的措施，已把农业搞富、工业搞活。四川近三年来连续农业丰收，增产一百四十多亿斤；浙江平均亩产达到一千三百斤以上，蒋经国先生的家乡奉化溪口村也是一片丰收景象。

华主席在讲话中指出："海峡两岸的同胞，尤其希望尽快实现大陆和台湾通邮、通航、通商。"我人大常委会在《告台湾同胞书》中发出"通商"号召后，特别是我海关总署宣布豁免大陆、台湾间双边贸易关税后，港澳商人包括台湾厂商在港澳的代理人涌做大陆、台湾间的贸易。许多台湾商人也主张与大陆做生意，因此，一年多来大陆同台湾间的间接贸易与日俱增。据美国《新闻周刊》报道，1978年台湾经香港、东京和新加坡转口至大陆的商品估计值50万美元。1979年增至5000万美元。1980年1—5月仅台湾经港输往大陆的商品就达约5250万美元。这是台湾当局想禁止而无法禁止的，想控制也无法控制的。我看只有认清形势，顺应民意，实现通商对双方都有利，对大陆果然有利，对台湾利更大些。

一年多来，产油国数调油价，每桶石油已从12.7美元涨到三十多美元。台湾当局不能不相应地四易油价，每次提价都引起物价的大波动。目前石油占台湾能源总能供应量的72%，其中90%以上要靠从外国进口。台湾当局要维持目前对石油的需要已有困难，今后石油供应已成为台湾当局忧虑的一个大问题。由于石油频繁提价，使台湾工业产品成本激增，削弱了台湾商品在国际市场上的竞争能力，对台湾的经济前景颇受

---

[1] 作于1982年。

威胁。

大陆经济虽然还较落后，但幅员辽阔，资源比较丰富，通过这次五届人大三次会议和五届全国政协三次会议，继续推进经济管理体制的改革，经济必将越搞越活，国家很快就会富足起来的。即使现在再困难些，也年产六亿二千多万吨煤，台湾当前每年进口一千万吨煤，我们只要拿出一千万吨来，就能把你们的用煤包下来，满足你们。大陆石油工业，在解放后有了较大的发展，现在正在向前发展，台湾1979年共进口近二千万吨石油，我们也可以补充你们，你们就不致再受世界能源不断调价的影响和冲击了。大陆与台湾一衣带水，你们何苦再舍近求远呢？至于台湾需要的中药材、有色金属、稀有金属大陆应有尽有，实现通商之后，只要你们开出货单，我看都能满足你们的。

最近，由于欧美、日本经济出现衰退，台湾产品向外国出口遇到了困难，而台湾商品在大陆公开上市，很受欢迎。大陆有广阔的商品市场，购买力相当之大，台湾的纺织纤维、电视机、塑料原料、化学肥料等，在国际市场上竞争很大，在大陆则可以畅销。这种有利台湾经济发展的事，何乐而不为呢？

台湾我很熟悉，山不高、水不深，连水力发电，水源已经有用尽之虞。水力发电的增加也有困难，需要再向国际市场伸手要原料、要能源，还要推销产品，不但商人利薄，扩大再生产、受到影响。一旦世界上风吹草动，断绝供求，台湾整个经济马上就会瘫痪。大陆同台湾通商，不管世界上发生什么样的风浪，大陆的原料和台湾的商品仍可畅通无阻。中国有句老话："求人不如求己"，这话说得很好，值得三思，在台湾的老朋友、老同事们以为然否？

大陆同台湾通商，互通有无，以利台湾海峡两岸经济的发展人民生活的提高，并不是什么谁依靠谁的问题。大家都是中国人，为什么不能来往贸易呢？如果台湾当局对台湾经济固有的对外依赖性有所顾虑，我认为这是不必要的。人民政府一贯高瞻远瞩，顾全大局，只会千方百计，克己待人，给台湾以最大方便，我还进一步为台湾当局借箸代筹，可以订立长期合同，以资约束。人民政府说话是算数的，在对外履行合同上信用卓著。就看台湾当局，能不能顺应历史潮流。合乎人民要求？

在台湾的老朋友、老同事们：台湾熟悉我的人还不少，你们都知道我是一个工程师、实业家，最讲究实效，说老实话的人。希望你们相信我的奉劝，共同敦促台湾当局开放通商禁令，早日实现通商。

送给台湾同胞的一份年礼[1]

春节是炎黄子孙的传统旧历年，海峡两岸尽管处在隔绝的痛心局面，但是都有贴春联、放爆竹、拜年的共同习俗。我在台湾有不少熟人，值此新春佳节，我仅向你们拜个年。

年初一见面，互相拜年时，大家都要说一声"恭喜发财"。谈起发财，我想向你们提供一宗财源，作为年礼。

我前半生办过煤矿、油矿，管理过全国的国营重工业和全国的经济事业。三十余年前，我到过台湾，先后主管台湾的电力、造船、糖业、机器制造、水泥、石油、化肥、制碱等公司。我对台湾的资源了解得比较清楚。原料与能源进口，产品销路靠出口，是台湾三十余年来的经济特点。由于它的依赖性特大，国际市场一有动荡，台湾就受到冲击。

最近，孙运璇先生在台湾"行政院"院会上的讲话，无疑是宣布这种加工性质经济已经过时，提出了工业转型的新方向。其实工业转型随着生产率的提高，资源进口的依赖性只会增加，不会减少，产品出口也更会遭遇到当前国际市场的剧烈竞争。然而国际市场的动荡是不可避免的。一有动荡，台湾工业转型之后，所遇到的冲击将会比加工性质的经济大不知多少倍，甚至造成经济危机，其后果是不堪设想的。

台湾进行工业转型，发展咨询工作，促进工业自动化的方向，我认为是可喜的，但是它必须以大陆的丰富资源和广大市场为后盾。我们和台湾同胞是一家人，台湾和祖国大陆在经济上本来是一个整体，台湾从大陆购进资源，向大陆销售商品，将能促进台湾的经济繁荣与稳定，更快地提高台湾人民的生活水平。

台湾与大陆，只隔一个海峡，近在咫尺，如果通商，必将大大减少运杂费用，降低成本，台湾商品投入国际市场，也将大大加强竞争能力，而有利可图。

希望在台湾的老同事、老朋友、老部下们能够接受我的奉劝，相信中国共产党的诚意，为促成国共两党第三次合作，实现中华民族的大统一作出积极的贡献。

---

[1] 1984年春节对台广播。

纪念《告台湾同胞书》发表十周年[1]

同志们，朋友们：

全国人大常委会《告台湾同胞书》发表至今十周年了。十年来，海峡两岸的形势发生了可喜的变化，对峙开始缓解，出现了祥和气氛。可以看出，祖国的和平统一是人心所向，大势所趋，是适应历史潮流的。

我是学矿冶工程的，从年青时代起就从事能源方面的工作。曾在东北创办了北满的第一个现代化的煤矿——穆棱煤矿。抗战时期，又创办了我国第一个油矿——甘肃玉门油矿。曾获得以陈立夫先生为会长的中国工程师学会金质奖牌。后来，我的好朋友孙运璇先生在台湾也得了该会的同样奖牌。以后我一直参加国家的经济建设和经济管理的工作，先后担任资源委员会委员长、经济部部长，管理全国国营工业和经济行政工作。我和同事们在一起密切合作，对发展祖国能源工业有很大的热情与干劲。如今台湾的老人中，张岳军先生是我的上级，俞大维先生是我上海复旦公学的中学同窗，陈立夫先生同我在天津北洋大学都是矿冶系的学生。台湾历任经济部长绝大多数都是资源委员会的老同事。现在，我还经常想起我们在一起同甘共苦创业的情景，我很钦佩他们的才华和工作精神，他们为台湾工农业的发展做出了贡献。

一九四九年一月，我应台湾省政府主席陈诚先生之邀，去了一次台北。当时李国鼎先生任资源委员会基隆造船厂协理。基隆、台北相距很近，我经常与他聊天。一九四九年至今，转眼就四十年了。这四十年，尤其是六十年代中期以来，台湾经济迅速发展，作为一个经济专家，我对台湾这一变化极感兴趣，也希望再去台湾进行经济调查，与台湾的老朋友们共同探讨。

今年，我已经过了九十五岁。但我仍然对祖国的经济建设很感兴趣，近几年还经常到各地去考察。南到深圳、珠海，北到内蒙古，西到成都、西昌、昆明、贵阳，今年十月还去了香港。香港的经济同我四十年前所看到的完全不同了。近几十年来，海峡两岸和香港的经济都发生了巨大变化。实际上，大陆经济、台湾经济和香港经济都是中华民族经济的重要组成部分，在几十年的发展中，也各有所长。我认为，海峡两岸的经济界的朋友们应该携手互助，让两岸经济互相促进，共振中华。

近几年来，海峡两岸已经开始了经济、文化的交流，这是一个好现象。海峡两岸经济合

---

[1] 1988年12月30日在纪念大会上的发言。

作有许多好的条件,海峡两岸经济上的合作和互助是必然趋势,对两岸各自经济的发展有极大的推动作用。我认为,中华民族要富强,就必须走这条经济互助互补的道路。

除了我上面说过的希望再去台湾进行经济调查外,也非常欢迎台湾经济界的老朋友和新一代的经济界的人士能够来大陆看一看,做些考察工作,增加互识和共识。这对海峡两岸经济的进一步发展是大有裨益的,希望台湾当局能够同意。

春节念故旧[1]

一年一度的中国传统佳节——阴历春节又快到了。俗语说："每逢佳节倍思亲。"我到此节日总要想起在台湾的许多老朋友、老同事们，并回忆过去我们在工业建设方面共同度过的艰难历程和欢度佳节的岁月。

同时，中国也有句老话："一年之计在于春。"值此佳节来临之际，我有两点想法，提请台湾石油方面工作的旧同事们考虑。

一是玉门油矿是国民政府资源委员会在抗战时期开发的第一个现代化油矿，除产品供应后方军民用油作出贡献外，最重要的是培养了一大批我国第一代开发油矿的技术、营运和管理人才。凡是在陆上、海洋上探勘油矿或天然气田和炼油及石油化工等产业的地方，无不有"玉门人"。

台湾也不例外。开发苗栗油矿、扩建高雄炼油厂、探勘新竹深层天然气田和创办石油化工产业等，也多在你们的领导下，做出巨大的贡献的。

今年是玉门油矿成立五十周年，正在筹备举行一个规模不大的纪念会。届时希望你们前来参加，旧地重游，并交流经验，开展学术讨论，为推动今后海峡两岸石油事业的发展，共同努力。

二是中国海岸线很长，有丰实的海洋石油资源。除渤海、黄海和南海已具美、日、法等国家合作勘探，有的已在开发，预计明年可产石油三百万吨。但还有海域面积最大、油气资源最丰实的东海，尚未进行勘探。其中一段正是台湾海峡嘛。

我建议由大陆同台湾合作，进行勘探开发。台湾所得石油就近运到高雄炼制成品。所得天然气可以输送到新竹，转输台湾全岛使用，可以大大缓解台湾缺少油气的困难。我们两岸的"玉门人"应当各向双方当局上条陈，说明情况，共同促成这桩美事，也是一件大事。

纸短情长，趁此春节来临之际，特假《瞭望》周刊海外版向你们致以节日的问候，并希望不久的将来，能够握手欣叙，一倾积愫，乐何似之。

---

[1] 作于1989年1月11日。

我在台湾的熟人

孙运璇：台湾行政院院长

山东人。抗战前两年毕业于哈尔滨工业大学电机系，与我大儿子孙竹生同学。当时哈工大曾有"两个小孙"之称，之后在美国又曾同学。孙运璇毕业后参加资委会工作，抗战时期先后担任西宁电厂、天水电厂等厂长，我很赏识他的学识、办事能力和工作上的负责精神，曾将他介绍给我的女儿蔚我，与我家过往甚密，后因女儿以他家姊妹太多，不愿做他家的大嫂而作罢，但他一直与我家保持良好的关系。抗战胜利时，孙本随我去东北接收电厂，因苏军在东北不能去，后改去接收台湾电厂。1947年他在上海结婚，我由南京专程去上海为他们证婚。南京解放前夕，他由台给我来信，希望回到大陆。

张兹闿：台湾中美经济合作策进会理事长

广东人。南开大学经济系毕业，美国纽约大学毕业。1935年我在河南焦作中福煤矿公司任整理专员、总经理时，他任会计处长。抗战时在重庆翁文灏任经济部长兼工矿调整处长时，他为副处长。他不住工矿调整处宿舍，而住在我办的天府煤矿宿舍里，朝夕相见达7年之久。胜利后，翁文灏任资委会中国石油公司董事长兼总经理，他作第一协理。后来我任资委会委员长时，翁文灏辞去总经理职务，我派他为总经理。南京解放后他去广州，常到香港，那时我也在香港，多次见面。1949年11月，我回北京后他去台湾了，任交通银行菲律宾分行经理。1952年他夫妇从菲律宾托人带给我老伴一把檀香扇，并托我转交给他在清华大学上学的儿子张冉一支钢笔。以后我在《参考消息》上看到台湾派张群为特使去日本访问，他为秘书长。他曾多次访问美国。据我大女儿蔚我从美国来信说，他去美国时曾去看过他们。

董文琦：台湾国策顾问

辽宁人。抗战胜利后被派为沈阳市长，董文琦与张辛夫和我都是好友，张辛夫从抚顺回沈阳途中被杀后，其遗体由董文琦派人运至沈阳代为殡殓，他把经过情况电告我。1947年下半年董在沈阳北陵附近为张辛夫选墓下葬，并要求我写墓碑。

俞大维：台湾总统府资政

湖南人。原籍浙江绍兴，和我是上海复旦公学的同学，是同宿舍的好友。有一年我和他同考清华学校都未录取，校长李登辉（孙中山先生的英文秘书）在上海《字林西报》上发表文章说："俞、孙二生是我校最好的学生（实际我比俞差得多）未被录取，清华是有派系作怪，等等。"后来我考取天津北洋大学。俞考取上海圣约翰大学，由圣约翰保送美国留学，又由美国大学保送德国留学。他在德国为国民党政府代买军火，回国后任参谋本部主任秘书。1932年我由欧美回国，在南京国防设计委员会（资委会前身）工作，我们又见面了，时相往来，后来他任兵工署长多年。抗战胜利后他任交通部长，最后他任国防部长，但他始终不是国民党员。1949年我从香港回国，路过天津，中共天津市委书记兼市长黄敬（俞大维的侄子）设宴招待我，他也知道我和俞大维是老朋友，他对我说："到了这个时候，他（指俞大维）应该有所觉悟了。"

孙连仲：台湾国策顾问

抗战胜利后，他任第十一战区司令长官兼河北省政府主席，是当时平津河北地区的实权派。他接收了天津日本人的几个大仓库。我任行政院河北平津敌伪产业处理局局长，按规定所有接收单位都应把日本人移交的清册交处理局集中处理。但他不肯交出仓库物资，于是其他接收单位以他的马首是瞻也不交出接收的仓库，我不得已亲自到天津，首先把他的仓库封了。他得知后，给北京处理局打电话，发脾气，同时叫他在天津的仓库主管人告诉我："奉司令长官之命，要把你的封条撕掉。"我说："我的封条是纸做的，一撕就破，请便吧。"但他不敢起封。我回京后立即去他家见他，他态度非常傲慢，坐在沙发上没有站起来，我自己坐下说："我特来道歉，你的仓库不交，其他的单位也不交，叫我怎么开展工作？你是实力派，所以只有先向你开刀，请你原谅。"他说："我有二十一个保安团，所有军服都在这个库中，我已经作了军装产标，但至今未批，到时军服发不出，军队哗变怎么办？"我说："这好办，我照你的产标按市价把布还交给你，你把仓库清册交给我，我立刻起封把仓库交还你。"他马上站起来说："你是文人，想不到同我们武人一样爽快，你姓孙，我也姓孙，我们是同宗，不打不成交，从此我们是好朋友。"此后我们真成了好朋友。

严家淦：台湾国民党中央常委

抗战时在重庆战时生产局，他主管经济，我主管煤炭，是一般同事。胜利后他任台湾财政厅长兼台湾银行行长，我是资委会委员长。我们接管了日本在台湾的许多工厂，所以和台湾经济关系很多，他曾先后到南京我家里找我商谈过两次。1949年1月台湾省主席陈诚要资委会台糖公司为地方教育捐钱，邀我去台湾面商，我满足了他的要求。同时我也应资委会在台的各厂矿企业的要求，请陈诚和严家淦到台湾办事处吃饭，要求台湾银行给予各企业周转金贷款。后来把台糖公司捐款和台湾银行的贷款写成协议，由我和陈诚签字，由严家淦和台糖公司总经理沈震南副署，双方各执一本存档。

张　群

抗战时从武汉撤退至重庆，他任西南（云贵川）实业协会会长、蒋介石叫他作这个会长，目的是企图让三省的军阀放弃军权去赚钱。我在协会兼任矿业处长，以后常见面。1947年春他任行政院院长时到天津来视察。我和天津市长杜建时去张贵庄机场接他。他在汽车上对我开玩笑："你到处飞来飞去，总不在家，我要是你的夫人，我就不满意，"弄得我和杜建时连司机都大笑起来。

俞济时：台湾国策顾问

俞曾任蒋介石侍从室第一处长，开会时认识。1948年夏天蒋介石亲笔写信给我，介绍一个英国留学学电子管的周天翔到资委会工作。1948年底俞济时请我到他家吃饭。进门后俞和周天翔出来接我，俞说："他是我的小婿，今天结婚。"我本来知道俞和蒋介石是亲戚，这样周和蒋也是亲戚了。南京解放前，我知道周是不能留在大陆的，因此我派周天翔去台湾资委会的工厂工作。我因为工作关系同蒋介石侍从室的陈方和俞国华（现为台湾中央常委）等都熟悉。

李国鼎

李国鼎历任台湾"行政院政务委员""经济部长""财政部长"等职，是台湾"经济起飞"的几位主要策划和实行者之一，而且参与时间最长。

李国鼎抗战时加入资源委员会，曾在钢铁系统工作。我任资委会正副委员长时都兼资委会钢铁委员会主任，与他有交往。1949年初我应台湾省主席陈诚邀请赴台，他要资委会在台企业给台省教育事业捐款，我在台湾停留一周，视察企业。与时任台湾造船公司副总经理的李国鼎单独谈过一上午。

谭伯羽：台湾中央评议委员

湖南人。他是陈诚的小舅子。抗战时他曾任经济部次长，住在陈诚家里，我和他经常见面，后来又一起作国民党六大代表及候补中委。抗战胜利后他任行政院北平办事处长，我任行政院河北平津敌伪产业处理局长，同在一个院内办公，天天见面，后来又都去南京，组织了一个"正己社"，每月轮流在各家聚餐一次。注："正己社"成员还有沈怡（台湾中央评议委员）、杨继增（台湾中央评议委员）、恽震等人。

杨继增：台湾中央评议委员、中国宪政协会理事长

德国留学生。1932年冬我和他同为国防设计委员会的专员，一起住在委员会院内宿舍，同桌吃饭。后来俞大维任兵工署长，他作副署长。抗战时我们常在谭伯羽家见面（杨那时还没结婚）。胜利后他任兵工署长，也是"正己社"的一员。

沈宗翰：台湾中央评议委员

浙江人。农业专家。抗战时他把经济部农业试验所搬到重庆附近的北碚，我也住在北碚附近，常有来往。后来我作经济部长时，农林、水利两部取消，我请他作经济部农林署长，直至解放。我曾劝他不要去台湾，但他还是去了。

黄少谷：台湾国民党中央常委

何应钦任行政院长时，他任行政院秘书长，我任经济部长，多次接触。南京解放前一天，黄打电话叫我和几个部长到何家开了个短会，说共军已过江，今天下午我们都要离开南京，先去上海再去广州。在广州又多次见面，直到我辞职去香港。

陈立夫

我和他北洋大学矿冶系同学。他美国留学，回国后作蒋介石的译电员，从未开过矿。抗战前我在国防设计委员会，他在中央党部，时有往来。他作中国工程师学会理事长，我是常务理事，我和他私人关系很熟，但没有政治上的关系。

钱思亮：台湾中央研究院院长

钱是张兹闿的妹夫，因为我和张兹闿的关系很深，所以也和钱熟悉。我曾到他家去过，时有来往。北京临解放时他和胡适乘同一架飞机离北京。

卜昂华：台湾经济部联合矿业研究所所长

我任资委会委员长时兼钢铁委员会主任委员，卜是钢铁委员会最年轻的技术员。当时美援物资中有一落板轧钢厂交到台湾，我派他去接收。后来又派钢铁委员会副主任委员严冶之和工程师沈光宓去建立轧钢厂，并派卜昂华为厂长。南京解放后我到广州，卜专程到广州看望我并汇报工作，但那时我早已决定留在大陆，对他的汇报已无兴趣了。

凌鸿勋：台湾国民党政府国策顾问

广东人。中国著名的铁路建筑工程师。抗战前，粤汉铁路株州—韶关段由他负责修建，因此抗战时中国工程师学会在成都开会时授予他一块金牌。我因在玉门油矿，1942年中国工程师学会在兰州开会时也授予我一块金牌。我和他都是中国工程师学会常务理事。我办玉门油矿时，他办宝鸡—天水铁路，但未成功。他作过交通部次长。大陆解放时我们都在香港，常见面。我回北京时他曾向我表示也想回来，但不够坚决。他的女儿、女婿在大陆，他曾托我给他的女儿带东西回来，还叫我转告其女儿说他也想回来。事隔多年，其女儿、女婿的名字忘了。

谷正纲：台湾国策顾问

他在国民党时代长期作社会部长。抗战时我办玉门油矿，他派社会部张剑白等人去玉门办工会，我怕工会拉拢工人作好人，使油矿为难，因此拒绝成立工会。双方坚持己见，我和他多次面谈，最后各自让步，成立油矿职工指导委员会，我兼主任，张剑白为副，炼厂厂长金开英等为委员。后来为筹建独立于商会的工业总会，我与当时的工业界代表人物吴蕴初、刘鸿生等多次与谷商谈，他一直不愿意。到抗战胜利后回到南京，仍为此事继续商谈，1948年他才同意正式成立工业总会。

何应钦

抗战胜利后，他任国防部长，我任资委会委员长，在行政院内是同事。后来他任行政院长，我任经济部长，他是我的上司。今年春节前，我在民革对台座谈会上说我在台湾有两个旧上司，就是指的张群和何应钦。1949年5月陈诚从台来广州到席行政院例会，我因事没出席。陈诚在会上说了几句对我怀疑的话。会后卢作孚来通知我，我当天逃到香港。离广州时我给李宗仁、何应钦各一封信，提出辞职。何复信到香港挽留我，并说："我不久也要辞职，我们共同进退吧。"我当然不回，何也果然在6月间辞职，我才正式脱离国民党政府。

林继庸：台湾国大代表

广东人。抗战时他在经济部工矿调整处，和卢郁文同为该处专门委员，我和他们交往甚多。1942年盛世才反苏投向国民党政府时，林继庸被任命新疆省建设厅长。1944年我从玉门去新疆接管独山子油矿，在迪化（乌鲁木齐）住了二个星期，我和老伴天天与新疆监查使罗家伦一同到他家做客。我离迪化去独山子后几天，盛世才又想投向苏联，把林继庸等国民党政府派去的党政人员（除罗家伦一人外）全部逮捕入狱。蒋介石派第八战区（西北区）长官朱绍良陪同新任命的新疆省政府主席吴忠信到迪化上任，任命盛世才为国民政府农业部长。我从独山子回到迪化后，林继庸夫人见到我们哭哭啼啼，并要求我去见吴忠信尽快放出林继庸。吴忠信说，只要盛世才交出工作，立即就可以放林出来。待我回到重庆后林也放回重庆。抗战胜利后，我被派为行政院河北平津敌伪产业处理局局长，林也被派为行政院两广敌伪产业处理局局长。全国解放后他到香港，我劝他留在大陆，他说："我在新疆知道盛世才完全抄苏联的一套，我至今心有余悸，将来共产党也会学苏联的，虽然我不想离开广东，但我非走不可。"

叶秀峰：台湾新闻通信事业协会理事长

我和叶是北洋矿科同学，但他始终没开过矿。1933年我在南京国防设计委员会工作，他任江苏建设厅长。他邀在南京的北洋同学去镇江游览，我也去了。从这时起直到抗战胜利后回到南京都因同学和工程师学会的关系时有往来。

王世杰：台湾中央译议委员

王在北京大学任教授时，我的联襟葛扬焕是他的学生。王任武大校长时，叫葛到武大法律系任教授。我由于葛的关系认识了王，见过几次。抗战时他任外交部长。1945年冬东北经济委员会主任委员张家璈和苏联远东军总司令马利诺夫斯基元帅的经济顾问库兹涅佐夫秘密谈判苏方提出的除已合办的中长铁路外再会办苏联认为战利品的整个东北重要工矿企业的要求。谈了几次后，张认为此事重大，电告当时中央政府请求把这项交涉移到中央政府和苏联大使直接谈判。1946年1月外交部长王世杰、经济部长翁文灏电北平要我回重庆面商,作为张的经济顾问去长春参加和苏方的谈判,并与我同去见蒋介石。蒋当时亲笔给张家璈写信,内有"仍以地方交涉为宜,望兄勉为其难"之语。我问蒋谈判方针,蒋说:"全面合办不行,少数合办可以,敷衍敷衍。"我到长春后把信交张,张说:"这么大的事本应该中央谈判,反正谁都怕担和外国人谈判,最后落个丧权辱国,成为卖国贼的恶名。好吧,只好我跟你去交涉吧。"谈判时中方只有我和张及一个译员参加,苏方以库兹涅佐夫为首,连译员共四人。张除介绍我外一直一言不发,我说:"本溪煤、铁、石灰石都在一起,世界少有,合办双方都有利可图,鞍山、抚顺都由我们自己办。"库说:"我们对赚钱不赚钱无所谓,但这些厂矿都是我们的战利品,我们把它们拿出来合办已经很照顾你们了。要合办全合办,否则将来你们和美国合办,美国会以东北为基地进攻我们,所以这不是经济问题,而是政治问题、原则问题。"我还要再说,他说:"你不要说了,只能这样办。"态度强硬蛮横,出我意外。我说:"你们这样说话同以前日本帝国主义对我们有什么区别?"他听了大发雷霆:"你说我们和日本帝国主义一样?我马上电告莫斯科,说是你说的。"我说:"随你们便吧。"会谈这样不欢而散。过了三四天,张家璈举行茶点会,招待双方谈判人员共七个人。会上完全是应酬,没有实质性的谈判,从此不了了之。我就回重庆向王世杰、翁文灏复命,他们都很高兴。

张维贞:台湾监察院委员

她是罗家伦的夫人。罗是江西人,原籍绍兴,与我在上海复旦公学同学,是好朋友。后来他考取北京大学文科,我考北洋大学矿科。我是北洋大学学生会长,参加天津五四运动,被北洋大学开除,转学北京大学,再次与罗家伦同学。后在南京、重庆家庭之间往来甚多,故与张维贞也很熟。她落落大方,对人真诚,给我很深的印象。1949年我在香港要来北京前,罗家伦到我寓处,力劝我不来,甚至紧握两手,热泪直流。我说人各有志,好朋友各行其是吧。后在《参考消息》上看到,罗任台湾考试院长,张维贞现在美国,有信拟回国探亲。

应严词驳斥台独活动[1]

最近台湾民进党第五届第一次全国党员代表大会于10月13日发表了一篇以《民主制宪，执政建国》的宣言，公开主张台湾独立，把建立"台湾共和国"定为该党的党纲。分裂中国国土，反对台湾国民党的统治。理所当然地受到海峡两岸中国人民的一致反对和谴责！

台湾"总统"李登辉针对民进党把"台独条款"纳入该党党纲予以谴责并重申"任何分裂国土主张，制造社会不安行为，应接受法律的制裁"。

同时台湾"行政院长"郝柏村也强调"坚持统一是维持台海平静与安全的保障，对我们有利无害"。

《新闻天地》杂志在香港创刊已有47年的历史，一向为台湾国民党驻在香港的宣传喉舌，深受港台各界的重视。当前台湾的台独分子肆意猖狂，公然宣布要执政建国之际，《新闻天地》以职责所在，理应按照国民党对台独分子的谴责，并顺应广大中国人民的民意，对民进党台独分子应大力声讨，严词驳斥，以平民愤而固国本，无任企盼。

---

[1] 1991年11月10日为《新闻天地》纪念创刊47周年而作。

孙越崎简历

1893年10月16日	出生于浙江省绍兴府会稽县稽东镇五云乡（今绍兴市柯桥区平水镇）同康村。
1909—1912年	在绍兴简易师范学校学习，毕业。
1913—1916年	在上海复旦公学学习，毕业。
1916—1919年	在北洋大学学习，被推选为学生会会长，因参与领导天津学生声援北京五四运动被学校开除。
1919—1921年	在北京大学学习，获工科学士学位。
1923—1929年	在吉林穆棱煤矿工作，任中方探矿队长，首席矿务股长兼机械土木工程股长。
1929—1932年	先后在美国斯坦福大学及哥伦比亚大学研究生院学习。深入考察美国煤矿油田及其他工矿业。
1932年春至秋	回国，途中考察英、法、德及苏联煤矿及工矿业，历时半年。
1932—1933年	在国防设计委员会工作，任专员兼矿室主任
1934—1935年	任陕北油矿探勘处处长。
1934—1945年	任河南焦作中福煤矿总工程师、总经理，焦作工学院常务副董事长。全面抗战爆发，把煤矿和工学院设备及人员撤往四川。
1937—1938年	任湖南湘潭煤矿总经理。
1938—1945年	任四川天府、嘉阳、石燕、威远煤矿总经理。
1941—1945年	任甘肃油矿局总经理，继续担任四川四煤矿总经理。

1945—1946年	任行政院河北平津敌伪产业处理局局长、经济部东北区特派员。
1946—1949年	任国民政府资源委员会副委员长、委员长、经济部长、行政院政务委员。
1948—1949年	策划资源委员会整体留在大陆，迎接解放，巧拒南京5厂迁台。在大陆的所有资源委员会企业，留存物资和人员全部移交解放军。
1949年	在香港辞去国民政府所有职务，正式脱离国民政府。策划推动资源委员会香港国外贸易事务所起义成功。
1949—1952年	由香港北上北京，任中央人民政府财经委员会计划局副局长。
1952—1979年	任开滦煤矿总管理处副主任。
1952—1979年	加入民革，任民革中央委员、民革中央常委。
1979年	当选为河北省人大常委会副主任。
1980年	当选为河北省政协副主席，国家进出口管理委员会特邀顾问。
1980—1995年	当选全国政协常委兼政协经济建设组组长、经济委员会副主任，1992年后因年事已高只任政协委员。
1981—1995年	当选为民革中央副主席、监察委员会主席、民革中央名誉主席。
1984—1995年	任复旦大学北京校友会会长、中信公司咨询公司名誉董事长、民生轮船公司董事长、中国和平统一促进会会长、国际地质大会顾问委员会委员等。
1995年12月9日	病逝于北京。

编 后 记

本文集的出版是中国石油天然气集团公司科技管理局在2010年和2014年两次研究决定，专门列项予以支持，并给以经费资助；孙越崎科技教育基金会资助了部分启动资金，供调研和收集资料之用，特此一并致以衷心感谢。

《津浦路沿线煤矿调查报告》（1933年8月）一文，得到南京中国第二档案馆特予批准，支持协助，将文件复印提供，特此表示谢意。

天津大学档案馆曾收集提供抗日战争期间报刊上发表的部分文章，在此特意致谢。

本文集资料来之不易，入选文章经编辑组认真讨论审定。收集编辑校对过程拖延时间较久，特表歉意。石油工业出版社全程给予大力支持，深表感谢。

本文集中，有的调研报告比较烦琐细致。为了保持原貌，未作改动。有些解放前的文章，原稿采用繁体字，印刷质量较差，特别是一些数字不太清晰，校对较为困难，可能不太精确，难免有误，请予谅解，引用时请谨慎。

《孙越崎文集》编辑组

2018年6月